计算机科学丛书

原书第9版

IT项目管理

[美] 凯西·施瓦尔贝（Kathy Schwalbe） 著

姜卉 译

Information Technology Project Management
Ninth Edition

机械工业出版社
CHINA MACHINE PRESS

图书在版编目（CIP）数据

IT项目管理：原书第9版/（美）凯西·施瓦尔贝（Kathy Schwalbe）著；姜卉译. -- 北京：机械工业出版社，2021.9（2025.3重印）
（计算机科学丛书）
书名原文：Information Technology Project Management, Ninth Edition
ISBN 978-7-111-69073-3

I. ①I… II. ①凯… ②姜… III. ①IT产业 – 项目管理 IV. ①F49

中国版本图书馆CIP数据核字（2021）第178015号

北京市版权局著作权合同登记　图字：01-2020-1945号。

Kathy Schwalbe, Information Technology Project Management, Ninth Edition.
Copyright © 2019, 2016 Cengage Learning, Inc.
Original edition published by Cengage Learning. All rights reserved.
China Machine Press is authorized by Cengage Learning to publish and distribute exclusively this simplified Chinese edition. This edition is authorized for sale in the Chinese mainland (excluding Hong Kong SAR, Macao SAR and Taiwan). Unauthorized export of this edition is a violation of the Copyright Act. No part of this publication may be reproduced or distributed by any means, or stored in a database or retrieval system, without the prior written permission of the publisher.
Cengage Learning Asia Pte. Ltd.
151 Lorong Chuan, #02-08 New Tech Park, Singapore 556741

本书原版由圣智学习出版公司出版。版权所有，盗印必究。

本书中文简体字翻译版由圣智学习出版公司授权机械工业出版社独家出版发行。此版本仅限在中国大陆地区（不包括香港、澳门特别行政区及台湾地区）销售。未经授权的本书出口将被视为违反版权法的行为。未经出版者预先书面许可，不得以任何方式复制或发行本书的任何部分。

本书封面贴有Cengage Learning防伪标签，无标签者不得销售。

本书全面阐释与IT项目管理相关的概念、技巧、工具、技术和实践，是一本涵盖10大管理知识领域（项目整合、范围、进度、成本、质量、资源、沟通、风险、采购和干系人管理）和5个过程组（启动、计划、执行、监控和收尾）的教科书。理论与实践的有机结合使得本书通俗易懂，增加的案例、模板和项目管理软件可帮助读者掌握和运用从书中学到的知识和技能，为学生和从业者奠定坚实的基础。

本书适合作为高等院校计算机、管理科学与工程等相关专业高年级本科生和研究生的教材，也可作为从业人员的参考读物。

出版发行：机械工业出版社（北京市西城区百万庄大街22号　邮政编码：100037）
责任编辑：曲　熠　　　　　　　　　　　　　责任校对：马荣敏
印　　刷：北京富资园科技发展有限公司　　　版　　次：2025年3月第1版第7次印刷
开　　本：185mm×260mm　1/16　　　　　　印　　张：25.5
书　　号：ISBN 978-7-111-69073-3　　　　　定　　价：119.00元

客服电话：(010) 88361066　68326294

版权所有·侵权必究
封底无防伪标均为盗版

译者序
Information Technology Project Management, Ninth Edition

凯西·施瓦尔贝博士所著的 *Information Technology Project Management*, *Ninth Edition* 的中文翻译工作终于完成，这是一项浩大且费心费力的项目。说其浩大，是因为书中内容极其丰富，使得翻译的工作量也非常大；说其费心费力，是因为书中涉及非常多的术语，既有信息技术方面的，也有项目管理方面的，翻译起来实属不易。翻译的过程，是一个字斟句酌的过程，既要努力做到尊重原著的内容，又要使得中文的表达通俗易懂，进而提升本书的易读性；翻译的过程，又是一个学习的过程，作为译者，我从中受益匪浅。

这本书的英文版目前已是第 9 版。一本书能够一版再版至第 9 版，本身也说明了书籍的价值与受读者认可的程度。归纳起来，有以下几个原因：

- 信息技术（Information Technology，IT）在当代社会的重要性日益增加。信息技术已经成为当今时代各行各业都离不开的关键技术，同时也引领着个体消费者的消费走向与娱乐趋势，并已渗透到大众工作、生活的方方面面。在当前的国际竞争中，信息技术也成为竞争的重点之一。可以说，信息技术的发展水平在某种程度上代表着一个国家的发展水平与现代化程度。
- 科学有效地管理 IT 项目对项目成功至关重要。一个项目的成功离不开高效的管理，IT 项目也不例外。将项目管理的理论、工具、方法应用到 IT 项目的管理中，能够促进 IT 项目获得成功，进而为社会源源不断地提供高质量的 IT 产品与服务。
- 本书为有效管理 IT 项目提供了重要指导。本书以美国项目管理协会（Project Management Institute，PMI）发布的《项目管理知识体系指南》（*Project Management Body of Knowledge*）中的 10 大知识领域和 5 个过程组为整体架构，结合 IT 项目的特点，辅以各种真实的案例，并引用国际上最新的相关信息与数据，深入浅出地阐述如何才能管理好 IT 项目。

凯西·施瓦尔贝博士实践经验丰富，又善于追踪理论前沿与实践洞见，这使得本书不仅适用于 IT 项目的管理者，同时也非常适用于刚刚进入 IT 领域的职场新人。也许，你在实践中遭遇的困惑，凯西·施瓦尔贝博士已经在本书中为你解答了。作为译者以及一位长期从事项目管理教学与研究工作的教师，我可以负责任地说，如果你非常认真地阅读了本书，并结合实践进行了深入的思考，那么你一定会有非常大的收获。如果你能把课后的讨论题、快速测验、练习题等认真地加以思考和解决，那么假以时日，你会非常有希望成为一名出色而专业的 IT 项目经理。

在本书的翻译过程中，郭中华、李天、梁肖裕、朱文涛、李雪枫、文冠群、马瑶瑶、巩畅、李昊燕都做出了贡献，在此一并表示感谢！

姜卉
2021 年 8 月于国科大

前　言
Information Technology Project Management, Ninth Edition

　　许多组织的未来取决于它们驾驭信息技术的能力，因此，对优秀项目经理的需求一直在增长。为了满足这一需求，大学开设了项目管理课程，并将其纳入信息技术、管理、工程等课程体系中。许多公司也在组织继续教育，以帮助提高项目经理和项目团队的效率。本书为信息技术项目管理课程的教学提供了一个框架。本书的前8个版本在学术界和职场上都受到了极大的欢迎，第9版建立在前几版的基础上，并且增加了一些新的重要内容。

　　如今，我们在阅读报纸、杂志或者浏览网页时，可以感受到信息技术对社会的巨大影响。与以往相比，信息的传播速度更快，受众人数更多。你可以在网上买到任何东西，可以用手机上网冲浪，或是在任何地方使用无线网络。公司将其各个系统连接起来，以便更迅速地收发订单，更好地服务顾客。软件公司持续开发能够帮助人们简化工作、提高绩效的新产品，这些技术在无形中发挥着作用。然而，你可曾想过这样一个问题："是谁开发了这些复杂的技术和系统？"

　　因为你正在阅读本书，所以你一定对技术的"幕后"方面感兴趣。当你阅读本书时，你将看到成千上万个成功的IT项目给社会带来了许多创新和变革。在本书中，你将看到世界上一些组织中成功的IT项目，包括新加坡国立大学医院（National University Hospital In Singapore）使用关键链计划将病人入院时间减少了50%以上，零售商Zulily开发内部软件以满足其对速度与创新的需求，戴尔的绿色计算项目节省了能源和数百万美元，谷歌无人驾驶汽车项目努力减少交通事故并挽救生命，以及其他很多成功的IT项目。

　　当然，并不是所有项目都是成功的。如果项目管理不当，那么诸如时间、资金、不现实的期望等因素可能会使之前的努力功亏一篑。在本书中，你还将从许多失败的项目中了解人们容易犯的错误。

　　我撰写这本书的目的就是要教育你们——明天的项目经理们，哪些因素有助于项目成功，以及哪些因素会导致项目失败。你同样会了解项目在大众媒体（如电视和电影）中是如何运用的，以及最佳实践在公司项目管理中的应用。许多读者告诉我，他们非常喜欢阅读"对在哪里""错在哪里""媒体快照""全球问题"和"最佳实践"中的现实案例。正如从业者所知道的，在项目管理中，不存在普适的解决方案。通过了解不同组织项目管理的成功经验，可以帮助你的组织成功地管理项目。

　　经过多年的发展，项目管理已经成为一个较为成熟的领域，但是IT项目管理却有着超出一般项目管理的想法和信息。例如，许多IT项目失败的原因是缺乏高层管理者的支持、用户参与度低以及业务目标不明确。本书针对这些问题提出了对策和建议。新技术同样有助于管理IT项目，本书列举了一些用软件来管理项目的案例。

　　本书第9版是难得一见的将项目管理10大知识领域和5个过程组应用到IT项目之中的教材。10大知识领域包括：项目整合管理、项目范围管理、项目进度管理、项目成本管理、项目质量管理、项目资源管理、项目沟通管理、项目风险管理、项目采购管理和项目干系人管理。5个过程组包括启动、计划、执行、监控和收尾。

　　本书以《项目管理知识体系指南》（Project Management Body of Knowledge Guide）的第6版为基础，为IT项目管理提供了坚实的框架和内容。

除了纸质的书籍之外，本书还提供了一些线上资源。如附录 A 是 Microsoft Project 2016 使用指南，当该软件的新版本发布时，附录也将随之更新。还增加了一些案例，包括引用自第 7 版的《管理您的健康》(*Manage Your Health*) 的案例，以及超过 50 个模板文件，学生可以使用它们创建自己的项目管理文档。作者的个人网站（www.kathyschwalbe.com 或 www.pmtexts.com）还提供了与项目管理领域相关的最新资源和链接，包括敏捷开发、PMP 和 CAPM 认证、模拟软件、领导力、思维导图、学生项目示例等主题。

本书第 9 版为学生和从业者提供了实用的项目管理课程。书中将理论与实践结合，深入浅出，使读者对项目管理中的概念、技能、工具和技术有全面的了解。本书综合全面的内容为学生和从业者的项目管理工作奠定了坚实的基础。

第 9 版新增内容

借鉴前几版的成功经验，第 9 版采用了一种有效的特色组合，并根据美国项目管理协会 (Project Management Institute, PMI) 出版的《项目管理知识体系指南（第 6 版）》对全书进行修订：

- 第 4~13 章中均增加了一个新的小节——"敏捷 / 自适应环境下的注意事项"。
- 增加了一个新的特色模块——"给年轻专业人士的建议"。
- 更新并增加了一些练习，以加强学生的学习效果，并为教师的课上和课外练习提供更多的选择。
- 增加了重点主题的内容，如领导力和敏捷开发。
- 更新了案例。新的案例均来自真实的、有新闻价值的公司。这些及时的、相关的案例有助于说明信息技术在真实世界的应用，以及对关键项目管理概念的影响。它们也可以作为小型的案例故事，在课堂上讨论。
- 增加了许多关于 IT 项目管理和相关主题的最新研究成果。有代表性的、最新的研究贯穿全书，为基本的 IT 项目管理概念构建了丰富的体系。
- 收录了读者反馈。根据来自评审人员、学生、教师、从业者和翻译人员的反馈，对书中的内容做了一些改动，以更好地阐明信息。

在项目管理领域，许多从事过项目管理工作的人很少或根本没有经过正规的学习。随着我们对这个领域的了解越来越多，以及项目管理软件的不断进步，每年都会有新的书籍和文章问世。由于项目管理领域和技术行业变化迅速，无法保证几年前有效的方法在今天仍然是最好的方法。本书提供了最新的信息，这些信息说明了好的项目管理以及软件的有效应用是如何有助于你管理项目的，尤其是管理信息技术项目。本书的独特之处包括：

- 与项目管理知识体系关联。
- 为准备认证考试提供了一些很有价值的参考。
- 提供 Microsoft Project 2016 的详细使用指南。
- 包含实践案例研究和在线模板。
- 聚焦 IT 项目。
- 介绍了几款项目管理软件。
- 提供同步学习网站。

以《项目管理知识体系指南（第 6 版）》为基础，为准备认证考试提供参考

美国项目管理协会制定了《项目管理知识体系指南》。这是项目管理的知识框架，也

是理解项目管理的起点。它包含项目管理介绍、10 大项目管理知识领域简介和术语表。然而，《项目管理知识体系指南》仅仅是一个指导。因此，本书以《项目管理知识体系指南（第 6 版）》为基础，提供了更详尽的知识，讨论了相关知识领域的运用方式和存在原因，突出了附加主题，并展现了 IT 项目管理的真实环境。此外，本书还为准备项目管理专业人士资格（Project Management Professional，PMP）认证和项目管理专业助理师认证（Certified Associate in Project Management，CAPM）等 PMI 认证提供了很好的参考。

提供 Microsoft Project 2016 详细使用指南

软件已经成为协助项目经理及其团队有效管理 IT 项目的关键工具。Microsoft Project 2016 是市场上一款比较领先的项目管理软件，本书的附录 A（可在本书的配套网站上找到）中提供了它的详细使用指南。使用 Project 2016 和其他软件工具的例子将贯穿全书。附录 A 将系统地教你如何使用这个强大的软件来进行项目范围、进度、成本、资源和沟通的管理。

强调 IT 项目和软件工具的使用

本书中的大多数项目示例都是基于 IT 项目的。研究和建议是针对 IT 项目管理的，并且包括关于敏捷开发的扩展信息。每个知识领域相关章节都包括一些例子，并用单独的一节描述如何使用软件来帮助管理该知识领域。例如，第 5 章包括使用 MindView 软件创建思维导图以用于工作分解结构的例子。第 11 章展示了一个使用蒙特卡罗模拟软件帮助量化项目风险的例子。

提供练习、实践案例、模板和文档示例

根据读者的反馈，第 9 版继续提供具有挑战性的练习和实践案例，以帮助学生应用每章所学知识。书中包含 50 多个模板和真实项目文档的示例，学生可以使用这些模板和示例来将自己所学的知识应用到项目中。学生可以通过网络免费获取所有这些资料。

▷ 获取 MindTap

若想获取 IT 项目管理软件 MindTap，请打开浏览器并转到 www.cengage.com，单击注册以导航到登录页面，之后单击"Create an Account"开始注册过程。注册过程需要课程链接、访问代码或课程密钥。

本书的结构和内容

本书分为三个主要部分，即项目管理框架、项目管理每一个知识领域的详细描述以及关于项目管理应用的实用信息（附录）。本书第 1~3 章为第一部分，介绍了项目管理的框架，并且是后续章节划分的依据。

第 4~13 章是第二部分，阐述了 IT 项目中的每个项目管理知识领域（项目整合管理、项目范围管理、项目进度管理、项目成本管理、项目质量管理、项目资源管理、项目沟通管理、项目风险管理、项目采购管理和项目干系人管理）。在该部分中，每一章专门介绍一个领域，而且详细描述了《项目管理知识体系指南（第 6 版）》所给出的该领域的主要过程。例如，介绍项目质量管理的章节中包括计划质量、管理质量和控制质量部分。其他部分则重点介绍了与每一个知识领域相关的一些重要概念，例如六西格玛、测试、成熟度模型，以及

使用软件辅助项目的质量管理。每一章同样包含 IT 项目中用到的关键项目管理工具和技术的详细案例。例如，关于项目整合管理的章节讲到多种选择项目的技术，如净现值分析、投资回报率（ROI）分析、投资回收期分析和加权评分模型；关于项目范围管理的章节包含一个项目章程的样例、项目范围说明书以及 IT 项目的一些工作分解结构。

本书的第三部分是附录。附录 A 提供了实用的信息来帮助你学习如何使用当今最流行的项目管理软件。为了保证提供的信息是最新的，附录 A 是在线提供的。通过遵循附录 A 中详细的、分步的指南（其中包括 60 多幅屏幕截图），你将学习如何使用 Project 2016。你可以从微软网站下载免费的试用版，使用学校或公司的许可证，或购买这个功能强大的软件。

教学特色

本书还融入了一些教学特色，以提高材料的展示效果，从而使读者更容易理解概念并运用它们。本书始终把重点放在如何将概念运用到最新的实际 IT 项目管理中。

"开篇案例"和"案例结局"

为了定下基调，每一章都以一个与该章内容密切相关的开篇案例开始。这些来自现实生活中的案例（大多数基于作者的经历编写而成）可以激发学生的兴趣，并在实际背景下解释一些重要的概念。通过对项目管理概念与技术的讨论，可以将它们应用于开篇案例和其他类似的情景中。每一章均有一个案例结局（其中一些案例以成功结尾，也有一些案例以失败告终），以便进一步说明项目管理的真实情况。

"对在哪里"和"错在哪里"

失败与成功一样，对于获取经验都是非常有价值的。本书的每一章都包含了一个或多个运转良好的 IT 项目或运行失败的项目。这些例子都进一步说明了掌握每一章的关键概念的重要性。

媒体快照

现在的世界充斥着各种各样的项目。很多电视真人秀、电影、报纸、网站及其他媒体都在强调项目结果，其中有的成功，有的失败。将项目管理的概念与媒体关注的各种项目相结合，有助于理解这一迅速发展的领域的重要性。受到大众欢迎的电视真人秀节目、电影或其他媒体既能引起读者对学习项目管理的兴趣，又能提高他们对项目管理概念的理解，何乐而不为呢？

最佳实践

本书每一章都提供一个与该章主题相关的最佳实践。例如，第 1 章介绍的最佳实践的例子，是由 "The Project Workout" 一文的作者 Robert Butrick 撰写的，引自 *Ultimate Business Library's Best Practice* 一书。他认为，组织应确保其项目由战略驱动，并且有项目干系人的参与。

全球问题

每一章都包括一个当今重要的全球问题的例子。例如，第 2 章描述了外包的一些问题，如有些顾客在买不到最新款的 iPhone 时引发了一些混乱。第 12 章描述了城市在岸外包的最新发展，这是对离岸外包问题的一种回应。

给年轻专业人士的建议

这是每一章增加的新模块，为即将步入 IT 或项目管理领域的年轻人提供实用的建议。例如，第 1 章提供了一些见解，帮助你决定是否应该从事项目经理这个职业。

关键术语

信息技术和项目管理领域包括许多独特的术语，所以在这两个领域的结合中创造一门通用的语言是至关重要的。术语以黑体显示，并在第一次出现时定义。对关键术语的定义按字母顺序排列在每章的结尾处和全书最后的术语表中。

应用软件

当使用业界常用的项目管理软件工具（Microsoft Project 2016）及其他工具（如电子制表软件和互联网）进行实际操作时，学习将变得更加充满生气与活力。本书每一章都提供获得实际操作经验和新的软件技能的机会。不过，仅仅阅读本书是不够的，要真正理解项目管理，你必须亲自动手去做。除了每一章后的练习题、实践案例外，附录 A 的末尾还提供了极具挑战性的练习题。

学生和教师资源[⊖]

学生和教师同步学习网站

学生同步学习网站 www.cengage.com 上提供了一些本书中提到的模板文件和 Project 2016 文件。该网站提供了一个西北航空公司的能效评估系统项目的案例，详细介绍了该项目从启动到收尾的全过程。还有其他的一些实践案例，教师可以留作业给学生来锻炼他们的技能。此外，作者的网站提供了关于敏捷、认证等重要主题的最新资源。

教师同步学习网站也可以通过 www.cengage.com 点击登录（SSO）账户访问，网站上包含很多针对教师的资源：

- 教师手册：本教材所附的教师手册包括额外的教学资料，以协助课堂准备，如对讲课主题的建议和额外的讨论问题。
- 参考答案文件：有关每章结尾问题的解答，请参阅教师同步网站。
- 幻灯片演示：每章都配有 PowerPoint 幻灯片。这些幻灯片作为课堂演示的教学辅助工具，可供学生在线复习，或打印供课堂分发。教师也可以添加自己的幻灯片，用于课堂授课。
- 测试题库：除了 Cognero 在线提供的测试库（见后续内容）之外，教师同步学习网站上还提供了多种文件格式的测试库。每章的题库包括判断题、多项选择题和简答题。教师可以通过学校的学习管理系统（Blackboard、Canvas、Moodle、Desire2Learn 等）检索适当的文件格式来进行考试，也可以直接选择 Word 文档。

⊖ 关于本书教辅资源，只有使用本书作为教材的教师才可以申请，需要的教师可向圣智学习出版公司北京代表处申请，电话 010-83435000，电子邮件 asia.infochina@cengage.com。——编辑注

Cognero 测试题库

本书的测试题库在 Cognero 系统中可以在线获得。由 Cognero 提供的 Cengage Learning Testing Powered 是一个灵活的在线系统，支持教师：
- 编写、编辑和管理测试题库的内容。
- 使用可搜索的元数据，以确保测试是完整和兼容的。
- 快速创建多个测试版本。
- 从你的学习管理系统（Learning Management System，LMS）、教室或任何地方交付测试。

Cognero 提供的 Cengage Learning Testing 可以在任何操作系统或浏览器中运行，不需要单独安装或下载。凭借其直观的工具和熟悉的桌面下拉菜单，Cognero 使教师能够从学校或家庭的任何地方接入互联网，并轻松地创建和编辑测试。

IT 项目管理软件 MindTap

本书中的 MindTap 是一个个性化的、完全在线的数字学习平台，可以提供学习内容、作业以及其他服务。该平台能吸引和鼓励学生进行批判性思考，同时允许教师通过简单的定制选项轻松设置课程。

MindTap 的目的是帮助学生掌握他们在当今职场所需要的技能。研究表明，在这个快节奏、技术驱动的世界里，雇主需要批判性的思考者、解决麻烦的能手和有创造力的问题解决者。MindTap 可通过提供实际操作的实践、与现实生活相关的案例以及与准备认证考试相关的作业和活动帮助你实现这一目标。学生通过作业获得指导，这有助于他们掌握并理解基础知识，为解决更具挑战性的问题打好基础。

MindTap 是围绕学习目标设计的，它提供分析和报告，以便了解班级在课程进度、参与度和完成率方面的情况。学生可以在 MindTap 阅读器中访问电子书内容，该阅读器提供了高亮显示、记笔记、搜索和音频，以及移动访问功能。访问 www.cengage.com/mindtap/ 可学习更多相关内容。

致谢

如果没有大家的帮助，我永远也不会完成这本书（包括以前的所有版本）。感谢 Cengage 的工作人员，包括 Jaymie Falconi、Michele Stulga、Maria Garguilo、Amber Hill 和 Kathy Kucharek，感谢他们的奉献精神和辛勤工作。他们帮助我完成了这本书，并且做了十分出色的营销工作。

感谢在这个领域的许多同事和专家，他们为这本书提供了信息。PMP 的 Joseph W. Kestel 在本书中根据他领导敏捷项目的个人经验，对敏捷信息提供了出色的反馈。David Jones、Rachel Hollstadt、Cliff Sprague、Michael Branch、Barb Most、Jodi Curtis、Rita Mulcahy、Karen Boucher、Bill Munroe、Tess Galati、Joan Knutson、Neal Whitten、Brenda Taylor、Quentin Fleming、Jesse Freese、Nick Matteucci、Nick Erndt、Dragan Milosevic、Bob Borlink、Arvid Lee、Kathy Christenson、Peeter Kivestu 和许多其他人都提供了帮助。我喜欢这个领域的项目经理、作者和顾问，他们热衷于改进项目管理的理论和实践。

感谢我在奥格斯堡学院和明尼苏达州大学的学生和同事。感谢他们对本书的早期版本提供反馈。我从他们那里得到了许多关于如何改进课程文本和结构的宝贵意见。通过与学生、教师和工作人员的互动，我始终能够了解到关于项目管理及教学的最新动态。

感谢学院的审稿人多年来为我写这本书提供了非常好的反馈。感谢许多老师和读者，他们直接联系我，对本书提出了赞扬和改进建议。我很感谢这些反馈，并尽我所能将其整合。特别感谢以下人员：

Jody Allen，中美洲基督教大学

William Baker，南新罕布什尔大学

Tonya Barrier，密苏里州立大学

Kevin Daimi，底特律慈善大学

Antonio Drommi，底特律慈善大学

Roger Engle，富兰克林大学

Lisa Foster，沃尔什商业与会计学院

Esther Frankel，圣巴巴拉城市学院

Guy Garrett，湾岸州立学院

James Gibbs，圣约瑟夫山大学

Christa Glassman，布法罗州立学院

Thomas Haigh，密尔沃基威斯康星大学

Scott Hilberg，托森大学

Kay Hammond，林登伍德大学

Sam Hijazi，圣利奥大学

Henry Jackson，施莱纳大学

Karen Johnson，印第安纳大学西北分校

Donna Karch，圣斯科拉斯蒂卡学院

Carol Kaszynski，因维尔山社区学院

Cyril Keiffer，欧文斯社区学院

Thomas King，宾夕法尼亚州立大学

Jeff Landry，南阿拉巴马大学

Sang Joon Lee，密西西比州立大学

Sunita Lodwig，南佛罗里达大学

Max McQuighan，安妮阿伦德尔社区学院

Barbara Miller，赞恩州立学院

Kimberly Mitchell，伊利诺伊州立大学

Tim Moriarty，沃邦西社区学院

Brandon Olson，圣斯科拉斯蒂卡学院

Olga Petkova，中康涅狄格州立大学

April Reed，东卡罗来纳大学

Jason Riley，山姆休斯敦州立大学

Paula Ruby，阿肯色州立大学

Carl Scott，休斯敦大学

Ferris Sticksel，韦伯斯特大学

David Syverson，安柏瑞德航空航天大学

Arthur Thomas，锡拉丘兹大学
Angela Trego，犹他谷大学
Barbara Warner，威克技术社区学院
Steven White，安妮阿伦德尔社区学院
Dr. David Williamson，科罗拉多州立大学

最重要的是，感谢我的家人。没有他们的支持，我不可能写成本书。我的好丈夫 Dan 一直在支持我。因为他是 ComSquared Systems 公司的一名首席架构师，所以他一直在帮助我了解软件发展的最新动态。我们的 3 个孩子——Anne、Bobby 和 Scott，认为自己的母亲能写书并在会议上发言是一件很值得骄傲的事情。他们也注意到我一直在管理项目。现年 34 岁的 Anne 是新教师项目（New Teacher Project）的研究分析师，她嘲笑我是她认识的唯一一个把每床被子都当作一个项目来对待的绗缝工。（这也许就是我做了这么多事情的原因。）她在明尼苏达大学明尼苏达评估研究所（Minnesota Evaluation Studies Institute at The University of Minnesota）的同事听说了我的工作和著作后，聘请我在一个项目管理研讨会上给评估人员授课，结果这个研讨会座无虚席。我们的两个儿子现在是软件开发人员，可能很快就会成为 IT 项目经理。孩子们都了解我写这本书的主要原因——我热衷于培养未来领导者，这其中就包括他们。

像往常一样，我渴望收到你对这本书的反馈。请发送意见到 schwalbe@augsburg.edu。

凯西·施瓦尔贝博士，PMP
奥格斯堡学院工商管理系荣休教授

作者简介
Information Technology Project Management, Ninth Edition

凯西·施瓦尔贝是美国明尼阿波里斯市奥格斯堡学院工商管理系的荣誉退休教授。在 2015 年 5 月退休以前，她一直讲授项目管理、商业问题解决、系统分析与设计、信息系统项目、电子商务等课程。凯西退休后主要专注于写作、旅行、享受生活。凯西还曾是明尼苏达大学的兼职教授，在工程系教授研究生的项目管理课程。她还为几个组织提供培训和咨询服务，并在很多会议上发言。凯西大学毕业后的第一份工作是空军的项目经理。在 1991 年进入学术界之前，她在工业界工作了 10 年，曾是空军军官、项目经理、系统分析师、高级工程师和 IT 顾问。凯西是 PMI 的活跃成员，曾担任明尼苏达州的学生会联络员和教育会长、*ISSIG Review* 的编辑、PMI 信息系统特别兴趣组的市场传讯总监、PMI 考试题目编写小组的成员等，并且还为 PMI 写了很多文章。凯西在明尼苏达大学获得了高等教育的博士学位，在美国东北大学的高科技 MBA 项目中获得了 MBA 学位，在圣母大学获得了数学学士学位。2011 年，她曾被美国信息技术专业人员协会（AITP）教育特别兴趣小组（EDSIG）评为 2011 年度的教育家。目前，凯西和她的丈夫居住在明尼苏达州。访问她的个人网页可以了解更多信息：www.kathyschwalbe.com 或者 www.pmtexts.com.

凯西·施瓦尔贝的其他著作有：

- *An Introduction to Project Management, Sixth Edition* (Minneapolis: Schwalbe Publishing, 2017)。
- *Healthcare Project Management, Second Edition*，与 Dan Furlong 合著 (Minneapolis: Schwalbe Publishing, 2017)。

目 录

Information Technology Project Management, Ninth Edition

译者序
前言
作者简介

第1章 项目管理概述········1

1.1 引言········1
1.2 什么是项目········3
   1.2.1 IT 项目举例········3
   1.2.2 项目属性········4
   1.2.3 项目约束········5
1.3 什么是项目管理········7
   1.3.1 项目干系人········7
   1.3.2 项目管理知识领域········8
   1.3.3 项目管理工具和技术········9
   1.3.4 项目成功········11
1.4 项目集和项目组合管理········13
   1.4.1 项目集········13
   1.4.2 项目组合管理········14
   1.4.3 组织项目管理········15
1.5 项目经理的作用········17
   1.5.1 项目经理的工作描述········17
   1.5.2 建议项目经理掌握的技能········18
   *1.5.3 PMI 能力三角形和领导技能的重要性········19
   1.5.4 IT 项目经理的职业生涯········21
1.6 项目管理职业········21
   1.6.1 项目管理的历史········22
   1.6.2 项目管理协会········24
   1.6.3 项目管理资格认证········25
   1.6.4 项目管理的职业道德规范········26
   *1.6.5 项目管理软件········27
1.7 本章小结········28
1.8 讨论题········29
1.9 快速测验········29
1.10 快速测验的答案········30
1.11 练习题········30
1.12 关键术语········31
1.13 注释········31

第2章 项目管理与 IT 环境········34

2.1 项目管理的系统观········35
   2.1.1 什么是系统方法········35
   2.1.2 系统管理的三球模型········36
2.2 了解组织········37
   2.2.1 组织的 4 个框架········37
   2.2.2 组织结构········38
   2.2.3 组织文化········40
2.3 关注干系人需求········41
   2.3.1 高层管理者承诺的重要性········42
   2.3.2 对组织支持 IT 的需要········43
   2.3.3 对组织标准的需要········44
2.4 项目生命周期与产品生命周期········44
   2.4.1 项目生命周期········44
   2.4.2 产品生命周期········45
   2.4.3 项目阶段和管理评审的重要性········47
2.5 IT 项目的环境········48
   2.5.1 IT 项目的性质········48
   2.5.2 IT 项目团队成员的特点········48
   2.5.3 技术多样化········49
2.6 影响 IT 项目管理的新趋势········49
   2.6.1 全球化········49
   2.6.2 外包········50
   2.6.3 虚拟团队········51
   2.6.4 敏捷方法········52
2.7 本章小结········55
2.8 讨论题········56
2.9 快速测验········56
2.10 快速测验的答案········56
2.11 练习题········57

2.12	关键术语	57
2.13	注释	58

第3章 项目管理过程组 60

- 3.1 项目管理过程组简介 61
- 3.2 将过程组映射到知识领域 64
- 3.3 开发IT项目管理方法论 64
- 3.4 案例研究1：JWD咨询公司的项目管理内部网网站项目（预测方法） 66
  - 3.4.1 项目预启动及启动 66
  - 3.4.2 项目预启动任务 67
  - 3.4.3 项目启动 69
  - 3.4.4 项目计划 72
  - 3.4.5 项目执行 78
  - 3.4.6 项目监控 81
  - 3.4.7 项目收尾 82
- 3.5 案例研究2：JWD咨询公司的项目管理内部网网站项目（敏捷方法） 84
  - 3.5.1 敏捷开发的角色、工件和仪式 85
  - 3.5.2 项目预启动及启动 87
  - 3.5.3 项目计划 87
  - 3.5.4 项目执行 89
  - 3.5.5 项目监控 90
  - 3.5.6 项目收尾 91
- 3.6 过程组模板 91
- 3.7 本章小结 93
- 3.8 讨论题 94
- 3.9 快速测验 94
- 3.10 快速测验的答案 95
- 3.11 练习题 95
- 3.12 关键术语 95
- 3.13 注释 96

第4章 项目整合管理 97

- 4.1 什么是项目整合管理 98
- 4.2 战略计划和项目选择 99
  - 4.2.1 战略计划 99
  - 4.2.2 识别潜在项目 100
  - 4.2.3 将IT和业务战略相结合 101
- 4.3 选择项目的方法 103
  - 4.3.1 聚焦于重要的组织需求 103
  - 4.3.2 将IT项目分类 103
  - 4.3.3 进行财务分析 104
  - 4.3.4 使用加权评分模型 108
  - 4.3.5 实施平衡计分卡 109
- 4.4 制定项目章程 110
- 4.5 制定项目管理计划 112
  - *4.5.1 项目管理计划的内容 113
  - 4.5.2 根据指南制定项目管理计划 113
- 4.6 指导和管理项目实施 114
  - 4.6.1 协调计划和实施 115
  - 4.6.2 提供强有力的领导和支持性文化 115
  - 4.6.3 利用产品、业务和应用领域的知识 116
  - 4.6.4 项目实施工具与技术 116
- *4.7 管理项目知识 117
- 4.8 监控项目工作 118
- 4.9 实施整体变更控制 119
  - 4.9.1 IT项目的变更控制 120
  - 4.9.2 变更控制系统 120
- 4.10 项目或阶段收尾 122
- 4.11 使用软件辅助项目整合管理 123
- 4.12 敏捷/自适应环境下的注意事项 124
- 4.13 本章小结 125
- 4.14 讨论题 125
- 4.15 快速测验 126
- 4.16 快速测验的答案 126
- 4.17 练习题 126
- 4.18 实践案例 127
- 4.19 作业 128
- 4.20 关键术语 129
- 4.21 注释 129

第5章 项目范围管理 131

- 5.1 什么是项目范围管理 131
- 5.2 计划范围管理 132
- 5.3 收集需求 133
- 5.4 定义范围 136
- 5.5 创建工作分解结构 138

5.5.1　创建工作分解结构的方法……141
5.5.2　WBS 词典……145
5.5.3　创建 WBS 和 WBS 词典的建议…146
5.6　确认范围……146
5.7　控制范围……148
5.7.1　对于改善用户输入的建议……148
5.7.2　对于减少不完善和不断变化的需求的建议……149
5.8　使用软件辅助项目范围管理……150
5.9　敏捷／自适应环境下的注意事项…151
5.10　本章小结……152
5.11　讨论题……152
5.12　快速测验……153
5.13　快速测验的答案……153
5.14　练习题……153
5.15　实践案例……154
5.16　作业……155
5.17　关键术语……156
5.18　注释……156

第 6 章　项目进度管理……158
6.1　项目进度的重要性……158
6.2　计划进度管理……160
6.3　定义活动……160
6.4　排列活动顺序……162
6.4.1　依赖关系……162
6.4.2　网络图……163
6.5　估算活动持续时间……165
6.6　制定进度计划……166
6.6.1　甘特图……167
6.6.2　在甘特图上增加里程碑……168
6.6.3　使用跟踪甘特图来比较计划和实际的日期……169
6.6.4　关键路径法……170
6.6.5　计算关键路径……170
6.6.6　草是关键路径上的任务……171
6.6.7　使用关键路径分析来权衡进度…171
6.6.8　使用关键路径来缩短项目进度…173
6.6.9　更新关键路径数据的重要性…174
6.6.10　关键链进度计划……174

6.6.11　计划评审技术……177
6.6.12　敏捷和进度管理……177
6.7　进度控制……178
6.7.1　进度的现实性检查和纪律的必要性……178
6.8　使用软件辅助项目进度管理……179
6.8.1　使用项目管理软件的警告语…180
6.9　敏捷／自适应环境下的注意事项…181
6.10　本章小结……182
6.11　讨论题……183
6.12　快速测验……183
6.13　快速测验答案……184
6.14　练习题……184
6.15　实践案例……186
6.16　作业……186
6.17　关键术语……186
6.18　注释……187

第 7 章　项目成本管理……189
7.1　项目成本管理的重要性……189
7.1.1　什么是成本……190
7.1.2　什么是项目成本管理……191
7.2　成本管理的基本原理……191
7.3　计划成本管理……194
7.4　估算成本……195
7.4.1　成本估算的类型……195
7.4.2　成本估算的工具和技术……196
7.4.3　IT 成本估算的典型问题……197
7.4.4　如何制定成本估算和成本估算的依据……198
7.5　制定预算……202
7.6　控制成本……203
7.6.1　挣值管理……204
7.6.2　项目组合管理……208
7.7　使用项目管理软件辅助项目成本管理……209
7.8　敏捷／自适应环境下的注意事项…210
7.9　本章小结……210
7.10　讨论题……211
7.11　快速测验……211

7.12	快速测验的答案	212
7.13	练习题	212
7.14	实践案例	213
7.15	作业	213
7.16	关键术语	214
7.17	注释	215

第8章 项目质量管理 …… 217

- 8.1 项目质量管理的重要性 …… 217
- 8.2 什么是项目质量管理 …… 219
- 8.3 计划质量管理 …… 219
- 8.4 管理质量 …… 221
- 8.5 控制质量 …… 222
- 8.6 质量控制的工具和技术 …… 223
  - 8.6.1 统计抽样 …… 227
  - 8.6.2 六西格玛 …… 228
  - 8.6.3 测试 …… 232
- 8.7 现代质量管理 …… 233
  - 8.7.1 戴明和他的质量管理14要点 …… 233
  - 8.7.2 朱兰和他提出的高层管理者参与对质量的重要性 …… 234
  - 8.7.3 克劳斯比和追求零缺陷 …… 235
  - 8.7.4 石川馨的质量控制指南 …… 235
  - 8.7.5 田口和稳健设计方法 …… 235
  - 8.7.6 费根鲍姆和工人的质量责任 …… 236
  - 8.7.7 马尔科姆·鲍德里奇国家质量奖 …… 236
  - 8.7.8 ISO标准 …… 236
- 8.8 提高IT项目的质量 …… 237
  - 8.8.1 领导 …… 237
  - 8.8.2 质量成本 …… 237
  - 8.8.3 组织影响、工作场所因素对质量的影响 …… 239
  - 8.8.4 质量中的期望和文化差异 …… 239
  - 8.8.5 成熟度模型 …… 240
- 8.9 使用软件辅助项目质量管理 …… 242
- 8.10 敏捷/自适应环境下的注意事项 …… 242
- 8.11 本章小结 …… 243
- 8.12 讨论题 …… 244
- 8.13 快速测验 …… 244
- 8.14 快速测验的答案 …… 245
- 8.15 练习题 …… 245
- 8.16 实践案例 …… 245
- 8.17 作业 …… 245
- 8.18 关键术语 …… 246
- 8.19 注释 …… 247

第9章 项目资源管理 …… 249

- 9.1 资源管理的重要性 …… 250
  - 9.1.1 全球IT员工 …… 250
  - 9.1.2 对未来IT人力资源管理的启示 …… 250
- 9.2 什么是项目资源管理 …… 252
- 9.3 管理和领导人员的关键 …… 253
  - 9.3.1 激励理论 …… 253
  - 9.3.2 影响力和权力 …… 256
  - 9.3.3 柯维和提高效率 …… 258
  - 9.3.4 情商 …… 260
  - 9.3.5 领导力 …… 261
- 9.4 制定资源管理计划和团队章程 …… 262
  - 9.4.1 项目组织结构图 …… 262
  - 9.4.2 责任分配矩阵 …… 264
  - 9.4.3 人员配置管理计划和资源直方图 …… 265
  - *9.4.4 团队章程 …… 265
- 9.5 估算活动资源 …… 266
- 9.6 获取资源 …… 266
  - 9.6.1 资源分配 …… 267
  - 9.6.2 资源负荷 …… 268
  - 9.6.3 资源平衡 …… 269
- 9.7 建设项目团队 …… 270
  - 9.7.1 培训 …… 271
  - 9.7.2 团队建设活动 …… 272
  - 9.7.3 奖励和赏识系统 …… 275
- 9.8 管理项目团队 …… 275
  - 9.8.1 管理项目团队的工具和技术 …… 275
  - 9.8.2 关于团队管理的一般性建议 …… 277
- 9.9 控制资源 …… 278
- 9.10 使用软件辅助项目资源管理 …… 278
- 9.11 敏捷/自适应环境下的注意事项 …… 278

9.12 本章小结 279
9.13 讨论题 280
9.14 快速测验 281
9.15 快速测验的答案 281
9.16 练习题 281
9.17 实践案例 282
9.18 关键术语 283
9.19 注释 284

第10章　项目沟通管理 286

10.1 项目沟通管理的重要性 286
10.2 良好沟通的关键 288
 10.2.1 注重团队和个人的沟通需求 288
 10.2.2 正式和非正式的沟通 289
 10.2.3 及时有效地发布重要信息 290
 10.2.4 为交流坏消息搭建舞台 290
 10.2.5 确定沟通渠道的数量 290
10.3 计划沟通管理 292
10.4 管理沟通 293
 10.4.1 使用技术来强化信息创建和发布 293
 10.4.2 选择适当的沟通方法和媒介 294
 10.4.3 报告绩效 296
10.5 控制沟通 297
10.6 改善项目沟通的建议 297
 10.6.1 开发更好的沟通技能 297
 10.6.2 召开有效的会议 298
 10.6.3 有效地使用电子邮件、即时消息、短信、看板和协作工具 299
 10.6.4 使用项目沟通模板 302
10.7 使用软件辅助项目沟通管理 305
10.8 敏捷/自适应环境下的注意事项 307
10.9 本章小结 308
10.10 讨论题 308
10.11 快速测验 309
10.12 快速测验的答案 309
10.13 练习题 310
10.14 实践案例 311
10.15 关键术语 311
10.16 注释 311

第11章　项目风险管理 313

11.1 项目风险管理的重要性 313
11.2 计划风险管理 318
11.3 IT项目中常见的风险源 319
11.4 识别风险 322
 11.4.1 识别风险的几点建议 322
 11.4.2 风险登记册 323
 11.4.3 风险报告 325
11.5 实施定性风险分析 325
 11.5.1 用概率/影响矩阵估算风险因子 325
 11.5.2 十大风险事项跟踪法 326
11.6 实施定量风险分析 328
 11.6.1 决策树和期望货币值 328
 11.6.2 模拟 329
 11.6.3 灵敏度分析 331
11.7 计划风险响应 332
11.8 实施风险响应 334
11.9 监控风险 334
11.10 使用软件辅助项目风险管理 334
11.11 敏捷/自适应环境下的注意事项 335
11.12 本章小结 335
11.13 讨论题 336
11.14 快速测验 337
11.15 快速测验的答案 337
11.16 练习题 338
11.17 实践案例 338
11.18 关键术语 339
11.19 注释 339

第12章　项目采购管理 341

12.1 项目采购管理的重要性 341
12.2 计划采购管理 345
 12.2.1 合同类型 345
 12.2.2 计划采购管理的工具和技术 348
 12.2.3 采购管理计划 349
 12.2.4 工作说明书 350

12.2.5 采购或投标文件…………350
12.2.6 真正的RFP的示例…………351
12.2.7 来源选择标准…………353
12.3 实施采购…………354
12.4 控制采购…………355
12.5 使用软件辅助项目采购管理……357
12.6 敏捷/自适应环境下的注意事项…358
12.7 本章小结…………359
12.8 讨论题…………360
12.9 快速测验…………360
12.10 快速测验的答案…………361
12.11 作业…………361
12.12 实践案例…………361
12.13 关键术语…………362
12.14 注释…………362

第 13 章　项目干系人管理…………364

13.1 项目干系人管理的重要性………364
13.2 识别干系人…………365
13.3 计划干系人参与…………368
13.4 管理干系人参与…………369
13.5 监督干系人参与…………371
13.6 使用软件辅助项目干系人管理……373
13.7 敏捷/自适应环境下的注意事项…374
13.8 本章小结…………375
13.9 讨论题…………375
13.10 快速测验…………375
13.11 快速测验的答案…………376
13.12 练习题…………376
13.13 实践案例…………377
13.14 关键术语…………377
13.15 注释…………377

术语表…………378

第 1 章
Information Technology Project Management, Ninth Edition

项目管理概述

▷ 学习目标

阅读完本章后,你将能够:

- 体会到对更好的项目管理(尤其是 IT 项目管理)不断增长的需求。
- 解释什么是项目,列举 IT 项目的例子,列出项目的各种特征,并描述项目管理的约束。
- 定义项目管理,并论述项目管理框架中的关键因素,包括项目干系人、项目管理的知识领域、常用工具和技术,以及项目成功的要素。
- 讨论项目管理、项目集管理和项目组合管理之间的关系,以及它们中的每一个对企业成功的重要性。
- 通过描述项目经理做些什么、需要什么技能、理想的技能组合(能力三角形)和 IT 项目经理的就业机会来了解项目经理的角色。
- 描述项目管理专业,包括它的历史、PMI 等专业组织的作用、项目管理资格认证和职业道德的重要性,以及项目管理软件的更新。

▷ 开篇案例

Anne Roberts 是一家大型零售连锁企业信息技术项目管理办公室的主管。在一次月度例会上,她站在公司大会议厅中,向 500 名员工讲解公司的最新战略。与此同时,她的讲话正通过互联网向公司其他地区的雇员、公司的供应商、公司的股东等进行视频直播。这家公司实施的新的管理信息系统取得了很好的成效,该系统提高了库存控制水平、支持在线销售产品、简化了销售和分销过程、提高了客户服务水平。然而,最近的一次黑客入侵事件引起了投资者的恐慌,导致股价暴跌。人们急于知道公司的新策略。

Anne 开始在会议上发言,她说:"大家早上好!众所周知,我们行业的竞争很激烈。在过去的几年里,我们公司取得了很大的进步,成为一个更加敏捷的组织,特别是在重视人而不是过程、响应变化而不是遵循计划方面。我们必须共同努力应对最近出现的问题。

我们的两个最重要的目标是:为我们的员工、供应商和客户提供最好的信息安全环境和改进在线协作工具。我们面临的挑战是如何通过更好地利用信息技术为公司提供最优的解决方案。一旦成功,我们将继续位于世界一流企业之列。"

"如果失败了呢?"听众中有人问道。

"我们必须成功。"安妮回答。

1.1 引言

现在,很多组织和个人都对项目管理产生了新的兴趣。在 20 世纪 80 年代之前,项目管理主要用于向军队、计算机和建筑行业的高层管理者提供进度信息和资源数据。如今的项目管理包含的内容要比以前多得多，每个国家、每个行业的人都在进行项目管理。项目管理是一门独立的专业，拥有学位课程、学位证书和良好的职业发展机会。

新技术已经成为许多商业活动的重要因素。计算机硬件、软件、网络以及跨学科和全球性工作团队的运用已经从根本上改变了工作环境。下面的统计数据说明了项目管理对当今社会的重要性，尤其是对那些涉及信息技术的项目。

- 2017 年全球 IT 行业的支出为 3.5 万亿美元，比 2016 年增长 2.4%。通信服务占了总支出的 40%。[1]
- 美国项目管理协会的报告中指出，2017 年与项目相关的工作岗位数量达到近 6600 万个，并且需求还在继续增长。预计到 2027 年，雇主将需要 8770 万人从事项目管理相关的工作。[2]
- IT 专业人员的失业率一般是美国整个劳动力市场失业率的一半。美国劳工统计局估计，IT 专业人员的失业率仅为 2%，并且项目管理是十大最热门的技术技能之一。[3]
- 2017 年，美国项目管理专业人员的平均年薪（不包括奖金）为 112 000 美元，薪酬最高的国家瑞士达到了 130 866 美元。在对 37 个国家的调查中发现，拥有项目管理专业人士（PMP）证书的人的工资比没有 PMP 证书的人的工资高出 23%。[4]
- 雇主最看重的大学毕业生的技能都与项目管理有关：团队合作、决策、问题解决和口头沟通。[5]
- 根据美国项目管理协会的《职业脉搏调查》("Pulse of the Profession")报告，组织对项目的每 10 亿美元的投资中就有 9700 万美元被浪费。出色的项目管理会很大程度上影响公司的利润。[6]

IT 项目包括使用硬件、软件和网络来创造产品、提供服务或产出成果，其复杂性和重要性已经发生了巨大的变化。如今的公司、政府和非营利组织都意识到要想项目获得成功，就必须熟悉并运用现代项目管理技术，尤其是对 IT 项目而言。个人也逐渐意识到，要想在职场中保持竞争优势，必须努力提升技能，成为出色的项目团队成员或项目经理。他们也意识到项目管理的许多概念都可以对日常生活产生帮助，因为他们每天都要与人和技术打交道。

错在哪里

1995 年，斯坦迪什咨询集团发表了一篇引用非常高的研究报告，题为《混沌报告》("The CHAOS Report")。这家咨询公司调查了美国 365 名 IT 高级经理，他们管理了超过 8380 个 IT 应用项目。正如这篇报告的标题所示，这些项目均处于混沌的状态。20 世纪 90 年代初，美国的公司每年要在近 17.5 万个 IT 应用开发项目上花费 2500 多亿美元。这些项目包括：为州机动车辆管理部门创建一个新的数据库，开发一个新的汽车租赁和酒店预订系统，以及为银行实现一个客户端－服务器架构。该研究报告称，IT 项目的平均成功率只有 16.2%。调查者将成功定义为在计划的时间和预算内实现项目目标。研究还发现，超过 31% 的 IT 项目在完成前就被取消了，美国公司和政府机构因此损失了 810 多亿美元。该报告的作者认为 IT 行业需要更好地进行项目管理。他们解释到："软件开发项目正处于混沌状态，我们再也不能效仿这三个愚蠢的行为了：听不到失败，看不见失败，说不出失败。"[7] 尽管这项研究发生于 20 年前，但是对于让高层管理者意识到 IT 项目管理的重要性具有重要意义。

在另一项大型研究中，普华永道会计师事务所对来自 30 个不同国家的 200 家公司的项目管理成熟度进行了调查，发现超过一半的项目都失败了。该研究还发现，只有 2.5% 的公司能够持续地实现所有类型项目的范围、时间和成本目标。[8]

尽管许多研究者对这项调查的研究方法提出了质疑，但研究结果已经促使世界各地的管理者研究改进项目管理实践的方法。许多组织声称，使用项目管理技术可以带来以下优势：
- 能更好地控制财力、物力和人力资源。
- 改进与客户的关系。
- 缩短开发时间。
- 降低成本，提高生产力。
- 更高的质量和可靠性。
- 更高的边际利润。
- 更好的内部协调。
- 促进战略目标的实现。
- 更高的员工士气。

本章主要介绍项目和项目管理，解释项目如何融入项目集和项目组合管理，讨论项目经理的作用，提供与这个快速增长的行业有关的重要信息。尽管项目管理可以适用于许多不同的产业和项目，但本书重点讲述项目管理在 IT 项目中的应用。

1.2 什么是项目

在讨论项目管理之前，需要先知道项目的概念。**项目**（project）是"为创造独特的产品、服务或成果而进行的临时性工作"。[9] 另一方面，运营（operations）是在组织中为了维持业务所做的工作，它侧重于产品和服务的持续生产。项目与运营的不同之处在于，项目在达到目标或项目终止时结束。需要注意的是，参与运营和项目的人员必须一起工作以实现平稳的过渡。例如，在软件开发中，DevOps 是一个新的术语，用于描述软件开发人员（Dev）和 IT 运营维护技术人员（Ops）之间的沟通与协作文化，以更快地构建、测试和发布可靠的软件。

1.2.1 IT 项目举例

项目的规模可大可小，可能只涉及一个人，也可能涉及数千人。项目可能在一天内完成，也可能历经数年。正如前面所描述的，IT 项目包括使用硬件、软件和网络来创造产品、提供服务或者产出结果。IT 项目的例子包括：
- 一个大型医疗保健供应商网络更新其信息系统和程序，以减少医院的后天性疾病。
- 一个学生团队开发了一个智能手机应用程序，并在网上销售。
- 某公司开发无人驾驶汽车。
- 某大学升级其基础技术设施，提供整个校园的无线互联网接入，以及允许在线访问所有学术和学生服务信息。
- 某公司实施了一个新的系统来提高销售人员的工作效率并加强客户关系管理，该系统将在各种笔记本电脑、智能手机和平板电脑上运行。
- 某电视网络公司实施了一个新的系统，允许观众为选手投票，并通过社交媒体网站对节目提供其他反馈。
- 某政府组织开发了一个跟踪儿童免疫接种信息的系统。
- 来自世界各地相关机构的志愿者制定了环保或绿色的 IT 标准。

- 一家全球性银行收购其他金融机构，需要整合其系统和程序以形成一个实体。
- 政府法规要求监测空气和水中的污染物。
- 某跨国公司决定将其信息系统整合为一个综合的企业资源管理系统。

著名咨询公司 Gartner 发布了 2018 年十大战略技术。其中一部分技术包括：

- 人工智能（Artificial Intelligence，AI）基础：创建能够自主学习、自适应并可能采取自主行动的系统，从而提高决策能力、改善客户体验。
- 智能物联网：人工智能正在推动新智能事物的发展，包括自动驾驶汽车、机器人、无人机，以及物联网（如恒温器、灯具和家用电器）。
- 从云计算到边缘计算：边缘计算将数据处理推到网络的边缘，更接近数据的来源。该设备不需要将数据发送到云服务器或中央数据中心进行处理，而是通过本地网关设备进行连接，从而实现更快的分析并减少网络压力。
- 沉浸式体验：虚拟现实、增强现实和混合现实正在改变人们感知数字世界和与之交互的方式。"虚拟现实（Virtual Reality，VR）和增强现实（Augmented Reality，AR）市场目前还未成熟，且呈分散状态。人们对虚拟现实的兴趣很高，因此出现了许多新奇的虚拟现实应用程序。但这些应用程序除了提供具有先进技术的娱乐（如视频游戏、360 度球形视频）之外，几乎没有真正的商业价值。为了推动真正切实的业务价值，企业必须研究特定的现实生活场景，在这些场景中，虚拟现实技术和增强现实技术可以提高员工的工作效率，并增强设计、培训和可视化流程。"[10]

正如大家所看到的，各种各样的项目都使用信息技术，而组织也依赖这些技术来获得成功。

媒体快照

Gartner 2012 年十大战略技术之一是智能手机和平板电脑的应用商店和市场。Gartner 预测，到 2014 年，每年移动应用程序的下载量将超过 700 亿次。但实际数字几乎是预测值的两倍![11] 到目前为止，Facebook 是下载量最多的应用程序，而所有应用程序中最受欢迎的类别仍然是游戏。

截至 2017 年 3 月，安卓用户可以下载 280 万个不同的应用程序，苹果用户可以下载 220 万个。2016 年，全球移动互联网用户普及率已经超过世界人口的一半。千禧一代平均每天从移动设备（如智能手机、平板电脑或可穿戴设备等）访问在线内容的时间已经达到了 185 分钟，X 一代每天为 110 分钟，而婴儿潮一代每天为 43 分钟。[12]

1.2.2 项目属性

项目有各种各样的形式和规模，下面这些属性有助于进一步明确项目的定义：

- 项目有一个独特的目的。每个项目都应该有一个明确的目标。例如，在开篇案例中，项目管理办公室主管 Anne Roberts 计划发起一个 IT 协作项目，以开发一个可能改善公司运营的潜在 IT 项目列表，并对这些项目进行初步分析。这个项目的独特目的是完成一个协作报告，这个协作报告可以反映公司所有人员的想法和建议。这些结果将为进一步讨论和选择要执行的项目提供依据。从这个例子中可以看出，项目会产生独特的产品、服务或成果。

- 项目是临时性的。每个项目都有一个明确的起点和终点。在前面提到的 IT 协作项目的例子中，Anne 可能会迅速组建团队开展项目，然后计划在一个月内完成报告并进行成果汇报。
- 项目推动变革并创造价值。一个项目的启动是为了带来改变，以满足需求或愿望。它的目的是实现一个特定的目标，将环境（在住宅建设项目中是居住环境）从当前状态变更为更期望的或更有价值的状态。
- 项目是通过不断完善细节而逐步开展的。项目在开始时通常定义得很宽泛，随着时间的推移，项目的具体细节会变得更加清晰。因此，项目应该以增量的方式逐步开发。项目团队应该制定最初的计划，然后根据新信息来更新计划的细节。
- 项目需要来自不同领域的资源。资源包括人员、硬件、软件和其他资产。许多项目都需要跨部门或其他边界来实现其独特的目的。对于 IT 协作项目，来自 IT 部、市场部、销售部、分销部和公司其他部门的人员需要一起工作来达到目标。
- 项目应该有一个主要的客户或项目发起人。大多数项目都有许多利益相关方或干系人，但是一个项目要想成功，必须有人承担起项目发起人的角色。项目发起人通常为项目提供方向和资金。高层管理者的支持对项目的成功至关重要，这在后面章节将详细论述。Anne Roberts 便是 IT 协作项目的发起人。
- 项目具有不确定性。因为每个项目都是独特的，所以有时很难明确定义它的目标，估算它的持续时间或成本。外部因素也会导致不确定性，如供应商破产或项目团队成员需要临时休假。这种不确定性是项目管理具有挑战性的主要原因之一，尤其是在涉及新技术的项目中。

一位优秀的**项目经理**（project manager）对于项目的成功是至关重要的。他将和项目发起者、项目团队成员以及其他与项目相关的人一起，为达到项目目标而努力。

1.2.3 项目约束

每个项目都会在不同程度上受到范围目标、时间目标和成本目标的约束。在项目管理中，这些制约因素被称为项目管理的**三项约束**（triple constraint）。要想使项目成功完成，项目经理必须考虑项目的范围、时间和成本，并在这三个相互竞争的约束之间寻找到一个合适的平衡点。为此，必须考虑以下几个方面。

- 范围：作为项目的一部分，将完成哪些工作？项目客户或发起人希望通过项目得到什么样的产品、服务或成果？如何确认范围？
- 时间：完成这个项目需要多长时间？项目进度计划是什么？团队将如何跟踪实际的进度？谁有权批准进度的变更？
- 成本：完成这个项目需要多少成本？项目预算是多少？如何跟踪成本？谁有权批准成本的变更？

图 1-1 呈现了三项约束的三个维度。每个项目在开始时都没有范围目标、时间目标和成本目标。例如，IT 协作项目的最初范围可能是生成一份 40~50 页的报告，以及关于大约 30 个潜在 IT 项目的一小时演示文稿。项目经理可以进一步定义项目范围，包括提供每个潜在项目的描述、其他公司对类似项目实施情况的调查、粗略的时间和成本估算，以及对风险和潜在收益大小的评估。这个项目初步时间估计为一个月，成本估算为 4.5 万~5 万美元。这些期望为该项目在范围、时间和成本这三个维度上设定了目标。

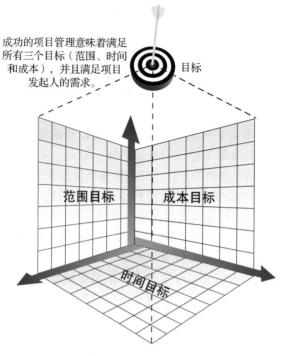

图 1-1 项目约束因素

需要注意的是，本案例的范围目标是报告的页数为 40～50 页，项目的成本目标在 4.5 万～5 万美元之间。由于项目涉及不确定性和有限的资源，项目很少按照其初始的范围目标、时间目标和成本目标完成。与其制定离散的目标，更现实的做法是为目标设定一个区间，比如成本支出为 4.5 万～5 万美元，报告的页数为 40～50 页。项目最终要达到的是这些目标区间而不是某个特定的数字。

管理三项约束是指在项目的范围目标、时间目标和成本目标之间进行权衡。例如，可能需要增加项目预算以满足范围目标和时间目标；或者，可能不得不缩小项目的范围以满足时间目标和成本目标。有经验的项目经理知道他必须判断三项约束中哪项最重要。如果时间目标是最重要的，那么必须经常改变最初的范围目标和成本目标来满足进度要求。如果范围目标是最重要的，那么可能需要调整时间目标和成本目标。

为了生成 IT 协作项目的项目想法，假设项目经理按照计划向所有员工发送了电子邮件调查。使用电子邮件调查来获得想法的原始估算是花费一周的时间和 5000 美元的成本。现在，假设电子邮件调查只产生了几个好的项目想法，但是范围目标是收集至少 30 个好的想法。项目团队是否应该使用诸如焦点小组或访谈等其他方法来收集想法？即使这些不在最初的范围、时间或成本估算中，但确实对项目有帮助。因为好的想法对项目的成功至关重要，所以通知项目发起人进行必要的调整是有意义的。

虽然项目管理的三项约束描述了项目的基本要素是如何相互关联的，但是其他因素也可能起重要作用。如同客户或发起人的满意度一样，质量通常是项目的一个关键约束因素。也有人提出了项目管理的四项约束，包括质量、范围、时间和成本。项目团队可能满足范围目标、时间目标和成本目标，但可能无法满足质量标准并使发起人满意。例如，Anne Roberts 可能会收到一份 50 页的报告——其中描述了 30 个潜在的 IT 项目，并听取了总结报告。项目团队可能按时并在成本限制内完成了工作,但是质量可能无法令人接受。

其他因素也可能对特定的项目是至关重要的。在一些项目中,资源是主要考虑的因素。例如,娱乐行业经常需要特定的演员来出演电影或电视节目。项目目标必须根据特定人员的可用时间进行调整。风险也会影响重大的项目决策。一家公司可能会等风险达到可接受的水平后才开始项目。项目经理应该在整个项目过程中与发起人进行沟通,以确保项目符合预期。对于处理与干系人的沟通,以及更好地理解他们的期望,第10章和第13章进行了更详细的描述。

当满足范围目标、时间目标和成本目标,但忽略了客户满意度时,如何避免出现问题?答案是良好的项目管理,这还包括平衡三项约束之外的其他约束因素。

1.3 什么是项目管理

项目管理(project management)是"将知识、技能、工具和技术应用于项目活动,以满足项目要求。"[13] 项目经理不应该局限于试图满足项目具体的范围目标、时间目标、成本目标和质量目标,同时也必须协调整个过程,以满足项目活动相关者或干系人的需求或期望。

图1-2描述了一个有助于进一步理解项目管理的框架。这个框架的关键因素包括项目干系人、项目管理知识领域、项目管理工具和技术,以及成功的项目对整个企业的贡献。

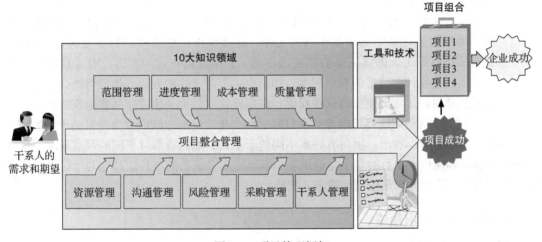

图 1-2　项目管理框架

1.3.1　项目干系人

干系人(stakeholder)是指参与项目活动或受项目活动影响的个人、群体或组织,包括项目发起人、项目团队、支持人员、客户、用户、供应商,甚至项目的反对者。这些干系人通常有完全不同的需求和期望。房屋建设项目是常见的项目例子,其中可能包含以下干系人:

- 这个项目的发起人将是潜在的新业主,他们将为房子买单。他们的预算可能非常紧张,所以希望承包商能提供一个符合他们预算的房屋建造方案。他们同样可能关注什么时候可以入住。不管预算如何,他们都希望承包商能提供准确的建筑造价估算。新业主将不得不做出重要决定,把房屋的造价控制在他们的预算之内。如果同时建好地下室,他们能支付起地下室的装修费用吗?如果他们有能力支付地下室的装修费用,那么会影响原来预计的入住日期吗?在这个例子中,项目发起人也是项目的客户和使用者。

- 房屋建筑项目可能需要银行或其他金融机构（如信用合作社）的融资，这些机构将获得对房产和竣工建筑的合法权益（留置权）。这些机构是合法的干系人，根据合同规定，如果项目的规划或进度发生变更，必须告知这些机构。
- 本例中的项目经理是负责建造房屋的总承包商。项目经理需要与所有项目干系人一起工作，以满足他们的需求和期望。
- 该房屋建筑项目的项目团队应该包括建筑工人、电工和木匠等。这些干系人需要确切地知道他们必须做什么工作，以及应该在什么时间内完成这些工作。他们还需要明确，是由建筑工地提供所需的材料和设备，还是需要他们自己提供。由于团队成员之间的工作相互关联，因此还需要对他们的工作进行协调。例如，在墙体建好之前，木匠无法完成厨房橱柜的安装。
- 支持人员可能包括买方的雇主、总承包商的行政助理，以及那些支持其他干系人的人。买方的雇主会希望他们的员工在完成本职工作的基础上还有些弹性时间，这样他们就可以到施工现场检查或对施工相关事项进行电话沟通协调。总承包商的行政助理则会组织协调买方、承包商、供应商和其他各方召开会议来支持项目。
- 房屋建筑项目需要许多供应商。这些供应商将提供木材、窗户、地板、电器等。供应商希望得到需要他们提供的材料和设备清单，以及在何处、何时交付这些材料和设备。
- 一个项目可能会有反对者。在本例中，某个邻居可能会反对这个项目，因为施工产生的噪声使她在家中无法集中精力工作，或者噪声可能会吵醒她正在睡觉的孩子。她可能会打断工人的施工来表达她的不满，甚至提出正式的投诉。有些社区可能有关于新住宅设计和建造的规章制度。如果业主不遵守这些规定，他们可能会通过法律手段使项目停工。即使没有这些投诉，房屋建筑项目也必须遵守某些建筑法律法规和规章制度。这些问题都可能导致项目需求的变化，使地方政府成为项目的干系人。

从这个例子中可以看出，项目有许多不同的干系人，他们通常有不同的利益需求。这些干系人的需求和期望在项目的整个生命周期中都很重要。成功的项目经理会与项目干系人建立良好的关系，理解并满足他们的需求和期望。

1.3.2 项目管理知识领域

项目管理知识领域（project management knowledge areas）描述了项目经理必须具备的关键能力。图1-2的中间部分展示了项目管理的10大知识领域。这10大知识领域的简要描述如下：

1. 项目范围管理包括定义和管理成功完成项目所需的全部工作。
2. 项目进度管理（以前称为项目时间管理）包括估计完成工作所需的时间，制定可接受的项目进度，并确保项目按时完成。
3. 项目成本管理包括项目预算的制定和管理。
4. 项目质量管理确保项目满足各方明确表述的或隐含的需求。
5. 项目资源管理是指有效利用与项目有关的人员和物质资源。
6. 项目沟通管理包括生成、收集、传播和存储项目信息。
7. 项目风险管理包括识别、分析和应对与项目相关的风险。
8. 项目采购管理包括从实施项目的组织外部获取或采购产品和服务。
9. 项目干系人管理包括识别和分析干系人的需求，同时在项目的整个生命周期中管理和控制干系人参与项目决策和执行。

10. 项目整合管理是一个影响所有其他知识领域并受其影响的总体功能。

项目经理必须具备所有 10 大知识领域中的知识和技能。由于这些知识领域对项目成功至关重要，因此，本书对每个知识领域都分别进行了讲解。

1.3.3 项目管理工具和技术

著名历史学家、作家 Thomas Carlyle 说："人是一种会使用工具的动物。没有工具，他将一无所成；有了工具，他将掌握一切。"随着世界变得越来越复杂，开发和使用工具也变得更加重要，尤其是管理重要项目的工具。**项目管理工具和技术**（Project management tools and techniques）帮助项目经理及其团队在所有 10 个知识领域开展工作。例如，一些流行的时间管理工具和技术包括：甘特图（Gantt charts）、项目网络图（project network diagrams）和关键路径分析（critical path analysis）。表 1-1 列出了一些知识领域常用的工具和技术。在本书的后续章节中，读者将详细地了解这些工具以及其他的技术和工具。

表 1-1　各项目管理知识领域常用的项目管理工具和技术

知识领域/种类	工具和技术	超级工具
整合管理	项目选择方法 项目管理方法论 干系人分析 工作需求 项目章程 项目管理计划 变更控制委员会 项目评审会议	项目管理软件 变更请求 经验总结报告
范围管理	工作说明 范围管理计划 范围验证技术 范围变更控制	范围说明书 工作分解结构 需求分析
进度管理	项目网络图 关键路径分析 赶工 快速追踪 进度绩效测量	甘特图
成本管理	项目预算 净现值 投资回报率 回收期分析 挣值管理 项目组合管理 成本估算 成本管理计划 成本基准	
质量管理	质量度量 检查清单 质量控制图 帕累托图 鱼骨图 成熟度模型 统计方法 测试计划	

(续)

知识领域/种类	工具和技术	超级工具
资源管理	激励技术 移情倾听 责任分配矩阵 项目组织结构图 资源直方图 团队建设训练	
沟通管理	沟通管理计划 冲突管理 传播媒介选择 状态报告 虚拟沟通 模板 项目网站	启动会议 进度报告
风险管理	风险管理计划 风险登记册 概率/影响矩阵 风险分级	
采购管理	自制-购买分析 合同 招标书或询价书 资源选择 供应商评价矩阵	

为了评价项目管理工具，对753个项目和项目经理进行了调查。被调查者根据这些工具的使用范围以及对促进项目成功的作用，将这些工具评为1～5（从低到高）5个等级。使用率高并对项目成功作用潜力巨大的工具被定义为"超级工具"。这些超级工具包括用于任务进度计划（例如项目管理软件）、范围说明书、需求分析以及经验总结报告的软件。目前已被广泛使用，并且实践证明能促进项目开展的重要工具包括进度报告、启动会议、甘特图以及变更请求。

表1-1[14]的第3列列出了这些超级工具，需要注意的是项目干系人管理在调查时并不是一个单独的知识领域。

《项目管理知识体系指南（第6版）》按照使用工具和技术的目的列出了一些工具和技术，如下所示：

- 数据收集：标杆管理、头脑风暴、检查表、检查清单、焦点小组、访谈、市场调研、问卷调查和统计抽样。
- 数据分析：备选方案分析、其他风险参数的评估、假设和约束分析、质量成本、成本效益分析、决策树分析、文档分析、挣值分析等。
- 数据展示：亲和图、因果图、控制图、流程图、层次结构图、直方图、逻辑数据模型、矩阵图、基于矩阵的图、思维导图、概率和影响矩阵、散点图、干系人参与度评估矩阵、干系人分析图和文字描述形式。
- 决策制定：多标准决策分析和表决。
- 沟通：反馈和报告。
- 人际关系和团队技能：积极倾听、沟通风格评估、冲突管理、文化意识、决策制定、情商、促进、影响、领导、会议管理、动机、谈判、网络、名义小组、观察/对话、政治意识、团队建设。

- 未分组：其他几个工具属于这个类别。

这些工具和技术列表可能会让人应接不暇。本书将重点介绍最常用和最有潜力的方法，并提供使用它们的详细示例。项目经理和团队成员确定哪些工具和技术对他们的项目最有用，这是至关重要的。选择适当的工具和技术（包括过程、输入、输出和生命周期阶段将在本书后面章节进行讨论）是项目裁剪的一部分。项目管理应该进行适当裁剪以适应项目、组织，以及更重要的人的独特需求。毕竟，项目是由人完成，也是为了人的目的而开展的。

尽管项目管理有它的优势，但并不是保证所有项目成功的"银弹"。有些项目（例如那些涉及新技术的项目）具有较高的不确定性，因此很难满足它们的范围目标、进度目标和成本目标。项目管理是一门涉及面广且复杂的学科。对一个项目有效的方法可能对另一个项目无效，因此项目经理必须不断改进他们管理项目的知识和技能。当然，从过去项目的错误和成功中吸取经验教训也至关重要。

对在哪里

斯坦迪什咨询集团（见之前"错在哪里"模块引用的"混沌"研究）的后续研究结果显示 IT 项目的统计数据有所改善：

- 2015 年，在全世界超过 5 万个软件开发项目的样本中，成功项目的数量（按时完成、按预算完成、结果令人满意的项目）占 29%，失败的项目（在实施后取消或实施后未使用的项目）的数量占 19%。这使得 52% 的项目面临挑战（超过预算、延迟或执行不力）。该样本数据包括具有不同规模和采用不同方法论的项目。
- 2015 年的"混沌"研究还总结了不同规模项目的成功率。结果表明 2011 年～2015 年，62% 的小项目成功。相比之下，只有 2% 的超大规模项目、6% 的大型项目、9% 的中等规模项目和 21% 的一般规模项目成功。小项目显然更容易成功完成。
- 该研究还分析了 2011 年～2015 年 1 万个不同规模的项目采用敏捷开发的成功率。结果显示，采用敏捷开发的项目的平均成功率为 39%，而采用瀑布式开发的项目的平均成功率只有 11%。在小型项目中，采用敏捷开发的项目的成功率为 58%，而采用瀑布式开发的项目的成功率为 44%。[15]

根据美国项目管理协会的调查，在所有行业中，被视为失败的项目的平均比例为 14%，2016 年被视为失败的 IT 项目的平均比例也是 14%。[16]

1.3.4 项目成功

如何定义一个项目的成功或失败呢？下面列出了一些衡量项目是否成功的常用标准。以在 3 个月内花费 30 万美元对 500 台计算机进行升级的项目为例：

1. **项目达到了范围目标、时间目标和成本目标。** 假如 500 台计算机都完成了升级并满足了其他一些范围要求，刚好 3 个月或 3 个月以内完成，成本为 30 万美元或更低，那么根据此条判断标准，就可以认为它是成功的。斯坦迪什咨询集团的研究使用了这个关于成功的定义，但是一些人质疑这个简单的项目成功的定义和收集数据的方法。（搜索 Robert L. Glass 的文章，阅读更多关于这个问题讨论。）

2. **项目使客户/发起人满意。** 即使项目达到了最初的范围目标、时间目标和成本目标，计算机用户或他们的经理可能也不会满意。也许项目经理或团队成员从不回电话或态度粗鲁。也许在升级期间中断了用户的日常工作，或者由于升级而导致他们不得不加班。如果客户对项目的重要方面不满意,项目就会被视为失败。相反,一个项目可能没有达到最初的范围目标、时间目标和成本目标,但是客户仍然可能非常满意。也许项目团队比计划花费了更多的时间和金钱,但是他们非常有礼貌,帮助用户和经理解决了几个与工作相关的问题。许多组织利用客户满意度评估系统来度量项目的成功,而不是仅仅跟踪范围、时间和成本绩效。

3. 项目的结果达到了主要目标,比如赚取或节省了一定数目的钱,带来了较好的投资回报率,或者仅仅是让项目发起人感到满意。即使项目的成本比预计的要高,完成的时间比预计的要长,项目团队也很难合作,但是如果用户对升级后的计算机满意,那么项目就会成功。再举一个例子,假设项目发起人批准了升级项目,通过项目升级加快工作速度,从而带来更多的利润并取得良好的投资回报率。如果实现了这些目标,发起人将认为项目是成功的,而不会过多考虑其他因素。

为什么有些 IT 项目成功了,有些却失败了呢?表 1-2 总结了 2015 年"混沌"研究的结果。对促使 IT 项目成功的因素按重要性进行了排序。高层管理者的支持是项目成功最重要的因素,其次是组织的情感成熟度。还有一些重要的成功因素与良好的范围管理相关,例如有明确的业务目标和范围优化。项目管理专业知识也是一个关键的成功因素。事实上,根据早期的"混沌"研究,经验丰富的项目经理能够影响其他所有的因素,从而提高项目成功的可能性——他们促成了 97% 的项目获得成功。

表 1-2 什么促使项目获得了成功

项目的成功因素	得分	项目的成功因素	得分
高层管理者的支持	15	敏捷过程	7
情感成熟度	15	适度执行	6
用户参与	15	项目管理专业知识	5
范围优化	15	明确的业务目标	4
技术资源	10		

资料来源:The Standish Group,"CHAOS Manifesto 2015"(2015).

美国政府的一份报告列出了联邦政府技术项目成功的三大原因:
1. 足够的资金。
2. 员工的专业知识。
3. 所有干系人的参与。

需要注意的是,"混沌"研究的关键因素列表中没有"足够的资金"这个因素。大多数非政府组织必须为重要项目找到足够的资金,如果无法获得资金或无法获得足够的回报就必须取消项目。政府项目通常需要在项目开始前一年或更长的时间内划拨预算,且预算通常是低于资金需求的。"由于联邦政府的合同签订过程很复杂,且缺乏合格的合同管理人员和技术人员,因此导致政府在获取技术时遇到了很多困难。评论家认为,联邦政府机构每年在 IT 项目方面的支出高达 800 亿美元,却没有得到多少回报……'历史表明,政府的 IT 项目经常面临成本、进度或绩效目标的挑战。'缅因州共和党参议员 Susan Collins 在一份声明中表示。"[17]

比较美国和其他国家的 IT 项目的成功因素,你会发现一些有趣的结果。一项对 247 名中国 IT 项目从业者的调查发现,关系管理被视为中国 IT 项目成功的最重要因素,而在对美国的研究中并未提及。研究还表明,在中国,拥有有能力的团队成员并不像在美国那么重要。当然两者也有相同之处,高层管理者的支持、用户的参与和一个有能力的项目经理对于项目成功都是至关重要的。[18]

超越单个项目的成功率，关注组织作为一个整体如何促进项目的开展也是十分重要的。一项研究比较了在项目交付方面表现出色的公司（"赢家"），发现它们拥有4个重要的最佳实践：

1. 使用一个完整的工具箱。在管理项目方面总是成功的公司清楚地定义了在一个项目中需要做什么、由谁来做、何时做、如何做。他们使用一个完整的工具箱，包括项目管理工具、方法和技术。他们精心挑选工具，使它们与项目和业务目标保持一致，并将它们与度量标准联系起来提供给项目经理，以得到良好的效果。

2. 培养项目领袖。成功的公司明白，优秀的项目管理者（此处称为项目领袖）对于项目的成功是至关重要的。他们同样知道，一位优秀的项目领袖同样需要成为商业领袖，并具有很好的人际关系和很强的个人能力。在项目管理方面出众的公司通常会在内部培养或发展项目领袖，为他们提供职业机会、培训和指导。

3. 简化项目交付过程。成功的公司检查项目交付过程中的每一个环节，分析工作负荷的波动，寻找减少变更的方法并消除瓶颈，以创建可重复的项目交付过程。所有项目都经过明确的阶段，并明确定义关键的里程碑。所有的项目领袖使用一张共享的路线图，关注项目的关键业务，同时将项目目标与组织的整体目标进行整合。

4. 使用度量体系检测项目的状况。擅长项目交付的公司使用绩效度量体系来量化过程。他们关注几种重要的度量方法，并把这些方法运用到所有的项目中。度量标准通常包括客户满意度、投资回报率以及进度缓冲器的消耗比率。[19]

项目经理对项目的成功起到了重要作用，因此也更能促使组织走向成功。项目经理与项目发起人、项目团队以及其他干系人一起工作，以实现项目目标。他们还与发起人一起定义特定项目的成功标准。优秀的项目经理并不认为他们对成功的定义应该与项目发起人一样。他们会花时间了解项目发起人的期望，然后根据重要的成功标准来衡量项目绩效。

1.4 项目集和项目组合管理

所有项目每年消耗大约1/4的世界总产值。项目是大多数商业组织和企业工作的重要组成部分，因此，成功管理这些项目对于企业的成功至关重要。项目集和项目组合管理这两个重要概念的应用将有助于项目满足企业实现某些目标的需要。

1.4.1 项目集

项目集（program）是指"以协调的方式管理一组相互关联的项目、子项目集和项目集活动，以便获得分别管理所无法获得的利益。"[20] 正如你想象的那样，将项目组合在一起，有助于简化管理、人员招聘、采购和其他工作，并且更加经济。项目集并不等同于超大规模项目。超大规模项目的规模非常大，通常耗资超过10亿美元，影响100多万人，并且持续数年。例如，巴拿马运河扩建工程就是一个耗资52.5亿美元，耗时11年建成的超大规模工程。下面是IT领域常见的项目集的案例。

- **基础设施**：IT部门常常会为IT基础设施项目设立一个项目集。该项目集包括许多具体的项目，例如提供更多的无线网络连接、升级硬件和软件、增强计算机安全、开发或维护公司的IT标准等。
- **应用开发**：这个项目集可能包括几个项目，例如更新企业资源计划（ERP）系统、购买现成的计费系统，或者为客户关系管理系统开发一种新功能。

- **用户支持**：除了许多与用户支持有关的日常运营任务外，许多 IT 部门还有一些用户支持的项目，例如提供更好的电子邮件系统的项目，或者为用户开发技术培训的项目。

项目集经理（program manager）对领导项目集内项目的项目经理进行领导并指明方向。项目集经理同样会协调项目团队、职能部门、供应商和运营员工的工作以支持项目，并确保产品和流程实现利益最大化。项目集经理的责任远远不是交付项目这样简单，他们是变更的委托代理人，要对这些项目的过程和产出的成功负责。例如，美国国家航空航天局的国际空间站项目由一位项目集经理领导，他负责监督美国与空间站有关的所有项目，并为实现这些项目的目标、资金以及对科学知识的贡献负责。

项目集经理经常会与所有的项目经理召开评审会议，共享重要信息并对每个项目的重要工作进行协调。许多项目集经理在职业生涯的早期担任项目经理，他们喜欢与项目经理分享自己的经验和专业知识。高效的项目集经理认识到管理一个项目集要比管理单个项目复杂得多，仅有技术和项目管理技能是不够的，项目集经理还必须拥有强大的业务知识、领导能力和沟通技巧。

1.4.2 项目组合管理

在许多组织中，项目经理还会实行一种新兴的业务战略，即本书所称的**项目组合管理**（project portfolio management）或**组合管理**（portfolio management）。在这种战略中，组织将项目以及项目集组合并进行管理，使其作为一个投资组合，从而促成整个企业的成功。在项目组合管理中，负责项目组合管理的经理从战略视角帮助组织挑选并分析项目，以此帮助组织做出明智的投资决策。这些经理并不一定具有担任项目经理和项目集经理的工作经历。但是毫无疑问，拥有坚实的财务知识和分析能力，并了解项目和项目集怎样才能达到战略目标对他们来说是最重要的。

图 1-3 描述了项目管理和项目组合管理之间的区别。需要注意的是，它们最主要的区别体现在各自致力于达到的目标上，即是战术目标还是战略目标。战术目标常常比战略目标更具体，时间也更短；相反，战略目标则重点强调一个组织的长期目标。单个项目常常强调战术目标，而组合管理却强调战略目标。项目管理聚焦于这类问题："项目执行得好吗？""项目是否按时、按预算进行？"，以及"项目干系人知道他们应该做什么吗？"

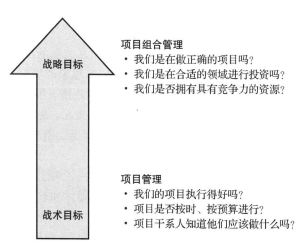

图 1-3　项目管理与项目组合管理的对比

项目组合管理解决的问题包括:"我们是在做正确的项目吗?""我们是在合适的领域进行投资吗?""我们是否拥有具有竞争力的资源?"美国项目管理协会将项目组合管理定义为"为了实现战略目标而组合在一起管理的项目、项目集、子项目组合和运营工作"。[21]

许多组织采用更为严格的项目组合管理方法,即通过开发指导方针和软件工具来协助进行项目管理。美国项目管理协会(在后边章节将详细描述)在2003年首次出版《组织项目管理成熟度模型知识基础》(*Organizational Project Management Maturity Model (OPM3®) Knowledge Foundation*)。[22]OPM3® 不仅描述了管理好单个项目或者项目集的重要性,同样描述了在组织项目管理的基础上,将项目、项目集以及项目组合管理与组织战略目标联系起来的重要性。OPM3® 是一个标准,组织根据这个标准和全面的最佳实践组合设置一套指标,来衡量本组织的项目管理成熟度。

最佳实践

最佳实践是指"业界公认的实现既定目标或目的的最佳方法"。[23]哈佛商学院教授、著名作家和顾问 Rosabeth Moss Kanter 认为,有远见的领导者知道"最佳实践的秘诀是努力向任何领域最优秀的人学习,能使远大目标更可能实现。"[24]Kanter 同时强调,对于最佳实践需要找到可衡量的标准。组织可以通过与自己的过去、同行甚至未来相比较来衡量绩效。Kanter 建议组织应不断达到更高的标准。对于那些想以最明智的方法使用最佳实践来帮助自己的组织的商业领袖,她提出了以下实践体系:
- 实现更高的目标。要不断努力,提高标准并激发热情。找到最佳实践的最佳之处,然后将其作为达到美好未来的激励手段。
- 帮助组织内的每一名员工成为专家。基于最佳实践的交流,利用基准和标准授权员工自我管理。
- 检查细节。视野开阔一些,把整个世界作为自己的实验室进行学习。

《项目实践》(*The Project Workout*)的作者 Robert Butrick 为《终极商务图书馆的最佳实践》(*Ultimate Business Library's Best Practice*)一书撰写了一篇关于项目管理中的最佳实践的文章。他认为组织应遵循项目管理的一些基本原则,这些原则包括本章前面提到的两条:
- 确保项目是战略驱动的。要能够证明,你所承担的每个项目如何适合你的商业战略,并立即筛选出不必要的项目。
- 促使干系人参与进来。忽视干系人常常会导致项目失败。确保干系人参与项目的每个阶段,并随时随地鼓励团队合作和做出承诺。[25]

1.4.3 组织项目管理

组织将项目分组到项目组合中,以帮助管理者做出更好的投资决策,比如根据财务业绩、风险、资源使用率和其他类似的影响组织价值的因素来做出增加、减少、终止或更改特定的项目或项目集的决定。例如,如果一家建筑公司在公寓楼上的利润率远高于独栋住宅,那么该公司可能会选择开发更多的公寓楼项目。该公司还可能创建一个新项目,研究如何增加独户住宅项目的利润。此外,如果公司有太多的项目关注财务业绩,而没有关注提高员工的能力,那么投资组合经理可能会建议启动更多的项目来支持该战略目标。就像个人的投资组合一样,组织的投资组合也应该多样化,以分散风险。

通过将项目分组到项目组合中，组织可以更好地将它们的项目与战略目标联系起来。项目组合管理还可以通过聘用、培训和留住员工来支持投资组合中的项目，进而帮助组织更好地管理其人力资源。例如，如果建筑公司需要更多有建造公寓大楼经验的人，他们可以通过聘用或培训现有工人的必要技能来满足人力资源需求。

正如你能想象的那样，项目组合管理并不是一项容易的任务。图1-4在假设整个组织存在一个大的项目组合的情况下，为项目组合管理指出了一种方法。这样就可以让高层管理者从整个组织的高度来观察和管理所有的项目。然后，对项目组合的各个部分进行分解，以改善各个部分的项目管理。例如，一家公司或许有如图1-4左侧所示的主要项目组合（营销、材料、IT、人力资源），然后把该图的每个部分进一步分解，从而处理其独特的关注点。图的右侧表明，为了更好地进行管理，IT项目如何才能分解得更详细。在本例中，有3个基本的IT项目组合种类：

- 冒险类项目：该类项目有助于改变目前的业务经营。例如，在"开篇案例"描述的大型零售连锁示例中，或许存在着一个IT项目——在商店里提供kiosks，同样也在网上提供，这样顾客和供应商就能够迅速提供有关产品和服务的反馈。这个项目能通过与顾客和供应商发展更亲密的关系来转变业务经营。
- 成长类项目：这类项目能帮助公司提高收入。例如，一家公司或许有一个新的IT项目——在其公司网站上用一种新的语言（中文或者日文）提供信息。这种项目能够促进他们在使用该语言的国家增加收入。
- 核心类项目：它是指为了商业活动的正常运营而必须要完成的那些项目。例如，为新员工提供计算机的IT项目就属于此类。

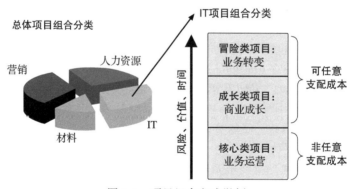

图1-4　项目组合方式举例

需要注意的是，在图1-4中，核心类IT项目对应的成本是不可任意支配的。这就意味着，公司对是否投资这些项目没有选择的余地，为维持运营必须进行投资。冒险类和成长类的项目对应的成本是可任意支配的，这些项目对公司完成其使命重要但不关键，公司可以利用自己的判断力决定是否进行投资。同时也要注意图1-4中间的箭头。这个箭头表明，从核心类项目到成长类项目，再到冒险类项目，项目的风险和价值是递增的。此外，时效性变得越来越重要。成长类项目和冒险类项目相比于核心类项目，必须在一定的时间内完成才能有效。然而，一些核心类项目也可能是高风险和高收益的，并且需要良好的时间安排。正如你所看到的，项目组合管理涉及许多因素。

1.5 项目经理的作用

前面提到过,项目经理必须与其他干系人密切合作,尤其是项目发起人和项目团队。如果项目经理熟悉 10 大项目管理知识领域以及与项目管理相关的各种工具和技术,那么他们的效率会更高。有经验的项目经理有助于项目的成功。但是项目经理具体做些什么?为了做好这项工作需要什么技能? PMI 的能力三角形是什么?下面将对这些问题进行简要解答,本书的其他章节也会对项目经理的作用进行更详细的介绍。即使你不会成为项目经理,你也极有可能成为项目团队的一份子。对于项目来说,项目团队成员对项目经理的帮助同样是十分重要的。

1.5.1 项目经理的工作描述

根据组织和项目的不同,项目经理的工作描述可能会有很大的差异。事实上,美国项目管理协会在他们的网站上有一个页面来回答"谁是项目经理?"。PMI 强调,项目经理是有组织、有激情、有目标的人,他们通过领导项目来实现业务结果。除此之外,他们也是变革的推动者,他们在压力下仍然能表现出色,并且喜欢富有挑战性的工作环境。

项目管理工作在每个国家、每个行业都有。2018 年,indeed.com 等网站列出了数十万个职位空缺。Monster.com 有一个项目管理的工作分类,他们的网站称,项目经理"能够很好地将管理、客户和员工联系起来,让项目持续运转。要想在项目管理工作中取得成功,你需要有人际关系技能、商业头脑和技术能力"。[27] 以下是一些经过整理的项目经理工作描述:

- 咨询公司的项目经理:运用技术、理论和管理技能来满足项目需求,进行计划、进度和控制活动,以实现明确的目标。协调和整合团队和个人的努力,与客户和合作者建立积极的业务关系。
- 计算机系统公司的项目经理:在既定的实践范围内独立工作以协助项目的开发与实施,这些项目涉及部门、供应商关系和跨职能团队。协调内外部客户收集业务需求并协调项目的计划。从启动到交付,持续监控项目以确保项目按期完成。
- 非营利性咨询公司的 IT 项目经理:承担业务分析、需求收集、项目规划、预算估算、开发、测试和实施等责任。与各类资源供应商合作,确保开发工作能够按时、高质量、低成本地完成。

在不同的行业和组织中,项目经理的工作描述不尽相同,但是大部分项目经理仍有一些相似的工作内容。事实上,项目管理是每个核心 IT 领域都需要的技能,包括从数据库管理员到网络专家,甚至技术文档编写人员。由于对项目经理的需求很高,一些组织聘用刚毕业的大学生来填补通常由有经验的专业人士担任的职位。例如,《星论坛报》(*Star Tribune*)将咨询公司 Boom Lab 评为 2017 年最佳工作场所,该公司通过发掘、培训和安排有才能的人担任项目协调员而迅速发展。当新的项目协调员获得经验和证书时,他们通常会通过管理更大的项目而成为项目经理或过渡到其他管理职位来继续职业生涯。

▷ **给年轻专业人士的建议**

如何知道自己是否会成为一名优秀的项目经理?项目经理是一个虽然要求高,但回报也高的职业。要想知道自己是否适合做项目经理，需要问自己以下问题：
- 你会因为遇到糟糕的上司而沮丧吗？如果遇到一个好的上司，你认为你能做得更好吗？
- 你是否有兴趣了解组织是如何运作的？你的个人工作或项目是如何适应组织运作的？
- 你是否曾担任过其他领导职务，比如团队队长、俱乐部主席或小组织的组织者？你喜欢这些职务吗？别人认为你做得好吗？
- 你擅长指导别人吗？人们是否向你寻求帮助来发展他们的技能，或者根据你的建议来决定他们的行为？

如果你对大多数问题的回答都是肯定的，那么你应该考虑成为一名项目经理。如果你更喜欢专注于自己的工作，并希望继续留在技术岗位上，这也不是错误的事情。请记住，从长远来看，如果你了解项目经理的工作，并在需要时帮助他们进行评估、识别风险等工作，那么这将对你有所帮助。

如果你已经尝试过，却不想留下来继续做项目经理怎么办？你可以回归以前从事的技术岗位，沿着技术岗位的职业规划发展。有些项目经理会担任更高级别的管理职位，如董事、副总裁甚至首席执行官。也有些人成为顾问、教育家或创业者。他们领导项目的经验使其可以适应多个领域。

1.5.2 建议项目经理掌握的技能

项目经理需要拥有多方面的技能，并且能够确定在不同的环境下哪种独特的技能是最重要的。《项目管理知识体系指南》用一章讲述了"项目经理的角色"。它将项目经理比作大型管弦乐队的指挥。指挥不需要能够演奏管弦乐队的每一种乐器，但是他们应该具备指挥管弦乐队所必需的音乐知识、理解力和经验。同样，IT 部门的项目经理应该具备项目管理和 IT 知识，理解项目，并清楚如何使项目适应组织的运作，还需要具备综合管理的经验，以及指导项目团队所需的人际关系技能或软技能。

本章介绍了十大项目管理知识领域，以及项目经理使用的一些通用工具和技术。本节以下内容将主要介绍 IT 应用领域，包括在项目环境下所需的技能、一般管理技能以及软技能。请注意，《项目管理知识体系指南（第 6 版）》描述了基于能力三角形的项目管理能力，这部分内容将在下一节详细描述。

对于不同的组织和项目，项目环境也不尽相同，但是有一些技能却几乎能够在所有的项目环境下使用。这些技能包括感知周围的变化，感知组织如何在其特定的政治、社会和自然环境下运转。由于大多数项目都会引起组织的变化，并且许多项目自身也包含着变化，因此项目经理必须善于引导和处理变化。项目经理需要了解他们所在的组织，以及该组织是如何生产产品和提供服务的。对于管理水平位于美国财富排行榜前 100 位的组织而言，它们的项目所需的技能和行为会与管理波兰政府的新商业项目有很大不同。本书第 2 章将对这些内容进行详细讲解。

项目经理还应具备一般管理知识和技能。他们应该了解与财务管理、会计、采购、销售、市场营销、合同、制造、分销、物流、供应链、战略规划、战术规划、运营管理、组织结构和行为、人员管理、薪酬、福利、职业生涯规划、健康和安全实践等相关的重要信息。对于项目，项目经理拥有一项或多项这些一般管理知识和技能是至关重要的。而在其他的项目中，项目经理则可以将一些领域的相关工作委派给团队成员、支持人员，甚至是供应商。即使这样，项目经理也必须拥有智慧和足够的经验，以便清楚哪个领域是最重要的、谁最胜任这项工作等。项目经理也必须做出关键项目的决策，并为这些决策承担责任。

在项目中取得高绩效需要软技能，也称为人际关系技能。这些软技能包括有效沟通、对组织施加影响以完成工作、领导力、激励、谈判、冲突管理和解决问题的能力等。为什么项目经理需要良好的软技能呢？原因之一是，为了理解、引导和满足干系人的需求和期望，项目经理必须领导、沟通、谈判、解决问题，并影响整个组织。他们需要积极倾听他人的意见，帮助开发解决问题的新方法，并说服他人努力工作来实现项目目标。项目经理必须通过提供愿景、分派工作、创造有活力和积极的环境，以及为其他人树立一个合适、有效的行为榜样来领导项目团队。为有效招聘员工，项目经理必须关注应聘者的团队工作技能。他们需要能够激励不同类型的员工，并且在项目团队和其他项目干系人之间培养团队精神。由于大多数项目存在变化，并且需要保持各个冲突项目目标之间的平衡，因此项目经理拥有较强的应对技能也是十分重要的，他们需要能够应对批评和变化。此外，项目经理还必须能够随机应变、富有创造力，在向着项目目标工作的同时也得保持耐心，他们还必须持续不断地让其他人知道项目的需求。

最后，项目经理，特别是那些管理IT项目的经理，必须能够有效地利用与特定项目相关的技术。有效利用技术通常包括拥有特殊的产品知识或者特定行业的相关经验。

项目经理必须使用广泛的原则来做出许多决策以及处理人事，因此，拥有一位能够在特定环境下使用最有效的特殊工具和技术的项目经理的作用是巨大的。他们通常不必成为任何特定技术的专家，但是必须有足够的见识以建设一支强大的团队，并能通过询问正确的问题以确保项目行驶在正确的轨道上。例如，大型IT项目的项目经理不必成为IT领域的专家，但是他们必须有各种技术的相关工作知识，并且能够理解项目如何促进业务发展。许多公司已经发现，优秀的业务经理能够成为合格的IT项目经理，因为他们专注于满足业务需要，并能够依靠关键项目成员来处理技术细节。

CIO.com 2017年发表的一篇文章中列出了高效项目经理的6大特点：
1. 成为一个战略性商业伙伴。
2. 鼓励和认可有价值的贡献。
3. 尊重并激励干系人。
4. 为了成功全力以赴。
5. 强调诚信和责任感。
6. 在灰色地带工作（或能够处理模棱两可的事情）。[28]

所有的项目经理都应该不断开发自己在项目管理、一般管理、软技能和所在行业所需的知识和经验。IT项目经理必须愿意自学更多的技术技能，以成为富有成效的团队成员和成功的项目经理。任何人，不论在技术方面多么专业，也都应该培养自己的商业技能和软技能。

*1.5.3 PMI能力三角形和领导技能的重要性

美国项目管理协会（PMI）开发了一个能力三角形，强调项目经理需要持续开发的技能类型。能力三角形包括以下内容：

1. 技术项目的管理能力：理解这类项目的知识领域、过程组、项目管理工具和技术。

2. **战略和业务管理能力**：包括战略规划和财务管理（在第 4 章中有更详细的描述）、会计、市场营销，以及上一节中列出的其他技能。

3. **领导能力**：尽管领导能力和管理能力之间存在差异，但是这两个术语经常互换使用。一般来说，领导者关注长期目标和宏观目标，同时激励人们实现这些目标。经理经常处理日常细节问题以实现特定的目标。人们常说"管理者正确地做事，领导者做正确的事。""领导者决定愿景，管理者实现愿景。""领导人，管理事。"

领导是一种软技能，成为领导者没有唯一的最佳方式。Peter Northouse 是一本名为《领导力：理论与实践》(Leadership: Theory and Practice) 的畅销书的作者，他说："在过去 60 年里，人们开发了多达 65 种不同的分类系统来定义领导力的维度。"[29] 一些分类系统关注团体过程，而另一些则关注人格特征或行为。例如，《项目管理知识体系指南（第 6 版）》简要描述了以下领导风格：

1. **放任型**（laissez-faire）：意思是"放手"，这种不干涉的领导方式让团队自己决定目标以及如何实现它们。
2. **交易型**（transactional）：这种例外管理方法的重点是通过向团队成员提供适当的奖励和惩罚来实现目标或服从。
3. **服务型**（servant leader）：使用这种方法的人首先关注关系和团队，其次才是领导力。
4. **变革型**（transformational）：通过与他人合作来确定需要的变化，这些领导者授权他人，并通过激励来引导变化。
5. **魅力型**（charismatic）：这类人可以通过他们的热情和自信来鼓舞他人。
6. **交互型**（interactional）：这种领导风格是交易型、变革型和魅力型的组合。

除了上面列出的 6 种领导风格外，还有许多不同的领导风格。专家普遍认为，最好的领导者能够根据情况的需要调整自己的风格。此外，虽然从上面的列举中可以看出，这些风格似乎是相互排斥的，但事实是，大多数领导者在适应情境时，会表现出不止一种领导风格。最后，这些领导风格无所谓好与坏，因为它们中的每一种在特定的情况下都是适用且有效的。

《情商》(Emotional Intelligence) 一书的作者 Daniel Goleman 还写了一本名为《原始的领导力》(Primal Leadership) 的书，该书描述了 6 种不同的领导风格及其适用的情形：

1. **梦想家型**：当组织需要一个新的方向来推动人们向一组新的共同的梦想前进的时候，需要这种领导风格。领导者阐明团队的前进方向，但让他们自由地创新、试验和承担适当的风险，从而决定如何实现目标。
2. **教练型**：一对一的风格，专注于发展个人，向他们展示如何提高自己的表现。这种方法最适用于主动请求帮助的员工。
3. **亲和型**：强调团队合作的重要性，通过增加人与人之间的联系来创造和谐的团队氛围。这种方法在试图提高士气、改善沟通或修复破碎的信任时是有效的。
4. **民主型**：注重个人的知识和技能，并使大家一起致力于实现共同的目标。当领导者需要集体智慧来决定组织的最佳方向时，这种领导风格最有效。
5. **标杆型**：用于设定较高的绩效指标。领导者希望工作做得更好、更快，并希望每个人都尽最大努力。
6. **命令型**：这种风格是最常用的，也称为专制或军事风格的领导。这种风格在危机或需要转机时最有效。

"领导者首先应该做的是对不同类型的领导风格的含义有充分的理解,其次是根据实际情况选择合适的领导风格。"[30]

项目经理通常既是领导者又是管理者。优秀的项目经理知道人是决定项目成败的关键因素,因此他们必须树立良好的榜样,带领团队走向成功。优秀的项目经理还能充分理解项目干系人和组织的最主要需求,所以他们在指导当前的项目以及为未来的项目提供建议上是有远见卓识的。

如前所述,项目集经理需要具备与项目经理相同的技能。他们通常依靠过去作为项目经理的经验、丰富的业务知识、领导能力和沟通技巧对项目集中的项目进行监督。然而对于项目组合经理来说,最重要的是拥有较强的财务分析技能,并对项目和项目集如何有助于实现战略目标有充分的理解。

在项目管理、项目集管理和项目组合管理方面出众的公司注重培养项目领导者,并强调业务开发和沟通技能。把领导者和管理者看作拥有领导技能(如有远见、能鼓舞人)和管理技能(如善于组织和达到有效性)的人,要比把他们看作特殊的人更加合适。因此,最优秀的项目经理、项目集经理和项目组合经理会同时具有领导者和管理者的特征。他们既具有远见,又关注盈亏问题。尤其重要的是,他们专注于取得积极的成果。

1.5.4 IT 项目经理的职业生涯

如前所述,IT 行业持续增长,对领导 IT 项目的人员的需求一直处于高位。大多数 IT 工作者都会参与项目工作,因此理解项目管理的基本概念对于项目成功是很重要的。

IT 行业的高层管理者列出了他们计划在 2017 年招聘的人才所具有的"十大热门技术技能"。全栈软件开发取代了编程和应用程序开发,占据首位。全栈软件开发人员熟悉计算机软件开发的所有层级,并具有多种编程语言和平台的经验。他们还了解 IT 项目开发过程中各组成部分(DevOps、设计、质量保证、数据库管理、分析等)的作用,从而有效地解决业务问题。而项目管理再次排在第二位,如表 1-3 所示。

表 1-3 2017 年十大热门技术技能

1. 全栈软件开发
2. 项目管理
3. 网络安全
4. 计算机网络设计
5. 用户体验 / 用户界面(UX/UI)设计
6. 质量保证(QA)/ 测试
7. 云计算工程
8. 大数据
9. 机器学习 / 人工智能
10. DevOps

资料来源:Sharon Florentine,"10 IT skills that employers need in 2017," CIO from IDG(February 1, 2017).

1.6 项目管理职业

如今,项目管理职业发展得非常迅速。为了理解此项工作,需要简要回顾一下项目管理的历史,介绍美国项目管理协会及其提供的一些服务(例如资格认证),以及了解项目管理软件的发展情况。

1.6.1 项目管理的历史

Mark Kozak-Holland 是一位通过认证的项目管理专业人士，他出版了很多关于项目管理历史的书籍。他认为"项目管理是 20 世纪才出现"的观点是错误的。他指出，历史上重大的项目与当今的项目管理最佳实践非常相似。他在 2011 年出版的《项目管理的历史》(*The History of Project Management*) 一书中指出："大多数人认为，项目管理始于 20 世纪中期，或者始于更早一些的 Henry Gantt 以及他提出的甘特图……然而，过去所有伟大的项目是如何实现的呢？想想吉萨金字塔、帕台农神庙、古罗马竞技场、中世纪欧洲的哥特式大教堂、伟大的航行、泰姬陵和工业革命的超大型项目等。在这些项目中使用了项目管理吗？项目管理的概念被理解了吗？我们能把现代和古代的项目管理联系起来吗？"Kozak-Holland 回答说"是"。你可以在所有这些历史项目的知识领域中看到《项目管理知识体系指南》中涉及的过程组和技术。因此，项目管理大约始于公元前 2550 年。[31]

尽管几个世纪前人们就已经开始从事各种项目管理工作了，但是大多数人都认为现代项目管理的概念始于第二次世界大战期间美国军队研制原子弹的"曼哈顿计划"。该项目涉及众多拥有不同技能的人，他们在不同的地点同时工作。另外，整个项目的管理工作有明确的分工。Leslie R. Groves 将军负责所有的任务、进度以及预算的整体管理，首席科学家 Robert Oppenheimer 博士负责项目的技术管理工作。该项目持续了大约 3 年，在 1946 年一年内就花费了近 20 亿美元。

在实施项目的过程中，军方意识到科学家以及其他技术专家通常没有愿望或必要的技能来管理大型项目。例如，1943 年，Oppenbeimer 博士在多次详细询问了 Los Alamos 新实验室每位成员各自的职责后，将一张画有组织结构图的纸放在了他的上司面前，说道："这就是你糟糕的组织结构。"[32] 人们认为项目管理有一个清晰的原则，即项目管理需要拥有特殊技能的员工，更为重要的是，需要有领导项目团队的愿望。

1917 年，早在曼哈顿计划之前，Henry Gantt 开发了著名的甘特图 (Gantt chart)，用来管理工厂的工作进度。甘特图是显示项目进度信息的标准格式，它通过在日程表上列出各种项目活动以及各活动的开始时间和结束时间来显示项目的进度信息。最初，管理者通过手绘甘特图来显示项目任务和进度信息。该工具为早期军队项目中所有工作的计划和评审提供了标准格式。

如今的项目经理仍然将甘特图作为交流项目进度信息的主要工具，但是现在不再需要手绘甘特图，而是借助计算机就能完成，而且更容易与项目干系人共享或传输。图 1-5 是一个利用目前使用最广泛的项目管理软件 Project 2016 创建的甘特图。你将在附录 A 中了解关于使用 Project 2016 的更多信息。附录 A 可以在本书的配套网站上找到。

20 世纪五六十年代的冷战时期，军队是几项项目管理技术开发的关键来源。1958 年，美国海军的北极星导弹/潜艇项目第一次使用了网络图。这些图能够帮助管理者将项目任务之间的相互关系模型化，这允许他们生成更为实际的进度安排。在第 6 章中，你将了解更多关于甘特图、网络图和其他时间管理概念的内容。

在 20 世纪 70 年代以前，美国军方及其民用供应商就开始使用软件来帮助管理大型项目了。早期的项目管理软件非常昂贵，并且必须在大型计算机上运行。例如，Artemis 就是一款早期的项目管理软件，它主要用来帮助管理者分析复杂的飞机设计进度。这个复杂的软件一般需要一个专职人员来运行，并且在绘制网络图和甘特图时还需要使用非常昂贵的绘图仪。

项目管理概述 23

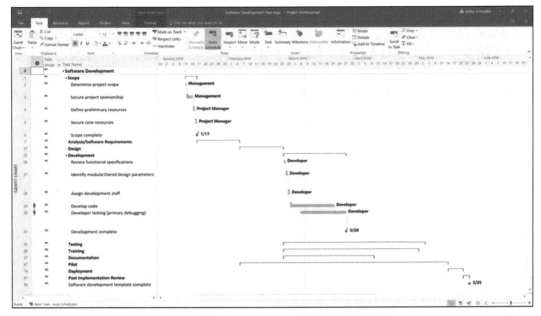

图 1-5 使用 Project 2016 生成的甘特图示例

随着计算机硬件体积的缩小和成本的下降，以及软件绘图功能与操作性能的改进，项目管理软件也变得更加便宜、易用和普及了。现在，各个行业都在使用项目管理软件来管理各种各样的项目。新软件使得基本工具（例如甘特图和网络图）变得越来越便宜、易用，并且任何人都可以进行升级。请阅读本章中关于项目管理软件的部分，以获得更多的信息。

到了 20 世纪 90 年代，许多公司开始设立项目管理办公室，以此帮助他们管理日益增多和复杂的项目。**项目管理办公室**（Project Management Office，PMO）是一个在组织内部发挥项目管理协调作用的机构。2016 年的一项研究发现，在美国，85% 的美国组织建立了 PMO。图 1-6 显示了不同规模的组织建立 PMO 的比例。小型组织是指收入低于 1 亿美元的组织，中型组织的收入在 1 亿~10 亿美元，大型组织的收入超过 10 亿美元。各类型的组织建立 PMO 的比例与以前的调查数据相比均有所增长，说明无论对于多大规模的组织，使用标准的项目管理过程都是非常重要的。该研究还发现，绩效高的组织中建立 PMO 的平均年限是绩效低的组织的两倍（分别是 6 年和 3 年）。[33]

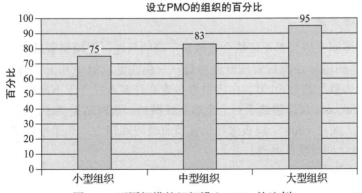

图 1-6 不同规模的组织设立 PMO 的比例

资料来源：PM Solutions，"The State of the Project Management Office (PMO) 2016," 2016.

PMO 可以有不同的设立方法，并且也可能承担不同的责任，发挥不同的作用。组织不断对设立的 PMO 进行调整，使他们与其他组织的 PMO 有所区别，进而带来附加价值。对于一些拥有非常成熟的项目管理流程和经验丰富的管理者的组织来说，一个小型的 PMO 主要负责管理项目所需的所有数据。对于一个刚实行项目管理的组织来说，可能需要一个较大的 PMO 来专注于培训和建立标准。项目管理解决方案机构认为，推动 PMO 发展的有 3 个主要因素：

1. PMO 不断增长的战略价值。
2. PMO 在培训中的作用日益重要。
3. 来自资源管理的挑战一直存在。

下面是 PMO 可能具有的一些作用：

- 收集、组织和整合整个组织的项目数据。
- 确保组织使用包括公认的和经过验证的最佳实践在内的方法进行项目管理。
- 审核项目文档，对项目经理的方法和标准的遵守情况提供反馈。
- 开发和维护用于项目文档和项目方法论的模板、工具和标准。
- 开发并协调各种项目管理相关主题的培训。
- 为项目经理开发和提供正式的职业生涯规划。
- 为项目管理提供咨询服务。
- 为正承担项目或处于项目衔接期的项目经理提供一个归属部门。

到 20 世纪末，世界上几乎每个行业的人都开始研究并将项目管理的不同方面应用到他们的项目中。今天，项目管理工具的熟练和有效使用，使公司能够更快且更准确地开展业务、使用资源和响应市场需求。

世界上许多学院、大学以及公司都开设了与项目管理各个方面相关的课程。你也可以获得项目管理的学士、硕士和博士学位。PMI 的报告显示，项目管理的正规教育不断得到重视，特别是在中国和印度，因为这些国家有很多基础设施建设项目。"例如，在中国有 104 所提供项目管理课程的机构，这些机构每年收到 2 万多份申请。"随着项目变得更加全球化，团队不再驻扎在同一个城市甚至国家，但是学生无论在哪里求学，他们学习到的项目管理知识是相同的。[34]

组织在项目管理中不断遇到的问题、项目管理教育的不断强化以及相信项目管理能够带来变化的信念，有效地促进了项目管理的发展。

1.6.2 项目管理协会

尽管目前许多职业协会都正面临会员数量下降的问题，但**项目管理协会（PMI）**——一个成立于 1969 年的国际性项目管理专业协会——仍在继续吸引和保留会员。截至 2017 年底，其全球会员人数已超过 50 万。由于世界各地有许多人投身于不同行业的项目，PMI 与 projectmanagement.com 合作创建了一个全球在线网站。该网站提供了超过 14 000 篇由行业专家撰写的文章，超过 1000 个模板来帮助你节省时间和精力，并通过社交网络系统和论坛建立了超过 8000 个同行联系渠道。

全球问题

一项针对 1000 多名来自不同行业且具有不同经验水平的项目管理领导者的调查结果显

示，全球化迫使组织重新思考他们的做法：
- 项目经理和项目集经理的人才发展是最重要的。70% 的组织都有项目和项目集管理的职业发展规划，但大多数仍然是非正式且没有文档记录的。
- 基本的项目管理技术可以形成核心竞争力。70% 的组织说他们经常在自己的项目中使用诸如变更管理和风险管理的基本实践。
- 组织希望使用更敏捷的方法来进行项目管理。1/4 的受访者表示，他们正在使用敏捷开发技术，敏捷项目管理是当前最受欢迎的。
- 项目效益是一个关键指标。组织需要使项目和项目集与组织的业务战略保持一致。[35]

PMI 的学生会员

作为一名学生，你可以以较低的会费加入 PMI（2018 年普通会员的会费是 139 美元，学生会员是 32 美元）。你可以查询 PMI 的网站 www.pmi.org 获取更多信息。有了学生会员的身份，你可以加入当地的 PMI 组织，与其他学习项目管理的学生取得联系。许多当地的 PMI 组织针对学生开展免费活动，包括讲座和求职网站。你可以参加一些志愿者活动，在为当地 PMI 组织提供帮助的同时提高自身的技能。你也可以在没有工作经验的情况下获得项目管理专业助理师（CAPM）认证。如果你有足够的经验，那么 PMP 将比 CAPM 更有竞争力，这将在下一节中介绍。即使你打算最终获得 PMP 认证，那么在有足够的经验之前先获得 CAPM 认证也是有帮助的。因为这会向许多雇主表明，你将项目管理作为一项职业是认真的，并且你已经了解该职业的基础知识。雇主将会把你作为项目经理角色的首选人员之一。

1.6.3 项目管理资格认证

专业认证是承认和确保专业质量的一个重要方面。PMI 提供了名为**项目管理专业人士**（Project Management Professional，PMP）的资格认证。只要拥有足够的项目经历和教育背景，同意遵守 PMI 的职业行为准则，并通过一次综合考试证明自己拥有项目管理领域的相关知识，那么你就可以成为一名项目管理专业人员了。需要注意的是，获得美国计算机协会的 Project+ 认证和美国项目管理协会的 CAPM 认证是不需要工作经验的，所以新进入职场的大学毕业生可以获得这些认证，使自己变得更有竞争力。

获得 PMP 认证的人数持续增加。1993 年，仅有 1000 名通过认证的项目管理专业人员。截至 2017 年 12 月底，共有 827 960 名通过认证的项目管理专业人员。[36] 图 1-7 显示了 1993 年～2017 年获得项目管理专业人士认证的人数增长情况。

多项研究表明，支持技术认证的组织与不支持的组织相比，更倾向于高效率地在更加复杂的 IT 环境下运营。同样，这些支持 PMP 认证的组织也看到了将投资用于提升员工项目管理知识的价值。现在，许多雇主需要特定的资格认证来确保他们的员工拥有最新的技能，求职者发现拥有社会普遍认同的资格证书在求职中会占据一定优势。根据 Global Knowledge 的排名，2017 年持有 PMP 认证的从业者在所有拥有职业认证的从业者中薪水排名是第五位。[37]

随着 IT 项目变得日益复杂和全球化，对具备项目管理知识和技能的人才的需求将会继续。正如通过 CPA 考试是会计师的标准一样，通过 PMP 考试则是成为项目经理的标准。有些公司要求所有项目经理都必须通过 PMP 认证。项目管理资格认证使得该领域内的专业人员能够拥有共同的知识基础。例如，任何通过 PMP 认证的人都能列举、描述并且应用项目管理的 10 大知识领域。拥有共同的知识基础也是十分重要的，因为这会促进项目管理理论和实践的发展。PMI 也提供了一些其他的认证，比如敏捷开发技术、进度、风险、项目集管理、项目组合管理和业务分析方面的认证。

图 1-7　1993～2017 年获得 PMP 认证的人数增长情况

资料来源：美国项目管理协会每年发布的"PMI 的现状"。

1.6.4　项目管理的职业道德规范

广义的**道德**（ethics）就是基于什么是对的、什么是错的来引导我们做出决定的一系列原则。做出符合道德规范的决定对于我们的个人生活和职业生活都十分重要，因为它是使人产生信任和尊敬的基础。项目经理常常会面临道德困境。如果项目经理可以通过受贿赚更多的钱，那么他们应该这样做吗？不应该！项目经理是否应该接受低质量的工作以满足最后期限？不应该！道德规范指导我们做出这类决定。

2007 年 1 月，PMI 开始实行道德和专业行为规范。这个规范不仅适用于 PMP，也适用于拥有 PMI 认证的所有 PMI 成员、申请 PMI 认证的人或者为 PMI 提供服务的志愿者。

项目管理从业者以合乎道德的方式开展工作是至关重要的。即使你与 PMI 没有任何关系，这些方针也能够帮助你以符合道德的方式进行工作，这有助于项目管理职业获得公众、雇主、雇员以及项目干系人的认可。在 PMI 的道德专业行为规范里，有强调愿景、实用性、责任、尊重、公平以及诚实的短小章节。下面列出了该文件的一些摘录：

"作为全球项目管理团体的从业者：

2.2.1　我们依据社会、公共安全、环境的最大利益来做出决策和行动。

2.2.2　我们仅仅接受那些与我们的背景、经历、技能和资格相符合的任务。

2.2.3　我们完成承担的任务，我们既然说要做到，那么就一定要做到。

3.2.1　我们要了解其他人的习惯和风俗，以避免做出或许会被认为不尊重他人的行为。

3.2.2　我们倾听他人的观点，并要努力去理解他们。

3.2.3　我们直接面对那些和我们之间存在矛盾或不同意见的人。

4.2.1　我们要使决策制定的过程透明化。

4.2.2　我们时刻检查自己是否做到了公正和客观，是否采取了适当而又正确的行为。

4.3.1 我们要向有关的干系人说明现存的或未来可能发生的利益冲突。
5.2.1 我们迫切渴望了解真相。
5.2.2 我们在沟通和行为上是诚实的。"[38]

另外，在 2002 年 3 月的 PMP 认证考试中，PMI 增加了一些新的问题来强调道德规范和职业责任的重要性。

*1.6.5 项目管理软件

项目管理团队和软件开发团体提供了更多的软件来帮助项目管理，从而满足对软件的需求。目前有数百种可用的项目管理工具，从免费在线或智能手机上的应用程序，到需要数千美元的企业工具，再到向每个用户每月收取高额费用的工具，决定使用哪个项目管理软件本身就是一个项目。Microsoft Project 一直是项目组合管理（PPM）软件中最流行的，它在 8.74 亿美元的市场中占有 35% 的份额，紧随其后的是 Oracle（19%）、ServiceNow, Inc.（7%）、SAP 和 Autodesk（各 5%）。[39]

有关 Microsoft Project 安装的详细信息，以及 Project Professional 2016 的使用说明书，请参见附录 A（可在本书的配套网站上找到）。本节仅对可用的项目管理软件的基本类型进行了总结，并提供了查找更多信息的参考资料。

> 关于 Project 2016、MindView、Basecamp 等相关软件的免费试用和资料

微软网站上有一个试用期 30 天的 "Project Online Professional"（评估版）。你也可以从 www.matchware.com 中得到 MindView 的 30 天试用版，MindView 适用于 PC 和 Mac，也可以在线使用。Basecamp 是一个完全在线的项目管理工具，教育工作者可以从 www.basecamp.com 申请一个永久免费的 Basecamp 账户。

请注意，附录 A "Microsoft Project Professional 2016 的简要指南"可在本书的配套网站上找到。

现在许多人仍在使用基础的办公软件（例如微软的 Word 和 Excel）来实现项目管理功能，包括确定项目范围、进度和成本，分配资源，准备项目文档等。人们常常使用这类办公软件，而不是专门的项目管理软件，因为人们本身就有这些软件并知道如何使用它们。然而，目前有成百上千的项目管理软件工具可以为项目管理提供特定的功能。根据性能和价格可以将项目管理软件工具分为以下三类：

- **低端工具**：这些产品提供了基本的项目管理功能，并且每个用户的花费一般不超过 200 美元（或者在线软件的每月花费很低），非常适合小项目和个人用户使用。大多数此类软件可以用来制作甘特图，这在目前的办公软件中很难做到。其中一些工具可以在线使用，而另一些则是独立的桌面应用程序。还有一些智能手机应用程序，许多在线工具均有智能手机集成。流行的低端工具包括 Basecamp、Smartsheet 和 Zoho Projects。
- **中端工具**：此类工具是为大型项目、多用户和多项目设计的，属于低端工具的升级。所有此类工具都能用来制作甘特图和网络图，并能实现关键路线分析、资源分配、项目跟踪、状态报告等。此类软件的价格从每位用户 200 美元到 600 美元不等，也有一些要求每位用户每月支付费用。如今，Microsoft Project 仍是中端工具中应用最为广泛的项目管理软件。这一软件还有企业版或 PPM 版。之后将对 Microsoft

Project 进行简要说明，微软网站上有关于该软件更详细的介绍。
- **高端工具**：最后一类项目管理软件就是高端工具，有时也被称为 PPM 或企业项目管理软件。此类工具提供了强大的功能来处理特大型项目、分散的工作组，还能通过总结并整合单个项目信息来从企业层次观察所有的项目，从而有助于实现企业管理和项目组合管理。此类产品通常以每个用户为单位发放许可，并且需要与企业数据库管理软件结合使用，还可以通过互联网和智能手机访问。2002 年中期，微软推出了企业项目管理软件的第一个版本，2003 年又推出了微软企业项目管理解决方案，并在此后多次更新。2008 年，甲骨文收购了 Primavera Software 公司，该公司的软件非常受项目密集型企业的欢迎。

还有一些免费或开放式工具，例如，ProjectLibre、LibrePlan 和 OpenProject 等都是免费的在线项目管理工具。但无论如何要记住，这些工具都是由志愿者开发、管理和维护的，可能缺乏良好的技术支持。

现在也有一些软件工具专注于管理敏捷开发项目。2018 年 1 月，通过谷歌搜索，在 www.softwareadvice.com 上找到了 55 个敏捷开发项目管理解决方案。该网站还列出了一些敏捷开发项目管理工具，包括 Asana、Trello、Jira、Wrike 和 VersionOne 等。当然，Microsoft Project 和前面列出的其他工具也可以用来管理敏捷开发项目。

我们需要明白，管理项目比使用软件要复杂得多。

学习项目管理有很多原因，特别是与 IT 项目相关的项目管理。几乎每个行业的 IT 项目数量都在持续增长，这些项目的复杂性也在不断增加，项目管理专业人员也在不断地增加和成熟起来。随着在这一重要领域工作和学习的人数不断增加，IT 项目的成功率应该会不断提高。

案例结局

除了审查企业的两个高优先级项目（计算机安全和在线协作）之外，Anne 还与公司的首席执行官和副总裁一起合作，帮助确定其他可能支持公司商业战略的 IT 项目。他们组成了一个用来实现跨组织的项目组合管理软件工具的项目团队。他们还组建了另一个团队，为所有员工开发基于项目的奖励系统。他们同样为一个项目提供了专项资金，致力于培训所有员工项目管理知识和实施敏捷开发，帮助员工获得 PMP 认证以及开发导师计划。Anne 已经成功地说服了每一个人：有效地管理项目对于公司的未来至关重要。

1.7 本章小结

随着项目数量的日益增长和项目复杂性的日益提高，人们对于项目管理产生了新的兴趣。与 1995 年相比，IT 项目的成功率已经翻番，但是仍旧只有 1/3 的项目达到了范围目标、时间目标和成本目标。使用一种更加规范的方法来管理项目更有利于帮助项目和组织获得成功。

项目是为了创造独特的产品、服务或成果而进行的临时性工作。一个 IT 项目涉及使用硬件、软件和网络。项目是独特的、临时性的、渐进发展的。它们需要各种资源，要有一名项目发起人，并且还包含不确定性。项目管理的三项约束是指管理项目的范围、时间和成本因素。解决这些约束因素以及其他因素（如质量、资源和风险）并满足项目发起人的需求对项目成功是很重要的。

项目管理就是将知识、技能、工具和技术应用到项目活动中，以达到组织的要求。干系人是参与项目或受项目活动影响的人。项目管理的框架包括项目干系人、项目管理知识领域，以及项目管理工具和技术。10大项目管理知识领域包括项目整合管理，以及范围、进度、成本、质量、资源、沟通、风险、采购和干系人管理。每个知识领域都拥有许多特定的工具和技术。定义项目成功有许多不同的方法，项目经理必须了解他们所主持的项目的成功标准。

项目集是以协调的方式管理一组相互关联的项目、子项目集和项目集活动，以便获得分别管理所无法获得的利益。项目组合管理是组织将项目以及项目集组合并进行管理，使其作为一个投资组合，从而促成整个企业的成功。项目组合管理强调满足战略目标，而项目管理关注战术目标。研究表明，用户的参与对项目的成功至关重要，此外，高层管理者的支持和明确的业务目标等其他因素也十分重要。

项目经理在帮助项目和组织取得成功方面发挥着关键作用。他们必须扮演好各种不同的角色，掌握多种技能，且不断提高项目管理、一般管理以及专门的应用领域（如 IT）方面的技能。软技能，尤其是领导能力，对于项目经理来说也是非常重要的。

项目管理职业在不断发展且日益成熟。在美国，军队最早开启了项目管理之门，并开发和使用了许多工具，如甘特图和网络图。目前在世界上的每个行业，人们都在使用项目管理。美国项目管理协会（PMI）是一个提供了几种专业认证，并制定了道德规范的国际性专业协会。目前，有成百上千种项目管理软件产品可帮助大家管理项目。

1.8 讨论题

1. 为什么项目管理领域引起了人们新的兴趣？
2. 什么是项目？它的主要特征是什么？项目和人们做的日常工作有何不同？什么是项目的三项约束？影响项目的其他因素有哪些？
3. 什么是项目管理？简要描述项目管理框架，并列举干系人、项目管理知识领域、项目管理工具和技术，以及影响项目成功的因素的例子。
4. 什么是项目集？什么是项目组合？讨论项目管理、项目集管理与项目组合管理之间的关系，以及它们各自对企业成功的贡献。
5. 项目经理的作用是什么？对于所有的项目经理而言，必须掌握的技能有哪些？对于 IT 项目经理呢？为什么领导能力对于项目经理如此重要？IT 项目经理的市场前景如何？
6. 简要描述项目管理历史中的一些关键事件。美国项目管理协会和其他专业协会在推动该行业方面起到了什么作用？
7. 利用项目管理软件能够做哪些事情？低端、中端和高端项目管理工具之间的主要区别是什么？
8. 讨论项目经理经常面临的道德决策。你认为一个职业道德规范会使从业者更容易以一种合乎道德的方式工作吗？

1.9 快速测验

1. 到 2027 年，雇主将需要超过____百万人从事项目管理方向的工作。
   a. 27　　　　　　b. 47　　　　　　c. 67　　　　　　d. 87
2. ____不是好的项目管理所具有的潜在优势。
   a. 更短的开发时间　　b. 更高的员工士气　　c. 更低的资金成本　　d. 更高的边际收益
3. ____是为创造一种产品、服务或者成果而进行的临时性工作。
   a. 项目集　　　　　b. 过程　　　　　　c. 项目　　　　　　d. 组合

4. 不属于项目管理特征的是____。
   a. 项目具有独特性　　　　　　　　　b. 项目是渐进发展的
   c. 项目有一个主要的客户或项目发起人　　d. 项目具有很小的不确定性

5. 下列不属于项目管理的三项约束的是____。
   a. 达到范围目标　　b. 达到时间目标　　c. 达到沟通目标　　d. 达到成本目标

6. ____就是将知识、技能、工具和技术应用到项目活动，以达到组织的要求。
   a. 项目管理　　　b. 项目集管理　　　c. 项目组合管理　　　d. 需求管理

7. 项目组合管理强调达到____目标，而项目管理专注于____目标。
   a. 战略，战术　　b. 战术，战略　　c. 内部，外部　　d. 外部，内部

8. 为相同的功能组合而实施的一系列应用开发项目，作为____的一部分，或许能够得到更好的管理。
   a. 项目组合　　　b. 项目集　　　c. 投资　　　d. 合作

9. 下列说法不正确的是____。
   a. 大多数美国公司都有一个项目管理办公室。
   b. 你可以从数百所学院和大学获得项目管理的高级学位。
   c. 雇主希望应届毕业生具有项目管理技能。
   d. PMI 的能力三角形包括领导能力、信息技术技能以及项目管理能力。

10. 在项目管理领域，PMI 提供的最流行的认证是____。
    a. CPM　　　　b. PMP　　　　c. PME　　　　d. PMM

1.10　快速测验的答案

1.d　2.c　3.c　4.d　5.c　6.a　7.a　8.b　9.d　10.b

1.11　练习题

1. 阅读本章引用的前五篇参考文献中的至少两篇，其中包括有关 IT 和项目管理重要性的统计数据。写一篇简短的论文或报告，总结哪些信息是你最感兴趣的，以及为什么感兴趣。

2. 找一些项目经理或从事相关 IT 项目的工作人员，比如学校 IT 部门的工作人员或一位在职业协会（如 PMI）中表现活跃的项目经理。准备几个访谈问题来了解更多关于项目和项目管理的信息，然后以面对面、电子邮件、电话或其他形式来进行访谈。概要地写出你的研究发现。

3. 写一篇论文，总结 PMI 网站（www.pmi.org）上的关键信息。阅读并总结 PMI 最近的两份报告，包括《职业脉搏》和《成功率上升：改变高成本低绩效》(2017)。注意：教师可以将第二部分的内容分成两个练习。

4. 找一个实际有项目经理的项目案例。可以随意使用媒体中的项目（如奥运会、电视节目或电影）或工作中的项目（如果适用）。写一篇论文，描述项目的范围目标、时间目标和成本目标。还要描述影响项目的其他因素，如质量、资源和风险。讨论项目中的对与错，以及项目经理和发起人的任务。描述项目是否成功，以及为什么成功。至少包括一个参考文献，并在最后一页引用。

5. 观看 Mark Kozak-Holland 制作的关于项目管理历史的免费在线视频（https://www.youtube.com/watch?v=CluxCBx2-UQ）。总结项目管理知识领域如何应用于吉萨金字塔项目的建设。

6. 找一些关于项目组合管理的研究文章和工具。总结实施项目组合管理的优点和挑战。

7. 浏览附录 A 中关于 Microsoft Project 2016 的内容（可在本书的配套网站上找到）。从微软网站（www.microsoft.com）查看关于 Project 2016 的信息。研究其他三个项目管理软件工具，至少包括一

个智能手机应用程序。写一篇论文,回答以下问题:
   a. 项目管理软件提供的哪些功能是你使用其他工具(如电子表格或数据库)无法轻松完成的?
   b. 从成本、关键特性和其他相关标准方面,对其他项目管理软件和 Microsoft Project 2016 进行对比。
   c. 组织如何证明对企业或项目组合管理软件进行投资是合理的?
8. 研究关于 PMP 和 CAPM 认证的信息。找到至少两篇关于这个主题的文章。一般来说,认证有什么好处?你认为对大多数项目经理来说获得认证是值得的吗?你会考虑吗?写一篇论文来总结你的发现和观点。
9. 审查 PMI 的道德和职业行为规范。查找两篇与项目管理中的道德相关的文章,并对其进行总结。

1.12　关键术语

最佳实践(best practice)
魅力型(charismatic)
DevOps(DevOps)
企业项目管理软件(enterprise project management software)
道德(ethics)
甘特图(Gantt chart)
交互型(interactional)
放任型(laissez-faire)
领导者(leader)
经理(manager)
超大型项目(megaproject)
组织项目管理(organizational project management)
项目组合(portfolio)
项目集(program)
项目集经理(program manager)
项目(project)
项目和项目组合管理软件(project and portfolio management software)

项目管理(project management)
项目管理协会(Project Management Institute (PMI))
项目管理知识领域(project management knowledge areas)
项目管理办公室(Project Management Office,PMO)
项目管理专业人士(Project Management Professional,PMP®)
项目管理工具和技术(project management tools and techniques)
项目经理(project manager)
项目组合管理或组合管理(project portfolio management or portfolio management)
项目发起人(project sponsor)
干系人(servant leader stakeholders)
交易型(transactional)
变革型(transformational)
三项约束(triple constraint)

1.13　注释

[1] Gartner, Inc., "Gartner Says Worldwide IT Spending Forecast to Grow 2.4 Percent in 2017" (April 2, 2014).

[2] Project Management Institute, "Project Management Job Growth and Talent Gap" (2017).

[3] Mary K. Pratt, "10 hottest tech skills for 2017," ComputerWorld (December 7, 2016).

[4] Project Management Institute, Earning Power: Project Management Salary Survey 10th Edition (2017).

[5] Adams, Susan, "The 10 Skills Employers Most Want in 2015 Graduates," *Forbes* (November 12, 2014).

[6] Project Management Institute, "Pulse of the Profession®: Success Rates Rise: Transforming the High Cost of Low Performance" (2017).

7. Standish Group, "The CHAOS Report," *www.standishgroup.com* (1995). Another reference is Jim Johnson, "CHAOS: The Dollar Drain of IT Project Failures," *Application Development Trends* (January 1995).

8. PricewaterhouseCoopers, "Boosting Business Performance Through Programme and Project Management" (June 2004).

9. Project Management Institute, Inc., *A Guide to the Project Management Body of Knowledge (PMBOK® Guide) – Sixth Edition* (2017), p. 4.

10. Gartner, Inc. "Gartner Identifies the Top 10 Strategic Technologies for 2018," Gartner Press Release (October 4, 2017).

11. Niall McCarthy, "Mobile App Usage by the Numbers," *Forbes* (October 29, 2014).

12. Statista, "Number of apps available in leading app stores as of March 2017," (March 2017).

13. Project Management Institute, Inc., *A Guide to the Project Management Body of Knowledge (PMBOK® Guide) – Sixth Edition* (2017), p. 10.

14. Claude Besner and Brian Hobbs, "The Perceived Value and Potential Contribution of Project Management Practices to Project Success," *PMI Research Conference Proceedings* (July 2006).

15. Shane Hastie and Stéphane Wojewoda, "Standish Group 2015 Chaos Report - Q&A with Jennifer Lynch," InfoQ (October 4, 2015).

16. Sharon Florentine, "IT project success rates finally improving," CIO from IDG (February 27, 2017).

17. Gautham Nagesh, "GAO Tells Congress Why Federal IT Projects Succeed," *The Hill* (November 22, 2011).

18. Chao Dong, K.B. Chuah, and Li Zhai, "A Study of Critical Success Factors of Information System Projects in China," *Proceedings of PMI Research Conference, London* (2004).

19. Dragan Milosevic and And Ozbay, "Delivering Projects: What the Winners Do," *Proceedings of the Project Management Institute Annual Seminars & Symposium* (November 2001).

20. Project Management Institute, Inc., *A Guide to the Project Management Body of Knowledge (PMBOK® Guide) – Sixth Edition* (2017), p. 11.

21. Ibid., p. 11.

22. Project Management Institute, *Organizational Project Management Maturity Model (OPM3®) Knowledge Foundation* (2003).

23. Ibid., p. 13.

24. Ultimate Business Library, *Best Practice: Ideas and Insights from the World's Foremost Business Thinkers* (New York: Perseus, 2003), p. 1.

25. Ibid., p. 8.

26. Project Management Institute, Inc., *A Guide to the Project Management Body of Knowledge (PMBOK® Guide) – Sixth Edition* (2017), p. 17.

27. Monster, "Project Management Industry Overview," *www.monster.com/jobs/q-project-management-jobs.aspx* (accessed October 16, 2017).

28. Moira Alexander, "6 traits of highly effective project managers," CIO from IDG (August 4, 2017).

29. Peter Northouse, Leadership: Theory and Practice, Seventh Edition, SAGE Publications, Inc. (2015), p. 5.

30. Bendelta, "Goleman's 6 leadership styles – and when to use them," Fast Company (December 9, 2014).

31. "The History of Project Management—Author's Perspective," YouTube video, Narration from "An Introduction to the History of Project Management," Posted by Projectlessons, December 19, 2010, *www.youtube.com/watch?v=dYgMT57I7UI*.
32. Regents of the University of California, Manhattan Project History, "Here's Your Damned Organization Chart" (1998–2001).
33. PM Solutions, "The State of the Project Management Office (PMO) 2016," 2016.
34. Project Management Institute, "Project Management Education Articles," *www.pmiteach.org* (January 2015).
35. Project Management Institute, *PMI's Pulse of the Profession: Driving Success in Challenging Times* (March 2012).
36. Project Management Institute, *PMI Today* (February 2018).
37. John Hales, "15 Top-Paying Certifications for 2017," Global Knowledge (2017).
38. Project Management Institute, *PMP® Credential Handbook* (August 31, 2011), pp. 48–51.
39. Albert Pang, "Top 10 Project Portfolio Management Software Vendors and Market Forecast 2015–2020," Apps Run The World (June 30, 2016).
* Sections with an asterisk are taken from Kathy Schwalbe, An Introduction to Project Management, Sixth Edition, Schwalbe Publishing (2017).

第 2 章
Information Technology Project Management, Ninth Edition

项目管理与 IT 环境

学习目标

阅读完本章后，你将能够：
- 定义项目管理的系统观以及如何将项目管理应用于 IT 项目中。
- 总结组织的相关要点，包括组织的 4 个框架、组织结构和组织文化。
- 解释为什么项目干系人管理和企业高层的承诺对项目成功至关重要。
- 区分项目生命周期和产品生命周期之间的异同。
- 讨论 IT 项目的独特性和多样性。
- 总结影响 IT 项目管理的最新趋势，包括全球化、外包、虚拟团队和敏捷项目管理。

开篇案例

Tom Walters 和朋友们一起观看了 2018 年的超级碗比赛，他注意到球员、教练和裁判员使用平板电脑来回顾比赛。这让他想起了 10 年前的一次糟糕经历，那时他试图说服大学要求学生使用平板电脑。在过去的 15 年中，Tom 一直是一所小型私立大学里一位受人尊敬的教师。最近，他被提升为学校的 IT 部主任。学校在文科和职业领域提供各种课程，注册的学生包括 1500 名全日制的学生和大约 1000 名上夜校的在职成人学生。像其他高校一样，这所学校的 IT 应用取得了巨大的进步，但校园里只有少数教室有供教师和学生使用的电脑，大多数的教室只有教师工作站和投影系统。Tom 知道全国有几所院校要求所有的学生租赁或购买笔记本电脑或平板电脑，并且这些院校已经在大部分的课程中融入了技术。

这一做法深深地吸引了 Tom。他和另外两名 IT 部门的成员参观了当地一所大学，这所大学要求所有学生在过去 3 年里都要租赁笔记本电脑。这所大学里的所见所闻给 Tom 等人留下了深刻的印象。因为平板电脑越来越流行，他们认为平板电脑比笔记本电脑更有意义。Tom 听说教师们很容易就可以创建在平板电脑上运行的互动式课程材料，这些材料也可以帮助降低教科书的成本，这是许多学生关心的问题。Tom 和他的工作人员制定了计划，要求学生从下一学年开始在大学里租赁或购买平板电脑。

Tom 在那年 9 月给全体教职员工发了一封电子邮件，简要描述了他的计划，当时他并没有得到多少回应。然而，在第 2 年 2 月召开的教职员工会议中，当他描述计划中的一些细节时，历史系、英语系、哲学系和经济学系的主任都表示反对。这时他们显得能言善辩，说大学不是技术培训学校，他们没有时间准备运行在平板电脑上的课程材料。教职人员喜欢他们所用的教材，学生们可能已经购买对应的电子书，但大多数人更喜欢纸质版。计算机科学系的教师们则表达了他们的忧虑，因为他们系几乎所有的学生都已经拥有最先进的笔记本电脑，并且也不愿意为性能较弱的平板电脑支付租赁费。成人教育项目的主任表示，她担心许多接受成人教育的学生会拒绝增加学费或额外的技术要求。听到同事们的回应后，Tom 感到震惊，尤其是在他和他的同事花了很多时间计划如何在校园内实施平板电脑之后。Tom 记得当时自己由于缺少对组织变革的理解而感到很困惑。他想知道美国国家橄榄球联盟是如何处理平板电脑的实施问题的。

许多项目管理的理论和概念并不难理解，难的是如何在不同的情境下进行实践。在管理项目时，项目经理必须考虑许多不同的问题。正如每个项目都是独一无二的，项目所处的环境也是独一无二的。本章讲解了在理解项目环境时所涉及的一些概念，例如应用系统方法、理解组织、管理项目干系人、将产品生命周期与项目环境匹配、理解 IT 项目的环境以及评估影响 IT 项目管理的最近趋势等。

2.1 项目管理的系统观

尽管项目是临时的，目的是提供一种特定的产品或服务，但是我们不能孤立地开展一个项目。如果项目经理孤立地领导项目，那么这些项目不会真正满足组织的需要。因此，项目必须在一个大的组织环境中进行，并且项目经理需要在一个比项目本身更大的组织环境中对项目进行考量。为了高效地处理复杂的情况，项目经理必须以整体的观点认识项目，并且理解该项目是如何与更大的组织进行联系的。**系统思考**（systems thinking）描述了这种整体的观点。

2.1.1 什么是系统方法

系统方法（systems approach）这一术语产生于 20 世纪 50 年代，用于描述一种在解决复杂问题时所需的整体性的和分析性的方法。该方法包括系统哲学、系统分析和系统管理。系统是一组相互作用的组件，它们在一个环境中工作以实现某些目的。例如，人体是由许多子系统组成的系统，包括神经系统、骨骼系统、循环系统和消化系统。组织也是系统，不同角色的人一起设计、开发、交付和销售各种产品和服务。**系统哲学**（systems philosophy）是将事情作为系统考虑的整体模型。

系统分析（systems analysis）是一种解决问题的方法，该方法需要定义系统的范围，将其分解为各个组成部分，然后识别和估计其问题、机会、约束和需求。完成这些工作后，系统分析人员为改进现有情况而审查替代方案，识别最优或至少令人满意的解决方案或行动计划，并且检查整个系统的计划。**系统管理**（systems management）解决与系统开发、维护和变更相关的业务、技术和组织的问题。

应用系统方法，对保障项目管理的成功而言是极其重要的。高层管理者和项目经理们必须遵循系统哲学，来理解项目与整个组织的关系。他们必须使用系统分析的方法来解决问题，使用系统管理来识别与每个项目相关的业务、技术和组织的关键问题，以便识别和满足关键干系人的需求，并做出对整个组织最有利的选择。

在本章的"开篇案例"中，Tom Walters 就没有使用系统方法来计划平板电脑项目，而是由 IT 部门的员工完成了全部的计划。尽管 Tom 给全体教职员工发了一封介绍平板电脑项目的邮件，但是他并没有致力于去解决这样一个复杂项目所包含的许多组织问题。大多数教职员工在秋季学期伊始都会特别忙，很多人可能根本没有阅读完整封邮件。其他的人可能因为太忙，而没有与 IT 部门就他们所关注的问题进行交流。Tom 并没有意识到平板电脑项目对学校其他部门的影响。他没有明确定义与该项目相关的业务、技术和组织的问题，而仅仅是在 IT 部门内部独自开展有关平板电脑项目的工作。如果他们采用了系统方法，考虑到该项目的其他方面，并且将其他关键干系人考虑在内，那么在 2 月份教职员工会议上提出的问题可能在会议召开之前就已经被识别并被解决了。

2.1.2 系统管理的三球模型

许多商科和 IT 专业的学生都能理解系统的含义并能够进行系统分析。但与此同时，他们经常会忽略系统管理。然而，系统管理的三个方面（业务、组织和技术）会对成功地选择与管理项目产生巨大的影响。

图 2-1 提供了平板电脑项目会面对的业务、组织和技术三个方面的问题。在这个案例中，技术问题虽然并不简单，但的确是最容易识别和解决的。然而，项目必须解决系统管理模型的三个圆球中的问题。尽管将注意力集中到一个特定项目中紧迫的、有限的部分更加容易，但是项目经理和其他人员必须认识到项目会对整个系统或组织的利益和需求产生影响。特别是大学校长和高层管理者，他们更关注的是平板电脑项目能否在整体上为大学带来价值。

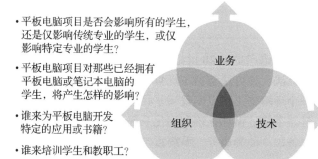

图 2-1 系统管理的三球模型

许多 IT 专业人员专注于使用信息系统解决技术问题和日常问题。他们往往会在处理"人的问题"或大多数组织中涉及的政治分歧时感到受挫。此外，许多 IT 专业人员还会忽略重要的业务问题，如"追求这项新技术是否能带来财务上的价值？"或者"公司应该自己开发这个软件，还是直接购买？"使用系统方法可以帮助项目经理们将业务问题和组织问题整合到项目管理计划中，该方法也可以帮助他们将项目视为一系列相互关联的阶段。当你将业务问题和组织问题整合到项目管理计划中，并将项目视为一系列相互关联的阶段时，就为项目的成功奠定了一个非常好的基础。

▷ **给年轻专业人士的建议**

理解组织中使用的各种技术已经够困难了。那么如何从业务和组织方面去理解呢？第一，优先考虑业务和组织这两方面。不要只关注技术，不管你觉得它多么振奋人心。即使你每天只花几分钟的时间了解组织的其他方面，这也是一个开始。第二，告诉你的老板或同事，你想了解整个组织是如何运作的。问一些重要的问题，比如公司如何赚钱，谁是主要客户，今年的优先事项是什么，你可以参加哪些会议，或者你可以阅读哪些文件来获得更多的知识等。第三、第四和第五点是网络，网络，网络！在开发系统方法时，找出组织内外可以帮助你的人。一旦了解了大局，你在职业生涯中的进步速度之快甚至会令自己十分惊讶。

2.2 了解组织

项目经理采用系统方法时需要把他们的项目放在更广阔的环境中。组织问题一直是项目管理中最困难的部分。事实上，许多人认为大多数项目的失败都是由组织问题造成的，如公司的政治原因。项目经理通常不会花足够的时间来识别项目的各个干系人，特别是那些对项目持反对意见的人。同样，项目经理也很少考虑项目的政治背景或组织文化。为了提高 IT 项目的成功率，项目经理很有必要在了解组织的同时，更好地了解"人"这个特殊的因素。

2.2.1 组织的 4 个框架

如图 2-2 所示，通过专注于不同的视角，你可以更好地理解组织。将组织看作由 4 个不同的框架构成：结构框架、人力资源框架、政治框架和符号框架。[1]

结构框架：角色和职责、协调和控制。组织结构图有助于描述这个框架。	**人力资源框架**：在组织需求和个人需求之间进行协调。
政治框架：由不同的个体和利益集团组成的联合体。冲突和权力是关键问题。	**符号框架**：与事件相关的符号和意义。文化、语言、传统和形象是这个框架的所有部分。

图 2-2　组织视角[2]

资料来源：Bolman and Deal.

- **结构框架**（structural frame）用来解决组织结构的问题（通常由组织结构图表示），它关注不同部门的角色和职责，以满足高层管理者设定的目标和政策。这种框架是理性的，注重协调与控制。例如，结构框架中的一个关键的 IT 问题是，IT 人员应当集中在一个部门还是分散到多个不同的部门。下一节我们将介绍几种不同的组织结构类型。
- **人力资源框架**（human resources frame）的重点是达到组织需求和个人需求之间的平衡与协调。这个框架能够识别组织需求与个人需求、团队需求之间的不匹配情况，并在解决任何潜在问题时发挥作用。例如，如果员工能够连续几个月每周都工作 80 个小时或更长时间，那么对组织来说，许多项目的效率将是非常高的。但这种工作进度计划可能与许多员工的个人生活和健康发生冲突。与人力资源框架相关的重要 IT 问题是在组织内缺乏有经验的 IT 工作人员，以及许多项目的工作进度计划非常不切实际。
- **政治框架**（political frame）处理组织和个人的政治问题。组织中的**政治**（politics）表现为团队或者个体对于权力、资源和领导地位的竞争。政治框架强调组织是由不同的个人和利益集团组成的联合体。通常，重要的决策是基于对稀缺资源的分配而做出的，对稀缺资源的竞争所造成的冲突成为组织的中心问题，而权力则提高了获取稀缺资源的能力。项目经理想要有效地工作，就必须重视政治和权力。了解谁反对你的项目和谁支持你的项目是同等重要的。与政治框架有关的主要 IT 问题是中心职能部门和运营部门的权力差异，或是职能经理和项目经理之间的权力差异。
- **符号框架**（symbolic frame）关注符号和含义。在符号框架中，对于在一个组织中所发生的任何事件，最重要的并不是表面发生了什么，而是它意味着什么。公司的首席执行官来参加一个项目的启动会，这是好兆头还是一个威胁？符号框架还与公司文化相关。员工怎样着装？他们需要工作几个小时？他们开会的形式是什么样的？许多IT项目是国际化的，包括来自不同文化背景的项目干系人。理解这些文化也是符号框架的一个至关重要的部分。

项目经理必须学会运用上述4种基本框架，以便在组织中更有效地运作项目。我们将在第9章、第10章和第13章中进一步讨论组织问题。本书后面关于组织结构、组织文化、项目干系人管理、企业高层的承诺等章节也将介绍更多有关结构框架和政治框架方面的内容。

> **错在哪里**
>
> 在一篇题为《项目失败研究》（"A Study in Project Failure"）的论文中，两位研究人员调查了过去8年时间里在几个欧洲国家中214个IT项目的成功与失败。研究人员发现，在满足范围、时间和成本目标的情况下，只有1/8（12.5%）的项目是成功的。研究人员做出关于项目失败因素的如下总结：
>
> "我们的证据表明，许多组织的文化通常在项目前期并没有考虑领导层、项目干系人以及风险管理等因素，并且在许多情况下这些问题由于政治原因不能正式记录下来。虽然项目委员会或者指导小组会议可能会关上门进行详细的讨论，但却很少公开讨论……虽然试图使软件开发和项目交付更严格，但仍有相当大比例的交付工作导致系统不符合用户的期望，并随后被取消。在我们看来，这归因于很少有组织拥有能使项目成功完成的基础设施、教育、培训或管理规范。"3

2.2.2 组织结构

许多关于组织的讨论都集中于组织结构上，组织结构可以采取多种形式。组织结构通常可分为职能型、项目型或项目导向型、矩阵型。图2-3描述了这3种组织结构。**职能型组织结构**（functional organizational structure）是一种层次结构，在绘制组织结构图时，大多数人会想到采用职能型组织结构。这种结构中，职能经理或分管专业部门（如工程、制造、IT和人力资源等）的副总裁会向首席执行官（CEO）汇报工作。员工都具备各自领域的专业技能。例如，大多数学院和大学都是非常典型的职能型组织。企业管理系的老师只讲企业管理课程，历史系的老师讲历史课程，艺术系的老师讲艺术课程等。如果学院或大学提供研究生和本科教育项目，那么他们可能会有一个事业部型的组织结构来进一步区分这些教育项目的角色和职责。

项目型组织结构（project organizational structure）也是层次结构，但在这个结构下，不是职能经理和主管副总裁向CEO汇报工作，而是项目集经理直接向CEO汇报工作。他们的员工具有完成项目集中特定项目所需的各种技能。使用该结构的组织主要是通过为合同约定的其他团体执行项目来获得收入。例如，许多国防、建筑、工程和咨询公司通常采用项目型组织结构。这些公司通常雇用那些明确为特定项目工作的员工。

图 2-3 职能型、项目型和矩阵型组织结构

矩阵型组织结构（matrix organizational structure）介于职能型组织结构和项目型组织结构之间。通常，公司员工既要向职能经理汇报，又要向一个或多个项目经理汇报。例如，许多公司的 IT 人员经常同时参与两个或两个以上的项目，他们还要向所在 IT 部门的经理汇报工作。如图 2-3 所示，矩阵型组织中的项目经理拥有来自不同职能部门的项目人员。根据项目经理管理权限的不同，矩阵型组织结构可能表现为强矩阵型、弱矩阵型和均衡矩阵型。如果项目团队成员被分配到矩阵型组织结构的多个项目中，且项目经理没有控制员工工作时间的足够权力，那么就可能会出现问题。

对于项目经理来说，弄清楚自己在怎样的组织结构中工作是非常重要的。例如，如果在一个职能型结构的组织中，要求某人来领导一个项目，该项目需要几个不同职能部门的大力支持，那作为项目经理，他应该寻求高层管理者的支持，应该争取将高层管理者作为项目发起人。这位项目发起人从各个有关职能部门的经理那里获取支持，确保他们在该项目上通力合作，并在需要的时候提供合适的人员。项目经理可能还需要争取单独的财务预算，以支付项目相关的差旅费、会议费和培训费等必要成本，或者给予项目参与人员必要的资金补助。

尽管项目经理在项目型和 PMO 组织结构中拥有最大的权力，但是这种类型的组织对整个公司来说通常是低效的。为项目分配全职员工通常会造成员工资源的利用不足和分配不当。例如，一名技术文档编写人员在项目中担任全职工作，但如果某天项目中没有他的工作,那么组织付给他全职工资就是浪费资金。项目组织也同样失去了规模经济效应,因为规模经济正是通过与其他项目共享对材料的需求来实现的。因此,大多数大型组织使用多样化的组织结构。例如,通用汽车(General Motors)首先按全球市场(北美、亚洲、欧洲等)划分组织,然后按消费产品(雪佛兰、别克、凯迪拉克等)划分,继而按职能(营销、制造、IT、会计、设计、销售、质量、工程等)划分,最后在项目中囊括以上所有部分。难怪项目经理们很难理解他们的组织。

这些弊端表明了用系统方法管理项目的好处。例如,项目经理可能建议雇用一名独立的合同工来做技术文档编写工作,而不是一名全职员工。这样既节省了开销,同时也能满足项目的需求。使用系统方法后,项目经理能够更好地针对整个组织的需求做出决策。

2.2.3 组织文化

与组织结构一样,组织文化同样会影响组织管理项目的能力。**组织文化**(organizational culture)是一系列共享的假设、价值观和行为,它们刻画了组织的职能。通常,组织文化包含了前述4个框架的要素。组织文化是非常强大的,很多人认为,公司出现的许多问题并不是由组织结构或人员引起,而是由组织文化引起的。同一组织可以有不同的亚文化,这一点也同样重要。例如,IT 部门可能具有与财务部门不同的组织文化。一些组织文化可以使项目管理更加容易。

Stephen P. Robbins 和 Timothy Judge(一本畅销的组织行为学教科书的作者)认为组织文化具有 10 个特征:

1. **成员认同度**:员工对整个组织的认同程度,而不是对其工作类型或职位的认同程度。例如,项目经理或团队成员可能更加忠诚于公司或项目团队而不是他们的工作或职位,或者他们可能对一个具体的公司或团队没有任何忠诚可言。可想而知,员工对整个组织认同度高的组织文化更有利于形成良好的项目文化。

2. **强调团体**:工作活动围绕团体来组织,而不是围绕个人来组织的程度。强调团队合作的组织文化对于管理项目是最好的。

3. **关注员工**:管理层的决策考虑到决策结果对组织内人员产生影响的程度。项目经理可能在没有考虑员工个人需求的情况下就分派给他们某些任务,或者项目经理非常了解每个人,并在分派任务或制定其他决策时重点考虑员工的个人需求。出色的项目经理通常注重组织需求和个人需求之间的平衡。

4. **单位整合度**:组织鼓励各单位或部门之间协调合作的程度。大多数项目经理努力加强部门之间的整合程度,以便交付成功的产品、服务或成果。具有较强单位整合能力的组织文化会使项目经理的工作变得更加容易。

5. **控制度**:使用规则、政策和直接监管来检查和控制员工行为的程度。经验丰富的项目经理知道,为了获得好的项目结果,最好能平衡控制的程度。

6. **风险容忍度**:鼓励员工积极进取、创新和冒险的程度。通常,具有较高风险容忍度的组织文化最有利于项目管理,因为项目往往涉及新的技术、想法和流程。

7. **奖励标准**:根据员工绩效而不是资历、偏袒或其他非绩效因素来分配奖励(如升职和加薪)的程度。当奖励主要基于绩效时,项目经理及其团队往往表现最佳。

8. **冲突容忍度**:鼓励员工公开表达冲突和批评的程度。对于所有项目干系人来说,良好的沟通是非常重要的。因此,人们最好能够在一个令人舒适的组织中工作,在这个组织中,可以公开地解决冲突与分歧。

9. 手段－目的取向：管理层关注结果而不是关注达到结果的技术和过程的程度。在这方面采取中庸之道，兼顾目的与手段的组织通常最有利于项目工作。

10. 关注开放系统：组织对外部环境的变化进行监测及响应的程度。正如前面所说的，项目是更大的组织环境的一部分，所以最好加强对开放系统的关注。

如上所述，组织文化和成功的项目管理之间存在明确的关系。项目在这样的组织文化中是最容易成功的：员工对组织的认同度高、强调基于团队的工作活动、单位整合能力强、风险容忍度高、基于绩效的奖励、冲突容忍度高、关注开放系统，关注员工、控制和手段取向的平衡。

2.3 关注干系人需求

回顾第 1 章提到的相关概念，项目干系人是指参与项目或受到项目活动影响的人。干系人既可能来自组织内部，也可能来自组织外部；可能直接参与项目，也可能只受到项目的影响。项目内部干系人包括项目发起人、项目团队、项目支持人员和项目内部的客户等。其他的内部干系人还包括高层管理人员、其他职能经理和项目经理等。由于组织可用的资源是有限的，项目在使用组织有限资源的时候就会影响这些内部干系人。因此，虽然这些内部干系人可能不会直接参与项目，但他们仍然是干系人，因为项目在某种程度上影响了他们。项目外部干系人包括项目外部的客户、竞争对手、供应商以及其他一些处于组织外部并可能参与项目或受项目影响的团体，比如政府官员或相关公民。

项目管理的目的是达到项目要求并使干系人满意。因此，项目经理必须花足够的时间来识别、理解和管理与所有干系人的关系。运用组织的 4 个框架来思考项目干系人有助于项目经理满足干系人的期望。关于项目干系人的更多信息，请参见第 13 章。

我们再来讨论一下"开篇案例"中的平板电脑项目。Tom Walters 似乎只关注了少数几个项目内部干系人，只看到了学校组织结构框架的一部分。因为他的部门将负责管理平板电脑项目的大部分工作，所以他就只考虑了这些干系人。Tom 甚至没有让这个项目的主要客户——学校的学生参与进来。虽然 Tom 给教职员工发过一封电子邮件，但他却没有召开一个包括大学的高级管理人员或者教师的会议。因此，Tom 对项目干系人的认知非常有限。

教职员工会议一经召开，问题就显现出来了。除了 IT 部门和学生之外，平板电脑项目还存在其他许多干系人。如果 Tom 能提前查看全校的组织结构图来扩展自己对组织框架的认识，他就会发现其他一些重要的干系人。这样他就会认识到哪些学院的领导和行政部门的人员也会受到平板电脑项目的影响，特别是他想要教职员工开发他们自己的个性化课程资料时。如果 Tom 用人力资源框架来思考这个项目，他就能够加深对学校的理解，认清谁会支持或反对平板电脑项目。通过运用政治框架，Tom 也能够考虑到那些受项目影响最大的利益团体。如果 Tom 再进一步用符号框架考虑这个项目，他将更有效地积极宣传融入平板电脑环境对于学校的真正意义。那时，他就可以及时听到那些不支持在学校里增加技术应用的人提出的反对意见。在教职员工会议召开之前，他可以争取到校长或系主任的大力支持。

像其他许多新手项目经理一样，通过这次教训 Tom Walters 认识到，就确保项目成功来说，自己还没有具备足够的技术和分析能力。如果想更有效地开展工作，就必须识别和处理不同干系人的需求，理解项目与整个组织之间的关系。与美国国家橄榄球联盟（NFL）不同的是，他的大学没有支付使用平板电脑的费用，如下方的"媒体快照"所述。

> **媒体快照**
>
> 2014年橄榄球赛季之前,微软向NFL支付了4亿美元作为5年合同的一部分,将其Surface系列平板电脑作为"NFL的官方平板电脑"。平板电脑和官方使用的回放监视器上都带有Microsoft标志。在过去,每场比赛的图像都要用一排排打印机打印出来,既效率低又浪费钱,Surface的使用取代了传统的打印。Surface通过一个与摄像头连接的应用程序来实现即时视频播放。用户可以反复查看播放内容,并用触控笔标记图像。NFL的32个球队全部参与其中,2017年是合同续签的第6年。微软公司副总裁Yusuf Mehdi说:"我们很高兴能通过让运动员和教练使用Surface设备帮助NFL改变了比赛方式。教练可以在场边做出更明智的决定,裁判使用Surface进行即时回放可以提高比赛速度,以及球队可以在商业和橄榄球活动中使用Microsoft产品。"[5]
>
> 过渡到使用平板电脑的过程顺利吗?不完全顺利。在本赛季的第一周,至少有两位电视播音员错误地将平板电脑称为iPad,这给苹果公司带来了意想不到的曝光度。在新英格兰爱国者队(New England Patriots)停止使用平板电脑之后,微软不得不为平板电脑发声。Bill Belichick教练在长达五分钟的时间里,对Surface平板电脑及其技术表达了纯粹的失望并大声抱怨道,他"不再使用平板电脑了""由于平板电脑的性能不够稳定,我会像其他几位教练一样继续使用图片功能,我只是再也受不了了。"Bill Belichick说。几周前,他在场边砸碎了一台平板电脑。[6]

2.3.1 高层管理者承诺的重要性

项目经理能否成功地领导项目的一个非常重要的因素就是他们从高层管理者那里获得承诺和支持的程度。没有高层管理者的支持,多数项目都不会成功。有些项目有一个被称为**倡导者**(champion)的高级经理,他扮演着项目的关键支持者。项目发起人可以成为倡导者,但通常其他管理人员更胜任这个角色。如前所述,项目只是更大的组织环境的一部分,许多可能影响项目的因素都不受项目经理的控制。一些研究认为,对于所有的项目来说,高层管理者的支持是项目成败的关键因素之一。

高层管理者承诺对项目经理来说是至关重要的,原因如下:
- 项目经理需要足够的资源。扼杀一个项目最好的方法就是不给它提供需要的资金、人力资源和项目成功的希望。如果项目经理能够得到高层管理者的承诺,他们就能得到足够的资源,不会为项目以外的其他琐事分心。
- 项目经理通常需要及时得到对于特定项目需求的批准。例如,对于一个大型IT项目而言,高层管理者必须明白,一些意料之外的问题可能来自所开发产品的特性或项目团队成员的特定技能。团队可能需要额外的硬件和软件来进行项目测试。项目经理为了留住关键的项目人员,有时可能需要为他们提供额外的薪酬和福利。在高层管理者的支持下,项目经理就能够及时满足这些特定的需求。
- 项目经理必须与组织中其他部门的人员合作。由于大多数IT项目都是跨部门进行的,这会导致产生一些政治问题,高层管理者必须帮助项目经理处理这些问题。如果某些职能经理拒绝为项目经理提供必要的信息,那么,就需要高层管理者出面促使职能经理积极配合。
- 项目经理经常需要他人在领导事务上给予适当的指导和帮助。许多IT项目经理来自技术岗位，缺乏管理经验。高层管理者应该花些时间来教项目经理如何成为一个出色的领导者，还应该鼓励新任项目经理参加培训以培养领导技能，并为他们提供时间和资金支持。

在一个高层管理者重视 IT 的环境下，IT 项目经理工作得最为出色。一个重视项目管理并为其设立标准的组织同样有助于项目经理成功。

2.3.2 对组织支持 IT 的需要

IT 项目成功与否的另一个因素是组织对 IT 的支持程度。如果一个组织自身对 IT 不够重视，那么 IT 项目就很难成功。许多公司意识到 IT 是其业务不可或缺的一部分，因此，专门任命一名副总或同等职位的人负责 IT 事务，这一职位常被称为首席信息官（CIO）。一些公司还安排了一些非 IT 人员全职参与一些大型项目，来推动系统终端用户的参与。一些首席执行官甚至在推进公司使用 IT 的过程中扮演强有力的领导角色，并引导员工有效地使用 IT。

> **最佳实践**
>
> 良好实践的一个要素就是关注 IT 治理（IT governance），即解决组织中的关键 IT 活动的权力和控制问题，包括 IT 基础设施、IT 应用和项目管理。（项目治理这一术语也可用于描述一种控制所有类型项目的统一方法。）IT 治理协会（ITGI）成立于 1998 年，旨在指导和控制组织的技术应用，以推进国际化思维和标准。有效的 IT 治理有助于确保 IT 项目支持业务目标、最优化 IT 投资，并应对与 IT 相关的风险和机会。Peter Weill 和 Jeanne Ross 在 2004 年出版的《IT 治理：一流绩效企业的 IT 管理卓越之道》（*IT Governance: How Top Performers Manage IT Decision Rights for Superior Results*）[7] 一书中包括一项研究，该研究表明，拥有卓越 IT 治理体系的公司比治理不善的公司的利润高 20%。
>
> 缺乏 IT 治理是十分危险的，澳大利亚的 3 个广为人知的 IT 项目（悉尼水务公司的客户关系管理系统、墨尔本皇家理工学院的学术管理系统和 One.Tel 的电话计费系统）的失败即是例证。研究人员认为，由于严重缺乏 IT 治理，这些项目对组织来说是一场灾难。研究人员在之后的一篇文章中将其称为"IT 管理中的无意识"。
>
> "这 3 个项目都面临着 IT 治理不善的问题。这 3 个组织的高层管理者并没有进行适当的审查和制衡，使得他们无法监控项目的进度，以及检查新系统对业务的调整和影响。恰当的治理并不是显而易见的，尤其是涉及财务事项、审计和合同管理时。同时，项目级别的计划和控制明显缺失或不足，结果导致提交给管理层的项目状态报告是不切实际的、不准确的和误导性的。"[8]

在获得组织对 IT 的支持、对 IT 员工的激励方面，CIO 的领导风格起着至关重要的作用。一项调查发现，在欧洲、中东和非洲的公司中，76% 的 CIO 需要调整他们的领导风格，以全面拥抱数字业务。"命令控制型领导不适合这个数字世界，"Gartner 的研究员兼副总裁 Dave Aron 说，"事实上，这可能是一个障碍。愿景和鼓舞通常是数字领域的领导者最强大的特质。CIO 必须接受从'控制优先'转向'愿景优先'。在欧洲、中东和非洲地区，65%的 CIO 表示他们需要减少指挥 IT 的时间，而 45% 的 CIO 表示他们需要提高自身愿景型的领导力。"[9]

引导各级员工有效地使用 IT 也是至关重要的。例如，希尔顿环球酒店赢得了一项久负盛名的客户关系管理（CRM）奖，因为他们的员工能够创建自己的解决方案，并以此改善客户服务和忠诚度。除了使用公司的客户满意度和忠诚度跟踪（SALT）分析软件及时提供关键信息外，团队成员还创建了一个更加个性化的流程，专注于使用数据改善客户体验，称为"HEART"，即倾听客户的心声、对客户感同身受、向客户道歉、解决客户的问题与感谢客户。通过这一流程和及时的数据，希尔顿环球酒店的客户忠诚度得分显著提高，也获得了更多的利润。[10]

2.3.3 对组织标准的需要

在大多数组织内，还存在另外一个问题——缺乏实施项目管理时要遵循的标准或指导方针。这些标准或指导方针有时候可以非常简单，例如为常见的项目文件提供标准表格或模板、提供好的项目管理计划的示例，或制定有关政策以指导项目经理如何向上级主管汇报项目状态信息。对高级经理来说，项目管理计划的内容和提供状态信息的汇报可能是一种常识，但是，许多新的 IT 项目经理可能从未做过计划或非技术性的状态报告。高层管理者必须支持制定一些标准和指导方针，并鼓励甚至强制使用。例如，为了制定项目组合管理决策，组织可能需要用一个标准格式的报告来收集所有潜在项目的信息。如果项目经理不能以正确的格式提交一项潜在项目，那么该项目就有可能不会被批准。

在第 1 章中讲到，一些组织在项目管理上进行了大量的投资，专门设立项目管理办公室或卓越中心。项目管理办公室或卓越中心可以辅助项目经理实现项目目标并维护项目治理。Rachel Hollstadt 是一家项目管理咨询公司的创始人兼首席执行官，目前已经退休。她建议组织考虑增加一个新的职位，即首席项目官（CPO）。有的企业还帮助项目经理规划其职业生涯，有的企业则要求所有的项目经理都具有项目管理专业人士（PMP）认证，并且要求所有雇员都必须接受某种类型的项目管理培训。此类标准的实施都是企业对项目管理支持的体现。

2.4 项目生命周期与产品生命周期

由于项目是作为系统的一部分运行的，并且具有不确定性，所以将项目划分为几个阶段是一个很好的做法。产品开发的阶段和生命周期也可以依此划分。本节描述了各种项目生命周期和产品生命周期。

2.4.1 项目生命周期

项目生命周期（project life cycle）是一系列项目阶段的集合，项目从开始到完成需要经历所有这些阶段。《项目管理知识体系指南（第 6 版）》描述了通用的项目生命周期，包括以下 4 个阶段：

1. 开始项目
2. 组织与准备
3. 执行项目工作
4. 结束项目

这些阶段不应与第 3 章描述的项目管理过程组的启动、规划、执行、监控和收尾相混淆。

一般情况下，项目生命周期定义了每个阶段需要开展的工作、可交付成果、各个阶段在什么时间需要什么样的人员，以及管理层将如何控制和核准每个阶段中的工作。**可交付成果**（deliverable）是作为项目的一部分生产或提供的产品或服务，例如技术报告、培训课程、硬件或软件代码段。(有关可交付成果的详细内容，请参见第5章。)

通常，在项目生命周期的早期阶段，资源需求最低，但不确定性最高。在项目生命周期的早期阶段，项目干系人最能够影响项目的产品、服务或结果的最终特性。在项目生命周期的后期阶段，对项目进行重大变更的成本高得多。在项目生命周期的中间阶段，随着项目的推进，以及有关项目需求和目标的信息更加丰富，完成项目的确定性也随之提高。此外，项目生命周期的中间阶段通常比早期或后期阶段需要更多的资源。项目后期阶段的重点是确保满足项目需求，以及项目发起人对项目完成情况的认可。

2.4.2 产品生命周期

正如项目有生命周期一样，产品也有生命周期。IT项目帮助开发产品和服务，如新的软件、硬件、网络、研究报告以及对新系统的培训等。**产品生命周期**（product life cycle）是定义、开发和交付产品的过程。通常，开发一个产品（例如一个新的信息系统、一辆汽车、一栋建筑物等）涉及许多项目。

所有的产品（汽车、建筑，甚至游乐园）都遵循某种类型的生命周期。例如，华特迪士尼公司在设计、建造和测试新产品时遵循严格的程序。他们指派项目经理来检查所有新产品的开发，例如摩天轮、公园和巡游路线。同样，规模较大的汽车公司依照产品生命周期来制造新的汽车、卡车和其他产品。

大部分IT专业人士都熟悉产品生命周期的概念，尤其是软件开发项目。软件开发项目是IT项目的一个子项目。许多IT项目涉及研究与分析，然后采购和安装新的硬件和软件，附带少量必要的软件开发，或者完全不需要软件开发。但是，一些项目包括少量的软件更改，以增强现有软件的性能或将一个应用程序与另一个应用程序进行整合。其他的一些项目则涉及大量的软件开发工作。**系统开发生命周期**(Systems Development Life Cycle，SDLC)是一个用来描述开发信息系统不同阶段的框架。

《项目管理知识体系指南（第6版）》简要介绍了5种产品或开发生命周期。在确定使用哪种生命周期时，有两个因素很重要——需求的变化程度和有用成果的交付频率。例如，对于需求变化程度低且交付频率低的产品，预测型生命周期更适用。

1. 预测型生命周期：在生命周期的早期阶段确定项目范围、时间和成本。对任何范围的变更都要进行仔细管理。PMI将预测型生命周期也称为瀑布型生命周期。

2. 迭代型生命周期：通常在项目生命周期的早期确定项目范围，但时间及成本估算将随着项目团队对产品理解的不断深入而定期修改。迭代方法是通过一系列重复的循环活动来开发产品，以增加产品的功能。当需求变化程度高而交付频率低时，迭代型生命周期最适用。

3. 增量型生命周期：通过在预定的时间区间内渐进增加产品功能的一系列迭代来产出可交付成果。最后一次迭代完成后，可交付成果才是完整的。当需求变化程度低而交付频率高时，增量型生命周期最适用。

4. 适应型生命周期：干系人在迭代开始之前定义并批准详细范围，并在每次迭代结束时产生可用的产品。PMI将适应型生命周期也称为敏捷型或变更驱动型生命周期。当需求变化程度高且交付频率高时，适应型生命周期最适用。

5. 混合型生命周期：根据工作的特性混合使用多种生命周期。例如，像每周进度报告这样的可交付成果具有低需求变化和低交付频率，而像软件功能这样的可交付成果，就具有高需求变化和高交付频率。

目前，许多组织在产品开发中使用混合型生命周期。其中，将预测型生命周期的步骤用作总体方法，以协调适应型生命周期的详细步骤。预测型生命周期和适应型生命周期不是互斥的选择。

除了用于 SDLC 的瀑布模型之外，其他的预测型生命周期包括螺旋模型、原型模型和快速应用开发（Rapid Application Development，RAD）模型。项目团队在项目中花费了大量精力来明确整个系统的需求，然后给出设计。在软件开发工作的一段较长的时间内，用户往往无法看到任何实质性的成果。以下是几种预测型 SDLC 模型的简要描述。[11]

- 瀑布生命周期模型有明确定义的线性阶段：系统分析、设计、编码、测试和维护。该生命周期模型假设需求被定义后将保持稳定。当项目必须严格控制风险，并在需求被定义后严格限制变更时，可以使用瀑布生命周期模型。瀑布方法用于许多大型系统项目，这些项目的复杂性和成本都很高，所以采取更严格的步骤有助于确保完成所有可交付成果。瀑布方法对于不涉及软件开发的 IT 项目也很有意义，例如升级公司中所有的路由器和交换机来支持 VoIP 电话。[12]
- 螺旋生命周期模型是基于改进的瀑布模型开发的，该模型适用于大型的政府软件项目。事实上，大多数软件是使用迭代或螺旋方法开发的，而非线性方法。项目团队在项目生命周期后期也接受对项目的变更和修改，并返回到需求阶段进行更详细的设计。这种方法适用于通过适当的成本增加或可接受的时间延迟来进行变更的项目。图 2-4 说明了瀑布生命周期模型和螺旋生命周期模型之间的差异。
- 原型生命周期模型用于开发软件原型，以明确用户对操作性软件的要求。它需要用户的大量参与，并且开发人员使用一个模型来同时产生功能需求和物理设计规范。开发者能够根据项目放弃或保留原型。原型方法通常用于涉及大量用户界面设计的系统。例如，在网站项目中，对以往系统中的手动功能实现自动化；或在移动应用程序中改变已有事物本质的系统。
- RAD 生命周期模型使用的方法是由开发人员处理演化原型。RAD 生命周期模型也需要大量用户参与，并可以在不牺牲质量的前提下快速开发系统。开发人员使用 RAD 工具，例如 CASE（计算机辅助软件工程）、JRP（联合需求计划）和 JAD（联合应用程序设计）来促进快速原型设计和代码生成。这些工具通常用于报告系统中。在这个系统中，程序员将参数输入软件并生成报告供用户批准。当得到批准后，相同的参数将用来生成最终的产品系统，而无须程序员进一步修改。

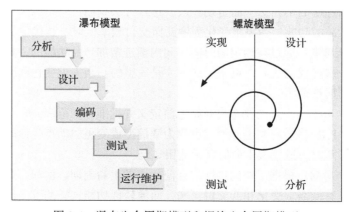

图 2-4　瀑布生命周期模型和螺旋生命周期模型

2.4.3 项目阶段和管理评审的重要性

由于许多 IT 项目及其最终产品的复杂性和重要性，因此在每个阶段花时间评审项目状态是非常重要的。一个项目应该在成功通过对每个主要项目阶段的评审后，继续下一个阶段。随着项目的不断推进，组织通常会投入越来越多的资金，因此，有必要在每个项目阶段结束后进行管理评审，以便对项目进度、成功的可能性以及项目目标与组织目标持续一致性做出评估。

管理评审又称为**阶段出口**（phase exit）、**阶段关口评审**（phase gate review）或**终止点**（kill point）。这一活动对于保持项目在正确的轨道上和确定项目是否应该继续、重新定位或终止非常重要。如前所述，项目只是组织的整个系统的一部分。组织中的其他部分的变更可能会影响项目状态，项目状态也可能会对组织中的其他部分造成影响。通过将项目划分为多个阶段，高层管理者就能保证项目与组织内其他部门的需求兼容。

让我们再来看一看本章的"开篇案例"。假设 Tom Walters 所在的学校进行了一项由校领导发起的旨在增加校内技术应用的调查研究。在项目定义阶段结束时，项目团队就能够向校长、教职工和其他工作人员呈交一份详细报告，向大家清楚描述有关新技术应用的不同选择、对其他竞争大学的分析以及当地干系人对此项目的意见等。在项目定义阶段结束时所做的这个陈述就是一次管理评审。假设该研究报告表明，90% 接受调查的学生和教职工强烈反对让所有学生配备平板电脑的提议，且许多接受成人教育的学生表示，如果为此还得多掏钱的话，他们就可能转去另一所学校。在这种情况下，学校可能就会决定放弃这个提议。如果 Tom 采用了这样分阶段的做法，他和同事就不用在具体的计划制定上浪费那么多时间和金钱了。

除了正式的管理评审，对大多数项目而言，高层参与整个项目生命周期是非常重要的。高层只在项目或产品后期阶段结束时参与，这不是一种明智的做法。管理层定期（例如每周或每天）对许多项目进行评审，以确保项目进展顺利。每个人都希望能成功地完成工作目标，并希望管理层的参与能确保公司可以实现项目和组织的目标。

> **对在哪里**
>
> 在项目或者产品的结束阶段，特定的可交付成果和终止点将帮助经理们做出更好的决策：继续进行、重新定位或终止项目。前面介绍了斯坦迪什咨询集团的有关研究，其中提到了项目成功率提高的部分原因是公司的决策能力提高了，能够更好地决定什么时候应该终止失败的项目。斯坦迪什咨询集团主席 Jim Johnson 指出："我所观察到的真正进步，用爱迪生的话说，就是知道什么时候停止鞭打一匹死马……爱迪生成功的重要因素之一就是他曾多次失败。但是就像他所说的，在一匹马的尸体开始腐烂之前，他就能够识别出这是一匹死马……在 IT 领域，我们做着注定失败的项目，就像骑着一匹死马，而不愿放弃。但我们现在所看到的是我们已经能够摆脱这种现象了，并能够减少过多的成本和时间投入。这就是影响成功率的主要因素。"[13]
>
> 另一个反映管理监督强大力量的例子来自亨廷顿银行股份有限公司。像其他许多公司一样，该公司有一个执行指导委员会（executive steering committee），定期评审公司的重要项目和问题。该委员会由来自公司各个部门的高级管理人员组成。这家市值 260 亿美元的银行控股公司总部位于俄亥俄州，并完成了为期一年的公司网站重新设计项目。该网站采取了 XML 技术，可以为在线用户提供实时账户信息，也可以提供其他银行服务。公司的首席信

息官,Joe Gottron 说:"当项目因为其复杂性几乎终止的时候,有'4~5个非常紧张的时刻'。执行指导委员会每周都开会评审项目的进度,并讨论下周的工作计划。会议保证了即使在项目的一个环节失误了,不管哪家公司负责,我们都能掌控局面,并增加额外的资源来弥补出现的问题。"14

有些项目在被终止之前已经进行了很长时间。风靡全球的大型多人在线游戏魔兽世界(MMO)的制作公司暴雪(Blizzard),在花费了7年多的时间进行开发后,决定取消泰坦(Titan)游戏项目。暴雪 CEO 兼联合创始人 Mike Morhaime 表示,"我们想要做的是大家能想象到的最具野心的事情。但事实并非如此,我们没有找到乐趣和热情……我们宁愿放弃一个已经投入了大量时间和资源的游戏,也不愿放弃哪怕有一丝可能……的游戏"暴雪内部负责故事与版权拓展的高级副总裁 Chris Metzen 以一句话结束了 Morhaime 的发言,"关系已经破坏了,信任也粉碎了。"15

2.5 IT 项目的环境

哪种产品开发生命周期对于特定软件开发项目最有效?对此,项目环境有至关重要的影响。同样,IT 行业特有的几个问题对 IT 项目管理也有至关重要的影响。这其中包括项目的性质、项目团队成员的特点和所涉及技术的多样性。

2.5.1 IT 项目的性质

与其他行业的项目不同,IT 项目具有多样性。有一些项目只涉及少数安装成品硬件和相关软件的人员,其他一些项目可能要求上百名人员去分析组织的一些业务流程,然后与用户合作开发一个新的软件以满足业务需求。即使对于小型的、硬件导向型的项目,也可能涉及多种硬件类型——个人计算机、大型计算机、网络设备、机房、便携式计算机、平板电脑或智能手机。网络设备可能是无线的、基于蜂窝的、基于电缆的或需要一个卫星接口的。软件开发项目的性质比硬件项目更加多样化。一个软件开发项目可能包括开发一个简单的、独立的 Microsoft Excel 或 Access 应用程序,或一个复杂的、应用最新编程语言并在多个平台上运行的全球电子商务系统。

IT 项目同样支持每一个可能的行业和业务功能。与改进联邦税收系统或在第三世界国家安装通信基础设施的项目相比,管理一个电影公司动画部的 IT 项目需要项目经理和团队成员具有不同的知识和技能。由于 IT 项目的多样性和这一领域的崭新性,在管理这些变化的项目时,创建和遵循一些最佳实践的范例是很重要的。这样,对于每一个项目,IT 项目经理都会有一个通用的起点和方法可循。

2.5.2 IT 项目团队成员的特点

由于 IT 项目的多样性,参与其中的人员可能具有不同的背景和不同的技能。这种多样化的项目团队具有显著的优势,因为他们可以从更稳健的系统视角中分析项目需求。许多公司会有目的地雇用其他领域(商业、数学或艺术)的毕业生,以便能为 IT 项目带来不同的观点。尽管具有不同的教育背景,但是 IT 项目从业者仍然具有一些通用的职位,如业务分析师、程序员、网络专家、数据库分析师、质量保障专家、技术文档编写人员、安全专员、硬件工程师、软件工程师和系统架构师。在编程领域,又有一些职位名称以程序员使用的特定技术来命名，例如 Java 程序员、PHP 程序员、C/C++/C#程序员等。

有些 IT 项目只要求员工掌握其中的一小部分工作技能，但是许多项目要求员工具备多种或全部的工作技能。有时，IT 专业人员在不同的工作职能之间来回转换，但更多时候会成为某一领域的技术专家，或者他们决定成为管理人员。技术专家或项目经理长期留在一家公司的现象并不常见。事实上，许多 IT 项目拥有大量的合同聘用人员。作者 Rob Thomsett 将他们称为"自由职业者大军"，并认为与这些人一起工作会带来特殊的挑战。

2.5.3 技术多样化

IT 专业人员的诸多职位反映了胜任该职位所需的不同技术。技术知识上的差异可能使专业人员之间的沟通充满挑战。硬件专家可能不理解数据库分析师所用的语言，反之亦然。安全专家可能很难与业务分析师交流。从事同样 IT 职务的人员可能难以互相理解，因为他们各自使用不同的技术。例如，程序员常常使用几种不同的编程语言。但是，如果程序员连使用多种编程语言的能力都没有，那么项目经理会发现组建和领导更加多样化的项目团队可能更加困难。

技术多样化引发的另一个问题是许多技术都在迅速变化。当项目团队发现一种新技术能在更大程度上改进项目、更好地满足长期业务需求时，项目可能已经接近尾声了。许多企业都必须经历开发、生产与销售新产品和服务的过程，新技术缩短了这一时间，快速变化的环境要求有同样快节奏的流程来管理和生产 IT 项目与产品。

2.6 影响 IT 项目管理的新趋势

全球化、外包、虚拟团队和敏捷项目管理等一些新趋势的蓬勃发展，给 IT 项目经理及其团队带来了更多挑战和机遇。本节将探讨这些趋势并提供解决问题的建议。

2.6.1 全球化

在 Thomas L. Friedman 的畅销书《世界是平的》(*The World Is Flat*)中，作者描述了全球化的影响：全球化创造了一个"平的"世界，在这个"平的"世界中，每个人都相互联系，对更多的参与者来说，"竞争环境"是公平的。[16] 较低的贸易和政治壁垒以及数字革命使得瞬间与地球上数十亿人互动变为可能，个体经营者和小公司也可以与大公司竞争。Friedman 还讨论了"上传"的增长，即人们通过博客、播客和开源软件共享信息。如以下统计数字所示，IT 是全球化的关键推动者。值得注意的是，截至 2017 年底，全球总人口已超过 76 亿。

- "互联网有 35 亿用户。
- 有 30.3 亿活跃的社交媒体用户。
- 91% 的零售品牌使用两个及以上社交媒体渠道。
- 81% 的中小企业使用某种社交平台。
- 互联网用户平均拥有 7.6 个社交媒体账户。
- 从 2017 年第二季度到 2017 年第三季度，社交媒体用户增长了 1.21 亿。
- 每 15 秒就有一个新的社交媒体用户。
- Facebook Messenger 和 Whatsapp 每天处理 600 亿条信息。"[17]

全球化对 IT 领域产生了巨大影响。尽管像 Microsoft 和 IBM 这样的大型 IT 公司都是在美国起步的，但它们的大部分业务是全球化的。事实上，全世界的个体和公司都为 IT 的发展做出了贡献,并在各种 IT 项目上进行协作。

项目经理在处理全球化项目时,需要解决以下几个关键问题:

- 沟通:因为人们在不同的时区工作,他们的语言、文化背景、节日传统都不尽相同,所以,使大家高效、及时地沟通非常重要。即沟通管理计划是至关重要的。有关沟通管理计划的详细信息,请参见第 10 章中的具体计划。
- 信任:信任对于所有团队都是一个重要的问题,特别是对于全球化团队而言。通过承认和尊重他人的差异以及他们为项目带来的价值,立即开始建立信任是非常重要的。
- 共同的工作方式:调整工作流程并制定一个大家都认可且感到舒适的工作方式是重要的。项目经理必须允许团队花时间发展共同的工作方式。运用下文提到的一些特殊工具,能够推进共同工作方式的实现。
- 工具:IT 在全球化过程中发挥着至关重要的作用,特别是在加强沟通和工作实践这两方面。许多人使用免费工具,如 Skype、谷歌文档或社交媒体进行交流。许多项目管理软件工具把沟通和协作特征放在了一个集成包中。IBM 在这方面一直处于领先地位,已经为超过 175 家公司的业务提供了协作工具。紧随其后的是 Oracle,为 145 个国家服务;接着是 SAP,为 130 个国家服务;然后是 Microsoft,为 113 个国家服务。[18] 工作小组必须调研各种可选项,并确定哪些工具最适合自己的项目。通常,选择工具时的关键因素是安全性。

在对 600 多个全球化组织进行研究后,毕马威国际(KPMG International)总结了管理全球化项目团队的几点建议:

- 对全球化项目采用更严格的项目规范,否则,传统项目规范中的弱点可能会因为地理位置的差异而更加严重。
- 使用全球化模式思考,但采取本地化措施,目的是在所有项目级别上与项目干系人取得一致、相互融合。
- 更多地考虑协作而不是标准化,以实现目标和项目方法的平衡。
- 确保项目保持冲力,并且通常能够持续较长时间。
- 考虑使用更新的或更具创新性的工具和技术。[19]

2.6.2 外包

如第 12 章所述,**外包**(outsourcing)是组织从外部资源中获取产品和服务的过程。**离岸外包**(offshoring)这一术语有时用来描述从另一个国家外包。离岸外包是全球化的自然产物。无论在国内还是国外,IT 项目越来越依赖于外包。

一些组织利用外包优势获得竞争力。许多组织已经找到了通过外包来降低成本的方法,尽管这种做法在他们的国家可能不受欢迎。例如,外包在 2012 年美国共和党总统候选人辩论中是一个重要议题,候选人讨论了苹果公司为何在发展中国家雇用 50 万名低薪工人来组装产品。《纽约时报》(*New York Times*)的一篇文章评论说,外包不仅仅是为了降低成本。"一位前高管描述了苹果公司是如何依靠一家中国工厂在设备即将上架的前几周对 iPhone 进行改造的。在最后时刻苹果公司重新设计了 iPhone 的屏幕,迫使组装线进行彻底检修。午夜时分,新的屏幕才被运到工厂。据这位高管说,一名工头立即叫醒了公司宿舍内的 8000 名工人,发给每位员工一包饼干和一杯茶,并把他们带到一个工作站内。半小时内,这些工人就开始了将玻璃屏幕安装到斜边的框架中的 12 小时轮班制工作。96 小时内,这家工厂每天的 iPhone 产量超过 10 000 部。这位高管说，'这样的工作速度和灵活性令人叹为观止，没有一家美国工厂能与之匹敌。'"[20]

由于越来越多的 IT 项目使用外包，项目经理需要更加熟悉许多全球化问题和采购问题，包括虚拟团队的工作与管理。

2.6.3 虚拟团队

一些因素促进了虚拟项目团队数量的明显增长，例如：差旅或调动员工所需的成本和时间、沟通和远距离工作的能力、雇用在低生活成本地区的员工所带来的优势，以及员工对灵活工作时间的偏好。**虚拟团队**（virtual team）是指由运用通信技术实现跨时间和跨地域工作的个人所组成的团队。团队成员可能全部为同一个国家的同一家公司工作，也可能不仅包括员工，还有独立顾问、供应商，甚至是来自全球各地为项目提供专门技术支持的志愿者。

虚拟团队的主要优势包括以下几点：

- 降低成本。因为许多虚拟员工在家办公，不需要办公室或办公设备。
- 由于全球范围内的团队成员无论白天还是晚上都可以工作，因此团队更加专业、灵活，提高了竞争力和响应能力。
- 由于取消了固定的办公时间和上下班时间，团队成员的工作与生活之间的平衡得以改善。

全球问题

外包也有缺点。例如，苹果公司从全球布局生产链并从中获益，但在推出 iPhone 4S 时也遭遇了一些问题。2012 年 1 月，一些被"黄牛"雇用来排队购买手机的人在专卖店发生了冲突。当苹果公司表示该专卖店暂停营业时，一场混乱由此发生。其实，其他的苹果专卖店也遇到过此类问题。2011 年 5 月，排队购买 iPad 2 的人群中有人插队，几方争执造成 4 人受伤。市场分析人士指责苹果公司没有做好营销（或分销）工作。[21] 2017 年，苹果公司在部分市场的销售额与市场份额不断下降，说明苹果公司在经营方面仍然存在问题。

虚拟团队的劣势包括以下几点：

- 无法适应虚拟环境的团队成员被孤立。
- 可能会出现沟通问题，因为团队成员无法使用肢体语言或其他非语言的沟通方式来理解、信任彼此。
- 降低了团队成员建立工作关系和非正式沟通的能力。
- 越来越依赖技术来完成工作。

与其他团队一样，虚拟团队也应该专注于实现一个共同目标。对虚拟团队的研究揭示了以下影响虚拟团队成功的因素：

- **团队过程**：明确虚拟团队的运作方式非常重要。例如，团队必须就工作方式、工作时间、工作中用到的技术、决策方式以及其他重要的过程问题达成一致。
- **领导风格**：项目经理的领导风格对所有团队都有影响，尤其是对虚拟团队。
- **信任与关系**：许多虚拟团队的失败是因为缺乏信任。距离很远时，建立关系和信任是很困难的。有些项目经理喜欢召开面对面会议，因为这样团队成员就可以互相了解，建立信任。如果没办法举行面对面会议，也可以选择电话或视频会议。
- **团队成员选择与团队角色偏好**：Meredith Belbin 博士将团队角色定义为"个体在群

体内的行为、贡献以及人际互动的倾向性"。[22] 仔细选择团队成员并组建一个涵盖所有角色的团队是非常重要的。所有的虚拟团队成员都需要了解他们在团队中的角色（有关这一主题的详细信息，请访问 www.belbin.com）。

- 任务-技术适配：如果技术能力与用户必须执行的任务相匹配，那么 IT 就更有可能对个人绩效产生积极影响。
- 文化差异：处理文化差异问题很重要。文化差异包括如何看待权威人士、如何决策、如何沟通请求或问题，以及员工喜爱何种工作方式（协作或独立）。这些文化差异因地点而异，并影响团队的许多方面。
- 以计算机为媒介的沟通：对虚拟团队成员来说，可靠且合适的以计算机为媒介的沟通至关重要，包括电子邮件、即时通信、文本通信和聊天室。如果你依赖这些技术将虚拟团队聚集在一起，那么需要确保这些技术确实奏效，否则就会导致跨越虚拟边界的距离进一步增大。
- 团队生命周期：正如项目和产品有生命周期一样，团队也有生命周期。项目经理必须处理团队生命周期的问题，特别是在安排团队成员和决定交付进度时。
- 激励：虚拟团队需要不同方式的激励，以按时完成高质量的工作。在日常工作中与项目经理或其他团队成员进行接触并不会让团队成员感到受益，因此需要经常对他们进行积极的激励，例如通过电子邮件或电话向他们表示感谢，甚至偶尔发放奖金。如果虚拟团队成员的工作效率不高，负面激励（如罚款或扣款）也同样奏效。
- 冲突管理：虚拟团队成员之间可能从未见过面，但他们仍然存在冲突。正如第 9 章所述，处理冲突管理问题是非常重要的。

一些研究找出了与虚拟团队效率呈正相关的因素。研究表明，团队互动过程、信任关系、领导风格和团队成员选择都与团队绩效和团队成员满意度有强相关性。[23]

2.6.4 敏捷方法

本书已经讨论过产品开发的自适应或敏捷方法。**敏捷**（Agile）意味着能够迅速、容易地驱动，但有些人认为，项目管理无法使人们敏捷地完成工作。软件开发项目通常在早期使用瀑布方法，但是随着技术和业务变得越来越复杂，这种方法往往变得十分难用，因为需求是未知的或不断变化的。如今，敏捷意味着使用一种方法，这种方法使需求和解决方案通过协作来逐渐演化。敏捷方法可以用于软件开发项目或任何需求未知、变化迅速的环境中。

项目管理领域对敏捷方法的关注不断增长。《项目管理知识体系指南（第 6 版）》描述了每个知识领域在敏捷/自适应环境下的注意事项。《项目管理标准》(*The Standard for Project Management*) 中有一个名为"敏捷型、迭代型、适应型和混合型项目环境"的附录。2017年，PMI 与 Agile Alliance® 合作发布了《敏捷实践指南》(*Agile Practice Guide*)。

值得注意的是，目前 PMI 和许多其他资源关注的是组织敏捷性，而不仅仅是具体的敏捷技术，如本节后面将介绍的 Scrum。"组织敏捷性不仅仅是速度快，它还意味着与客户需求保持联系的能力。组织变革不仅仅是技术上的敏捷。在整个组织中，专注于适应性并为客户带来商业价值是一种思维上的转变……人员和流程对于更高级别的敏捷性很重要，而文化是开启敏捷性价值的关键。"[24]

正如本章一直强调的，项目并不是孤立地完成的。项目经理及其团队必须应用系统观，以使项目与组织获得成功。

2.6.4.1 敏捷软件开发宣言

在企业界,"敏捷"这一术语最早应用于软件开发项目。2001年2月,一个由17人组成的敏捷开发联盟小组发布了"敏捷软件开发宣言"(Manifesto for Agile Softuare Development),内容如下:

我们一直在自己开发软件及帮助他人开发软件的过程中探寻更好的软件开发方法,由此我们建立了如下价值观:

- 个体和交互胜过过程和工具。
- 可运行的软件胜过详尽的文档。
- 客户合作胜过合同谈判。
- 响应变化胜过遵循计划。[25]

实施敏捷方法的人或组织负责解释和应用以上价值观。

敏捷方法也可以与 Scrum 等具体技术联系起来。

2.6.4.2 Scrum

如 Scrum 联盟所述,Scrum 是为了完成具有复杂的、创新的工作范围的项目的一种领先敏捷开发方法。1986年,Scrum 这一术语由《哈佛商业评论》(Harvard Business Review)的一项研究提出,该研究将高绩效、跨职能的团队与使用 Scrum 编队的橄榄球队进行了比较。基本的 Scrum 框架如图2-5所示,总结如下:

- 产品负责人创建一个已划分优先级的项目需求清单,称作产品待办事项。
- 在冲刺计划期间,团队选择产品待办事项中的一些高优先级的部分作为冲刺待办事项,并决定如何实施。
- 团队用一定的时间(一个冲刺)来完成这些工作,通常是2~4周,但每天都会开会评估进度(每日例会)。
- Sorum Master 全程负责,使团队专注于自身的目标。
- 在冲刺结束时,工作应该是潜在可交付的,如准备好交给客户、放在商店货架上或展示给干系人。
- 冲刺评审和冲刺回顾标志着一个冲刺的结束。
- 当下一个冲刺开始时,团队从产品待办事项中选择另一部分待办事项,然后再次进行如上的工作。

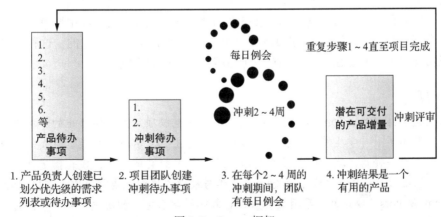

图 2-5 Scrum 框架

循环往复直到产品待办事项上的条目已经完成、预算耗尽或截止日期到来。这些里程碑中哪一个标志着工作的结束完全取决于项目。无论因为哪种原因停止工作，Scrum 都会确保在项目结束时完成最有价值的工作。[26]

在 Axosoft 的一个名为"10 分钟的 Scrum"的视频中，曾与几家大公司合作过的一位经验丰富的软件开发人员 Hamid Shojaee 简要地解释了产品待办事项、团队角色、冲刺和燃尽图等关键概念。[27] 准时制库存控制方法——Kanban 可以与 Scrum 结合使用。**看板**（Kanban）是日本丰田汽车公司开发的，它使用视觉提示来指导工作流程。例如，团队可以在工作板上放置卡片来显示待办事项中的工作状态（新的、正在进行中的或已完成的）。向右移动工作板上的卡片来显示工作的完成进度。看板可以通过使瓶颈可视化来限制正在进行的工作进度，这样就可以使负责不同工作的人们通力合作来解决造成瓶颈的问题。看板也有助于改善日常工作流程，Scrum 则提供了改进项目组织的结构。[28] Scrum 最初应用于软件开发项目，但如今其他类型的项目也使用此技术来辅助团队合作，首先完成最重要的工作然后增加商业价值。

2.6.4.3 敏捷方法、《项目管理知识体系指南》以及新认证

《项目管理知识体系指南》描述了项目管理应当采取的最佳实践。敏捷方法描述了如何管理项目。可以把敏捷方法和 Scrum 框架视为将一个大项目分解成几个小项目的方法，并确定每个小项目的范围。项目团队可以每天召开一个简短的会议来决定如何首先完成最重要的工作，但不必将会议称为"Scrum"。

如本章前面所述，开发信息系统和其他产品涉及几种不同的方法。因为项目是独一无二的，所以必须有人来确定项目流程与实施方式。项目团队可以遵循一个具体的流程，也可以遵循混合流程或者其他的定制方法。组织也必须关注组织敏捷性这一更大的主题。

PMI 意识到人们对敏捷方法的兴趣与日俱增。2011 年，PMI 推出了一项新的认证——敏捷管理专业人士资格认证（Agile Certified Practitioner，ACP）。2018 年年初，PMI 网站上写道，"PMI-ACP® 是协会增长人数最快的认证，这不足为奇。如我们在《2015 年组织职业脉搏调查》（"2015 Pulse of Profession®"）报告中所言，与行动迟缓的同行相比，对市场动态反应灵敏的组织成功地完成了更多项目（这一比例为 75%∶56%）。"[29] 2017 年 11 月底，共有 18 329 人获得了 ACP 认证。[30]

人们对敏捷方法越来越感兴趣的原因之一是希望它能使项目管理更容易。许多书籍、课程和咨询顾问都在使用这种"新"方法。然而，经验丰富的项目经理明白，他们始终可以自定义项目的运行方式。他们还知道，即使使用敏捷方法，项目管理也非易事。各个组织同样认识到，他们需要努力营造一种文化，使得他们能够在瞬息万变的世界中取得成功。

如你所见，IT 项目经理或团队成员的工作是令人兴奋且充满挑战的。这种兴奋和挑战来自对成功完成项目的专注，这也将对整个组织产生积极的影响。

案例结局

超级碗比赛结束后，Tom 告诉了他的朋友们平板电脑项目是如何终止的。在教职工会议上，一些人表示了对"学生使用平板电脑提议"的关注后，学校校长指示组成一个委员会来正式重新调查这一提议。因为学校正在处理与招生相关的其他问题，校长指定负责招生的副院长来领导该委员会。不久之后，其他人自愿参与或被安排到该委员会中，其中包括 IT 部门负责人 Tom Walters、成人教育项目负责人、计算机科学系主任和历史系主任。同时，校长坚持该委员会至少有两名成员来自学生群体。校长知道大家都很忙，他也怀疑平板电脑提议

是否是学校当前最重要的问题。他指示委员会在下个月的教职工会议上提交一份建议书，要么组建一个正式的项目团队，来对平板电脑提议进行全面研究；要么终止该提议。在下一次教职工会议上，几乎没有人对终止该提议的决定感到惊讶。Tom Walters 认识到，在继续制定具体的 IT 项目计划之前，他必须更加关注整个学校的需求。Tom 和他的朋友们在网上找到了几篇有关 NFL 使用 Microsoft Surface 平板电脑的文章。他们读到爱国者队拒绝使用 Surface 平板电脑，并且他们的教练还在场边砸了一部 Surface 平板电脑时哈哈大笑。Tom 说："如果 Belichick 教练在比赛结束时拿了一部 Surface 平板电脑，那他砸掉的应该就是那个了！"

2.7 本章小结

项目是在一个更大的组织环境中运作的。因此，项目经理在工作时需要采用系统方法，并且需要在整个组织的背景下考虑项目事宜。为了保证项目的成功，IT 项目经理需要将业务、组织和技术问题整合到项目计划中。

组织有 4 个不同的基本框架：结构框架、人力资源框架、政治框架和符号框架。项目经理要获得成功，就必须了解组织的各个方面。结构框架关注不同部门的角色和职责，以满足高层管理者设定的目标和政策。人力资源框架注重达到组织需求与个人需求之间的平衡与协调。政治框架处理组织与个人的政治问题。符号框架则注重符号和含义。

组织结构对项目经理有很大的影响，尤其是对项目经理所拥有的权力来说，更是如此。3 种基本的组织结构包括职能型、矩阵型和项目型。项目经理在项目型组织结构中权力最大，在矩阵型组织结构中权力一般，而在职能型组织结构中权力最小。

组织文化同样对项目管理有影响。对项目有积极作用的组织文化具有以下特点：员工对组织的认同度高、强调基于团队的工作活动、单位整合能力强，风险容忍度高、基于绩效的奖励、冲突容忍度高、关注开放系统，关注员工、控制和手段取向的平衡。

干系人是指这样的一些人和组织：他们积极参与项目，或者项目实施结果可能会给他们的利益带来积极或消极的影响。项目经理必须能够识别和了解所有项目干系人的不同需求。

高层管理者的支持是项目成功的关键因素。因为项目常常跨越组织中的很多部门，所以在进行项目的整合工作时，高层管理者必须协助项目经理。组织的支持对于 IT 项目的成功同样重要。在管理项目时，开发标准和准则对大多数组织都是有帮助的。

项目生命周期是项目阶段的集合。传统的项目阶段包括启动、规划、执行、监控和收尾。项目通常会产出产品，这一过程遵循产品生命周期。如一般的项目生命周期模型一样，项目经理必须了解他们所生产产品的生命周期。

项目必须成功地通过每一个项目阶段，才能够继续下一个阶段的工作。每一个项目阶段结束时，都需要进行项目管理评审，并且需要管理层更频繁地介入。管理评审和管理层介入对于保证项目的正常进行是非常重要的，决定了项目是继续进行，还是重新定位或终止。

鉴于 IT 项目的独特环境，项目经理需要考虑多方面的因素。项目的多样性、宽泛的业务领域和技术使得管理 IT 项目富有挑战性。领导具有广泛专业技术的项目团队成员和了解快速变化的技术同样重要。

最近的一些趋势也在影响 IT 项目管理。全球化程度的提高、外包、虚拟团队和敏捷项目管理已经改变了许多 IT 项目人员配备和管理的方式。项目经理必须及时了解这些趋势及其他趋势，并找到有效利用这些趋势的方法。

2.8 讨论题

1. 什么是项目的系统观？如何将项目系统观的方法应用于项目管理？
2. 解释组织的 4 个框架。它们是如何帮助项目经理了解项目的组织环境的？
3. 简述职能型、矩阵型和项目型组织结构之间的区别。描述每种组织结构是如何影响项目管理的。
4. 描述组织文化与项目管理之间的联系。哪种组织文化能够提供有利的项目环境？
5. 讨论高层管理者的承诺和建立标准对项目管理成功的重要性。根据你在任一项目上的经历，举例说明这些因素的重要性。
6. 传统的项目生命周期有哪些阶段？项目生命周期与产品生命周期如何区别？为什么项目经理需要理解这两个概念？
7. 是什么使 IT 项目有别于其他类型的项目？项目经理如何适应这些差异？
8. 解释全球化、外包、虚拟团队和敏捷项目管理，并描述这些趋势是如何使 IT 项目管理产生变革的。

2.9 快速测验

1. ____不是系统管理三球模型的组成部分。
    a. 业务　　　　　b. 信息　　　　　c. 技术　　　　　d. 组织
2. 组织的 4 个框架中，____框架涉及如何举行会议、员工衣着样式和预期工作时间。
    a. 结构　　　　　b. 人力资源　　　c. 政治　　　　　d. 符号
3. 人员在____组织结构中通常向两个或更多的上级汇报。
    a. 职能型　　　　b. 项目型　　　　c. 矩阵型　　　　d. 混合型
4. 下面的组织文化特性中，除了____，其他特性对项目工作的成功都很重要。
    a. 员工认同　　　b. 强调群体　　　c. 风险容忍　　　d. 控制
5. ____是作为项目的一部分提供的一件产品或一项服务，例如一份技术报告、一个培训项目或者硬件。
    a. 可交付成果　　b. 产品　　　　　c. 工作包　　　　d. 切实目标
6. 下面哪句话的表述是错误的？
    a. 分析项目生命周期是项目阶段的集合。
    b. 产品生命周期与项目生命周期是一样的。
    c. 瀑布方法是预测型生命周期模型的一个示例。
    d. 敏捷方法是适应型生命周期模型的一个示例。
7. 在开发信息系统时，以下____用来描述一个阶段性的框架。
    a. 系统开发生命周期　b. 快速应用开发　　c. 预测型生命周期　d. 极限编程
8. IT 项目的性质不同于许多其他行业的项目，因为它们是很____。
    a. 昂贵的　　　　b. 技术性的　　　c. 多样化的　　　d. 具有挑战性的
9. ____这一术语描述了组织从国外寻找外部资源获取产品和服务。
    a. 全球化　　　　b. 离岸外包　　　c. 出口　　　　　d. 全球采购
10. ____是主要的敏捷开发方法。
    a. 极限编程　　　b. Sprint　　　　c. 看板　　　　　d. Scrum

2.10 快速测验的答案

1.b 2.d 3.c 4.d 5.a 6.b 7.a 8.c 9.b 10.d

2.11 练习题

1. 用你自己的话概述系统管理的三球模型。然后根据你自己的项目经验或采访一位刚刚完成一个 IT 项目的人，列出在项目中需要解决的业务、技术和组织问题。对项目而言，哪些问题最重要，为什么？把你的答案总结成一篇短文或演示文稿。

2. 将组织的 4 个框架应用于一个涉及新技术开发（如移动银行，在线零售或社交媒体）的项目。在虚拟环境中与其他两个班级成员一起完成练习。写一篇短文或演示文稿来总结你对"虚拟团队是帮助还是阻碍了工作"的分析与看法。

3. 在互联网上搜索两篇关于软件开发生命周期的有趣文章，包括敏捷软件开发。同时阅读 www.agilealliance.org 上的文章。这些资源提供了关于项目管理的哪些知识？引用参考文献，总结你的发现和建议。

4. 搜索互联网并浏览 IT 行业杂志或网站，找出一个由于组织原因而引发问题的 IT 项目。写一篇简短的文章，总结出项目的主要干系人以及他们是如何影响 IT 项目的结果的。

5. 写一篇简短的总结，讨论高层管理者的支持对于 IT 项目成功的重要性。总结内需要含有你对这个主题的看法。

6. 研究使用虚拟团队的趋势。查阅 www.belbin.com 和其他相关来源中关于团队角色理论的信息。总结你的发现，并引用至少 3 篇参考文献，总结中也要含有你的个人经验和对该主题的看法。例如，你希望在团队中扮演什么角色？你喜欢虚拟团队吗？如果你还没有使用过虚拟团队，你认为这和面对面的团队有什么不同？

7. 研究敏捷方法，因为它适用于软件开发和其他类型的项目。看看有多少关于敏捷方法主题的书籍和网站。有证据表明敏捷项目比其他项目更成功吗？什么样的敏捷方法原则可以应用于所有类型的项目？写一篇简短的文章，总结你的发现，并引用至少 3 篇参考文献，还要包括你的个人经历和对这个主题的看法。

8. 观看 Axosoft 或其他组织发布的有关 Scrum 和看板的视频。写一篇简短的文章，总结你学到的知识和其他问题，尝试找到问题的答案并引用来源。

9. 回顾 Tom Walters 平板电脑项目的"开篇案例"和"案例总结"，同时至少找到 2 篇关于 NFL 使用平板电脑的文章。使用本章介绍的 4 个组织框架，对比 Tom 所在的大学和 NFL 使用平板电脑的结构框架、人力资源框架、政治框架和符号框架。与 NFL 平板电脑项目相比，你认为导致 Tom 的项目被早早取消的主要因素是什么？

2.12 关键术语

敏捷（agile）

倡导者（champion）

可交付成果（deliverable）

执行指导委员会（executive steering committee）

职能型组织结构（functional organizational structure）

人力资源（HR）框架（human resources，HR frame）

IT 治理（IT governance）

看板（Kanban）

终止点（kill point）

矩阵型组织结构（matrix organizational structure）

离岸外包（offshoring）

组织文化（organizational culture）

外包（outsourcing）

阶段关口评审 / 阶段出口（phase gate review phase exit）

政治框架（political frame）

政治（politics）

预测型生命周期（predictive life cycle）

产品生命周期（product life cycle）

项目生命周期（project life cycle）

项目组织结构（Project organizational structure）
Scrum（Scrum）
结构框架（structural frame）
符号框架（symbolic frame）
系统分析（systems analysis）
系统方法（systems approach）

系统开发生命周期（SDLC）(systems development life cycle，SDLC)
系统管理（systems management）
系统哲学（systems philosophy）
系统思考（systems thinking）
虚拟团队（virtual team）

2.13 注释

[1] Lee G. Bolman and Terrence E. Deal, *Reframing Organizations* (San Francisco: Jossey-Bass, 1991).

[2] Ibid.

[3] John McManus and Trevor Wood-Harper, "A Study in Project Failure," BCS (June 2008).

[4] Stephen P. Robbins and Timothy A. Judge, *Organizational Behavior*, 16th edition (Upper Saddle River: Pearson/Prentice Hall, 2015).

[5] USA Today, "NFL and Microsoft extend deal through next season" (December 1, 2017).

[6] Tom Warren, "Microsoft defends its Surface NFL tablets after the Patriots stop using them," The Verge (October 21, 2016).

[7] Peter Weill and Jeanne Ross, *IT Governance: How Top Performers Manage IT Decision Rights for Superior Results* (Boston, MA: Harvard Business School Press, 2004).

[8] David Avison, Shirley Gregor, and David Wilson, "Managerial IT Unconsciousness," *Communications of the ACM* 49, no. 7 (July 2006), p.92.

[9] Gartner, "Gartner Survey Reveals That 76 Percent of EMEA CIOs Must Change Their Leadership Style to Succeed as a Digital Leader," press release (November 12, 2014).

[10] Cynthia Clark, Elizabeth Glagowski, Thomas Hoffman, and Anna Papachristos, "Meet the Winners," Gartner (2014).

[11] Douglas H. Desaulniers and Robert J. Anderson, "Matching Software Development Life Cycles to the Project Environment," *Proceedings of the Project Management Institute Annual Seminars & Symposium* (November 1–10, 2001).

[12] Ernest A. Edmonds, "A Process for the Development of Software for Non-Technical Users as an Adaptive System," *General Systems* 19 (1974), pp. 215–218.

[13] Jeannette Cabanis, "A Major Import: The Standish Group's Jim Johnson on Project Management and IT Project Success," *PM Network (PMI)* (September 1998), p. 7.

[14] Lucas Mearian, "Bank Hones Project Management Skills with Redesign," *Computerworld* (April 29, 2002).

[15] Philip Kollar, "Blizzard Cancels Its Next-Gen MMO Titan After Seven Years," *Polygon* (September 23, 2014).

[16] Thomas L. Friedman, *The World Is Flat: A Brief History of the Twenty-First Century* (Farrar, Straus, and Giroux, 2005).

[17] Kit Smith, "Marketing: 105 Amazing Social Media Statistics and Facts," *Brandwatch Blog* (November 18, 2017).

[18] IBM, "IBM Leads in Collaboration and Building Exceptional Digital Experiences," www.ibm.com (2014).

[19] KPMG International, "Managing Global Projects: Observations from the Front-Line," www.kpmg.com (2007).

[20] Charles Duhigg and Keith Bradsher, "How the U.S. Lost Out on iPhone Work," *The New York Times*, www.nytimes.com/2012/01/22/business/apple-america-and-a-squeezed-middle-class.html?_r=0 (January 21, 2012).

[21] Sharon LaFraniere, "All iPhone Sales Suspended at Apple Stores in China," *The New York Times*, www.nytimes.com/2012/01/14/technology/apple-suspends-iphone-4s-sales-in-mainland-china-stores.html (January 13, 2012).

[22] Belbin® Team Roles in a Nutshell, *www.belbin.com* (accessed January 4, 2018).

[23] Jeremy S. Lurey and Mahesh S. Raisinghani, "An Empirical Study of Best Practices in Virtual Teams," *Information & Management* 38, no. 8 (2001), pp. 523–544.

[24] Project Management Institute, "Achieving Greater Agility: The Vital Role of Culture and Commitment" (November 2017).

[25] Agile Manifesto, *www.agilemanifesto.org*.

[26] Scrum Alliance, "The Scrum Framework in 30 Seconds," *https://www.scrumalliance.org/learn-about-scrum*.

[27] Hamid Shojaee, "Scrum in 10 Minutes," *Axosoft* (blog), *www.axosoft.com* (February 23, 2012).

[28] Axosoft, "Intro to KanBan in Under 5 Minutes," *YouTube* (vlog), *www.youtube.com/watch?v=R8dYLbJiTUE* (May 13, 2013).

[29] The Project Management Institute, PMI Agile Certified Practitioner (PMI-ACP)® (accessed January 5, 2018).

[30] Project Management Institute, *PMI Today* (January 2018).

第 3 章
Information Technology Project Management, Ninth Edition

项目管理过程组

学习目标

阅读完本章后，你将能够：
- 描述 5 大项目管理过程组及其各自典型的活动水平，以及它们之间的相互关系。
- 了解项目管理过程组与项目管理知识领域之间的相互关系。
- 讨论组织如何开发 IT 项目管理方法论来满足自身的需要。
- 回顾一个组织应用项目管理过程组管理 IT 项目的案例研究，描述每个过程组的输出，了解有效的项目启动、项目计划、项目执行、项目监控和项目收尾是如何促进项目成功的。
- 回顾应用敏捷方法管理的同一个 IT 项目的案例研究，并比较敏捷方法和预测方法之间的关键区别。
- 描述为每个过程组创建文档的几个模板。

开篇案例

Erica Bell 是 JWD 咨询公司项目管理办公室的负责人。该咨询公司已发展到拥有超过 200 名全职顾问和更多兼职顾问的规模。该公司为各种组织提供咨询服务，协助选择和管理 IT 项目。JWD 致力于寻找和管理高回报的项目，并建立强有力的度量标准来衡量项目绩效和项目完成后给组织带来的收益。该公司专业的度量标准及其与客户之间的协同工作使其在很多竞争对手中具有优势。

首席执行官 Joe Fleming 想让公司发展成为世界级的咨询公司。由于公司的核心业务是帮助其他组织进行项目管理，因此他认为 JWD 使用示范性过程来管理自己的项目是至关重要的。他要求 Erica 和她的团队以及公司其他的顾问一起开发几个内部网网站应用软件，以便大家能够共享项目管理知识。他还希望这个软件可以向公司的一些客户提供相关资料。例如，公司可以提供项目管理模板、工具、文章、与其他网站的链接以及具有"专家咨询"功能，这样有助于与现有的和未来的客户建立并保持关系。由于 JWD 强调高回报项目的重要性，因此 Joe 希望在执行之前看看与这个项目有关的商业案例。

第 1 章中提到，项目管理包含 10 个知识领域：整合、范围、进度、成本、质量、资源、沟通、风险、采购和干系人管理。另外一个重要的概念是，一个项目包含 5 个项目管理过程组：启动、计划、执行、监控以及收尾。对这些过程组进行裁剪以满足个别项目的需求，可以增加项目管理成功的可能性。本章将通过 JWD 咨询公司的一个模拟案例来详细介绍各个项目管理过程组，还将介绍适用于这一案例的典型项目文档的示例。你可以从配套网站下载这些文档以及其他项目文档的模板。尽管在第 4~13 章中，你会学习更多关于每个知识领域的知识，但首先了解它们是如何在一个大的项目环境中发挥作用是非常重要的。了解知识领域和项目管理过程组是如何结合在一起工作的将是本章接下来要介绍的内容。

3.1 项目管理过程组简介

项目管理是一项综合性的工作。在一段时间内、一个知识领域内所做出的决定和行动通常会影响到其他的知识领域。管理这些相互之间的作用和影响往往需要在项目的范围、时间和成本（即第 1 章讲的项目管理的三项约束）之间做出权衡。项目经理可能还需要在知识领域之间做出权衡，例如在管理风险和管理人力资源之间。因此，你可以把项目管理视为很多相关的过程组。

过程（process）是指朝向特定结果的一系列行动。**项目管理过程组**（project management process groups）包括启动活动、计划活动、执行活动、监控活动和收尾活动。回想一下，项目可以有不同的阶段组合。一个项目可能有概念形成、开发、执行和收尾阶段，而另一个项目可能有启动、中间和最后阶段。但是所有的项目和所有的项目阶段都包括这 5 个过程组。过程组不等同于项目阶段。例如，项目经理和团队需要在项目生命周期的每个阶段重新审视项目的业务需求（监控活动的一部分），以确定项目是否值得继续。

- **启动过程**（initiating processes）：包括定义并授权一个项目或项目阶段。启动过程发生在项目的每个阶段。例如，在收尾阶段，使用启动过程来确保项目团队完成所有的工作，如有人记录所获得的经验教训、确定客户接受工作成果。
- **计划过程**（planning processes）：包括制定并维护一个切实可行的计划，以确保项目专注于组织的需求。通常没有一个单一的"项目计划"，而是会有很多计划，如范围管理计划、进度管理计划、成本管理计划、采购管理计划等。我们需要通过确定各个知识领域与项目之间的结合点来制定计划。例如，项目团队需要制定一个计划来定义完成项目需要做哪些工作，并为这些工作的相关行动制定进度、估算工作成本，以及决定需要获取哪些资源来完成工作等。考虑到项目不断变化的情况，项目团队经常需要在项目生命周期的每个阶段修改计划。在第 4 章中描述的项目管理计划便是为了协调并包含所有其他计划的信息。
- **执行过程**（executing processes）：包括协调人员和其他资源，以执行项目计划，产生项目产品、服务、项目成果或项目的阶段成果。例如，执行过程包括指导和管理项目工作、管理项目知识、获取资源和进行采购。
- **监控过程**（monitoring and controlling processes）：包括定期测量和检查项目进程以确保项目团队能够实现项目目标。项目经理和工作人员监督、衡量进度计划，并在必要时采取纠正措施。一个常见的监控过程就是报告绩效。在这个过程中，项目干系人可以识别出任何一个为了保证项目按计划运行所必须请求的变更。
- **收尾过程**（closing processes）：包括对项目或者项目阶段的正式接收，并高效地结束项目。这一过程组往往包括一些行政管理活动，例如归档项目文件、总结经验教训、对项目或项目阶段进行正式验收等。

这些过程组并非是相互独立的。例如，项目经理必须确保监控过程贯穿整个项目。也就是说，在项目中监控过程可能与启动、计划、执行和收尾过程同时发生，启动和计划过程可以与执行过程等其他任何过程组同时发生。

对于每个项目而言，各过程组所需的时间及活动水平都会有所不同。通常，执行过程是最需要资源和时间的，其次是计划过程。启动和收尾过程（分别为项目或项目阶段的开始和结束)通常是最短的,它们要求资源和时间也最少。然而,每一个项目都是独一无二的,所以会有例外。

你可以在项目的每个主要阶段或迭代中,或者在整个项目中应用这些过程组。在 JWD 咨询公司的案例中,第一个示例是该公司将过程组应用于整个项目。第二个示例展示了如何使用更敏捷的方法来管理同一个项目,在这个项目的每一次迭代中都重复应用了多个过程组。

很多人询问关于每个过程组需要花费时间的指导方针。在《阿尔法项目经理:什么是 2% 的顶尖人才知道,而其他人不知道的》(*Alpha Project Managers: What the Top 2 percent Know That Everyone Else Does Not*)一书中,作者 Andy Crowe 收集了来自美国诸多公司及行业的 860 名项目经理的资料。他发现,除执行过程之外,最好的阿尔法项目经理在每个过程上花费的时间比其他项目经理多,如图 3-1 所示。请注意,阿尔法项目经理在计划过程上花费的时间几乎是其他项目经理的 2 倍(21% 比 11%)。在计划过程上多花些时间,有助于缩短执行过程的时间,进而可以减少项目的时间和成本。有经验的项目经理知道并实践这个重要的规则——做好计划工作。[1]

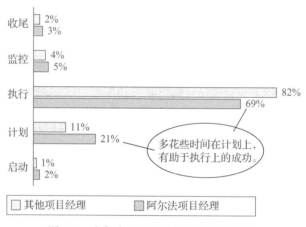

图 3-1　在每个过程组中花费时间的比例

错在哪里

《首席信息官》(*CIO*)杂志的许多读者就该杂志封面故事中关于美国国税局(IRS)信息系统问题提出了自己的看法。这篇文章描述了国税局在管理 IT 项目方面的严重问题。他们设立项目来更新陈旧的系统,但是多次尝试均失败了。一位名叫 Philip A. Pell 的 PMP 认证人员认为,有一个好的项目经理并遵循一个好的项目管理过程,将会在很大程度上帮助国税局和许多组织。Pell 提供了如下的反馈:

"纯粹而简单的、好的、以方法为中心的、可预测的、可重复的项目管理是任何项目成功(或此例中的失败)的最大因素。当一个关键的干系人说'我不知道事情有多糟糕'时,这是对项目经理的沟通管理计划最直接的控告和谴责。"[2]

美国国税局在管理其老化的 IT 基础设施方面也存在严重的问题,并且缺乏适当的规划。美国国税局每年花费 27 亿美元在 IT 上,其中约 70% 用于遗留系统,比如 20 世纪 60 年代编写的个人文件(Personal Master File)。美国国税局系统拥有超过 2000 万行汇编代码。该系统是征收超过 3 万亿美元税款的关键。在 2017 年底召开的众议院筹款委员会的一次会议上,共和党众议员 Vern Buchanan 对国税局的高层管理者表示,他希望国税局提供一个具有可靠的财务正当性的计划，以此来决定是否提供资金。Buchanan 说："现在的问题是你们要提供一个计划，让我们知道针对该项技术提供资金会有什么样的回报……作为一个商人，我个人很喜欢规划，如果你没有远见，企业就会面临破产。"[3]

每个项目管理过程组都是为了完成某些特定工作。在一个新项目的启动过程中，组织会认识到存在一个新项目，并制定一个项目章程（见第 4 章）。在 JWD 咨询公司的内部网网站项目管理的案例中提到了每个过程组输出的例子。项目经理及其团队必须决定他们的项目需要什么输出。

计划过程组的输出包括要完成项目范围说明、工作分解结构、项目进度表和其他内容。计划过程在 IT 项目中至关重要。每一位参与过涉及新技术的大型 IT 项目的人员都知道一个说法，"在计划过程中花费的 1 美元相当于开始执行后的 100 美元。"因为一旦项目团队开始执行新的系统，要改变这个系统则需要相当大的努力。研究表明，致力于实施最佳实践的公司在启动和计划过程阶段至少花费 20% 的项目时间。[4] 前面提到的阿尔法项目经理的例子也证实了这一比例。

执行过程组包括执行那些在计划中描述的用于完成工作的必要活动。这一过程的主要结果是交付项目的实际工作。例如，如果一个 IT 项目涉及提供新的硬件、软件和培训，那么执行过程包括带领项目团队和其他干系人购买硬件、开发、测试软件，交付并进行培训等。执行过程组应与其他过程组重叠，并且通常需要最多的资源。

监控过程组针对项目目标衡量进展情况、监控与计划的偏差，并采取纠正措施，以使项目进展与计划相符合。监控过程组的常见输出是绩效报告。项目经理应密切监测工作进展，以确保输出的逐步完成及目标的逐步实现。项目经理必须与项目团队和其他干系人紧密合作，并采取适当的行动保持项目的顺利运行。监控过程的理想结果是，在限定的时间、成本和质量内完成预定的工作。如果需要变更项目目标或计划，监控过程可以确保快捷、有效地做出一些变更，以满足干系人的需求和期望。监控过程组与所有其他项目管理过程组重叠，因为任何时间点都可能发生变更。

在收尾过程组中，项目团队要使其最终产品、服务或输出获得认可，并使项目或项目阶段井然有序地结束。这一过程组的主要成果是工作的正式验收和编制收尾文件，如最终版项目报告和经验总结报告等。

媒体快照

正如 IT 项目需要遵循项目管理过程组一样，其他项目也需要遵循项目管理过程组，比如制作一部电影。拍摄电影的过程组包括剧本创作（启动）、制作（计划）、表演和导演（执行）、剪辑（监控）、在电影院放映（收尾）。很多人喜欢通过 DVD 观看有关电影的专题花絮，它介绍了如何运用这些过程来拍摄一部电影。例如，《指环王：双塔骑兵》的 DVD 扩展版详细地介绍了如何构思剧本、如何创造庞大的建筑物、如何制作特效，以及专业人员如何冲破重重障碍完成这项拍摄工程。这一做法"不是为了促销，而是一项对整个影片的制作过程所做的严肃认真的详细检查"。[5] 新线电影公司在一次大规模制作中连续拍摄了《指环王》三部曲，创造了历史。他们花了 3 年时间构思场景、寻找拍摄地点、编写剧本、挑选演员。导演 Peter Jackson 说，他们前期做了大量的准备工作，这让制作电影比他想象的要简单。其实，任何领域的项目经理都知道，制定一个好的计划、遵循一个好的过程是多么重要。Jackson

导演的电影《霍比特人》三部曲分别于 2012 年、2013 年和 2014 年上映，这一系列电影延续了他的成功。

3.2 将过程组映射到知识领域

你可以将每个项目管理过程组的主要活动映射到 10 个项目管理知识领域。《项目管理知识体系指南》可以作为使用所有方法（包括敏捷方法）的所有类型项目的指南。每个项目团队可以根据他们的特定需求来决定需要哪些过程和输出。

正如下节所要描述的，很多组织以 PMI 的《项目管理知识体系指南》为基础开发自己的项目管理方法。因为每个项目都是独一无二的，项目团队总是需要做一些之前没有做过的事。如果想在独特的、新颖的活动中取得成功，项目团队必须要做相当多的计划工作。然而，请记住，最花时间和金钱的通常是执行过程。对组织来说，努力找出项目管理如何在特定的组织中发挥最佳作用，不失为一个好的做法。

3.3 开发 IT 项目管理方法论

一些组织在一般项目管理技能培训工作上花费了大量的时间和金钱，但经过培训，项目经理可能还是不知道如何将这些项目管理技能应用到组织的特定需求中。因为这个问题，一些组织开发了自己内部的 IT 项目管理方法论。《项目管理知识体系指南》是一个标准，它描述了管理项目应该做的最佳实践。方法论（methodology）描述了该如何做事情，不同的组织通常有不同的做事方式。

除了将《项目管理知识体系指南》作为项目管理方法论的基础之外，一些组织还采用其他的指南或方法，比如：

- **受控环境下的项目管理**（PRINCE2）：最初是为 IT 项目开发的。1996 年，英国政府商务办公室（OCG）为 IT 项目开发出这一项目管理的通用方法论。它是英国约定俗成的标准，被 50 多个国家采用（详情请登录 www.prince2.com）。PRINCE2 定义了 45 个独立的子过程，并将它们分成 8 个过程组，如下所示：
  1. 项目发起
  2. 项目规划
  3. 项目启动
  4. 项目指导
  5. 项目阶段控制
  6. 产品交付管理
  7. 阶段界限管理
  8. 项目收尾
- **敏捷方法**：如第 2 章所述，敏捷是一种自适应的产品生命周期，适用于可交付成果具有高变更度、高交付频率的项目。"敏捷"这个术语经常被用来描述各种各样的方法。比如，《敏捷实践指南》（*Agile Practice Guide*）描述了敏捷和作为精益管理子集的看板管理。(有关"精益"（lean）的内容将在第 8 章中详细介绍）。一些流行的敏捷方法包括 Scrum，Scrumban（Scrum 和 Kanban 的结合），极限开发（Extreme Programming，XP），特征驱动开发（Feature Driven Development，FDD），Crystal，敏捷统一过程（Agile Unified Process，AUP），动态系统开发方法（Dynamic System

Development Method，DSDM）和规模化敏捷框架（Scaled Agile Framework，SAF）等。登录 www.agilealliance.org 和 www.scaledagileframework.com 等网站可以了解更多详情。本章的第二个案例提供了一个使用 Scrum 的例子。

全球问题

2018 年 PMI 发布了第 10 次全球年度项目管理调查报告（《职业脉搏》(*Pulse of the Profession*®)）。超过 5000 人参与了调查，并且受访者表示，在他们的组织去年完成的项目中有 47% 使用了预测方法，23% 使用了敏捷方法，23% 使用了预测和敏捷的混合方法，7% 使用了其他方法。大多数组织至少在某些领域采用了敏捷方法，并在项目组合管理中使用了混合方法。[6] 在 2015 年的调查中，27% 的受访者表示实际上有一个正式的项目评估步骤，公开调查了敏捷或 Scrum 是否适用于特定的项目情境。

VersionOne 公司在 2017 年进行的一项全球调查中发现，94% 的受访者表示他们的组织采用了敏捷方法，但 60% 的团队还没有开始使用。80% 的受访者还表示，他们的组织在使用敏捷方法方面处于或低于"逐步成熟"的水平。敏捷方法的 3 大益处是：管理不断变化的优先级的能力、提高团队的生产力，以及改善项目的可见性。[7]

- **统一软件开发过程（RUP）框架**（Rational Unified Process framework）：RUP 是由 IBM 创建的迭代软件开发过程，它关注团队生产力，并使所有团队成员能够向组织交付最佳的软件。RUP 专家 Bill Cottrell 说："RUP 包含了行业标准的管理和技术方法，目的是提供一个软件开发过程，这个过程尤其适用于创建并维护基于组件的软件系统解决方案。"[8] Cottrell 解释说，由于一些客户要求这种能力，你可以定制 RUP，使其包括项目管理知识体系过程组。IBM 还开发了一种称为 OpenUP 的开源方法，用于交付敏捷项目。除此之外，还有一些专门用于软件开发项目的项目管理方法论，如联合应用程序开发 JAD（Joint Application Development）和快速应用程序开发 RAD（Rapid Application Development）。
- **六西格玛方法论**。很多组织采用六西格玛方法论做项目。项目质量专家的工作促进了今天六西格玛原则的发展。六西格玛项目经常采用的两种方法论分别为：DMAIC，即定义（Define）、度量（Measure）、分析（Analysis）、改进（Improve）、控制（Control），用于改进已有业务流程；DMADV，即定义（Define）、度量（Measure）、分析（Analysis）、设计（Design）、证实（Verify），用于创造新产品或过程设计，以取得可预测且无缺陷的业绩。（了解更多关于六西格玛的信息，请参见第 8 章。）

很多组织都根据其具体需求调整标准或方法论。比如，假设一个组织选择《项目管理知识体系指南》作为项目管理方法论的依据，那么他们就需要做大量工作，使其适合项目工作环境。

对在哪里

擅长项目管理的组织成功地完成了 89% 的项目，相比之下，没有良好项目管理过程的组织只能成功地完成 36% 的项目。PMI 估计，每 10 亿美元的项目和项目集投资，项目绩效差的公司将多花费 1.09 亿美元。[9]

规模庞大且复杂的项目使用成熟的项目管理方法论是比较有益的。2015 年，几家有影响力的公司联手竞标一个价值数十亿美元的军事健康记录项目。IBM 和 Epic 建议在一个由 IBM 运营的安全数据中心上，运行 Epic 健康系统（Epic health-record system）（市场上最流行的系统）的一个实例。普华永道（PwC）与谷歌合作，为美国退伍军人事务部提供了一个基于 Vista 健康记录系统（Vista health-record system）的开源版本的解决方案。[10] 有关健康防御的合同被授予 Leidos 合作伙伴，包括：Cerner（电子健康记录管理公司）、埃森哲联邦（Accenture Federal）、Leidos（位于弗吉尼亚州雷斯顿的一家政府承包商）。到 2018 年，他们的 MHS Genesis 系统已经在许多组织中使用。如果这个庞大的合同管理得当，它将为纳税人节省超过 12 亿美元。

接下来我们将介绍两个将项目管理过程组应用到 JWD 咨询公司项目中的案例。这两个案例都使用了《项目管理知识体系指南（第 6 版）》中的一些想法，一些来自其他方法的想法，以及一些满足独特项目需求的新思想。第一个案例研究采用了一种更具预测性或瀑布式的方法，而第二个案例研究采用了一种更具适应性的 Scrum 方法。即使它们都是根据 JWD 咨询公司的需求量身定制的，但仍然使用了项目管理过程组和《项目管理知识体系指南》中描述的几种输出或可交付成果。

3.4 案例研究 1：JWD 咨询公司的项目管理内部网网站项目（预测方法）

下面的虚构案例提供了一个项目管理示例，包括管理项目从开始到结束所涉及的所有元素。该案例还使用 Microsoft Project 来演示项目管理软件如何为管理项目的几个方面提供帮助。案例中还提供了几个模板来说明项目团队如何准备各种项目管理文档。这些模板以及其他模板在本书的配套网站上可以找到。如果现在有不明白的地方，你不必担心，在后面的章节中会提供关于创建文档的详细信息。提供这两个案例是为了让你大致了解 IT 项目管理。之后你可能需要再次阅读本节来加深学习的效果。

3.4.1 项目预启动及启动

在项目管理中，启动包括识别和开始一个新的项目。组织在选择项目时要深思熟虑，要确保是为了一个恰当的原因而启动了一个恰当的项目。一个重要的项目取得中等的或较小的成功，要优于在一个不重要的项目上取得的巨大成功。与选择项目同样重要的是项目经理的选择。在理想的情况下，项目经理应参与启动一个项目，但往往项目经理是在已经做出有关项目启动的很多决定后才被选出来的。你将在第 4 章中了解更多有关项目选择的内容。

重要的是要记住，在决定开展哪些项目时，战略规划应当作为项目决策的基础。组织的战略规划表明了该组织的愿景、使命、目的、目标和组织的战略。战略规划为 IT 项目计划提供基础。IT 通常属于组织的支持性功能，因此启动 IT 项目的人员必须了解这些项目如何与组织当前和未来的需求相关联。例如，JWD 咨询公司的核心业务就是为其他组织提供咨询服务，而不是发展自己的内部网网站应用软件。因此，信息系统必须支持公司的经营目标，例如更有效地提供咨询服务。

一个组织启动 IT 项目可能有多个原因，但最重要的原因是支持业务目标。在"开篇案例"中曾提到，因为 JWD 咨询公司的核心业务是帮助其他组织管理项目，所以它需要一个示范性过程来管理自己的项目。开发一个内部网网站来分享项目管理知识，能够帮助 JWD

咨询公司通过有效地工作以及允许已有的和潜在的客户来访问公司的一些信息来减少内部成本。JWD 咨询公司也可以通过增加更多的业务来提高公司的收入。因此，公司将利用这些度量指标——降低内部成本和增加收入——来衡量这个项目的业绩。

3.4.2 项目预启动任务

在正式启动项目之前，为项目奠定良好的基础非常重要。为此，高级经理经常先完成一些任务，称为预启动任务，主要包括以下任务：

- 决定项目的范围、时间和成本的约束因素。
- 确定项目发起人。
- 选择项目经理。
- 为项目开发一个商业论证。
- 与项目经理开会讨论项目管理过程及预期成果。
- 确定项目是否应该分成两个或两个以上的小项目。
- 决定项目是否需要被分为两个或更多子项目。

正如"开篇案例"中讲到的，JWD 咨询公司的首席执行官 Joe Fleming 定义了项目的范围。因为他提出了这个项目而且该项目对公司经营有战略意义，所以他想自己担任项目发起人。如果经过商业论证，证明项目可行，那么 Joe 希望项目管理办公室主任 Erica Bell 来管理项目，并且和 Erica 讨论管理项目的过程和期望。否则，项目将会终止。

关于最后一个预启动任务的必要性，很多人都有这样的经验，即小项目比大项目更容易成功完成，特别是 IT 项目。通常，将一个大项目划分为一些小项目是个很明智的方法，因为这样可以增加成功概率。然而，在这个案例中，Joe 和 Erica 决定这项工作可以作为一个项目完成，项目周期大约为 6 个月。

为了证明在这个项目上投资是合理的，Erica 起草了一份商业论证，并从 Joe、项目管理办公室的一名高级员工以及一位财务部同事那里得到了一些建议和反馈。她还参考了过去项目使用的公司模板和商业论证样例。表 3-1 提供了商业论证的样例（注意，这些样例都是简化版）。商业论证包含以下内容：

- 引言 / 背景
- 业务目标
- 当前的形势和问题 / 机会说明
- 关键的假设条件和约束因素
- 选择和建议分析
- 项目的初步需求
- 预算估计和财务分析
- 进度估计
- 潜在风险
- 展示

鉴于项目相对较小，而且是由一个内部发起人发起，所以该项目的商业论证不像其他商业论证那样长。Joe 和 Erica 审核了这份商业论证后，认为这个项目值得做。Joe 也很高兴看到大约一年内即可收回投资，且投资回报率预计为 112%。他告诉 Erica，继续进行项目正式启动的任务。详见下一节内容。

表 3-1 JWD 咨询公司的商业论证

1.0 引言/背景

JWD 的核心业务目标是为各种组织提供世界一流的项目管理咨询服务。公司首席执行官 Joe Fleming 认为，该公司可以通过在内网网站上提供项目管理相关信息，使现有的或潜在的客户获得信息来简化操作和增加业务。

2.0 业务目标

JWD 的战略目标包括持续增长和盈利。项目管理内部网网站项目将通过允许客户和公众访问网站的一部分获取公司的专业知识来达到这些目标。该项目也将通过为公司所有的顾问提供标准的工具、技术、模板以及项目管理知识来降低内部成本，从而提高盈利能力。

3.0 当前的形势和问题/机会说明

JWD 有一个公司网站和内部网。公司网站目前的用途主要是收集市场信息。内部网主要用于咨询人力资源信息，例如输入项目的工时、变更和查看福利信息、访问在线电话簿和基于 Web 的电子邮件系统等。该公司还使用了一种企业范围内的项目管理系统来追踪所有的项目信息，关注可交付成果的状态以及满足范围、时间和成本目标。这里存在一个机会，即公司可以在内部网上提供一个新栏目，专门用于在组织内分享顾问的项目管理知识。JWD 只雇佣有经验的顾问，并让他们享有按照他们认为合适的方式来管理项目的自由。然而随着业务的增长和项目变得更加复杂，即使是有经验的项目经理，也不得不寻找如何更有效工作的建议。

4.0 关键的假设条件和约束因素

即将建设的内部网对 JWD 而言必须是有价值的。目前公司现有的顾问和客户要积极支持该项目，并且项目必须在 1 年内通过降低内部营运成本及产生新的业务来收回成本。项目管理办公室经理来牵头，但是也要有公司其他部门人员以及客户代表的参与。新的系统必须能够在现有的硬件和软件上运行，并且对技术支持的要求应该尽可能低。它必须易于顾问和客户访问，同时可以对未经授权的用户进行限制。

5.0 选择和建议分析

把握这个机会有 3 种选择：

1）什么也不做。公司现在生意做得很好，即使没有这个新项目，我们也能继续经营下去。

2）购买专门的软件来支持这个新功能，而不需要进行内部开发。

3）自主设计和开发新的内部网功能，但很大程度上要使用现有的硬件和软件。

通过与干系人讨论，我们认为方案 3 是最好的选择。

6.0 项目的初步需求

项目管理内部网网站的主要特点包括以下几条：

1）能够获得若干项目管理模板和工具。用户必须能够搜索模板和工具、阅读使用这些模板和工具的说明书，并看到如何将它们应用到实际项目的案例。用户还可以提出新的模板和工具，但这些模板和工具需要先经过项目管理办公室的筛选或编辑。

2）能够获取项目管理方面的文献。很多顾问在研究项目管理资料时感到信息超载，从而浪费了那些本应花在客户身上的时间。新的内部网应包括项目管理方面的重要文献，可按主题进行搜索，并允许用户要求项目管理办公室工作人员帮助寻找更多的文献来满足他们的需求。

3）有一些不断更新的与其他外部网站的链接，并简要描述外部网站的主要功能。

4）具有"专家咨询"的功能，以协助现有的和未来的客户与公司顾问之间建立联系，分享知识。

5）保证公司内部顾问可以接触到整个网络，而其他人只可以访问特定栏目。

6）可提供收费信息。内部网网站的一些资料或功能以收费的方式提供给外部用户。付费方式可以选择信用卡支付或类似的在线支付。系统确认收款后，用户可以浏览或下载他们需要的信息。

7）其他由用户建议并可以提高商业价值的功能。

7.0 预算估计和财务分析

初步估计整个项目的成本为 14 万美元。这一估计是以项目经理每周工作 20 小时，其他内部工作人员每周合计工作 60 小时，一共工作 6 个月为基础计算出来的，并且不为客户代表支付报酬。专职项目经理每小时的费用为 50 美元，其他项目团队成员每小时 70 美元，因为该项目会占用一些他们本应用在客户身上的时间。初步的成本估算还包括从供应商那里购买软件和服务的 10 000 美元。该项目完成后，还需要每年 40 000 美元的维护费用，主要是用于更新资料、"专家咨询"功能以及在线文章。

预计收益是以减少顾问搜索项目管理资料、适当的工具和模板的时间为基础算出的。预计收益也包括了由于该项目能增加业务而带来的利润。如果 400 多名顾问每人每年节省 40 小时（每星期不到 1 小时），并将这些时间用于其他项目，保守估计每小时带来 10 美元利润，该项目的预计收益将为每年 16 万美元。如果新的内部网增加业务

(续)

1%，根据过去的盈利信息，每年因为新业务而增加的利润将至少达到 4 万美元。因此预计总收益大约有 20 万美元。展示 A 总结了预测成本和收益，并列出了估计的净现值（NPV）、投资回报率（ROI）以及回报发生的年份。它还列出了实现这项初步财务分析的假设条件。所有的财务预算都是非常乐观的，预计可按项目发起人要求的那样在 1 年内收回成本。净现值是 272 800 美元，并且基于 3 年系统寿命得出的投资回报率为 112%。

8.0 进度估计

项目发起人希望项目在 6 个月内完成，但也存在一定的灵活性。我们假设新的系统有效寿命至少为 3 年。

9.0 潜在风险

这个项目面临几个风险。首要的风险是公司内部的顾问和外部客户对新系统缺乏兴趣。对于给系统输入信息和实现使用系统的潜在收益，用户的投入至关重要。在选择用于搜索系统、实现安全、处理付款的软件时也存在一定的技术风险，但系统的这些功能所使用的技术都是经过检验的。因此，主要的业务风险是在项目上投入了时间和资金，但没有实现预期收益。

10.0 展示

展示 A：项目管理内部网项目的财务分析

折现率	8%				
假设项目在6个月之内完成		年			
	0	1	2	3	合计
成本	140 000	40 000	40 000	40 000	
折现系数	1	0.93	0.86	0.79	
折现后成本	140 000	37 037	34 294	31 753	243 084
效益	0	200 000	200 000	200 000	
折现系数	1	0.93	0.86	0.79	
折现后效益	0	186 185	171 468	158 766	515 419
折现后效益-成本	(140 000)	148 148	137 174	127 013	
累计效益-成本	(140 000)	8 148	145 322	272 336	← NPV
	可在1年内收回成本				
折现期内投资回报率→	112%				
假设					
成本	#小时				
项目经理（500小时，50美元/小时）	25,000				
员工（1500小时，70美元/小时）	105,000				
外部软件与服务	10,000				
项目总成本（都在第0年支出）	140,000				
效益					
#顾问	400				
节省小时	40				
每小时效益	10				
节省时间带来的效益	160,000				
收入增长1%带来的效益	40,000				
每年项目总效益	200,000				

3.4.3 项目启动

Erica 知道，正式启动管理内部网网站项目的主要任务是识别所有项目干系人，并制定项目章程。这一任务的主要输出包括：项目章程和干系人登记册。Erica 还发现其他对于启动项目非常有用的输出包括：干系人管理策略和正式的项目启动会议。针对这个项目，我们提供了创建这些输出的说明，以及每项输出的相关文件样例。每个项目和组织都是独一无二的，所以其项目章程、干系人登记册等文件也不尽相同。在后面的章节，你会看到一些此类文件的样例。

3.4.3.1 识别项目干系人

Erica 约见了项目发起人 Joe Fleming，请他帮助确定项目的重要干系人。第 1 章讲过，项目的干系人是指参与项目活动和受项目活动影响的人或群体，包括项目发起人、项目团队成员、支持人员、客户、用户、供应商，甚至项目的反对者。Joe 作为项目发起人，知道组建一个强大的项目团队的重要性，而且他对 Erica 领导团队的能力很有信心。他们决定，项目团队的核心成员应该包括：有着出色记录的全职顾问 Michael Chen，兼职顾问 Jessie Faue（项目管理办公室的新员工），以及两名目前负责内部网维护的 IT 部门员工，Keven Dodge 和 Cindy Dawson。他们也知道客户意见对项目而言十分重要，所以 Joe 同意联系公司的两个最大客户的首席执行官，询问他们是否愿意自己负担费用，派出代表参与这个项目。所有 Joe 和 Erica 推荐的公司内部员工都同意参加这个项目，两名客户代表分别为 Kim Phuong 和 Page Miller。鉴于很多人都将是新内部网的用户，也会受到此项目的影响，因此，Joe 和 Erica 还确定了其他的关键干系人，包括公司 IT 部门、人力资源部门、公共关系部门的主管以及 Erica 的行政助理。

Joe 和 Erica 制定了初步的合同，随后 Erica 在干系人登记册上记录下干系人的角色姓名、组织及联系方式。干系人登记册（stakeholder register）是指记录已识别的干系人的相关细节的文件。表 3-2 给出了一个初步的干系人登记册的部分示例。因为这份文件是公开的，Erica 在编写时很谨慎，以免包含一些敏感信息，比如干系人对项目的支持力度，对项目的潜在影响等。她会将这些敏感信息单独记录，用以制定干系人管理策略。

表 3-2　干系人登记册

姓　名	职　位	内部/外部	项目角色	联系方式
Joe Fleming	首席执行官	内部	发起人	joe_fleming@jwdconsulting.com
Erica Bell	项目管理办公室主管	内部	项目经理	erica_bell@jwdconsulting.com
Michael Chen	高级顾问	内部	团队成员	michael_chen@jwdconsulting.com
Kim Phuong	商业分析师	外部	顾问	kim_phuong@client1.com
Louise Mills	人力资源部主管	内部	顾问	louise_mills@jwdconsulting.com

干系人分析是一种项目经理能够用来理解并增加整个项目中干系人支持度的技术。干系人分析的结果可以记录在干系人登记册或单独的干系人管理策略中。该策略包含的基本信息有：干系人的姓名、在项目中的利益相关程度、对项目的影响程度，以及从特定的干系人那里获取支持或减少潜在阻碍的管理策略。因为这些都属于敏感信息，所以需要视为机密。一些项目经理甚至不会在文件中写入这些信息，但仍会慎重考虑，因为干系人管理是其工作的重要组成部分。表 3-3 截取了 Erica 针对内部网网站项目创建的干系人管理策略的一部分作为样本。

表 3-3　干系人管理策略

姓名	利益相关程度	影响程度	潜在的管理策略
Joe Fleming	高	高	Joe 希望掌控关键项目并赚取收益。他会召集很多简短的、面对面的会议，致力于获取项目的财务收益
Louise Mills	低	高	Louise 有很多需要花时间做的事情，而且看起来她对这个项目并不积极。她可能在寻找其他的工作机会。可以向她说明该项目将给公司和她个人工作经历带来的好处

3.4.3.2 起草项目章程

Erica 起草了一份项目章程,在给 Joe 看之前让项目团队成员审阅。Joe 做了一些小改动,Erica 接受了。表 3-4 显示了最终的项目章程。(一份完整的章程不仅限于此,还包含很多详细的内容。更多关于章程的介绍参见第 4 章)。要注意的是,项目章程所包含的栏目以及内容的长度。对 JWD 咨询公司而言,项目章程最好是一页或两页纸长。如果需要的话,可以让人们去参照其他诸如商业论证等方面的文件。Erica 认为项目章程最重要的部分是关键干系人的签名(为了简化内容,表 3-4 中没有显示)以及他们的个人意见。即使是只有一页纸的项目章程也难以使干系人达成一致,所以每个人都有机会在评论部分提出他们的意见。请注意,参与该项目的高级顾问 Michael Chen 担心,他在工作时可能会有些与更重要的外部客户的会面安排,所以他提出根据需要安排一个助手来协助其工作。IT 工作人员则提出他们对测试和安全问题有所担心。Erica 知道她在管理项目时必须解决这些问题。

表 3-4 项目章程

项目名称:项目管理内部网网站项目
项目开始日期:5 月 2 日　　　　　　　　　　　　　　　　**预计完成日期**:11 月 4 日
预算信息:公司为这一项目划拨了 140 000 美元。项目的主要成本是内部的人力成本。初步估计每周工作 80 小时。
项目经理:Erica Bell,(310)5555896,erica_bell@jwdconsulting.com
项目目标:在 JWD 的内部网网站上开发一种新的功能,使内部顾问和外部客户能更有效地管理项目。公司网站将包括若干用户可以下载的模板和工具、可在实际项目中使用的已完成的模板和相关的项目管理文件、有关最新的项目管理专题的文献、文章检索服务、访问其他能提供有用信息的网站的链接功能,以及"专家咨询"功能,用户可以在这里上传他们在项目上遇到的问题,并得到该领域专家的建议。网站有一部分免费向公众开放,一部分收费开放,还有一部分只向公司内部顾问和现有的客户开放。

项目成功的主要标准:项目完成后一年内收回成本。
方法:
- 开展一项调查以确定新的内部网网站的关键特性,并征求公司顾问和客户的意见。
- 审核内部和外部的项目管理文件模板和实例。
- 开发软件以确保网站安全、处理用户输入、提供文章检索和"专家咨询"等功能。
- 使用迭代的方法来开发内部网网站,征求大量用户的反馈信息。
- 在项目开发中以及项目完成后一年的时间内,确定一种根据降低成本以及新增收益来衡量内部网收益的方式。

角色和职位

姓　　名	角　　色	职　　位	联系方式
Joe Fleming	发起人	JWD 首席执行官	joe_fleming@jwdconsulting.com
Erica Bell	项目经理	JWD 经理	erica_bell@jwdconsulting.com
Michael Chen	项目团队成员	JWD 高级顾问	michael_chen@jwdconsulting.com
Jessie Faue	项目团队成员	JWD 顾问	jessie_faue@jwdconsulting.com
Kevin Dodge	项目团队成员	JWD IT 部门	kevin_dodge@jwdconsulting.com
Cindy Dawson	项目团队成员	JWD IT 部门	cindy_dawson@jwdconsulting.com
Kim Phuong	顾问	客户代表	kim_phuong@client1.com
Page Miller	顾问	客户代表	page_miller@client2.com

签字:(以上所有项目干系人的签字)
意见:(由上述项目干系人手写或打印)

　　如果时间允许,我会支持这个项目,但我认为我的客户的项目更重要。我将派我的一位助理在必要时提供协助。
　　　　　　　　　　　　　　　　　　　　　　　　　　　　　　　——Michael Chen
　　我们必须非常小心测试这个新系统,尤其是向公众和客户开放的内部网部分。
　　　　　　　　　　　　　　　　　　　　　　　　　　　——Kevin Dodge 和 Cindy Dawson

3.4.3.3 召开项目启动会议

像 Erica 这样有经验的项目经理都懂得,良好的项目开端非常关键,而成功的启动会议是一个有效途径。**启动会议**(kick-off meeting)是指在项目开始时召开的会议,以便于项目干系人见面,审查项目目标,讨论未来的计划。通常,项目启动会议在商业论证和项目章程完成后举行,也可根据需要提前举行。即使一些或所有项目干系人都必须面对面地参与项目,召开启动会议仍然重要。

Erica 也了解,主要干系人出席的任何项目会议都应该有会议议程。Erica 为项目管理内部网网站项目启动会议制定的会议议程,如图 3-2 所示。议程的主要议题如下:

- 会议目的
- 议程(根据即将讨论的议题顺序列出)
- 记录项目活动内容的部分(每个人的责任分配,每个人完成项目活动的时间)
- 记录下次会议召开的日期和时间的部分

```
                         启动会议
                        [会议时间]
项目名称:项目管理内部网网站项目
会议目的:通过介绍关键干系人,评审项目目标,讨论未来计划,使项目有效启动
议程:
    ·介绍出席会议人员
    ·回顾项目背景
    ·回顾项目相关文件(商业论证、项目章程)
    ·讨论项目组织结构
    ·讨论项目范围、时间和成本目标
    ·讨论其他重要议题
    ·会议提出的项目活动内容清单
```

活动内容	责任分配	截止日期

下次会议的日期和时间:

图 3-2　启动会议议程

应该养成两个好习惯:首先,关注会议结果,在会议议程上记录项目的活动内容和下次开会的日期和时间,有助于做到这一点;其次,围绕会议的关键决议和活动内容,编写会议记录。Erica 计划在会议结束后的 1~2 天内,将会议记录发给所有与会者和其他合适的干系人。

3.4.4 项目计划

计划往往是项目管理中最困难的和最不受欢迎的过程。因为计划并非总是用来推进工作的,所以有很多人对计划持消极态度。项目计划的主要目的是指导项目的执行。为了指导执行,计划就必须是切合实际的和实用的,因此计划过程中必须投入相当多的时间和精力。有工作经验的人都知道工作是需要计划的。第 4 章提供了编写项目管理计划的详细资料,第 5~12 章从每个知识领域的角度再次描述了项目计划过程。

计划过程组有许多潜在的输出,每个知识领域都包括在内。本章的示例只是 JWD 项目管理内部网网站项目的项目计划文件中的一部分,后面的章节还有更多的示例。

因为《项目管理知识体系指南》只是指导性的，所以许多组织基于自己的需要，可能会有不同的计划输出。与计划有关的模板还有很多，一些模板在本章的最后一节列出。

由于项目管理内部网网站项目相对较小，Erica 认为一些最重要的计划文件需要把重点放在以下几个方面：
- 团队章程，项目资源管理计划的输出
- 项目范围说明
- 工作分解结构，范围基线的关键部分
- 项目进度表，以甘特图的形式，输入所需资源及任务
- 风险排序清单（风险登记册的一部分）

项目团队成员可以在项目网站上获得所有这些文件以及其他与项目相关的资料。JWD 已经使用项目管理网站很多年，发现它的确有助于促进沟通和整理项目资料。对于大型项目，JWD 还编制了很多其他输出文件（在后面各章中，你将从各个知识领域的角度对这些文件有更多了解。）

在项目团队签署项目章程后不久，Erica 为项目管理内部网网站项目召开了一次团队建设会议。这次会议的一个重要目标是加强项目团队成员之间的相互了解。此前，Erica 与每个团队成员单独进行过谈话，但这是第一次所有项目团队成员聚在一起。Jessie Faue 与 Erica 一起在项目管理办公室工作，所以他们之间比较熟悉，但 Jessie 是公司的新员工，还不熟悉其他团队成员。Michael Chen 是一名高级顾问，常常参与外部客户的最重要的项目。他与他的助手 Jill Anderson 一同出席了会议，Jill 将在 Michael 特别忙的时候为这一项目提供协助。大家都知道 Michael 的专业知识很强，并且非常善于人际交往。由于过去一起做过项目，因此他也很熟悉两个客户代表。Kevin Dodge 是 JWD 的内部网专家，他倾向于关注技术细节。Cindy Dawson 也来自 IT 部门，有担任业务顾问和与外部供应商谈判的经验。Kim Phuong 和 Page Miller 是两名客户代表，他们对项目很感兴趣，但在能否分享他们公司的一些敏感资料上很谨慎。

Erica 知道，建立一个强大的团队，让每个人都能友好地一起工作是非常重要的。她首先让大家做自我介绍，努力使气氛融洽一些，让每一个人都轻松一些。她让每个人在不考虑任何成本的情况，描述梦想中的假期。这项活动有助于大家相互了解，也展示了他们个性中不同的方面。

随后 Erica 解释了项目的重要性，回顾了签署的项目章程。她说，帮助项目团队一起工作的一个重要工具是让团队成员建立一个大家都愿意遵守的项目章程。JWD 相信团队章程可以促进团队合作，明确团队沟通。接下来，她解释了团队章程需要包括的主要内容，并出示了一个团队章程模板。然后，她将团队成员分成两组，每组包括一名顾问、一名 IT 部成员，以及一名客户代表。分成团队使得每个人都能更容易地献计献策。各组讨论了他们认为应该写进章程的内容，然后他们共同拟定了一个项目团队章程。表 3-5 显示了大约花费 90 分钟完成的最终版团队章程。Erica 能够看出团队中成员的不同个性，但是她觉得所有人应该能够很好地在一起工作。

表 3-5　团队章程

行为准则	作为一个项目团队，我们将： • 工作积极主动，预见并采取行动避免潜在的问题。 • 让其他团队成员了解项目相关信息。 • 注重项目团队的整体利益。

(续)

参与 我们将：
- 在所有的项目活动中保持诚实和公开。
- 鼓励多样性的团队工作。
- 提供平等参与的机会。
- 开放地看待新方法，考虑新想法。
- 每次只讨论一个问题。
- 当有团队成员无法参加会议或按时完成工作时，要提前通知项目经理。

沟通 我们将：
- 确定团队最佳的沟通方式。考虑到一些团队成员可能不能经常参与面对面的会议，我们将使用电子邮件、项目网站以及其他技术来协助沟通。
- 为项目经理召开会议提供便利，需要时帮助安排电话和视频会议。
- 一同制定项目进度表，并在每周五下午 4 点将实际情况输入企业范围的项目管理系统。
- 清晰、明确地表达想法。
- 讨论问题时不要跑题。

解决问题 我们将：
- 鼓励大家参与解决问题。
- 只使用建设性的批评，并致力于解决问题，而不是追究责任。
- 努力听取他人的想法。

会议方针 我们将：
- 计划在每月的第一和第三个星期二早上安排一次面对面的会议。
- 在第一个月里更多地碰面。
- 需要时召开其他会议。
- 着重于会议中的决策和具体的行动措施，做好会议记录，并在会议结束后的 24 小时内用电子邮件发送给项目成员。

Erica 想把团队建设会议控制在 2 小时之内。于是下一个任务是通过制定一个范围说明书和工作分解结构（WBS）来明确项目的范围。她知道准备这些文件是需要时间的，并且需要多次开会讨论后确定。但她想知道，大家认为项目最终要交付的成果是什么、他们在生产过程中扮演的角色，以及项目范围中还有哪些领域需要澄清。她提醒大家在讨论项目范围时也要注意他们的预算和进度目标。她询问了每个人在未来 6 个月内每月可以为项目工作的时间，还要求每个人回答下列问题：

- 列出项目范围中你最不清楚的一条。
- 关于项目范围你有什么其他问题或预计会有什么问题？
- 列出你认为的项目主要可交付成果。
- 你认为你将会帮助创建或评审哪些可交付的成果？

Erica 收集了每个人的答案。她解释到，她会用这些资料和信息与 Jessie 一起制定项目范围说明书的初稿，并在本周结束之前通过电子邮件发送给大家。她还建议团队在一周内再次召开一次会议，以制定更详细的范围说明书，并开始建立项目的 WBS。

Erica 和 Jessie 审阅了所有资料并制作了范围说明书的初稿。在接下来的团队会议上，大家讨论了范围说明书，同时在制定 WBS 上有了一个好的开端。表 3-6 是在经过了多次电子邮件和再一次团队会议之后，Erica 创建的范围说明书的一部分。注意，范围说明书列出了产品特性和需求，总结了可交付成果，同时详细描述了项目成功的标准。

表 3-6 范围说明书（草稿）

项目名称：项目管理内部网网站项目	
日期：5 月 18 日　　编写：Erica Bell，项目经理，erica_bell @ jwdconsulting.com	

（续）

项目总结和论证：JWD 咨询公司的首席执行官 Joe Fleming 要求这个项目能够有助于该公司实现其战略目标。现有的和潜在的客户可以通过浏览新的内部网网站上的部分网页来了解公司的专业知识。它还可以为公司所有顾问提供标准的工具、技术、模板和项目管理知识，这将有助于减少内部成本，提高盈利能力。该项目预算是 14 万美元，项目完成后每年将需要花费 4 万美元的运行成本。估计项目每年带来的收益是 20 万美元。重要的是，系统完成后的第 1 年就能够收回成本。

产品特征和需求
1) 模板和工具：内部网网站将允许经过授权的用户下载文件，并利用它们来创建项目管理文件和帮助使用项目管理工具。这些文件可以是 Microsoft Word、Excel、Access、Project、HTML 或 PDF 格式。
2) 用户投稿：网站将鼓励用户用样本模板和工具将文件以电子邮件的形式发送给网络管理员。如果需要的话，该网络管理员会把经适当人员审核后的文件上传到内部网网站。
3) 文章：发布在内部网网站上的文章，将有相应的版权许可。文章的首选格式是 PDF 格式。项目经理可以批准其他格式。
4) 文章请求：公司内部网网站包含一部分功能，允许用户要求 JWD 咨询公司的项目管理办公室（PMO）的人员为他们寻找合适的文章。项目管理办公室经理必须先批准请求，如果可以的话，再商议付款。
5) 链接：网站每周都会测试外部网站的链接。所有失效的链接，将在发现后的 5 个工作日内予以修改或删除。
6) "专家咨询"功能必须便于用户使用，能够使用户主动提出问题，并能够以适当的形式立即回复问题已经收到。网站还必须能够将问题提交给相关专家（如在系统专家数据库中的专家），并能提供解答问题的进程状态。如果可以的话，该系统还必须允许为咨询服务付费。
7) 安全性：内部网网站必须能够提供几个级别的安全性。所有的内部员工在输入他们的安全信息进入公司内部网后，都将能访问整个内部网网站。部分内部网将通过公司网站开放给公众。基于与现有客户数据库的确认，一部分内部网将对现有客户开放；一部分内部网将在支付约定费用或使用预先确定的付费方法支付了固定费用后开放。
8) 搜索功能：内部网网站必须提供一个搜索功能，用户可以按主题、关键词等进行搜索。
9) 内部网网站必须能够使用一种标准的网络浏览器浏览。用户必须有相应的应用软件来打开那些模板和工具。
10) 内部网网站必须能够每天 24 小时，每周 7 天都可以使用。可以的话，系统要安排每周 1 小时的维护及其他形式的定期维护。

项目可交付成果的概况
与项目管理相关的可交付成果：商业论证、项目章程、团队章程、范围说明书、工作分解结构、进度表、成本基准、状态报告、最终项目陈述、最终项目报告、经验总结报告，以及其他与管理项目相关的文档。
与产品相关的可交付成果
1) 调查报告：调查现有的顾问和客户，以确定他们需要的内部网内容和特点。
2) 模板文件：当系统首次运行时，内部网网站上应至少包括 20 个模板文件，而且能够储存多达 100 个文件。项目团队将基于调查结果来决定最初的 20 个模板。
3) 完整的模板实例：内部网网站上将包括使用了网站上提供的模板的项目实例。例如，如果有一个商业论证模板，那么也会有一个运用此商业论证模板的实例。
4) 项目管理工具的使用说明：内部网网站将提供如何使用项目管理工具的资料，至少包括工作分解结构、甘特图、网络图、成本估算和挣值管理。可以的话，还将在相应的软件工具中提供样本文件。例如，Microsoft Project 文件可用于展示工作分解结构、甘特图、网络图、成本估算和挣值管理的样本。Excel 文件可用于成本估算和挣值管理表格的样本展示。
5) 工具应用实例：内部网网站将提供实际项目中应用以上第 4 点中列出的工具的示例。
6) 文章：对某个项目管理专题，内部网网站将包含至少 10 篇实用的相关文章。整个网站将至少能储存 1000 篇平均长度为 10 页的 PDF 格式的文章。
7) 链接：内部网网站将包含至少 20 个实用的网站链接，并附有简短说明。这些链接将被分类列出。
8) 专家数据库：为了提供"专家咨询"功能，该系统必须包含和存储一个包括公认的专家和他们的联系方式的专家数据库。用户将能够按照预定的主题搜索专家。
9) 用户请求功能：内部网网站将包含一个向用户广泛征集需求并进行处理的应用程序。
10) 内部网网站设计：新内部网网站的初步设计将包括网站地图、推荐的格式、适当的图解等。将用户针对初步设计的意见进行整合后得出最后的设计方案。
11) 内部网网站内容：内部网网站的内容将包括模板和工具部分、文章部分、文章检索部分、链接部分、"专家咨询"部分、用户请求功能、安全性和支付功能。
12) 测试计划：测试计划会记录内部网如何进行测试、谁来进行测试以及如何报告漏洞等信息。
13) 推广：一个内部网网站推广计划将涵盖在设计过程中征求意见的各种方法。推广计划还将宣扬新内部网网站的实用性。
14) 项目效益衡量计划：项目效益衡量计划将衡量内部网网站的财务价值。

(续)

项目成功的标准：我们的目标是在 6 个月内完成这个项目，并且成本不超过 14 万美元。项目发起人 Joe Fleming 强调了该项目在内部网网站完成后一年内收回成本的重要性。要满足这一财务目标，内部网网站项目需要强有力的用户参与。我们也必须开发出一套方法，在内部网网站开发、测试和完成阶段获取利润。如果该项目有一个较高的回报，能够帮助改善公司形象，使公司成为一个杰出的咨询机构，即使需要长一些时间或者多一些成本，公司仍然会认为这个项目是成功的。

在准备范围说明书时，项目团队还为这一项目制定了 WBS。WBS 是项目管理中一个很重要的工具，它不仅为如何开展工作提供了依据，还为制定项目进度，以及衡量和预测项目的执行情况提供了基础。Erica 和她的团队决定主要利用项目管理过程组为 WBS 进行分类（见图 3-3）。WBS 包含了从启动过程组开始的整个工作，提供了项目范围的全景展示。团队成员还想在进度表上列出几个里程碑，例如完成关键可交付成果的时间节点，所以他们单独准备了一个可以包含在甘特图中的里程碑列表。你将在第 5 章中了解更多关于创建 WBS 的知识。

图 3-3　JWD 内部网网站项目工作结构分解（WBS）

按照 2.5 节中所列出的制定 WBS 的步骤，在准备好 WBS 后，项目团队召开了面对面会议来制定项目进度表。项目进度表中的几个任务是相互依赖的。例如，内部网网站测试要依赖于内容任务的构建和完成。每个人都参与进度表的制定，特别是每个成员都参与了将要从事的任务进度的制定。一些任务被进一步分解，这样团队成员能更好地了解什么时候该做什么事情。在进行持续时间估计时，他们要时刻考虑工作量的大小和成本约束。例如，Erica 原定每星期为这个项目工作 20 小时，其余的项目团队成员总共在这个项目上花费的时间不应多于平均每周 60 小时。团队成员不仅要进行持续时间估计，同时也要估计在每个任务上花费的工时。

会议结束后，Erica 与 Jessie 把所有的信息都输入 Microsoft Project。Erica 用这个内部网网站项目来锻炼 Jessie 使用一些项目管理工具和模板的能力。他们输入所有的任务、持续时间估计和依赖关系来制作甘特图。在最初的输入之后，他们发现完工日期比原计划要晚几个星期。Erica 和 Jessie 审视了项目的关键路径，不得不缩短一些关键任务的持续时间估计，以达到 6 个月内如期完成项目目标。她与那些负责有关任务的团队成员进行了讨论，使他们同意每周工作更多的时间，以使项目按期完成。图 3-4 显示的是由 Microsoft Project 制作的甘特图，但只显示了正在执行的任务，以便能进一步显示其分类下的子任务（你将在附录 A 中学习如何使用 Microsoft Project 2016，第 6 章也讲解了甘特图和其他时间管理工具的使用方法）。

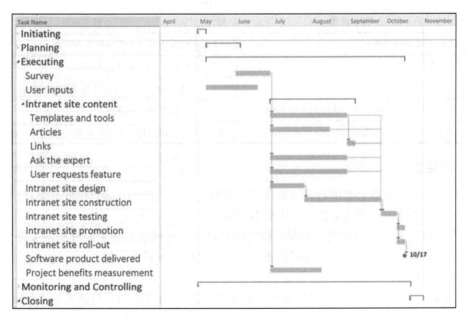

图 3-4　JWD 内部网网站项目基准甘特图

基线进度计划的项目完工日期是 11 月 1 日。还需要注意的是，在 10 月 17 日，只有一个交付的软件，这是项目接近尾声时的里程碑。而项目章程中的计划完工日期是 11 月 4 日。Erica 想按时完成这个项目，尽管 3 天的缓冲作用不是很大，但她认为基线进度计划还是非常可行的。她将尽力帮助每个人在最后期限完成目标。

因为这个项目的大部分成本是用于支付内部员工的劳动报酬，所以 Erica 在看完进度表后决定输入资源和成本信息。由于花费在项目上的时间和成本之间相互关联，因此，在项目团队制定任务持续时间估计时他们要时刻考虑工时限制。Erica 和 Jessie 把每个项目团队成员的名字和劳动率输入 Microsoft Project 文件的资源列表中。客户代表的时间是不计酬的，所以将他们的劳动率默认为零。在为商业论证准备的财务分析中，Erica 还加入了 1 万美元的采购费用，她向 Jessie 示范如何将这一数额作为一个固定成本平分到"专家咨询"和用户请求功能之间。对于这些栏目，她认为需要购买一些外部软件或服务。然后 Erica 帮助 Jessie 为任务分配资源，输入每个人每周计划工作的时间。然后运行若干成本报表，并在资源分配上进行小的调整，以使他们计划总成本在预算范围之内。最后，他们的成本基准与计划的 14 万美元预算非常接近。

团队在计划过程需要交付的最后一个成果是一张风险排序清单。随着项目的进展，将在风险登记册中更新和扩展这些信息，其中包括风险的根本原因、风险的预警和风险应对策略的信息。(有关风险登记册的更多资料，请参见第 11 章。) Erica 审视了她在商业论证中曾提到的风险，以及团队成员在项目章程和团队会议上提出的意见。她还召开了一次特别会议，通过头脑风暴讨论潜在的风险。他们列出了发现的所有风险，然后对它们进行分类，以分析每种风险的可能性（高、中、低），以及每种风险的影响（高、中、低）。目前只有一个风险属于高概率高影响的风险，有几个风险具有中度影响。他们选择不列出低概率和低影响的风险。经过讨论，团队设计了表 3-7 中的风险排序清单。

表 3-7 风险排序清单

排序	潜在风险	排序	潜在风险
1	缺少内部顾问的参与	6	以实用的方式组织模板和示例
2	缺少客户代表的参与	7	提供一个有效的搜索功能
3	新系统的安全性	8	从 Michael Chen 和其他高级顾问获得好的反馈
4	文章检索和"专家咨询"功能的外包/采购	9	有效地推广新系统
5	在线支付交易处理功能的外包/采购	10	在 1 年内实现新系统的效益

3.4.5 项目执行

执行项目涉及采取必要的行动以确保完成项目计划中的活动。项目的产品是在项目执行中产生的，完成这一过程通常需要占用最多的资源。

很多项目发起人和客户关注与项目预期的产品、服务或结果相关的可交付成果。然而，记录变更请求以及更新计划文件也同样重要，它们是执行项目的一部分。与这一过程组相关的模板将在本章后面列出。

Erica 知道，提供强有力的领导和使用良好的沟通技巧对好的项目执行至关重要。在这个相对较小的项目中，Erica 能够与团队的所有成员紧密合作，以确保输出预期的工作成果。她还利用自己的人际关系，在不增加项目成本的情况下，从公司其他人和外部资源那里获得信息。她确信，每一个即将使用所建立的内部网的人都理解，作为项目的一部分他们自己正在做些什么，以及内部网在未来能够提供什么样的帮助。

Erica 还知道，不管项目的规模大小，高效地工作对于项目的成功执行非常重要。因此，她会有效利用公司的现有资源。例如，她使用了该公司的正式变更申请表，但该表主要是用于外部项目。公司还拥有合同专家和几个采购文件模板，项目团队可以利用这些来完成计划外包的项目部分。

Erica 始终记得，公司的首席执行官兼项目发起人 Joe 喜欢通过里程碑报告来查看工作绩效数据。他还希望 Erica 发现任何潜在的问题或困难都能够提醒他。Erica 经常与项目团队的大部分成员见面，并且每周和 Joe 进行一次沟通，评审里程碑完成的进展并讨论其他项目问题。尽管 Erica 可以使用项目管理软件制作里程碑报告，但因为这个项目很小，她只是使用了文字处理软件，这样可以更容易地处理报告的格式。表 3-8 显示的是 Erica 和 Joe 在 6 月中旬一起审核的公司项目管理内部网网站项目的一个里程碑报告样例。

表 3-8　6 月 17 日的里程碑报告

里程碑	日　期	状　态	责任人	问题/注释
启动 识别项目干系人	5 月 2 日	完成	Erica 和 Joe	
签署项目章程	5 月 10 日	完成	Erica	
召开项目启动会议	5 月 13 日	完成	Erica	顺利
计划 签署团队章程	5 月 13 日	完成	Erica	
完成项目范围说明书	5 月 27 日		Erica	
完成工作分解结构（WBS）	5 月 31 日		Erica	
完成风险排序清单	6 月 3 日		Erica	发起人和团队已经审核
完成进度表和成本基准	6 月 13 日		Erica	
执行 完成调查和分析工作	6 月 28 日		Erica	目前反响较差
完成内部网网站设计	7 月 26 日		Kevin	
完成项目效益衡量	8 月 9 日		Erica	
收集用户输入	8 月 9 日		Jessie	
完成"文章"栏目	8 月 23 日		Jessie	
完成"模板和工具"栏目	9 月 6 日		Erica	
完成"专家咨询"栏目	9 月 6 日		Michael	
完成"用户请求"栏目	9 月 6 日		Cindy	
完成"链接"栏目	9 月 13 日		Kevin	
建成内部网网站建设	10 月 4 日		Kevin	
完成内部网网站测试	10 月 18 日		Cindy	
完成内部网网站推广	10 月 25 日		Erica	
完成内部网投入使用	10 月 25 日		Kevin	
监控 进度报告	每周五		所有人	
收尾				
完成最终项目展示	10 月 27 日		Erica	
发起人签字认可项目完成	10 月 27 日		Joe	
完成最终项目报告	10 月 28 日		Erica	
提交经验总结报告	11 月 1 日		所有人	

人力资源问题，特别是冲突问题，往往发生在项目执行过程中。在几次团队会议上，Erica 看出 Michael 似乎很烦躁，并且常常离开房间给客户打电话。她与 Michael 谈过有关情况，她发现 Michael 是支持这个项目的，但是他知道自己只能花费很少的时间在会议上。他在会议以外更有效率，所以 Erica 已同意 Michael 出席少量的项目团队会议。她可以看到 Michael 提供的反馈以及他在内部网网站"专家咨询"栏目中的领导作用，这些都为项目做出了巨大贡献。Erica 因此调整了沟通风格，以满足他的特殊要求。

另一个问题发生在当 Cindy 联系潜在的软件供应商提供软件以支持"专家咨询"和"用户请求"栏目的时候。Kevin 想要自己编写项目所需的所有软件代码，但 Cindy 认为从一个可靠的供应商那里购买新的软件具有更好的商业意义。Cindy 必须说服 Kevin 从其他来源购买一些软件是值得的。

Cindy 还发现他们估计的 1 万美元只是实际所需软件服务费用的一半。她与 Erica 讨论了这个问题，认为无论选择哪个供应商都需要修改预算。Erica 也同意应当选择外部资源，于是她向发起人提出需要更多的资金。Joe 表示同意，但他强调了在 1 年内收回成本的重要性。

甚至在项目刚开始的时候，团队收到的调查回应率很低，用户输入的需求也很少，那时 Erica 已经向 Joe 求助。Joe 发送电子邮件给公司所有的顾问，强调这个项目的重要性。他还提供了 5 天额外的假期给那个提供最好示例的人，示例是关于如何利用工具和模板来管理项目的。于是 Erica 从顾问那里收到了丰富的信息。从这里可以看出，有效的沟通技巧和强大的高层管理者支持对项目的成功执行来说必不可少。

最佳实践

学习项目管理最佳实践的一个途径是向 PMI 年度项目奖获得者学习。蒙特利尔国际区（QIM）是个占地 66 亩的城市新建项目，位于加拿大魁北克蒙特利尔的市中心。这个耗资 9000 万美元、为期 5 年的项目，把一个曾经不受欢迎的地区变成了城市里一个欣欣向荣的地区，这里拥有蓬勃发展的房地产市场，并催生出了价值 77 亿美元的建筑产业。Clement Demers 是 QIM 项目的总负责人。他说该团队"采取了一种独特的项目执行方式，将工作划分成工作包，可以进行小规模的管理技术测试和合同签订。这样项目经理就可以从每一阶段获取经验，并据此调整今后的工作环节和管理风格。"[11]

帮助团队取得成功的其他战略包括下列内容：

- 团队在各干系人群体中识别支持者，以帮助鼓舞其他人实现项目目标。
- 团队的沟通计划包括为公众关注的问题专门设立一个网站。
- 在每个项目阶段的开始都有为期两天的评审活动，来讨论问题并制定解决方案，以防止发生冲突。
- 要求投资者增加资金投入，以增加其在该项目中的股份。
- 团队认识到了聘用高水平专家的价值，如建筑师、工程师、律师及城市规划师。他们为所有专业人士的服务支付固定佣金，并及时支付。
- 另一家加拿大公司获得了 2014 年 PMI 年度项目奖。该公司投资 13 亿加元，在魁北克的容基耶尔建成了一个升级的铝冶炼设施——"AP60 一期项目"。2013 年，位于澳大利亚阿德莱德的"阿德莱德海水淡化项目"获得该奖项。这个在干旱时期供水的项目提前竣工，并且节省了预算（14 亿澳元）的 1%。[12] 2017 年的奖项授予了美国华盛顿河保护解决方案有限责任公司（Washington River Protection Solutions, LLC），以表彰他们在"汉福德双壳罐 AY-102 回收项目"中的突出工作。该项目包括将核废料转移到双层容器中进行安全储存。该项目提前竣工，并节省了至少 8% 的预算。[13] 有关奖项标准和获奖者的更多信息，请参见 PMI 网站。

3.4.6 项目监控

项目监控是一个针对项目目标来衡量进展情况、监测计划的偏离情况，并采取纠正措施使项目进展与计划相匹配的过程。监控贯穿整个项目周期，涉及所有 10 大项目管理知识领域。与监控过程组相关的模板在本章中的后面列出。

在项目管理内部网网站项目中，需要经常更新项目管理计划，以反映在项目范围、进度和预算上所做的变更。Erica 和其他项目团队成员在必要时会采取纠正措施。例如，当项目调查没有得到很多回应时，Erica 向 Joe 寻求帮助。当 Cindy 在与一家供应商的谈判中遇到麻烦时，她从另一名曾与那个供应商合作过的高级顾问那里得到了帮助。Erica 还不得不为项目的这个部分申请了更多的资金。

项目团队成员每周五提交一份简短的进展报告来显示工作绩效信息。他们原本使用的是公司的一个进展报告模板，但是 Erica 发现，通过修改旧的模板，她获得了更好的信息，从而帮助团队更有效地工作。她希望团队成员不仅报告他们做了什么，还要重视判断进展是否顺利，并弄清原因。附加的信息能够帮助团队成员反思项目的进展情况，并确定需要改进的领域。表 3-9 是 Cindy 提供的一个进展报告的示例。

表 3-9　每周进展报告样例

项目名称：项目管理内部网项目
小组成员姓名：Cindy Dawson，cindy_dawson @ jwdconsulting.com
日期：8 月 5 日
本周完成的工作：
● 与凯文开始内部网网站建设
● 组织所有的内容文件
● 开始为内容文件制定一个文件命名计划
● 继续开发"专家咨询"功能和用户请求功能
● 会见优选供应商
● 核实他们的软件能否满足我们的需求
● 发现一些需要定制的需求
下周要完成的工作：
● 继续公司内部网网站建设工作
● 准备与优选供应商起草合同
● 为获得外部资源进行新的成本估算
进展顺利的事项及原因：
公司内部网网站建设有了一个良好的开端。设计是非常明确并且易于实现的。Kevin 很清楚自己正在做什么。
进展不顺利的事项及原因：
很难决定如何组织模板和示例。需要更多来自高级顾问和客户的意见。
建议 / 问题：
● 召开专门会议来决定如何在内部网网站上组织模板和示例
● 获得一些合同样例，用来帮助与优选供应商进行谈判
项目变更：
我认为我们可以按计划实现目标，但看起来我们额外需要约 1 万美元来用于外包。这使得在这方面的预算加倍

除进展报告以外，项目管理软件也是监控项目的一个重要工具。每名团队成员在每周五下午 4 点之前，通过公司的项目管理软件提交他们在这项工作上的实际工时。通过使用 Microsoft Project 2016 企业版，他们可以轻松地通过 Web 更新自己的任务信息。Erica 与 Jessie 一同分析资料，特别注意关键路径和挣值数据（更多有关关键路径分析的信息参见第 6 章；有关挣值管理的详细信息参见第 7 章；更多关于使用 Project 2016 帮助监控项目的信息参见附录 A）。Erica 想要按期完成该项目，即使这意味着需支付更多的资金。Joe 同意这种做法，批准了 Erica 关于追加资金的申请，这一申请基于挣值分析以及用来弥补缩短关键任务时间而导致的资金需求。

Joe 再次强调了新系统在 1 年内收回成本的重要性。Erica 对可能会获得超过预期收益很有信心，同时决定在项目团队开始测试系统时就开始获利。当她不再为这个项目工作时，Erica 还在管理 JWD 咨询公司的项目管理办公室，因此她可以看到内部网网站是如何帮助工作人员节省时间、帮助顾问们更高效地开展工作的。她的一名员工想进入咨询部门，并且她相信有了新的系统，项目管理办公室可以在少一个人的情况下继续提供现有的服务——这是她之前没有考虑过的一项好处。公司的一些客户的合同是根据绩效而不是根据时间来计费的，于是她很高兴地开始衡量新的内部网网站对于顾问们的价值。

3.4.7 项目收尾

收尾过程包括获得干系人和客户对最终产品和服务的验收，并使得项目或项目阶段有序地结束。它包括核实所有的成果是否已经完成，而且通常包括一个最终的项目报告和展示。尽管许多 IT 项目在完成之前就被取消了，但正式终止项目和总结经验用于改善今后的项目仍然很重要。哲学家 George Santayana 所说，"那些不能记住过去的人注定要重复过去"。[14]

在计划和执行过程中，将项目平稳过渡到公司的正常业务运营也很重要。大多数项目的成果被整合到已有的组织结构中。例如，JWD 咨询公司的项目管理内部网网站项目在它开始运作后需要员工的维护。Erica 为这个 3 年使用寿命的系统预计了每年 4 万美元的维护费用。她还在最终报告中加入了一个过渡计划，以使系统能够平稳过渡到公司的业务运营中。这项计划包括一份公司将内部网网站投入使用之前需要解决的问题清单。例如，在为期 6 个月的内部网网站项目完成后，Michael 将不再为项目工作，所以团队需要知道谁将支持"专家咨询"栏目，同时为 Michael 安排一些时间与其一起工作。

在项目的收尾过程中，项目团队成员应花时间来制定适当的终止过程，交付最终产品、服务或成果，并更新组织过程资产，如项目文件、经验总结报告等。如果项目团队在项目期间采购了物品，他们必须正式完成或终止全部合同。项目收尾的相关模板将在本章后面列出。

Erica 和她的团队在项目收尾的过程中编制了一份最终报告、最终展示和经验总结报告。Erica 审查了每名团队成员的经验总结报告，并在最终文件中进行了汇总。表 3-10 给出了报告的部分内容。注意在第 4 个问题中列出的内容，例如有一个好的启动会议、共同制定一份团队章程、使用项目管理软件，以及与项目团队和项目发起人之间进行良好沟通等的重要性。

表 3-10 经验总结报告（简化版）

项目名称：JWD 项目管理内部网网站项目	
项目发起人：Joe Fleming	
项目经理：Erica Bell	

(续)

项目日期：5月2日~11月4日

最后预算：15万美元

1. 项目是否满足范围、时间和成本目标？
   我们确实满足了范围和时间目标，但我们不得不申请追加1万美元，而项目发起人也已经批准了该项请求。

2. 项目范围说明书所列的成功标准是什么？
   下面是我们在项目范围说明书中所列的项目成功的标准：
   "我们的目标是要在6个月内完成这个项目，并且成本不超过14万美元。项目发起人Joe Fleming强调了该项目在内部网网站完成后1年内收回成本的重要性。要满足这一财务目标，内部网网站需要强有力的用户参与。我们也必须开发出一套方法，以便在内部网网站开发、测试和完成阶段获取效益。如果该项目有一个较高的回报，能够帮助改善公司形象，使公司成为一个杰出的咨询机构，那么即使需要多一些时间或者多一些成本，公司仍然会认为这个项目是成功的。

3. 你是否满足该项目的成功标准？
   正如前文所述，只要该系统有一个良好的投资回收期，并有利于提升我们公司的形象，项目发起人就不会过分关心是否超出预算。我们已经记录了新内部网网站在财务和形象方面的一些效益。例如，我们已经决定项目管理办公室可以减少人员，因而可节省大量成本。我们还从几个客户那里得到了对新内部网网站的极好的反映。

4. 你的团队从管理这个项目中汲取的主要经验教训是什么？
   主要经验教训包括以下几个方面：
   - 拥有一个好的项目发起人是项目成功的关键。我们遇到了很多困难的情况，Joe富有建设性地帮助我们解决了问题。
   - 团队合作是必不可少的。在启动会议上花费一些时间让大家互相了解非常有帮助。内部开发和遵守团队章程也很重要。
   - 良好的计划在执行中收到了成效。我们花了相当多的时间来制定一个好的项目章程、范围说明书、工作分解结构、进度表等。大家共同努力准备了这些计划文件，并获得了大家的认同。
   - 项目管理软件对整个项目帮助很大。

5. 描述这个项目做得对的一个例子。

6. 描述这个项目做得错的一个例子。

7. 根据你在这个项目上获得的经验，做下一个项目时你会有什么改变？

Erica与Joe签署了一张客户验收表，该表是新内部网网站上的样例模板之一。项目团队建议今后所有顾问在终止项目时都使用该表。（你可以在本文的配套网站上找到这个模板。）

表3-11提供了项目最终报告的目录。封面包括：项目名称、日期以及团队成员的名字。注意列入最终报告的还有过渡计划和年度系统效益分析计划。此外，注意最终报告包含的附件，即所有与项目管理和产品有关的文件。Erica知道为项目提供良好的最终文件有多重要。项目团队制作了一份最终文件的光盘，并把文件放在了新的内部网网站上，以供其他顾问使用。

表3-11　最终项目报告目录

1. 项目目标
2. 项目成果总结
3. 计划的和实际的开始和结束时间
4. 计划的和实际的预算
5. 项目评估（你为什么做这个项目？这个项目的产出是什么？项目成功了吗？项目哪些是对的，哪些是错的？）
6. 过渡计划
7. 项目年度效益衡量方法
附录

(续)

A. 项目管理文件
- 商业论证
- 项目章程
- 团队章程
- 范围说明书
- 工作分解结构和工作分解结构字典
- 基线和实际的甘特图
- 风险排序清单
- 里程碑报告
- 进展报告
- 合同文件
- 经验总结报告
- 最终展示
- 客户验收表

B. 与产品有关的文件
- 调查和结果
- 用户输入总结
- 内部网网站内容
- 内部网网站设计文件
- 测试计划和报告
- 内部网网站推广信息
- 内部网网站投入使用信息
- 项目效益衡量信息

在项目团队做出项目的最终展示后，Erica 还举办了项目结束午宴。她在午宴上分享经验教训，并庆祝项目圆满完成。

3.5 案例研究 2：JWD 咨询公司的项目管理内部网网站项目（敏捷方法）

本节演示了用一种敏捷方法来管理 JWD 咨询公司的项目管理内部网网站项目。本案例强调在每个过程组中使用敏捷方法的不同之处，而不是用敏捷方法来重复第一个使用预测方法的案例研究中的文件样例。敏捷方法通常被用于这样的项目：项目业务团队在产品生命周期早期不能清楚地界定项目范围，但团队确实想在项目早期而不是后期提供一个潜在的可交付产品。一个敏捷项目团队通常使用若干次迭代来交付软件，而不是等到项目结束后才提供一个产品。

请注意，对于是否使用敏捷方法管理项目，团队通常不会很快做出决定。同样，没有特定的逻辑，你也不会马上决定是坐飞机还是开车去长途旅行。如果你需要快速到达某个地方，不太关注沿途的风光，也不存在飞行方面的障碍，那么你可能会选择乘坐飞机。如果你愿意花时间去某个地方，沿途看看风景，享受开车的乐趣，那么你会选择开车。同样，组织应该使用逻辑来决定使用预测方法还是敏捷方法来管理特定的项目。具有严格约束、缺乏经验且分散的团队、风险较大、有预先明确的需求以及相当严格的完成日期的项目，最好使用预测方法来完成。相反，具有较少严格约束、经验丰富且最好是位于同一地点的团队、较小的风险、需求不明确、时间比较灵活的项目更适合采用敏捷方法。本节使用相同的项目来强调这两种方法在过程和输出方面的主要区别。

一个团队在使用敏捷技术以及这一技术最受欢迎的方法 Scrum 时，需要使用特定的角色、工件和仪式。

3.5.1 敏捷开发的角色、工件和仪式

回顾第 2 章，Scrum 包括项目参与者的 3 个主要角色：

- **产品负责人**：负责项目的商业价值，决定做什么工作以及按什么顺序做（这些都被记录在产品待办事项）的人。在本案例中，Joe Fleming 是产品负责人。他是 JWD 咨询公司的 CEO，并且是建议该项目的人。
- **敏捷教练**：确保团队富有成效、促进召开每日例会、在所有角色和职能之间建立紧密合作并且消除阻碍团队有效工作障碍。敏捷教练管理的是过程而不是团队成员。他们必须愿意将控制权交给产品负责人和团队。一些专家认为传统的项目经理并不能成为优秀的敏捷教练。在本案例中，Erica Bell 将接受挑战并成为敏捷教练。
- **Scrum 团队或开发团队**：由 5~9 人自发组成的跨职能团队，开展工作以在每个冲刺产生预期的成果。一个冲刺通常持续 2~4 周，在此期间必须完成特定的工作，并为评审做好准备。大型项目可能需要多个团队。在本案例中，Michael、Jessie、Kevin、Cindy、Kim 和 Page 都是开发团队的成员。他们的位置列在表 3-4 所示的项目章程中。Kim 和 Page 是客户代表，不在 JWD 咨询公司工作，但是他们是团队的关键成员，尤其是开发外部客户会使用的内部网的功能时。

在敏捷开发中，**工件**（artifact）是人工创造的有用的对象。工件在其他项目管理方法中属于可交付成果。以下是用 Scrum 创建的 3 个工件：

- **产品待办事项**：按照商业价值进行优先级排序的一系列特性的列表。最高优先级的条目应该进行足够详细的分解，以便团队评估开发这些条目需付出的努力。一些专家建议为每个条目安排约 10 个工作日的时间。当然，工作的大小和复杂性决定了评估结果。
- **冲刺待办事项**：产品待办事项中在一个冲刺内完成的优先级最高的条目集合。Scrum 团队把最高优先级的条目分解成可以花 12~16 个小时完成的小任务。冲刺待办事项和产品待办事项的例子会在 3.5.3 节提供。
- **燃尽图**：显示了按天计算在一个冲刺中累积工作的剩余量。燃尽图的示例将在 3.5.5 节提供。

在使用 Scrum 方法时，敏捷教练可以利用 4 种活动或会议：

- **冲刺计划会**：在一个冲刺内团队从产品待办事项中选择一系列工作进行交付的会议。这种会议大约需要 4 个小时到一整天。
- **每日例会**（Daily Scrum）：开发团队分享进展、挑战，并计划一天工作的简单会议。理想情况下，团队成员都在同一个地方，会议通常不超过 15 分钟，并且每天都在同一个时间和地点举行。如果无法实现，团队可以使用视频会议来召开简短的虚拟会议。敏捷教练在会上询问从昨天起有什么工作已经完成，今天计划什么工作，以及可能阻碍团队的障碍或绊脚石是什么。敏捷教练记录这些障碍并和关键项目干系人在每日例会后一起工作来解决它们。许多团队使用术语"问题（issue）"来表示不需要在未来 24 小时内解决的条目，"障碍（blocker）"来表示需要立刻解决的条目。这允许敏捷教练首先维持对最高优先级的条目（障碍）的关注，然后在接下来的一天左右解决其他问题。
- **冲刺评审会**：团队向产品负责人展示在一个冲刺内已经完成的工作的会议。
- **冲刺回顾会**：通过对开发团队实际绩效的回顾，帮助团队寻找改进产品和过程的方

法的会议。

图 3-5 显示了根据项目管理过程组，如何看待在第 2 章显示的 Scrum 框架。创建产品待办事项，开发冲刺待办事项，在每日例会中讨论计划，这些都属于计划部分。执行日常工作和冲刺并创造潜在的可交付产品增量，这些属于执行。在每日例会中进行冲刺回顾并讨论挑战，可以被视为监控。在冲刺回顾中的反思属于收尾。启动整个项目是一个阶段，这个阶段在本例中超出了 Scrum 框架。

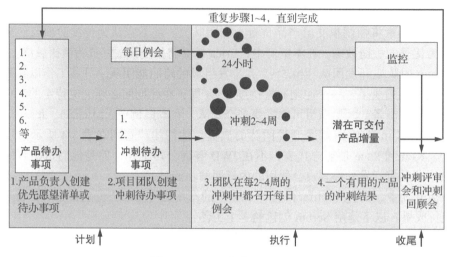

图 3-5　Scrum 框架和过程组

表 3-12 总结了每个过程组的一些独特的 Scrum 活动。下面几节将提供关于这些活动的更多详细信息。

表 3-12　每个过程组独特的 Scrum 活动

启动过程：
- 确定角色
- 决定每个发布版本由多少个冲刺组成，以及要交付的软件范围

计划过程：
- 创建产品待办事项
- 创建冲刺待办事项
- 创建发行版本计划安排
- 在每日例会中计划每天的工作
- 在清单中列出障碍

执行过程：
- 在冲刺中完成每天的任务
- 在每个冲刺结束时，生成一个可交付产品

监控过程：
- 解决问题和障碍
- 创建和更新燃尽图
- 在冲刺评审会议上展示完成的产品

收尾过程：
- 在冲刺回顾会议上反思如何改进产品和流程

3.5.2 项目预启动及启动

这个案例和第一个案例预启动的主要区别是确定角色，并决定什么功能会作为每次交付的一部分、完成一个版本需要多少冲刺，以及有多少软件版本交付。这类似于把项目分为几个小项目。项目章程、项目干系人登记表、项目干系人管理策略，以及启动会议仍然作为启动的一部分被创建，就像他们在这个案例的预测版本中一样。但是，使用敏捷开发角色，Joe 会是产品负责人，Eric 是敏捷教练，而列在项目章程中的其他人会是团队成员。

Joe 与 Erica 见面，讨论在每个版本中应交付什么功能、每个版本由多少冲刺构成、需要多少软件版本，以及完成这个项目所需要的方法。他们意识到，在确定功能、版本和冲刺之前，需要先调查潜在用户以收集新软件的需求，并确定一种方法来衡量内部网网站在执行后的价值。他们估计，完成这项工作大约需要两个月。

Joe 和 Erica 将一起开展调查，专门询问潜在用户哪些功能最有价值。例如，他们不会列出一般的想法，而是列出具体的功能，并让受访者按重要性排序。他们还会要求受访者向 IT 部门的项目团队成员 Cindy 提交模板、工具和其他有用的信息。预先收集这些信息将简化软件开发过程。

Joe 和 Erica 认为，考虑到时间和成本的限制，3 个软件版本是比较现实的。每个冲刺的目标是持续 4 周，产品待办事项和冲刺待办事项的评审和创建将在冲刺过程中持续进行。

Joe、Erica、Cindy 以及其他成员召开了几次会议。Cindy 在敏捷项目上的经验最多。她讨论了向潜在用户提交几个图形用户界面设计以获得他们反馈的重要性。根据 Cindy 的经验，这种方法在过去是非常有效的，它可以在开发过程中节省大量返工。例如，团队成员将创建 1~4 种特定界面的设计，以供潜在用户在营销团队举办的会议中进行评审。Cindy 解释说，这些反馈将有助于形成更好、更直观的用户界面。此外，要求潜在用户对"外观和感觉"进行评价将是非常有益的。例如，用户可能会被选定的配色方案分散注意力，因此团队成员应该在各种配色方案中设计相同的界面，以判断哪种配色方案最具吸引力，并产生最积极的可用性评分。Cindy 指出，用户界面设计人员通常不会是开发团队成员，但是组织利用他们来提供详细的设计规范，这个规范能够提供一个一致的用户界面。Erica 和 Joe 从 Cindy 身上学到了很多，并将她的建议纳入未来的计划。

3.5.3 项目计划

团队会遵循 Scrum 方法，而不是为整个项目创建团队章程、WBS、甘特图和风险排序清单。即使团队知道将会有更多的细节加入并且会发生变更，整个项目的初步范围说明书仍然是计划阶段的有用工具。由于 Scrum 开发意味着在敏捷教练的指导下，团队成员作为一个自我指导型组织来工作，因此团队章程不是必需的。

取代 WBS 的是，需要完成的工作的说明将会在产品待办事项和冲刺待办事项中展示。在每个冲刺中，团队将制定一个更详细的技术故事描述以及需完成的相关任务的列表。基于每个冲刺中每天团队成员的可获得性，团队还必须为每个冲刺建立了一个速度（或容量）评估。假设所有的开发人员是都是外包人员，每天都可以编写 8 小时代码，那么评估可以按工作的小时数计算；如果开发人员是每天工作少于 8 小时的员工，那么可以按分数进行评估。例如，每天 6 个小时等于 1 分，因此 36 小时的工作等于 6 分。

如图 3-6 所示，我们仍然可以创建整个项目的甘特图。注意，过程组并不遵循一个简单的线性模式。每个冲刺都会重复几个过程组，从而得到一个可用软件产品的几个版本，以里程碑的形式显示。回想一下这个案例的预测版本（第一个案例），在项目接近尾声时（10月17日），只有一个软件版本发布或交付。而在本案例中，有两个额外的软件计划在8月3日和9月11日交付。有些团队为每个软件版本创建一个版本路线图，这将在本节后面进行描述。整个项目仍计划在11月1日完成。

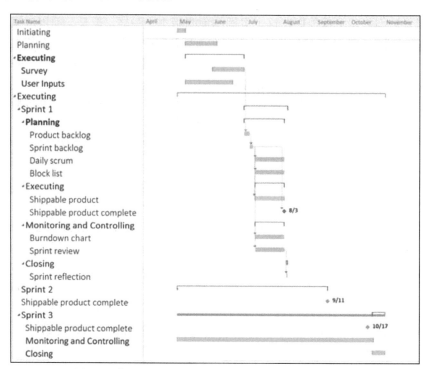

图3-6　使用敏捷方法的内部网网站项目的基准甘特图

产品负责人Joe，除了在项目范围说明书中列出如表3-1的6.0所示的所有初步项目需求外，还根据增加的商业价值，创建了一个产品待办事项来优先考虑新内部网网站最重要的功能。Joe在分析调查结果并与几个人讨论选项之后创建了产品待办事项。他为最重要的模板和工具列出了单独的条目，而不是将它们集中在一个条目中。他还从公司的顾问库中找到一位关键人物，询问其关于每个模板或工具的问题。注意，这种方法将第一个案例显示的范围说明书中的一些条目结合到了一起，以聚焦于那些会增加最大价值的事项。在团队开发最为复杂的"专家咨询"功能之前，拥有一个关键人物是非常有用的。评审产品待办事项后，Scrum团队会基于第一冲刺期间完成的条目来做计划并更新冲刺待办事项。表3-13提供了关于第一个冲刺的产品待办事项和冲刺待办事项的一个示例。团队会召开第一次每日例会来安排这一天的工作。

表3-13　产品和冲刺待办事项

产品待办事项	冲刺待办事项
1. 用户故事模板、示例和关键人物 2. WBS模板、示例和关键人物 3. 项目进度模板、示例和关键人物 4. 以一些内部网网站产品和服务向客户收费的能力 5. 收集用户建议的能力	1. 用户故事模板、示例和关键人物 2. WBS模板、示例和关键人物 3. 项目进度模板、示例和关键人物 4. 以一些内部网网站产品和服务向客户收费的能力 5. 收集用户建议的能力

(续)

产品待办事项	冲刺待办事项
6. 商业论证模板、示例和关键人物 7. "专家咨询"功能 8. 干系人管理策略模板、示例和关键人物 9. 风险登记册模板、示例和关键人物 10. 其他	

Scrum团队会将冲刺待办事项的条目分解为更具体的工作条目，通常以用户故事、技术故事和相关任务的形式出现。**用户故事**（user stories）是客户简短地描述他们需要系统来为他们做什么。这些描述应该大概有3句话长。用户故事提供了冲刺计划会议中评估时间的基础。用户故事应该是可测试的，并且足够小，以使程序员可以及时地完成代码并进行单元测试。

开发人员将用户故事分解为技术故事。然后，他们使用技术故事将用户需求转换为技术规范以创建定义好的用户功能。技术故事可以包含一个或多个技术任务。在冲刺过程中，开发人员可以使用这些技术任务绘制冲刺板上的进度图。一个任务应该在一天之内完成。冲刺待办事项中的一个条目基于它的复杂性可能会或不会被记录在一个用户故事、一个技术故事以及一个任务中。如果这个条目非常复杂，则可能存在一对一或多对一的关系。

例如，公司财务部门的某个员工可以编写一个用户故事，称为"为某些内部网产品和服务向客户收费的能力"。它可能是这样写的："作为一名财务经理，我希望我们的网站委托B公司处理付款，这样我们可以节省交易和客户服务成本。"之后用户故事被分解为详细的技术故事，然后分解为任务，类似于WBS中的任务。

一些组织使用版本路线图来规划整个交付的所有工作，其中可能包括多个冲刺。这种路线图通常表示为包含多个列的图。版本路线图提供了每个冲刺中将包含哪些故事（范围）的清晰画面。这一工具还使Scrum团队能够轻松地评审并更新速度估计值与实际值的对比结果。版本路线图的数据应该来自项目管理信息系统（PMIS）或相关的敏捷管理系统，如Microsoft的团队基础服务器（Team Foundation Server）、Rally、VersionOne或JIRA。

3.5.4 项目执行

正如本章前面所讨论的，项目的执行阶段通过执行计划来创造所需要的产品，因此，项目的大部分时间和成本应该花在执行阶段。在敏捷方法中，团队每天都将完成一定的任务，就像本案例的预测版本一样。只不过使用敏捷方法时，该团队会产生多个版本的潜在可交付产品。例如，在第一个冲刺结束时，JWD咨询公司将在其新的项目管理内部网网站上提供一些可用的功能。如第一个冲刺待办事项所列出的，用户将能够访问模板、示例、用户故事的关键人物、WBS和项目进度表。在开发过程中，用户也可以对内部网网站的功能提出建议。该网站的第一个版本也会具有向客户收取某些产品和服务费用的功能。因此，与使用预测方法相比，使用敏捷方法，企业要早几个月从这些新网站的功能中受益。

因为Erica和一些项目团队成员在使用敏捷方法方面缺乏经验，所以他们必须面对一些挑战。例如，因为项目团队每天早上都要开会（实际的或者虚拟的），所以沟通方式上是有差异的。同时，用户可能会对获得3个版本的产品而不是一个产品而感到困惑，这就需要团队成员及时与用户进行沟通。更多相关信息请参见第10章和第13章。

3.5.5 项目监控

在 Scrum 框架下监控的两个主要工具是每日例会和冲刺评审会。每日例会在每天早上举行，主要是计划和沟通当天的工作，并讨论遇到的风险、问题或障碍。在每日例会上，会对团队面临的任何问题以及障碍进行简短讨论。之后，敏捷教练将会和相应的项目干系人合作来解决这些问题和障碍，这也是项目监控的一部分。敏捷教练的一个主要工作职责是清除障碍以使团队能够很好地完成工作。敏捷教练会记录遇到的问题和障碍，并根据重要性对其进行排序。

冲刺中的工作进度会由敏捷教练在冲刺板上展示。冲刺板上每一张卡片代表在冲刺期间要完成的一个任务。每张任务卡上包含控制编号、任务名称、预计完成时间、级别或优先级编号，以及分配的团队成员。随着任务被启动、执行和关闭，它们的卡片也会被移动到冲刺板上的相应位置。根据任务的进展，冲刺板上划分了不同的区域，包括"未启动""进行中""准备测试""测试"和"关闭"。开发人员在"未启动""进行中"和"准备测试"部分更新任务的状态。测试人员在"测试"部分更新任务的状态。产品负责人负责检查任务，确认任务是否按预期进行，并在任务完成时负责将任务状态更改为"关闭"。

燃尽图是一个非常重要的工件，用于图形化地显示每个冲刺的进度。图 3-7 中的燃尽图显示了 JWD 咨询公司内部网网站项目第一个冲刺期间的进展情况，该冲刺计划持续 4 周，将完成冲刺待办事项中列出的 5 个条目或用户故事。请记住，在计划阶段，每个用户故事被分解为特定的任务，团队会估计完成每个特定任务的时间。在每日例会中，团队成员计划的工作应该在一天之内完成。团队每天都应该再次估计每个任务剩下的小时数或分数。随着项目范围变得更清晰，可能会增加一些任务，也可能会删除一些任务。已经花了多少时间并不重要，重要的是完成该冲刺期间的任务故事还需要多少时间。

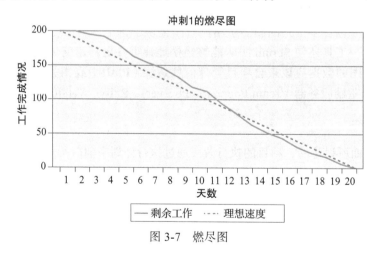

图 3-7 燃尽图

燃尽图描绘了每天估计剩余的小时数或分数。它还显示了一条理想的燃尽线，就好像理想的燃尽线假设团队每天完成等量的工作，或者在本例中是每天完成 10 个任务。燃尽图清楚地显示了团队在某个冲刺中是否做得很好，或者是否存在潜在的困难。燃尽图帮助团队分析任务能否在该冲刺内完成。如果任务存在完成的风险且应该被删除时，燃尽图将进行提示。如果任务进展比预期的好，燃尽图也会提示增加冲刺期的任务。

在每个冲刺结束时，本案例中的敏捷教练——Erica 会组织冲刺评审会，向产品负责人展示在冲刺内已完成的工作。在本案例中，Joe 会评审在第一个冲刺中完成的 5 个功能。在冲刺评审会之后，他会根据最新的信息和业务需求来更新产品待办事项，然后开始下一个冲刺。

3.5.6 项目收尾

在冲刺评审会之后，敏捷教练会组织一个冲刺回顾会。冲刺回顾会比较短暂，大约半小时，会上团队将反思在冲刺中的工作。敏捷教练通常首先通过电子邮件征求团队成员的反馈，并在会议前整理这些反馈。这样可以节省时间，并将讨论的重点放在最重要的事项上。冲刺回顾会类似于一份经验总结报告，只不过它关注的是更短的一段时间。冲刺回顾会旨在回答两个基本问题：

- 在上一个冲刺中什么进展很顺利，我们是否应该继续做？
- 我们可以采取哪些不同的措施来改进产品或过程？

冲刺回顾会通常是由敏捷教练组织的，他将需要执行的工作整理成一个列表。如果产品负责人同意，这些工作可以添加到产品待办事项中。例如，在 JWD 咨询公司的项目管理内部网网站项目的第一个冲刺之后，团队可能会建议启用网站的移动端。这个新需求被添加到产品待办事项中，并被选为下一个冲刺的条目。敏捷方法关注那些能给组织带来商业价值的新需求。

正如在同一个项目的两个案例中所展示的，敏捷方法和预测方法既有相似之处，也有不同之处。如果方法运用得当，敏捷方法可以产出几个有用的软件版本。该方法允许组织快速合作，从而应对不断变化的业务需求。

3.6 过程组模板

你可以看到，项目团队在项目的整个生命周期中准备了许多文件。很多人都使用模板作为编写这些文件的标准格式。表 3-14 列出了在本章和以后各章中编写文件使用的模板。表格列出了模板名称、章节编号、使用模板的过程组、创建模板的应用软件以及模板的文件名。你可以从本书的配套网站或作者的个人网站（www.kathyschwalbe.com）下载这些模板，这些网站上还有一些其他的模板。下载之后，可以随意修改模板以满足你的需要。

表 3-14 各过程组模板

模板名称	过程组	章节编号	应用软件	文件名
商业论证	预启动	3	Word	business case.doc
商业论证财务分析	预启动	3, 4	Excel	business case financials.xls
干系人登记表	启动	3, 13	Word	stakeholder register.doc
干系人管理策略	启动	3, 13	Word	stakeholder management strategy.doc
启动会议日程	启动	3	Word	kick-off meeting agenda.doc
投资回收期图	启动	4	Excel	payback period chart.xls
加权评分法	启动	4, 12	Excel	weighted scoring model.xls
项目章程	启动	3, 4, 5	Word	charter.doc
假设日志	启动	3, 4	Excel	assumption log.xlsx
团队章程	计划	3, 9	Word	team charter.doc
需求跟踪矩阵	计划	5	Word	requirements traceability matrix.doc

(续)

模板名称	过程组	章节编号	应用软件	文件名
范围说明书	计划	3, 4, 5	Word	scope statement.doc
工作合同说明	计划	12	Word	contract statement of work.doc
需求建议书	计划	12	Word	request for proposal.doc
项目管理计划	计划	4	Word	project management plan.doc
工作分解结构	计划	3, 5, 6	Word	wbs.doc
工作结构分解词典条目	计划	5		WBS dictionary description.doc
成本估算	计划	7	Excel	cost estimate.xls
挣值图	监控	7	Excel	earned value chart.xls
燃尽图	监控	3, 7	Excel	burndownchart.xls
质量度量标准	执行	8	Word	quality metrics.doc
帕累托图	监控	8	Excel	pareto chart.xls
项目组织结构图	计划 执行	9	Power-Point	project organizational chart.ppt
责任分配矩阵	计划 执行	9	Excel	RACI chart.xls
资源直方图	计划 执行	9	Excel	resource histogram.xls
沟通管理计划	计划	10	Word	communications managemnt plan.doc
经验教训登记表	执行	4	Excel	lessons-learned register.xlsx
里程碑报告	执行	3, 6	Word	milestone report.doc
变更申请表	计划 监控	4	Word	change request.doc
绩效报告	监控	3, 4	Word	performance report.doc
概率/影响矩阵	计划 执行 监控	11	Power-Point	probability impact matrix.ppt
风险登记册	计划 监控	11	Excel	risk register.xls
盈亏平衡/敏感性分析	计划	11	Excel	breakeven.xls
合同	计划	12	Word	contract.doc
招标书	计划	12	Word	request for proposal .doc
问题日志	监控	13	Word	issue log.doc
客户验收表	收尾	10	Word	customer acceptance form.doc
经验总结报告	收尾	3, 10	Word	lessons-learned report.doc
最终项目报告目录	收尾	3, 10	Word	final project report table of contents.doc

▷ **给年轻专业人士的建议**

大多数组织都有许多不同类型的文件模板。在重新创建文件模板之前，一定要先向你的上司、工作伙伴和其他同事索要模板。如果你不喜欢找到的模板，也可以通过其他途径获得。或者你也可以自己改进这些模板,并把你改进的模板与他人分享。没有人愿意浪费时间来创建项目文档。如果你是为外部赞助商工作,一定要向他们索取模板。如果他们没有,或者你认为你的更好,那么你也可以和他们分享。

模板很有用,但是填写完整信息的模板才更有用。希望本章和全书中的示例能够帮助你创建良好的项目文件。当你从其他资源找到更好的模板时,试着把它们归档以备将来参考。

项目管理过程组(启动、计划、执行、监控、收尾)为理解项目管理提供了一个有用的框架。它们适用于大多数项目,包括 IT 和非 IT 项目。项目管理过程组和项目管理知识领域有助于项目经理看到在组织中管理项目的全貌。

> **案例结局**
>
> 按照项目章程的计划,艾丽卡和她的团队在 11 月 4 日完成了项目管理内部网网站项目。他们超出了预算,但是乔批准了艾丽卡追加资金的申请,主要用于购买定制外部软件。如同其他项目一样,他们也遭遇了一些挑战,但是他们作为一个团队一起工作,并使用良好的项目管理来满足项目发起人和用户的需求。他们从公司内部顾问和一些客户那里得到了关于新的内部网网站的正面的初步反馈。在系统完成之前,项目团队就开始收集模板、示例和专家建议。(如果他们使用敏捷方法,这些功能可以更早交付。)大约在项目完成一年后,艾丽卡与财务部门的一名员工一起审核了新系统的效益。尽管项目管理办公室减少了一名员工,但由于新系统降低了项目管理办公室的工作量,她们并不需要重新聘请员工来填补空缺。这个职位的减少,为公司每年节省了约 7 万美元的薪金和福利。还有数据显示,由于新系统,该公司在与客户的合同方面节省 18 万美元以上,而他们最初的预测只有 16 万美元。公司在"专家咨询"功能上收支平衡,艾丽卡估计该系统第 1 年通过创造新业务而增加的利润为 3 万美元,而不是预测的 4 万美元。不管怎样,从项目管理办公室员工的岗位薪酬和在合同上额外节省的资金已经可以弥补 1 万美元的差额。乔为项目团队感到自豪,他们开发的新系统将有助于 JWD 咨询公司成为一个世界级的组织。

3.7 本章小结

项目管理涉及一系列相互关联的若干过程。5 个项目管理过程组是启动、计划、执行、监控和收尾。这些过程在一个项目的每个阶段中发生的强度不同,并且每个过程都会产生特定的成果。通常执行过程需要最多的资源和时间,其次是计划过程。在计划过程花足够的时间将会节约执行的时间。

将每个项目管理过程组的主要活动映射到 10 个项目管理知识领域,可以宏观地显示项目管理包括哪些活动。

调整项目管理方法以满足组织的特殊需求是很重要的。一些组织基于《项目管理知识体系指南》开发他们自己的 IT 项目管理方法论。一些流行的方法,如 PRINCE2、敏捷方法、RUP 和六西格玛均都包括项目管理过程。

JWD 咨询公司的案例展示了一个组织是如何从启动到收尾来管理一个 IT 项目的。该案例为项目的启动、计划、执行、监控和收尾过程提供了一些输出的样例,包括

- 商业论证

- 干系人登记表
- 干系人管理策略
- 项目章程
- 启动会议日程
- 团队章程
- 工作分解结构
- 甘特图
- 风险排序清单
- 里程碑报告
- 进展报告
- 经验总结报告
- 最终项目报告

案例研究 2 展示了如何使用 Scrum（领先的敏捷方法）来管理项目。与只在项目快结束时发布一个新的内部网网站不同，团队可以发布 3 个彼此迭代的软件版本。此版本的案例研究引入了一些新的工具，包括产品待办事项、冲刺待办事项和燃尽图等。后续章节将提供创建这些文档的详细信息，以及在案例研究中使用的几个工具和技术。

3.8 讨论题

1. 简要描述 5 个项目管理过程组中分别需要做什么工作（启动、计划、执行、监控和收尾）。哪些工作需要在启动项目之前完成？
2. 优秀的项目经理大约在每个过程组上花费多少时间，为什么？
3. 为什么组织需要根据自身情况应用项目管理概念，比如以《项目管理知识体系指南》中列出的项目管理概念为基础来创建自己的方法论？
4. 每个过程组的关键输出是什么？
5. 在 5 个过程组中，项目团队面临的主要挑战是什么？你可以针对本章的教学功能中描述的项目（例如，"对在哪里""错在哪里"等）来展开讨论。你还可以就 PMI 的年度项目奖得主之一或众所周知的失败项目——丹佛国际机场行李处理系统展开讨论。
6. JWD 咨询公司案例研究的两个版本之间的主要区别是什么？什么时候应该使用预测方法，什么时候该使用敏捷方法？你认为 JWD 咨询公司的内部网网站用户更喜欢得到一个最终版本的网站还是多个迭代版本的网站？每种开发方法的优缺点又是什么？

3.9 快速测验

1. ____ 是针对某一特定结果的一系列行动。
   a. 目标　　　　b. 过程　　　　c. 计划　　　　d. 项目
2. ____ 过程包括协调人员和其他资源，以全面贯彻落实项目计划，输出项目或项目阶段的产品、服务或成果。
   a. 启动　　　b. 计划　　　c. 执行　　　d. 监控　　　e. 收尾
3. ____ 过程组通常需要最多的资源和时间。
   a. 启动　　　b. 计划　　　c. 执行　　　d. 监控　　　e. 收尾
4. 英国开发的 ____ 方法，定义了 45 个独立的子过程，并将它们分成 8 个过程组。

a. 六西格玛　　　　　　b. RUP　　　　　　c.《项目管理知识体系指南》　　d. PRINCE2

5. 下列哪一项输出通常在项目开始前完成？

   a. 干系人登记表　　　b. 商业论证　　　　c. 项目章程　　　　　　　　d. 启动会议

6. 工作分解结构、项目进度和成本估算是____过程的输出。

   a. 启动　　　　　　　b. 计划　　　　　　c. 执行　　　　　　d. 监控　　　　e. 收尾

7. 启动过程包括制定一个项目章程，这是项目____管理的知识领域。

   a. 整合　　　　　　　b. 范围　　　　　　c. 沟通　　　　　　d. 风险

8. ____包括根据项目目标来衡量项目进度，并采取纠正措施。

   a. 启动　　　　　　　b. 计划　　　　　　c. 执行　　　　　　d. 监控　　　　e. 收尾

9. 下列原因中，哪一个不是项目团队使用预测方法而非敏捷方法来管理项目的主要原因？

   a. 项目前期要求不明确　　　　　　　　　b. 项目团队缺乏经验且分散

   c. 项目有很大的风险　　　　　　　　　　d. 项目的完成日期非常严格

10. 很多人在编制各种项目管理文件时都使用____作为标准格式。

    a. 方法论　　　　　　b. 模板　　　　　　c. 项目管理软件　　　d. 标准

3.10　快速测验的答案

1. b　2. c　3. c　4. d　5. b　6. b　7. a　8. d　9. a　10. b

3.11　练习题

1. 学习图 3-3 和图 3-4 中的 WBS 和甘特图。将 WBS 输入 Project 2016 或其他项目管理软件，缩进显示的任务来创建 WBS 层次结构。不要输入持续时间或依赖关系。打印生成的甘特图。有关 Project 2016 的使用介绍，请参见附录 A 的范围管理部分（可以在本书的配套网站上找到）。

2. 研究一种项目管理方法，如 PRINCE2、敏捷方法、RUP 或六西格玛等，并分析组织如何使用该方法，要求引用至少两篇参考文献。你认为组织为什么要花费时间和成本来定制适合其具体情况的方法？将你的发现和你对这个话题的看法写一个总结。

3. 请阅读"ResNet 案例研究"，它可以在第 3 章的配套网站上找到。该案例以西北航空公司订票系统为例，说明了项目管理过程组的另一个应用案例。写一篇文章总结该案例的每个项目过程组的主要输出。同时，说明 Peeter Kivestu 是否是一个优秀的项目经理。当然你也可以找到另一个资料完整的项目对其进行总结。

4. 查阅 JWD 咨询公司提供的样本文件，回答以下问题。这个项目的成功标准是什么？贴现期内的投资回报率是多少？描述 3 个与产品相关的可交付成果。最大的 3 个风险是什么？项目是否达到了范围、时间和成本目标？在何种情况下可交付产品使用预测方法完成，何种情况下使用敏捷方法完成？

5. 阅读一篇关于 PMI 年度项目奖获得者的文章或观看一段视频。从 PMI 的网站上搜索相关信息，写一篇约一页纸的文章，总结一个成功的项目，重点是项目经理和团队如何使用良好的项目管理实践。

6. 回顾本章提供的产品待办事项、冲刺待办事项和燃尽图。阅读使用这些工件的敏捷方法的文章或观看相关视频。写一篇简短的文章，详细描述如何创建这些工件。要求引用至少两篇参考文献。

3.12　关键术语

敏捷方法（agile methods）　　　　　　　　燃尽图（burndown chart）

工件（artifact）　　　　　　　　　　　　　收尾过程（closing processes）

每日例会（daily Scrum）
执行过程（executing processes）
启动过程（initiating processes）
启动会议（kick-off meeting）
方法论（methodology）
监控过程（monitoring and controlling processes）
计划过程（planning processes）
过程（process）
产品待办事项（product backlog）
产品负责人（product owner）
项目管理过程组（project management process groups）
受控环境下的项目管理（PRINCE2）（PRojects IN Controlled Environments，PRINCE2）
统一软件开发（RUP）框架（Rational Unified Process，（RUP）framework）
敏捷教练（ScrumMaster）
Scrum 团队或开发团队（Scrum team or development team）
六西格玛（方法论）(Six Sigma methodologies)
冲刺（sprint）
冲刺待办事项（sprint backlog）
冲刺计划会（sprint planning session）
冲刺回顾会（sprint retrospectives）
冲刺评审会（sprint reviews）
干系人登记册（stakeholder register）
标准（standard）
用户故事（user stories）

3.13 注释

[1] Andy Crowe, *Alpha Project Managers: What the Top 2 percent Know That Everyone Else Does Not* (Atlanta, GA: Velociteach Press, 2006).

[2] Phillip A. Pell, Comments posted at Elaine Varron, "No Easy IT Fix for IRS" [formerly "For the IRS, There's No EZ Fix"], *CIO.com* (April 1, 2004).

[3] Meredith Somers, "A 'sense of urgency' as IRS legacy IT systems grow increasingly older," *Federal News Radio* (October 5, 2017).

[4] PCI Group, "PM Best Practices Report" (October 2001).

[5] Brian Jacks, "Lord of the Rings: The Two Towers Extended Edition (New Line)," *Underground Online, UGO.com* (accessed August 4, 2004).

[6] Project Management Institute, "Pulse of the Profession®: Success in Disruptive Times" (2018).

[7] Version One Inc., "11th Annual State of Agile™ Survey," *VersionOne.com* (2017).

[8] Bill Cottrell, "Standards, Compliance, and Rational Unified Process, Part I: Integrating RUP and the PMBOK®," *IBM Developer works* (May 10, 2004).

[9] Project Management Institute, "Pulse of the Professions®: The High Cost of Low Performance" (2014).

[10] Adam Mazmanian, "Google Joins PwC's Vista-Based Bid for Military Health Records," *FWC: The Business of Federal Technology* (January 14, 2015).

[11] Libby Ellis, "Urban Inspiration," *PM Network* (January 2006), p. 30.

[12] PMI, "2013 PMI Project of the Year Award Winner: Adelaide Desalination Project," October 31, 2013, www.youtube.com/watch?v=SIPleb0y0jg.

[13] PMI, "Project of the Year Award," www.pmi.org/about/awards/winners/past-award/project-of-the-year (accessed February 27, 2018).

[14] George Santayana, *The Life of Reason: Reason in Common Sense* (New York: Scribner's, 1905), p. 284.

第 4 章

Information Technology Project Management, Ninth Edition

项目整合管理

学习目标

阅读完本章后，你将能够：

- 描述项目整合管理的整体框架，该框架涵盖了项目管理知识领域和项目生命周期。
- 讨论战略计划流程，并应用不同的项目选择方法。
- 解释制定项目章程对正式启动项目的重要性。
- 描述项目管理计划，了解项目管理计划的内容，并描述制定项目管理计划的方法。
- 解释项目实施及其与项目计划的关系、项目成功的相关因素，以及有助于指导和管理项目工作的技术和工具。
- 在项目整合管理的各个方面中，应用知识管理原则。
- 描述监控项目工作的过程。
- 定义整体变更控制过程，将其与计划以及管理 IT 项目变更的步骤联系起来，并为包含这两个方面的项目创建适当的变更控制系统。
- 解释开发和遵循项目收尾程序的重要性。
- 描述如何利用软件做好项目整合管理。
- 讨论敏捷/自适应环境下的注意事项。

开篇案例

最近，Nick Carson 成为硅谷一家公司重要的生物科技项目的项目经理。该项目为用于装配和分析人体染色体的下一代 DNA 测序仪开发硬件和软件。几家公司竞争激烈，都想着开发体积更小、速度更快的测序仪。在这个快速变化的领域中，他们的目标是降低成本并提高数据分析的质量。生物科技项目是该公司最大的项目，并且未来将会有巨大的增长潜力和潜在收益。

不幸的是，这个大项目的管理存在很多问题。这个项目已经进行了 3 年，并且更换了 3 位项目经理。在高级管理层任命 Nick 为项目经理之前，他已经是该项目的主要软件开发人员。首席执行官要求，无论如何必须在 4 个月内推出 DNA 测序仪软件的第 1 版，并且在 9 个月内推出生产版本。这时公司正与一家更大的公司就双方未来的并购事宜进行谈判，这也增加了高层管理者完成这个项目的紧迫感。

Nick 精力充沛，聪明过人，并且具有保证项目成功的技术背景。他深入研究技术问题，发现了一些影响 DNA 测序仪正常工作的关键缺陷。然而，对出任项目经理这一新角色，他也感到困难重重。虽然 Nick 和他的团队按时推出了产品，但高层管理者还是非常生气，因为 Nick 没有处理好项目的方方面面。Nick 并未给高层管理者提供项目的准确进度安排或其他详细计划，只是承担了软件整合和解决问题的职责，所以他并没有扮演好项目经理的角色。然而，Nick 并不明白高层管理者的不满——他的确交付了产品，难道是高层管理者没有意识到他的价值吗？

4.1 什么是项目整合管理

项目整合管理（project integration management）包括在整个项目生命周期中协调所有其他的项目管理知识领域。这种整合确保了项目的所有因素能在正确的时间集合在一起，从而成功地完成项目。根据《项目管理知识体系指南（第6版）》所述，项目整合管理包括7个主要过程：

1. 制定项目章程。即与项目干系人一起合作，制定正式批准项目的文件——章程。
2. 制定项目管理计划。即协调项目计划的所有组成部分，并把它们整合为一份一致的、连贯的文件——项目管理计划。
3. 指导与管理项目工作。即通过实施项目管理计划中的活动，来执行项目管理计划。
4. 管理项目知识。即使用现有知识并生成新知识，以实现项目目标，并帮助组织学习。
5. 监控项目工作。即监督项目工作是否符合项目的绩效目标。
6. 实施整体变更控制。即在整个项目生命周期中识别、评估和管理变更。
7. 项目或阶段收尾。即终结项目或阶段的所有活动，从而正式结束项目或阶段。

许多人认为项目整合管理是整个项目成功的关键。必须有人负责协调完成项目所需的所有人员、计划和工作；必须有人统领项目全局，并引导团队成功地完成项目；当项目目标或人员之间发生冲突时，必须有人做出最终的决策；必须有人向高层管理者传达主要的项目信息，这些都是项目经理的职责。项目经理完成所有任务的首要方法就是项目整合管理。

错在哪里

众所周知，保障员工的薪酬对员工满意度来说至关重要。因此，无效的薪酬系统将会是一场灾难。2018年是数万名加拿大联邦政府的工作人员被薪酬系统困扰的第3年。Phoenix系统项目始于2009年，项目预算为3.095亿加元，估计耗资超过10亿加元，需要3年时间才能完成。该系统的主要目标是减少薪酬处理的间接成本和人力成本。

"作为有史以来最糟糕的政府管理的IT实施项目之一，该项目迅速引发了争议。自2016年2月推出IBM开发的Phoenix支付系统以来，在使用该系统的29万多名公务员中，有一半以上的人一直处于少付、多付或根本不付的状态……据加拿大审计长称，近5万名政府工作人员不得不等上一年才能理顺他们的工资。"[1]

项目经理的主要工作是项目整合管理，尤其是在大型项目中。为了成为一名优秀的项目经理，了解组织的需求并配备能够使项目成功的专业工作人员是很重要的。

良好的项目整合管理对满足干系人的需求至关重要。项目整合管理包括界面管理。**界面管理**（interface management）涉及明确和管理众多项目元素相互作用的交界点。界面管理的主要工具是沟通和关系。随着项目参与人员的增加，交界点的数量可能会呈现指数级增长。因此，项目经理最重要的工作之一就是建立和维护好跨组织间的沟通和关系。项目经理必须和所有的项目干系人做好沟通，包括客户、项目团队、高层管理者、其他项目经理以及项目的竞争对手等。

当项目经理和项目干系人沟通不畅时，会发生什么呢？在本章的"开篇案例"中，Nick Carson似乎忽略了下一代DNA测序仪项目的重要干系人——高层管理者。Nick和项目团队的其他成员合作得非常愉快，但他并不熟悉项目经理这一角色以及高层管理者的需求。Nick继续做软件开发的老工作，并承担了软件整合这一新角色。他错误地认为，项目整合管理就是软件整合管理,并且将注意力集中在项目的技术问题上。他完全忽略了项目整合管理的真正意义,即通过良好的沟通和关系管理整合项目中所有人员的工作。项目管理是应用知识、技能、工具与技术来满足项目的需求,同时也要满足甚至超出干系人的需求和期望。Nick没有花费时间了解高层管理者让他担任项目经理的期望,他自认为在预算之内按时完成项目就能让高层管理者十分满意。确实,高层管理者应该将期望表达得更加清晰明确,但Nick更应该采取主动行动来获得所需的指导。

除了不了解项目整合管理外,Nick也没有进行整体思考或系统思考(参阅第2章)。他钻研项目的技术细节,但并没有停下来思考项目经理意味着什么、这个项目和组织内部的其他项目是如何关联的,或者高层管理者对他以及他所领导的团队有何期望。

项目整合管理是在整个组织的环境中进行的,而不仅仅发生在一个特定项目的内部。项目经理必须将项目的工作和组织的运营整合起来。在"开篇案例"中,Nick的公司正在与一家更大的公司就潜在的并购事宜进行谈判。因此,高层管理者需要知道,下一代DNA测序仪何时才能准备就绪、这个产品的市场会有多大,以及他们是否有足够的内部员工在未来继续管理类似的项目。他们想看到项目管理的计划和进度安排,以帮助他们监控项目的进展,并向潜在的买家展示项目的现状。当高层管理者试图与Nick讨论这些问题时,Nick总是很快转向对项目技术细节的讨论。虽然Nick非常聪明,但是他对公司的许多业务领域并没有经验或真正的兴趣。项目经理必须要在组织需求不断变化的环境中调整他们的项目,并且能够及时响应高层管理者的要求。同样地,高层管理者也必须让项目经理了解可能影响他们项目的重大问题,并努力使这些与整个组织的过程保持一致。

遵循一个标准的过程来管理项目有助于新任的和有经验的项目经理避免一些可能面对的典型问题,包括与管理层干系人的沟通。尽管如此,在组织开始项目之前,他们应该通过一个正式的过程来确定选择什么样的项目。

4.2 战略计划和项目选择

成功的领导者会通过了解组织的发展蓝图或战略计划,来确定什么样的项目会为组织带来最大的价值。有人可能会争辩说,项目经理不应该参与战略规划和项目选择,通常这类业务决策都是由高层管理者负责。但成功的组织都知道,项目经理其实在项目选择过程中有着可贵的洞察力。

4.2.1 战略计划

战略计划(strategic planning)包括:通过分析组织的优势和劣势来确定长期目标;研究商业环境中的机遇和威胁;预测未来趋势;预测对新产品和服务的需求。战略计划借助重要的信息来帮助组织识别并选择潜在的项目。

许多人都熟知SWOT分析法(SWOT analysis),即分析优势(strength)、劣势(weakness)、机会(opportunity)和威胁(thrent),这是战略计划中使用的一种工具。例如,一个4人小组想在电影行业中开展新业务,他们就可以进行SWOT分析来确定潜在的项目。他们可能会根据SWOT分析法得到以下内容:

优势:
- 作为经验丰富的专业人士,团队成员在电影行业有着众多人脉。
- 团队中有两名成员具有很强的销售能力和人际关系能力。

- 团队中有两名成员擅长技术，熟悉一些电影制作的软件工具。
- 我们都有优秀的、已完成的项目案例。

劣势：
- 我们都没有会计/财务经验。
- 我们没有明确的产品和服务营销策略。
- 我们几乎没有资金来投资新项目。
- 我们没有公司网站，并且缺少运营方面的技术应用。

机会：
- 一位潜在客户想让我们投标她的一个大项目。
- 电影业持续蓬勃发展。
- 今年有两次大型会议，可以在会上推广我们的公司。

威胁：
- 其他个体或公司可以提供同类服务。
- 客户可能更愿意与业务声望更高的个体和组织合作。
- 电影业存在高风险。

根据以上的 SWOT 分析，4 位创业者列出了具有潜力的项目，如下所示：
- 请一个外部会计师或公司协助经营业务。
- 雇用人员开发公司网站，集中展示我们的经验以及曾做过的项目。
- 制定营销计划。
- 制定一个有力的方案，从而获得前面提到的大型项目。
- 为今年的两个重大会议制定公司推广计划。

有些人喜欢使用**思维导图**（mind mapping）进行 SWOT 分析。思维导图是一种结构分解的技术，通过一种利用核心概念辐射分支的方式将想法和概念结构化。人脑不以一种线性的方式思考工作，人们会产生许多不相关的想法。与列清单相比，使用可视化的思维导图来捕捉这些想法可以促使你产生更多的想法。绘制思维导图的方法有：手绘、即时贴、演示软件（如 Microsoft PowerPoint）或思维导图软件。

图 4-1 是对新电影产业进行 SWOT 分析的思维导图示例。这个图是由 MatchWare 公司开发的 MindView 商务版软件绘制的。该图包括四个分支，分别是优势、劣势、机会和威胁。每个主分支后面添加了对应类别的想法，在某些类别下又分出了一些子分支。有几个分支以项目构想结束，如项目提案、大型会议推广、会计师、营销计划和网站。如图 4-1 所示，你可以很容易地标出项目构想，使之脱颖而出。由本例可见，关于优势或威胁的项目构想仍未确定，因此应该对其进一步讨论。

4.2.2　识别潜在项目

项目管理的第一步是决定要做什么项目。因此，首先确定潜在项目，然后使用可行的方法选择项目，最后通过发布项目章程正式启动项目。

除了使用 SWOT 分析法之外，组织还应该遵循具体的项目选择过程。图 4-2 是选择 IT 项目计划过程的 4 个阶段，注意这个模型的层次结构以及每个阶段性的结果。

IT 项目选择过程的第一步从层次结构的顶端开始，指导委员会试图制定与组织整体战略计划一致的 IT 战略计划。许多组织中，指导委员会由公司各部门的经理组成，以确保选择的所有项目都能实现组织利益最大化。项目管理办公室（PMO）的负责人是该委员会的成员，因为 PMO 是跟踪所有项目活动的核心部门。由非 IT 部门的经理协助制定 IT 战略计划非常重要，因为他们可以帮助 IT 人员理解组织战略，并识别能够支持这些战略的业务领域。在此阶段结束时，组织应该得到一份明确定义的 IT 战略目标列表。

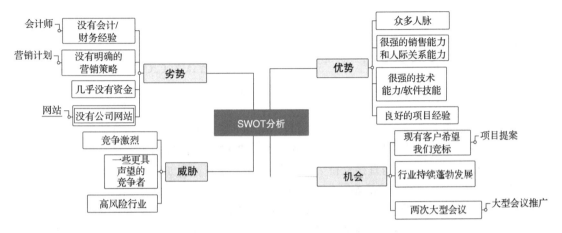

图 4-1　思维导图——识别潜在项目的 SWOT 分析

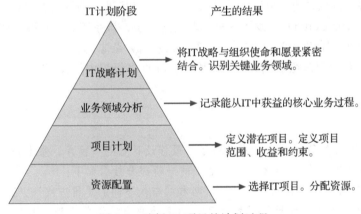

图 4-2　选择 IT 项目的计划过程

对于 IT 项目选择而言，确定战略目标后，就要进行业务领域分析。这个分析概述了对于实现战略目标至关重要的业务过程，并有助于确定哪些业务过程能从 IT 中获益最多。第三阶段，组织将开始定义有潜力的 IT 项目的范围，收益和约束。IT 项目选择过程的最后一个阶段是选择要执行的项目，并为这些项目配置资源。

4.2.3　将 IT 和业务战略相结合

一直以来，将 IT 项目和业务战略相结合是选择 IT 项目的核心，也始终是 CIO 最关心的问题。由于技术的可能性和限制性，培训直线职能经理非常困难，同样地，让 IT 专业人员与不断变化的业务需求保持同步也是非常困难的。很多组织面临成百上千的问题和改进的机会。为了从技术中获得最大价值，组织的战略计划应该指导 IT 项目选择过程。回顾第 2 章的"最佳实践"，它突出地展示了 IT 治理在确保 IT 支持公司实现业务目标方面的重要作用。IT 治理有助于实现组织投资 IT 收益的最大化，并有助于应对与 IT 相关的风险和机遇。

组织必须制定一种使用 IT 的战略，以确定 IT 如何支持组织的目标。这个 IT 战略必须与组织的战略计划相结合。实际上，研究表明，组织投资 IT 项目的首要原因是支持明确的业务目标。投资 IT 项目的其他最高标准还包括支持公司的隐含业务目标和提供财务上的激励措施，如良好的内部收益率（IRR）或净现值（NPV）。[2] 如本章后面所述，使用平衡计分卡的方法也有助于使 IT 项目与组织业务战略计划保持一致。Gartner 估计，2018 年全球 IT 支出为 3.6 万亿美元，比 2017 年增长 3.5%。大多数受访者认为 CIO 的角色逐渐变得更具战略意义。报告表明，62% 的 CIO 在执行董事会任职，这一结果在过去的调查中创下历史新高。[3]

信息系统通常是业务战略的核心。Michael Porter 曾提出竞争优势和价值链的战略价值概念，他和许多专家都强调使用 IT 支持战略计划、提供竞争优势的重要性。很多信息系统被归类为"战略"，因为它们直接支持公司的关键业务战略。例如，信息系统可以支持"成为一家低成本生产商"的组织战略。作为美国最大的零售商之一，沃尔玛的存货控制系统便是这种战略系统的一个典型例子。信息系统可以支持提供专门产品或服务的战略，从而将自己和行业中的其他公司区分。由此想到联邦快递引进网上包裹跟踪系统的经典案例。联邦快递作为第一家提供这种类型服务的公司，通过这样的方式在其他公司开发出类似的系统之前具有竞争优势。信息系统也可以支持针对某一特殊市场进行销售或占领某一特定产品细分市场的战略。Owens Corning 开发了一种战略信息系统，该系统为客户提供建筑设计能效评估，并以此推动其房屋隔热产品的销售。《首席信息官》杂志的总编辑表示，"技术的合理使用始终是推动创新和创造竞争优势的关键因素。在许多组织中，我们看到了 IT 价值的全面表现。"[4]

最佳实践

2017 年，《财富》(Fortune) 杂志公布了"最佳设计企业"榜单，重点介绍了利用技术和全球化寻求自身竞争优势的 24 家公司。他们的分析部分摘录如下：

- "没有一家公司可以在出色的设计策略和'与众不同的思维方式'方面超过苹果公司。尽管近年来关于'苹果是否失去了一些设计魔力'的争论仍旧激烈，但就像在'苹果是否失去设计魔力'故事所探究的那样，这个世界上最具价值的公司不断突破自身极限。同时，其他许多领先的公司，包括 Alphabet，Amazon 和 Nike，都通过提升设计能力获得了成功。"
- Dyson 是英国最大的机器人和人工智能研究投资商。今年 9 月，该公司成立了戴森工程技术学院（Dyson Institute of Engineering and Technology），这是一所位于其办公区内的大学，以此满足不断增长的对工程师和科学家的需求。Dyson 预计，到 2020 年，公司的工程师和科学家人数将翻一番，达到 6000 人。
- 不久前，三星在法庭上为自己的创意辩护，被告方是苹果。十年来，该公司为摆脱廉价品牌这一标签所付出的努力取得了回报。如今，三星是在科研方面投入最大的科技公司，它的电视、手机、家电、服务和办公室用品等产品都令人向往。
- 美国第一资本投资国际集团（Capital One）把设计思维当作口头禅，将自己重塑为一家软件公司和创新孵化器，而不是一家传统的银行。收购设计公司 Adaptive Path 和

Monsoon 之后，Capital One 最近推出了新的数字功能，从支持 emoji 的 SMS 聊天机器人到 GPS 跟踪的交易历史记录。2018 年初，该公司将在 Richmond 推出他们的'1717 创新中心'，该中心占地 42 000 平方英尺，设有一个体验设计研究实验室。通过孵化器项目的合作，该中心约有 50 家初创企业。"[5]

4.3 选择项目的方法

组织将识别众多有潜力的项目作为战略计划过程的一部分，组织需要缩小有潜力的项目列表，直到只剩下那些可使利益最大化的项目。通常，他们依赖经验丰富的项目经理来协助做出项目选择决策。项目选择并不是一门确切的科学，项目选择的方法有很多，5 种常见的方法如下：
- 聚焦于重要的组织需求
- 将 IT 项目分类
- 进行净现值或其他财务分析
- 使用加权评分模型
- 实施平衡计分卡

在实践中，组织通常组合使用这些方法来选择项目。每种方法都有优点和缺点，并且由管理层根据组织特性决定选择项目的最佳方法。

4.3.1 聚焦于重要的组织需求

高层管理者在决定进行什么项目、何时进行这些项目以及将项目进行到何种程度时，必须聚焦于重要的组织需求。代表了重要的组织需求的项目才更有可能成功，因为它们对于组织来说是相当重要的。例如，一个重要的组织需求可能是改进安全措施、提高士气、提供更好的沟通，或改善客户服务。然而，对众多与这些重要的组织需求有关的 IT 项目进行强有力的判断往往非常困难。例如，估计这些项目的财务价值通常是不可能的，即使大家都认为它们有很高的价值。正如俗话所说，"粗略地衡量金子的价值总比精确地数硬币要容易。"

一种根据重要的组织需求来选择项目的方法是，首先确定它们是否符合 3 个重要的标准：需求、资金和意愿。在组织中，人们需要实施这个项目吗？组织有决心和能力提供充足的资金来执行项目吗？有没有很强的决心来保证项目的成功？例如，许多有远见的 CEO 能描述改进组织某些方面的重要需求，如沟通问题。即使他们无法具体地描述如何来改善沟通，但他们能够为满足这个需求的项目分配资金。当项目执行的时候，组织必须重新评估每个项目的需求、资金和意愿，以决定这个项目是应该继续下去，还是需要重新定义，甚至终止。

4.3.2 将 IT 项目分类

另一个选择项目的方法是依据多种分类进行决策，例如项目的动机、时间窗口以及一般优先权。项目的动机一般是对一个问题、一项机遇或一个指令的反应。
- **问题**是造成组织无法实现目标的不良情况。这些问题可以是当前的，也可以是预期的。例如，系统已经达到了其容量上限会造成信息系统的用户可能无法登录系统或无法及时获取信息。作为响应，该公司可以启动一个项目，通过添加更多的访问线路或使用更快的处理器、更大的内存或存储容量等升级硬件的方法来增强现有的系统。

- **机遇**是改进组织的机会。例如,在本章的"开篇案例"中描述的项目是关于新产品开发的,该新产品可能成就公司,也可能毁掉整个公司。
- **指令**是管理层、政府或某些外部影响施加给组织的新要求。例如,很多关于医疗技术的项目必须符合政府的严格要求。

组织可以依据其中任何一个原因来选择项目。对于那些针对问题和指令的项目,会非常容易获得批准和资金。因为组织必须对这类项目做出响应,以免它们给公司业务带来损失。很多问题和指令必须立即加以应对,但是管理者要运用系统思想,并通过IT项目寻求改进组织的机会。

IT项目的另一种分类依据是基于时间的,即完成一个项目所需要的时间以及项目必须完成的截止时间。例如,某些潜在项目必须在一个特定的时间段内完成。如果到规定的日期还未完成,那它们便不再是有效的项目。一些项目可以在几周,几天甚至几分钟内很快地完成。许多组织都有一个终端用户支持部门来处理可以快速完成的非常小的项目。但是,即使许多IT项目可以快速完成,对它们进行优先级排序也是很重要的。

组织还可以根据当前的业务环境将不同的IT项目分为高、中、低不同的优先级别。例如,如果快速减少运营成本非常关键,则最有助于减少运营成本的项目将被赋予最高优先级。即使低优先级或中优先级的项目可以在更短的时间内完成,组织也应始终首先完成高优先级的项目。通常在同一时间,组织会面临很多很有潜力的IT项目,数目超过了组织的承担能力。因此确定最重要的项目是非常重要的。

4.3.3 进行财务分析

无论经济形势困难时期还是经济增长时期,财务方面的考虑都是项目选择过程中的一个重要方面。正如Dennis Cohen和Robert Graham所说,"项目从来都不会自己结束。从财务的角度来说,它们永远是达到一种目的的手段,那个目的就是获取现金。"[6] 很多组织需要在项目进行前通过商业论证,而财务预测是商业论证的一个关键组成部分(关于商业论证的一个简单例子参见第3章)。有3种主要的方法用于确定预期的财务价值,分别是净现值分析、投资回报分析和投资回收期分析。由于项目经理需要经常与业务主管打交道,因此必须了解他们的工作语言,而这些语言经常归结为以下重要的财务概念。

4.3.3.1 净现值分析

大多数人都知道,今天赚的1美元比5年后赚的1美元更有价值——这一原理称为金钱的时间价值。许多项目的财务影响会延伸到未来。为了平等地评估潜在项目,需要考虑项目的净现值。

净现值(NPV)分析是一种计算项目预期净货币收益或损失的方法,该方法将当前时间点之后的所有未来预期现金流入和流出都作折现计算。如果财务价值是选择项目的一个关键评价指标,那么组织应该只考虑那些净现值为正的项目。净现值为正,意味着项目的回报超过了**资本成本**(cost of capital)——即把资金投资在别处可获得的回报。换句话说,将相同的资金投入具有相同风险的不同投资中,从而获得的回报率就是资本成本。如果所有其他因素都相同,则具有更高净现值的项目相对于低净现值的项目更理想。

计算净现值时,必须假设一个特定的折现率。折现率是用于折现现金流的比率。它不仅考虑金钱的时间价值,还考虑未来现金流的风险或不确定性。未来现金流的不确定性越大,折现率越高。折现率也称为**资本化率**或**资本机会成本**。

图 4-3 以两个不同的项目为例，在 Microsoft Excel 中说明了这个概念。注意，这个例子从第 1 年开始折现，并使用 10% 的折现率。你可以使用 Excel 中的 NPV 函数来快速计算 NPV，后面会介绍手动计算的详细步骤。

	A	B	C	D	E	F	G
1	折现率	10%					
2							
3	项目1	第1年	第2年	第3年	第4年	第5年	总计
4	收益	$0	$2 000	$3 000	$4 000	$5 000	$14 000
5	成本	$5 000	$1 000	$1 000	$1 000	$1 000	$9 000
6	现金流	($5 000)	$1 000	$2 000	$3 000	$4 000	$5 000
7	净现值	$2 316					
8		公式为npv(b1, b6: f6)					
9							
10	项目2	第1年	第2年	第3年	第4年	第5年	总计
11	收益	$1 000	$2 000	$4 000	$4 000	$4 000	$15 000
12	成本	$2 000	$2 000	$2 000	$2 000	$2 000	$10 000
13	现金流	($1 000)	$0	$2 000	$2 000	$2 000	$5 000
14	净现值	$3 201					
15		公式为npv(b1, b13: f13)					
16							
17							

注意：总现金流相同，但NPV不同，因为NPV将金钱的时间价值考虑在内。

图 4-3 净现值算例

图 4-3 首先列出了预计收益，然后再列出成本，再列出**现金流**（cash flow）。现金流总额即收益减去成本，或收入减去支出。图 4-3 中提供的两个项目的现金流总额都是 5000 美元。由于要考虑金钱的时间价值，它们的净现值并不相同。在第 1 年，项目 1 有 5000 美元的负现金流，而项目 2 仅有 1000 美元的负现金流。虽然两个项目在没有折现的情况下有着相同的现金流总额，但是这些现金流在财务价值上不具备可比性。项目 2 的 3201 美元净现值比项目 1 的 2316 美元净现值更好。因此，净现值分析是一种对持续多年项目的现金流的一种公平比较。

净现值可通过以下步骤来计算：

1. 为项目生命周期及项目产品确定预期成本和收益。例如，JWD 咨询公司假设项目将会在大约 6 个月的时间内生产一个系统，并将使用三年。所以在开发系统的第 0 年只包括成本，而在第 1～3 年则包括持续的系统成本和预计收益。

2. 确定折现率。在图 4-3 中，折现率是每年 10%。

3. 计算净现值。多数电子制表软件都有计算净现值的内置函数。例如，图 4-3 展示了 Microsoft Excel 使用的公式：npv（折现率，现金流的范围），其中折现率在单元格 B1，项目 1 的现金流的范围在单元格 B6～F6 这 5 个单元格内（关于现金流和其他与成本相关的术语，参见第 7 章）。要使用 NPV 函数，必须在电子表格中用一行或一列表示一年的现金流。其中，每年的现金流是当年的收益减去当年的成本。

公式的结果是项目 1 的净现值为 2316 美元，项目 2 的净现值为 3201 美元。两个项目都有正的净现值，这表示它们都是很好的候选项目。然而，因为项目 2 比项目 1 的净现值高出 38%，所以，项目 2 是更好的选择。如果两个项目的净现值数字十分接近，则需要使用其他的方法来决定选择什么项目。

计算净现值的数学公式为

$$NPV = \sum_{t=0\cdots n} A_t/(1+r)^t$$

其中，t 表示现金流的年份，n 表示现金流的最后一年，A 表示每年的现金流，r 表示折现率。

如果无法在电子制表软件中输入数据，也可以使用一个简单的计算器进行计算。首先，确定每年的**折现因子**（discount factor）——根据折现率和年数计算的乘积，然后将其应用于每年的成本和收益。折现因子的公式是 $1/(1+r)^t$，其中，r 表示折现率（如 8%），t 代表第几年。例如，图 4-4 中折现因子的计算方法如下：

第 0 年：折现因子 $= 1/(1+0.08)^0 = 1$
第 1 年：折现因子 $= 1/(1+0.08)^1 = 0.93$
第 2 年：折现因子 $= 1/(1+0.08)^2 = 0.86$
第 3 年：折现因子 $= 1/(1+0.08)^3 = 0.79$

折现率	8%				
假定项目于第0年完成			年		
	0	1	2	3	总计
成本	140 000	40 000	40 000	40 000	
折现因子	1	0.93	0.86	0.79	
折现成本	140 000	37 200	34 400	31 600	243 200
收益	0	200 000	200 000	200 000	
折现因子	1	0.93	0.86	0.79	
折现收益	0	186 000	172 000	158 000	516 000
折现收益-折现成本	(140 000)	148 800	137 600	126 400	272 800 ← NPV
累积收益-累积成本	(140 000)	8 800	146 400	272 800	
		↑			
投资回报率 ——→	112%				
	1年后回收投资				

图 4-4 JWD 咨询公司的净现值与投资回收率算例

确定了每年的折现因子后，只需将每年的成本和收益与对应的折现因子相乘即可（注意：此处的折现因子四舍五入到小数点后两位）。例如，在图 4-4 中，第 1 年的折现成本是 40 000 美元 ×0.93=37 200 美元。然后分别将每年的折现成本和折现收益分别求总和，计算得出折现成本总额和折现收益总额。图 4-4 中的折现成本总额是 243 200 美元。用折现收益总额减去折现成本总额计算净现值。在本例中，净现值是 516 000 美元 −243 200 美元 = 272 800 美元。

在计算 NPV 时，有些组织将项目成本的投资年作为第 0 年，并且不对第 0 年的成本折现；另外一些组织会根据他们的财务规则立即开始折现。这是一个组织的偏好问题。

折现率也可能会变化，通常根据最优惠利率和其他经济因素而定。有人认为这是组织为项目借款的利率。组织中的财务专员可以告诉你使用哪种折现率。

在计算 NPV 时，可以将成本输入为负数而不是正数，并且可以先将成本列出，再列出收益。例如，图 4-4 显示了在第 3 章中介绍的项目管理内部网网站项目中，JWD 咨询公司提供的财务计算业务案例。注意，折现率为 8%，在第 0 年不对成本进行折现，折现因子四舍五入到小数点后两位，首先列出成本，并将成本输入为正数。还要注意的是，成本和收益在加总之前已经折现。净现值和其他数据的计算方法仍然相同,只是格式不同。项目经理必须确保与所在组织一起审查核对,找到组织关于什么时候开始折现、折现率是多少以及采用哪种格式的指导方针。

4.3.3.2 投资回报率

另一项重要的财务指标是投资回报率。**投资回报率**(return on investment,ROI)是项目的收益减去成本后,再除以成本的结果。例如,如果今天投资了 100 美元,明年的投资价值为 110 美元。那么,此时的投资回报率是(110 美元 −100 美元)/100 美元 = 0.10(10%)。ROI 总是以百分比的形式出现,它可以是正值,也可以是负值。计算多年项目的 ROI 时,最好使用多年项目的折现成本和收益。图 4-4 中的投资回报率为 112%。计算方式如下:

ROI=(折现收益总额 − 折现成本总额)/ 折现成本

ROI=(516 000−243 200)/243 200 = 112%

ROI 越高越好。112% 的 ROI 是非常卓越的。

许多组织对于项目都有投资回报率的要求。**要求回报率**(required rate of return)是可接受的最低投资回报率。例如,组织对于项目提出至少达到 10% 的要求回报率,这个数字是组织根据在相同风险下投资在其他项目的预期收益来确定的。你还可以通过找出导致项目净现值为零的折现率来确定**内部收益率**(Internal Rate of Return,IRR)。你也可以使用 Excel 中的 Goal Seek 函数,通过将含有净现值计算结果的单元格设置为 0 来改变含有折现率的单元格,从而快速确定项目的内部收益率。例如,在图 4-3 中,可以将单元格 B7 调整为 0,同时单元格 B1 会随之变化,这时项目 1 的内部收益率为 27%。

4.3.3.3 投资回收期分析

投资回收期分析是另外一种项目选择的重要财务工具。**投资回收期**(payback period)是以净现金流的方式,将在项目中的总投资全部收回的时间。换言之,投资回收期分析就是投资项目投产后获得的收益总额达到该投资项目投入的投资总额所需要的时间。此时,净累计收益等于净累计成本,或者净累计收益减去净累计成本等于 0。图 4-4 显示如何确定投资回收期。第 0 年的累计收益减去累计成本为 140 000 美元,将这个数字加在第 1 年的折现收益减去折现成本的结果上,结果为 8800 美元。由于这个数值是正的,因此可以确定投资回收期就发生在第 1 年。

绘制图表有助于更准确地描述投资回收期发生的时间。图 4-5 使用图 4-4 的数据,绘制出每年的累计折现成本和累计折现收益。观察在第 1 年附近两条线交叉的地方,这是累计折现成本与累计折现收益相等的点,所以,此时累计折现收益减去累计折现成本等于 0。在该点之上,折现收益高于折现成本,这表示项目开始盈利。投资回收期发生的越早,如第 1 年或第 2 年,项目越会被认为是很好的项目。

许多组织对于投资回收期的时间有一定的要求,例如可能会要求所有的 IT 项目在两年之内,甚至一年之内达到投资回收期,而不管估计的净现值和投资回报率。赛博公司是一家国际性的系统集成咨询公司。该公司的副总裁兼区域总监 Dan Hoover 建议,组织(尤其是小型公司)在制定 IT 投资决策时应注意投资回收期。"如果你在第 1 年就收回了成本,""Hoover 说,"该项目值得认真考虑,尤其是在收益很高的情况下。如果投资回收期超过一年,最好优先考虑其他项目。"[7] 尽管如此,组织在技术投资时,也必须考虑长期目标。很多关键的项目无法在短期内达到回收期,也无法在如此短的时间内完成。

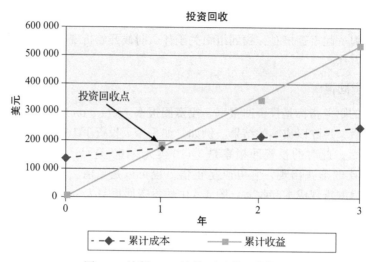

图 4-5 绘制 JWD 咨询项目的回收期图

为了便于项目的选择，项目经理必须了解组织对项目的财务预期。高层管理者必须了解财务估算的局限性，特别是对于 IT 项目而言更是如此。例如，很难对 IT 项目的预计收益和成本进行精确的估算。第 7 章将介绍更多关于成本和收益的估算方法。

4.3.4 使用加权评分模型

加权评分模型（weighted scoring model）是一种基于多种标准进行项目选择的系统方法。这些标准可能包括多种要素，例如，满足重要的组织需求；解决问题、把握机会以及应对指令的能力；完成项目所需的时间；项目的总体优先级；项目的预期财务表现等。

创建加权评分模型的第一步是确认对项目选择过程非常重要的标准。开发这些标准并且达成一致往往会耗费很长时间。采用简单的头脑风暴会议或使用群体软件来交换意见可以协助开发这些标准。对于 IT 项目而言，一些可能的标准包括：

- 支持核心业务目标或战略
- 有强势的内部发起人
- 有强大的客户支持
- 使用符合实际的技术
- 在一年内或更短的时间内实施
- 提供正的净现值
- 在低风险水平下实现范围、时间和成本目标

下一步是根据重要性为每项标准赋予一定的权重。确定权重同样需要协商并达成一致。你也可以基于百分比来分配权重，所有标准的权重总和必须为 100%。然后，你可以针对每项标准对每个项目进行评分（如 0~100），这些分数代表了项目符合每项标准的程度。此时，你可以使用电子制表应用程序来建立项目、标准、权重和分数的矩阵。图 4-6 提供了一个用来评估 4 个项目的加权评分模型的实例。为每项标准分配权重并为每个项目打完分数后，通过将每项标准的权重和项目的分数相乘，再相加便得到一个加权得分。

例如，图 4-6 中，项目 1 的加权得分的计算过程为

$$25\% \times 90 + 15\% \times 70 + 15\% \times 50 + 10\% \times 25 + 5\% \times 20 + 20\% \times 50 + 10\% \times 20 = 56$$

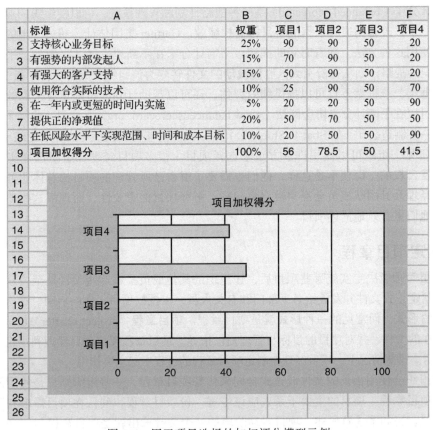

图 4-6　用于项目选择的加权评分模型示例

在本例中，由于项目 2 的加权得分最高，很明显应该选择项目 2。绘制一个柱状图显示每个项目的加权得分分值会使结果更加直观。

如果你在电子表格中创建加权评分模型，那么你还可以输入数据，创建和复制公式，并执行"what-if"分析。例如，假设你改变了某个标准的权重。由于电子表格上有加权评分模型，你可以简单地修改权重，权重分数和柱状图会相应地自动更新。这种功能使你可以快速地调研不同干系人的各种选择。理想情况下，结果应该反映群体中大多数成员的意见，并且应该记录下所有的主要分歧。

你还可以通过打分来确定项目满足标准的程度。例如，如果项目确实"支持核心业务目标"，则得 10 分；如果只是一定程度上"支持核心业务目标"，则得 5 分；如果与"支持核心业务目标"完全无关，则得 0 分。使用这种打分模型，可以简单地将所有的分数累加来选择最好的项目，而不需要将权重和分数相乘后再将结果相加。

你也可以在加权评分模型中为特定的标准设定最低分数或阈值。例如，假设某个项目在每项标准的分数都没有达到 50 分（百分制），组织就不应该考虑这个项目。你可以在加权评分模型中设定这类的阈值，以排除那些不符合这些最低标准的项目。正如你所看到的，加权评分模型有助于做出项目选择的决策。

4.3.5　实施平衡计分卡

Robert Kaplan 和 David Norton 开发了一种方法来帮助选择和管理与业务战略相关的项

目。**平衡计分卡**（balanced scorecard）是一种战略计划和管理系统，可以使组织的业务活动与战略保持一致，改善沟通并根据战略目标监控绩效。Gartner 集团估计，超过一半的美国大型组织都在使用这种方法。随着时间的推移，平衡计分卡在不断地发展。"'新的'平衡计分卡每天将组织的战略计划从一份引人入胜但被动的文件转变为该组织每天的'行军指令'。它提供了一个框架，该框架不仅可以提供绩效评估，还可以帮助计划人员确定应采取的行动和措施。"[8] 你可以在平衡计分卡协会网站（www.balancedscorecard.org）上找到一些例子，这些计分卡来自一些制造公司（如 Shat-R-Shield 公司）以及一些非营利组织（如肯尼亚红十字会）。

如你所见，组织可以使用许多方法来选择项目。很多项目经理在组织选择实施什么项目中是有发言权的。即使不是这样，他们也需要了解自己所管理的项目的总体业务战略和动机。项目经理及其团队成员会经常被召集起来，解释项目的重要性，而理解这些项目选择方法能帮助他们更有效地描述项目。

4.4 制定项目章程

在高层管理者决定实施哪些项目后，让组织的其他成员了解这些项目是至关重要的。管理层需要制定正式文件并发放给各个部门和有关人员，以授权项目工作的启动。这份文件可以采用不同的形式，而常见的一种形式就是项目章程。**项目章程**（project charter）是一份正式确认项目存在的文件，并对项目的目标与管理提供指导。项目章程授权项目经理利用组织的资源来完成项目。理想情况下，项目经理在制定项目章程的过程中起主要作用。

一些组织会使用很长的文件或正式合同来代替项目章程，一些组织则只是使用简单的协议来代替项目章程。项目的主要干系人应该签署一份项目章程，确认在项目需求和意向上所达成的协议。正如第 3 章所述，项目启动阶段的一个关键输出就是项目章程。

《项目管理知识体系指南（第 6 版）》中列出了项目整合管理的 7 个阶段的输入、工具、技术以及输出。以下输入有助于制定项目章程：

- 商业论证：如第 3 章所述，许多项目都会用商业论证来证明项目的投资合理性。项目章程中包括的商业论证信息有：项目目标，高层要求，时间和成本目标。
- 收益管理计划：收益管理计划描述了项目收益的交付时间和交付方式，以及如何对项目收益进行管理。收益管理计划涵盖的主题包括目标收益，战略一致，实现收益的时间计划，收益的持有人，度量标准，假设和风险。
- 协议：如果你根据外部客户的协议来实施项目，那么这份协议应该包含创建一个完整的项目章程所需要的大部分信息。一些人可能用合同或协议来替代章程，然而，大部分合同的语言晦涩而且经常发生变更。因此，创建项目章程仍然是一个好方法。
- 企业环境因素：这些因素包括政府或行业的相关标准、组织的基础设施以及市场条件。项目经理在制定项目章程时应考虑这些因素。
- 组织过程资产：**组织过程资产**（organizational process assets）包括正式和非正式的计划、政策、程序、指南、信息系统、财务系统、管理系统、经验教训和历史信息等影响项目成功的内容。

制定项目章程的主要工具与技术是专家判断、数据收集、人际关系与团队技能以及会议。在创建项目章程时，应该咨询组织内部和外部的专家，以确保项目章程的有效性与现实意义。通常，会议主持人可以使专家更轻松地协作并提供有用的信息。

制定项目章程阶段的两个输出是项目章程和假设日志。尽管项目章程的形式可以多种多样，但它们至少应该包含以下基本信息：
- 项目名称和批准日期。
- 项目经理姓名和联系方式。
- 一份简要的时间表，包括项目计划的启动日期和项目完成日期。如果条件允许，其中也应该列明或提及简要的里程碑时间表。
- 一份项目预算摘要，或可供参考的预算文件。
- 项目目标的简短描述，包括业务需求或者批准项目的其他理由。
- 项目成功标准，包括项目审批要求和项目签署人。
- 简述计划使用的项目管理方法，包括干系人的需求和期望、重要的假设和约束，还有相关的参考文件，如沟通管理计划等。
- 项目角色与责任矩阵。
- 签名栏，项目关键干系人在此签名。
- 意见栏，干系人在此可以提供一些与项目有关的重要意见。

可惜的是，许多内部项目（如本章"开篇案例"中所述的项目）都没有项目章程。它们通常有一份预算和一般的指导方针，但没有正式的、签署的文件。如果 Nick 能提交一份项目章程，尤其是里面包含有管理项目的信息，高层管理者就能得到他们需要的业务信息，也能更容易地管理项目。一般情况下，项目章程不难写，困难的是怎样使拥有合适知识和权力的人去编写和签署项目章程。因为 Nick 是项目经理，高层管理者应该与他一起审查项目章程。在启动会议上，高层管理者应该讨论项目中的角色和责任，以及他们期望如何与 Nick 一起工作。如果没有项目章程，项目经理要与包括高层管理者在内的关键干系人一起去制定一个章程。表 4-1 是 Nick 为完成下一代 DNA 测序仪项目可能制定的项目章程。

表 4-1　下一代 DNA 测序仪项目的项目章程

项目名称：下一代 DNA 测序仪项目
批准日期：2 月 1 日
项目启动日期：2 月 1 日　　　　　　　　　　　　　　　　　　　　　　**项目完成日期**：11 月 1 日

关键进度里程碑：
- 6 月 1 日前，完成软件的第 1 版
- 11 月 1 日前，完成软件的生产版本

预算信息：公司已经为该项目拨款 150 万美元，并且可根据需要增加投资。该项目的主要成本是内部人工费用，所有硬件都采用外包形式。

项目经理：Nick Carson, (650) 949-0707, ncarson@dnaconsulting.com

项目目标：下一代 DNA 测序仪项目已经进行了 3 年，这是我们公司的一个关键项目。这是该项目的第 1 份项目章程，目标是在 4 个月内完成 DNA 测序仪软件的第 1 版，并在 9 个月内完成生产版本。

主要的项目成功标准：软件必须与文字说明一致，经过全面测试并按时完成。首席执行官将根据其他关键干系人的建议正式批准该项目。

方法：
- 尽快为 Nick Carson 雇佣一名技术接替人员和一名兼职助理。
- 在一个月之内，制定明确的工作分解结构、项目范围说明和甘特图，详细说明完成下一代 DNA 测序仪所需的工作。
- 在两个月内采购所有需要升级的硬件。
- 每周与项目核心团队和项目发起人举行一次进度评审会议。
- 根据批准的测试计划进行全面的软件测试。

(续)

角色与责任

姓 名	角 色	职 位	联系方式
Ahmed Abrams	项目发起人	CEO	aabrams@dnaconsulting.com
Nick Carson	项目经理	经理	ncarson@dnaconsulting.com
Susan Johnson	团队成员	DNA 专家	sjohnson@dnaconsulting.com
Renyong Chi	团队成员	测试专家	rchi@dnaconsulting.com
Erik Haus	团队成员	程序员	ehaus@dnaconsulting.com
Bill Strom	团队成员	程序员	bstrom@dnaconsulting.com
Maggie Elliot	团队成员	程序员	melliot@dnaconsulting.com、

角色与责任

姓 名	角 色	职 位	联系方式
签字：（以上所有项目干系人的签字）			
Ahmed Abrams		Nick Carson	
Susan Johnson		Renyong Chi	
Erik Haus		Bill Strom	
Maggie Elliot			

意见：（由上述项目干系人手写或打印）

我将尽最大努力参与这个项目。这对我们公司的成功至关重要，我希望大家一起努力，成功完成项目。
——Ahmed Abrams

软件测试计划已完成，并且有文档记录。若有任何问题，请随时与我联系。
——Renyong Chi

很多项目由于要求不明确、期望不合理而失败，因此在项目开始阶段制定一个项目章程是很必要的。例如，假如项目经理难以得到项目干系人的支持，那他就可以参考项目章程中列出的协议。在表 4-1 的关于项目章程的例子中，"方法"下有多项内容，有助于 Nick 管理项目和项目发起人监督项目。为了帮助 Nick 顺利过渡到项目经理这一职位，该项目章程写道，"尽快为 Nick Carson 雇佣一名技术接替人员和一名兼职助理。"为了让项目发起人 Ahmed 对项目的管理方式更满意，章程中还包含一些确保恰当计划与沟通的条款。回顾第 2 章，高层管理者的支持对成功的 IT 项目贡献最大。因为 Nick 是该项目的第 4 任项目经理，显然，公司高层管理者在项目经理的选择与合作方面存在问题。

这种情况下，花些时间来讨论、制定并签署一份简单的项目章程可能会避免一些问题。

除了项目章程外，最好建立一个假设日志。通常，在项目商业论证中会确定假设，但额外的假设在整个项目过程中都要被记录下来。假设可以与技术、估计、进度与风险等相关。可以使用简单的文件或电子表格记录假设，假设信息包括假设 ID、日期、来源、类别、描述和状态。

创建项目章程和假设日志后，项目整合管理的下一步是准备项目管理计划。

4.5 制定项目管理计划

为了将项目管理知识领域和组织领域的信息协调和整合起来，必须有一个非常好的项目管理计划。**项目管理计划**（project management plan）是用于协调所有项目计划文件，并帮助指导项目的执行与控制的文件。在其他知识领域制定的计划被认为是整个项目管理计划的附属部分。项目管理计划还包括以下内容：项目计划假设和有关选择的决定；促进干系人之间的沟通；定义关键管理评审的内容、范围和时间；确认衡量进度和控制项目的基准。项目管理计划应该是动态的、灵活的，并且随着环境或项目的改变而改变。这些计划应该很好地帮助项目经理领导项目团队并评估项目状态。

为了制定并整合一个好的项目管理计划，项目经理必须实践项目整合管理的艺术，因为它将用到每个项目管理知识领域的知识。与项目团队和其他干系人一起制定一个项目管理计划将有助于项目经理指导项目的执行，并且更好地把握整个项目。

制定项目管理计划阶段的主要输入包括项目章程、其他过程的输出、企业环境因素和组织过程资产。主要的工具与技术是专家判断、数据收集、人际关系与团队技能以及会议。输出是一个项目管理计划。

*4.5.1 项目管理计划的内容

项目管理计划简要描述了项目的总体范围、进度和成本基准。其中，每个知识领域的具体计划都提供了更详细的基准信息。例如，项目管理计划可以为整个项目提供一个高水平的预算基准，而作为项目成本管理知识领域一部分的成本基准则根据工作分解结构按月提供详细的成本预测。项目管理计划还可以包括项目生命周期描述和开发方法。项目团队可以根据需要为其项目创建其他项目文件。

项目管理计划应该是动态的、灵活的，并且随着环境或项目的改变而改变。这些计划应该很好地帮助项目经理领导项目团队并评价项目状态。正如项目是独一无二的，项目管理计划也是独一无二的。对于只涉及几个人、几个月内就可以完成的小项目，可能只需要项目章程、范围说明书和甘特图，而不需要独立的项目管理计划；对于一个涉及100人、3年完成的大型项目，则应该为每个知识领域制定详细的、独立的项目管理计划。所有的项目计划都应该有助于指导项目的完成，所以项目管理计划应该根据每个项目的需要进行调整。

然而，大部分项目管理计划中存在以下共同要素：
- 项目介绍/概述
- 项目组织
- 项目管理和技术流程（适当情况下，包括项目生命周期描述和开发方法）
- 项目待执行的工作（范围）
- 项目进度和预算信息
- 其他项目计划文件

4.5.2 根据指南制定项目管理计划

很多组织都使用指南来制定项目管理计划。Microsoft Project 2016和其他项目管理软件包都有模板文件，可以用于指导创建项目管理计划。但是，不要将项目管理计划与甘特图混淆。如前所述，项目管理计划不仅仅是甘特图。

很多政府机构也会提供一些制定项目管理计划的指南。例如，美国国防部（DOD）的2167标准"软件开发计划"规定了承包商在承担国防部软件开发项目时制定计划的格式。美国电气与电子工程师协会（IEEE）的1058-1998标准规定了**软件项目管理计划**（Software

Project Management Plan，SPMP）的内容。表 4-2 介绍了几种 IEEE SPMP 的类型。为国防部做软件开发项目的公司必须遵照这个标准或者类似的标准。

表 4-2 IEEE 软件项目管理计划（SPMP）模板示例

主要章节标题	章节主题
项目概述	目的、范围和目标；假设和约束；项目可交付成果；进度表或预算概要；计划进展
项目组织	外部界面；内部结构；角色和责任
管理过程计划	启动计划（项目估算、人员配置、资源获取和项目成员培训计划）；工作计划（工作活动、进度表、资源和预算分配）；控制计划；风险管理计划；收尾计划
技术过程计划	过程模型；方法、工具与技术；基础设施计划；产品验收计划
支持过程计划	配置管理计划；验证和确认计划；归档计划；质量保证计划；评审和审计；问题解决计划；分包管理计划；过程改进计划

IEEE：1058-1998 标准。

在很多私人企业中，具体的文件标准并不严格，但仍然有一些常见的制定项目管理计划的指南。在组织中遵从这些标准或指南来制定项目管理计划有利于这些计划的开展和执行。如果组织中所有的项目管理计划都遵循类似的格式来制定，那么组织会更有效地开展工作。回顾第 1 章提到的，擅长项目管理的公司都会开发和部署规范的项目交付系统。

成功项目的负责人都能够清晰地说明项目中需要做什么、由谁来做、什么时候做以及如何做。为此，他们使用了一个集成工具箱，包括项目管理（PM）工具、方法和技术等。如果能开发一个进度模板并反复使用，那么这种可重复的行为就造成了高产出率和低不确定性。当然，使用进度表模板既不是突破，也不是壮举。但落后者几乎没有使用过这些模板。相反，在制定进度计划时，他们的项目经理从一张空白的表格开始，这显然是在浪费时间。[9]

在本章的"开篇案例"中，Nick Carson 的高层管理者有些失望，因为 Nick 没有为他们做出重要的业务决策而提供所需要的项目计划信息。他们想看到详细的项目管理计划，包括进度表和追踪项目进展的方法。Nick 没有制定过项目管理计划，甚至是简单的进度报告，组织也没有为他提供可供参考的模板或示例。如果有，Nick 也许就能够向高层管理者提供他们所期望的信息。

4.6 指导和管理项目实施

指导和管理项目实施是管理和实施在项目管理计划中确定的工作，项目管理计划是此过程的主要输入之一。其他输入包括获得批准的变更请求、企业环境因素和组织过程资产。一般来说，项目的大部分时间和预算都花在实施阶段。

由于产品是在项目实施阶段生成的，因此项目的应用领域会直接影响项目的实施。例如，"开篇案例"中的下一代 DNA 测序仪以及所有相关的软件与文件都在项目实施阶段中产生。项目团队需要运用生物学、硬件和软件开发，以及测试方面的专业知识来成功生产产品。

项目经理应该集中精力领导好项目团队的工作，管理好各干系人的关系，成功地将项目计划投入实施。项目资源管理、沟通管理和干系人管理对项目的成功来说至关重要。有关这些知识领域的更多信息，请分别参见第 9、10、13 章。如果项目涉及大量的风险或者外部资源，那么项目经理还需要精通项目风险管理和项目采购管理，有关这些知识领域的详细信息，请参见第 11 章和第 12 章。在项目实施过程中还会出现很多特殊的情况，所以项目经理在处理这些情况时必须具有灵活性和创造力。这里，你可以回顾第 3 章中 Erica Bell 在项目实施过程中面临的情况。还可以查看 ResNet 的案例研究（本书的配套网站可获得该文件），了解项目经理 Peeter Kivestu 和他的项目团队面临的实施挑战。

4.6.1 协调计划和实施

项目整合管理把项目计划和实施看作两个交叉的、密不可分的活动。制定项目管理计划的主要功能是指导项目实施。出色的计划有助于产出良好的产品或工作结果，并且应该记录好的工作结果的构成要素。在项目前期积累的工作经验也应该反映到更新的项目计划之中。技术规范差，程序编写起来就很累，那些有过这种经历的人都非常清楚一份好的计划的重要性。而那些不得不为编程很差的系统写过文档的人也就能懂得良好实施过程的重要性。

一种用于协调项目计划的编写和实施两者之间关系的常识性方法遵循下述简单的规律：谁实施谁计划。所有项目成员都需要培养计划和实施的技能，并在这些领域中获取经验。在 IT 项目中，那些必须编写具体的规范并根据自己编写的规范进行编码的程序员更善于编写规范。同样地，大多数系统分析师的职业生涯都是从程序员开始的，因此他们了解编写一份好的代码需要哪种类型的分析和文档。尽管项目经理负责制定全局性的项目管理计划，但他们也需要那些负责制定各个知识领域计划的项目团队成员提供信息。

4.6.2 提供强有力的领导和支持性文化

强有力的领导和支持性组织文化在项目实施过程中是必不可少的。项目经理必须以身作则，证明制定良好的项目计划的重要性，并在项目实施中遵循这些计划。项目经理通常也应该为自己需要做的事情制定计划。如果项目经理按照自己制定的计划进行工作，那么他的团队成员也会这么做。

出色的项目实施同样需要支持性的组织文化。例如，组织过程可能有助于项目的实施，也可能妨碍项目的实施。如果组织中的每个人都可以遵循实用的项目管理指南和模板，那么项目经理及其团队就更容易计划和完成工作。如果组织把项目计划当作实施过程中执行工作和监控进度的基础，组织文化将会促进良好的计划和实施之间的关系。另一方面，如果组织的项目管理指南混乱或者官僚化，进而妨碍了工作的完成或不按计划衡量项目进展，那么项目经理和他的团队就会充满挫败感。

即使拥有支持性的组织文化，项目经理有时也会发现有必要打破惯例以及时产出项目成果。当项目经理打破惯例后，政治将对结果产生影响。例如，如果一个特殊的项目要求使用非标准化的软件，项目经理就必须运用他的政治技巧，让有关的干系人相信有必要打破只使用标准软件的老规矩。打破组织的惯例并且避免麻烦，这需要优秀的领导能力、沟通能力和政治技巧。

> **对在哪里**
>
> 在《2015 年职业脉搏调查：把握项目管理的价值》（"Pulse of the Profession®: Capturing the Value of Project Management 2015"）中，PMI 发现在项目管理方面表现出色的组织把握住了商业价值。他们成功完成了约 80% 的项目（"完成"定义为按时、按预算完成项目范围内容），并且比低绩效的同行少耗费了 13 倍的资金。"在项目管理、项目集管理和项目组合管理中应用严格的方法提高了他们战略实施的能力，并创造了竞争优势。"[10]
>
> 令人惊讶的是，在这项针对全球 2800 名专业人士的调查中，只有 12% 的组织被认为是

高绩效组织,这一比例自 2012 年以来一直保持不变。接受调查的主要行业群体是 IT(19%),其次是金融服务业(11%)。

为了改进绩效,组织必须进行一些重大的文化变革(cultural changes)。组织要确保每个人都完全理解项目管理的价值,要求项目发起人充分参与项目和项目集,使得项目与组织战略保持一致。

4.6.3 利用产品、业务和应用领域的知识

除了强有力的领导能力、沟通能力和政治技巧外,项目经理也需要拥有产品、业务和应用领域的知识来成功地实施项目。对于 IT 项目经理来说,拥有 IT 产品的技术经验或至少掌握一些相关知识是非常必要的。例如,如果项目经理正领导团队来帮助定义用户需求,那么对于项目经理而言,能够理解团队中技术和业务专家的语言是至关重要的。有关收集需求信息的更多内容请参见第 5 章。

大部分 IT 项目都是小型项目,因此项目经理可能需要负责一些技术工作或者指导团队成员完成项目。例如,一个为期 3 个月的项目,仅有 3 个团队成员来开发一个基于 Web 的应用程序。如果项目经理能够完成部分技术工作,那么这个项目将受益匪浅。然而,在大型项目中,项目经理的主要责任是领导项目团队、与关键干系人进行沟通。他没有时间做任何技术工作。在这种情况下,项目经理能够了解项目的业务和应用领域要比了解项目所涉及的技术重要得多。

在大型项目中,项目经理必须了解项目的业务和应用领域。例如,西北航空公司近年来完成了一系列的项目,以开发和升级其订票系统。该公司花费了数百万美元,在高峰期动用了 70 多名全职职工来完成这个项目。该项目的项目经理是没有任何 IT 部门工作经验的 Peeter Kivestu,但他对航空业和预订流程有深入的了解。他仔细地挑选了团队领导者,确保他们拥有项目要求的技术和产品知识。ResNet 是西北航空公司第一个由业务经理而非技术专家来领导的大型 IT 项目,该项目获得了巨大的成功。很多组织发现,大型 IT 项目需要有经验的、懂得业务和技术应用领域的总经理,而不是技术经理。

4.6.4 项目实施工具与技术

指导和管理项目实施需要一些特定的工具与技术,其中一些是项目管理独有的工具和技术。项目经理可以使用特定的工具与技术来开展实施过程中的活动。这些工具与技术包括:

- 专家判断:任何在大型复杂项目中工作过的人都知道,专家判断对于决策的重要性。当项目经理遇到难题时,应及时向专家咨询,例如使用何种方法、使用何种编程语言以及采用何种培训方式。
- 会议:会议在项目实施过程中至关重要。个人或群体的面对面的会议很重要,同样,电话会议和虚拟会议也很重要。会议使人们可以发展关系、选择重要的肢体语言和沟通语调,并且通过对话来解决问题。一般来说,为不同的干系人确定固定的会议时间是有帮助的。例如,Nick 可以安排每周与高层管理者进行一次简短的会议,还可以为项目团队安排每天早上开 10 分钟的例会。
- 项目管理信息系统:如第 1 章所述,目前市场上有数以百计的项目管理软件产品。很多大型组织使用强大的企业项目管理系统,这些系统可以通过互联网访问,并与其他

系统（如财务系统）连接。即使在较小的组织中，项目经理或其他团队成员也可以生成甘特图，其中包括与内部网上其他计划文档的链接。例如，Nick 或他的助手可以利用 project 2016 为其生物技术项目创建一个详细的甘特图，并创建一个到其他关键计划文档的链接，这些文档可以在 Word、Excel 或 PowerPoint 中创建。Nick 可以在进度评审会议上展示相关的主要任务，如果高层管理者有任何疑问，Nick 可以将主要任务链接到支持细节上。有关使用 Project 2016 执行这些功能的详细信息、甘特图示例以及项目管理软件的其他有用的输出，请参见附录 A（可在本书的配套网站上找到）。

尽管项目管理信息系统能够帮助实施项目，但项目经理还是应该记住，积极的领导和强大的团队协作是项目管理成功的关键。项目经理应该将使用这些工具的细节工作委派给其他团队成员，然后专注于领导整个项目，以确保项目的成功。干系人通常从他们的角度关注实施过程的最重要输出：可交付成果。例如，在"开篇案例"中，下一代 DNA 测序仪的生产版本是该项目的主要交付成果。当然，许多其他的可交付成果也是在这个过程中创建的，比如软件模块、测试和报告。项目实施的其他输出包括工作绩效信息、变更请求、项目管理计划和项目文件的更新。

项目经理和他的团队通常会记得他们是如何很好地实施一个项目并解决难题。同样，世界各地的运动队也都知道，良好的场上表现是胜利的关键。团队教练可以看作项目经理，每场比赛可以看作一个单独的项目。评价教练的标准主要是胜负记录，而不是他为每场比赛做了多么好的计划。一种幽默的说法是，当一个输了比赛的教练被问及他如何看待他所带队伍的表现时，他会说："我全力支持！"

*4.7 管理项目知识

在 2017 年版本的《项目管理知识体系指南》中，添加了这一新的项目管理过程，以强调项目知识管理的重要性。知识有以下两种基本类型：

1. **显性知识**：可以使用文字、图片或数字轻松解释，并且易于交流、存储和发布。例如教科书和百科全书中的知识以及项目文件和计划。

2. **隐性知识**：与显性知识不同，隐性知识有时被称为非正式知识，隐性知识难以表达且极具个性。例如信念、洞察力和经验。隐性知识经常通过人们之间的对话和互动来共享。许多组织设立了诸如导师制、实践社区或工作坊等项目来帮助传播隐性知识。

知识管理应该在项目完成之前、项目期间和项目完成之后进行，这通常是很难做到的。组织以书面形式或其他形式（包括音频，图片和视频）提供显性知识，还可以建立一种信任和共享的文化，让人们一起工作来传递隐性知识。项目知识管理的主要输出之一是经验教训登记册。

经验教训登记册应该记录挑战、问题、已识别的风险和机遇，以及其他内容，以协助对当前和未来项目的知识管理。内容可以包括经验教训 ID、识别的日期、负责人、名称、类别、状况和建议。例如，在"开篇案例"中，如果 Nick 记录了经验教训，他可能会强调一个重要的教训，即了解项目发起人的期望、将自己列为负责人、多做沟通、提供离职补偿以及建议定期询问项目发起人的期望。

最好是由项目团队成员记录整个项目生命周期中的经验教训。在项目结束时，应与团队讨论所有获得的经验教训，并存档在经验教训知识库中，经验教训知识库是一个关键的组织过程资产。

▷ **给年轻专业人士的建议**

希望你对发现知识、使用知识以及创造新知识产生兴趣。由于在大学学习刻苦，许多大学生在项目领域的表现都很突出。要想在工作中脱颖而出，需要考虑主动负责创建项目团队的经验教训登记册。你可以创建一个共享的线上空间，团队成员和其他项目干系人可以共享信息。请务必通读并组织、编辑每个项目阶段的"输入"。与经验丰富的人合作，发掘对团队和组织真正有价值的东西。

4.8 监控项目工作

在大型项目中，很多项目经理都说90%的工作是沟通和管理变更。在很多项目中，变更是不可避免的，所以制定并遵循一个监控变更的过程是十分重要的。

监控项目的工作包括收集、衡量、发布绩效信息，还包括评估度量、分析趋势，以确定可以进行哪些过程优化。项目团队应该持续监控项目绩效，评估项目的整体状况，并识别需要特别注意的地方。

项目管理计划、项目文件、工作绩效信息、协议、企业环境因素和组织过程资产都是项目监控工作的重要输入。

项目管理计划为识别和控制项目变更提供了基准。**基准**（Baseline）是被记录下来的一个起点、一组度量或一组观察值，能够用于将来的比较。例如，项目管理计划包括一个描述项目工作的部分，这一部分描述了该项目的关键可交付成果、产品以及质量要求。项目管理计划的进度表列出了完成关键可交付成果的计划日期，而预算部分则给出了可交付成果的计划成本。项目团队必须按计划交付工作。在项目实施过程中，如果项目团队或其他人导致项目变更，则团队必须修改项目管理计划并获得项目发起人的批准。人们引用不同类型的基准，例如成本基准或进度基准，来更清楚地描述不同的项目目标以及实现这些目标的绩效。

进度和成本预测、变更确认以及工作绩效提供了有关项目实施情况的详细信息，主要目的是提醒项目经理和项目团队关注那些已经导致问题产生或将来可能导致问题产生的因素。项目经理和项目团队必须持续监控项目工作，以确定是否需要采取纠正或预防措施、最佳的行动路线是什么，以及何时采取行动。

监控项目工作的重要输出包括变更请求和工作绩效报告。变更请求包括建议采取的纠正措施、预防措施以及缺陷补救措施。纠正措施可以改善项目绩效。预防措施可以减少与项目风险相关的负面影响。缺陷补救措施包括使有缺陷的可交付成果符合要求。例如，如果项目团队成员尚未报告他们的工时，纠正措施向他们展示如何输入该信息，并让他们知道必须这样做。预防措施的一个示例是改进时间跟踪系统的屏幕，以避免人们犯过去常犯的错误。缺陷补救措施可能让某人重做错误的部分。如下节所述，许多组织采用正式的变更请求过程和表单来跟踪项目变更。工作绩效报告包括状态报告、进度报告、备忘录和其他用来沟通绩效的文件。

▷ **媒体快照**

很少有事件会比奥运会更能够吸引媒体的注意。想象一下，计划和实施一个有来自世界各地的数千名运动员参加、受到百万名观众关注的运动会需要做的所有工作。2002年的冬奥会和残奥会用了5年时间进行规划，耗资超过19亿美元。PMI授予盐湖城奥运组委会（SLOC）年度项目奖，以表彰他们完成了一场世界级运动会。按国际奥委会的说法，"对世界人民产生了深远的影响。"[11]

在奥运会开幕的4年前,盐湖城奥运组委会使用了一个基于Primavera软件的系统与一个级联的彩色编码的工作分解结构来做整合计划。在奥运会开幕的前一年,他们增加了"场地综合规划时间表"来帮助团队整合资源需求、预算以及计划。例如,该软件帮助团队协调对场地入口和场地周边地区的控制,如道路、人行道、座位和安检措施以及接待区等,节约了近1000万美元。

当距奥运会开幕还有3年时,项目团队发现预算不足了,他们将"必须去做的事"与"最好去做的事"分开,并执行了严格的费用审批程序。用盐湖城奥运组委会管理总监Matthew Lehman的话来说,经典的项目管理工具使4亿美元的超支变成了1亿美元的盈余。

盐湖城奥运组委会还使用了"实施路线图",即在一页纸上列出了前100个与奥运会相关的活动,以保证高层管理者能随时了解项目进度。这些活动与各部门进度表中的详细项目信息紧密相连。还有一个为期90天的重点关注清单,其中列出了每项综合活动由哪些经理负责。盐湖城奥运组委会的首席执行官兼负责人Fraser Bullock表示:"我们时刻知道自己是否在进度控制的范围内,哪些地方需要额外的资源。这些职能之间的相互关联意味着活动不是孤立的,而是一个平稳运行的整体。"[12]

4.9 实施整体变更控制

整体变更控制(integrated change control)涉及在整个项目生命周期中识别、评估和管理变更。整体变更控制的3个主要目标是:

- 控制可能造成变更的因素以确保变更都是有益的:为确保变更有益并且项目成功,项目经理及其团队必须在关键项目维度中做出权衡,这些维度包括范围、时间、成本和质量。
- 确认变更已经发生:要确定变更是否已经发生,项目经理就必须时刻了解项目关键区域的状态。此外,项目经理还必须与高层管理者和关键干系人就重大变更进行沟通。高层管理者和其他关键干系人不喜欢变更,特别是那些意味着项目可能会减少产出、需要更多时间完成、成本超出计划,或者质量低于预期的变更。
- 管理发生的变更:管理变更是项目经理及其团队的一个重要任务。项目经理在项目管理中必须严格强调纪律性,以最大限度减少变更的发生,这是非常重要的。

整体变更控制过程的重要输入包括项目管理计划、项目文件、工作绩效信息、变更请求、企业环境因素和组织过程资产。整体变更控制过程的重要输出包括批准的变更请求以及对项目管理计划和项目文件的更新。

变更请求在项目中是很普遍的,并且有许多不同的形式。它们可以是口头的或书面的、正式的或非正式的。例如,负责安装服务器的项目团队成员可能在进度评审会议上询问项目经理,是否可以从同一个供应商那里以近似的成本订购一台比计划中拥有更快处理器的服务器。由于这种变更是积极的,不会对项目造成负面影响,因此项目经理可能会在进度评审会议上口头批准。尽管如此,项目经理记录此变更以避免任何潜在问题仍然很重要。适当的团队成员在项目范围说明书中更新服务器的标准。

要记住,很多变更请求会对项目产生重大影响。例如,客户改变了他们关于硬件数量的决定,这作为项目的一部分,肯定会影响项目的范围和成本,而且这种变更也可能影响项目的进度。项目团队应以书面形式向项目发起人提交这样重大的变更,并且应该有一个正式的评审程序来分析和决定是否批准这样的变更。

在大多数IT项目中,变更是不可避免的,并且是可以预见的。变更包括技术变更、人事变更、组织优先级变更等。一个良好的变更控制系统对项目的成功有着重要的作用。

4.9.1 IT项目的变更控制

从20世纪50年代～80年代,人们普遍认为IT(当时常常被称为数据自动化或数据处理)项目管理,就是项目团队努力在预算内按时完成计划的工作。这种观点的问题是项目团队很少能够达到最初的项目目标,尤其是使用新技术的项目。而干系人很少事先就项目范围或最终产品达成一致。在项目早期,时间和成本的估算很少是准确的。

从20世纪90年代开始,大部分项目经理和高层管理者认识到,项目管理就是一个对项目目标和干系人期望不断进行沟通和协商的过程。这种观点假设变更发生在整个项目生命周期中,并且意识到对一些项目而言,变更往往是有利的。例如,如果一个项目团队成员发现一种新的硬件或软件技术,可以用较少的时间和资金来满足客户的需求,那么项目团队和关键干系人应该乐于在项目中进行重大变更。

所有的项目都会有一些变更,如何应对这些变更是项目管理的一个关键问题,尤其是对IT项目。许多IT项目涉及硬件和软件的使用,而这些硬件和软件又更新频繁。继续本节前面的示例,在最初计划中,选定服务器的标准可能是使用当时最先进的技术。但如果实际订购服务器是在6个月以后,那很可能在同样的成本下可以购买一个功能更强大的服务器。这个例子说明有些变更是具有积极意义的。另一方面,项目计划中指定的服务器制造商也可能会破产,这就导致了消极的变更。IT项目经理应该习惯于这些变更,并且在项目计划和实施过程中增加一些灵活性。IT项目的客户也应该以开放的姿态接受应用不同的方式实现项目目标。

有些变更可能是有意义的,但是由于太大而不适合当前的项目。注意,项目有范围、时间、成本和其他目标,而通常变更会影响这些目标。例如,如果组织想要达到时间和成本目标,就必须控制对项目范围的变更。通常,组织会记录一些变更请求,并将这些变更请求更新到当前的项目中。

即使项目经理、项目团队和客户都具有灵活性,建立一个正式的变更控制系统对项目而言仍然很重要。这个正式的变更控制系统对计划管理变更是非常必要的。

4.9.2 变更控制系统

变更控制系统(change control system)是一个正式的、文档化的过程,它描述了正式的项目文件可能何时以及如何被更改。它还描述了授权进行变更的人员、变更所需的文书工作,以及项目将使用的任何自动或手动的跟踪系统。变更控制系统通常包含一个变更控制委员会、配置管理以及沟通变更的过程。

变更控制委员会(Change Control Board,CCB)是负责批准或拒绝项目变更的正式团体。变更控制委员会的主要职能是为提出变更请求、评估变更请求以及管理已批准变更的实施提供指南。一般应安排组织的关键干系人加入这个委员会,一些成员可根据每个项目独特的需求轮流担任。通过建立正式的委员会和变更管理过程,可以更好地进行整体变更控制。

然而,变更控制委员会也可能存在一些缺陷,其中一个就是在决定是否批准变更上所花费的时间太长。变更控制委员会通常每周或每月召开一次会议,并且一般不可能在一次会议上就做出决定。一些组织简化了过程，以便对较小的项目变更做出快速决策。有一家公司制定了"48小时政策"，在该政策中，大型IT项目的任务负责人可以在他们的专业能力和授权范围内就关键决策或变更达成一致。受这个变更或决策影响最大的工作人员可以在48小时内向高层管理者申请批准。如果某种原因导致项目团队的决策不能实施，接到报告的高层管理者可以在48小时内撤销决策，否则视为接受项目团队的决策。在处理很多时间紧急、IT项目团队又必须做出决策或变更的时候，这类过程是非常有效的。

配置管理是整体变更控制的另一个重要部分。**配置管理**（configuration management）确保项目产品的描述是正确的、完整的。这项工作包括识别和控制产品的功能特性与物理设计特性及其支持性文档。通常安排被称为配置管理专家的团队成员去实施大型项目的配置管理。他们的工作包括识别和记录项目产品的功能和物理设计特征、控制这些特征的变更、记录并报告变更、审核产品以验证是否符合要求等。访问配置管理协会的网站（www.icmhq.com）可以获取更多的相关信息。

全球问题

技术的快速变化，使用移动漫游通信的增加，经常导致世界各地政府采取相关行动。硬件、软件和网络的不兼容会导致某些地区通信困难，而缺乏竞争也会导致通信服务价格飞涨。幸运的是，经济合作与发展组织（OECD）在推行改善世界各地人民的经济和社会福祉的政策。2012年2月，OECD呼吁其成员国政府加强国际移动漫游市场的竞争。"OECD细化了一系列措施，如果这些措施奏效，该组织称：'鼓励有效的竞争，提高消费者的意识和保护，并确保更公平的价格。'如果这些措施未能奏效，该组织称：'各国政府应考虑对漫游服务进行价格调控'，而且'批发漫游服务，可以通过双边或多边批发协议进行价格调控，共同设定价格上限。'"[13]

OECD还鼓励扩展其他技术。截至2013年底，在34个OECD织成员国或地区，无线宽带普及率增长到72.4%。对智能手机和平板电脑的强大需求使得无线宽带用户增长了14.6%。[14]无线宽带普及率在全球范围内持续增长，在一定程度上要归功于这些协议。

变更控制中另一个关键因素是沟通。项目经理应该使用书面和口头的绩效报告来帮助识别和管理项目变更。例如，在软件开发项目中，很多程序员必须要在副本中编辑数据库中的主文件；为了确保版本控制，程序员需要"找出"文件进行编辑。如果两个程序员找出同一个文件，那就必须在将文件放回数据库之前进行协调，并合并更改。除书面或正式的沟通方式外，口头的和非正式的沟通也很重要。根据项目的性质，有的项目经理每周甚至每天早上召开一次站立式会议。站立式会议的目的是迅速沟通项目中哪些方面是最重要的。例如，项目经理可能会在每天早晨与所有团队负责人开一次站立式会议。每周一的早晨则召集所有对此感兴趣的干系人开一次站立式会议。让与会者站着开会可以缩短会议时间，并迫使每个人都将重点放在最重要的项目活动上。

为什么良好的沟通是成功的关键？项目变更最令人沮丧的是没有协调每个人并告知项目最新信息。同样，整合所有的项目变更，使项目按进度运行是项目经理的责任。项目经理及团队成员必须开发一个系统，以便及时通知受变更影响的每个人。电子邮件、实时数据库、手机和网络使最新的项目信息更加方便、快捷地传播。在第10章中可以了解更多有关良好沟通的知识。

表4-3列出了一些实施整体变更控制的建议。如前所述，项目管理是一个不断进行沟通

和协商的过程。项目经理应为变更制定计划,并使用适当的工具与技术,例如变更控制委员会、配置管理和良好的沟通等。为小的变更制定一个快速决策的过程;利用书面和口头形式的绩效报告帮助识别和管理变更;利用软件来协助做好计划、更新和控制项目,这都是十分有用的。IT指导委员会可以代表整个IT项目组合,这是变更管理中的关键因素,尤其是已批准的变更必须调整资源时。此外,IT指导委员会在战略方向上的转换可能会影响已有项目,从而产生实际的变更。

表 4-3 实施整体变更控制的建议

将项目管理看作一个不断进行沟通和谈判的过程
为变更制定计划
建立一套正式的变更控制系统,包括设立一个变更控制委员会(CCB)和IT指导委员会
使用有效的配置管理
为小的变更制定一个快速决策的过程
使用书面和口头形式的绩效报告来帮助识别和管理变更
使用项目管理软件和其他软件来帮助管理和沟通变更
集中精力领导项目团队并且实现所有的项目目标和期望

项目经理必须在项目圆满完成的过程中展现强大的领导能力,但绝不能过多地参与项目变更的管理。通常,项目经理应该将细节工作更多地分配给项目团队成员,而集中做好项目整体的领导工作。请记住,项目经理必须着眼全局,实施良好的项目整合管理,带领团队和组织取得圆满成功。

4.10 项目或阶段收尾

项目整合管理的最后一步是项目或阶段收尾。为了终止一个项目,必须将所有活动收尾,并将已完成或取消的工作移交给相应的人员。该过程的主要输入是项目章程、项目管理计划、项目文件、验收的可交付成果、商业文件、协议、采购文件和组织过程资产。主要的工具与技术是专家判断、数据分析和会议。项目收尾的输出是:

- 项目文件更新:应检查所有项目文件并将其标记为最终版本。其他人将来可能需要参考这些文件,因此,保证准确无误是非常重要的。
- 最终产品,服务或成果移交:在授权立项时,项目发起人通常最关心的是,能否确保获得他们预期的最终产品、服务或成果。针对合同项下的内容,正式验收或移交过程包含一份书面声明,表示合同条款得到满足。内部项目也可包含某种形式的项目完成表格。
- 最终报告:最终的项目报告和展示经常在项目收尾时使用。《项目管理知识体系指南(第6版)》建议最终报告应包括以下内容:
  - 项目或阶段的总结描述
  - 项目范围目标、用于评估范围的标准以及达到标准的证据
  - 质量目标、用于评估项目和产品质量的标准以及验证和确认信息
  - 进度目标,包括计划和实际的里程碑交付日期以及发生变更的原因
  - 成本目标,包括可接受的成本范围、实际成本和发生变更的原因
  - 关于最终的项目、服务或成果如何实现项目预计收益的总结
  - 关于最终的项目、服务或成果如何达到业务计划中确定的企业需求的总结。

■ 关于项目遇到的任何风险或问题以及如何解决的总结
● 组织过程资产更新：项目团队应以实用的方式提供一份包括项目文件、项目收尾文件和项目历史信息的清单。这种资料被认为是过程资产。项目团队通常会制定一份项目最终报告，其中通常包含一份移交计划，说明在项目完成后还需要做好哪些工作。通常在项目结束后，项目团队还要编写经验总结报告，这些信息对未来的项目来说十分有价值（有关如何编写项目最终报告、经验总结报告以及其他形式的项目沟通方法，请参见第10章）。很多组织还会进行实施后的评审工作，以分析项目是否实现了计划的目标。这一类评审信息也将成为未来项目的组织过程资产。

4.11 使用软件辅助项目整合管理

正如本章所强调的，项目团队可以使用各种类型的软件来辅助项目整合管理。项目团队可以使用文字处理软件创建文件，用演示软件进行展示，使用电子表格、数据库或其他定制软件跟踪信息，以及使用各种类型的通信软件传递信息。

在开发和整合项目计划文件、实施项目管理计划和相关项目计划、监控项目活动、实施整体变更控制等方面，项目管理软件也是一种重要的工具。小型项目团队可以使用低端或中端的项目管理软件产品来协调工作。但对于大型项目，如在"媒体快照"中提到的奥运会，组织可能会从高端工具上获益更多，这些工具给企业提供更强大的项目管理能力，并对项目管理的各个方面进行了整合。

正如第1章中所述，组织还可以使用软件来辅助项目组合管理和优化。项目组合管理软件通常提供多种类型的图表或仪表板，以帮助管理人员了解项目组合管理的概况。例如，图4-7显示了ProjectManager软件的项目仪表板。学生可以在网站（www.projectmanager.com）上获得此软件的120天免费试用权。使用一种项目管理信息系统来协调和交流项目信息，可以使所有项目受益。

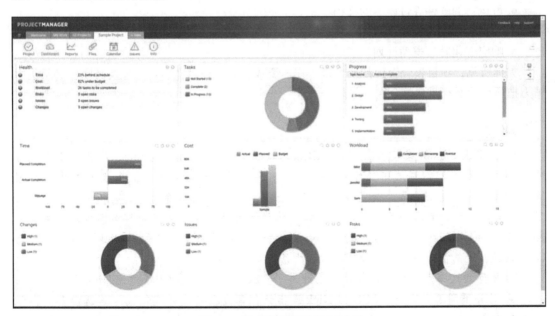

图 4-7　组合管理软件界面示例

资料来源：www.projectmanager.com.

近年来，云计算的发展改变了人们工作的方式、时间和地点。如今，许多项目管理软件以及其他工具和服务都可以在云端使用。大多数专业从业人员和学生都使用某种类型的云存储（Google Drive，Microsoft OneDrive，DropBox 等）来存储文件。许多云工具都可以通过智能手机、平板电脑、笔记本电脑和台式计算机访问。云计算使得用户可以随时随地轻松地访问和共享信息。项目整合管理并不容易，但是云计算提供了一种对重要信息和应用程序的更便捷的访问方式。

4.12 敏捷/自适应环境下的注意事项

《项目管理知识体系指南（第6版）》中，每个知识域都有以"敏捷/自适应环境下的注意事项"为标题的小节。为项目整合管理提供了以下信息：

迭代和敏捷方法促进了团队成员作为本地领域的专家参与整合管理，由团队成员决定计划和组件应该如何整合。

整合管理的关键概念中提到，项目经理的期望在适应性环境中不会改变，但是详细的产品计划和交付控制权委托给了团队。项目经理的工作重点是建立一个协作式决策环境，并确保团队具有应对变更的能力。当团队成员拥有了广泛的技能而不仅仅是狭隘的专业技能时，可以进一步增强这种协作方法。[16]

对于许多大型的、传统的项目，一些团队成员没有直接参与整合管理，而是具有专门技能。这是因为项目经理和他们的团队领导关注整合管理，而团队成员则专注于完成复杂的技术任务。这并不意味着他们不应该为项目计划出谋划策。正如本章所强调的，执行计划的人应该帮助制定计划。

使用任何产品生命周期的项目经理都应该专注于创建一个协作式决策环境，并为团队成员提供发展其他技能的机会。回顾《敏捷宣言》强调的以下几点：

- 个体和交互胜过过程和工具
- 可运行的软件胜过详尽的文档
- 客户合作胜过合同谈判
- 响应变化胜过遵循计划

如你所见，项目整合管理涉及大量工作。要成功完成项目，项目经理及其团队必须集中精力把项目的所有要素整合在一起。

案例结局

未与 Nick Carson 或其团队协商，CEO 聘请了一位新人 Jim Lansing，作为负责自己与 Nick 部门人员之间沟通的中层经理。CEO 和其他高层管理者很喜欢这位新来的中层经理 Jim。Jim 经常与他们会面、交流想法，并且富有幽默感。他开始着手制定一项公司可在未来使用的、可帮助管理项目的标准。例如，他为制定计划和进度报告制作模板，并将它们发布在公司的内部网上。然而，Jim 与 Nick 相处得并不愉快，尤其是当 Nick 听说 Jim 告诉 CEO 他被儿子的出生占据了过多的精力而无法好好工作时。

Nick 听到这一消息后非常气愤，他冲进了 CEO 的办公室。CEO 建议 Nick 调往另一部门，但 Nick 不同意。因此，CEO 向 Nick 提出让他离开公司，并支付他一笔遣散费。由于计划中的企业并购，CEO 知道，无论如何他们都不得不让一些人离开。Nick 与 CEO 协商后，获得了还未休完的两个月公休假期以及较高比例的股票期权。在与妻子商议后，知道如果辞职，他将得到 7 万多美元。于是 Nick 接受了遣散方案。CEO 把 Nick 和 Jim 召集起来开会，分别给他们提出两个建议。他告诉 Nick，他是极其优秀的技术人员，在另一个组织中他的技术事业会蒸蒸日上。他告诉 Jim，他是一位出色的组织者，但必须学会更加尊重技术人员。Nick 和 Jim 发自内心地开始相互尊重对方，以此结束了会议。

4.13 本章小结

一般来说，项目整合管理是最重要的项目管理知识领域，因为它将所有其他的项目管理领域联系在一起。项目经理应该首先将重点放在项目整合管理上。

在选择项目之前，执行战略计划过程对组织而言十分重要。许多组织进行 SWOT 分析，以根据其优势、劣势、机会和威胁来确定潜在项目。IT 项目应支持组织的整体业务战略。选择项目的技术一般包括聚焦于重要的组织需求、将项目分类、进行财务分析、创建加权评分模型，以及使用平衡计分卡。

项目整合管理包括以下过程：
- 制定项目章程：与干系人共同创建正式立项的文件。项目章程可以有不同的形式，但都应该包括一些基本的项目信息和关键干系人的签名。
- 创建一个假设日志，以记录和跟踪整个项目生命周期中的假设。
- 制定项目管理计划：协调各方面的计划工作，并创建一份一致的、连贯的文件。项目管理计划的主要目的是便于实施。
- 指导和管理项目工作：实施项目计划中包含的各项活动。实施项目计划是项目预算的主要部分。
- 管理项目知识：使用现有知识，并生成新知识以实现项目目标，同时也有助于组织学习。
- 监控项目工作，以实现项目的绩效目标：项目团队应持续监控项目的实施情况，以评估项目的总体运行状况。
- 整体变更控制：涉及在整个项目生命周期中识别，评估和管理变更。变更控制系统通常包含一个变更控制委员会（CCB）、配置管理和变更沟通程序。
- 项目收尾：涉及对所有的项目活动进行收尾。遵循良好的程序，以确保所有项目活动都已经完成，并且项目发起人接受了交付的项目的最终产品、服务或成果。

有众多类型的软件产品可以辅助项目整合管理。

一定要考虑到项目整合管理在敏捷/自适应环境中的差异。

4.14 讨论题

1. 简述项目整合管理。项目整合管理与项目生命周期、干系人和其他项目管理知识领域有什么关系？
2. 描述组织在选择与组织任务或战略一致的项目时所拥有的选项，并描述在选择 IT 项目时，每个选项的不同之处。
3. 总结项目整合管理的 6 个过程中的每一个的重点工作。
4. 借助自己的经验或搜索互联网，描述一个计划周密且实施良好的项目，以及一个失败的项目，项目的成败可能是由项目整合管理的哪些因素导致？
5. 讨论在 IT 项目中实施良好的整体变更控制的重要性。不遵循这些最佳实践会导致什么后果？小型 IT 项目和大型 IT 项目分别适合什么类型的变更控制？

4.15 快速测验

1. 下列____过程不是项目整合管理的一部分？
   a. 开发项目商业论证　　b. 制定项目章程　　　c. 制定项目管理计划　　　d. 项目或阶段收尾
2. 在选择 IT 项目时，4 阶段计划过程的最后一步是____。
   a. IT 战略计划　　　　b. 业务领域分析　　　c. 思维导图　　　　　　d. 资源分配
3. 下列____不是新产品开发项目的最佳实践。
   a. 使项目和资源与企业战略相匹配　　　　　b. 选择投资回收期在两年之内的项目
   c. 确定项目时注重客户的需求　　　　　　　d. 指派项目经理领导项目
4. 一项新的政府法令要求组织以新的方式报告数据。一个提供这种数据的新的信息系统项目应归类为____。
   a. 问题　　　　　　　b. 机会　　　　　　　c. 指令　　　　　　　　d. 法规
5. 如果估计一个项目总的折现后收益是 120 000 美元，总的折现后成本是 100 000 美元，则投资回报率（ROI）是____。
   a. 20 000 美元　　　　b. 120 000 美元　　　c. 20%　　　　　　　　d. 120%
6. ____是一份正式认可项目存在的文件，并为项目目标和管理提供方向。
   a. 项目章程　　　　　b. 合同　　　　　　　c. 商业论证　　　　　　d. 项目管理计划
7. 通常，以下____不包含在项目章程中。
   a. 项目经理姓名　　　b. 预算　　　　　　　c. 干系人签名　　　　　d. 甘特图
8. ____确保项目的产品描述是正确且完整的。
   a. 配置管理　　　　　b. 整体变更控制　　　c. 整合管理　　　　　　d. 变更控制委员会
9. 下列____不是实施整体变更控制的建议。
   a. 使用有效的配置管理　　　　　　　　　　b. 尽量减少变更
   c. 建立一个正式的变更控制系统　　　　　　d 将项目管理看作一个不断沟通和谈判的过程
10. 下面____可以用于项目整合管理的所有过程？
    a. 项目管理软件　　　b. 模板　　　　　　　c. 专家判断　　　　　　d. 以上全部都可以

4.16 快速测验的答案

1.a　2.d　3.b　4.c　5.c　6.a　7.d　8.a　9.b　10.c

4.17 练习题

1. 根据"开篇案例"，回答下列问题，并写一篇简短的论文。
   a. 你认为本案例的真正的问题是什么？
   b. 本案例中的情况在现实中是否存在？为什么？
   c. Nick Carson 是一个好的项目经理吗？为什么？
   d. 高层管理者应该做些什么来帮助 Nick？
   e. Nick 应该怎样更好地做一个项目经理？
2. 在 www.matchware.com 下载 MindView 思维导图软件的免费试用版，或使用类似软件为你的组织绘制 SWOT 分析的思维导图。至少包括 2 个优势、劣势、机会和威胁，然后为至少 3 个潜在项目提供建议。或者利用你的学院或大学进行 SWOT 分析，分析的重点是为了改善学生服务，学院或大学能做些什么。

3. 使用电子制表软件创建本章中的图 4-3~图 4-6，注意确保计算公式正确。
4. 使用图 4-4 中的表格进行项目的财务分析。假设该项目的预计成本和收益在 4 年内分布如下：第 1 年预计成本为 300 000 美元，第 2 年、第 3 年和第 4 年预计成本为每年 40 000 美元；第 1 年预计收益为 0，第 2 年、第 3 年和第 4 年预计收益为每年 120 000 美元。折现率为 7%，将折现因子四舍五入到小数点后两位。创建一个电子表格（或使用本书配套网站提供的商业论证的财务模板）来计算，并写明净现值、投资回报率和投资回报发生的年份。此外，根据你的财务分析，写一段话解释你是否建议在这个项目上进行投资。
5. 创建一个加权评分模型来为课程评分。最终分数基于 3 项考试，3 项考试分别占总分值的 15%、20% 和 25%；作业占 20%；一个小组合作项目占 20%。为 3 名学生记录分数。假设学生 1 每项得分都为 100%（或 100）；学生 2 在每项考试中得分 80%，作业得分 90%，小组合作项目得分 95%；学生 3 的考试 1 得分 90%，考试 2 得分 75%，考试 3 得分 80%，作业得分 90%，小组合作项目得分 70%。你可以使用加权评分模型，或创建自己的电子表格，或手工构造矩阵。
6. 为一个创建班级网站项目的项目管理计划制定一项纲要（只写大标题和副标题），然后在介绍或概述部分填写详细信息。假设该网站包含一个主页，主页中有班级课程提纲、讲义或其他教学资料的链接还有与本书教学辅助网站、其他项目管理网站，以及班级或未来班级成员个人网站等的链接。此外，主页还有留言板和聊天室功能，供学生和导师交流信息。假设你的导师是该项目的发起人，你是项目经理，你的同学是项目团队成员，你有 3 个月的时间来完成这个项目。
7. 研究本章中提到的软件，如协助项目选择的软件、企业项目管理软件或基于云的应用程序。写一篇简短的备忘录总结你的发现，以供高层管理者参考，备忘录至少包括两篇参考文献。
8. 观看视频和阅读文章来研究两个不同的组织如何指导、管理一个项目。你可以搜索"PMI 年度项目奖"来寻找案例。写一篇简短的论文总结你的发现，至少包括 4 篇参考文献。
9. 阅读 PMI 发布的《2015 年组织职业脉搏调查：把握项目管理的价值》，该报告在"好在哪里"中提到过。总结该研究的要点和你的观点，并描述组织可以采取的具体步骤，为项目管理提供支持性文化。
10. 找两篇有关项目知识管理的最新的文章，并写一篇简短的论文总结你的发现。

4.18 实践案例

注：本书的配套网站提供了其他实践案例，包括本书第 7 版中的自我健康管理公司案例，本书更新了之前版本中的案例。本书的配套网站还提供了模板文件。从本章开始直到第 13 章，都会有相应的实践案例。下面的作业部分是基于本案例的。在本书中，这些作业将建立在前几章已学完的内容和具体的场景上。

经济不平等是一个重大的问题。最近的一项研究发现，世界上最富有的 80 人拥有的财富与全世界最贫穷的 35 亿人拥有的财富相当。世界上最富有的 1% 的人控制着世界总财富的一半。[15] 许多个体、公司、慈善机构和政府机构开展项目和计划，试图解决这一问题和其他重要的全球性问题，如可持续发展问题，但是仍然有更多创业机会值得把握。

一个由大学生组成的组织决定共同努力，为建设一个更加美好的世界尽自己的一份力量。这些学生来自许多不同的国家，他们有些是在国际会议上认识的，有些是留学时认识的，还有一些是通过各种互联网线上组织认识的。该组织的战略目标包括提升大学生和贫困人口的技能，共享那些促进经济增长和可持续发展的产品和服务信息，并促进创业。该组织的领导者正在审查一些关于创业项目的提议（所有项目都有重要的 IT 组成部分），这些创业项目可用于实现他们的战略目标：

1. **全球企业家（Global Treps）**：许多人都熟悉"创智赢家"（Shark Tank）这一电视节目，企业家（有时称为"treps")向一些投资者或创客讲述他们的商业理念。世界范围内,一些学院、高中甚至小学都举办了"创智赢家"之类的特别活动。你相信,使用移动友好型网站或应用程序创建一个非营利组织来帮助团体组织此类活动,将会激发世界范围内更多的企业家参与。你计划在项目期间举行一些类似"创智赢家"的活动,并创建网站和应用程序来帮助点燃更多的环球企业家的创业激情。该网站/应用程序具备以下功能:

- 提供有关举行"创智赢家"类型活动的指南和模板。
- 接受潜在投资者的捐款,这些捐款针对希望举办活动的学校或组织(类似于受欢迎的网站(www.donorschoose.org),人们可以在该网站上对老师的请求予以资助)。
- 接受有关所需新产品或服务的想法。
- 为组织提供能够创建自定义网站的能力,征求当地参与者和投资者,接受申请,并促进赢家和输家共赢。
- 研究一种机制,将参赛者获得的一定比例的捐款和利润捐给环球企业家组织。
- 提供线上版本的活动,以播放参赛者的视频和创客的现场表现,同时还可以获得现场播出的收入和观众捐款。

2. 法律改革运动:发起一项修订法律的全球性运动以减少收入进一步不平等,并促进社会责任。该项目还将创建一个移动友好型网站/应用程序,其中包含有关现行法律和拟议法律的信息、允许人们讨论有关法律改革的潜在想法、组织人们与立法者联系等。

3. 富人联合会:开发一个系统,使世界上最富有的人能够就如何使世界变得更美好提供他们的意见。提供关于他们(如比尔·盖茨、沃伦·巴菲特等名人)目前正在做什么的信息,以推动慈善事业。允许他人为这些事项捐款,并提出其他减少经济不平等的办法。

4. 全球智能购物:开发移动应用程序和网站来推荐一些产品和服务,这些产品和服务是由那些承担了社会责任的组织提供。将应用程序进行语言定制以便适用任何国家或地区。与目前在某些国家或地区尚未销售产品或服务的大公司合作,将产品或服务的供应扩展到其他有需求的地区。小公司也可以很容易地将自己的产品和服务添加到购物网络中。

4.19 作业

1. 在一个适合向高层管理者提供的简单表格中总结上述每个建议的项目,包括每个项目的名称,每个项目如何支持业务战略,评估每个项目潜在的财务收益和其他收益,并提供你对每个项目的初步估值。交给高层管理者一个1~2页篇幅的备忘录,在备忘录中写下你的结论,包括适当的备份资料及计算。

2. 使用本书的配套网站中的模板创建一个加权评分模型,来评估这4个项目。制定至少4个指标,为每个指标分配权重,赋予分数,然后计算加权得分。打印带有结果的电子表格和条形图。写一篇一页纸的论文,描述这个加权评分模型和结果。

3. 为环球企业家项目准备一个商业论证。假设该项目需要6个月才能完成,需要耗费大量志愿者的时间,并且在硬件、软件、差旅和人工上的花费约为13万美元。使用本书配套网站中提供的模板,研究电视节目和大学及其他团体举办活动的信息。由于需要更成功的企业家,因此产生了这些活动。此外,请访问 Donerschoose.org,了解该网站的运作方式,并研究组建一个非营利组织的步骤。

4. 为环球企业家项目准备一份项目章程草案和假设日志。假设项目需要6个月才能完成,预算为13万美元。将本书提供的项目章程模板和表4-1的项目章程示例作为指导,在假设日志中至少记录两个假设,包括假设ID、日期、来源、类别、描述和状态。你是项目经理,Dr. K.是项目发起人,其他团队成员包括Bobby、Ashok、Kim和Alfreda。你计划举办4次类似"创智赢家"的活动,并开发环球企业家网站和应用程序。
5. 准备经验教训登记册以记录在该项目中学到的知识,包括经验教训 ID、日期、来源、类别、描述、影响、建议和应采取的措施。记录两条有创意的经验教训。
6. 使用本书配套网站中提供的模板,准备环球企业家项目的变更请求。假设你决定不提供该节目的在线版本,因为这对于最初的项目来说工作量太大。整理信息时要有创意。

4.20 关键术语

平衡计分卡(balanced scorecard)
基准(baseline)
资本化率(capitalization rate)
现金流(cash flow)
变更控制委员会(CCB)(change control board,CCB)
变更控制系统(change control system)
配置管理(configuration management)
资本成本(cost of capital)
指令(directives)
折现因子(discount factor)
折现率(discount rate)
显性知识(explicit knowledge)
整体变更控制(integrated change control)
界面管理(interface management)
内部收益率(IRR)(internal rate of return,IRR)
思维导图(mind mapping)

净现值(NPV)分析(net present value(NPV)analysis)
机会(opportunities)
资本机会成本(opportunity cost of capital)
组织过程资产(organizational process assets)
投资回收期(payback period)
问题(problems)
项目章程(project charter)
项目整合管理(project integration management)
项目管理计划(project management plan)
要求回报率(required rate of return)
投资回报率(ROI)(return on investment,ROI)
战略计划(strategic planning)
SWOT 分析法(SWOT analysis)
隐性知识(tacit knowledge)
加权评分模型(weighted scoring model)

4.21 注释

[1] Robert N. Charette, "2018's IT Failures Already Have a Familiar Look," IEEE Spectrum (January 9, 2018).

[2] James Bacon, "The Use of Decision Criteria in Selecting Information Systems/Technology Investments," *MIS Quarterly*, Vol. 16, No. 3 (September 1992), pp. 335–353.

[3] Charles McLellan, "IT budgets 2017–18: What the surveys tell us," ZDNet (September 29, 2017).

[4] *CIO* Magazine, "CIO Magazine Tech Poll Reveals Topline Revenue Growth Is the Top Business Priority" (February 21, 2012).

[5] Clay Chandler et al., "Fortune Business by Design," Fortune (December 22, 2017).

[6] Dennis J. Cohen and Robert J. Graham, *The Project Manager's MBA* (San Francisco: Jossey-Bass, 2001), p. 31.

[7] Jake Widman, "Big IT to Small Biz: Listen Up, Little Dudes!" *Computerworld* (January 24, 2008).

[8] Balanced Scorecard Institute, "Balanced Scorecard Basics," *http://www.balancedscorecard.org* (accessed January 9, 2018).

9. Fragan Milosevic and A. Ozbay, "Delivering Projects: What the Winners Do," *Proceedings of the Project Management Institute Annual Seminars & Symposium* (November 2001).
10. Project Management Institute, *2015 Pulse of the Profession®: Capturing the Value of Project Management* (February 2015).
11. Ross Foti, "The Best Winter Olympics, Period," *PM Network* (January 2004), p. 23.
12. Ibid., p. 23.
13. Stuart Corner, "Governments Must Act to Cut Mobile Roaming Costs, Says OECD," ITWire (February 22, 2012).
14. OECD, "OECD Broadband Statistics Update" (July 22, 2014).
15. Deborah Hardoon, "Wealth: Having It All and Wanting More," Oxfam International (January 2015).
16. Project Management Institute, Inc., *A Guide to the Project Management Body of Knowledge (PMBOK® Guide) – Sixth Edition* (2017), p. 74.

第 5 章

Information Technology Project Management, Ninth Edition

项目范围管理

学习目标

阅读完本章后,你将能够:
- 理解好的项目范围管理的重要性。
- 描述计划范围管理的过程。
- 讨论收集和记录需求的方法,以满足干系人的需求和期望。
- 讨论使用类比法、自上而下法、自下而上法和思维导图法创建工作分解结构的过程。
- 解释确认范围的重要性,以及其与定义范围和控制范围的相互关系。
- 给出一个 IT 项目的情况,说明推荐的控制范围方法如何提高项目成功的可能性。
- 描述软件如何在项目范围管理中起到辅助作用。
- 讨论敏捷/自适应环境下的注意事项。

开篇案例

Kim Nguyen 正在主持一个关于创建公司 IT 升级项目的工作分解结构(WBS)的会议。这个项目对于公司正在开发的几个高优先级的基于互联网的应用软件来说非常必要。这个 IT 升级项目要在 9 个月内制定并实施一个计划,让所有员工的 IT 设施达到公司的新标准。这些标准详细说明了每个台式计算机或笔记本电脑的最低配置要求,包括处理器类型、内存大小、硬盘大小、网络接口类型、安全特性以及软件。Kim 知道要完成升级项目,项目团队必须首先为公司 2000 多名员工列出一个当前所有的硬件、网络和软件的详细清单。

Kim 和其他干系人合作制定了项目章程和初步范围说明书。该项目章程包括项目的粗略成本和进度估算,以及关键干系人的签字;初步范围说明书为与项目范围相关的硬件、软件和网络需求以及其他信息提供了初始界定。为了进一步对项目范围进行界定,Kim 召集了项目团队和其他干系人开会。项目会涉及哪些工作?由谁去做?如何避免可能的范围蔓延?她想通过这次会议征集大家对这些问题的看法。该公司新任首席执行官 Walter Schmidt,以密切关注重大项目著称。该公司已经开始使用一种新的项目管理信息系统,使每个人都能够详细、深入地了解项目的状态。Kim 知道一个好的 WBS 是范围、时间和成本绩效的基础,但她从未领导一个团队构建过 WBS 或是基于 WBS 来分配成本。她该从哪入手呢?

5.1 什么是项目范围管理

影响项目管理的因素有很多,如用户参与、清晰的业务目标和优化的范围,都是项目范围管理的要素。

项目管理最重要也最难做的一项工作就是定义项目范围。范围是指开发项目产品所涉及的所有工作和用于开发产品的所有过程。回顾第 2 章可知,可交付成果是指作为项目的一部分而生产的产品。可交付成果可以与产品相关,如一套硬件或软件,或是与过程相关,如一份计划文件或会议记录。项目的干系人必须在项目开发何种产品方面达成共识，并在一定程度上就如何开发这些产品以提交所有可交付成果方面达成共识。

项目范围管理（project scope management）是指界定和控制项目中应包括什么和不包括什么所涉及的过程。该过程确保了项目团队和干系人对项目的可交付成果以及生产这些可交付成果所进行的工作达成共识。项目范围管理包含6个主要过程：

1. 计划范围管理是指确定如何管理项目的范围和需求。
2. 收集需求是指定义并记录产品的特点和功能，以及开发这些产品的过程。
3. 定义范围是指审查范围管理计划、项目章程、需求文档和组织过程资产来制定一份范围说明书，并且在需求的扩展和变更请求得到批准时增加更多的信息。
4. 创建工作分解结构是指将主要的项目可交付成果分解成更细小和更易管理的组成部分。
5. 确认范围是指项目可交付成果的正式验收。关键项目干系人，比如项目的客户以及项目发起人在这一过程中进行审查，然后正式验收项目的可交付成果。如果不接受现在的可交付成果，那么客户或项目发起人通常会请求变更。
6. 控制范围是指对项目范围的变化进行控制，这对许多IT项目而言是一种挑战。范围变更经常影响团队实现项目的时间目标和成本目标的能力，因此项目经理必须仔细权衡范围变更的成本及收益。

5.2 计划范围管理

项目范围管理的第一步是计划如何在整个项目的生命周期内管理范围。在评审了项目管理计划、项目章程、企业环境因素和组织过程资产之后，项目团队使用专家判断、数据分析以及会议来制定两个重要的输出：范围管理计划和需求管理计划。

范围管理计划是项目管理计划的子部分，正如第4章所述，范围管理计划基于项目的需求，既可以是非正式且广泛的，也可以是正式且详细的。事实上，小型项目可能不需要一份书面的范围管理计划，但是大型项目或者高科技项目通常会从一份书面的范围管理计划中受益。一般来说，范围管理计划包括以下信息：

- 如何准备一个详细的项目范围说明书：例如，是否有模板或者指南可以遵循？需要多少细节来描述每个可交付成果？
- 如何创建一个WBS：创建一个好的WBS通常很难。本节的范围管理计划提供了用于创建WBS的建议、示例和资源。
- 如何维护和批准WBS：最初的WBS经常变化，并且项目团队成员对WBS所包含的内容存在分歧。范围管理计划描述了维护WBS并获得批准的指南。
- 如何获得已完成的项目可交付成果的正式验收：对已完成的项目可交付成果，了解其正式验收过程尤为重要，特别是对那些在正式验收后才付款的项目。
- 如何控制项目范围的变更请求：如第4章所述，该过程与实施整合变更控制有关。组织经常有提交、评估和审批范围变更的指南，本节的范围管理计划会详细说明如何处理项目的变更请求。

范围管理计划的另外一个重要输出是需求管理计划。在学习本节内容之前，了解"什么是需求"是很重要的。1990年，IEEE软件工程标准术语表对"需求"的定义如下：

1. 用户解决问题或者达到目标所需要的一种条件或能力。
2. 一个系统或系统组件为了满足合同、标准、规范或者其他正式规定的文件所必须满足或具备的条件或能力。

3. 上述条件或能力的文档说明。[1]

《项目管理知识体系指南（第6版）》将**需求**（requirement）定义为"为满足业务需要，在产品、服务或结果中必须体现的一种条件或能力"。它进一步解释了需求"包括发起人、客户与其他干系人的可量化和文档化的需求和期望。这些需求要被足够详细地分析和记录，以便包含在范围基准中，并在项目开始执行时进行度量"。[2]

例如，本章的"开篇案例"描述了一个升级IT设施以满足公司标准的项目。这些标准规定了每台笔记本电脑的最低要求，比如处理器类型、内存数量和硬盘大小。因此，该项目文档化的需求可能规定，所有笔记本电脑都包含特定类型的处理器，最小内存数量和最小硬盘容量。

对于软件项目而言，将需求开发划分为获取、分析、规范和确认4个软件工程步骤会很有帮助。这些步骤包括为软件或包含软件的产品收集、评估和记录需求所涉及的所有活动。使用迭代法定义需求也很重要，因为在项目的早期，需求常常是不明确的。

需求管理计划（requirement management plan）记录了如何分析、记录和管理项目需求。需求管理计划包括以下信息：

- 如何计划、追踪和报告需求活动？
- 如何执行配置管理活动？
- 如何对需求进行优先级排序？
- 如何使用产品度量？
- 如何跟踪和捕获需求属性？

对在哪里

一些研究表明，管理需求非常困难。寻找有资格的人（商业分析师）来做这项工作同样困难。美国劳工统计局预计到2022年，商业分析师的就业人数会增长19%。[3] 一项PMI调查发现，只有49%的受访者有适当的资源来进行正确的需求管理，而53%的受访者不能使用正规的过程来确认需求。[4]

幸运的是，一些组织已经认识到这方面的需求，并开发了商业分析师的培训与认证项目。

- 国际商业分析协会（IIBA）开展了注册商业分析师（CBAP）和商业分析能力认证。该组织在2018年拥有超过29 000名成员，并出版了《商业分析知识体系指南》（BABOK指南）第3版。
- 国际需求工程委员会（IREB）提供专业需求工程师（CPRE）认证。2018年，73个国家或地区的超过37 000人获得了该认证。
- PMI开始提供一项新的PMI商业分析专业人士（PMI PBA）认证。
- 一些学院和大学在本科和研究生阶段开设了商学或数据分析的专业和选修课程。

5.3 收集需求

项目范围管理的第二步是收集需求，这通常是最困难的。不能准确定义需求的主要后果是重复工作，这很可能会耗费过半的项目成本，尤其是对于软件开发项目。如图5-1所示，在后续开发阶段发现软件并改正缺陷的成本比在收集需求阶段就发现并改正的成本要高得多（高达30倍）。每个人都可以举出各类行业的例子来说明尽早理解需求的重要性。例如，如果你正在设计一座房子，那么在纸张或计算机屏幕上决定窗户和墙壁的位置比在整个房屋完成架构之后决定要便宜得多。新的过程和技术使定义和实施需求变得更加容易，但这仍然是项目范围管理中最具挑战性的方面之一。

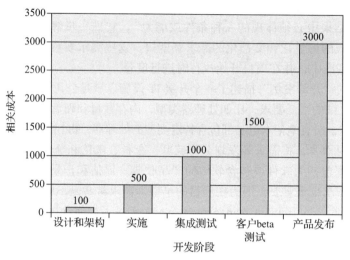

图 5-1　改正软件缺陷的相关成本

资料来源：IBM Software Group, "Minimizing code defects to improve software quality and lower development cost," Rational Software (October 2008).

最佳实践

谷歌（Google）一直是世界上最受推崇的公司之一，以舒适的工作环境和开发新产品的创新能力闻名于世。James Whittaker 曾在谷歌担任工程总监，负责浏览器、地图和谷歌网络应用程序的测试。他与 Jason Arbon 和 Jeff Carollo（也是谷歌前员工）共同写了一本书，名为《谷歌如何测试软件》（*How Google Tests Software*）。Whittaker 还曾在微软工作过并担任教授，是软件测试领域的著名人物之一。

在《谷歌如何测试软件》一书中，作者解释说，谷歌曾经像其他大型公司一样：测试不是主流工作的一部分，测试人员在组织中不受赏识且过度工作。谷歌花费了很长时间才开发出今天用来开发软件的人员、流程和技术。谷歌成功的一个关键因素在于改变文化。在一个单独的产品团队中，谷歌拥有的专用测试人员比大多数竞争对手都少。这怎么可能？作者解释说，质量取决于编写代码的人。谷歌的员工尽可能以最快速度把事情做到最好，程序员知道要对自己的工作质量负责，他们不依赖测试人员来保证质量。

同样有趣的是，谷歌不相信时尚或流行语。在一次采访中，InfoQ 问作者："谷歌如何融入更多的敏捷社区（Agile community）中？"他们的回答是："谷歌并不试图成为敏捷社区的一员。我们不使用 Scrum 术语，也不会为敏捷教练（Scrum masters）之类的事情费神。我们制定了自己的快速行动过程。这是一个非常敏捷的过程，我们不需要陷入别人的想法，不需要别人教我们什么是敏捷。当你不得不停下来定义什么是敏捷，并争论你是哪种敏捷时，你已经停止了敏捷。"[5]

困难的部分在于人们往往没有一个好的收集和记录项目需求的过程。

收集需求的方法有很多。尽管与干系人一对一访谈的成本高、耗时长，但这是一种非常有效的方法。使用焦点小组会议、引导式研讨会、群体创新和决策技术来收集需求，比一对一访谈法更快、成本更低。问卷调查法是一种行之有效的收集需求的方法，前提是关键干系人能够提供真实而全面的信息。观察法也是收集需求的好方法，特别是对于需要改进工作过程或程序的项目。对于软件开发项目，原型法和文档分析法是常见的收集需求的方法，和范围图一样，有助于明确一个项目或过程的界面或边界。在敏捷软件开发项目中，正如第 3 章所示，产品负责人为每个冲刺创建有优先级的产品待办事项列表。**标杆管理**（benchmarking），是通过将特定的项目实践或产品特性与执行组织内外部的其他项目或产品特性进行比较进而产生想法，也可以用于收集需求。

即使有多种方法可以收集需求，但是从事软件项目的人在定义和管理需求方面仍然存在相当大的困难。一项研究揭示了一些有趣的数据：

- 88% 的软件项目涉及升级现有产品而不是创建新产品。
- 86% 的受访者表示客户满意度是衡量项目开发成功的最重要的指标。82% 的受访者认为客户和合作伙伴的反馈是产品创意和需求的主要来源。73% 的受访者认为团队最重要的挑战是明确理解客户需求，其次是记录和管理需求。
- 75% 的受访者至少管理 100 个需求，20% 的受访者至少管理 1000 个需求。
- 70% 的受访者至少花 10% 的时间管理变更需求，30% 的受访者在变更需求上花费超过 25% 的时间。
- 大多数软件开发团队使用混合方法，26% 的受访者使用瀑布式或者改进的瀑布式方法，19% 的受访者使用敏捷方法。
- 83% 的软件开发团队仍在使用 Microsoft Office 应用，比如将 Word 和 Excel 作为沟通需求的主要工具。
- 受访者在他们的愿望清单上列出的前两项软件工具分别是"需求协作和管理软件"和"需求建模和可视化"，紧随其后的是测试管理和项目管理。[6]

项目的规模、复杂性、重要性和其他因素会影响在收集需求上花费的精力。例如，如果一个团队正在为一家拥有 50 多家地区分公司、数十亿美元资产的企业升级整个公司的会计系统，那么该团队将要花相当多的时间来收集需求。另一方面，一个只有 5 名员工的小型会计师事务所的硬件和软件升级项目所需的工作量要小得多。无论如何，对一个项目团队来说，确定如何收集和管理需求是非常重要的。如第 4 章所述，关键干系人的输入与业务战略范围保持一致是至关重要的。

正如项目团队可以用很多种方法来收集需求一样，记录需求也有多种方法。项目团队应该最先查阅项目章程，因为它包含了项目的高级需求，他们还应该参考项目范围与需求管理计划。他们还应该查阅干系人登记册与干系人管理计划，以确保在所有关键干系人在决定需求时都有发言权。记录干系人需求的文档既可以是在一页纸上列出全部需求的清单，也可以是堆满整个房间的记录各种需求的笔记本。参加过复杂项目的人，比如建造一架新飞机的人，深知一份记录飞机需求的文档比飞机本身更有价值。需求文档通常由软件生成，包括文本、图像、图表、视频和其他媒介。需求经常被分为不同的类别，如功能需求、服务需求、性能需求、质量需求和培训需求。

除了准备需求文档作为收集需求的输出之外，项目团队经常创建需求跟踪矩阵。**需求跟踪矩阵**（Requirement Traceability Matrix，RTM）是一种列出各种需求、需求属性以及需求状态的表格，以确保所有需求得到解决。表 5-1 以"开篇案例"中的 IT 升级项目为例，引入需求跟踪矩阵。需求跟踪矩阵可以包含许多变量。例如，软件需求经常记录在需求跟踪矩阵中，将每个有关联的需求交叉引用，并列出具体测试来证明这些需求已被满足。请记住，需求跟踪矩阵的主要目的是通过对需求的分解、执行和确认来保持每个需求源的链接。在互联网上可查询更多的需求跟踪矩阵详细示例。

表 5-1 需求跟踪矩阵示例

需求编号	姓 名	类 别	来 源	状 态
R32	笔记本电脑内存	硬件	项目章程和公司笔记本电脑说明书	完成。订购的笔记本电脑满足内存需求

5.4 定义范围

项目范围管理的下一步是提供项目所需工作的详细定义。好的范围定义对项目的成功非常重要，因为好的项目定义有助于提高时间、成本及资源估算的准确性。它定义了一个测量绩效和控制项目的基准，有助于传达明确的工作职责。用于定义范围的主要工具和技术包括专家判断，数据分析，决策，人际关系和团队技能以及产品分析。范围定义的主要输出是项目范围说明书和项目文档更新。

表 5-2 展示了"开篇案例"中 IT 升级项目的章程。请注意，项目章程中的信息是如何为进一步定义项目范围提供依据的。该章程描述了项目目标和成功标准；更具体的范围、时间和成本目标；完成项目目标的通用性方法以及重要项目干系人的主要角色和责任。

表 5-2 项目章程示例

项目名称：IT 升级项目
项目开始日期：3 月 4 日　　　　　　　　　　　　　　　　　　　　　项目完成日期：12 月 4 日
关键进度里程碑： ● 4 月 15 日完成库存升级 ● 8 月 1 日交付硬件及软件 ● 10 月 1 日完成安装 ● 11 月 15 日完成测试
预算信息：硬件和软件的成本预算为 100 万美元，人工费预算为 50 万美元。
项目经理：Kim Nguyen, (310)552-784, nguyen@course.com
项目目标：基于新的公司标准，在 9 个月内为所有员工（大约 2000 名）升级硬件和软件。请参见描述新标准的附表。本次升级可能会影响服务器以及相关的网络硬件和软件。
主要项目成功标准：硬件、软件和网络的升级必须符合所有书面规格说明、经过彻底测试，并在 9 个月内完成。对员工工作的干扰将是最小的。
方法： ● 更新 IT 库存数据以确定升级需求。 ● 制定详细的项目成本估算并向 CIO 报告。 ● 发出报价请求以获取硬件和软件。 ● 在计划、分析和安装时尽可能多地使用内部人员。
角色和职责

姓 名	角 色	职 责
沃尔特·施密特	CEO	项目发起人，监控项目
迈克·茨瓦克	CIO	监控项目，提供人员
金·阮	项目经理	计划和执行项目
杰夫·约翰逊	IT 运营部主管	指导 Kim
南希·雷诺兹	人力资源部副主管	提供人员，并向所有成员发布项目备忘录
史蒂夫·麦肯	采购部主管	协助采购软件和硬件

(续)

签字：（以上所有干系人的签字）

[签名手写]

意见：（由上述项目干系人手写或打印）

这个项目最迟必须在 10 个月内完成。

——迈克·茨瓦克，CIO

我们假设有足够的工作人员来支持这个项目。一些工作必须下班后完成，以避免工作中断，因此需要加班加点工作。

——Jeff Johnson 和 Kim Nguyen，IT 部

尽管项目范围说明书的内容不同，但至少应该包括产品范围描述、产品用户验收标准和所有项目可交付成果的详细信息。记录其他与范围相关的信息也很有帮助，如项目界限、项目的约束条件和假设条件。项目范围说明书也应参考一些支持性的文档，如产品规格说明（将影响生产或购买的产品），或公司政策（可能影响产品或服务的生产方式）。许多 IT 项目在开发软件时需要详细的功能和设计规范，在详细的范围说明书中也应该引用这些规范。

随着时间的推移，项目的范围应该变得更加清晰和具体。例如，表 5-2 中 IT 升级项目的项目章程中包含了一个简短的说明，说明该项目可能影响的服务器、其他计算机和软件。表 5-3 举例说明了范围在项目范围说明书的版本 1 和版本 2 中是如何逐步细化的。

表 5-3　进一步定义项目范围

项目章程：
升级可能会影响服务器……（详见项目目标）

项目范围说明书，版本 1：
服务器：如果需要增加额外的服务器来支持项目，那么它们必须能够与现有的服务器兼容。如果强化现有的服务器更加经济可行，那么必须要向 CIO 提交一份具体的强化方案并征得同意。附件 6 提供了现有服务器的具体说明。CEO 必须在安装前至少两周批准一个详细的计划，该计划描述服务器及其位置。

项目范围说明书，版本 2：
服务器：这个项目需要购买 10 台新服务器，以支持网页、网络、数据库、应用和打印功能。虚拟化技术将被用来最大限度地提高效率。附件 8 的产品手册提供了服务器的详细资料，以及一个描述服务器存放位置的计划。

请注意，在表 5-3 中，项目范围说明书常常引用相关文档，如产品规格说明、产品手册或其他计划。随着更多的信息可用，以及与项目范围相关的决策的制定，比如将要购买的特定产品或已被批准的变更，项目团队应当不断更新项目范围说明书。他们可以将不同的范围说明书命名为版本 1、版本 2 等。这些更新可能同样需要对其他项目文档进行变更。例如，如果这个公司需要从从未合作过的供应商那里购买服务器，那么采购管理计划就应该包括与新供应商合作的信息。

一份最新的项目范围说明书是一份关于开发和确认项目范围以达成共识的重要文档。正如后面的章节所述，它详细描述了项目中需要完成的工作，同时它也是一个保证客户满意和防止范围蔓延的重要工具。

回顾第 1 章，强调项目管理的三项约束——满足项目的范围、时间和成本目标的重要

性。时间和成本目标通常很简单。例如，IT 升级项目的时间目标是 9 个月，成本目标是 150 万美元。而对许多项目的范围目标进行描述、达成一致和满意则要困难得多。

> **媒体快照**
>
> 导致项目失败的主要原因之一在于需求收集不准确。组织在需求管理方面缺乏资源和成熟度，这是要付出代价的。2014 年，PMI 需求管理深度报告的作者指出"在项目和方案上花费的每一美元中，有 5.1% 由于需求管理不善而被浪费。另一种更有冲击力的说法是，这相当于每 10 亿美元中就有 5100 万美元被浪费。在项目驱动的世界里，有很多潜在的价值都被遗漏了。"[7]
>
> 该报告提供了以下调查结果：
> - 47% 的组织报告称，不准确的需求管理是项目不能满足其原始目标和业务目标的主要原因。
> - 超过半数的组织报告称，没有足够的资源来很好地执行需求管理。
> - 只有 24% 的组织报告称，他们善于识别和开发有效需求管理所需的技能。
> - 只有 46% 的组织报告称，他们使用了一个正式的过程来确保项目的需求确认是无偏见的。
>
> 报告最后提出，各组织需要开发人员、过程和文化来改进需求管理。

5.5 创建工作分解结构

在收集需求和定义范围之后，项目范围管理的下一步是创建一个工作分解结构。**工作分解结构**（Work Breakdown Structure，WBS）是项目中涉及的、以可交付成果为导向的工作分组，用于定义项目的总范围。由于大多数项目涉及许多人和许多不同的可交付成果，因此将工作按照实施的顺序进行逻辑分解是十分重要的。WBS 是项目管理中的基础文档，因为它为计划和管理项目进度、成本、资源和变更提供了基础。由于 WBS 定义了项目的总范围，一些项目管理专家认为，如果一个项目没有包含在 WBS 中，就不应该开展这一项目工作。因此，开发一个完整的 WBS 是至关重要的。

创建 WBS 的主要输入是项目管理计划、项目文档、企业环境因素和组织过程资产。除了专家判断之外，主要的工具或技术是**分解**（decomposition），即将项目的可交付成果细分为更小的部分。创建 WBS 过程的输出是范围基准和项目文档更新。范围基准包括已批准的项目范围说明书及其相关的 WBS 和 WBS 词典。

WBS 是什么样子？WBS 通常被刻画成一个以任务为导向的活动树，类似于组织结构图。很多人喜欢首先创建图表形式的 WBS，以帮助他们可视化整个项目及其所有主要部分。图 5-2 展示了一个内部网项目的 WBS。顶部文本框的"内部网"表示整个项目，它被称为 WBS 的第 1 级。在此示例中，要交付的主要产品在第 2 级展示，称为网站设计、主页设计、营销页面和销售页面。它们的下面是第 3 级，例如网站地图、图形设计等。

图 5-2 按产品组织的内部网 WBS 示例

表 5-4 显示了以表格或列表的形式某软件产品发布项目的 WBS。层级的序号是根据项目管理协会的《工作分解结构实践标准》(第 2 版，2006 年) 编制的。

表 5-4　WBS 的表格形式

1.0 软件产品版本 5.0	1.3.2 用户文档
1.1 项目管理	1.3.3 培训计划材料
1.1.1 计划	1.4 构建
1.1.2 会议	1.4.1 软件
1.1.3 行政管理	1.4.2 用户文档
1.2 产品需求	1.4.3 培训计划材料
1.2.1 软件	1.5 集成和测试
1.2.2 用户文档	1.5.1 软件
1.2.3 培训计划材料	1.5.2 用户文档
1.3 详细设计	1.5.3 培训计划材料
1.3.1 软件	

许多文档（如合同）使用表格格式，但是编号方案可能会有所不同。项目管理软件同样使用表格格式。WBS 为创建输入 Microsoft Project 的任务名称栏目中的活动提供了基础，任务的层次结构或级别通过软件内对任务缩进和编号来显示。请务必与你的组织核实，看看它更喜欢使用哪种编号方案的 WBS。为了避免混淆，重要的是确定编号方案，然后在引用 WBS 项目时使用它。

还要确定如何为 WBS 条目命名。正如 PMI 建议的那样，一些组织仅使用名词来重点描述可交付成果。例如，不在 WBS 上使用"定义需求"，而是使用"需求定义"。如第 6 章所述，在需求定义下的进度表中的活动将包含动词短语。请记住，WBS 的主要目的是定义完成一个项目所需的所有工作，所以在遵循你的组织结构指南时也要关注这一点。

工作包（work package）是 WBS 中最低级别的任务。工作包代表项目经理监控项目的工作层级。你可以从责任和报告的角度考虑工作包。如果一个项目要在短期内完成，并且需要每周进行进度报告，那么一个工作包可能代表一周或更短时间内完成的工作。如果一个项目进行时间较长，需要按季度进行进度报告，那么一个工作包可能代表一个月或更长时间完成的工作。工作包也可能是对一种或多种具体产品的采购，比如从外部购买这些产品。一个工作包应在适当的级别定义，以便项目经理可以明确地估计完成它所需的努力、估算所需资源的成本，以及评价工作包完成后的成果质量。

当使用项目管理软件时，仅应在工作包层级输入工作时间估算值。而 WBS 中其他部分只是分组或概要的工作包任务。该软件根据为每个工作包和 WBS 层次结构输入的数据，自动计算各种 WBS 层级的持续时间的估计值。

图 5-3 展示了 Microsoft Project 2016 中一个软件开发项目的模板文件。第 2 级的 WBS 类别包括范围、分析/软件需求、设计、开发、测试培训、文档、试验、部署和实施后的评审。活动显示为分析/软件需求。请注意，正如第 6 章所述，WBS 是创建甘特图的基础。你将在第 6 章了解有关甘特图的更多信息。

这里显示的 WBS 示例经过了简化，因此比较容易理解和构建。然而，创建一个好的 WBS 非常困难。要创建一个好的 WBS，你必须了解项目及其范围，并结合干系人的需求和知识。项目经理和项目团队必须作为一个团队来决定如何组织工作，以及如何在 WBS 中包含多个层级。

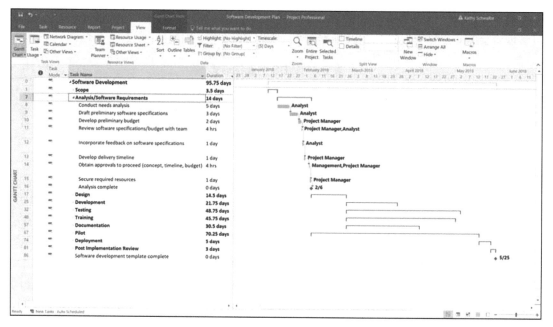

图 5-3　来自 Microsoft Project 2016 的软件开发项目模板

虽然许多项目经理发现，在陷入更详细的层级之前，他们更应该专注于将顶层工作做好，但是当项目被恰当地定义且足够详细时，可以获得对范围、时间和成本更准确的估算值。在过高的层级上操作会增加项目风险。定义 WBS 的行为旨在通过在执行之前考虑项目的细节来抵消该风险。

许多人将 WBS 中的任务与产品规格说明混淆了。WBS 中的任务代表为完成项目所需开展的工作。例如，如果你正在创建一个 WBS 来重新设计厨房，那么第 2 级可能包括设计、采购、地板、墙壁、厨柜和家电。在"地板"条目下，你可能要做的事情是移除旧地板、铺设新地板，以及安装装饰。你可能不会有像"12ft×14ft 的轻质橡木"或"地板必须耐用"的任务，这些属于产品规格。

创建 WBS 时另外一个需要关注的问题是，如何组织一个 WBS 使其为项目进度提供基础。你应该关注的是什么工作要做以及如何去做，而不是何时去做。换句话说，任务不用按照顺序列表一步一步完成。如果你的确需要一些以时间为基准的工作过程，你可以用项目管理过程组来创建 WBS，即将启动、计划、执行、监控和收尾作为 WBS 的第 2 级。通过这样的方式，项目团队不仅遵循了良好的项目管理实践，也可以更容易地根据时间刻画 WBS 任务。例如，图 5-4 显示了一个网站项目的 WBS 和甘特图，该项目由 5 个项目管理过程组组织。启动阶段的活动包括选择项目经理、组建项目团队和制定项目章程。计划阶段的活动包括制定范围说明书、创建 WBS、制定和完善其他计划，这些计划在实际项目中将被进一步细分。概念、网站设计、网站开发和正式上线是 WBS 的执行阶段的第 3 级。执行任务的差别随项目不同而不同，但很多在项目管理过程组下的任务对所有项目都是相似的。如果你不使用 WBS 中的项目管理过程组，你可以将第 2 层条目设置为"项目管理"，以确保你考虑了与管理项目相关的所有任务。请记住，所有的工作都必须包含在 WBS 中，包括项目管理。

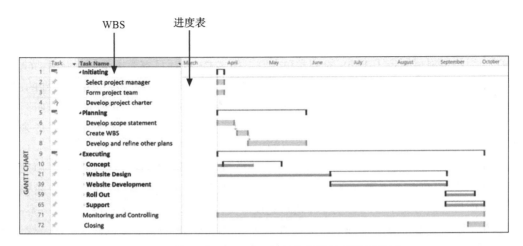

图 5-4 利用项目管理过程组制作的网站项目甘特图

一些项目团队喜欢列出需要生成的每个可交付成果,然后将这些可交付成果作为创建全部或部分 WBS 的基础。在第 3 章中,JWD 咨询公司使用项目管理过程组作为第 2 级的类别来对项目管理内部网项目的 WBS 进行处理。然后,在分解执行部分时,项目团队将重点放在必须生成的产品可交付成果上。表 5-5 显示了项目团队使用部分 WBS 的类别。回想一下,范围说明书应该列出并描述所需的所有可交付成果。确保项目章程、范围说明书,WBS 和甘特图之间的一致性对于准确界定项目范围是至关重要的。

表 5-5 JWD 咨询公司的 WBS 中的执行任务

3.0 执行	3.3.5 用户需求特征
3.1 调查	3.4 内部网网站设计
3.2 用户输入	3.5 内部网网站建设
3.3 内部网网站内容	3.6 内部网网站测试
3.3.1 模板和工具	3.7 内部网网站推广
3.3.2 文章	3.8 网站正式上线
3.3.3 链接	3.9 内部网网站推广
3.3.4 专家咨询	

让整个项目团队和客户参与创建和评估 WBS 也非常重要。将要从事相应工作的人员应该通过创建 WBS 来帮助制定这些工作计划。通过小组会议来创建 WBS 能够帮助每个人了解整个项目必须做什么,以及应该如何完成。同样,它还有助于识别不同工作包之间需要协调的地方。

5.5.1 创建工作分解结构的方法

你可以使用若干方法来制定工作分解结构(WBS),这些方法包括:
- 使用指南
- 类比法
- 自上而下法
- 自下而上法
- 思维导图法

1. 使用指南

如果有创建 WBS 的指南，那么遵循这一指南非常重要。一些组织，如美国国防部（DOD），为特定项目制定了 WBS 的格式和内容。很多 DOD 项目都要求承包方根据 DOD 提供的 WBS 准备他们的提案。这些提案必须包括 WBS 中每项任务的详细的和概要性的成本估算，整个项目的成本必须由所有较低层的 WBS 任务求和得到。当 DOD 的人员在评估成本提案时，他们必须将承包商的成本与 DOD 的估算值进行比较。对某个 WBS 任务来说，成本上有很大偏差往往意味着在必须要完成的工作方面出现了问题。

考虑美国空军大型自动化项目的一个例子。20 世纪 80 年代中期，空军开发了一项地方联机网络系统（LONS）方案，要求 15 家空军系统的司令部实现自动化联网。这个价值 2.5 亿美元的项目包括为共享合同、规范和请求建议等文件提供硬件并开发软件。空军方案的指南里包括了承包方在准备成本提案时必须遵循的 WBS。WBS 的第 2 级包含了硬件、软件开发、培训和项目管理。"硬件"条目由几个第 3 级条目构成，如服务器、工作站、打印机和网络硬件。空军人员根据内部成本估算（也是基于 WBS）审查了承包商的成本提案。预先制定的 WBS 可以帮助承包商准备其成本估算提案，并帮助空军来评价这些方案。

很多组织为制定 WBS 提供了指南和模板，以及过去已完成项目的 WBS 样例。Microsoft Project 2016 有几个模板，在微软的专用网站上还可以找到更多的模板。在许多会员的要求下，PMI 制定了 WBS 实践标准，为在项目管理中制定和应用 WBS 提供指导。该实践标准包含不同行业中各种项目的 WBS 样本，包括网页设计、电信、服务业外包和软件实现。

项目经理和他的团队应该仔细查阅合适的信息，以更加有效地制定独特项目的 WBS。例如，在"开篇案例"中，Kim Nguyen 和她的关键团队成员应该仔细阅读他们公司的 WBS 指南、模板和其他相关的信息，并在团队例会中创建他们的 WBS。

2. 类比法

另一种创建 WBS 的方法是类比法。在**类比法**（analogy approach）中，使用相似项目的 WBS 作为起点。例如，在"开篇案例"中，Kim Nguyen 可能会发现她所在公司的一个供货商去年做过一个类似的 IT 升级项目。她可以请求他们分享那个项目的 WBS 信息，为她自己的项目提供一个起点。

麦道航空公司（现在是波音公司的一部分）提供了一个使用类比法创建 WBS 的案例。麦道航空公司曾经设计并制造过多种不同的航空飞行器。在为一种新飞行器设计 WBS 时，麦道航空公司使用了 74 种基于过去经验的子系统来帮助建造该飞行器。有一种 WBS 第 2 级中的飞机外壳由一些第 3 级中的组件构成，如前部机身、中部机身、尾部机身和机翼。这样一个通用的、以产品为导向的 WBS 为定义新飞机项目的范围和开发新飞机设计的成本估算提供了一个起点。

一些组织提供了数字仓储将 WBS 和其他项目文档保存起来，以帮助从事项目工作的人员。Project 2016 和许多其他软件工具都带有示例文件，以帮助用户创建 WBS 和甘特图。通过查看其他类似项目的 WBS 示例，你可以了解更多创建 WBS 的不同方法。

3. 自上而下和自下而上的方法

其他两种创建 WBS 的方法是自上而下法和自下而上法，大多数项目经理认为自上而下创建 WBS 的方法是常用的方法。

自上而下法（top-down approach）是从项目最大的条目开始，将它们分解为次一级的条目。这个过程实际上就是对于工作的进一步细分。在这个过程完成之后，所有的资源必须分配到工作包层面。自上而下法最适合那些对于整个项目有广泛技术洞察力和全局视野的项目经理使用。

　　在**自下而上法**（bottom-up approach）中，项目团队成员首先尽可能多地识别与项目有关的具体任务。随后，他们将这些具体任务集中起来，并将其组织成概要任务，或 WBS 中的较高层级。例如，一个项目团队负责创建 WBS 来开发电子商务应用程序。他们可以先列出创建这个项目所需要的详细任务，而不是先寻找如何创建 WBS 的指南，或先查阅类似项目的 WBS。在列出这些详细任务之后，他们会将这些任务进行归类。然后，再将这些类别进一步归类至更高的层级类别中。有些人发现，将所有的可能任务写在便笺上并贴在墙上，可以有效地帮助他们看清项目的全部工作需求，并为开展工作进行合理分组。例如，项目团队里的商业分析师知道，必须为电子商务应用程序定义用户需求和内容需求。这些任务可能是需求文档的一部分，而这些需求文档作为项目可交付成果之一是团队必须要创建的。项目团队中的硬件专家知道团队必须定义系统需求和服务器需求，这些也都将是需求文档的一项。作为一个团队，他们考虑将这 4 项任务放在更高一级条目"需求定义"之下，该条目产生的可交付成果是需求文档。随后，他们可能会发现，为电子商务应用程序定义需求应该在更加宽泛的类别概念设计下进行，同时也要考虑其他和设计概念相关的任务分组。自下而上法通常是非常耗时的，但也是一种创建 WBS 的非常有效的方法。项目经理通常运用自下而上的方法描述整个全新系统，或作为完成工作的方法，或协助创建团队共识互信。

　　4. 思维导图法

　　一些项目经理喜欢使用思维导图法来帮助创建 WBS。正如在第 4 章讨论 SWOT 分析时所描述的，思维导图是一种利用核心思想辐射分支来构建思想和想法的技术。与书写任务列表或直接尝试创建任务结构不同的是，思维导图法可以让人们用非线性的格式写甚至画出自己的想法图。这种形象直观、结构限制少、先定义再分组任务的方法可以发挥个人的创造性，并提高团队成员的参与度和士气。[8]

　　图 5-5 显示了一个用 MatchWare 的 MindView 6.0 软件创建的图表，该软件使用思维导图为"开篇案例"中的 IT 升级项目创建 WBS。靠近中心的矩形代表整个项目。从中心辐射出去的 5 个主要分支代表 WBS 的主要任务或第 2 级的条目。在会议上创建思维导图的不同人员可能在项目中扮演不同的角色，这样有助于确定任务和 WBS 结构。例如，Kim 对所有的项目管理任务都很关注，同时她也知道这些任务会在一个独立的预算分类中记录下来。熟悉获取或安装硬件和软件的人可能会专注于这项工作等。该团队将继续添加分支和条目，直到他们对需要执行的工作耗尽了想法。

　　使用思维导图法创建 WBS 条目和结构后，你可以将有关信息转换成如前所述的图表或表格形式。Mind View 6.0 软件的一个特点是，点击一个图标就可以把思维导图转换成甘特图。思维导图提供基于 WBS 的任务列表，Mind View 还允许输入关于任务的信息，比如依赖关系和持续时间，来生成一个完整的甘特图。你也可以将你的思维导图导出到 Microsoft Project。在"任务列表"栏输入 WBS，结构会基于思维导图自动创建。图 5-6 显示了 MindView 6.0 中 IT 升级项目的甘特图。

图 5-5　思维导图法创建 WBS 的示例

资料来源：MatchWare MindView 6.0.

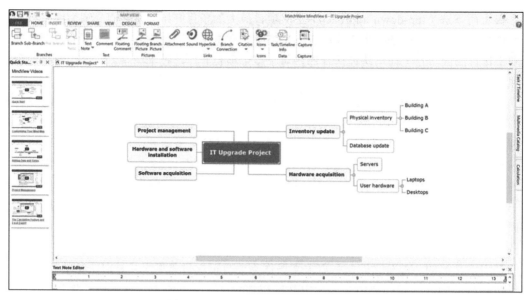

图 5-6　从思维导图生成的带 WBS 的甘特图

资料来源：MatchWare MindView 6.0.

在使用自上而下法或自下而上法创建 WBS 时，可以应用思维导图法。例如，你可以为一个完整的项目通过思维导图法在文档中列出全部内容，从中心辐射出主要类别的分支，然后按照子类进一步添加合理的分支。你也可以为每一个可交付成果开发一个独立的思维导图，然后将其合并组成整个条目的大思维导图。你也可以在思维导图文档的任何地方添加条目，而无须严格遵循自上而下或自下而上的方法。当思维导图文档完成之后，我们就可以将其转化为 WBS 的图表格式。

▷ **给年轻专业人士的建议**

如本章所述，创建一个好的 WBS 非常困难。你可以尝试参加组织中的会议，在会议上与团队共同创建 WBS。如果无法做到这一点，请要求查看已完成或正在进行的项目的 WBS。你也可以进行自己的研究以找到不同 WBS 的示例。你可以从 Microsoft Project 和其他项目管理软件获取许多模板文件。不要害怕提问。组织好那些需要在项目中完成的工作，并不是只有一种方法。请记住，不要在 WBS 中遗漏任何重要的内容，也不要包含任何多余的内容。

5.5.2 WBS 词典

WBS 列出的很多条目都很含糊。例如，"数据库升级"到底是指什么？负责这项工作的人可能认为不需要再进一步分解，这样已经很清楚了。然而，这个任务需要更加详细的说明，以便每个人都能对其包含的内容有相同的理解。如果由其他人来实施这项任务，你该让他做些什么呢？完成这项任务会付出多少成本？还需要更详尽的信息来回答这样的和其他类似的问题。

WBS 词典（WBS dictionary）是一个为 WBS 每个条目提供详细信息的文档。不应该将 WBS 词典中的"词典"与定义术语或缩略词混淆。对术语的定义属于一个术语表，该术语表应该被放置在项目文档中的其他地方。相反，WBS 词典是对任务中所涉及的工作的定义，它能够根据完成工作所采取的方法使 WBS 中的概要描述更容易理解。

根据项目需要，WBS 词典的格式可能有所不同。有时仅用简短篇幅描述每个工作包就足够了，但对更加复杂的项目而言，可能需要一整页纸甚至更多的篇幅来描述每个工作包。有些项目可能会要求每个 WBS 的条目描述负责的组织、资源需求、成本估算、与其他活动的依赖关系和其他信息。项目团队经常查看类似任务中的 WBS 词典条目，以获得更好的想法来创建他们的条目。

在"开篇案例"描述的 IT 升级项目中，Kim 应该和她的团队及项目发起人共同决定 WBS 词典所需的详细程度，他们还应当确定将这些信息输入哪里，以及如何进行更新。Kim 和她的团队决定遵循部门的相关指南，将所有 WBS 词典的信息输入公司的项目管理系统。表 5-6 是一个 WBS 词典条目的示例。

表 5-6 WBS 词典条目示例

WBS 词典条目 3 月 20 日
项目标题：信息技术（IT）升级项目
WBS 条目号：2.2
WBS 条目名称：数据库升级
描述：IT 部门维护公司内部网硬件和软件的在线数据库。在决定此次升级定制之前，我们需要确保精确地了解员工当前正在使用的硬件配置和软件，以及他们是否有特殊要求。此任务包括审查当前数据库的信息，生成罗列各部门员工及位置的报告，并在进行实物盘点和获得来自各部门经理输入信息后更新数据。我们的项目发起人将向所有部门经理发送通知，告诉他们该项目和此特定任务的重要性。除了一般的硬件和软件升级之外，项目发起人还会要求部门经理提供可能影响升级的任何独特要求的信息。此任务也包括为网络硬件和软件更新库存清单。在更新库存清单后，我们将向每个部门经理发送电子邮件以验证信息，并根据需要在线进行更改。部门经理将负责确保在进行实物盘点期间有足够的人员在场，并且他们能相互合作。完成此任务取决于 WBS 条目号 2.1——进行实物盘点，并且必须在 WBS 条目号 3.0——获取硬件和软件之间进行。

已批准的项目范围说明书和与之相关的 WBS 以及 WBS 词典构成了范围基准。满足项目范围目标的绩效就是基于这样的范围基准。

5.5.3 创建 WBS 和 WBS 词典的建议

如前所述，创建一个好的 WBS 并不是一件容易的任务，通常需要很多反复的修改。最好是采用一些方法组合来创建一个项目的 WBS。然而，有一些基本原则适用于创建任何良好的 WBS 及 WBS 词典。

- 一个工作单元应该在 WBS 中只出现一次。
- 一个 WBS 条目的工作内容是它下一级 WBS 条目工作内容的总和。
- 一个 WBS 条目都只对应一个负责人，虽然可能有很多人都在为其工作。
- WBS 必须与实际执行工作的方式保持一致：它首先要服务于项目团队，并且只有在可行的情况下才能用于其他目的。
- 项目团队成员应该参与创建 WBS，以确保一致性和认同。
- 每一个 WBS 条目都必须记录在 WBS 词典中，确保精确理解条目中包含或不包含的工作范围。
- WBS 必须是一个灵活变通的工具，以应对一些不可避免的变更，同时根据范围说明书保持对项目工作内容的控制。[9]

5.6 确认范围

为项目创建好的项目范围说明书和 WBS 是很困难的。特别是对 IT 项目而言，要核实范围并使范围变更最小化更加困难。有些项目团队从项目开始就知道项目范围非常不明确，他们必须与项目客户密切合作、共同设计并生产各种可交付成果。在这种情况下，项目团队必须开发针对范围确认的过程以满足项目的特定要求。必须开发详细的步骤可以确保客户得到他们想要的，并且确保项目团队有足够的时间和资金来生产所需的产品和服务。

即使界定了项目范围，许多 IT 项目还是会遭遇**范围蔓延**（scope creep）——项目范围有不断扩大的趋势。有许多关于 IT 项目范围蔓延等问题导致 IT 项目失败的可怕案例，包括下文"错在哪里"中的几个经典例子。因此，在项目的整个生命周期中，与用户一起确认项目范围并为控制范围变化开发过程是非常必要的。

如果管理得当，范围蔓延也可能是一件好事。在本章后面的内容中，你可以看到西北航空公司如何在 ResNet 项目中鼓励范围变更并对其进行妥善的管理。

> **错在哪里**
>
> 项目范围过于宽泛和庞大将会导致严重的问题。范围蔓延和对技术的过分强调导致了一家大型制药公司——总部设在得克萨斯州的 Fox Meyer 制药公司——破产。1994 年，公司的 CIO 推动了一个价值 6500 万美元的系统来管理公司的关键运营业务。然而，对于要尽量保持事物简单化这一点，他并不相信。公司花费近 1000 万美元购买先进的硬件和软件，并将项目的管理工作外包给一家有威望、收费高昂的咨询公司。据内部人士透露，该项目包括建设一个价值 1800 万美元的机械化货仓，这间货仓看起来像是科幻电影里的东西。这个项目范围变得越来越大，也越来越不切实际。这个精心打造的货仓并没有按时完工，新系统生成的错误订单导致 Fox Meyer 制药公司超额发货，损失了 1500 万美元。1996 年 7 月，公司

第 4 个财政季度损失了 3400 万美元。该年 8 月，Fox Meyer 制药公司申请破产。[10]

范围蔓延的另一个例子是麦当劳餐馆。2001 年，该快餐连锁店开启了创建内部网的项目。此内部网将总部与所有的餐馆连接起来，实时提供详细的运营信息。例如，总部想知道销售额是否下降或每家店铺烧烤温度是否正确——在 120 多个国家的 3 万家店铺中。麦当劳没有透露详细信息，但他们承认此项目规模及范围太大。花费了 1.7 亿美元用于咨询及初期执行计划后，麦当劳认识到要控制并完成到这一项目是太困难了，于是终止了它。[11]

IT 项目的另一个主要的范围问题是缺少用户参与。一个典型的例子发生于 20 世纪 80 年代后期的 Northrop Grumman 公司，该公司专业从事防御电子设备、IT 产品、高端飞行器、造船及空间技术。该公司的一个 IT 项目团队确信，他们能够也应该将政府申请书的审查和批准过程自动化。该项目团队执行了一个强大的工作流系统来管理整个过程。不幸的是，此系统的最终用户是航天工程师，他们喜欢以更加轻松、随意的方式工作，他们称此系统为"纳粹系统"并拒绝使用。此例展现的是一个耗费数百万美元开发了一个与终端用户工作方式不一致的系统的 IT 项目。[12]

不遵守良好的、规范的项目管理过程和不使用现成的软件，也会导致范围问题。位于加利福尼亚州 Woodland Hills 的 21 世纪保险集团支付了计算机科学公司 1 亿美元用于开发管理商业应用的系统，这个系统包括管理保险政策、账单、理赔及客户服务。5 年后，该系统仍处于开发阶段，只支持公司不到 2% 的业务。企业应用咨询公司的分析师 Joshua Greenbaum 将此项目称为一场"巨大的灾难"，并质疑保险公司"管理一些目前常见流程的能力……没有什么途径可以使用现成的组件来构建他们所需的东西并降低风险，我对此感到吃惊。"[13]

范围确认（scope validation）是指整个项目可交付成果的正式验收。这种验收通常通过客户检查实现，并在关键的可交付成果上签字。为了获得项目的正式验收，项目团队必须建立清晰的关于项目产品和程序的文件，以评估这个项目是否正确并令人满意地完成。如第 4 章所述，配置管理专家会确认并将项目产品的功能特性和物理特性存档、记录并报告出现的变更、审核产品并验证是否符合要求。为了最小化范围变更，进行一个良好的配置管理和确认项目范围是至关重要的。

范围确认的主要输入是项目管理计划、项目文档、验证的可交付成果以及工作绩效数据。执行范围确认的主要工具是检查和决策技术。在工作被提交之后，客户、发起人或用户对其进行检查并决定其是否满足需求。范围确认的主要输出是验收的可交付成果、变更请求、工作绩效信息以及项目文档更新。例如，假设 Kim 的团队成员将升级的计算机作为 IT 升级项目的一部分交给用户，某些用户可能会抱怨，因为这些计算机不包含他们需要的专门用于医学的键盘。有关人员将回顾此变更请求，并采取合适的纠正措施，例如获得发起人的批准以购买这种特殊键盘。

全球问题

许多国家在控制大型项目的范围上存在很多困难，特别是那些涉及先进技术和许多不同用户的项目。例如，澳大利亚的维多利亚州政府于 2010 年推出了一种名为 myki 的公共交通智能卡。维多利亚州公共交通部门对该公交卡的描述是：世界上许多城市都有公共交通智能卡，myki 旨在满足本州的独特需求。myki 的用户可以在全州的火车、有轨电车和公共汽车上使用一个综合的票务系统"。[14]

不幸的是，开发和实施智能卡存在很多问题。2010年7月，这个耗资13.5亿美元的系统在墨尔本所有的公共交通系统上生效。3年5个月后，它打算取代Metcard卡。用户起初对myki智能卡的反应表现不一，有几则报道称myki读卡器不能在有轨电车上工作。许多持怀疑态度的人说他们会等到问题解决后再尝试新系统。[15]许多文章描述了myki存在的问题，揭示了这个高知名度项目在确认范围上出现了明显的困难。公共交通用户协会（PTUA）列出了新卡存在的一长串问题，并建议人们坚持使用一段时间旧的Metcard卡。很明显，新系统并不能满足用户的需求且存在重大缺陷。2012年1月，在myki卡推出18个月后，70%的用户仍然使用旧的Metcard卡。2011年6月，在估计将花费纳税人10亿多美元去解决这个问题系统后，政府决定继续使用myki卡。Metcard卡计划在2012年年底逐渐淘汰。但PTUA会长Daniel Bowen不确定过渡是否会顺利进行。"在某种程度上，让人们向myki过渡是有意义的，因为你不能永远让两个系统同时运行……一旦大多数人使用myki后，他们最好确定它能运转，否则将出现混乱。"[16]2015年，myki继续成为头条新闻，但不是以一种好的方式。"在myki成为镇上唯一的车票两年后，失望的通勤者说这个系统仍然充满了问题。"[17]

5.7 控制范围

正如第4章中整体变更控制部分所述，项目中出现变更是不可避免的，尤其是IT项目中的范围变更。范围控制涉及对项目范围的变更管理，同时考虑到项目目标和业务策略。用户通常不确定屏幕如何呈现，或者他们真正需要什么功能来提高业务绩效。开发人员也不确定如何解释用户需求，同时他们还需应对不断变化的技术。

范围控制的目的是影响那些导致范围变更的因素，确保变更能依据整体变更控制建立的过程有序进行，并在变更出现时对其进行管理。如果你不首先做好收集需求、定义范围和确认范围的工作，就不能做好范围控制。如果你没有就要执行的工作达成一致并且项目发起人未对工作进行验收时，你如何预防范围蔓延？你还需要开发一个用于请求和监视项目范围变更的过程。应该鼓励干系人提出有益于整个项目变更的建议，而不鼓励他们提出那些不必要的变更建议。

范围控制的主要输入是项目管理计划、项目文档、工作绩效数据以及组织过程资产。执行范围控制的主要工具是数据分析，包括偏差分析。**偏差**（variance）是指计划与实际绩效之间的差别。例如，供应商本应该提供5个键盘，而你只收到了4个，那么偏差是1个键盘。范围控制的输出包括工作绩效信息、变更请求、项目管理计划更新以及项目文档更新。

第1章的表1-2列举了有助于IT项目成功的前10大因素，其中有4个与范围确认和控制相关：高层管理者的支持、用户参与、范围优化和明确的业务目标。因此，为了避免项目失败，对于IT项目经理及其团队来说，改进用户输入和高层管理者的支持，减少不完善和不断变化的需求是至关重要的。

下面的内容提供了更多有关改进IT项目范围管理的建议。

5.7.1 对于改善用户输入的建议

缺少用户输入的信息将导致管理范围蔓延以及控制变更的问题。如何才能管理好这么重要的问题呢？下述建议可帮助项目团队改善用户输入：

- 为IT项目开发一个良好的项目选择过程。坚持所有的项目都有来自用户组织的发起人。这个发起人不应该在 IT 部门工作，也不应该是项目经理。项目信息，包括项目章程、项目管理计划、项目范围说明书、WBS 和 WBS 词典等应该很容易在这个组织中获得。使得基本的项目信息容易获取是为了避免重复劳动并确保人们正在做的项目是最重要的。

- 让用户参与到项目团队中来。一些组织要求项目经理来自项目的业务领域，而不是 IT 部门。一些组织任命双项目经理管理 IT 项目，一个经理来自 IT 领域，另一个来自主要的业务部门。在大型 IT 项目中，用户以全职形式分派到项目中；在小型 IT 项目中，用户以兼职形式在项目任职。西北航空公司 ResNet 项目（查看本书配套网站中完整的案例内容）的一个关键成功因素就是培训用户为订票代理，让他们决定如何为他们新的订票系统撰写程序。由于销售代理对于业务非常熟悉，他们可以提供出色的信息输入同时创建大部分的软件。
- 按照指定的日程表召开例会。定期开会给人的感觉是很正常的，然而很多 IT 项目的失败原因就在于项目成员没有能够和用户进行定期互动。他们假设他们在没有获得用户直接反馈的情况下掌握了用户的需求。为了鼓励这种互动，用户应该在会议上提交的关键可交付成果上签字。
- 定期向项目用户和发起人交付一些产出物。如果交付物是硬件或软件，首先要确认它们能够正常运行。
- 不要承诺在特定时间内交付团队无法交付的产出物。确保项目在进度计划中留有足够的时间来生产可交付成果。
- 让开发人员与用户共处一处。人们通常在彼此接近之后才会更深入地相互了解。如果用户在整个项目周期内都不能搬到与开发人员较近的位置，与开发人员有较为频繁的互动，那么他们应该专门留出一些时间来与开发人员在一起共事。

5.7.2 对于减少不完善和不断变化的需求的建议

有些需求变更在 IT 项目中是期望发生的，但是很多项目对其需求有太多的变更，尤其是在项目生命周期的后期，实现变更更加困难。有关改善需求过程的建议如下：

- 开发并遵循需求管理过程，该过程包括了确定初始需求的程序。
- 采用诸如原型法、用例建模和联合应用设计等技术来彻底理解用户需求。**原型法**（prototyping）涉及开发系统或系统的某些方面的工作副本。这些工作副本可以是一个小册子，也可以是可交付系统的增量组件。原型法是一个获取需求理解、决定需求可行性和解决用户界面不确定性的有效工具。**用例建模**（use case modeling）是一个对业务事件、启动者及系统响应方式进行识别与建模的过程。它是理解信息系统需求的有效工具。**联合应用设计**（Joint Application Design，JAD）通过高度组织化和密集的研讨会将项目干系人——发起人、用户、商业分析师、程序员等——聚集在一起来共同定义和设计信息系统。同时，这些技术还可以帮助用户更加积极地定义系统需求。关于这些技术的详细信息，请参见系统分析和设计文本。
- 把所有的需求用书面形式体现，并保持它们实时更新且随时可用。有几种工具可以自动执行此功能。例如，一个名为需求管理工具的软件可以辅助获取和维护需求信息，提供及时的信息访问，并帮助在需求和其他工具建立的信息之间建立必要的联系。
- 创建一个需求管理数据库来管理文档和控制需求。计算机辅助软件工程（CASE）工具或其他技术也可以维护项目数据库。CASE 工具的数据库也可用于存储和控制需求。
- 进行适当的测试来验证项目产品符合预期。测试要贯穿整个项目周期。第 8 章包含了有关测试的更多内容。
- 以系统化的视角采用一种过程来评审需求变更申请。例如，确保项目范围变更包括相关的成本和进度变更，同时需要相关干系人的签名批准。对项目经理而言，至关重要的是领导团队专注于实现已获准的范围目标，而不是将重点转移到额外的工作上。例如，Andy Crowe 在他的《阿尔法项目经理》中试图揭示"最佳的"或"阿尔法"项目经理与其他项目经理的不同之处。其中一位阿尔法项目经理解释了他是如何学习一个有关范围控制的重要课程的：

  在我参与的一些项目接近尾声时，经理们让其团队工作了很长时间。当这种事情接二连三发生时，我以为事情本来就应该是这样的。在此之后我与另一位经理共事，这位经理把任何事情都计划得非常好，始终使团队保持良好的步调运转，并且我们也一直遵守进度安排。当客户发现项目如期进行时，他试图扩大范围，但这次我们有一个优秀的经理，她不会让客户在没有调整基准的情况下这么做。那是第一次在一个项目中按时按预算完成了所有的工作。对她如此轻松地完成工作我感到很惊讶。[18]

- 强调项目完成日期。例如，密苏里州堪萨斯市的 Farmland 工业集团的一个项目经理通过设定项目截止日期，使其耗时 15 个月、耗资 700 万美元的集成供应链项目按部就班完成。她说："5 月 1 日是最后期限，其他所有事情都要以此时间为基准倒推工期。用户可能会来找我们说明他们想要什么，那么我们也要问他们放弃什么来交换它。坚持此日期是我们管理范围蔓延的方法。"[19]

- 为处理变更需求配置资源。例如，西北航空公司的 Peeter Kivestu 和他的 ResNet 团队知道，用户要求他们对正在开发的订票系统进行改进。他们在 ResNet 屏幕上提供了一个特殊的功能键以供用户提交需求，该项目还加入 3 名全职程序员来处理这些需求。用户提交了超过 11 000 千条增强需求。主管 4 个主要应用软件的项目经理必须优先考虑软件的增强需求，并作为一个团队决定批准哪些变更。3 名程序员在给定时间内，按照优先级顺序，尽可能多地处理条目。虽然他们只完成了 38% 的变更需求，但是这些变更都是最重要的变更，客户对最后的系统和过程都相当满意。

5.8 使用软件辅助项目范围管理

项目经理和他的团队可以使用很多种软件辅助项目范围管理。如本章中的图表所示，你可以使用文字处理软件创建范围相关的文档，大多数人都会使用电子表格或是演示软件来构建范围管理相关的各种表格、图片和矩阵。思维导图软件在开发 WBS 时非常有用。项目干系人也会使用各种通信软件来传递项目范围管理信息，例如 e-mail 和各种基于 Web 的应用软件。

项目管理软件还可以帮助你开发 WBS，进而为构建甘特图、分配资源、分配成本和执行其他任务提供基础。你还可以使用各种项目管理软件产品附带的模板来帮助创建项目 WBS。

你同样也可以使用很多专业化的软件辅助项目范围管理。很多 IT 项目使用专门的软件进行需求管理、原型设计、建模和其他与范围相关的工作。由于范围是项目管理的重要组成部分，因此许多软件产品可用于辅助管理项目范围。例如，Gartner 估计，需求定义和管理工具在 2014 年的市场规模为 2.8 亿美元，并且每年增长超过 3%。新工具侧重于提高协作和速度，以更好地满足大众市场需求。[20]

5.9 敏捷/自适应环境下的注意事项

《项目管理知识体系指南（第 6 版）》为项目范围管理提供了以下信息：

在需求不断变化、风险高或具有重大不确定性的项目中，范围通常在项目开始时或过程中不被理解。敏捷方法有意地减少了在项目早期阶段尝试定义和商定范围的时间，而是将更多的时间用于建立过程，以进行持续的发现和改进。许多具有新兴需求的环境发现，实际业务需求与最初声明的业务需求之间通常存在差距。因此，为定义需求，敏捷方法有目的地构建和评审原型，并发布版本。因此，范围在整个项目中一再被定义。在敏捷方法中，需求构成了待办事项。

如第 2 章所述，干系人在具有自适应或敏捷产品生命周期的迭代开始之前定义和批准详细范围，并在每次迭代结束时生成可用的产品。这是否意味着范围不会因其他产品生命周期而改变？

如本章所述，高层级的需求应始终尽早定义（在项目章程和初始范围说明书中），但是详细的范围会随着时间的推移而发展。例如，在像建造房了这样大型传统的项目中，业主设定了高层级的需求（面积，位置，基本图纸等），但是详细的需求是后来定义的（具体的地板，电气的型号等）。此外，请记住敏捷方法与其他方法之间的关键区别在于它在项目期间提供了几种可使用的产品，而其他方法仅在项目结束时交付最终产品。

你仍然可以在敏捷项目中使用项目管理软件。例如，图 5-7 显示了名为"敏捷项目管理"的 Microsoft Project 2016 模板的屏幕截图。它包含用于创建冲刺，产品待办事项和冲刺待办事项的链接和简要说明。如图所示，你还可以创建其他图表。

项目范围管理非常重要，特别是在 IT 项目中。在选择项目之后，组织必须计划范围管理、收集需求并定义工作范围、将工作分解为可管理的部分、与项目干系人确认范围，并管理项目范围的变更。使用本章所讨论的基本项目范围管理概念、工具和技术可以帮助你成功地管理项目范围。

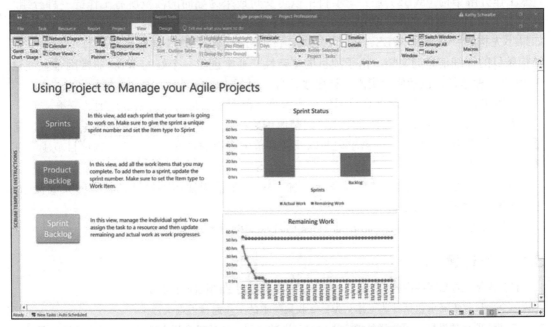

图 5-7　将 Microsoft Project 2016 用于敏捷项目

> **案例结局**
>
> Kim Nguyen 审读了她的公司和其他资源提供的创建 WBS 的指南。她与 3 个团队领导召开了一次会议，讨论如何促进项目进行。在商讨了几个样本文件后，他们决定基于最新的库存数据库、获取必要的硬件和软件、安装硬件和软件以及实施项目管理来对项目进行主要分组。在确定了基本的方法之后，Kim 与项目团队全部 12 名成员进行了会晤，其中有一些人是虚拟参加的。她回顾了项目章程和干系人登记表，描述了他们用于收集需求、定义项目范围的基本方法，并回顾了 WBS 样例。Kim 让大家畅所欲言，提出问题。Kim 十分自信地解答大家提出的问题。然后，她让每一个团队领导与自己的成员们一同撰写详细的范围说明书，以及他们所负责工作的 WBS 和 WBS 词典。参与会议的每个人都在分享他们各自的专业知识并公开提出问题。Kim 看到该项目有了一个良好的开端。

5.10 本章小结

项目范围管理包括确保识别并管理成功完成项目所必需的所有工作的过程。主要过程包括计划范围管理、收集需求、定义范围、创建 WBS、确认范围和控制范围。

项目范围管理的第一个步骤是计划范围管理。项目团队审查信息并采用专家评审会议，来帮助创建范围管理计划和需求管理计划。

下一个步骤是收集需求，它是许多 IT 项目的重要组成部分。重要的是在审查项目章程并且在收集需求时符合项目干系人登记表中列出的关键干系人的需求。这个过程的主要输出是需求文档和需求跟踪矩阵。

项目范围说明书是在定义范围过程中创建的。该文档通常包含产品范围描述、产品用户接受标准、所有项目可交付成果的详细信息以及项目界限、限制条件和假设条件信息。通常有若干个版本的项目范围说明书以保证范围信息的详细和实时性。

工作分解结构（WBS）是一个项目中以可交付成果为导向的涉及所有工作的一种分组，它定义了项目的整体范围。WBS 构成了计划和管理项目进度、成本、资源及变更的基础。如果不先构建一个好的 WBS，就无法使用项目管理软件。WBS 词典是描述每个工作分解结构条目的详细信息的文档。由于项目的复杂性，通常创建一个好的 WBS 非常困难。创建 WBS 有多种途径，包括使用指南、类比法、自上而下法、自下而上法和思维导图法。

范围确认是指干系人对项目范围的正式验收。范围控制是指控制项目范围的变更。

糟糕的项目范围管理是项目失败的关键原因之一。对于 IT 项目，用户的深度参与、高层管理者的支持、一份明确的需求说明以及管理范围变更的过程对于一个好的项目范围管理而言至关重要。

辅助项目范围管理的软件产品有很多种。WBS 是恰当使用项目管理软件的关键概念，因为 WBS 为整个任务提供了基础。

一定要考虑项目范围管理在敏捷/自适应环境中的差异。

5.11 讨论题

1. 项目范围管理包括哪些内容？为什么好的项目范围管理对 IT 项目如此重要？
2. 为一个项目收集需求包括哪些工作？为什么收集需求的工作通常很难执行？
3. 讨论随着项目的进展，更为详细地定义项目范围的过程，从项目章程中的信息扩展至项目范围说明书、WBS 和 WBS 词典。
4. 描述创建 WBS 的不同方法并解释 WBS 很难创建的原因。
5. 确认范围的主要技术是什么？举出一个项目范围确认的例子。
6. 使用本书或者网上的例子，描述一个遭遇范围蔓延的项目。项目蔓延可以避免吗？如何避免？项目蔓延是好事吗？什么时候是好事？对于那些有利于组织业务、不可避免的范围变化，组织如何做才能成功地管理这些变化？
7. 使用项目管理软件时，你为什么需要一个好的 WBS？你可以使用哪些其他类型的软件来辅助项目范围管理？
8. 范围管理与敏捷项目有何不同？

5.12 快速测验

1. ＿＿＿是指包含在创造项目产品及用来创造项目产品过程中的所有工作。
   a. 可交付成果　　b. 里程碑　　c. 范围　　d. 产品开发
2. 在收集需求阶段，成本最高且耗时最长的工具或技术是＿＿＿？
   a. 访谈　　b. 焦点小组会议　　c. 问卷调查　　d. 观察
3. ＿＿＿是一个项目中以可交付成果为导向的涉及所有工作的一种分组，它定义了项目的整体范围。
   a. 范围说明书　　b. WBS　　c. WBS 词典　　d. 工作包
4. 创建 WBS 时，＿＿＿是以非线性形式将想法写出或画出的一种方法。
   a. 自上而下法　　b. 自下而上法　　c. 类比法　　d. 思维导图法
5. 假定你有一个项目，该项目的主要工作类别为计划、分析、设计、测试。那么这些事项位于 WBS 中的第＿＿＿级。
   a. 0　　b. 1　　c. 2　　d. 3
6. ＿＿＿不是能够帮助避免 IT 项目范围问题的最佳实践。
   a. 范围要符合实际　　　　　　b. 尽可能使用现有的硬件和软件
   c. 遵循良好的项目管理过程　　d. 不要让太多的用户参与范围管理
7. ＿＿＿能构成敏捷项目需求。
   a. Scrum　　b. 待办事项　　c. 冲刺　　d. 需求清单
8. 范围＿＿＿通常是通过客户检查来完成的，然后以关键的可交付成果收尾。
   a. 验收　　b. 确认　　c. 完成　　d. 结束
9. ＿＿＿不是改善用户输入的建议。
   a. 为 IT 项目开发一个有效的项目选择过程　　b. 用户参与项目团队
   c. 用户与开发人员共处一处　　d. 仅在需要时开会，而非定期开会
10. 项目管理软件可帮助构建＿＿＿，它是制作甘特图、分配资源以及分配成本的基础。
    a. 项目计划　　b. 进度　　c. WBS　　d. 可交付成果

5.13 快速测验的答案

1. c 2. a 3. b 4. d 5. c 6. d 7. b 8. b 9. d 10. c

5.14 练习题

1. 你正在参与一个项目，项目的目的是开发一个新的或加强的系统来帮助你所在的学院、大学或者组

织中的人找工作。此系统必须适合你的学生或者工作人员，并且非常容易使用。写一篇简短的论文描述你怎样为此系统收集需求，在需求跟踪矩阵中涵盖至少 5 个需求。
2. 阅读本章中引用的 PMI 报告《职业脉搏调查：需求管理——项目和项目集成功的核心竞争力》。查找过去一年中编写的一两份有关需求管理的报告，总结报告的结果和你对该话题的看法。
3. 使用 MindView 或类似软件为你选择的项目开发 WBS。你可以使用本章中的一个样例，也可以自己创建例子。获取屏幕截图并以各种格式打印 WBS（思维导图，图表和表格）。
4. 使用 Microsoft Project 或类似软件，并适当缩进类别来创建与练习 3 相同的 WBS。使用大纲编号功能显示大纲编号，或手动输入编号。不要输入任何持续时间或依赖关系。有关构建 WBS 的说明，请参见附录 A 或 Project 2016 的帮助部分。将做出的甘特图打印在一张纸上，同时确保能展示出整个任务名称栏。
5. 使用练习 3 中在 MindView 或类似软件创建的文件，导出 WBS 到 Project 2016 中。根据需要进行调整，然后从 Project 2016 或类似软件中打印甘特图。对比使用思维导图和仅在任务名称栏中输入信息这两种方式的感受，并把它记录下来。
6. 为如下的项目之一创建 WBS：
   - 在你学校的书店中引进自助结账注册机
   - 在你的组织中就地提供一个新的网吧
   - 你和朋友在 3 个月内开发一个应用程序并在线销售
   - 获得 CAPM 或 PMP 认证

   确定 WBS 的所有二级分类。用自选软件以图表的形式创建一个 WBS 并作为甘特图中的任务。不要输入任何持续时间或依赖关系。确保 WBS 中包括所有的项目可交付成果以及所需的工作。标注你在完成这一练习时遇到的问题。
7. 回顾 Microsoft Project 2016、MindView 或任何其他项目管理软件工具中的 3 个不同模板文件。你如何看待 WBS？写一篇简短的论文总结你的分析，就改进其中的一个 WBS，至少提供 3 个建议。
8. 研究在商业分析中获得认证的好处和要求，正如本章中的"对在哪里"所述。在一篇短文中总结你的发现。

5.15 实践案例

你被选为全球企业家项目的项目经理。去年，作为班级项目的一部分，你帮助在你的大学举办了一个类似"创智赢家"（shark tank）的活动，所以你对项目所涉及的内容有了一个大致的了解。全球企业家项目计划为期 6 个月，预算为 12 万美元。你最喜欢的教授 K 博士和他的几个同事已经同意资助该项目。你的优势是你的组织能力和领导能力。

你是一名大四学生，住在学校，因在宿舍做宿舍助理而获得免费食宿。Bobby 是一个靠建立网站来支付大学费用的电脑奇才，他将成为这个项目的主要技术人员。他去学校工作但住在校外。其他 3 个成员会组成项目团队的核心：Kim，一个刚毕业的大学生，现在为越南的一个非营利组织工作；Ashok，一位来自印度的商科学生；Alfreda，一名美国学生，计划在几个月之后回她的家乡埃塞俄比亚呆两个月。大多数会议通过虚拟方式举行，但是如果需要的话，你可以与 Bobby 和 K 博士进行面对面交流。你认识这些人至少已经一年了，并且很高兴能有机会完成这个项目。

你和你的团队成员在完成课业或其他工作的时候兼职做此项工作，并且可以使用至多 5 万美元作为自己的薪酬。你预计需要额外的 3 万美元差旅费，2 万美元的硬件和软件费用，以及其他 2 万美元的活动组织费、顾问费、法律/商务费等。

你的目标是开发一个功能齐全的网站，并通过在 4 个不同的国家举办 4 次活动来测试它。这些活动之后，你将对网站进行改进，制定计划来扩大规模，并建议如何将项目成果转化为成功的业务。

回顾第 4 章，该系统将包括以下功能：

- 提供有关举行"创智赢家"类型活动的指南和模板。
- 接受那些希望在特定的学校或组织举办活动的潜在投资者的捐赠（类似于受欢迎的网站 DonorsChoose.org，在那儿人们可以在该网站上对老师的请求予以资助）。
- 接受有关所需新产品或服务的想法。
- 为组织提供创建自定义网站的能力，征求当地参与者和投资者，接受申请，并促进赢家和输家共赢。

请注意，你决定不在活动中提供线上版本，因为你的赞助商和团队认为实体版本将是最有效的。你还决定限制第一个项目的范围，只为 20 个组织提供帮助，以创建它们的自定义网站。你的团队成员将筛选组织，并帮助人们使用该网站来计划他们的活动。

你计划在 4 个月内举行 4 次"创智赢家"的类似活动，利用你在国外的一名团队成员帮助组织和举办这些活动，并在你的大学里也举办一次。你的学期刚刚开始，所以你计划在学期结束时举办该活动。该项目将为活动提供茶点和为获奖者提供奖励，每个活动的预算为 1000 美元。你不认为在这些活动之前你的新网站项目能够获得捐赠，但是你会努力使项目在最后一个月能够得到捐赠。

你将制作一些简短的视频，告知人们如何使用该网站，并为举行活动提供建议。

在测试网站并获得客户反馈后，你将对项目的后续工作进行一些变更和提出一些文档的建议。你还将创建一个商业计划，建议如何将此项目转换为可在两年后盈利的实际业务。

假设你将通过一个在线供应商来支付新的网站和账号的费用。Bobby 将为该网站做大部分的定制/编程工作，但是你会考虑外包或者购买服务来提供一些功能，比如接受捐赠和在网上开发短视频。你还将为你的 3 名海外团队成员购买一台新的笔记本电脑和互联网访问入口，使他们能够在那些国家与他们的联系人共享信息。

你和 K 博士希望参加作为项目的一部分的所有活动，如果可能的话，你想召开一次全员参加的面对面会议。

5.16 作业

1. 记录你收集项目需求的方法。在需求跟踪矩阵中包括至少 5 种技术需求和 5 种非技术需求。还要制定一份清单，列出至少 5 个你想询问项目发起人的问题。如果方便的话，可以请你的导师为你解答。
2. 开发项目范围说明书的第一个版本。使用本书配套网站上提供的模板和第 3 章中的示例作为指南。尽可能具体地描述产品特性和需求，以及项目的所有可交付成果。作为项目范围的一部分，一定要包括 Global Treps 网站、4 个类似"创智赢家"的活动、一份商业计划以及外包项目（笔记本电脑，捐赠接收，视频创作等）。
3. 为项目创建一个工作分解结构，将工作恰当地分解至第 3 级或第 4 级。使用本书配套网站上的模板和本章中的示例作为指南，以列表形式打印 WBS。确保 WBS 是以项目章程（见第 4 章中的实践案例）、作业 2 创建的项目范围说明书以及其他相关的信息为基础的。
4. 用作业 3 中创建的 WBS 开始在你选择的软件中绘制甘特图，不要输入任何持续时间或依赖关系，在一页纸上打印甘特图，并确保显示整个任务名称栏。
5. 为该项目的范围确认和变更控制制定策略。写一篇简短的论文总结该策略的关键点。

5.17 关键术语

类比法（analogy approach）
标杆管理（benchmarking）
自下而上法（bottom-up approach）
分解（decomposition）
可交付成果（deliverable）
联合应用设计（JAD）（Joint Application Design, JAD）
项目范围管理（project scope management）
项目范围说明书（project scope statement）
原型法（prototyping）
需求（requirement）
需求管理计划（requirements management plan）
需求跟踪矩阵（RTM）（requirements traceability matrix，RTM）
范围（scope）
范围基准（scope baseline）
范围蔓延（scope creep）
范围确认（scope validation）
自上而下法（top-down approach）
用例建模（use case modeling）
偏差（variance）
WBS 词典（WBS dictionary）
工作分解结构（WBS）（work breakdown structure，WBS）
工作包（work package）

5.18 注释

1. Karl Wiegers, *Software Requirements*, Second edition (Redmond, WA: Microsoft Press, 2003), p. 7.
2. Project Management Institute, Inc., *A Guide to the Project Management Body of Knowledge (PMBOK® Guide) – Sixth Edition* (2017), p. 140.
3. Amy Hillman, "The Rise in Business-Analytics Degrees," *Huffington Post* (May 13, 2014).
4. Project Management Institute, *Pulse of the Profession®: Requirements Management* (August 2014).
5. Craig Smith, "Interview and Book Review: How Google Tests Software," www.infoq.com (September 11, 2012).
6. John Simpson, "2011: The State of Requirements Management" (2011).
7. Project Management Institute, *Pulse of the Profession: Requirements Management— A Core Competency for Project and Program Success* (August 2014).
8. Mindjet Visual Thinking, "About Mind Maps," www.mindjet.com (2002).
9. David I. Cleland, *Project Management: Strategic Design and Implementation*, Second edition (New York: McGraw-Hill, 1994).
10. Geoffrey James, "Information Technology Fiascoes … and How to Avoid Them," *Datamation* (November 1997).
11. Paul McDougall, "8 Expensive IT Blunders," *InformationWeek* (October 16, 2006).
12. Op. cit.
13. Marc L. Songini, "21st Century Insurance Apps in Limbo Despite $100M Investment," *Computerworld* (December 6, 2002).
14. www.ptv.vic.gov.au/tickets/myki/ (accessed March 1, 2012).
15. Megan Levy, "Peak-Hour Test for myki Smartcard System," *The Age* (July 26, 2010).
16. Greg Thom, "When It Comes to myki, Like It or Lump It," *Herald Sun* (January 20, 2012).
17. Alex White, "The $1.5 Billion myki Debacle Labor Doesn't Want to Know About," *Herald Sun* (January 3, 2015).

[18] Andy Crowe, Alpha Project Managers: What the Top 2 percent Know That Everyone Else Does Not (Kennesaw, GA: Velociteach Press, 2006), pp. 46–47.

[19] Julia King, "IS Reins in Runaway Projects," *Computerworld* (September 24, 1997).

[20] Thomas E. Murphy, "Market Guide for Software Requirements Definition and Management Solutions," Gartner (October 7, 2014).

[21] Project Management Institute, Inc., *A Guide to the Project Management Body of Knowledge (PMBOK® Guide) – Sixth Edition* (2017), p. 133.

第 6 章

Information Technology Project Management, Ninth Edition

项目进度管理

学习目标

阅读完本章后，你将能够：

- 理解项目进度管理及其在项目成功过程中的重要性。
- 讨论计划进度管理的过程。
- 定义开发项目进度的基础活动。
- 描述项目经理如何使用网络图和活动间的依赖关系来辅助活动排序。
- 解释各种工具和技术如何帮助项目经理进行活动持续时间估算。
- 使用甘特图来计划和跟踪进度信息，找到项目的关键路径，描述关键链进度计划和计划评审技术如何影响项目进度开发。
- 比较使用敏捷方法和更具预测性的项目方法实施项目进度管理的差异。
- 描述项目管理软件如何辅助项目进度管理，并在使用软件之前审阅注意事项。
- 讨论敏捷/自适应环境下的注意事项。

开篇案例

Sue Johnson 是一家咨询公司的项目经理，她签订了一项在 9 个月或者更短时间内为当地学院提供新在线注册系统的合同。这个系统一定要在 5 月 1 日之前投入运行，从而让学生能够在秋季学期使用它来进行注册。如果系统不能按时完成，按照合同的严格规定，她的公司将要支付一大笔违约金。而如果项目满足进度，那么 Sue 和她的团队就会因为良好的工作绩效而获得丰厚的奖金。Sue 知道满足进度、范围、成本和质量期望是她的责任。她和她的团队设计了详细的进度表和网络图来帮助组织项目。

设计项目的进度是较容易的，但是按计划执行项目就比较困难了。管理人员问题和解决进度冲突是两项较大的挑战。学院的许多员工临时休假，错过或者重新安排了项目评审会议。因为项目团队必须让他们的客户在系统开发生命周期的各个阶段都签收，这些变化使得项目团队很难遵循项目进度进行系统开发。项目团队的一个高级程序员退出了，Sue 知道要一个新人快速接手这一工作需要额外的时间，尤其是因为即将离任的程序员在记录他的代码如何与学院的其他系统链接方面做得很差。虽然项目刚刚开始，但是 Sue 知道她们已经落后了。为了使项目在 5 月 1 日之前完成，Sue 应该做些什么？

6.1 项目进度的重要性

项目经理们通常认为按时交付项目的需求是他们面临的最大挑战之一，也是引起冲突的主要原因。进度问题如此普遍的部分原因可能是时间很容易被度量和记住。你可以争辩说由于范围扩大和成本超支使得持续时间拖延，并可以使实际数值看起来与估算数值接近，但是一旦设定了项目进度，人们记住了项目的完成日期，那么任何人都能够用完成项目实际花费的时间减去原始估算的时间，从而快速地估算进度的执行情况。人们通常在比较计划和实际的项目完成时间时，并不考虑项目中经过评审的变更。时间是一个具有最低灵活性的变量，不管项目中发生了什么，时间总是在流逝。

个人的工作方式和文化差异也可能会造成进度上的冲突。例如，你将在第9章中了解梅耶斯-布里格性格类型指标（Myers-Briggs type indicator）。这种团队建设工具的一个考量维度是关于人们对待结构和时间期限的态度。一些人喜欢详细的进度计划，并强调任务的完成。另一些人则喜欢对事物保持开放的和灵活的态度。不同的文化，甚至在一个国家内，人们对于进度都有不同的态度。例如，一些国家每天下午商店关门几个小时进行午休。不同的国家也许有不同的假期，这意味着在一年的某些时间不会有很多工作要做。不同的文化对工作伦理也有不同的理解——一些文化认为努力工作和严格守时是有价值的，而另一些文化则看重放松和灵活的能力。

媒体快照

与2002年盐湖城冬季奥运会（见第4章中的"媒体快照"）相比，在2004年雅典夏季奥运会或者2014年索契冬季奥运会中，计划和进度都没有得到很好的执行。

雅典奥运会开幕式前，许多文章都预测奥运会的设施不会及时准备就绪。"在距离雅典奥运会开幕还有162天的时候，首都希腊仍然没有为这个期待已久的盛大活动做好准备……到现在为止，30个奥林匹克项目中有22个被认为能够完成。本周雅典奥运会组委会骄傲地宣布19个场馆将在下个月底完工。但这与目标仍有很大的差距。"[1]然而，许多人为雅典出色的开幕式、漂亮的新建筑、最先进的安全和交通系统而欣喜鼓舞。例如，被认为是比赛前主要难题的交通流量得到了很好的解决。赛场的一名观众反驳了设施不能按时完成的预测，"雅典证明他们全错了……从来没有这样好"。[2]希腊人甚至让建筑工人在典礼开始的时候仍然假装工作，以此来取笑那些批评意见。不幸的是，希腊政府因为奥运会的开支比预算多了两倍而遭受了巨大的财政赤字。

2014年俄罗斯索契冬季奥运会遭受了更大的经济损失。最初预算为120亿美元，最终成本超过510亿美元，这使索契奥运会成为历史上最昂贵的奥运会。与希腊幽默地应对雅典奥运会的挑战不同，俄罗斯公民更为严肃。虽然2006年，有86%的索契居民支持奥运会，但到2013年，只有40%的居民支持奥运会。俄罗斯公民，尤其是索契的俄罗斯公民，在得知规划不善和巨额费用超支时，就明白了主办奥运会的负面影响。"……索契奥运会将继续成为俄罗斯政府的负担，每年用于运营、维护、利息及税收的费用约为12亿美元。这次活动也未能改善俄罗斯在世界上的形象，在实施该计划的7年中，国内民众的支持率有所下降，其中下降最显著的是当地民众的支持率。"[3]

对于所有可能发生的进度冲突，项目经理做好项目进度管理是非常重要的。简单地说，项目进度管理（project schedule management），就是确保项目按时完成的过程。在项目进度管理中，有6个主要过程：

1. 计划进度管理是指确定将用于计划、执行和控制项目进度的政策、流程和文档。

2. 定义活动是指识别项目团队成员和干系人必须执行并产生项目的可交付成果的特定活动。**活动**（activity）或**任务**（task）是工作的组成要素，通常出现在工作分解结构中，有预计的持续时间、成本和资源要求。

  3. 排列活动顺序是指识别和记录项目活动之间的关系，包括需求、资源分解结构和项目文档更新。

  4. 估算活动持续时间是指估算完成单项活动所需的工作时间。

  5. 制定进度计划是指分析活动顺序、资源需求和活动持续时间估算来创建项目进度计划。

  6. 控制进度是指控制和管理项目进度的变更。

  通过执行这些过程并使用一些基本的项目管理工具和技术，就能够改善项目的进度管理。每个经理都熟悉某些形式的进度管理，但是多数的经理没有使用专门针对项目进度管理的几种工具和技术，比如甘特图、网络图和关键路径分析。

6.2 计划进度管理

  项目进度管理中的第一步就是制定贯彻整个项目生命周期的进度管理计划。项目进度源于启动项目的基本文档。项目章程中经常提到项目的计划开始和结束日期，它们可以作为更详尽的进度计划的起始时间和结束时间。在评审项目管理计划、项目章程、企业环境因素和组织过程资产后，项目团队使用专家判断、分析技术和会议来制定进度管理计划。

  进度管理计划，与范围管理计划一样，基于项目的需求可以是非正式和广泛的，也可以是正式和详细的。一般来说，进度管理计划包括以下信息：

- 项目进度模型的开发：许多项目都包括一个进度模型，进度模型包括持续时间估算、依赖关系和其他可以用来生成项目进度的信息。请参见附录 A（可在本文配套网站上获得）中使用 Microsoft Project 2016 创建进度模型的信息。
- 准确度和计量单位：讨论进度估算的准确度并决定是否用小时、天或者其他单位来度量时间。
- 控制阈值：建立偏差阈值，如 ±10%，用于监测进度执行情况。
- 绩效评估规则：例如，如果希望团队成员跟踪工作的完成百分比，则绩效评估规则指明如何确定百分比。
- 报告格式：描述项目所需的进度报告的格式和频率。
- 过程描述：描述如何执行所有的进度管理过程。

6.3 定义活动

  你可能会认为，在计划范围管理后，所有的项目工作已经定义得足够详细了，但是作为进度管理的一部分，对活动进行更详细的描述通常是必要的。定义活动是指识别特定的活动，活动将产生足够详细的项目可交付成果，以确定资源和进度估算。项目团队在评审进度管理计划、企业环境因素和组织过程资产后，开始定义活动。该过程的输出包括活动清单、活动属性、里程碑清单、变更请求和项目管理计划更新。

  活动清单（activity list）是包含在项目进度中的活动列表。这个清单应该包括活动名称、活动标识或者编号以及活动的简短描述。**活动属性**（activity attributes）提供有关每个活动的进度相关信息，例如紧前活动、紧后活动、逻辑关系、提前量和滞后量、资源需求、约束、强制日期以及与活动相关的假设。活动清单和活动属性应该与 WBS 和 WBS 词典保持一致。当信息可用时，可以将其添加到活动属性中。这些信息包括在以后的过程中确定的逻辑关系和资源需求。许多项目团队使用自动化系统来跟踪与活动相关的信息。

项目中的**里程碑**（milestone）是项目中一个通常没有持续时间的重要事件。通常，完成一个里程碑需要进行一些活动和大量的工作，但是里程碑本身是帮助识别必要活动的标记。里程碑还是用于设定进度目标和监控进展的有用工具。例如，在本章"开篇案例"中的项目的里程碑可能包括完成和客户签署的文档，如设计文档和测试计划；完成特定产品，如软件模块或者安装新硬件；完成与重要过程相关的工作，如项目评审会议和测试。并非每个可交付成果或输出都能为项目创建一个真正的里程碑。里程碑是最重要和最明显的事件。例如，在儿童成长过程中，父母和医生会检查他们成长的里程碑，比如第一次翻滚、坐、爬、走路和说话。你将在本章后面学习更多关于里程碑的知识。

活动信息是其他进度管理过程中的必须输入。你必须对项目活动有充分的了解，才能确定活动排序、持续时间，制定进度计划或者控制进度。

回忆项目管理的三项约束——平衡范围、时间和成本目标——并注意到这些事项的顺序。理想情况下，项目团队和主要干系人首先界定项目范围，然后是项目的时间或者进度，最后确定项目成本。这三项的顺序反映了项目进度管理过程的基本顺序：定义活动（更进一步定义范围）、排列活动顺序（更进一步定义时间），以及估算活动资源和活动持续时间（更进一步定义时间和成本）。这些过程是创建项目进度的基础。

定义活动的目标是确保项目团队完全理解他们必须做的所有工作是作为项目范围的一部分，以便他们能够开始安排工作进度。例如，一个 WBS 条目可能是"研究报告"，项目团队必须理解报告的含义，团队成员才能做出与进度相关的决策。这个报告要多长？完成报告是否需要调研或者大量的研究？报告撰写者需要有什么样的技术层次？更进一步地定义该任务将有助于项目团队确定执行任务所需时长以及任务执行者。

当项目团队成员更进一步定义执行工作所需的活动时，通常会进一步剖析 WBS。例如，任务"研究报告"也许被分解成几个子任务，这些子任务描述了生成报告所需的更小的可交付成果，如调研开发、调研管理、报告草稿、报告编辑和最终生成报告。这种逐渐细化的过程是第 1 章中列出的项目属性之一，有时被称为"滚动式计划"。

如前所述，活动（或任务，大多数项目管理软件中使用的术语）是在项目过程中所执行工作的要素，他们有预期工期、成本和资源需求。定义活动也提供细节支持来记录重要的产品信息以及与特定活动相关的假设和约束。在进入项目进度管理的下一个步骤之前，项目团队应当与项目干系人一起审查活动清单和活动属性。如果他们不与项目干系人审查这些条目，就可能会产生一个不切实际的进度计划和交付不可接受的结果。例如，如果一个项目经理只是简单地估计"完成研究报告所需时间"将是一天，然后让一个实习生或培训生写一个 10 页的报告来完成这个任务，那么结果可能会让客户大发雷霆，因为客户本来期望得到一份经过充分研究、调查和 100 页厚的报告。清晰地定义工作对于所有项目都是至关重要的。如果对这些活动存在误解，那么将来可能需要请求变更。

在本章"开篇案例"中，Sue Johnson 和她的项目团队签订了一份为学院开发新在线注册系统的合同，并提供详细的规格说明书。他们也必须集中精力在 5 月 1 日前交付一个可运行的系统，以便学院能够开始使用新系统进行新学期的注册。为了制定这个项目进度表，Sue 和她的团队必须审查合同、详细的规格说明书和要求的运行日期，然后创建活动清单、活动属性和里程碑清单。在对项目活动进行更加详细的定义后，Sue 和她的团队将和客户一起对这些定义进行评审，以保证团队的工作方向正确。

> **错在哪里**
>
> 在美国联邦调查局（FBI），时间管理不善是 Trilogy 项目失败的一个原因，该项目是一个"灾难性的、令人难以置信的、昂贵的雾件，该雾件用了超过 4 年的开发时间。这个系统本来应该能够帮助联邦调查局特工把来自调查局内部的各个独立信息数据库的情报进行整合。"[4] 在 2006 年 5 月，政府财务审计机构说，Trilogy 项目并没有发挥它的核心使命——提高联邦调查局的调查能力，并且 Trilogy 项目没有按时完成里程碑，而且成本激增。
>
> 为应对 9·11 恐怖袭击，美国联邦调查局在 2001 年开始仓促地开发新系统。前联邦调查局特工 David J.Williams 显然很需要这套新软件，他回忆在 9·11 不久后，他召集了一屋子的特工来帮助整理情报。特工们都坐在带脚轮的椅子上，在 20 个旧的计算机终端之间来回滑动，其中许多计算机的终端是连接到包含不同信息的各种数据库中，最后他们椅子上的滑轮都磨坏了。
>
> 国会听证会发现这个项目存在许多问题。项目的需求定义非常松散，在整个项目期间多次更换领导，而且一些合同中没有设定进度里程碑以及无法交付时的处罚。新系统终于在 2006 年完成，它的成本超过 5.37 亿美元——超过预算 2 亿美元以上，比计划晚了一年。
>
> 联邦调查局用一个名为 Sentinel 的新系统取代 Trilogy，并且在 2007 年 5 月开始培训员工使用它。[5] 但不幸的是，历史似乎重演，在 2012 年 Sentinel 出现了问题。根据美国联邦调查局的初始计划，Sentinel 应该在 2009 年 12 月完成，它的估计成本为 4.25 亿美元。后来联邦调查局将估计成本增加至 4.51 亿美元并两次延长项目完工日期。所以，这个项目落后于预定进度两年。在 2011 年的一次测试中，该系统经历了两次中断，并且联邦调查局确定 Sentinel 系统当前的硬件结构存在不足。2014 年，一些人抱怨说该系统仍然无法正常运行。"大部分时间内你都找不到你需要的东西，或者总是得到你不想要的垃圾，但除此之外，令联邦调查局长期麻烦不断，耗资数十亿美元的 Sentinel 计算机文件系统进展顺利。"[6]

6.4 排列活动顺序

在定义了项目活动后，项目进度管理的下一步是对活动进行排序或确定它们之间的依赖关系。活动排序过程的输入包括项目管理计划、项目文档（如活动属性、活动清单、假设日志和里程碑清单）、企业环境因素和组织过程资产。排序过程包括评估活动之间存在依赖关系的原因和不同类型的依赖关系。

6.4.1 依赖关系

依赖（dependency）或**关系**（relationship）与项目活动或任务的排序相关。例如，一个特定的活动是否必须在另外一个活动开始之前完成？项目团队是否能够同时进行多项活动？能否有交叉？确定活动之间的关系或者依赖对于开发和管理项目进度至关重要。

项目活动之间有几种类型的依赖关系：

- **强制性依赖关系**（mandatory dependencies）是项目中正执行的工作的固有本质。某些时候被称为硬逻辑关系。例如，在编写代码之前，你不能测试代码。
- **选择性依赖关系**（discretionary dependencies）由项目团队定义。例如，项目团队可能遵循好的实践，并且在用户签署同意所有分析工作之前，项目团队不会开始新的信息系统的详细设计。选择性依赖关系有时又称为软逻辑关系，应该谨慎使用，因为它们将可能限制后续的进度安排。
- **外部依赖关系**（external dependencies）涉及项目活动和非项目活动之间的关系。例如，新的操作系统和其他软件的安装可能依赖于外部供应商交付的新硬件。即使新硬件的交付可能不包括在项目范围内，你也应该为其添加外部依赖关系，因为交付延误将影响项目进度。
- **内部依赖关系**（internal dependencies）涉及项目活动之间的关系，这些关系通常在项目团队的控制之内。例如，如果软件是由团队开发的，他们可以创建依赖关系，如在系统测试之前执行单元测试。

请注意，依赖关系可以是内部且强制性的，也可以是外部且选择性的，等等。和活动定义一样，把项目干系人召集到一起来定义项目中的活动依赖关系同样是非常重要的。如果不定义活动顺序，项目经理就无法使用一些功能最强大的进度工具：网络图和关键路径分析。

6.4.2 网络图

网络图是表示活动排列顺序的首选技术。一个**网络图**（network diagram）是显示项目活动之间的逻辑关系及其顺序的示意图。有些人将网络图称作项目进度网络图或者计划评审技术图。计划评审技术将在本章后面进行描述。图6-1给出了项目X的一个网络图的示例。

注意这个网络图上的主要元素。字母A到J表示具有完成项目所需的依赖关系的活动。这些活动来自WBS和前面介绍的活动定义过程。箭头表示活动顺序或者任务之间的关系。例如，活动A必须在活动D之前完成、活动D必须在活动H之前完成。

该网络图的格式使用的是**双代号网络图**（Activity-On-Arrow，AOA）的方法或者**箭线图法**（Arrow Diagramming Method，ADM)——一种网络图技术，其中活动用箭头表示，并将节点（箭头的交点）连接起来，表示活动的顺序。节点可以简单地表示一个活动的开始和结束。第一个节点表示项目的开始，最后一个节点表示项目的结束。

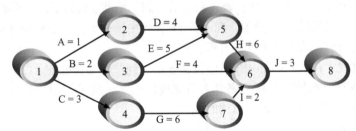

注意：假定所有的持续时间都是以天为单位；A=1表示活动A的持续时间为1天。

图6-1 项目X的网络图

我们应该牢记，网络图表示的是为完成项目而必须执行的活动，而不是从第一个节点到最后一个节点的赛跑。为了完成项目，必须完成网络图上的每个活动。同样需要注意的是，并不是WBS上的每个条目都需要在网络图上显示，网络图只显示具有依赖关系的活动。然而，有些人喜欢有开始和结束的里程碑并且列出每一个活动，这是一个见仁见智的问题。对于具有数以百计活动的大型项目来说，网络图仅包含具有依赖关系的活动可能会更简单。有时只要把概要任务放在网络图上或者把项目分解为几个小的网络图就够了。

假定你有一个项目的活动清单和它们的开始和完成节点，遵循以下步骤来创建一个AOA网络图。

1. 找出从节点 1 开始的所有的活动。画出完成节点，然后把节点 1 和每个完成节点之间用箭线连接起来。把代表活动的字母或者名字放在相关的箭线上。如果有持续时间估算，那么就把它放在活动字母或者名字附近，如图 6-1 所示。例如，A=1 表示活动 A 的持续时间是 1 天、1 周或者其他的标准时间单位。确保在所有的箭线上标上箭头来表示活动关系的方向。

2. 继续按照从左到右的顺序绘制网络图。注意分叉和汇聚。**分叉**（burst）为一个单独的节点后面跟着两个或者更多活动。**汇聚**（merge）是两个或者多个节点领先于一个单独的节点。例如，在图 6-1 中，节点 1 是分叉节点，因为它进入节点 2、3 和 4。节点 5 是一个汇聚节点，因为它前面有节点 2 和 3。

3. 继续画 AOA 网络图直到所有的活动都被包含在图上。

4. 按照一般的习惯，所有的箭头都应该朝着右方，并且在 AOA 网络图中任何箭线不能有交叉。为了使网络图更好地表达效果，你可能需要重新绘制。

即使 AOA 或 ADM 网络图通常容易理解和绘制，但更加常用的是另一种不同方法——**紧前关系绘图法**（Precedence Diagramming Method，PDM）。PDM 是一种网络图技术，使用方框表示活动。它在显示特定类型的时间关系时特别有用。

基于 Microsoft Project 的帮助界面，图 6-2 列举了项目活动之间可能发生的依赖关系类型。在你确定了活动（强制性、选择性和外部）之间存在依赖关系的原因后，你必须确定依赖关系的类型。注意，活动和任务是可以互换使用的，如同关系和依赖可以互换一样。活动之间包含以下 4 种类型的依赖或者关系：

- **完成 – 开始**（finish-to-start）：该关系表示"从"活动（紧前活动）必须完成后，"到"活动（紧后活动）才能开始。例如，在软件或者新系统安装之前，你不能提供用户培训。完成 – 开始是最常见的关系或者依赖类型，AOA 网络图只使用完成 – 开始依赖关系。

- **开始 – 开始**（start-to-start）：该关系表示"到"活动（紧后活动）开始后，"从"活动（紧后活动）才能开始。例如，在一些 IT 项目中，一组活动要同时开始，如当一个新的系统运行后，许多任务才能开展。

- **完成 – 完成**（finish-to-finish）：该关系表示"到"活动完成前，"从"活动必须完成。一个任务不能在另一个任务完成之前完成。例如，质量控制的投入不能在产品完成之前完成，尽管两个活动可以同时执行。

- **开始 – 完成**（start-to-finish）：该关系表示"从"活动必须开始后，"到"活动才能完成。这种类型的关系很少使用，但是在一些情况下也是可能出现的。例如，一个组织可能会努力在生产过程开始之前，及时采购原料。生产过程开始的延误将延误原料采购的完成。另一个例子是，一个保姆想完成照看小孩的任务，但是它依赖于孩子父母的到来。在保姆完成任务之前，父母必须出现或者"开始"。

图 6-3 说明了使用紧前关系绘图法的项目 X。活动被放置在方框内，相当于图上的节点。箭线表示活动之间的关系。该图是用 Microsoft Project 建立的，软件自动在每个节点上放置了额外的信息。每个任务方框包括开始和完成日期，标为 Start 和 Finish；任务 ID 号，标为 ID；任务的持续时间，标为 Dur；资源的名称（如果适用），标为 Res。在 Microsoft Project 的网络图视图上，关键路径中的任务边框自动显示为红色。在图 6-3 中，关键任务方框的边界由粗线条绘制。

任务依赖关系

两个链接任务之间的关系本质。通过定义任务结束和开始日期之间的依赖关系来链接它们。例如，"联系厨师"的任务必须在"确定菜单"任务开始之前完成。在Microsoft Project中有4种任务依赖关系。

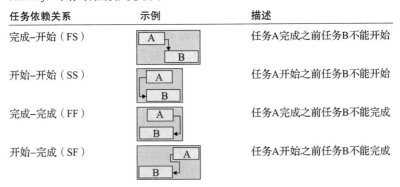

任务依赖关系	示例	描述
完成–开始（FS）		任务A完成之前任务B不能开始
开始–开始（SS）		任务A开始之前任务B不能开始
完成–完成（FF）		任务A完成之前任务B不能完成
开始–完成（SF）		任务A开始之前任务B不能完成

图 6-2　任务依赖关系类型

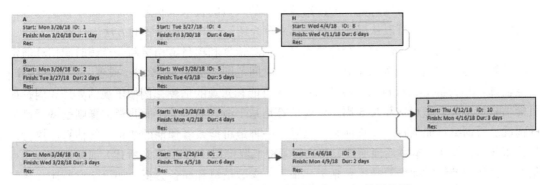

图 6-3　项目 X 的紧前关系绘图法（PDM）的网络图

紧前关系绘图法比 AOA 网络图更经常使用，而且比 AOA 技术有许多优势。第一，多数项目管理软件都使用紧前关系绘图法。第二，紧前关系绘图法可以避免使用虚活动。**虚活动**（dummy activity）没有持续时间而且没有资源，但是有时需要在 AOA 网络图上用虚活动表示活动之间的逻辑关系。这些活动是用虚的箭线表示，并且持续时间估算是零。第三，紧前关系绘图法表示任务间的不同依赖关系，而 AOA 网络图只使用了完成－开始依赖关系。使用在附录 A（可在本文配套网站上获得）中介绍的 Project 2016，你将学到更多活动排序的知识。

6.5　估算活动持续时间

与关键干系人一起定义活动并确定活动之间的依赖关系后，项目进度管理的下一个过程是估算活动的持续时间。需要注意的是，持续时间（duration）包括在活动上花费的实际时间加上占用时间。例如，即使花费一个工作周或者 5 个工作日来做实际的工作，持续时间估算可能是两周，多余的时间需要用来获取外部信息。分配给任务的人员或资源也将影响任务的持续时间估算。另一个例子是，如果有人问你估计多长时间读完某本书，你可能会说两个月。两个月是持续时间估算，即使你实际只打算花 20 小时读这本书。

不要把持续时间和**人力投入**（effort）混淆，后者是完成任务所需要的工作天数或者工作小时数。(通常将持续时间输入软件的持续时间列表中，例如 Microsoft Project 2016，而将人力投入输入工作列表中，参见附录 A 获取更多信息。) 假设多个人在同一天进行一项任务，一天的持续时间估算可以基于 8 个小时工作或者每周 80 小时工作。持续时间与日历上的时间估算关联,但不与人力投入估算关联。在上一个示例中,你可能计划花费 20 个小时来阅读一本书(人力投入估算),并将这段时间分散在两个月内(持续时间)。

当然,持续时间和人力投入是关联的,所以项目团队成员在创建持续时间估算时必须验证他们的假设。特别是,实际工作的人在持续时间估算中应该有很多发言权,因为他们的业绩将要按照是否满足估算来评定。审查类似的项目和寻求专家的帮忙对持续时间估算也是很有帮助的。

项目团队成员还必须随着项目进展而更新估算。如果项目发生了范围变更,那么为了反映变更,持续时间估算也应该变更。

活动持续时间估算有多个输入,包括进度管理计划、项目文档、企业环境因素和组织过程资产。除了借鉴过去项目的信息,项目团队也应当评审到目前为止持续时间估算的准确度。例如,如果发现所有的估算都过长或过短,那项目团队应当更新估算以反映他们得到的经验教训。

在进行活动持续时间估算时,最重要的是估算资源的可用性,特别是人力资源。人们做这项工作需要什么样的特定技能?分派给该项目的人员的技术水平怎么样?在项目进行的任何时间,预计有多少人可以从事该项目?第 9 章介绍了估算活动资源的方法。

活动持续时间估算的输出包括估算本身、估算依据和项目文档更新。持续时间估算通常以离散数字的形式提供,例如 4 周;或者一个时间范围,例如 3~5 周;或者一个三点估算。**三点估算**(three-point estimate)包括乐观、最可能和悲观的估算,例如乐观估算是 3 周,最可能估算是 4 周,悲观估算是 5 周。乐观估算是基于最好的情况,而悲观估算则是基于最坏的情况。所谓最可能估算,如你所料,是基于一种最可能或者预期的情景下的估算。执行计划评审技术估算(如本章后面所述)和执行蒙特卡罗模拟(如第 11 章所述)都需要进行三点估算。其他的持续时间估算技术包括类比估算、参数估算和储备分析,如第 7 章所述。在制定好的活动持续时间估算时,专家判断同样是一个重要的工具。

> **给年轻专业人士的建议**
>
> 有些人发现估算很有挑战性,尤其是对自己的工作而言。但是,发展此技能非常重要。当你给出过分乐观的估算并且需要为完成某件事全天候工作时,你不想让自己感到压力,你也不想失去机会,因为你做出了对于潜在客户或发起人来说无法接受的非常高的估算。尝试估算需要花费多长时间来执行不同的活动,然后进行实际测量。如本章前面所述,详细定义活动将有助于更好地估算活动的每个部分。另外,不要害怕在估算时寻求帮助。我们通常认为事情所花费的时间少于他们实际花费的时间,有经验的人可以帮助我们更准确地估算。从编写报告,安排会议或创建演示文稿之类的活动开始。例如,你可能认为可以在 4 个小时内完成一次演示,但是发现实际花费的时间是原计划的 2 倍或 3 倍,因为你必须仔细考虑、修改、获取意见、设置图形格式或其他类似活动。如果发现一项活动的估算可能不是很好,请让团队尽快知道,以便在项目的早期进行调整。

6.6 制定进度计划

制定进度计划是依据前面所有项目进度管理过程的结果来决定项目的开始和结束日期。在最终确定项目进度之前,所有项目进度管理过程通常要经历几次迭代。制定切合实际的进度计划的最终目标是在项目的时间范围内,为监控项目进展提供基础。这个过程最主要的输出是进度基准、项目进度、进度数据、项目日历、变更请求、项目管理计划更新和项目文档更新。项目团队创建一个计算机模型来创建一个网络图，按时间段输入资源需求和可用性，同时调整其他信息，进而快速产生备选的进度计划。参见附录 A 来了解使用 Project 2016 辅助进度制定的信息。

一些工具和技术能够辅助进度制定过程：
- 甘特图是一个用来展示项目进度信息的通用工具。
- 关键路径分析是一个制定和控制项目进度的重要工具。
- 关键链进度计划是在编制项目进度计划时，关注有限资源的技术。
- 计划评审技术分析是一种评价项目进度风险的方法。

下面针对每一种工具和技术提供了相应的案例，同时讨论了其优点和缺点。

6.6.1 甘特图

甘特图（Gantt chart）提供了一套显示项目进度信息的标准格式，以日历的形式列出项目活动及其相应的起止日期。甘特图有时又称为条形图，因为活动的开始和结束日期都用横条显示。图 6-4 给出了一个用 Microsoft Project 创建的项目 X 的简单甘特图。图 6-5 显示了更复杂的甘特图，该图是基于微软提供的模板中的软件发行项目。甘特图上的活动由 WBS 上的可交付成果驱动，并且应该依次与活动清单和里程碑清单一致。注意，软件发行项目的甘特图包含里程碑、概要任务、个人任务的持续时间和表示任务之间依赖关系的箭线。

注意软件发行项目的甘特图上的不同符号（见图 6-5）：
- 黑的菱形符号表示一个里程碑。在图 6-5 中，任务 6 "范围完成"是一个发生在 1 月 17 日的里程碑。对于非常大的项目，高层管理者可能只想在甘特图上看到里程碑。Microsoft Project 允许筛选掉甘特图上的一些显示信息，从而能够容易地显示特定的任务，例如里程碑。
- 开头和结尾处带有矩形的粗黑条表示概要任务。例如，第 2~5 行中列出的活动是概要任务 1，"范围"的所有子任务。WBS 活动在多数项目管理软件中也称为任务和子任务。
- 任务 2、3、4 和 5 的浅灰色横条表示每个单独任务的持续时间。
- 连接这些符号的箭线表示任务之间的关系或依赖。甘特图通常不能表示依赖关系，这是它最大的缺点。如果在 Microsoft Project 中已经建立了依赖关系，那么甘特图上将会自动显示出来。

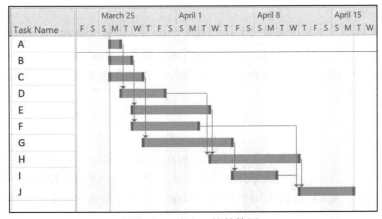

图 6-4 项目 X 的甘特图

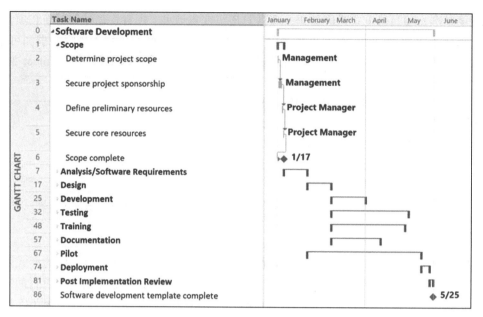

图 6-5 软件发行项目的甘特图

6.6.2 在甘特图上增加里程碑

里程碑是进度计划中特别重要的部分,尤其是对于大型项目。许多人喜欢关注于达成里程碑,所以可以通过创建里程碑来强调项目中的重要事件或成就。通常可以通过输入持续时间为零的任务来创建里程碑。在 Microsoft Project 中,也可以通过在任务信息对话框的"高级"选项卡中选中合适的框,将任何任务标记为里程碑。这个任务的持续时间将不变成 0,但是甘特图将基于任务的开始时间,用里程碑符号表示该任务。更多信息参见附录 A。

为了使里程碑变得有意义,一些人使用 SMART 准则来帮助定义里程碑。SMART 准则是一些指导原则,认为里程碑应当是:

- 明确的
- 可度量的
- 可分配的
- 现实的
- 有时间限制的

例如,如果每个人都知道营销计划中应包含的内容、应如何发布、应将多少份复印件发布给谁,以及应由谁负责实际交付,那么发布营销计划是一个明确的、可度量的和可分配的里程碑。如果发布营销计划是一个能够实现的事件,并且进度安排在合适的时间,那么它是现实的和有时间限制的。

最佳实践

Shawn Achor 在他的《幸福优势》(*The Happiness Advantage*) 一书中分享了可以促进工作成功的积极心理学原理。许多人在工作中会感到不堪重负。他们抱怨自己一直在工作,却依然无法完成工作。Achor 建议,20 秒规则可以通过帮助人们减少改变的障碍来提高他们的注意力。

20秒规则利用人们对于选择阻力最小路径的偏好。例如，如果你需要为了额外的一勺冰激凌而排队等待20秒钟，那么你会更轻松地拒绝这一勺额外的冰激凌。许多人很难集中精力工作，因为他们很容易为查看电子邮件、股票、新闻、社交媒体等分心。Achor 的建议让人更加难以分散自己的注意力。例如，在工作时保持电子邮件关闭。不要打开你喜欢的但与工作无关的网站，也不要在其中保存密码。实际上，你可以"通过增加时间来节省时间"，但仅对于工作中分散注意力的行为。[7]

6.6.3 使用跟踪甘特图来比较计划和实际的日期

你可以使用甘特图的特殊形式，通过显示实际的进度信息来评估项目进展。图 6-6 展示了一张**跟踪甘特图**（Tracking Gantt chart）——一个比较计划和实际项目进度信息的甘特图。活动的计划进度日期被称为**基准日期**（baseline date），整个经过审批的计划进度被称为**进度基准**（schedule baseline）。跟踪甘特图包括标记为"开始"和"完成"的列，分别表示每个任务的实际开始和完成日期；标记为"基准开始"和"基准完成"的列，分别代表每个任务的计划开始和完成日期。（这些列在图 6-6 中是隐藏的。）在这个例子中，虽然项目完成了，但是一些任务错过了计划的开始和完成日期。

作为一个进展评估工具，跟踪甘特图使用了一些附加的符号：

- 注意图 6-6 中的甘特图通常将任务表示为两个横条。上面的横条表示每个任务的计划或基准持续时间。下面的横条表示实际的持续时间。子任务 1.2 和 1.3 举例说明了这个类型的表示。如果这两个横条的长度一样，即其开始和结束的日期是一样的，那么对于那个任务，实际的进度与计划的进度是一样的。该进度发生在子任务 1.1 中，任务的开始和结束时间按照计划定于 3 月 4 号。如果横条的开始和结束不是在同样的日期，那么实际的进度就与计划和基准进度不同。如果上面的横条比下面的横条短，那么任务实际花费的时间就比计划的要长，如子任务 1.2 所示。如果上面的横条比下面的横条长，那么任务实际花费的时间就比计划的要短。一个带状的横条，如主任务 1 和 2 所示，表示概要任务的计划持续时间。与它相交的黑色横条表示概要任务的进展。例如，主任务 2 清楚地表明，实际持续时间比计划的要长。

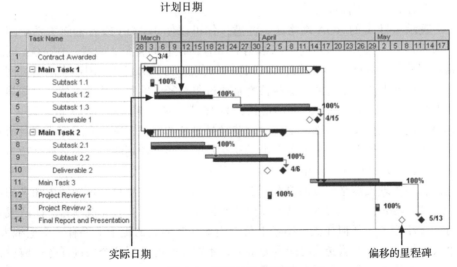

图 6-6 跟踪甘特图示例

- 跟踪甘特图中的白色菱形表示一个偏移的里程碑。一个**偏移的里程碑**（slipped milestone）意味着里程碑活动的实际完成时间比原来计划的要晚。最后的任务提供了一个偏移的里程碑的例子，因为最终的报告和发布比计划的要晚。
- 右侧横条的百分比显示每个任务完成工作的百分比。例如，100% 意味着任务完成了，50% 意味着任务仍在进行中，但工作已经完成了一半。

跟踪甘特图是以项目任务实际完成的百分比或者实际开始和完成的日期为基础。它使得项目经理能够监控单个任务和整个项目的进度进展。例如，图 6-6 表示项目已经完成了。该项目是按时开始的，但是完成时间晚了一点，是 5 月 13 日而不是 5 月 8 日。

使用甘特图的主要优点是它们提供了用于显示计划和实际的项目进度信息的标准格式。而且，它们易于创建和理解。甘特图的主要缺点是它们通常不表示任务之间的关系或者依赖。如果甘特图是用项目管理软件创建的，而且任务之间是链接起来的，那么任务之间的依赖关系就可以显示出来，但是显示方式与网络图的显示方式截然不同。是否用甘特图或网络图查看依赖关系取决于个人偏好。

6.6.4 关键路径法

许多项目不能够满足进度预期。**关键路径法**（Critical Path Method，CPM）——也称为关键路径分析（critical path analysis），是一种网络图技术，用来预测整个项目的持续时间。这种重要的工具将帮助你防止项目进度超期。项目的**关键路径**（critical path）是指决定项目最早完成时间的一系列活动，是通过网络图的最长路径，其时差或者浮动时间最少。时差（slack）或浮动时间（float）是指在不延误紧后活动或者项目完成时间的情况下，活动可以推迟的时间。在项目中通常有多个任务同时进行，而且多数项目都有多条通过网络图的路径。最长路径或者包含关键任务的路径决定项目的完成日期。直到完成了所有的任务，你才能完成这个项目。

6.6.5 计算关键路径

为了找出一个项目的关键路径，你必须首先绘制一个好的网络图，而网络图又需要一个基于 WBS 的优秀活动清单。一旦你创建了一个网络图，就必须估计每个活动的持续时间来确定关键路径。计算关键路径需要把通过网络图的每个路径上的所有活动持续时间累加起来。最长的路径就是关键路径。

图 6-7 表示项目 X 的 AOA 网络图。注意，你可以使用 AOA 或者紧前关系绘图法来确定项目的关键路径。图 6-7 显示通过网络图的所有路径总共 4 条。注意，在 AOA 网络图上的每条路径都从第一节点（1）开始，在最后一个节点（8）结束。该图还表示通过网络图的每条路径的长度或者总持续时间。这些长度是通过将路径上的每个活动的持续时间累加起来得到的。因为路径 B-E-H-J 的持续时间最长，为 16 天，所以它是项目的关键路径。

关键路径的真正含义是什么？即使关键路径是最长的路径，它也表示完成项目所需的最短时间。如果关键路径上的一个或者多个活动花费的时间比计划的长，那么整个项目进度将延后，除非项目经理采取纠正措施。

项目团队在管理关键路径方面要有创造性。例如，一个在项目管理领域内知名的作家和演说家 Joan Knutson，常常描述一只大猩猩如何帮助苹果公司按时完成项目。团队成员的工作区域有许多小柜子，任何在关键路径上负责当前任务的人的柜子上都有一个毛绒大猩猩。这样每个人都知道这个人承受的时间压力最大，不需要分心。当这个关键任务完成后，负责下一个关键任务的人就会收到那个大猩猩。

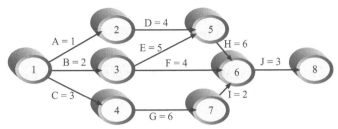

注意：假定所有的持续时间都是以天为单位。
路径1： A-D-H-J　　长度=1+4+6+3=14天
路径2： B-E-H-J　　长度=2+5+6+3=16天
路径3： B-F-J　　　长度=2+4+3=9天
路径4： C-G-I-J　　长度=3+6+2+3=14天

既然关键路径是通过网络图的最长路径，那么路径2（B-E-H-J）就是项目X的关键路径。

图6-7　决定项目X的关键路径

6.6.6　种草是关键路径上的任务

人们经常困惑于关键路径的真正含义。一些人认为关键路径包括最关键的活动，然而，关键路径仅仅与项目的时间维度有关。它的名字中包含"关键"一词，但这并不意味着它包含所有的关键活动。例如，Walt Disney Imagineering 的执行项目主任 Frank Addeman 在2005年5月PMI-ISSIG专业发展讨论会的报告中解释说，种草是建造迪士尼动物王国主题公园的关键路径上的任务。这个500英亩的公园需要为其动物居民种植特殊的草，其中一些草需要数年才能生长。另一个误解是认为关键路径是通过网络图的最短路径。在一些领域中，例如交通建模，目标是识别网络图中的最短路径。然而，对于项目来说，要完成整个项目就必须完成每个任务或者活动。它不是一个选择最短路径的问题。

关键路径分析的其他方面也可能引起困惑。一个项目可以有多个关键路径吗？关键路径能改变吗？在项目X的例子中，假定活动A的持续时间估算是3天而不是1天。新的持续时间估算将使得路径1的长度等于16天。现在项目有两个等长的最长路径，所以有两个关键路径。因此，一个项目可以有多个关键路径。为了避免项目完工的延误，项目经理应当密切监控关键路径上活动的绩效。如果有多个关键路径，项目经理必须保证关注所有的关键路径。

一个项目的关键路径可以随着项目的进展而改变。例如，假定在项目开始的时候，所有的事情都是按照计划进行的。在本例中，假定活动A、B、C、D、E、F和G都是按照计划开始和完成的。然后假定活动I碰到了问题，如果活动I多用了4天，它将使得路径C-G-I-J比其他路径更长，假定它们按照计划进行。这种变更将使得路径C-G-I-J成为新的关键路径。因此，项目的关键路径是可以改变的。

6.6.7　使用关键路径分析来权衡进度

了解关键路径如何贯穿项目生命周期是非常重要的，这样项目经理可以权衡进度。如果关键路径上的一个任务落后于进度，项目经理必须意识到这个问题并需要决定如何处理。是否应该与干系人重新商定进度？是否需要给关键路径上的其他任务分配更多资源来弥补时间？是否可以接受项目完成落后于进度？通过跟踪关键路径，项目经理和团队在管理项目进度方面发挥积极作用。

能够帮助项目经理权衡进度的一个技术是确定每一个项目活动的自由时差和总时差。**自由时差**（free slack）或**自由浮动时间**（free float）是在不延误任何紧后活动的最早开始时间的情况下，一个活动可以被延误的时间。**最早开始时间**（early start date）是基于项目网络中的逻辑关系，一个活动可以开始的最早的可能时间。**总时差**（total slack）或者**总浮动时间**（total float）是在没有拖延计划项目完成日期的情况下，从活动的最早开始时间算起可以被耽误的时间。

项目经理通过在网络图上顺推和逆推来计算自由时差和总时差。**顺推法**（forward pass）决定每个活动的最早开始时间和最早完成时间。**最早完成时间**（early finish date）是基于项目网络中的逻辑关系，一个活动最早可能完成的时间。项目开始时间就是第一个网络图活动的最早开始时间。最早开始时间加上第一个活动的持续时间等于第一个活动的最早完成时间。它还等于每个紧后活动的最早开始时间，除非一个活动有多个紧前活动。当一个活动有几个紧前活动时，它的最早开始时间是这些紧前活动的最晚的最早完成时间。例如，在图 6-7 中，任务 D 和 E 是任务 H 的直接紧前活动。因此任务 H 的最早开始时间是任务 E 的最早完成时间，因为它晚于任务 D 的最早完成时间。通过网络图的**逆推法**（backward pass）以类似的方式确定每个活动的最晚开始时间和最晚完成时间。**最晚开始时间**（late start date）是在不延误项目完成日期的情况下，一个活动最晚可能开始的时间。**最晚完成时间**（late finish date）是在不延迟项目完成日期的情况下，一个活动最晚可能完成的时间。

项目经理可以手动确定每个活动的最早的开始和完成以及最晚的开始和完成时间。例如，图 6-8 显示了有 3 个任务 A、B 和 C 的简单网络图。任务 A 和 B 都是在任务 C 之前。假定所有的持续时间估算都是以天为单位。任务 A 的持续时间估算为 5 天，任务 B 的持续时间估算为 10 天，任务 C 的持续时间估算为 7 天。只有两个路径通过这个小的网络图：路径 A-C 的持续时间是 12 天（5+7），路径 B-C 的持续时间是 17 天（10+7）。因为路径 B-C 更长，所以它是关键路径。在这条路径上，没有时差或者浮动时间，所以最早的开始和完成以及最晚的开始和完成时间是相同的。然而，任务 A 有 5 天的时差或者浮动时间。任务 A 的最早开始时间是第 0 天，最晚开始时间是第 5 天。任务 A 的最早完成时间是第 5 天，最晚完成时间是第 10 天。任务 A 的自由浮动时间和总浮动时间都是 5 天。

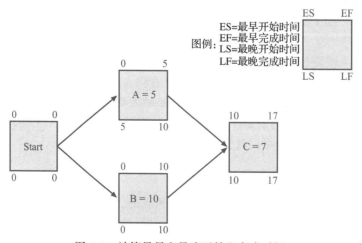

图 6-8　计算最早和最晚开始和完成时间

使用项目管理软件可以更快、更轻松地确定活动的最早的开始和完成以及最晚的开始和完成时间，以及活动的自由时差和总时差。使用图 6-7 中的数据并假设任务 A、B 和 C 开始于 2018 年 3 月 26 日，表 6-1 显示了项目 X 的网络图上所有活动的自由时差和总时差（网络图如图 6-3 所示）。表中的数据是通过选择 Microsoft Project 软件中的进度表视图来创建的。

表 6-1 项目 X 的自由和总浮动时间或者时差

任务名称	开始时间	完成时间	最晚开始时间	最晚完成时间	自由时差	总时差
A	3/26/2018	3/26/2018	3/28/2018	3/29/2018	0d	2d
B	3/26/2018	3/27/2018	3/26/2018	3/28/2018	0d	0d
C	3/26/2018	3/28/2018	3/28/2018	4/2/2018	0d	2d
D	3/27/2018	3/30/2018	3/29/2018	4/4/2018	2d	2d
E	3/28/2018	4/3/2018	3/28/2018	4/4/2018	0d	0d
F	3/28/2018	4/2/2018	4/6/2018	4/12/2018	7d	7d
G	3/29/2018	4/5/2018	4/2/2018	4/10/2018	0d	2d
H	4/4/2018	4/11/2018	4/4/2018	4/12/2018	0d	0d
I	4/6/2018	4/9/2018	4/10/2018	4/12/2018	2d	2d
J	4/12/2018	4/16/2018	4/12/2018	4/16/2018	0d	0d

了解浮动时间和时差可以帮助项目经理确定进度是否灵活以及灵活程度。例如，在 7 天里（7d），项目 F 有最大的自由时差和总时差。任何其他活动上的最大时差只有 2 天（2d）。理解如何创建和使用时差信息为协商项目进度提供了基础。请参考 Microsoft Project 软件中的"帮助"信息或研究其他资源，以获取有关计算时差的更多详细信息。

6.6.8 使用关键路径来缩短项目进度

干系人通常想缩短项目进度估算。项目团队可以通过定义活动、确定排列顺序和估算每个任务的资源和持续时间，来尽可能好地制定项目进度计划。这项工作的结果可能表明项目团队需要 10 个月才能完成项目，但是发起人也许会问是否能够在 8 个月或者 9 个月内完成项目。（人们很少要求项目团队花费比建议更长的时间。）通过识别关键路径，项目经理及其团队可使用持续时间压缩技术来缩短项目进度。该技术用来减少关键路径上的活动持续时间。项目经理通过给这些活动分配更多的资源或者改变它们的范围来缩短关键路径上的活动持续时间。一些专家认为，将合理的项目进度缩短 25% 以上是极其困难的。

回想"开篇案例"中，因为一些用户错过重要的项目评审会、以及一个高级程序员的辞职，Sue Johnson 的在线注册项目出现了进度问题。如果 Sue 及其团队创建了一个切合实际的项目进度计划、得出了精确的持续时间估算、建立了任务之间的依赖关系，那么他们可以就按照 5 月 1 日的截止日期来分析团队的状态。如果一些在关键路径上的活动已经落后于进度了，同时团队并没有在项目结束时留出多余的时间，那么为了按时完成项目，他们必须采取一些纠正措施。为了赶上进度，Sue 可以要求公司或者学院提供更多的人参与这个项目；也可以要求减少活动范围以便按时完成任务；也可以使用项目进度管理技术，比如赶工和快速跟进，来缩短项目进度。

赶工（crashing）是一种为了以最少的成本代价获得最大限度的进度压缩，而在成本与进度之间进行权衡的技术。例如，假定在线注册项目的关键路径中的一项任务是将新学期的课程数据输入新的系统。如果该任务尚未完成，并且最初计划是由学院派出一个兼职的数据输入员工作两周来完成这项任务，那么 Sue 可以建议学院让输入员全职工作，以便在一周内完成任务，而不是两周。这项变更并不让 Sue 的公司花费更多的钱，还能将项目的结束日期缩短一周。如果学院不能满足这个要求，Sue 可以考虑雇用一个临时的数据输入员工作一周来加快任务进度。关键路径上的一些任务可以在无须附加成本或小成本的情况下就可以完成。关注这些任务可以缩短项目的进度。

赶工的优点是缩短完成项目的时间。赶工的主要缺点是通常会提高项目的总成本。你将在第 7 章中学习更多关于成本的信息。

另一个缩短项目进度的技术是快速跟进。**快速跟进**（fast tracking）包括并行执行那些通常以顺序方式执行的活动。例如，Sue Johnson 的项目团队也许计划在完成所有的分析之后，再开始在线注册系统的编码工作。然而，他们也可以考虑在所有的分析完成之前，开始一些编码活动。像赶工一样，快速跟进的主要优点是缩短完成项目的时间。快速跟进的主要缺点是可能会增加成本并且延长项目进度，因为太早开始一些任务通常会增加项目的风险，并且导致返工。

6.6.9 更新关键路径数据的重要性

除了在项目开始时找出关键路径外，用实际的数据来更新进度也很重要。在项目团队完成活动后，项目经理应当记录这些活动的实际持续时间。项目经理还应当记录正在进行或者尚未开始的活动的修订估算。这些修订通常会导致项目的关键路径发生改变，从而产生一个新的项目估计完成日期。同样，积极主动的项目经理和他的团队能够紧紧把握这些变更，以便做出明智的决定，并让干系人参与重大项目的决策。

6.6.10 关键链进度计划

解决满足或者打破项目完成时间挑战的另一种技术是约束理论的应用，称为关键链进度计划。约束理论（Theory of Constraint，TOC）是 Eliyahu M. Goldratt 提出的管理哲学，在他的著作《目标和关键链》(*The Goal and Critical Chain*) 中进行了介绍。约束理论基于的事实是：就像一条有着最薄弱一环的链条，任何复杂的系统在任何时间点上通常只有一个方面或者一种约束来限制实现更多目标的能力。为了使系统获得任何重要改进，必须确定该约束，并必须使用它来管理整个系统。**关键链进度计划**（critical chain scheduling）是一种进度计划方法，在创建项目进度时考虑资源的限制性，并且为了保护项目的完成日期，将缓冲也包括进来。

在关键链进度计划中的一个重要概念是稀有资源的可用性。除非一种特定的资源可以用于完成一个或几个任务，否则有些项目无法完成。例如，如果一个电视网络要制作一个以特定名人为中心的节目，那么必须先确定该名人是否有时间。另一个例子是，如果需要全天使用一个特定设备来同时完成两个任务，这两个任务在初始计划中是同时发生的，那么关键链进度计划认为你必须延迟一个任务直到设备可用，或者找到另外一个设备以满足计划进度。其他与关键链计划进度相关的重要概念包括多任务和时间缓冲。

尽管许多人自豪地说他们擅长多任务处理，但是如果你想及时完成一个项目，那么多任务处理并不是一件好事。当一个资源在同一时间用于多个任务时，**多任务**（multitasking）就会发生。这种情形在项目中经常发生。人们被委派到同一个项目中的多个任务或者多个项目中的不同任务。例如，假定一个人参加 3 个不同项目中的 3 个任务——任务 1、任务 2 和任务 3，每个任务要花 10 天完成。如果不进行多任务处理，而是从任务 1 开始顺序完成每个任务，那么任务 1 将在 10 天后完成，任务 2 将在 20 天后完成，任务 3 将在 30 天后完成，如图 6-9a 所示。然而，由于许多人在这种情况下，都试图让所有需要完成任务的三方满意，所以他们经常在第一个任务工作一段时间，然后在第二个任务工作一段时间，然后是第三个任务，然后再回到第一个任务，依此类推，如图 6-9b 所示。在这个例子中，任务都是在某个时间只完成了一半，在另外一个时间完成了另外一半。任务 1 是在第 20 天完成而不是第 10 天。任务 2 是在第 25 天完成而不是第 20 天，任务 3 仍然是在第 30 天完成。这个例子说明了多任务是如何造成任务延误的。多任务通常还会浪费建立时间，这常常会增加总持续时间。

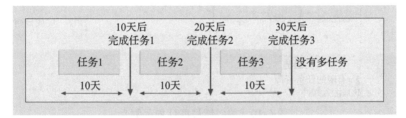

图 6-9a　没有使用多任务的三个任务

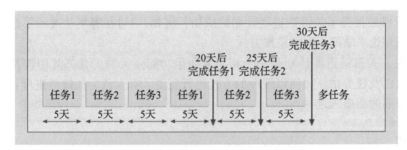

图 6-9b　使用了多任务的三个任务

关键链进度计划假定资源不能同时执行多任务，或者至少最小化多任务。在关键链进度计划中，一些人不能在同一个项目中同时执行两个任务。同样，关键链理论建议所有的项目应该分优先级，这样一次处理多个项目的人员可以知道哪些任务优先。防止多任务处理可以避免资源的冲突和在多个任务之间切换而造成的建立时间的浪费。

使用关键链进度计划提高项目完成时间的一个关键概念是改变人们进行任务估算的方法。许多人把安全措施或者**缓冲**（buffer）——完成任务所需的附加时间——添加到估算中以考虑各种因素的影响。这些因素包括多任务、分心和中断的负面影响、估算减少的担心、以及墨菲定律。**墨菲定律**（Murphy's Law）说的是如果某件事情可能出错，那么它就一定会出错。关键链进度计划去掉了单个任务的缓冲，而是创建了**项目缓冲**（project buffer）。项目缓冲是添加在项目完成日期之前的附加时间。关键链进度计划还可以使用**汇入缓冲**（feeding buffer）来保证关键链上的任务不被延迟，这部分缓冲来自非关键链进入关键链之前增加的时间。

图 6-10 提供了一个使用关键链进度计划创建网络图的例子。注意关键链解释了有限资源如何用于任务 X，并且进度计划包括在网络图中使用汇入缓冲和项目缓冲。标志为 X 的任务是关键链的一部分，这就可以理解为使用该技术中的关键路径。关键链进度计划中的进度估算应该比传统的估算要短，因为它们没有包括任务本身的缓冲。没有任务缓冲应当意味着帕金森定律（Parkinson's Law）出现的概率要小，该定律陈述了工作会不断扩展，直到用

完所有允许的时间。汇入缓冲和项目缓冲保护了真正需要被满足的日期——项目完成日期。

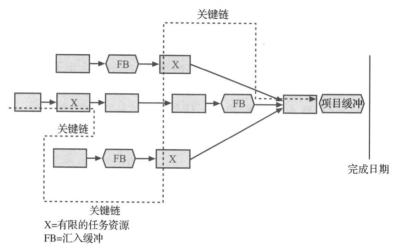

图 6-10　关键链进度计划示例[8]

资料来源：Eliyahu Goldratt, Critical Chain.

一些组织已经报告了关键链进度计划的成功。例如，"对在哪里"展示了医疗行业如何通过使用约束理论来学习不同的思维方式。

如你所见，关键链进度计划是一个相当复杂但功能强大的工具，其中涉及关键路径分析、资源约束以及任务估算如何以缓冲的方式进行变更。有人认为关键链进度计划是项目管理领域中最重要的新概念之一。

对在哪里

医疗质量管理专家仔细考虑了在医生办公室或医疗诊所进行进度安排的工作方式，并考虑了如何改善进度安排：

考虑一个相对简单的医生办公室或诊所的系统。患者看病的过程可能包括患者登记、填写表格、由护士检查生命体征、医生会诊、找护士执行规定的处方，例如接种疫苗等。这些步骤可以以一种简单的线性顺序或链式进行……该链中的每个环节都有能力以不同的平均速率执行其任务。在本例中，第一个资源每小时可以处理 13 个患者，填写表格或血液采集；第二个可以处理 17 个，依此类推。有人可能会认为，此过程平均每小时可以处理 13 个，即所有资源的平均值。实际上，按这个流程或链条每小时平均只能处理 8 个患者。链条的强度仅与它最弱的环节的强度相等，并且在本例中最低的资源使用率即系统最弱的一环，是 1 小时处理 8 个患者。无论其他各项资源可以分别处理得多快，每个环节中的工作量有多大，以及完成过程或过程衔接有多复杂，情况都是如此。而且，除了改善约束之外，改善任何环节的性能都无法提高整个系统的性能。[9]

实际上，Avraham Y. Goldratt 研究所（www.goldratt.com）在客户的网站上应用了这种想法，并展示了关键链进度计划的工作效率。新加坡国立大学医院的入院次数减少了 50% 以上。改进后的计划安排将平均等待时间从 6~8 个小时减少到不到 3 个小时。通过应用关键链技术，医院在不到 1.5 小时内收治了 63% 的患者。尽管这些时间似乎还很长，但它们展示了显著的进步。[10]

6.6.11 计划评审技术

当个别活动的持续时间估算存在高度不确定性时，可以使用**计划评审技术**（Program Evaluation and Review Technique，PERT）来估算项目持续时间。PERT 将关键路径法（CPM）应用于持续时间的加权平均值估计。这种方法是在 20 世纪 50 年代后期与 CPM 大约同时开展起来的，PERT 也使用网络图，有时还被称为 PERT 图。

PERT 使用**概率时间估算**（probabilistic time estimate）——一种基于活动持续时间的乐观估算、最可能估算和悲观估算的持续时间估计方法，而不同于在 CPM 中只需要一个特定的或者离散的持续时间估算。为了使用 PERT，你要使用下面的公式来计算每个项目活动的持续时间估算的加权平均值：

$$\text{PERT加权平均} = \frac{\text{乐观时间} + 4 \times \text{最可能时间} + \text{悲观时间}}{6}$$

通过对每个活动持续时间估算使用 **PERT 加权平均**（PERT weight average），总的项目持续时间估算将单个活动估算的风险和不确定性考虑在内。请注意，以上公式假定为正态分布或钟形曲线。你还可以使用其他分布。更多细节请参考其他资源。

在"开篇案例"中，假定 Sue Johnson 的项目团队使用 PERT 图来确定在线注册系统项目的进度。那他们必须得到每个项目活动工期的乐观的、最可能的和悲观的持续时间估算值。假定其中一个活动是为系统设计输入界面。一些人也许估计完成这项活动需要花费两周或者 10 个工作日。在不使用 PERT 的情况下，活动的持续时间估算是 10 个工作日。但使用 PERT，项目团队还需要估算完成这个活动的悲观时间和乐观时间。假定完成输入界面设计的乐观估算为 8 个工作日，悲观估算是 24 个工作日。应用 PERT 公式，你将得到：

$$\text{PERT加权平均} = \frac{\text{乐观时间} + 4 \times \text{最可能时间} + \text{悲观时间}}{6}$$
$$= 12 \text{个工作日}$$

在进行关键路径分析时，项目团队将使用 12 个工作日，而不是使用最可能的 10 个工作日作为持续时间估算。附加的两天能够帮助项目团队按时完成工作。

PERT 的主要优点是它试图降低与持续时间估算相关的风险。因为很多项目时间都超出了进度估算，所以 PERT 也许能够帮助人们制定一个更切合实际的进度计划。PERT 的主要缺点是它比 CPM 涉及更大的工作量，因为它需要多个持续时间估计值，并且还有更好的评价进度风险的概率统计方法（请参见第 11 章中有关蒙特卡罗模拟的信息）。

6.6.12 敏捷和进度管理

回顾第 2 章，《敏捷软件开发宣言》的两个核心价值是"客户合作高于合同谈判"和"响应变化高于遵循计划"。这些价值观似乎与本章中描述的某些结构化项目进度管理过程和工具相矛盾。诸如 Scrum 之类的敏捷方法旨在解决协作和灵活性问题，特别是对于工作范围复杂的项目。例如，产品负责人定义了冲刺中要完成的工作并确定了工作的优先级，因此在过程中设计了客户协作。每次冲刺的时间很短（通常是 2~4 周）并且每天都会召开 Scrum 会议，这为团队成员共同完成特定任务提供了协作环境。

即使在大型项目开始使用更具说明性的方法之后，也可以在大型项目中使用敏捷或自适应方法。例如，联邦调查局表示，转向敏捷方法帮助他们完成了本章前面的"错在哪里"中所述的 Sentinel 项目。该系统上线是"多亏了遵循敏捷的软件开发方法来挽救系统……敏捷方法上是有效的。该系统并不完美，政府和承包商中的许多人仍在为此奋斗，但成功的关键在于它能够按时、按预算并按干系人的实际意愿首次开展大规模的 IT 项目。想象一下这种情况。"[11]

转向敏捷方法后，项目进度管理有何不同？在 2010 年更改为 Scrum 方法后，根据原始系统需求规定，Sentinel 项目的工作被列入用户故事。每个用户故事都根据难度分配了多个故事点。在每个为期两周的冲刺开始时，开发团队确定在每个冲刺中要做哪些用户故事。不管所有工作是否已完成，团队都会在每次冲刺结束时演示该系统，但是只有通过测试（客户批准）的用户故事才被报告为完整的。如果用户故事不完整，则将其移至产品待办事项。这种方法帮助团队专注于在指定时间范围内交付满足客户需求的工作系统。换句话说，重点是在短时间内为客户完成一些有用的工作，而不是先定义所有需要的工作，然后再计划何时完成。[12]

6.7 进度控制

项目进度管理中最后一个过程是进度控制，像范围控制一样，进度控制也是项目整合管理下的整体变更控制过程的一部分。进度控制的目标是了解进度状态、影响造成进度变更的因素、确定进度变更决定和管理变更。

进度控制的主要输入是项目管理计划、项目文件（例如经验教训登记册、项目日历、项目进度、资源日历和进度数据）、工作绩效数据和组织过程资产。其中一些工具和技术包括：

- 数据分析工具，包括
    - 挣值分析，如第 7 章所述
    - 迭代燃尽图，如第 3 章所述
    - 绩效评估
    - 趋势分析
    - 偏差分析
    - 假设情景分析
- 关键路径法，本章前面已介绍
- 项目管理信息系统
- 资源优化，如第 9 章所述的资源平衡
- 提前量和滞后量，如前所述
- 进度压缩，如赶工和快速跟进

进度控制的主要输出包括工作绩效信息、进度预测、请求变更、项目管理计划更新和项目文档更新。

控制项目进度的变更涉及很多问题。第一重要的是保证项目进度是符合实际的。在许多项目，特别是 IT 项目中，人们都有非常不切实际的进度期望。此外，使用纪律手段和领导能力来强调满足项目进度的重要性也很关键。虽然有多种工具和技术用来帮助制定和管理项目进度，但是项目经理还必须处理一些与人相关问题来保证项目进展。"多数项目的失败是因为人员管理的失败，而不是因为绘制的 PERT 图不好。"[13] 项目经理可以执行许多现实性检查来帮助管理项目进度的变更。一些软技巧能帮助项目经理来控制进度变更。

6.7.1 进度的现实性检查和纪律的必要性

对于项目而言，制定切合实际的进度目标非常重要，并且对于项目经理而言，运用规

则来实现这些目标也很重要。项目经理应该做的第一个现实性检查是评审进度草案，该草案通常包含在项目章程中。尽管进度草案也许只包括项目的开始和结束日期，但项目章程还设定了项目的一些初始进度期望。下一步，项目经理及其团队应当准备一个更加详细的进度并得到干系人的认可。为了制定进度计划，至关重要的是要获得全体项目团队成员、高层管理者、客户和其他的关键干系人的共同参与和承担。

另一类现实性检查发生在干系人参加的项目进展会议上。项目经理有责任保证项目按计划进行，并通知关键的干系人，这通常是通过高层的定期评审来实现。项目经理通常画出跟踪甘特图来解释关键可交付成果和活动，并以此来说明项目进度情况。项目经理需要深刻理解进度，包括活动是否能够按原进度执行及其原因，同时采取积极主动的方法来满足干系人的期望。验证进度的进展情况也很重要，正如 Sue Johnson 在"开篇案例"中所发现的（见"案例结局"）那样。不能仅仅因为一个项目成员说他按时完成了任务，就认为任务真的按时完成了，实际上情况不一定是那样。项目经理必须审查实际的工作情况，并且与团队成员保持良好的关系，以保证工作按计划完成或者根据需要报告变更。

高层管理者讨厌突发状况，所以项目经理在汇报项目状态时必须要清晰和诚实。当项目实际存在严重问题时，项目经理绝不应该制造项目进展顺利的假象。当发生了可能影响项目进度的严重冲突时，项目经理必须通知高层管理者并和他们一起解决冲突。

项目经理也必须使用纪律手段来控制项目进度。一些 IT 项目经理发现，为关键的项目里程碑设定严格的日期能够使进度变更最小化。在 IT 项目中，范围蔓延很容易引起混乱。坚持保证项目的进展符合重要的进度日期，并预先完成合适的计划和分析，有助于每个人关注项目中的关键任务。使用纪律手段也可以保证项目进度。

6.8 使用软件辅助项目进度管理

有几种类型的软件可以用来辅助项目进度管理。协助通信的软件能够帮助项目经理和项目干系人交换与进度相关的信息。决策支持模型能够帮助项目经理分析各种折中方案，方案可用来解决进度问题。

然而，项目管理软件是专门用来执行项目管理任务的。你可以使用项目管理软件绘制网络图、确定项目的关键路径、创建甘特图，以及报告、查看和筛选特定的项目进度管理信息。例如，图 6-3、图 6-4、图 6-5、图 6-6 和表 6-1 都是使用 Microsoft Project 创建的，附录 A 中给出了更多使用该软件辅助进度管理的例子。

许多项目都包含成百上千个任务，而且这些任务之间有着复杂的依赖关系。在输入必要的信息后，项目管理软件能够自动产生网络图，并计算项目的关键路径。在网络图中，关键路径高亮为红色。

项目管理软件还会计算所有活动的自由和总浮动时间或时差。使用项目管理软件可以避免烦琐的手工计算，并允许在活动的持续时间估算或依赖关系更改时进行假设情景分析。回想一下，如果知道哪些活动有最长的时差，那么就给项目经理机会来重新分配资源或者做出其他的变更以压缩进度，或者帮助项目按计划进行。

使用 Project 2016 能够很容易地创建甘特图和跟踪甘特图，这使得项目团队可以更轻松地追踪实际的进度绩效，并与计划或者基准进度绩效进行比较。然而，要使项目能受益于使用跟踪甘特图，必须及时地输入实际的进度信息。一些组织使用电子邮件或者其他通信软件来发送最新的任务和进度信息给负责更新进度的人。他/她能够很快地批准这些更新，然后直接输入项目管理软件中。这个过程以甘特图的形式提供精确的和最新的项目进度。

Project 2016 还包括许多内置的报告、视图和筛选器来帮助项目进度管理。例如，项目经理能够很快给出一个报告来快速列出所有将要开始的任务，然后给这些任务的负责人发送提醒。如果项目经理要将项目进度信息展示给高层管理者，那么他/她可以创建一份只包括概要任务或者里程碑的甘特图。你还可以创建自定义报告、视图、表格和筛选器。请参见附录 A，了解如何使用 Project 2016 的项目进度管理功能。

全球问题

大多数软件公司使用案例研究或客户评价来展示它们的软件如何帮助客户解决业务问题。微软向客户讲述了墨西哥经济部长的故事，部长希望确保 IT 计划与业务目标保持一致，并提高项目管理效率。内部 IT 项目的请求通常要花几个星期才能完成，因为该组织缺乏一种集中的方法来获取项目信息，并且使用了多种图表工具。

信息技术总干事决定建立项目管理办公室，并寻求可以将专业制图功能与项目管理和协作工具结合在一起的解决方案。信息技术办公室助理总干事 Carlos Benitez Gonzales 与其他机构合作，寻找最佳解决方案。该组织在部署了多种微软工具（Visio，Project 和 SharePoint）后，无须增加人员即可处理更多内部 IT 项目，同时将请求处理速度提高了 60%。

"通过记录并整合治理程序和项目生命周期阶段，并将其纳入标准化的工作过程中，秘书的 IT 团队可以在更短的时间内完成项目。Benitez 估计，以前平均需要 5 个工作日才能完成请求。团队现在平均可以在两个工作日内完成相同的工作……Benitez 说，'我们现在有一个单独的平台来管理过程信息，该信息过去分散在整个组织中，并且由于存储在本地计算机上而无法访问。'现在，IT 团队可以处理四倍数量的并行项目，而且无须雇用额外的人员。"[14]

6.8.1 使用项目管理软件的警告语

许多人错误地使用了项目管理软件，因为他们并不理解在创建网络图、确定关键路径或者设定进度基准背后的概念。他们也许会过分依赖样例文件或者模板来制定自己的项目进度计划。理解基本的概念（甚至要手动利用工具）对于成功地使用项目管理软件是至关重要的，就像理解项目自身的特定需求一样。

许多高层管理者，包括软件专家，在使用微软管理软件和类似工具的不同版本时都犯了很明显的错误。例如，一个高层管理者不知道如何建立项目活动之间的依赖关系，而只是在软件中逐一输入几百个活动的开始和结束日期。当被问到如果项目推迟一两个星期开始该怎么办，她回答说她将不得不重新输入所有的日期数据。

这个管理者不理解在任务之间建立关系的重要性，这允许软件在输入变更时能够自动更新公式。如果项目的开始时间滞后了一周，只要它们不是手动输入软件中，那么项目管理软件将会自动更新所有其他日期。如果一个活动不能在另外一个活动结束之前开始，并且如果第一个活动的实际开始时间是两天以后，那么紧后活动的开始时间将自动移后两天。为了实现这种类型的功能，必须在项目管理软件中链接具有关系的任务。

另一个大型 IT 项目的高层管理者不了解如何在微软项目管理软件中设定基准。他几乎每周都要花费一天的时间从微软项目管理软件中复制和粘贴信息到电子表格中，而且他还使用复杂的"IF"语句来找出落后于进度的活动。他没有接受过任何关于 Microsoft Project 的培训，而且不了解该软件的很多功能。为了有效地使用软件，用户必须在软件方面接受充分的培训，并了解其基本概念。

许多项目管理软件也附带一些模板或者样例文件。使用这些文件非常容易，无须考虑特定的项目需求。例如，软件开发项目的项目经理可以使用 Microsoft Project 软件开发模板文件，它们包含已完成的类似项目的信息，或者从其他公司购买的样例文件。所有这些文件都包含推荐的任务、持续时间和关系。使用模板或者样例文件有很多好处，例如减少设置时间和检查项目经理以前是否从未领导过某种类型的项目。然而，这种方法也有缺陷。模板文件中的许多假定也许无法应用于项目，例如历时三个月的设计阶段，或者特定类型的测试的性能。项目经理及其团队应注意不要过于依赖模板或者样例文件，同时忽视对自身项目的特殊考虑。

6.9 敏捷/自适应环境下的注意事项

《项目管理知识体系指南（第6版）》为项目进度管理提供了以下信息：

适应型方法采用短周期来开展工作，审查结果并根据需要做出调整。这些周期可以针对可交付成果的方法和适用性提供快速反馈，并且通常表现为迭代型进度计划和拉动式按需进度计划，如"项目进度管理的发展趋势和新兴实践"部分所述。

在大型组织中，可能同时会有小规模项目和大规模计划混合在一起，需要制定长期的路线图，运用规模参数（例如团队规模、地理分布、法规合规性、组织复杂性和技术复杂性）来管理这些项目开发。为了处理较大的企业范围系统的完整交付生命周期，可能需要采用大量技术，包括预测型方法，适应型方法或两者的混合。组织还可能需要将几种核心方法结合起来，或者采用已实践过的方法，并采纳更传统的技术原理和实践。

无论是采用预测性开发生命周期来管理项目，还是在适应型环境下管理项目，项目经理的角色都不会改变。但是，要成功实施适应型方法，项目经理将需要熟悉和了解如何高效使用相关的工具和技术。[15]

进度计划管理在使用敏捷方法和 Scrum 方面有根本的不同。严重依赖关键路径法的项目将达到预计的完成日期视为成功的关键组成部分。另一方面，敏捷项目甚至根本不需要估计持续时间或项目进度。为什么？因为整个项目的完成时间并不重要。客户/产品负责人有权在每个简短的迭代中（在产品待办事项中）要求他们想要的东西，并且在每次迭代结束时他们可以看到并接触有效的产品，并对其进行批准。每次迭代中，客户满意度和项目进度都是完全透明的。

项目进度管理对于所有类型的项目都具有挑战性。本章重点介绍了该知识领域中的重要概念、过程以及工具和技术。

案例结局

现在是3月15日，距离新的在线注册系统投入运行还有一个半月的时间。项目完全处于混乱状态之中。Sue Johnson 自认为她能够解决那些持续出现在项目中的所有冲突，并且她过于自负，以至于没有向高层管理者和院长承认项目进展不顺利。她花费了大量时间来制定一个详细的项目进度，并且她自认为能够很熟练地使用项目管理软件来跟踪项目状态。然而，该项目的5个主要程序员都利用同一个方法来自动更新他们每周的任务，并且声称每件事情都在按照原计划完成。他们很少关注实际的计划，还讨厌填写状态信息。Sue 并没有核实他们所做大部分工作是否已真实地完成了。而且，注册办公室的领导对该项目并不感兴趣，把签署同意的权利交给了下属的一个员工，而该员工并不真正了解整个注册过程。当 Sue 及其团队开始测试新系统时，她意识到他们使用的还是去年的课程数据。使用去年的课程数据又产生了其他新的问题，因为学院在新的学期将不再使用 3 个月的学期制，而是改为 6 个月的学期制。他们怎么能够遗漏了这个需求呢？当 Sue 与上司会面寻求帮助时，她羞愧又痛苦地垂下了头。Sue 认识到保证一个项目如期完成是多么困难。她多希望她从前能够花费大量时间来跟关键的项目干系人进行更多面对面的交谈，特别是和她的程序员以及注册办公室的代表，来核实项目是否按原进度开展，以及进度是否精确更新。

6.10 本章小结

项目进度管理通常被认为是项目冲突的主要来源。多数 IT 项目实际时间超出了时间估算。项目进度管理的主要过程包括计划进度管理、定义活动、排列活动顺序、估算活动持续时间、制定进度计划和控制进度。

计划进度管理涉及确定将用于计划、执行和控制项目进度的政策、程序和文档。主要的输出是进度管理计划。

活动定义包括识别必须完成的特定活动以产生项目的可交付成果。这一过程通常会产生一个更加详细的 WBS。

排列活动顺序确定了活动之间的关系或者依赖关系。创建关系的 3 个原因是：它们是基于工作本质的强制性依赖；它们是基于项目团队经验的选择性依赖；它们是基于非项目活动的外部依赖。在使用关键路径分析之前必须完成活动排序。

网络图是显示活动排序的首选技术。用于创建这些图的两种方法分别是箭线图法和紧前关系绘图法。任务之间有四种关系：完成－开始、完成－完成、开始－开始和开始－完成。

活动持续时间估算是对完成每个活动需要花费的时间进行估算。这些时间估算包括实际的工作时间和占用时间。

制定进度计划就是根据所有其他项目进度管理中得到的结果来确定项目的开始和结束日期。项目经理通常使用甘特图来显示项目的进度。跟踪甘特图显示计划的和实际的进度信息。

关键路径法预测整个项目的持续时间。项目的关键路径是确定项目的最早完成时间的活动序列。它是通过网络图的最长路径。如果关键路径上的一个活动延误了，那么整个项目将会被延误，除非项目经理采取纠正措施。

赶工和快速跟进是两种缩短项目进度的技术。项目经理和团队成员必须对于接受项目中不合理的进度安排保持谨慎，特别是对 IT 项目。缩短进度计划大约有 25% 的实际限制，并且几乎总是会增加项目成本和风险。

关键链进度计划是约束理论（TOC）的一个应用，它使用关键路径分析、资源约束和缓冲来保证项目按时完成。

计划评审技术（PERT）是一种网络分析技术，在单个活动的持续时间估算具有高度不确定性时，用于估算项目的持续时间。PERT 使用乐观的、最可能的和悲观的活动持续时间估算。现在很少有人用 PERT 图。

Scrum 之类的敏捷方法通过提供更大的灵活性，采用了不同的方法进行项目进度管理。每个冲刺的时间很短（通常是 2～4 周），并且每天都有 Scrum 会议为团队成员提供协作的环境，以便成员在该时间段内专注于完成特定的任务。产品负责人确定每次冲刺期间要完成的任务并确定其优先级。

进度控制是项目进度管理的最后一个过程。虽然进度技术是非常重要的，但是许多项目的失败不是因为一个糟糕的网络图，而是人员问题。项目经理必须让所有的干系人参与进度制定过程。制定切合实际的项目进度并使用纪律手段来达到进度目标是非常关键的。

如果使用得当，项目管理软件能够辅助项目进度管理。使用项目管理软件，可以避免执行烦琐的手工计算，并在活动持续时间估算或者活动间依赖关系出现改变的时候，执行假设情景分析。许多人错误地使用项目管理软件，因为他们不理解隐藏在项目管理工具背后的概念，这些工具包括创建网络图、确定关键路径或者设定进度基准。在创建特定的项目进度时，项目经理也必须避免过于依赖样例文件或者模板。

一定要考虑项目进度管理在敏捷/自适应环境中的差异。

6.11 讨论题

1. 为什么你认为项目进度通常会导致最多的冲突？
2. 为什么定义活动是项目进度管理而不是项目范围管理的过程？
3. 确定项目的活动顺序为什么很重要？讨论与网络图相似的图，并描述它们的异同。
4. 解释估算活动持续时间与估算人力投入之间的差异。
5. 解释以下进度开发工具和概念：甘特图、关键路径法、PERT、关键链进度计划和冲刺。
6. 你如何考虑为单个任务估算（有时称为填充估算）增加时差？正如关键链进度计划所建议的那样，你如何考虑为整个项目添加一个项目缓冲？使用时差和缓冲时有哪些伦理方面的考虑？
7. 如何最小化或控制对项目进度的更改？
8. 列出可以使用 Project 2016 生成的一些报告来辅助项目进度管理。
9. 为什么很难很好地使用项目管理软件？
10. 使用敏捷方法时，进度管理有何不同？

6.12 快速测验

1. 下列哪个过程包括将用于计划、执行和控制项目进度的确定的政策、程序和文档？
   a. 计划进度管理　　b. 定义活动　　c. 活动资源估算　　d. 活动排序
2. 紧前活动、紧后活动、逻辑关系、提前量和滞后量、资源需求、约束、强制日期，以及假设都是____的例子。
   a. 活动清单项　　b. 项目甘特图项　　c. 里程碑属性　　d. 活动属性
3. 作为一个软件开发项目的项目经理，你正在帮助制定项目进度。你认为在用户签署同意所有分析工作之前项目团队不应该开始为系统编写代码。这是什么样的依赖关系？
   a. 技术　　b. 强制性　　c. 选择性　　d. 外部
4. 你不能开始编辑一份技术报告，直到有人完成初稿。这代表什么类型的依赖？
   a. 完成－开始　　b. 开始－开始　　c. 完成－完成　　d. 开始－完成
5. 下面哪种说法是错误的？
   a. 燃尽图是用于进度控制的工具　　b. 持续时间和人力投入是同义词
   c. 三点估算包括乐观、最可能和悲观的估算　　d. 甘特图是显示项目进度信息的常用工具
6. 在甘特图上什么符号表示一个偏移的里程碑？

a. 黑色箭头 　　　　b. 白色箭头 　　　　c. 黑色菱形 　　　　d. 白色菱形

7. 什么类型的图显示计划和实际项目进度的信息？

a. 网络图 　　　　b. 甘特图 　　　　c. 跟踪甘特图 　　　　d. 里程碑图

8. ____是用来预测总的项目持续时间的网络图技术。

a. PERT 　　　　b. 甘特图 　　　　c. 关键路径法 　　　　d. 赶工

9. 下面哪种说法是错误的？

a. 种草是一个大型主题公园的关键路径上的任务

b. 关键路径是确定活动最早完成时间的活动序列

c. 通过网络图确定每个活动的最早开始时间和最早完成时间

d. 快速跟进是一种用于权衡成本和进度的技术，为了以最小的成本获取最大的进度压缩

10. ____是一种进度计划方法，它在创建项目进度时考虑有限的资源，并且包括缓冲以确保项目完成期限。

a. 帕金森定律 　　　　b. Scrum 　　　　c. 关键路径分析 　　　　d. 关键链进度计划

6.13 快速测验答案

1. a　2. d　3. c　4. a　5. b　6. d　7. c　8. c　9. d　10. d

6.14 练习题

1. 使用图 6-1，在 Project 2016 中输入活动、活动持续时间和活动之间的关系。如果你希望日期完全匹配，请使用 2018 年 3 月 26 日作为项目的开始日期。查看网络图。它是否与图 6-3 类似？在一页上打印网络图。返回甘特图视图。如果要重新创建表 6-1，请右键单击"任务模式"列标题左侧的 Select All（全选）按钮，然后选择 Schedule（进度）。或者，单击 View（视图）选项卡，然后单击数据组下的 Table（表格）按钮，然后选择 Schedule（进度）。你可能需要将拆分栏向右移动以显示所有表列。（有关使用 Project 2016 的详细信息，请参阅附录 A。）写几段话来说明网络图和进度计划显示了有关 Project X 的进度内容。

2. 考虑表 6-2。所有的持续时间估算或者估算时间的单位是天，网络是从节点 1 到节点 9。（注意，你可以很容易地更改此表来创建多个练习。）

表 6-2 小型项目的网络图数据

活动	开始节点	完成节点	估算持续时间
A	1	2	2
B	2	3	2
C	2	4	3
D	2	5	4
E	3	6	2
F	4	6	3
G	5	7	6
H	6	8	2
I	6	7	5
J	7	8	1
K	8	9	2

a. 画一个 AOA 网络图来表示项目。把节点号放到圆圈中，在节点之间画箭线，在箭线上表示活动字母和估算的时间。

b. 确定网络图上的所有路径，标出它们有多长，使用图 6-7 作为表示每条路径的指南。

c. 这个项目的关键路径是什么？有多长？

d. 完成这个项目需要的最短的可能时间是多少？

3. 考虑表 6-3。所有的持续时间估算或者估算时间的单位是天，网络是从节点 1 到节点 8。(注意，你可以很容易地更改此表来创建多个练习。)

a. 画一个 AOA 网络图来表示项目。把节点号放到圆圈中，在节点之间画箭线，在箭线上表活动字母和估算的时间。

b. 确定网络图上的所有路径，标出它们有多长，使用图 6-7 作为表示每条路径的指南。

c. 这个项目的关键路径是什么？有多长？

d. 完成这个项目需要的最短的可能时间是多少？

表 6-3 大型项目的网络图数据

活动	开始节点	完成节点	估算持续时间
A	1	2	10
B	1	3	12
C	1	4	8
D	2	3	4
E	2	5	8
F	3	4	6
G	4	5	4
H	4	6	8
I	5	6	6
J	5	8	12
K	6	7	8
L	7	8	10

4. 将练习 2 中的信息输入 Project 2016 中。观察网络图和任务进度计划来发现关键路径和每个活动的浮动时间或者时差。打印甘特图和网络图视图以及任务进度计划。写一篇简短的论文来向不熟悉项目进度管理的人解释这些信息。

5. 将练习 3 中的信息输入 Project 2016 中。观察网络图和任务进度计划来发现关键路径和每个活动的浮动时间或者时差。打印甘特图和网络图视图以及任务进度计划。写一篇简短的论文来向不熟悉项目进度管理的人解释这些信息。

6. 为 6 个月或 12 个月的项目创建方案和进度计划。进度计划包括 5 个过程组，但重点是执行该项目的关键任务。例如，你可以制定一个进度计划，用来创业、装修房屋、开发应用程序或写书。仅将你的方案信息提供给你的同学来创建进度计划，然后进行比较。也可以根据同学的情况制定进度计划。撰写一篇简短的论文，总结每个人所创造的进度计划的异同以及面临的挑战。

7. 在 Microsoft Project、MindView 或者其他管理软件中找到至少 3 种不同的进度计划。分析日程安排，重点在于如何才能完成任务列表、实际的工期是多少以及是否包含依赖关系，等等。写一份简短的论文，其中包括进度计划和参考文献。
8. 采访使用本章所讨论的一些技术的人。关于项目进度管理中的网络图、关键路径分析、甘特图、关键链进度计划、使用项目管理软件以及管理项目进度时涉及的人员问题等，他/她有何看法？写一篇简短的论文来描述答案。
9. 阅读两篇关键链进度计划的文章。写一篇简短论文来描述该技术是如何改善项目进度管理的。
10. 搜索有关解释如何和为什么要查找项目关键路径的视频。写一篇简短的论文描述你的发现。总结最好的两个视频并提供屏幕截图，并解释为什么你喜欢这两个视频。（注意：教师也可以将主题从关键路径更改为本章中的其他概念）
11. 研究如何在敏捷项目上执行进度管理。写一篇简短的论文或制作演示文稿总结你的发现。

6.15 实践案例

你是 K. 博士的全球企业家项目的项目经理。K. 博士的团队成员包括 Bobby，IT 人员；Kim，刚毕业的大学毕业生，现在越南的一家非营利组织工作；Ashok，一名印度商科学生；Alfreda，来自埃塞俄比亚的美国留学生。你打算将某些工作外包（例如，购买笔记本电脑、开发用于接受捐赠的网站功能以及为该网站创建视频）。请记住，你的进度计划是在 6 个月内完成项目，而成本目标是费用要低于 120 000 美元。

6.16 作业

1. 查看你为第 5 章中的作业 3 和作业 4 创建的 WBS 和甘特图。计划 3～5 个可以帮助你估算资源和持续时间的附加活动。用一页纸的论文描述这些新的活动。
2. 为 Global Treps 项目至少确定 5 个里程碑。使用 SMART 准则用一页纸描述每个里程碑。讨论确定里程碑是怎样在甘特图中增加附加活动或者任务的。记住这些里程碑一般没有持续时间，所以你必须添加任务来完成里程碑。
3. 使用在第 5 章作业 4 中生成的甘特图以及在上述的作业 1 和作业 2 中计划的新活动和里程碑，使用 Project 2016 或其他工具生成一个新的甘特图。合适的话，估算任务持续时间和输入依赖关系。记住你的项目进度目标是 6 个月。将甘特图和网络图各打印到一张纸上。

6.17 关键术语

活动（activity）
活动属性（activity attributes）
活动清单（activity list）
双代号网络图（AOA）(activity-on-arrow, AOA)
分叉（burst）
赶工（crashing）
关键链进度计划（critical chain scheduling）
关键路径（critical path）
关键路径法（CPM）或关键路径分析（critical path method，CPM）or critical path analysis）
依赖（dependency）
选择性依赖关系（discretionary dependencies）

虚活动（dummy activities）
持续时间（duration）
最早完成时间（early finish date）
最早开始时间（early start date）
人力投入（effort）
外部依赖关系（external dependencies）
快速跟进（fast tracking）
汇入缓冲（feeding buffers）
完成－完成依赖（finish-to-finish dependency）
完成－开始依赖（finish-to-start dependency）
浮动时间（float）
顺推法（forward pass）

自由时差（自由浮动时间）(free slack, free float)
甘特图（Gantt chart）
内部依赖关系（internal dependencies）
最晚完成时间（late finish date）
最晚开始时间（late start date）
强制性依赖关系（mandatory dependencies）
汇聚（merge）
箭线图法（ADM）(arrow diagramming method, ADM)
逆推法（backward pass）
基准日期（baseline dates）
缓冲（buffer）
里程碑（milestone）
多任务（multitasking）
墨菲定律（Murphy's Law）
网络图（network diagram）
节点（node）
帕金森定律（Parkinson's Law）
PERT 加权平均（PERT weighted average）
紧前关系绘图法（PDM）(precedence diagramming method, PDM)
概率时间估算（probabilistic time estimates）
计划评审技术（PERT）(Program Evaluation and Review Technique, PERT)
项目缓冲（project buffer）
项目进度管理（project schedule management）
关系（relationship）
资源分解结构（resource breakdown structure）
资源（resources）
进度基准（schedule baseline）
时差（slack）
偏移的里程碑（slipped milestone）
SMART 准则（SMART criteria）
开始－完成依赖（start-to-finish dependency）
开始－开始依赖（start-to-start dependency）
任务（task）
约束理论（TOC）(Theory of Constraints, TOC)
三点估算（three-point estimate）
总时差（总浮动时间）(total slack, total float)
跟踪甘特图（Tracking Gantt chart）

6.18 注释

[1] Fran Kelly, "The World Today—Olympic planning schedule behind time," *ABC Online* (March 4, 2004).

[2] Jay Weiner and Rachel Blount, "Olympics are safe but crowds are sparse," *Minneapolis Star Tribune* (August 22, 2004), A9.

[3] Martin Muller, "After Sochi 2014: Costs and Impacts of Russia's Olympic Games", Social Science Research Network (February 2015).

[4] Paul Roberts, "Frustrated contractor sentenced for hacking FBI to speed deployment," *InfoWorld Tech Watch* (July 6, 2006).

[5] Stephen Losey, "FBI to begin training employees on Sentinel case management system," *www.federaltimes.com* (April 26, 2007).

[6] Jeff Stein, "FBI's Expensive Sentinel Computer System Still Isn't Working, Despite Report," *Newsweek* (September 24, 2014).

[7] Shawn Achor, *The Happiness Advantage* (New York: Crown Business, 2010).

[8] Eliyahu Goldratt, *Critical Chain* (Great Barrington, MA: The North River Press, 1997), p. 218.

[9] Anne M. Breen, Tracey Burton-Houle, and David C. Aron, "Applying the Theory of Constraints in Health Care: Part 1—The Philosophy," *Quality Management in Health Care*, Volume 10, Number 3 (Spring 2002).

[10] Avraham Y. Goldratt Institute (AGI), "A Sampling of Client Results" (*www.goldratt.com/resultsoverview*) (accessed April 29, 2015).

[11] Jason Bloomberg, "How the FBI Proves Agile Works for Government Agencies,"

www.cio.com (August 22, 2012).

12. Brian Wernham, "FBI Sentinel Programme Saved by Agile?," *https://brianwernham.wordpress.com/* (May 31, 2012).
13. Bart Bolton, "IS Leadership," *Computerworld* (May 19, 1997).
14. Microsoft, "Secretary of Economy of Mexico: Agency Uses Diagramming, Collaboration Tools to Complete Projects 60 Percent Faster," Microsoft Customer Stories (November 19, 2014).
15. Project Management Institute, Inc., *A Guide to the Project Management Body of Knowledge (PMBOK® Guide) – Sixth Edition* (2017), Page 178.

第 7 章

Information Technology Project Management, Ninth Edition

项目成本管理

学习目标

阅读完本章后,你将能够:

- 理解项目成本管理及其在项目成功过程中的重要性。
- 解释项目成本管理的基本原理、概念和术语。
- 描述计划成本管理的过程。
- 讨论不同类型的成本估算和制定方法。
- 以 IT 项目为例,列出并描述确定预算和制定成本估算的过程。
- 通过合理地使用挣值管理和项目组合管理来协助成本控制。
- 描述项目管理软件如何辅助项目成本管理。
- 讨论敏捷/自适应环境下的注意事项。

开篇案例

Juan Gonzales 是墨西哥一个主要城市水务部门的系统分析师和网络专家。他乐于帮助城市发展基础设施。他的下一个职业目标是成为一名项目经理,这样他就能获得更大的影响力。他的一个同事邀请他参加一个重大政府项目的项目评审会议,其中包括他最感兴趣的 Surveyor Pro 项目。Surveyor Pro 项目旨在开发一个复杂的信息系统,该系统包括专家系统、面向对象数据库和无线通信系统。该系统能提供即时的、图形化的信息,以辅助政府测量员完成他们的工作。例如,当测量员触摸了手持设备屏幕上的地图时,系统会提示测量员输入该区域所需的信息类型。这个系统将有助于规划和实施从铺设光纤电缆到安装水管的许多项目。

然而,会议的大部分时间都花在了讨论与成本有关的问题上,这令 Juan 感到非常惊讶。在讨论任何新项目的资金之前,政府官员会审查许多现有项目,以评估其执行情况和对政府预算的潜在影响。对演示者所展示的许多术语和图表,Juan 不太理解。他们一直提到的"挣值"是什么?他们如何估算完成项目所需的成本或时间?Juan 以为他将学习更多 Surveyor Pro 项目将使用的新技术,但他发现在会议上政府官员们最感兴趣的是成本估算和预期收益。同时他发现,似乎在任何技术工作开始之前,都要花相当大的精力进行详细的财务研究。Juan 希望自己上过一些会计和金融课程,这样他就能理解人们正在讨论的缩略语和概念。尽管 Juan 拥有电气工程学位,但他没有接受过正规的金融教育,而且几乎没有相关经验。但是 Juan 认为如果自己能够理解信息系统和网络,那么他也有信心能够理解项目中的财务问题。他匆匆记下会后要与同事讨论的问题。

7.1 项目成本管理的重要性

IT 项目在实现预算目标方面的记录不佳。《哈佛商业评论》(*Harvard Business Review*)

2011年发表的一份研究报告考察了近1500个项目的IT变革举措,报告称项目平均成本超支了27%。成本**超支**(overrun)是实际成本超过估计的额外百分比或金额。这项研究被认为是有史以来规模最大的IT项目分析。项目范围从企业资源计划到管理信息与客户关系管理系统。大多数项目成本很高,这些项目平均成本为1.67亿美元,最大的项目耗资330亿美元。[1]

然而这项研究中最重要的发现是,在分析超支项目时发现了大量的严重超期。在所有研究项目中,有六分之一包含"黑天鹅"事件:一种罕见且不可预测的,但事后回顾起来并非不可能发生的高影响力事件。这些黑天鹅IT项目的平均成本超出了200%,超期近70%。这凸显了IT变革举措的真正缺陷:像管理顾问和学术研究者之前所认为的,并不是它们特别容易出现过高的平均成本超支,而是因为它们中有很大比例发生了严重的超期——也就是说,发生了不成比例的"黑天鹅"事件。由于关注重点是平均值而不是更具破坏性的异常值,许多经理和顾问都忽略了真正的问题。[2]

显然,IT项目在实现成本目标方面还有成长空间。本章描述了项目成本管理中的重要概念,特别是计划成本管理、创建良好的成本估算以及使用挣值管理(EVM)来辅助成本控制。

> **错在哪里**
>
> 英国国家医疗服务体系(NHS)的IT现代化项目被一位伦敦专栏作家称为"历史上最大的IT灾难"。该项目始于2002年,历时10年,旨在为英格兰和威尔士提供电子病历系统、预约和处方药系统。英国工党政府估计,该项目最终将耗资550多亿美元,**超支260亿美元**。这个项目一直受到技术问题的困扰,如系统不兼容、医生因为没有就系统功能进行充分的商议而进行抵制,以及承包商之间关于责任问题的争论。[3] 2006年6月的一项政府审计发现,作为全球最大的民用IT项目之一,尽管存在一些重大问题,该项目仍在进行当中。为减少成本超支,NHS将不会在交付之前支付费用,并将部分财务责任转移给了英国电信集团、埃森哲和富士通等承包商。[4] 2011年9月22日,英国政府官员宣布取消该项目。英国卫生部部长Andrew Lansley说,该项目"使NHS令人失望,同时浪费了纳税人的钱。"[5]

7.1.1 什么是成本

一本畅销的成本会计教科书中讲到:"会计师通常把成本定义成为达到某一特定目标而牺牲或放弃的资源。"[6] 韦氏字典将"成本"定义为"为交换而放弃的东西"。成本通常用购买产品和服务必须支付的货币数量来衡量,如美元。(为方便起见,本章中的例子使用美元作为货币单位。)因为项目需要花费资金并消耗可另作他用的资源,所以对于项目经理来说,理解项目成本管理变得非常重要。

然而,许多IT专业人员对成本超支的信息往往一笑而过。他们知道许多IT项目的原始成本估算原本就很低,或者是基于不明确的项目需求进行的估算,因此自然会出现成本超支。从一开始就不强调实际项目成本估算的重要性,只是问题的部分情况。此外,许多IT专业人士认为,成本估算是会计师的工作。事实正相反,良好的成本估算是一项要求很高的重要技能,包括项目经理在内的许多专业人员都需要具备这一技能。

成本超支的另一个原因是许多IT项目涉及新技术或业务流程。任何新技术或业务流程都是未经测试的，具有潜在风险。因此，成本增加和项目失败是可以预见的，这种看法对吗？不对。采用良好的项目成本管理可以改变这种错误的观念。

7.1.2 什么是项目成本管理

回顾第 1 章，项目管理的三项约束分别为范围、进度和成本目标。第 5 章和第 6 章我们讨论了项目范围管理和项目进度管理，本章讲述项目成本管理。**项目成本管理**（project cost management）包含用来确保项目团队在批准的预算内完成一个项目的必要过程。请注意这个定义中的两个关键短语："一个项目"和"批准的预算"。项目经理必须确保他们的项目有恰当的定义、准确的进度计划和成本估算，并有他们参与批准通过的、切合实际的预算。

项目经理的工作是在不断努力降低和控制成本的同时，满足项目干系人的需求。项目成本管理有 4 个过程：

1. 计划成本管理包括决定用于计划、执行和控制项目成本的政策、程序和文件。这个过程的主要输出是成本管理计划。

2. 估算成本包括对完成项目所需资源的成本进行近似计算。成本估算过程的主要输出是活动成本估算、估算依据和项目文档更新。

3. 制定预算包括将总体成本估算分配到各个工作项目，以建立衡量绩效的基准。成本预算过程的主要输出是成本基准、项目资金需求和项目文档更新。

4. 控制成本包括控制项目预算的变更。成本控制过程的主要输出是工作绩效信息、成本预测、请求变更、项目管理计划更新，以及项目文档更新。

为了解每一个项目成本管理的过程，首先必须了解成本管理的基本原理。其中许多原理并不是项目管理所独有的，然而，项目经理需要了解这些原理如何与具体项目关联。

7.2 成本管理的基本原理

由于 IT 专业人员不了解如何为项目寻找财务合理性，因此许多 IT 项目无法启动。在第 4 章中，我们讨论了净现值分析、投资回报率分析和投资回收期分析等重要概念。同样，许多项目由于成本管理问题而没有完成。执行委员会的大多数成员对财务术语的理解比 IT 术语更好，而且对财务更感兴趣。因此，IT 项目经理需要能够在财务术语和技术术语两方面对项目信息进行展示和讨论。除了净现值分析、投资回报率分析和投资回收期分析，项目经理还必须了解其他一些成本管理的原理、概念和术语。本节介绍其中一些要点，如利润、生命周期成本、现金流分析、有形和无形成本及收益、直接成本、沉没成本、学习曲线理论和储备金等。还有一个重要的主题是挣值管理，这是控制项目成本的关键工具和技术之一，将在 7.6 节中详细描述。

利润（profits）是收入减去支出。为了增加利润，公司可以增加收入，也可以减少开支，或者同时这两种方法。与其他问题相比，大多数高层管理者更关心利润。在证明新信息系统和技术的投资合理性时，重点是关注对利润的影响，而不仅仅是收入或费用。对于一个电子商务应用程序，我们估计它将为一家价值 1 亿美元的公司增加 10% 的收入。如果不知道利润率，就不能度量应用程序的潜在收益。**利润率**（profit margin）是利润与收入的比率。如果 100 美元的收入产生 2 美元的利润，那么利润率是 2%。如果公司每 100 美元的收入就损失 2 美元，那么利润率是 −2%。

生命周期成本（life cycle costing）是对整个项目生命周期成本的全局认识。这有助于准确地预测项目的财务成本和收益。生命周期成本计算考虑一个项目的总拥有成本，即一个项目的开发成本加上支持成本。例如，一个公司可能在1~2年内完成一个开发并实施新客户服务系统的项目，但是这个新系统能够运行10年。在组织中财务专家的帮助下，项目经理应该对项目整个生命周期（10年）的成本和收益进行估算。回顾第4章，该项目的净现值分析将包括整个10年间的成本和收益。高层管理者和项目经理在进行财务决策时需要考虑项目的生命周期成本。

媒体快照

许多项目的一个主要目标是实现某种类型的财务收益，一般用生命周期成本来衡量。项目成功的标准通常包括在生命周期中达到一定的投资回报率。如果没有合适的收益衡量过程，就不能衡量项目的投资回报率。如果没有办法衡量的话，又怎么知道在项目完成后每年赚了多少钱呢？根据PMI 2015年报告：

- 许多组织根本没有收益衡量过程。
- 只有20%的组织报告称拥有高水平的收益实现成熟度。
- 39%的高绩效组织报告称拥有高收益实现成熟度，而仅有9%的低绩效组织报告称拥有高收益实现成熟度。

"成熟的组织收益实现过程可以受益于：

- 开始一个项目之前明确战略回报。
- 有效评估和监测项目成功的风险。
- 在组织中积极计划必要的变更。
- 明确定义项目成功的责任。
- 在平日将总体责任延伸到项目团队。"[7]

很多组织在项目的早期阶段没有投入足够的资金，这影响了总拥有成本。例如，在定义用户需求和对IT项目进行早期测试上投入资金，比在实现后等待问题出现再解决要划算得多。回顾第5章，在项目后期修正软件缺陷的成本要比在早期修正缺陷的成本高得多。

由于组织依赖于可靠的IT，所以高昂的成本与停工期相关。

- 2014年9月3日，Facebook宕机20分钟，每分钟损失22 453美元，共损失50多万美元。[8]
- 2013年8月19日，亚马逊宕机了大约30分钟，每分钟损失66 240美元，约合200万美元。[9]
- 对于财富1000强的企业来说，基础设施故障的平均成本是每小时10万美元；一个应用程序的严重故障的平均成本是每小时50万~100万美元，或者每分钟8300到16 600美元。[10]
- 2014年，财富1000强的企业因应用程序意外停机造成的年平均成本为12.5亿~25亿美元。[11]

对在哪里

全球对改善环境问题的重视激发了一项重要的成本削减战略。投资绿色IT和其他举措既有利于环境，也有利于公司盈利。Dell公司的首席执行官Michael Dell表示，他的目标是在2008年让公司实现"碳中和"。这家电脑巨头希望通过一系列举措来实现碳的零排放，比如为小企业和消费者提供路边回收旧电脑的服务、在新的打印机墨盒里塞进装有免费邮资的回收袋，以及开展一项"为我种一棵树"的项目。[12]Dell确实达到了目标。截至2012年3月，Dell公司已经帮助顾客节省了近70亿美元的能源成本。

Dell公司继续履行企业责任，保护环境。在2014年报告了以下进展：
- 回收了2.3090亿磅的二手电子产品，有望在2020年达到20亿磅的目标。
- 与FY12相比，我们产品线的平均能源强度降低了23.2%。
- 减少了10%的运营排放。
- 在产品中使用了超过1000万磅的消费后回收的塑料。[13]

现金流分析（cash flow analysis）是确定项目的年度成本估算和收益以及由此产生的年度现金流的一种方法。项目经理必须进行现金流分析，以确定净现值。大多数消费者都明白现金流的基本概念：如果他们的钱包或银行账户里没有足够的钱，他们就不能买东西。在选择投资项目时，高层管理者必须考虑现金流问题。如果高层管理者在同一年度选择了太多需要高现金流的项目，公司将无法支持所有项目并维持盈利。明确用于分析美元数额的基准年也很重要。例如，如果一家公司的所有成本都是基于2018年进行的估算，那么在未来某个年份使用美元计算成本和收益时，它就需要考虑通货膨胀和其他因素。

有形和无形的成本及收益是用来确定一个组织在定义项目的估算成本与收益方面能够做到什么程度。**有形成本或收益**（tangible costs or benefits）很容易用货币来衡量。例如，假设本章"开篇案例"中描述的Surveyor Pro项目包含了初步的可行性研究。如果一家公司花费10万美元完成这项研究，那么其有形成本为10万美元。如果一个政府机构估算完成这项研究需要15万美元，那么这项研究政府得到的有形收益将为5万美元：它可以支付这项研究的费用，然后将完成这项研究的政府员工分配到其他项目中。

相比之下，**无形成本或收益**（intangible costs or benefits）很难用金钱来衡量。假设Juan和其他一些人利用自己的个人时间使用政府的电脑、书籍和其他资源来进行相关领域的研究。虽然他们的工作时间和政府的资源不会记入项目费用，但它们可以被视为无形成本。项目的无形收益通常包括诸如商誉、声望以及其他一些很难用货币来衡量的生产力进步。由于无形成本和收益难以量化，它们往往更难加以证明。

直接成本（direct costs）是指那些与创造项目产品和服务直接相关的成本。可以将直接成本归结于某一特定的项目。例如，直接成本包括在项目上工作的全职员工的工资，以及专门为项目购买的硬件和软件的成本。项目经理应该关注直接成本，因为它们是可以控制的。

间接成本（indirect costs）与项目的产品或服务不直接相关，但它们与项目的工作绩效间接相关。例如，在容纳1000名从事许多项目的员工的大楼中，间接成本包括电力、纸巾和其他必需品的成本。间接成本被分摊到项目中，项目经理很难进行控制。

沉没成本（sunk cost）是过去已经花费的钱，它就像沉船一样消失了，永远也打捞不起来。在决定投资或继续哪些项目时，不应该考虑沉没成本。例如，在该章的"开篇案例"中，假设Juan的办公室过去3年中在一个项目上花费了100万美元，这笔钱用于创建一个地理信息系统，但从未产生任何有价值的东西。如果他的政府正在评估明年将资助哪些项目，而一位职员建议继续资助地理信息系统项目，理由是已经在该项目上花费了100万美元，这名职员错误地将沉没成本作为项目选择决策的一个关键因素。许多人考虑已经在失败项目上花了这么多钱，因此掉进了继续在这些项目上花钱的陷阱。这类似于那些因为已经输了钱而继续赌博的赌徒。沉没成本应该被忘记，即便通常这么考虑问题很难。

学习曲线理论（learning curve theory）指出，当许多产品被重复生产时，这些产品的单位成本会随着产品数量的增加而有规律地降低。例如，假定 Surveyor Pro 项目可能会生产 1000 个手持设备，这些设备可以运行新的软件并通过卫星获取信息。第一个手持设备的成本将远远高于第 1000 个设备的成本。学习曲线理论可以辅助估算涉及大量生产的项目成本。

学习曲线理论也适用于完成某些任务所需的时间。例如，新员工第一次执行特定任务时，可能会比第十次执行非常相似的任务所花费的时间更长。因此，对更有经验的工人，对其付出努力的估算应该更低。

储备金（reserves）包含于成本估算中，是为了消减由于未来难以预测而带来的成本风险而预先留出的资金。**应急储备金**（contingency reserves）为一些可以部分预计的未来情况（有时称为**已知的未知**（known unknowns））做准备，它包含在项目成本基准中。例如，如果一个组织知道 IT 人员的流动率为 20%，它就应该准备应急储备金来支付 IT 人员的招聘和培训成本。**管理储备金**（management reserves）考虑到未来不可预测的情况（有时称为**未知的未知**（unknown unknowns））。例如，如果一个项目经理生病了两周，或者一个重要的供应商倒闭了，管理储备金可以用来支付由此产生的成本。正如你将在本章后面学到的，管理储备金不包括在成本基准中。

> **给年轻专业人士的建议**
>
> 如果你从未自学或参加过会计、财务报表或财务管理方面的课程，那么有很多关于金融的在线资源和书籍可供学习，如何使用财务报表之类的内容。IT 领域的项目经理经常会遇到一些概念，如资本成本和运营成本、租赁与购买设备或其他信息资产、基于流程改进或自动化的成本降低策略，以及其他商业中常用的财务管理术语。项目经理需要能够与业务伙伴进行交流，他们期望从项目中获得一定经济利益、希望使用某种策略来管理成本，或者希望在项目展开时了解成本和收益之间的关系。金融专家通常愿意帮助缺乏经验的人更好地理解金融领域的关键术语。这些概念不难学习，如果你现在就努力在这些问题上有所建树，那么你将能帮助其他人了解你的项目成本和收益如何符合组织的总体财务战略，进而成为一个有价值的合作伙伴。同时牢记，作为一个优秀的财务管理人员，在进行项目成本管理时也要实践伦理决策。

7.3 计划成本管理

项目成本管理的第一步是计划在整个项目周期中如何管理成本。项目成本，就像项目进度计划一样，是从启动项目的基本文档中产生的，比如项目章程。项目经理和其他干系人使用专家判断、数据分析和会议的方式来制定成本管理计划。

成本管理计划，如范围管理计划和进度管理计划一样，可以是非正式的和宽泛的，也可以是正式的和详细的，这取决于项目的需要。一般来说，成本管理计划包括以下信息：

- 准确度：活动成本估算通常有四舍五入准则，比如四舍五入到最接近的 100 美元。关于应急储备金的数额也可能有指导方针，比如 10% 或 20%。
- 计量单位：定义用于成本计量的每个单位，如工时或天数。
- 组织程序链接：许多组织将用于项目成本核算的工作分解结构（WBS）的组成部分

作为控制账户（CA）。每个控制账户通常被分配一个唯一编码用于使用组织的会计系统。项目团队必须正确理解和使用这些账户编码。
- 控制阈值：类似于进度偏差，成本变化在需要采取行动应对之前通常有一个允许变化区间，比如成本基准的 10%。
- 绩效评估规则：如果项目使用在本章后面所描述的挣值管理（EVM），成本管理计划将定义评估规则，例如跟踪实际成本的频率和详细程度。
- 报告格式：描述项目所需的成本报告的格式和频率。
- 过程描述：描述如何执行所有的成本管理过程。

7.4 估算成本

如果项目经理想在预算限制内完成项目，就必须认真对待成本估算。在制定完备的资源需求列表之后，项目经理和他们的项目团队必须对这些资源的成本进行一些估算。例如，如果一个项目活动是特殊类型的测试，活动资源需求的列表将描述受试者的技术水平、人数、建议进行测试的时间、特殊的软件或设备需求和其他要求。这些信息都是制定一个好的成本估算所必需的。第 9 章将更详细地描述估算活动资源的过程。本节描述各种类型的成本估算、用于成本估算的工具和技术、与 IT 成本估算相关的典型问题，以及 IT 项目成本估算的详细示例。

7.4.1 成本估算的类型

项目成本管理的主要输出是成本估算和估算依据。项目经理通常会为大多数项目准备几种类型的成本估算。3 种基本估算包括：
- **粗略量级（ROM）估算**（Rough Order of Magnitude（ROM）estimate）提供了一个项目的粗略估算。ROM 估算也可以称作近似估算、猜算、虚估或泛估。这种类型的估算是在项目的早期，甚至是在项目正式开始之前完成的。项目经理和高层管理者使用这种估算辅助做出项目决策。这类估算的时间范围通常是在项目完成之前的三年或更长时间。ROM 估算的准确度通常是 −50%～+100%，这意味着项目的实际成本可能比 ROM 估算的低 50% 或高 100%。例如，ROM 估算为 10 万美元的项目的实际成本可能从 5 万美元到 20 万美元不等。对于 IT 项目估算而言，这个准确度范围通常要大得多。由于 IT 项目的成本超支历史，许多 IT 项目专业人员对软件开发的估算往往自动增加一倍。
- **预算估算**（budgetary estimate）是用来分配资金到组织中的预算。许多组织制定至少未来两年的预算。预算在项目完成前 1～2 年做出。预算的准确度一般是 −10%～+25%，这意味着项目的实际费用可能比预算少 10% 或多 25%。例如，预算估计为 10 万美元的项目的实际费用从 9 万美元到 12.5 万美元不等。
- **确定性估算**（definitive estimate）提供了对项目成本的准确估算。确定性估算用于做出许多需要准确估算的采购决策和估算最终的项目成本。例如，如果一个项目涉及在未来三个月从外部供应商购买 1000 台个人电脑，那么需要进行确定性估算以协助评估供应商的标书并划拨资金支付给选定的供应商。确定性估算在项目完成前一年或更短时间内做出。确定性估算是 3 种估算中最准确的。这类估算的准确性通常是 −5%～+10%，这意味着实际成本可能比确定性估算低 5% 或高 10%。例如，一个项目的确定性估算为 10 万美元,其实际成本可能从 9.5 万美元到 11 万美元不等。表 7-1 总结了成本估算的 3 种基本类型。

表 7-1 成本估算的类型

估算类型	何时做	为何做	准确度范围
粗略量级估算	项目生命周期的早期,通常在项目完成前 3~5 年	为选择决策提供成本估算	−50%~+100%
预算估算	项目完成前 1~2 年	在预算计划中投入资金	−10%~+25%
确定性估算	项目后期,距完成不到一年的时间	提供采购细节,估算实际成本	−5%~+10%

成本估算的数量和类型因应用领域的不同而不同。例如,国际工程造价协会(AACE)将建筑项目成本估算按以下 5 种类型划分:数量级、概念、初步、确定性和控制。成本估算通常在项目的不同阶段完成,并且随着时间的推移变得更加准确。

除了创建整个项目和活动的成本估算,为估算和更新项目文档提供细节支持同样非常重要。支持细节包括在创建成本估算时使用的基本规则和假设、作为估算依据的项目描述(如范围说明书和工作分解结构(WBS)),以及详细的成本估算工具与技术。这些支持性的细节可以使更新估算或进行相似估算更容易。

在准备成本估算时,需要考虑的另一个重要因素是人工成本,因为人工成本通常在项目总成本中占有很大比重。许多组织根据部门或技能来估算项目生命周期中他们需要的人员数或小时数。例如,当西北航空公司为其订票系统项目(ResNet)进行初始成本估算时,它确定了每个部门每年最多分配给该项目的全时工作当量人员的数。表 7-2 列出了这些信息。全时工作当量(Full-Time Equivalent,FTE)是指在一个项目中,确定所需总人数的一种标准方式,而不论所需要的人员是全职工作还是兼职工作,这在制定预算中会有更详细的描述。请注意,西北航空公司计划使用少数承包商。承包商的人工成本通常要高得多,所以区分内部资源和外部资源是很重要的。(参见本书配套网站,阅读 ResNet 项目的详细案例研究,包括成本估算)。

表 7-2 每年各部门的 FTE 人员上限

部 门	第一年	第二年	第三年	第四年	第五年	总 数
信息系统	24	31	35	13	13	116
营销系统	3	3	3	3	3	15
预订系统	12	29	33	9	7	90
承包商	2	3	1	0	0	6
总数	41	66	72	25	23	227

7.4.2 成本估算的工具和技术

可以想象的是,制定一个好的成本估算比较困难。幸运的是,有一些工具和技术可以辅助进行成本估算。这些工具和技术包括专家判断、类比成本估算、自下而上估算、三点估算、参数估算、质量成本、项目管理估算软件、卖方投标分析和储备金分析。

类比估算(analogous estimates),也称为**自上而下估算**(top-down estimates),使用以前

类似项目的实际成本作为估算当前项目成本的依据。这种技术需要非常专业的判断,而且通常比其他技术花费更少,缺点是不太准确。当以前的项目与目前的项目不仅表面上相似,本质上也相似时,类比估算是最可靠的。此外,进行成本估算的小组必须具备必要的专业技术,以确定项目的某些部分是否要比类似项目花费更多或更少的成本。例如,估算人员往往试图寻找类似的项目,然后根据已知的差异定义或修改它。然而,如果需要估算的项目涉及一种新的编程语言或使用一种新的硬件或网络类型,那么类比估算技术很容易导致估算过低。

自下而上估算(bottom-up estimates)包括估算单个工作项或活动的成本,并将它们相加以得到项目的整体估算。这种方法有时被称为作业成本法。单个工作项的大小和估算人员的经验决定了估算的准确性。如果项目有详细的工作分解结构(WBS),项目经理可以让每个负责工作包的人对该工作包进行成本估算,或者至少估算所需的资源数量。组织财务部门的人员通常提供资源成本率,例如人工成本或每磅材料的成本,这些数据可以输入项目管理软件中来计算成本。软件为 WBS 的每个层级自动计算信息,并最终为整个项目创建成本估算。使用较小的工作项可以增加成本估算的准确性,因为分配去做成本估算的人对该项工作非常熟悉,而不是让不熟悉该工作的人进行估算。自下而上估算的缺点是,通常花费时间长,因此应用成本很高。

三点估算(three-point estimates)包括估算项目最可能的、最乐观的和最悲观的成本。你可以使用第 6 章中描述的 PERT 加权平均公式,或者使用第 11 章中描述的蒙特卡罗模拟来进行成本估算。

参数估算(parametric estimating)使用数学模型中的项目特征(参数)来估算项目成本。例如,参数化模型可能根据项目使用的编程语言、程序员的专业水平、所涉及数据的大小和复杂性等为软件开发项目提供每行代码 50 美元的估算。如果用于创建模型的历史信息是准确的,项目参数容易量化,并且模型就项目规模而言是灵活的,在这种情况下参数模型是最可靠的。许多涉及建筑施工的项目使用基于每平方英尺成本的参数估算。成本因建筑质量、地点、材料和其他因素而异。在实践中,许多人发现组合或混合使用类比估算、自下而上估算、三点估算和参数估算可以提供最佳的成本估算。

在进行成本估算时还要考虑前面提到的储备金、第 8 章中提到的质量成本,以及其他成本估算方法,如第 12 章中所述的卖方投标分析。本章后面将介绍如何使用软件辅助成本估算。

7.4.3 IT 成本估算的典型问题

尽管许多工具和技术可以辅助进行项目成本估算,但许多 IT 项目成本估算仍然非常不准确,特别是那些针对新技术或软件开发的成本估算。Tom DeMarco 是一位著名的软件开发作者,他指出了导致这些错误的 4 个原因以及克服它们的方法。[14]

- **估算的速度太快**。对大型软件开发项目进行估算是一项复杂的任务,需要大量的工作。许多估算必须在明确系统需求之前迅速完成。例如,在"开篇案例"中介绍的 Surveyor Pro 项目涉及很多复杂的软件开发。在充分理解测量员在系统中需要什么信息之前,必须有人为这个项目制定一个粗略量级估算和预算估算。对于 IT 项目而言,较晚的成本估算往往比较早的估算更精确。值得注意的是,估算是在项目的不同阶段完成的,项目经理需要解释每次估算的基本原理。
- **由缺乏评估经验的人进行估算**。尤其对大型项目而言,进行软件开发成本估算的人通常没有太多的成本估算经验。他们也没有足够准确、可靠的项目数据来作为估算的依据。如果一个组织使用了良好的项目管理技术，并且有保存可靠的项目信息（包括估算信息）的历史，将有助于完善组织的项目估算。对 IT 人员进行成本估算方面的培训和指导也将改进成本估算。

- 人们有低估的倾向。例如，高级 IT 专业人员或项目经理可能会根据他们自己的能力进行估算，而忘记许多年轻人将在项目中工作。估算人员还可能忘记考虑大型 IT 项目的整合和测试所需的额外成本。对于项目经理和高层管理者来说，审查估算并提出重要问题，对于确保估算没有产生偏差非常重要。
- 管理层要求准确性。管理层可能会要求进行估算，但他们真正想要的是一个更准确的数字，以帮助他们竞标从而赢得一个重要的合同或者获得内部资金。这个问题与第 6 章中讨论的情况类似，在第 6 章中，高层管理者或其他干系人希望项目进度比估算的要短。对项目经理来说，辅助进行良好的成本和进度估算，并使用他们的领导能力和谈判技巧来支持这些估算结果非常重要。

谨慎对待初始估算同样非常重要。最高管理层从来不会忘记第一次估算，但很少记得已批准的变更（如果存在的话）是如何影响估算的。让最高管理层了解修改后的成本估算是一个永无止境的关键过程。这应该是一个正式的过程，尽管可能会很痛苦。

7.4.4 如何制定成本估算和成本估算的依据

了解成本估算过程的最佳方法之一是研究成本估算的实例。正如每个项目都是独一无二的，每个成本估算也都是独一无二的。在第 3 章中，你可以看到 JWD 咨询公司的项目管理内部网网站项目，这是一个简短的成本估算案例。你也可以在本书配套网站上查看 ResNet 项目的成本估算。

本节中，我们将对"开篇案例"中描述的 Surveyor Pro 项目的成本估算进行逐步分析。当然，它比实际的成本估算短得多，也简单得多，但是它介绍了成本估算要遵循的过程及如何使用前面描述的一些工具和技术。

在开始成本估算之前，必须收集尽可能多的项目信息，并了解所做的成本估算将被如何使用。如前所述，如果成本估算将作为合同裁定书和绩效报告的依据，那么它应是一个确定性估算，并应尽可能准确。

明确估算的基本原则和假设也很重要。这些项目信息应该与基本规则和假设、已知的约束条件、确定的风险和最终估算的置信度一起记录在估算依据中。Surveyor Pro 项目的成本估算包括以下基本规则和假设：

- 该项目开始之前进行了详细的研究和概念论证，结果表明，开发测量员所需的硬件和软件，并将新设备与现有的信息系统相互连接是可行的。这个概念验证项目制作了一个手持设备原型和许多配套软件来提供基本的功能，并连接到全球定位系统（GPS）和其他测量员使用的政府数据库。一些数据可以辅助估算未来的人工成本，特别是软件开发方面的成本，同时也可辅助估算手持设备的成本。
- 这个项目的主要目标是生产 100 个手持设备、继续开发软件（特别是用户界面）、在实地测试新系统，并在选定的城市培训 100 名测量员使用新系统。如果该项目成功，将有可能进行更大规模的生产。
- 该项目的 WBS 如下：

1. 项目管理
2. 硬件
   2.1 手持设备
   2.2 服务器
3. 软件
   3.1 授权软件
   3.2 软件开发
4. 测试
5. 培训和支持
6. 储备金

- 成本估算必须依据项目的 WBS 按月进行。项目经理将使用挣值分析进行进度报告，而挣值分析需要用到这种估算。
- 成本将以美元表示。由于项目时长为一年，因此不包括通货膨胀。
- 该项目由政府项目办公室负责管理。项目团队包括一名兼职项目经理和 4 名团队成员。团队成员将协助管理部分项目工作，并提供他们在软件开发、培训和支持方面的专业知识。他们的总时间分配如下：25% 用于项目管理，25% 用于软件开发，25% 用于培训和支持，25% 用于非项目工作。
- 该项目的手持设备需要从开发原型设备的同一公司购买。按生产 100 件设备估算的成本为每件 600 美元。该项目还需要额外 4 台服务器来运行设备和管理项目所需的软件。
- 该项目需要购买软件许可证才能访问 GPS 和其他 3 个外部系统。软件开发包括为设备开发一个图形用户界面、一个在线帮助系统和一个使用该设备追踪测量员绩效新模块。
- 由于原型项目的成功，测试成本应该很低。硬件和软件总估算乘以 10% 应该足够了。
- 培训将由 5 个不同地区的教员进行。项目团队认为，最好将大部分培训外包出去，包括制定课程材料、上课、以及在测量员开始在实地使用设备时提供的 3 个月的实时帮助支持。
- 由于项目存在风险，预留成本估算的 20% 作为储备金。
- 必须为成本估算建立一个计算机模型便于更改输入信息，例如各种活动的人工小时数或人工费率。

　　幸运的是，项目团队可以很容易地获取类似项目的成本估算和实际信息。从概念项目的验证中可以获得大量信息，团队还可以与过去项目的承包商进行沟通，从而辅助团队进行成本估算。也可使用计算机模型，例如基于功能点的软件估算工具。**功能点**（function points）是一种基于软件为最终用户提供的功能度量软件规模的方法。功能点由输入、输出、查询、内部数据和外部接口数据组成。Allen Albrecht 最初于 20 世纪 70 年代定义了这个度量标准，现在它已经成为度量软件大小的国际标准。它是最常用的软件大小度量标准，其次是代码行数。[15]

　　因为成本估算必须依据项目的 WBS 按月进行，所以团队首先审查项目进度计划的草案。团队决定从估算每个 WBS 项的成本开始，然后决定何时执行工作，即便成本产生的时间可能与执行工作的时间不同。团队的预算专家认可了这种估算方法。以下是团队依据进一步的假设和信息来估算每个 WBS 项的成本：

1. 项目管理：估算基于兼职项目经理的报酬和 4 名团队成员 25% 时间的薪酬。该项目的预算专家建议，基于全职员工平均每月工作 160 小时的情况，项目经理的人工费率为 100 美元/小时，每个团队成员的人工费率为 75 美元/小时。因此，项目经理的总工作时间为 960（160/2×12=960）小时。4 名项目团队成员的成本也包括在内，他们每人工作 25% 的时间于是所有项目人员按每月工作 160 小时计算，总工作时间为 1920（160×12=1920）小时。额外成本还包括承包商的成本，可以通过将软件开发和测试成本估算总额乘 10% 进行估算（10%×（594 000 美元 +69 000 美元））。

2. 硬件

    2.1 手持设备：承包商估算 100 个设备，每件 600 美元。

    2.2 服务器：根据服务器的最近购买记录，4 台服务器每台 4000 美元。

3. 软件

    3.1 授权软件：授权成本需要与各供应商协商。如果系统运行良好，很有可能进行大量生产并广泛宣传，这部分成本预计会比平时低。大约每个手持设备 200 美元的成本。

    3.2 软件开发：这部分估算将包括两种方法——人工估算和功能点估算。将使用较高的估算值。如果估算的差异超过 20%，项目则需要使用第三种估算方法。参与概念验证项目开发的供应商将提供人工估算的输入，当地技术专家进行功能点估算。

4. 测试：基于类似项目的情况，估算测试成本为总硬件和软件成本的 10%。

5. 培训和支持：基于类似项目的情况，培训成本由每个学员的培训费用外加差旅费用构成。学员（共 100 人）的费用为每人 500 美元，教员和项目团队成员的差旅费为每人每天 700 美元。项目团队成员和教员共需出差 12 天。由于项目团队成员将协助培训并在培训后提供支持，因此他们的人工成本将被加入这个估算中。估计团队成员的工作时间总计为 1920 小时。

6. 储备金：依照指导，预留总估算的 20% 作为储备金。

然后项目团队使用上述信息建立一个成本模型。图 7-1 是显示了 WBS 各项成本估算的电子表格。请注意，第一栏是 WBS 项，根据成本估算的需要，有的项下划分出几个小条目。例如，项目管理这一项被分成三个子项，因为项目经理、团队成员和承包商将各自进行必须计入成本的项目管理活动。还要注意的一点是，一些单元格需要输入件数或小时数和每件产品或每小时的成本，这将用于一些单项的成本估算。图中包括一些简要的注释，比如储备占总估算的 20%。此外，你可以很容易地更改几个输入变量，例如小时数或每小时的成本，以修改估算。

图 7-1 中软件开发一栏加了一个星号，要理解如何做出这个更为复杂的估算，还需了解更多详细信息。回想一下，软件开发必须使用两种方法进行估算，并且只要两种估算的差异不超过 20%，就会使用估值较高者作为估算值。在这个案例中使用人工估算的估算值，因为它比功能点估算值略高（分别是 594 000 美元和 567 000 美元）。图 7-2 展示了如何进行功能点估算，下面的最佳实践提供了关于功能点估算的更多信息。如你所见，在进行功能点估算时做了许多假设。同样，通过改变成本模型的输入，可以轻松地调整估算。

请注意，这个示例中对项目总成本的估算值为 1 521 240 美元。项目团队可将这个数字四舍五入到 150 万美元，并建议高层管理者在这个数字的基础上进行上下 10% 的浮动。

Surveyor Pro项目的成本估算，创建于10月5日

WBS项	单位时间件数	每件/每小时成本（美元）	小计（美元）	WBS第2级总计（美元）	占总计的百分比
1.项目管理				306 300	20%
项目经理	960	100	96 000		
项目团队成员	1 920	75	144 000		
承包商（软件开发和测试成本的10%）			66 300		
2.硬件				76 000	5%
2.1手持设备	100	600	60 000		
2.2 服务器	4	4 000	16 000		
3.软件				614 000	40%
3.1授权软件	100	200	20 000		
3.2 * 软件开发			594 000		
4.测试（软件和硬件总成本的10%）			69 000	69 000	5%
5.培训与支持				202 400	13%
培训费	100	500	50 000		
差旅费	12	700	8 400		
项目团队成员	1 920	75	144 000		
小计			1 267 700		
6.储备金（总估算的20%）			253 540	253 540	17%
项目成本估算总计				1 521 240	

*参见软件开发成本估算

图 7-1 Surveyor Pro 项目的成本估算

Surveyor Pro项目的软件开发估算，创建于10月5日

1.人工估算	单位时间件数	每件/每小时成本（美元）	小计（美元）	计算
承包商人工估算	3 000	150	450 000	3 000 × 150
项目团队成员估算	1 920	75	144 000	1 920 × 75
总人工估算			594 000	以上两项之和
2.功能点估算	数量	转换因子	功能点	计算
外部输入	10	4	40	10 × 4
外部接口文档	3	7	21	3 × 7
外部输出	4	5	20	4 × 5
外部问询	6	4	24	6 × 4
逻辑内表	7	10	70	7 × 10
总功能点			175	功能点值求和
Java 2语言的等价值			46	根据参考文献估算
源代码（SLOC）估算			8 050	175 × 46
生产力因子*KSLOC^惩罚因子（月内）			29.28	$3.13 \times 8.05\wedge 1.072$（见参考文献）
总人工时间（27小时/功能点）*			4 725	27 × 175
人工单位成本（120美元/小时）			120	预算专家估算
总功能点估算			567 000	4 725 × 120

* 基于历史数据

图 7-2 Surveyor pro 软件开发估算

 最佳实践

谈及估算软件开发成本这一具有挑战性的话题，软件专家兼作家 Alvin Alexander 在几

次演讲中分享了相关知识，并出版了一本名为《敏捷开发环境中的成本估算》(*Cost Estimating in an Agile Development Environment*)（2015）的书。基于他在一个价值数百万美元的软件项目上工作了五年的个人经验，Alexander 描述了如何使用功能点分析（FPA）技术。（回想一下功能点是度量软件规模的一种方法，它对最终用户来说很有意义。）项目最初使用较为传统的瀑布式方法，但后来转用更敏捷的方法。

Alexander 解释说，在项目刚刚开始，需求文档很长且很详细的时候，编程工作花费的时间大约是创建需求所需时间的三倍（比例是 3∶1）。项目进行过程中，客户知道了开发人员的名字，且更加信任他们之后，需求变得更短了（更像是用户故事），并且编程工作与需求工作用时的比例也更高了——达到 6∶1～9.5∶1。作为工作职能的一部分，用户故事描述了用户做什么或需要做什么，以简洁的方式关注需求工作中的"何人""何事"和"为何"。开发人员可以通过分析用户故事来估算内部逻辑文件（ILFs）的数量，ILFs 是一组完全存在于应用程序边界内并通过外部输入进行维护的逻辑相关数据。之后可以使用 ILFs 来粗略估算功能点的数量，然后乘以特定的小时数/功能点来估算开发软件所需的人数-工时。[16]

世界级组织开发一个功能点所用时间是普通组织的一半（19 小时比 35 小时）。他们使用一致的文档（对需求、分析和用例来说）、遵循一致的软件开发过程、技术人员关注业务而不是技术。所以说，"世界级组织一定是引领世界一流标准的组织。"[17]

评审项目的成本估算非常重要。分析总成本以及每个主要 WBS 项所占的总成本比重对项目很有帮助。例如，高层管理者可以快速浏览 Surveyor Pro 项目的成本估算，然后判断这些估值是否合理、是否记录清楚了假设条件。在这个案例中，政府给项目的预算为 150 万美元，所以估算值与预算数额一致。与过去的类似项目相比，WBS 第 2 级，如项目管理、硬件、软件和测试，它们占总成本的比重也很合适。有些项目要求项目团队提供估算范围，而不仅仅是一个具体数值。例如，团队可能估算测试成本在 6 万美元到 8 万美元之间，并注明这个范围是怎样得出的。更新成本估算也很关键，这在项目发生重大变更时尤为重要。

在总成本估算和估算依据得到认可后，团队就可以根据项目进度计划和成本产生时间为每个月分配成本。许多组织还要求将估算的成本分配到某些预算类别中，这一点将在下一节中介绍。

7.5 制定预算

制定预算涉及在一段时间内将项目成本估算分配给单个材料资源或工作项。这些材料资源或工作项以 WBS 为基础。项目管理计划、项目文档、商业文档、协议、企业环境因素和组织过程资产都是制定预算的输入。成本预算的主要目的是为衡量项目绩效和确定项目资金需求制定成本基准。该过程也可能导致项目文档的更新，例如在范围说明书或项目进度计划中添加、删除或修改项。

Surveyor Pro 项目团队将使用图 7-1 中的成本估算、项目进度计划和其他信息来分配每个月的成本。图 7-3 为这个项目提供了一个成本基准示例。**成本基准**（baseline）是一个阶段性的预算，项目经理使用它来衡量并监测成本的执行情况。它包括应急储备金，但不包括管理储备金。回顾一下，应急储备金是为已知的未知事件而准备的，而管理储备金是为未知的未知事件而准备的。

项目预算由成本基准加上管理储备金组成。控制账户是工作包成本估算加上应急储备金。工作包成本估算是活动成本估算加上活动应急储备金。

Surveyor Pro项目的成本基准，创建于10月10日*

WBS项	月份												总计
	1	2	3	4	5	6	7	8	9	10	11	12T	
1.项目管理													
1.1项目经理	8 000	8 000	8 000	8 000	8 000	8 000	8 000	8 000	8 000	8 000	8 000	8 000	96 000
1.2项目团队成员	12 000	12 000	12 000	12 000	12 000	12 000	12 000	12 000	12 000	12 000	12 000	12 000	144 000
1.3承包商		6 027	6 027	6 027	6 027	6 027	6 027	6 027	6 027	6 027	6 027	6 027	66 300
2.硬件													
2.1手持设备				30 000	30 000								60 000
2.2服务器				8 000	8 000								16 000
3.软件													
3.1授权软件				10 000	10 000								20 000
3.2软件开发		60 000	60 000	80 000	127 000	127 000	90 000	50 000					594 000
4.测试			6 000	8 000	12 000	15 000	15 000	13 000					69 000
5.培训与支持													
5.1培训费									50 000				50 000
5.2差旅费									8 400				8 400
5.3项目团队成员							24 000	24 000	24 000	24 000	24 000	24 000	144 000
6.储备金			10 000	10 000	30 000	30 000	60 000	40 000	40 000	30 000	3 540		253 540
总计	20 000	86 027	92 027	172 027	223 027	198 027	185 027	173 027	148 427	90 027	80 027	53 567	1 521 240

*参见本书配套网站上本章的课程幻灯片以获得此图及其他图的大图。数据是近似值，所以有些总计是有误差的。

图 7-3 Surveyor Pro 项目成本基准

大多数组织都有完善的预算编制过程。例如，许多组织要求预算估算包括项目每个月的全时工作当量（FTE）数量。一个FTE通常意味着40小时的工作。一个人在项目中全职工作，则可以算一个FTE，或者两个人可以一人工作一半时间来算作一个FTE。这个数值是估算每年薪酬总额的基础。许多组织还想知道预计支付给供应商的人工成本以及其他物品与服务的成本。其他通用的预算项包括差旅费、折旧费、租金和租赁，以及其他用品和费用。在进行估算之前，了解这些预算项的分类很重要，这可以确保收集到相应的数据。组织使用这些信息跟踪项目和非项目工作的成本，并寻找降低成本的方法。这些信息还会用于法律和税收目的。

除了提供成本基准之外，成本估算还将为每个主要项目活动估算一段时间内的成本，这将为项目经理和最高管理层提供项目成本控制的基础，这些将在下一节介绍。成本预算、变更请求或澄清，可能导致成本管理计划的更新，这是项目管理计划的一个附属部分。参见附录A中关于如何使用Project 2016进行成本控制的内容（可以在本书配套网站中找到）。

成本预算也为项目资金需求提供信息。有些项目在项目开始时资金全部到位，但另一些项目必须依靠定期的资金注入来避免现金流问题。如果成本基准显示在某些月份所需的资金超过预期可用资金，组织必须及时做出调整以避免财务问题。

7.6 控制成本

控制项目成本包括监测成本执行情况、确保修订的成本基准中仅包含适当的项目，并通知项目干系人那些经过批准的、将影响成本的项目变更。项目管理计划、项目文档、项目资金需求、工作绩效数据和组织过程资产都是控制成本的输入。这个过程的输出是工作绩效信息、成本预测、变更请求、项目管理计划更新和项目文档更新。

一些工具和技术可以辅助进行项目成本控制，如专家判断、数据分析、项目管理信息系统和绩效完成指标（在下一节中介绍挣值管理）。

7.6.1 挣值管理

挣值管理（Earned Value Management，EVM）是一种集成项目范围、时间和成本数据的项目绩效度量技术。给定一个成本执行基准，项目经理和他们的团队可以通过输入实际信息，然后将其与基准进行比较来判断项目目前在多大程度上满足了项目范围、时间和成本目标。如第 4 章中所定义，基准是一个起点，一种度量，或者一个记录在案的，用于将来比较的观察结果。实际信息包括：WBS 项是否完成、大约完成了多少工作、工作实际开始和结束的时间，以及完成的工作实际成本是多少。

挣值管理涉及计算项目的 WBS 中每项活动或概要活动的 3 个值。

1. **计划值**（Planned Value，PV）是分配给计划工作的已授权预算。表 7-3 是挣值计算的一个示例。假设一个项目包括购买和安装新 web 服务器这样一项概要活动。进一步假设，根据计划它将花费一周的时间，在工时、硬件和软件上总共花费 1 万美元。因此，该活动那一周的计划值（PV）是 1 万美元。

2. **实际成本**（Actual Cost，AC）是在特定的时间段内对某一活动执行的工作所产生的已发生成本。例如，假设活动实际花费了两周时间，购买和安装新 web 服务器花费了 2 万美元。假定这些实际费用中 1.5 万美元发生在第 1 周，5000 美元发生在第 2 周。这些值是该活动在每周中的实际成本。

2. **挣值**（Earned Value，EV）是对已完成工作的度量，以该工作的授权预算表示。它通过已完成工作的 PV 总和计算，因此不能超过某个部分的授权 PV 预算。在表 7-3 中，一周后的挣值为 5000 美元。[18]

表 7-3 第 1 周后活动的挣值计算

活 动	第 1 周	活 动	第 1 周
挣值（EV）	5 000	进度偏差（SV）	−5 000
计划值（PV）	10 000	成本绩效指数（CPI）	33%
实际成本（AC）	15 000	进度绩效指数（SPI）	50%
成本偏差（CV）	−10 000		

表 7-4 中挣值计算方法如下：

$$CV = 5\,000 - 15\,000 = -10\,000$$
$$SV = 5\,000 - 10\,000 = -5\,000$$
$$CPI = 5\,000/15\,000 = 33\%$$
$$SPI = 5\,000/10\,000 = 50\%$$

表 7-4 挣值公式

术 语	公 式	术 语	公 式
挣值（EV）	EV= 所有已完成工作的 PV	进度绩效指数（SPI）	SPI = EV/PV
成本偏差（CV）	CV = EV − AC	完工估算（EAC）	EAC = 完式预算 /CPI
进度偏差（SV）	SV = EV − PV	尚未完工估算（ETC）	ETC = EAC − AC
成本绩效指数（CPI）	CPI = EV/AC		

表 7-4 总结了挣值管理所使用的公式。请注意，偏差和指数的计算从 EV（挣值）开始。

偏差计算方法为 EV 减去实际成本或计划值，指数计算方法为 EV 除以实际成本或计划值。在汇总项目中所有活动的 EV、AC 和 PV 值之后，可以根据当前执行情况，使用 CPI 和 SPI 来预测项目的成本和完成项目所需的时间。假设执行情况保持不变，通过给定完工预算和原始时间估算，可以用其除以适当的指数来计算完工估算（EAC）和尚未完工估算（ETC）。完工时间估算和原始时间估算这两个术语没有标准缩写。

成本偏差（Cost Variance，CV）是挣值减去实际成本。如果成本偏差是为负，则意味着执行工作的成本超过计划成本。如果成本偏差为正，意味着执行工作的成本要比计划成本低。

进度偏差（Schedule Variance，SV）是挣值减去计划值。如果进度偏差为负，则意味着执行工作所花费的时间比计划用时要长。如果进度偏差为正，则意味着执行工作所花费的时间比计划时长要短。

成本绩效指数（Cost Performance Index，CPI）是挣值与实际成本的比率，可以用来估算完成项目的预计成本。如果 CPI 等于 1 或者 100%，那么计划成本和实际成本相等——即成本与预算完全一致。CPI 小于 1 或小于 100%，意味着项目成本超出预算。如果 CPI 大于 1 或大于 100%，则该项目成本低于预算。

进度绩效指数（Schedule Performance Index，SPI）是挣值与计划值的比率，可以用来估算完成项目的预计时间。与成本绩效指数类似，SPI 为 1 或 100%，表示项目按进度计划进行。如果 SPI 大于 1 或 100%，则意味着项目提前完成。如果 SPI 小于 1 或 100%，则项目进度落后于进度计划。

请注意，通常负的成本和进度偏差表明这些领域存在问题。负数意味着项目的成本超过计划成本，或者花费的时间超过计划时间长。同样，CPI 和 SPI 小于 1 或 100% 也表明存在这一问题。

成本绩效指数可用于计算**完工估算**（Estimate At Completion，EAC），完工估算是根据迄今为止的绩效完成一个项目的估算成本。同样，进度绩效指数也可以用来计算尚未完工估算时间。你还可以计算尚未完工绩效指数（To-Complete Performance Index，TCPI），这是一种度量成本绩效的方法，必须利用如 BAC 或 EAC 的剩余数值来实现相应计算。根据两个不同的目标有以下两个公式：

按计划完成或满足完工预算（BAC）：TCPI=（BAC-EV）/（BAC-AC）
满足当前完工估算（EAC）：TCPI=（BAC-EV）/（EAC-AC）

你可以绘制挣值信息图来跟踪项目执行情况。图 7-4 展示了一个为期一年的项目 5 个月后的挣值情况。请注意，由于数据在第 5 个月收集，因此实际成本和挣值曲线在 5 个月时结束。如下所述，图表包括三条曲线和两个点：

- 计划值（PV），即按月累计所有活动的计划金额。请注意，计划值曲线随项目的估算时间延伸，并在完工预算点处结束。
- 实际成本（AC），即按月累计所有活动的实际成本。
- 挣值（EV），即按月累积所有活动的挣值。
- 完工预算（Budget At Completion，BAC），即项目最初的总预算，在本例中为 10 万美元。完工预算点在图中原始时间估算的 12 月处。
- 完工估算（EAC），本例估算为 122 308 美元。这个数字是用完工预算 BAC（即 10 万美元）除以成本绩效指数 CPI（81.761%）计算出来的。图中完工估算点绘制于 12.74，表明预计完成时间为 12.74 个月。这个数字是用原始估计时间（在本例中为 12 个月）除以进度绩效指数 SPI（在本例中为 94.203%）计算出来的。

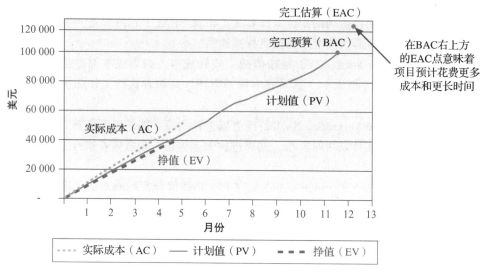

图 7-4　5 个月后项目的挣值图

观察图表中的可视化挣值信息可以辅助了解项目的执行情况。例如，可以通过查看计划值曲线来查看计划的执行情况。如果项目按计划进行，它将在 12 个月内完工，耗资 10 万美元。请注意，在图 7-4 的示例中，实际成本曲线总是与挣值曲线重合或位于其上，这表示成本恰好等于计划或者超过计划成本。计划值曲线非常接近挣值曲线，仅在上个月略高一些。这种情况意味着项目一直按计划进行，直到上个月项目略微落后于计划进度。

高层管理者检查多个项目时，通常喜欢查看图形形式的绩效信息，比如图 7-4 中的挣值图。例如，在本章"开篇案例"中，政府官员审查了几个不同项目的挣值图和完工估算。挣值图让你能快速查看项目的执行情况。如果有严重的成本和进度问题，高层管理者可以决定终止项目或采取其他补救措施。完工估算是预算决策的重要输入，尤其是在总资金有限的情况下。挣值管理在得到有效使用时是一项非常重要的技术，因为它能辅助高层管理者和项目经理评估项目进度并做出合理的管理决策。有关挣值的更多信息和计算，请参考《项目管理知识体系指南（第 6 版）》和其他资源。

既然挣值管理是如此强大的成本控制工具，为什么不是每个组织都使用它呢？为什么许多政府项目需要使用，而许多商业项目却不需要？有两个原因，一是挣值管理强调跟踪项目实际执行情况和计划执行情况，二是挣值管理强调百分比数据在计算中的重要性。许多项目，特别是 IT 项目，没有良好的计划信息，因此根据计划跟踪执行情况可能会产生误导信息。在 IT 项目中通常要做几种成本估算，并且不断跟踪最新的成本估算和相关的实际成本可能非常麻烦。此外，估算任务完成的百分比可能会产生误导信息。一项任务在 3 个月后完成了 75%，这意味着什么呢？这样的表述并不意味着任务将在一个月后完成，也不意味着还要花费计划预算的 25%。

为了使挣值管理使用起来更为简单，组织可以修改详细程度，即便如此仍可从中受益。

例如，可以使用百分比数据表示完成程度，如 0% 表示项目尚未启动，50% 表示项目进行一半，100% 表示项目已完成。只要项目定义足够详细，这种简化的完成百分比数据就能提供足够的总体信息，从而让管理者们了解项目的整体进展。使用这些简单的完成百分比数据，可以得到整个项目执行情况的准确信息。例如，对一个一年期的项目使用简化的完成百分比数据，平均任务工时为一周且每周报告，预期错误率仅为 1%。[19]

你只需在 WBS 概要层上输入和收集挣值数据。《挣值项目管理》（Earned Value Project Management）[20] 一书的作者 Quentin Fleming 经常做一些挣值管理的报告。许多人在试图收集如此详细的信息时感到无能为力。Fleming 解释说，使用挣值管理不必在工作包级别收集信息。关键在于有一个面向可交付成果的 WBS，同时许多 WBS 项可以总结几个子交付项信息。例如，在一个房子的 WBS 中，每个房间可分别作为 WBS 项。只需在每个房间收集挣值数据就可以提供有效信息，而不必将数据细化到房间中每个具体组成部分（如地板、家具和照明）。

重要的是要记住，挣值管理的核心是用于确定基准的估算。整个挣值管理过程从估算开始。当估算有误时，所有的计算都将错误。组织尝试使用挣值管理前，必须制定正确的估算。

挣值管理是整合项目执行情况、成本和进度数据的主要方法，也是项目经理和高层管理者评估项目绩效的有力工具。Project 2016 等项目管理软件通常包括用于收集挣值数据的表格和计算偏差信息的报告。Project 2016 还可以轻松生成类似于图 7-4 的挣值图，而无须将数据导入到 Microsoft Excel 中。关于使用挣值管理的示例，请参见附录 A 的项目成本管理部分。

另一种对多个项目绩效进行评估的方法是项目组合管理，将在下一节介绍。

全球问题

项目管理协会在 2011 年进行了一项重大研究，以帮助理解和衡量当前的挣值管理实践水平。研究人员调查了 61 个国家的 600 多名项目管理从业者，提供了最新的挣值管理实践的剖视图。受访者按行业部门、使用挣值管理的动机、组织角色和地理位置进行分类。研究的主要发现如下：

- 挣值管理在全球广泛使用，在中东、南亚、加拿大和欧洲尤其流行。
- 如图 7-5 所示，大多数国家的大型国防或政府项目都需要应用挣值管理。
- 挣值管理也应用于 IT、建筑、能源和制造业等私营行业。然而大多数私有企业还没有将挣值管理应用到他们的项目中，因为管理层认为它过于复杂且没有成本效益。
- 挣值管理的使用水平和成熟度因组织和项目而异，但预算大小似乎是最重要的决定因素。
- 挣值管理的贡献和成本效益得到广泛认可。大多数受访者表示，他们同意或非常同意挣值管理能够提供早期预警信号，辅助他们控制项目范围、时间和成本。挣值管理对成本绩效的贡献高于进度绩效，且差异具有统计学意义。
- 加强挣值管理使用的最大障碍是缺乏动机和专业知识。
- 高层管理者的支持、项目人员的支持、培训、组织文化、领导能力以及项目管理系统的成熟度是挣值管理成功应用的最重要因素。[21]

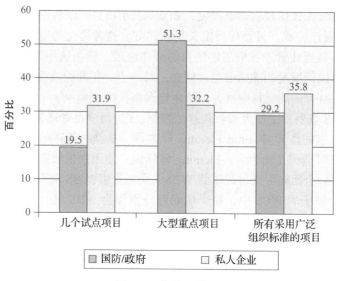

图 7-5 挣值的使用

资料来源：Lingguang Song,"Earned Value Management: A Global and Cross-Industry Perspective on Current EVM Practice," PMI (2011), p.36.

7.6.2 项目组合管理

正如第 1 章中所述，许多组织对一批项目或投资进行成套管理，将它们作为一组相互关联的活动——即项目组合。如第 4 章所述，一些软件工具通过图形化方式总结项目组合的绩效。包括成本绩效在内的关键指标通常用绿色、黄色或红色表示，分别表示事情正在按计划进行、存在问题，或存在重大问题。项目经理需要努力使他们的项目与组织的目标一致。例如，可以将 IT 项目组合或将 IT 项目与其他类型项目进行组合。了解类似项目的广泛类别可以辅助项目经理为组织做出明智的决策。

一个组织可以以将项目组合管理从最简单到最复杂依次分为 5 个层次，如下所示：

1. 将所有项目放在一个数据库中。
2. 对数据库中的项目设置优先级。
3. 根据投资类型的不同将项目分为 2～3 个预算，投资类型包括维持运行所需的设备和系统投资、增量升级投资和战略投资等。
4. 自动运行知识库。
5. 应用现代项目组合理论，包括使用风险收益工具绘制项目风险曲线。

许多项目经理希望能继续管理更大的项目，成为项目集经理，然后是副总裁，最后成为首席执行官。因此，理解项目组合管理对于项目和组织的成功都非常重要。

Jane Walton 是 Schlumberger 公司的 IT 项目组合经理，她将公司的 120 个 IT 项目整合成一个项目组合，在一年之内为公司节省了 300 万美元。制造业公司在 20 世纪 60 年代就开始使用项目组合管理。Walton 预测，IT 项目需要组合合理性的论证，就像项目经理需要证明资本投资项目具有合理性一样。她发现该组织 80% 的项目是重叠的，14 个独立的项目试图完成同一任务。还有一些项目经理认识到项目组合管理的必要性，特别是对于 IT 项目而言。Douglas Hubbard 是一家咨询公司的总裁，他认为，"IT 投资规模大、风险高，是时候使用组合管理了。"[22]

项目组合经理可以使用电子制表软件来开发并管理项目组合，也可以使用专门为辅助管理项目组合而设计的复杂软件。下一节将介绍几个用来辅助项目组合经理计算挣值和管理项目组合信息的软件工具。

7.7 使用项目管理软件辅助项目成本管理

大多数组织使用软件辅助项目成本管理。电子表格是成本估算、成本预算和成本控制的常用工具。许多公司使用更复杂和统一的财务软件，为会计和财务人员提供重要的成本相关信息。本节重点介绍如何在成本管理中使用项目管理软件。附录 A 包含了在 Project 2016 中使用成本管理功能的说明。

项目管理软件可以提高项目经理在项目成本管理各个过程中的效率。它可以辅助研究整个项目信息，或者识别并关注那些超出规定成本限制的任务。你可以使用软件为资源和任务分配成本、准备成本估算、制定成本预算并监控成本执行情况。Project 2016 有几种标准成本报告：现金流、预算、超支任务、超支资源和挣值报告。其中一些报告必须输入完成百分比信息和实际成本，就像手工计算挣值或其他分析时所做的那样。

许多 IT 项目经理使用其他工具来管理成本信息，因为他们不知道可以使用项目管理软件，或者他们不像大多数项目管理软件那样基于 WBS 跟踪成本。一些 IT 项目经理没有使用专门的项目管理软件，而是使用公司会计系统进行成本管理；其他一些项目经理则使用电子表格软件来获得更大的灵活性。这些项目经理之所以使用其他软件，常常是因为这些软件在他们的组织中被广泛接受，组织中很多人知道如何使用它们。为了改善项目成本管理，一些公司已经实现了项目管理软件和主要会计软件之间的数据连接。无论如何，用户需要接受培训来了解可用功能和学会使用专用的项目管理软件。

许多公司正使用软件来组织和分析整个公司中所有类型的项目数据，并对项目进行组合。企业或项目组合管理（PPM）工具整合了多个项目的信息，以显示项目的状态和运行情况。在两项不同的研究（PMI 的职业脉搏调查和普华永道的调查）中，超过一半的受访者频繁使用项目组合管理。零售、保险、汽车、银行与资本市场、电信、制造业、能源和国防行业中的组织使用率最高。组织使用项目组合管理的主要原因包括提升客户满意度、降低成本和增加收入。[23]

Gartner 公司 2017 年的一份报告称，项目组合管理软件市场持续增长，年销售额超过 23 亿美元。Planview 的首席产品官 Patrick Tickle 说："组织正在以前所未有的速度推动增长、创新和转型，要求项目管理办公室挖掘其资源的全部潜力，超越以往的按时、按预算进行的项目交付，从而交付具有更高战略价值的项目组合。"[24]

Forrester 的一项研究估计，公司在对项目组合管理工具的投资中获得了 250% 的回报。2014 年在 Planisware 的项目组合管理峰会上，客户们分享了他们实现更高回报的成功案例：

- Pfizer 使用项目组合管理软件来加速创新、提高资源的透明度并建立问责制，获得了卓越的成果。Pfizer 可以快速访问受信任的数据并进行战略资源配置，从而使项目组合价值最大化。
- Ford 使用 Planisware 来提高其项目组合的透明度。这使管理者能够更好地了解项目间共享的资源，并增强项目相关状态沟通。他们可以迅速向受影响的项目集经理和产品研发团队通知潜在的风险，从而实施风险管理策略。[25]

然而，与使用任何软件一样，项目经理在做出重大决策前，必须咨询相关问题并确保数据的准确性与及时性。

7.8 敏捷/自适应环境下的注意事项

《项目管理知识体系指南（第6版）》提供了以下项目成本管理信息：

由于变更频繁、具有高度不确定性或范围尚未完全确定的项目可能无法从详细的成本计算中获益。相反，可以使用轻量估算方法对项目人工成本进行快速、高水平的预测，然后在发生变化时轻松调整。详细估算则以一种准时制的方式用于短期计划。

在高可变性的项目也需要严格预算的情况下，项目的范围和进度经常调整以保持在成本限制之内。[26]

请记住，项目通常是项目集和项目组合的一部分。负责项目集和项目组合的高层管理者做出高层次的预算决策。大多数项目集包含的项目具有各种产品生命周期（如第2章所述，预测型、迭代型、增量型、适应型和混合型生命周期）。对于那些使用自适应或敏捷方法的项目或项目部分，产品负责人为获得资金，有时一次只发布一个版本的产品。因此，敏捷团队注重满足基于优先级的需求（来自产品待办事项）。

能在敏捷项目中使用挣值管理吗？如下所述，你可以使用挣值管理的适应版本。请阅读参考文献和其他资源以获得这个问题的更多相关内容。

敏捷挣值管理是一种经过适应的挣值管理实现方式，它使用 Scrum 框架工件作为输入，使用传统的挣值管理计算，并用传统的挣值管理度量表示。敏捷挣值管理至少需要以下输入参数：项目的实际成本、产品待办事项估算、包含关于版本迭代次数和预计发布速度信息的计划。所有的估算可以用小时、故事点数、团队日或其他任何规模一致的估算为单位。关键因素在于是它必须是某种数字估算。[27]

案例结局

在和同事们讨论了这次会议后，Juan 对项目成本管理的重要性有了更深的理解。特别是在知道在项目后期修正缺陷需要更高成本之后，他更加认识到在新项目进行大量支出之前进行详细研究的意义。他还理解了制定良好的成本估算和成本控制的重要性。他对 Surveyor Pro 项目的成本估算非常感兴趣，并渴望学习更多关于估算工具和技术的知识。

在会议上，一些项目经理表示项目执行得很差，并承认他们在项目早期没有做太多的规划和分析，政府官员因此取消了几个项目。Juan 知道，如果想在自己的职业生涯中取得进展，就不能只关注项目的技术方面。他开始怀疑当地正在筹划的几个项目是否真的对得起纳税人的钱。成本管理问题成为 Juan 工作的新方向。

7.9 本章小结

项目成本管理历来是 IT 项目的薄弱环节。IT 项目经理必须认识到成本管理的重要性，并且有责任理解基本的成本概念、成本估算、预算和成本控制。

为有效地管理项目成本，项目经理必须了解成本管理的几个基本原理。一些重要的概念包括利润和利润率、生命周期成本、现金流分析、沉没成本和学习曲线理论。

计划成本管理涉及确定的政策、程序和文档，这些将用于计划、执行和控制项目成本。这个过程的主要输出是成本管理计划。

估算成本是项目成本管理的重要组成部分。成本估算有几种类型，包括粗略量级估算（ROM）、预算估算和确定性估算。每一种估算在项目生命周期的不同阶段进行，并且具有不同级别的准确度。一些工具和技术可以辅助进行成本估算，包括类比估算、自下而上估算、参数估算和计算机化工具。功能点分析也可以用来估算软件开发成本。

制定预算涉及在一段时间内将成本分配给各个工作项。重点是了解特定组织如何制定预算并做出相应的估算。

控制成本包括监测成本执行情况、审查变更以及通知项目干系人与成本相关的变更。项目成本管理与许多基本的会计和财务原则有关。挣值管理是衡量项目执行情况的重要方法。挣值管理整合了项目的范围、成本和进度信息。项目组合管理使组织将一批项目或投资作为一组相互关联的活动组织管理起来。

一些软件产品可以辅助进行项目成本管理。Project 2016 有包括挣值管理在内的许多成本管理功能。企业项目管理软件和项目组合管理软件可以辅助项目经理评估多个项目的数据。

一定要考虑项目成本管理在敏捷/自适应环境中的差异。

7.10 讨论题

1. 讨论为什么许多 IT 专业人员可能会忽视项目成本管理，以及这将对在预算内完成项目的能力有何影响。
2. 解释成本管理的一些基本原理，如利润、生命周期成本、有形成本、有形收益、无形成本、无形收益、直接成本、间接成本，以及储备金。
3. 什么是沉没成本？请举例说明 IT 项目的典型沉没成本，以及你个人生活中的沉没成本。为什么人们在应该忽略它们的时候很难忽略它们呢？
4. 举例说明何时为 IT 项目使用粗略量级估算（ROM）、预算估算和确定性估算。举例说明如何使用以下每种技术来创建成本估算：类比估算、参数化估算和自下而上估算。
5. 说明制定项目预算的过程。
6. 说明如何使用挣值管理（EVM）来控制成本和度量项目执行情况，你认为为什么它没有得到更广泛的应用？判断成本偏差、进度偏差、成本绩效指数和进度绩效指数好坏的基本规则是什么？
7. 什么是项目组合管理？项目经理可以将其与挣值管理一起使用吗？
8. 描述项目经理可以使用的几种支持项目成本管理的软件。
9. 使用敏捷方法时，项目成本管理有何不同？

7.11 快速测验

1. 会计师通常将____定义成为达到特定目标而牺牲或放弃的资源。
   a. 钱　　　　　　b. 责任　　　　　　c. 交易　　　　　　d. 成本
2. 项目成本管理的主要目标是什么？
   a. 以尽可能低的成本完成一个项目　　　b. 在批准的预算范围内完成一个项目
   c. 提供真实、准确的项目成本信息　　　d. 确保组织的资金使用合理
3. 根据《项目管理知识体系指南（第 6 版）》，下列哪项不是项目成本管理过程中成本估算的输出？
   a. 成本估算　　　b. 成本基准　　　c. 估算依据　　　d. 项目文档更新
4. 如果公司的某个产品每收入 100 美元将损失 5 美元，那么该产品的利润率是多少？
   a. -5%　　　　　b. 5%　　　　　　c. -5 美元　　　　d. 5 美元
5. ____储备金考虑到未来不可预测的情况。
   a. 应急　　　　　b. 金融　　　　　c. 管理　　　　　d. 基准
6. 如果你需要根据建筑物的位置、用途、面积和其他特点对建筑物进行成本估算。你准备使用以下哪

种成本估算？

　　a. 参数估算　　　b. 类比估算　　　c. 自下而上估算　　　d. 自上而下估算

7. ＿＿＿涉及在一段时间内将项目成本估算分配给单个材料资源或工作项。

　　a. 储备金分析　　b. 生命周期成本　　c. 项目成本预算　　d. 挣值分析

8. ＿＿＿是一种整合了项目范围、时间和成本数据的项目绩效度量技术。

　　a. 储备金分析　　b. 生命周期成本　　c. 项目成本预算　　d. 挣值管理

9. 如果一个 WBS 项的实际成本是 1500 美元，挣值是 2000 美元，它的成本偏差是多少？是低于还是超出预算？

　　a. 成本偏差是 –500 美元，超出预算　　b. 成本偏差是 –500 美元，低于预算

　　c. 成本偏差是 500 美元，超出预算　　　d. 成本偏差是 500 美元，低于预算

10. 如果一个项目完成了一半，其进度绩效指数是 110%，成本绩效指数是 95%，则该项目进展如何？

　　a. 比计划提前且低于预算　　　b. 比计划提前且超出预算

　　c. 落后于计划且低于预算　　　d. 落后于计划且高于预算

7.12　快速测验的答案

1.d　2.b　3.b　4.a　5.c　6.a　7.c　8.d　9.d　10.b

7.13　练习题

1. 这是一个为期一年的项目。回想一下，PV 表示计划值，EV 表示挣值，AC 表示实际成本，BAC 表示完工预算。

　　PV = 22 000 美元　　EV = 20 000 美元　　AC = 25 000 美元　　BAC = 120 000 美元

　　请回答以下问题：

　　a. 项目的成本偏差、进度偏差、成本绩效指数（CPI）和进度绩效指数（SPI）分别是多少？

　　b. 项目进展如何？比计划提前还是落后于计划？是低于预算还是超出预算？

　　c. 使用成本绩效指数（CPI）计算该项目的完工估算（EAC）。项目执行得比计划的好还是差？

　　d. 使用进度绩效指数（SPI）来估算完成这个项目所需的时间。

　　e. 参考图 7-4 绘制该项目的挣值图。

2. 某公司将在未来 6 个月内建成一个先进的多媒体教室，请对该项目进行成本估算。教室应该包含 20 台配有相应软件的高端个人电脑、一个网络服务器、所有机器需接入互联网、一个教师工作站和一个投影系统。确保其中包括与项目管理相关的人工成本。记下你在准备估算时所做的假设，并解释其中的关键数字。

3. 使用 Project 2016 的成本管理功能或其他软件工具（如项目组合管理软件）进行研究。阅读附录 A 中项目成本管理部分。询问在不同 IT 组织中使用项目管理软件的 3 个人，了解他们是否使用项目管理软件的成本管理功能及使用方式。利用研究所得写一份简短的报告。

4. 阅读 Alvin Alexander 的免费电子书《敏捷开发环境中的成本估算》，这本书中讨论了怎样估算软件成本。找到 1~2 个介绍度量软件开发成本的方法的参考文献。用你自己的语言写一篇两页的论文，解释怎样使用至少两种不同的方法来估算软件开发成本。

5. 假如你将筹划开办一个成本估算研讨班，制作一个电子表格来计算该项目的总成本、总收益和总利润。做出以下假设：

- 为期两天的课程每人收费 600 美元。

- 预计将有 30 人参加该课程，该数据可变。
- 固定成本包括：教室两天的租金共计 500 美元、注册费 400 美元，用于广告的明信片的设计费 300 美元。
- 估算中不包括自己的人工成本，但你估计将花费至少 150 个小时来制作课程材料，管理项目和实际授课。你想了解在不同的情况下自身的时间价值。
- 你将定制 5000 张明信片，邮寄 4000 张明信片，剩余的明信片发给朋友和同事。
- 可变成本包括：

a. 注册费每人 5 美元，加上 4% 的信用卡手续费（假设每个人都用信用卡支付）。

b. 如果订购 5000 张或更多明信片，每张 0.40 美元。

c. 明信片的投递费及邮费每张 0.35 美元。

d. 饮料及午餐每人 25 美元。

e. 课堂材料费每人 30 美元。

确保在电子表格中为每个变量都设置了输入单元格，比如邮费和材料成本。根据以下可能参加课程的人数来计算利润情况：10、20、30、40、50 和 60。同时计算不同的学生人数对应你每小时的时间价值。尝试使用 Excel 数据表功能来计算基于学生人数的利润。如果你不熟悉数据表的功能，只需对 10、20、30、40、50 和 60 名学生的每种情况重复计算。把结果打印出来，醒目标出每个方案的利润和你的时间价值。

6. 阅读尾注中引用的 Lingguang Son 的研究或类似研究中关于挣值管理的使用。总结挣值管理的研究及应用的成果以及你对挣值管理的看法。为什么迄今为止它仍然主要用于大型政府或国防项目？

7.14 实践案例

你和你的团队正在推进全球企业家项目。项目发起人 K 博士要求你改进现有的项目成本估算，以便评估供应商的投标，并获得一个可靠的成本基准用于评估项目绩效。回想一下，你的进度目标和成本目标分别是 6 个月和 12 万美元。你计划总共使用 5 万美元来支付你及团队的人工成本，你最初的估算中差旅费 3 万美元，硬件和软件费用 2 万美元，组织 4 场活动的费用 2 万美元，其中包括咨询、法律/业务费用等。

7.15 作业

1. 仿照图 7-1 设计项目成本模型并打印在纸上。使用下列 WBS 或你在第 5 章中创建的 WBS，并记录准备成本模型时的假设。假设你（项目经理）和团队成员（Kim、Ashok 和 Alfreda）的人工成本为每小时 20 美元。付给你的 IT 朋友 Bobby 每小时 30 美元。该项目将为 4 场与"创智赢家"类似的活动准备茶点，并为获胜者提供奖品，每场活动的成本为 1000 美元。

    1.1   项目管理

    1.2   硬件（为 Kim、Ashok 和 Alfreda 提供 3 台笔记本电脑并接入互联网）

    1.3   软件

         1.3.1   外包

             1.3.1.1   域名和网站管理

             1.3.1.2   网站的捐赠接受功能

             1.3.1.3   网站视频制作

         1.3.2   内部开发

         1.3.2.1 活动模板及指南
         1.3.2.2 接受所需新产品及服务有关的创意
         1.3.2.3 为20场活动拟定地点
      1.3.3 测试
   1.4 商业计划
      1.4.1 内部人工
      1.4.2 法律信息/援助
   1.5 差旅费
   1.6 活动
      1.6.1 内部人工
      1.6.2 顾问
      1.6.3 茶点
      1.6.4 奖品

2. 使用作业1中创建的成本模型，依照WBS项按月分配成本，创建一个成本基准。
3. 假设项目进行了3个月。6个月的完工预算（BAC）是12万美元。同时做出以下假设：

$$PV = 60\ 000\ 美元$$
$$EV = 55\ 000\ 美元$$
$$AC = 50\ 000\ 美元$$

a. 项目的成本偏差、进度偏差、成本绩效指数（CPI）和进度绩效指数（SPI）分别是多少？
b. 项目进展如何？比计划提前还是落后于计划？是低于预算还是超出预算？
c. 使用成本绩效指数（CPI）计算该项目的完工估算（EAC）。项目执行得比计划的好还是差？
d. 使用进度绩效指数（SPI）来估算完成这个项目所需的时间。
e. 利用a～d的信息，参考图7-4绘制该项目的挣值图。

7.16 关键术语

实际成本（actual cost (AC)）
类比估算（analogous estimates）
基准（baseline）
自下而上估算（bottom-up estimates）
完工预算（budget at completion，BAC）
预算估算（budgetary estimate）
现金流分析（cash flow analysis）
应急储备金（contingency reserves）
成本基准（cost baseline）
成本绩效指数（cost performance index，CPI）
成本偏差（cost variance，CV）
确定性估算（definitive estimate）
直接成本（direct costs）
挣值（earned value，EV）
挣值管理（earned value management，EVM）

完工估算（estimate at completion，EAC）
功能点（function points）
间接成本（indirect costs）
无形成本或收益（intangible costs or benefits）
已知的未知（known unknowns）
学习曲线理论（learning curve theory）
生命周期成本（life cycle costing）
管理储备金（management reserves）
超支（overrun）
参数估算（parametric estimating）
计划值（planned value，PV）
利润率（profit margin）
利润（profits）
项目成本管理（project cost management）
绩效比率（rate of performance，RP）

储备金（reserves）
粗略量级估算（rough order of magnitude，ROM estimate）
进度绩效指数（schedule performance index，SPI）
进度偏差（schedule variance，SV）
沉没成本（sunk cost）

有形成本或收益（tangible costs or benefits）
三点估算（three-point estimate）
尚未完工绩效指数（to-complete performance index，TCPI）
自上而下估算（top-down estimates）
未知的未知（unknown unknowns）

7.17 注释

[1] Bent Flyvbjerg and Alexander Budzier, "Why Your IT Project May Be Riskier Than You Think," *Harvard Business Review*, hbr.org/2011/09/why-your-it-project-may-be-riskier-than-you-think (September 2011).

[2] Ibid.

[3] Paul McDougall, "U.K. Health System IT Upgrade Called a 'Disaster,'" *InformationWeek*, www.informationweek.com/uk-health-system-it-upgrade-called-a-disaster/d/d-id/1043912? (June 5, 2006).

[4] Jeremy Kirk, "Datacenter Failure Pinches U.K. Health Service," *IDG News Service*, www.infoworld.com/article/2655787/database/datacenter-failure-pinches-uk-health-service.html (August 1, 2006).

[5] Press Association, "U.K. Health Service to Dismantle Nationwide Health IT Program," *eHealth*, www.ehealth.eletsonline.com/2011/10/uk-health-service-to-dismantle-nationwide-health-it-program/ (September 23, 2011).

[6] Charles T. Horngren, George Foster, and Srikanti M. Datar, *Cost Accounting*, Eighth edition (Englewood Cliffs, NJ: Prentice-Hall, 1994).

[7] Project Management Institute, "Pulse of the Profession®: Capturing the Value of Project Management," www.pmi.org/~/media/PDF/learning/pulse-of-the-profession-2015.ashx (February 2015), p. 18.

[8] Dominique Levin, "Facebook's 20 Minute Downtime Costs More Than $500,000," *AgileOne*, https://blog.agilone.com/facebooks-20-minute-downtime-costs-them-more-than-500000 (September 3, 2014).

[9] Kelly Clay, "Amazon.com Goes Down, Loses $66,240 Per Minute," *Forbes*, www.forbes.com/sites/kellyclay/2013/08/19/amazon-com-goes-down-loses-66240-per-minute/#154a62ae495c (August 19, 2013).

[10] Alan Shimel, "The real cost of downtime," *Blogs, Business of DevOps*, devops.com/2015/02/11/real-cost-downtime/ (February 11, 2015).

[11] IDC, *DevOps and the Cost of Downtime: Fortune 1000 Best Practice Metrics Quantified* (2014).

[12] Dawn Kawamoto, "Dell's Green Goal for 2008," *Tech Culture* (blog), *CNET*, https://www.cnet.com/news/dells-green-goal-for-2008/ (September 27, 2007).

[13] Dell, *FY 2014 Corporate Responsibility Report: A Progress Report on Our 2020 Legacy of Good Plan*, i.dell.com/sites/doccontent/corporate/corp-comm/en/Documents/fy14-crreport.pdf (2014).

[14] Tom DeMarco, *Controlling Software Projects* (New York: Yourdon Press, 1982).

[15] International Function Point User Group, "What Are Function Points—Fact Sheet," www.ifpug.org/publications-products/what-are-function-points-fact-sheet (accessed April 28, 2015).

[16] Alvin Alexander, *Cost Estimating in an Agile Development Environment*, alvinalexander.com/downloads/Book3-EstimatingInAnAgileEnvironment.pdf (2014).

[17] David Longstreet, "Function Points?," *www.softwaremetrics.com/files/OneHour.pdf* (accessed March 13, 2015), p. 16.

[18] Brenda Taylor, P2 Senior Project Manager, P2 Project Management Solutions, Johannesburg, South Africa, E-mail (2004).

[19] Daniel M. Brandon, Jr., "Implementing Earned Value Easily and Effectively," *Project Management Journal* (June 1998) 29 (2), pp. 11–18.

[20] Quentin W. Fleming and Joel M. Koppelman, *Earned Value Project Management, Third Edition* (NewTown Square, PA: Project Management Institute, 2006).

[21] Lingguang Song, *Earned Value Management: A Global and Cross-Industry Perspective on Current EVM Practice* (NewTown Square, PA: Project Management Institute, 2010).

[22] Scott Berinato, "Do the Math," *CIO Magazine* (October 1, 2001), p. 52.

[23] Project Management Institute, Inc. *Pulse of the Profession® In-Depth Report: Portfolio Management* (2012).

[24] Innotas Press Release, "Planview recognized as a Leader in 2017 Gartner Magic Quadrant for Project Portfolio Management, Worldwide," Innotas (June 7, 2017).

[25] Planisware Press Release, "Leaders in Innovation Divulge Best Practices at Planisware's User Summit," *https://www.planisware.com/event/leaders-innovation-divulge-best-practices-planiswares-user-summit* (May 15, 2014).

[26] Project Management Institute, Inc., *A Guide to the Project Management Body of Knowledge (PMBOK® Guide) – Sixth Edition* (2017), p. 234.

[27] Tamara Sulaiman and Hubert Smits, "Measuring Integrated Progress on Agile Software Development Projects," Methods & Tools (Fall 2017).

第 8 章

Information Technology Project Management, Ninth Edition

项目质量管理

学习目标

阅读完本章后,你将能够:
- 理解项目质量管理及其对 IT 产品和服务的重要性。
- 定义项目质量管理并理解质量与 IT 项目各个方面的关系。
- 描述质量管理计划以及质量和范围管理之间的关系。
- 讨论管理质量和质量保证的重要性。
- 解释质量控制过程的主要输出。
- 列出并描述质量控制的工具和技术,如 7 种基本的质量控制工具、统计抽样、六西格玛和测试。
- 总结著名的质量专家对现代质量管理的贡献。
- 描述领导力、质量成本、组织影响、期望、文化差异、成熟度模型如何提高 IT 项目的质量。
- 讨论软件如何辅助项目质量管理。
- 讨论敏捷 / 自适应环境下的注意事项。

开篇案例

一家大型医疗器械公司刚刚聘请了一家大型咨询公司的高级顾问 Scott Daniels 来领导一个项目,以解决该公司新的执行信息系统(EIS)的质量问题。一个由内部程序员和分析师组成的团队与几位公司高管合作开发了这个新系统。许多高管都对新的、用户友好的 EIS 着迷。他们喜欢这个系统,因为它支持快速方便地按产品、国家、医院和销售代表跟踪各种医疗器械的销售情况。在与几位高管成功测试了新的 EIS 之后,该公司决定将该系统提供给所有管理层。

不幸的是,运行几个月后,新的 EIS 出现了一些质量问题,人们抱怨他们无法进入这个基于网络的系统。该系统一个月出现了好几次故障,并且响应时间变得更长。用户抱怨在几秒钟内无法访问信息。一些人忘记了如何登录系统,从而增加对公司服务台的呼叫次数。还有人抱怨系统中的一些报告提供的信息不一致:同一信息的汇总报告与详细报告怎么会不一致呢? EIS 项目的执行发起人希望快速准确地解决问题,因此他决定从公司外部聘请一位质量专家。Scott Daniels 是他在过去的项目中认识的专家,Daniels 的工作是领导由来自医疗器械公司和他自己公司的人员共同组成的一个团队,识别和解决与 EIS 有关的质量问题,并制定计划以防止未来的项目出现质量问题。

8.1 项目质量管理的重要性

大多数人都听过这样的笑话:如果汽车发展与计算机发展有着相似的历史,汽车将如何工作？一个著名的网络笑话如下：

在计算机博览会（COMDEX）上，微软公司的创始人兼首席执行官 Bill Gates 说："如果通用汽车能跟上计算机工业的发展速度，我们就能驾驶每加仑汽油可行驶 1000 英里的花费 25 美元的汽车。"作为对 Gates 言论的回应，通用汽车发布了一篇新闻稿，陈述道："如果通用汽车的技术水平跟微软一样，我们都将驾驶具有以下特点的汽车：

- 不管什么原因，你的车一天会撞车两次。
- 每次重新粉刷道路时，你都得买一辆新车。
- Mac 电脑可以制造出一辆性能可靠的太阳能汽车，速度是以前的五倍，并且易于驾驶，但只能在 5% 的道路上行驶。
- 新座位将迫使每个人的臀部尺寸相同。
- 安全气囊系统在碰撞前会说'你确定吗？'
- 有时，你的车会无缘无故地把你锁在外面，拒绝让你上车，直到你同时抬起车门把手，转动钥匙，抓住无线电天线。"[1]

大多数人只是忍受 IT 产品质量差的现实。如果你的计算机每月崩溃几次，该怎么办？只要确保备份了数据即可。如果你现在无法登录公司的内部网或互联网，该怎么办？等不忙的时候再试。如果最近更新的文字处理软件有几处错误，该怎么办？所有新软件都有程序错误，谁让你喜欢新软件的功能呢？对于 IT 项目，质量真的是问题吗？

当然是！IT 不再仅仅是某些家庭、学校或办公室的奢侈品。世界各地的公司员工都在使用电脑办公。大多数美国人都使用互联网，而其他国家/地区互联网的使用率也在快速增长。我们日常生活的许多方面都依赖高质量的 IT 产品。食品是在计算机的帮助下生产和分销的，汽车需要计算机芯片来追踪性能，孩子们利用计算机学习相关知识，公司依靠计算机技术来实现许多商业功能，数百万人依靠计算机技术进行娱乐及交流。如第 1 章所述，无处不在的计算和物联网正在将我们对 IT 的依赖范围扩大到智能家电和设备（电视、冰箱、恒温器等），以及即付即用服务等众多领域。许多 IT 项目都开发了用于危急情况的关键任务系统，例如飞机上的导航系统和医疗设备中内置的计算机组件。金融机构及其客户也依赖高质量的信息系统。当系统提供不准确的财务数据，或向未经授权的用户透露可能导致身份盗窃的信息时，客户会感觉非常不安与失望。当这些系统中的某一功能不能正常工作时，带来的绝对不是小麻烦，请看下面的例子。

错在哪里

1981 年，由于计算机程序的更改而导致的时间上的微小差异，造成了一个发生概率为 1/67 的事件发生，即航天飞机的 5 台机载计算机无法同步，该错误造成了一次发射中止。[2]

1986 年，两名住院患者在从 Therac 25 机器接受致命剂量的辐射后死亡，原因是一个软件问题导致机器忽略校准数据。[3]

在出现"普遍且持续的不当行为"报道之后，美国联邦储备委员会迫使富国银行停止任何业务扩张，直到他们证明自己纠正了不当行为。"一个新的 CEO 和管理团队被引进，旧的高管团队因此停薪，损失了数百万美元的固定薪资。"[4]

2018 年，Facebook 首席执行官 Mark Zuckerburg 在 Facebook 的一篇博文中对数据中断做出回应："我们有责任保护您的数据，如果我们做不到，那么我们就不应该为您服务。我一直在努力了解发生了什么以及如何确保不再发生这种情况。"[5]

在提高 IT 项目或任何类型项目的质量之前，了解项目质量管理的基本概念非常重要。

8.2 什么是项目质量管理

项目质量管理是一个难以定义的知识领域。国际标准化组织（ISO）将**质量**（quality）定义为"反映实体满足明确或隐含需要能力的特性和特征的总和。"（ISO 8042: 1994）或"一组固有特性满足要求的程度"（ISO 9000: 2000）。许多人花了许多时间来制定这些定义，但仍然很模糊。其他专家根据符合要求和适用性来定义质量。**符合要求**（conformance to requirements)是指项目的实施过程和产品符合书面的规格标准。例如，如果项目范围说明书要求运送 100 台具有特定处理器和内存的计算机，那么你就可以轻松地检查是否正确地交付了计算机。**适用性**（fitness for use）是指产品可以按预期使用。如果这些计算机交付时没有显示器或键盘，仅是将一台主机装箱运送到装卸码头，那么客户很可能会不满意，因为主机不具有适用性。客户原以为拿到的产品包括显示器和键盘，拆开计算机包装，安装后就可以随时使用。

项目质量管理（project quality management)的目的是确保项目满足它所应满足的需求。回想一下，项目管理涉及满足或超出干系人的需求和期望。项目团队必须与关键干系人（如项目的主要客户）建立良好的关系，以了解质量对他们意味着什么。毕竟，客户决定最终质量是否可以接受。许多技术项目失败是因为项目团队仅仅关注满足生产主要产品的规格标准，而忽略了其他干系人对项目的需求和期望。例如，项目团队应该知道成功交付 100 台计算机对客户意味着什么。

因此，质量必须与项目范围、时间和成本处于同一维度。如果项目的干系人对项目管理的质量或项目的最终结果不满意，则项目团队将需要调整范围、时间和成本，以使干系人满意。仅满足有关范围、时间和成本的书面需求是不够的。为了使干系人满意，项目团队必须与所有干系人建立良好的工作关系，并了解他们明确或隐含的需求。

项目质量管理包括 3 个主要过程：

1. 计划质量管理包括确定哪些质量要求和标准与项目相关，以及如何满足这些要求和标准。将质量标准纳入项目设计是质量计划的关键部分。对于 IT 项目，质量标准可能包括允许系统升级、为系统设计合理的响应时间，或者确保系统生成一致而准确的信息。质量标准也适用于 IT 服务。例如，你可以设置从服务台获得答复所需时间的标准，或者设置为保修期内的硬件项目运送更换部件所需的时间标准。质量计划的主要输出是质量管理计划、质量度量标准、项目管理计划更新和项目文档更新。**度量标准**（metric）是一个测量标准。常见的度量标准包括产品的故障率、产品和服务的可用性以及客户满意度。

2. 管理质量包括将质量管理计划转换为可执行的质量活动。这些活动必须遵守组织的质量政策。该过程的主要输出是质量报告、测试和评估文档、变更请求、项目管理计划更新以及项目文档更新。

3. 控制质量包括监控具体的项目结果，以确保它们是完整的、正确的并满足客户的期望。这个过程通常与技术工具及质量管理技术相关，如帕累托图、质量控制图及统计抽样。在本章后面你将了解有关这些工具和技术的知识。质量控制的主要输出包括质量控制测量、经验证的可交付成果、工作绩效信息、变更请求、项目管理计划更新和项目文档更新。

8.3 计划质量管理

今天的项目经理拥有大量与质量有关的信息知识基础，并且确保项目质量管理的第一步就是计划。计划质量管理意味着能够预测形势并采取行动以实现预期结果。现代质量管理的要点是：通过选择适当的材料、培训并提升人们的质量观念，计划一个能够确保适当结果产出的过程来预防缺陷。在项目质量管理计划中，确定每个独特项目的相关质量标准，并将质量设计到项目的产品和管理所涉及的过程中是很重要的。

有几种工具和技术可用于计划质量管理。例如，**实验设计**（design of experiments）是一种可以确定哪些变量对过程的总体结果影响最大的技术手段。了解哪些变量能够影响结果是质量计划的一个非常重要的部分。例如，计算机芯片设计者可能想确定哪种材料和设备的组合能以合理的成本生产出最可靠的芯片。你也可以将实验设计应用于项目管理问题，如成本和进度权衡。再比如，初级程序员或初级顾问比高级程序员或高级顾问成本低，但你不能期望他们在相同的时间内完成相同水平的工作。通过适当设计的实验来计算初级和高级程序员或顾问的各种组合的项目成本和工期，可以在资源有限的情况下确定最佳的人员组合。有关更多信息，请参见 8.7.5 节。

质量计划还包括用可理解和完整的形式传达信息来确保质量。在项目质量计划中，描述直接有助于满足顾客需求的关键因素是很重要的。与质量有关的组织政策、特定项目的范围说明书和产品描述，以及相关标准和法规，都是对质量计划过程的重要输入。

如第 5 章所述，完全弄清 IT 项目的绩效维度通常非常困难。即使硬件、软件和网络技术的发展会停滞一段时间，在 IT 项目中用户也难以精确说明他们想要什么。IT 项目中影响质量的重要范围因素包括功能性和特性、系统输出、性能、可靠性和可维护性。

- **功能性**（functionality）是一个系统实现其预期功能的程度。**特性**（features）是吸引用户的系统特点。明确系统必须执行哪些功能和特性，以及哪些功能和特性是可选的是非常重要的。在本章"开篇案例"的 EIS 示例中，系统的强制功能可能允许用户按预定类别（如产品组、国家、医院和销售代表等）来跟踪特定医疗器械的销售情况。强制性功能可能是带有图标、菜单和在线帮助等内容的图形用户界面。
- **系统输出**（system output）是系统能提供的屏幕显示和报告。必须清楚地定义屏幕显示和报告的样子。用户能很容易地解释这些输出吗？用户能以适当的形式得到他们所需的所有报告吗？
- **性能**（performance）是指产品或服务达到客户预期用途的程度。为了设计一个高质量性能的系统，项目干系人必须解决许多问题。系统应该能够处理多少数据及交易？系统应该同时处理多少用户？用户数量的预计增长率是多少？系统必须运行哪种类型的设备？在不同情况下，系统不同方面的响应速度必须有多快？对于"开篇案例"中的 EIS，一些质量问题看起来与性能问题相关，如系统每月都坏掉几次、用户觉得响应速度过慢。项目团队可能没有在特定的性能要求或在正确的条件下测试系统，从而使 EIS 系统未能提供预期的效果。购买更快的硬件可能会解决这些性能问题。另一个可能更难解决的性能问题是，某些报告生成的结果不一致。这可能是一个软件质量问题，由于系统已经在运行，因此很难解决且成本较高。
- **可靠性**（reliability）是指产品或服务在正常条件下按预期运行的能力。在讨论 IT 项目的可靠性时，许多人使用"IT 服务管理"这一术语。
- **可维护性**（maintainability）是指在产品上执行维护的容易程度。大多数 IT 产品不能达到 100% 的可靠性，但是干系人必须定义他们的期望。对 EIS 来说，运行此系统的正常条件是什么？可靠性测试应该基于 100 个人同时进入系统并进行简单的查询吗？EIS 的维护可能包括将新数据上传到系统中，或对系统硬件和软件运行维护程序。用户是否愿意让系统每周几个小时不可用以进行系统维护？提供服务台支持也属于一种可维护性功能。用户希望服务台支持的响应有多快？用户可以忍受系统失败的频率是多少？干系人愿意为更高的可靠性以及更少的失败支出更多的费用吗？

项目范围的这些方面只是与质量管理计划相关的一些需求问题。在确定项目的质量目标时，项目经理及其团队需要考虑所有的项目范围问题。项目的主要客户也必须认识到他们在定义项目的关键质量要求时所扮演的角色，并持续不断地将这些需求及期望传达给项目团队。由于大多数 IT 项目涉及的需求不是一成不变的，因此对于所有项目干系人来说，平衡项目的质量、范围、时间和成本非常重要。然而，项目经理最终要对项目的质量管理负责。

项目经理应该熟悉一些基本的质量术语、标准及资源，如 ISO 提供了基于 163 个国家情况的信息。ISO 有一个强大的网站（www.iso.org），为企业、政府和社会提供 ISO 9000 资源和 22 000 余项国际标准（截至 2018 年 1 月）。"ISO"一词来自希腊语，意思是"公正"。IEEE 也提供了许多有关质量的标准，相应网站（www.ieee.org）也有详细的信息。

8.4 管理质量

制定计划确保项目质量是一回事，确保交付高质量的产品和服务又是另一回事。**质量保证**（quality assurance）通常用于描述与满足项目相关质量标准有关的所有活动。质量管理包括所有的质量保证活动以及产品设计和过程改进。质量管理的重要输入是质量管理计划、项目文档和组织过程资产。

很多企业理解质量管理的重要性，并且所有部门全部致力于质量管理。他们制定了详细的流程，以确保其产品和服务符合各种质量要求。他们也知道必须以有竞争力的价格提供这些产品和服务。为在当今竞争性的商业环境中获得成功，优秀的企业树立了自己的最佳实践，并通过评价其他组织的最佳实践来持续改进自己的经营方式。日语中用于表达改进或改变的词语是**改善**（kaizen）。自二战结束以来，许多组织都采用了改善的方法。**精益**（lean）涉及评估过程，以最大程度地提高客户价值，同时最大程度地减少浪费。看板（第 2 章）是精益中经常使用的一种技术。关于改善、精益、看板和质量保证其他方面的详细信息，请参见下文的"对在哪里"，以及其他文本、文章和网站。

质量计划中使用的一些工具也可以用于管理质量。如质量计划所述，实验设计同样有助于确保和改进产品质量。**标杆管理**（benchmarking）通过将特定项目的实践或产品特性与组织内外的其他项目的实践或产品特性进行对比，从而产生质量改进的想法和建议。比如，竞争对手的 EIS 平均停机时间仅为每星期 1 小时，那么这可能就是企业自身需要努力追求的标杆。

对在哪里

2005 年，敏捷软件开发运动的创始人、几本专著的作者 David J. Anderson，在日本旅行期间参观了东京的皇宫花园。他注意到在花园中使用了看板来管理访客的流量，并意识到可以将其应用于许多过程，包括软件开发。

看板有以下 5 个核心属性：

1. 可视化的工作流
2. 限制进行中的工作
3. 测量和管理流

4. 明确流程策略

5. 使用模型识别改进机会

Anderson 在《看板》(kanban)一书中解释说,看板的应用对于每个团队都是不同的。他的公司的来访者发现没有一组看板相同,并且所有团队都使用不同的过程来开发软件。Anderson 解释说看板是对某种已经存在的过程进行不断改进的工具,因此每个团队的使用情况都不同。"他们根据自己的情况改善自己项目的过程……用看板限制进行中的工作的简单行为鼓励团队去实现更高的质量和更高的性能。"[6]

质量管理的一个重要工具是质量审计。**质量审计**(quality audit)是对特定质量管理活动的结构化审查,有助于确定经验教训,并且可以改善当前或未来项目的绩效。内部审计师或在特定领域具有专业知识的第三方可以执行质量审计。这些质量审计可以是计划好的,也可以是随机安排的。工业工程师通常通过帮助设计项目的特定质量度量标准,然后在整个项目中应用和分析这些度量标准来执行质量审计。例如,西北航空公司的 ResNet 项目(见本书配套网站有关本章的内容)提供了一个极好的案例。这一案例使用质量审计来强调项目的主要目标,然后跟踪实现那些目标的过程。ResNet 项目的主要目标是开发一个新的订票系统,这一系统会增加直接的航空售票量,降低销售代理处理客户电话所花费的时间。监控这些目标的测量技术通过重点强调实现这些目标,帮助 ResNet 的项目经理及其项目团队管理项目的各个方面。测量增加直接售票量和降低通话时间的过程也有助于项目经理判断是否对 ResNet 继续进行投资。

8.5 控制质量

很多人在认识质量管理时,只会想到质量控制。这也许是因为在这一领域中有很多流行的工具和技术。在学习这些工具和技术前,区分控制质量与计划质量、管理质量是非常重要的。

尽管**质量控制**(quality control)的主要目标之一是提高质量,但此过程的主要结果是验收决定、返工和过程调整。

- **验收决定**(acceptance decisions)确定是否接受或拒绝作为项目一部分的产品或服务。如果被接受,产品或服务则被认为是有效的可交付成果。如果项目干系人拒绝项目的某些产品或服务,则必须进行返工。例如,在"开篇案例"中,发起 EIS 开发项目的高管对系统明显不满意,于是聘用了一名外部顾问 Scott Daniels 来带领团队发现并修复质量问题。

- **返工**(rework)是指为使被拒绝的项目符合产品要求、规范或其他干系人的期望而采取的行动。返工通常会导致要求的变更和确认的缺陷修复,并且通常是来自被推荐的缺陷修复、纠正或预防措施。返工成本很高,因此项目经理必须努力做好质量计划和质量保证,以避免返工。由于 EIS 并没有满足所有干系人对质量的期望,那么医疗器械公司就要花费额外的成本进行返工。

- **过程调整**(process adjustments)是指基于质量控制的度量结果,纠正或预防出现更多的质量问题。过程调整通常会导致组织过程资产和项目管理计划的更新。例如,在"开篇案例"中,顾问 Scott Daniels 可能推荐医疗器械公司购买一个更快的 EIS 服务器,以此改进响应时间问题。这一变更需要更多相关的项目工作,因此要求项目管理计划也进行变更。公司聘用 Scott 开发一个计划来预防未来 IT 项目的质量问题。

8.6 质量控制的工具和技术

质量控制包括许多通用工具和技术。本节介绍 7 种基本的质量控制工具、统计抽样及六西格玛，并讨论如何将它们应用于 IT 项目。本节最后讨论了测试，因为 IT 项目广泛使用测试来确保质量。

这 7 种基本的质量控制工具的命名起源于战后的日本，据说是受到了 Benkei 的 7 种著名武器的启发。这 7 种工具如下。

1. **因果图**（cause-and-effect diagrams）将质量问题追溯至相应的生产运作。换句话说，它能帮助我们找到问题的根本原因。因果图也被称作**鱼骨图**（fish bone diagram）或**石川馨图**（Ishikawa diagram），以其创始人石川馨（Kaoru Ishikawa）的名字命名。你也可使用著名的"5 whys"法，即反复追问"为什么"来发现隐藏在表面下的问题根源。（5 是一个很好的经验法则，尽管可以使用其他数字。）这些表象就是因果图上的分支。

图 8-1 提供了一个因果图的例子，那是"开篇案例"中的顾问 Scott Daniels 制作的，用来揭示用户不能登录 EIS 的根本原因。注意它和鱼的骨架很相似，因此也称为鱼骨图。图中列出了产生问题的主要原因是 EIS 系统的硬件、用户的硬件或软件，或用户的培训，并且详细地描述了这些领域中的两个因素——个人用户的硬件和培训。

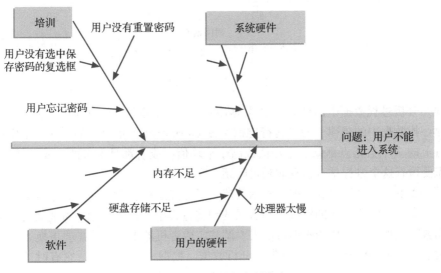

图 8-1　因果图示例

使用"5 whys"法，你可以首先询问用户为什么无法进入系统，然后询问他们为什么一直忘记密码、为什么不重置密码，以及为什么不选中保存密码的复选框。问题的根本原因将对解决问题采取的行动具有重大的影响。如果许多用户无法进入系统是因为他们的计算机没有足够的内存，那么解决方案可能是升级这些计算机的内存。如果许多用户不能进入系统是因为他们忘记了密码，那么可能会有一个更快、更便宜的解决方案。

2. **控制图**（control chart）是一种图形化的数据显示，它显示了一个过程随时间变化的结果。控制图可以帮助你判断过程是处于控制状态还是失控状态。当过程处于控制状态时，过程结果中的任何变化都是由随机事件创建的，控制中的过程不需要调整。当一个过程处于失控状态时，这一过程产生的变量由非随机事件引发。当过程失控时，你需要确认这些非随机事件的原因，通过调整过程来纠正或消除它们。

图 8-2 提供了一个使用装配线上的机器制造 12 英寸木直尺的过程的控制图示例。图上的每个点都表示从装配线上生产出的标尺长度的测量值。客户已指定其购买的所有标尺长度必须在 11.90～12.10 英寸之间，即 12±0.10 英寸。纵坐标的范围为 11.90～12.10，11.90、12.10 分别代表直尺规格的上限和下限。质量控制图上的控制上限和控制下限分别为 11.91 英寸和 12.09 英寸。这意味着制造过程的目的是生产 11.91～12.09 英寸长的尺子。

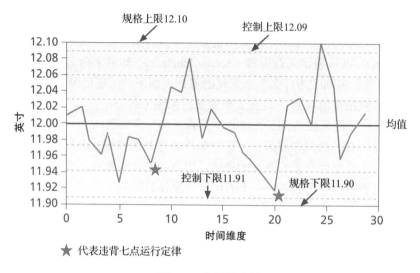

图 8-2　控制图示例

查找并分析过程数据中的规律是质量控制的一个重要部分。你可使用质量控制图及七点运行定律寻找数据中的规律。**七点运行定律**（seven run rule）指出，如果在一个质量控制图中，一行上的 7 个数据点都低于平均值或高于平均值，或者都是上升的，或者都是下降的，那么就需要检查这个过程是否存在非随机问题。

在图 8-2 中，星号标记的数据点表示其违背了七点运行定律。注意，包含第一点在内的一系列点都是上升的或下降的情况。在直尺的制造过程中，这些数据点可能表明某个校准装置需要调整。例如，切木块的机器可能需要调整，或者机器上的刀片需要更换。

3. **检查表**（checksheet）用于收集和分析数据。根据格式的不同，它有时被称为计数单或清单。图 8-3 提供了一个样本检查表，Scott Daniels 可以使用它来跟踪有关 EIS 的投诉的媒体来源。注意，计数标记用于手动输入每个数据事件。在本例中，大多数投诉都是通过短信发送的，星期一和星期二的投诉比一周中的其他几天都要多。这些信息可能有助于改进处理投诉的过程。

系统投诉

来源	天							总计
	周一	周二	周三	周四	周五	周六	周日	
邮箱	⦀	⦀⦀	⦀⦀	⦀			⦀	12
短信	𝍩 ⦀⦀	⦀⦀⦀⦀	𝍩 ⦀	⦀⦀⦀	⦀⦀⦀	⦀⦀	⦀⦀	29
电话	⦀	⦀⦀		⦀⦀	⦀	⦀	⦀	8
总计	**11**	**10**	**8**	**6**	**7**	**3**	**4**	**49**

图 8-3　检查表样例

4. **散点图**（scatter diagram）有助于显示两个变量之间是否存在关系。数据点越靠近对角线，两个变量之间的关系就越密切。例如，图 8-4 提供了一个散点图示例，Scott Daniels 可能会创建这个散点图，将 EIS 系统的用户满意度评分与受访者的年龄进行比较，看看是否存在关系。例如，Scott 可能会发现较年轻的用户对系统的满意度较低，并根据这一发现做出决策。

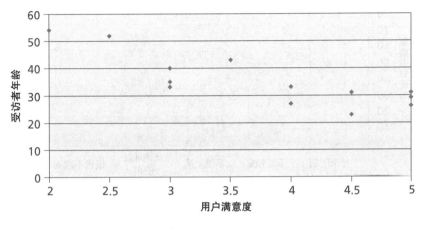

图 8-4 散点图示例

5. **直方图**（histogram）是描述变量分布的条形图。每个条形代表一个问题或情况的属性或特征，其高度代表出现频率。例如，Scott Daniels 会要求"服务台"制作一个直方图，显示他们每星期收到的关于 EIS 系统的投诉总数。图 8-5 展示了一个直方图示例。

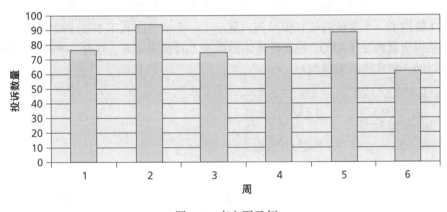

图 8-5 直方图示例

6. **帕累托图** (Pareto chart) 是一种直方图，可以帮助你确定问题区域及优先级。直方图所描述的变量按发生频率排序。帕累托图可以帮助你确定系统中造成多数质量问题的少数重要因素。**帕累托分析**（Pareto analysis）有时被称为 80-20 定律，这意味着 80% 的问题通常是由 20% 的原因造成的。

例如，假设存在用户对 EIS 投诉的详细历史记录。项目团队可以基于这些数据创建一个帕累托图，如图 8-6 所示。

请注意，登录问题是最常见的用户投诉，其次是系统锁定、系统太慢、系统难以使用和报告不准确。第一种投诉占投诉总量的 55%。第一种和第二种投诉加起来几乎占投诉总数的

80%。因此，公司应该把重点放在优化系统登录以提高质量上，因为大多数投诉都属于这一类。公司还应该解决系统锁定问题。

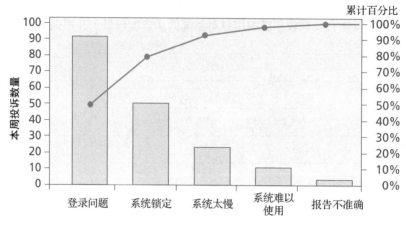

图 8-6　帕累托图示例

因为图 8-6 显示很少提到不准确的报告，所以项目经理应该在花费大量精力解决问题之前调查是谁提出了这个投诉。项目经理还应查明，有关系统太慢的投诉是否实际上是由于用户无法登录或系统锁定所导致的。你可以使用此图的模板文件和本书配套网站上的其他图，还可以找到解释如何创建图的视频和文章。

7. **流程图**（flowcharts）是显示过程逻辑及流向的图形表示，可以帮助分析问题是如何发生的，以及过程是如何改进的。它能显示活动、决策点及信息处理的顺序。

图 8-7 提供了一个简单的流程图示例，展示了一个项目团队用于接受或拒绝可交付成果的过程。美国质量协会（ASQ）将这种基本的质量工具称为分层，这是一种核对不同来源的数据是否以同一模式出现的技术。

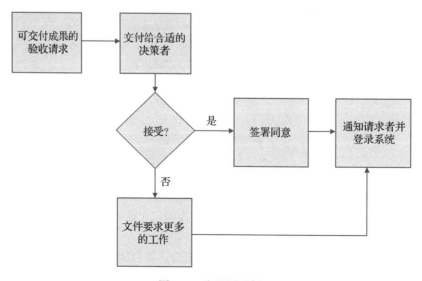

图 8-7　流程图示例

除了流程图，运行图也用于分层。**运行图**（run chart）显示一个过程随时间变化的历史和模式。它是一种折线图,显示按出现顺序绘制的数据点。你可以使用运行图执行趋势分析,并根据历史结果预测未来结果。例如,趋势分析可以帮助你分析随着时间的推移识别了多少缺陷,并查看是否存在趋势。图 8-8 给出了 3 种不同类型缺陷的每月缺陷数量的运行图示例。很容易地看到缺陷 1 随着时间的推移而增加;缺陷 2 在前几个月减少,然后保持稳定;缺陷 3 每个月都在波动。

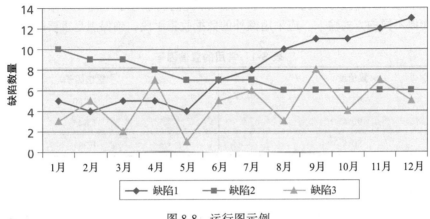

图 8-8 运行图示例

8.6.1 统计抽样

统计抽样是项目质量管理中的一个重要概念。在一个项目团队中专门从事质量控制的成员必须对统计有很深刻的认识,而其他项目团队成员只需要了解基本概念。这些概念包括统计抽样、置信因子、标准差和变异性。标准差和变异性是理解质量控制图的基本概念。本节简要介绍这些概念,并描述项目经理如何将它们应用于 IT 项目。其他详细信息请参见统计学课本。

统计抽样(statistical sampling)是指挑选一部分相关样本进行检查。例如,假设一家公司想要开发一个电子数据交换(EDI)系统来处理来自所有供应商的发票数据。同时假定在过去一年中,该公司从 200 个不同的供应商那里收到 50 000 张发票。审核每张发票以确定新系统的数据需求将非常耗时且昂贵。即使系统开发人员确实检查了来自不同供应商的所有 200 张发票表单,数据在每张表单上的输入方式也可能不同。统计人员开发了一种技术,确定一个合适的样本量就可以进行分析,最后发现仅仅通过研究 100 份发票表单就可以获得设计系统所需的一个良好的数据类型样本。

样本量取决于你希望样本相对于总体的代表性程度。决定样本量的一个简单公式如下:

$$样本量 = 0.25 \times (置信因子 / 可接受误差)^2$$

置信因子表示你想在多大程度上确信结果,抽样数据并不包含总体中非自然存在的偏差。从统计学书籍的相关表格中可计算置信因子。表 8-1 展示了一些经常使用的置信因子。可接受误差与置信度相关,其值为 1－置信度。如置信度为 95%,则可接受误差为 1－0.95=0.05。

例如,假定前面描述的 EDI 系统的开发人员对于发票样本不存在偏差接受 95% 的置信度,除非这些偏差在全部发票的总体中存在。然后计算样本量如下:

$$样本量 = 0.25 \times (1.960/0.05)^2 = 384$$

如果开发人员想要 90% 的置信度,计算样本量如下:

$$样本量 = 0.25 \times (1.645/0.10)^2 = 68$$

如果开发人员想要 80% 的置信度,计算样本量如下:

$$样本量 = 0.25 \times (1.281/0.20)^2 = 10$$

假设开发人员决定采用 90% 置信度对应的置信因子,那么他们需要检查 68 份发票以确定 EDI 系统需要获取的数据类型。如前所述,即使他们审查了全部 200 张发票表单,一些数据也可能以不同的方式输入。应采用额外的数据收集手段,确保满足重要的用户要求。

表 8-1 常用的置信因子

置信度	置信因子
95%	1.960
90%	1.645
80%	1.281

8.6.2 六西格玛

许多项目质量专家的工作对今天六西格玛原则的发展做出了贡献。在过去几年里,关于六西格玛这个术语一直有些混乱。本节总结了有关这一重要概念的最新信息,并介绍了世界各地的组织是如何使用六西格玛来改进质量、降低成本和更好地满足客户要求的。

Peter Pande、Robert Neuman 和 Roland Cavanagh 的《六西格玛方法》(*Six Sigma Way*)一书将六西格玛(Six Sigma)定义为 "一个达到、维持最大化商业成功的全面和灵活的系统。实现六西格玛要求创造性地密切了解客户需求,训练有素地使用事实、数据统计分析,以及认真关注管理、改进和再造业务流程。"[7]

六西格玛追求完美,其目标是每百万个机会中允许不超过 3.4 个缺陷、误差或错误。这个目标数字在本节稍后会有更详细的解释。一个组织可将六西格玛原则应用于产品的设计和生产、服务台或其他客户服务过程。

使用六西格玛原则进行质量控制的项目通常遵循一个 5 阶段改进过程,称作 DMAIC(读作 de-MAY-ick),DMAIC 代表定义、度量、分析、改进和控制。DMAIC 是一个基于科学和事实的系统的、闭环的持续改进过程。下面是 DMAIC 改进过程每个阶段的简单描述:

1. 定义:定义问题/机会、流程和客户需求。此阶段使用的重要工具包括项目章程、客户需求说明书、流程图和客户声音(VOC)数据。VOC 数据的例子包括投诉、调查、评论和市场调查,它们代表客户的观点和需求。

2. 度量:定义度量范围,然后收集、汇编和显示数据。根据每个机会的缺陷来定义度量。

3. 分析:仔细检查过程细节以发现改进机会。一个从事六西格玛项目的项目团队,通常称为六西格玛团队。团队通过调查和验证数据以确认出现质量问题的可疑根源,并证实潜在的问题。这一阶段使用的一个重要工具是本章前面所述的鱼骨图或石川馨图。

4. 改进:产生改进问题的方法和思路。最终解决方法由项目发起人确定,六西格玛团队制定计划对解决方案进行小规模测试。六西格玛团队商讨小规模测试的结果以完善解决方案,如果需要,那么在合适的地方实施解决方案。

5. 控制：跟踪并验证改进的稳定性和解决方案的可预测性。控制图是控制阶段使用的一种工具。

8.6.2.1 六西格玛质量控制的独特性

使用六西格玛原则与使用以前的质量控制措施有什么区别？很多人记得过去几十年中出现的其他质量措施，如全面质量管理（TQM）及业务流程再造（BPR）等。许多六西格玛原则和工具起源于这些先前的措施。然而六西格玛原则中有一些新的观点，这些观点有助于组织提高竞争力和盈利结果。下面是这些原则中的几项内容：

- 使用六西格玛原则是整个组织的承诺。在一个信奉六西格玛原则的组织中，首席执行官、高层管理者和所有级别的员工都看到了由于使用六西格玛原则而带来的显著改进。虽然有大量的培训投资，但是这些投资是值得的。因为员工实践六西格玛原则，可以以更低的成本生产出更高质量的产品和服务。
- 六西格玛训练通常遵循"腰带"系统，类似于武术课，不同训练水平的学生会得到不同颜色的腰带。在六西格玛培训中，黄带级别的人接受最低层次的培训，对于兼职从事六西格玛项目的团队成员来说，通常是经过2~3天的培训。绿带级别的人一般参加2~3周的培训。黑带级别的人通常全职工作于六西格玛项目，并参加4~5周的培训。项目经理通常是黑带级别。黑带大师级别是指有经验的黑带级别的人，他们为低级别的人提供技术资源和指导。
- 成功实施六西格玛原则的组织有能力且有意愿同时采用两个看似相反的目标。例如，六西格玛组织相信，他们富有创造性和理性、专注于全局和细节、减少错误并更快地完成工作，在使客户高兴的同时赚更多的钱。James Collins 和 Jerry Porras 在他们的著作《基业长青》（*Built to Last*）中将其描述为"我们能做好所有"或"双面天才"（Genius of the And）方法。[8]
- 对从中获益的组织来说，六西格玛不仅仅是一种程序或一项纪律。六西格玛是一种以客户为中心的经营理念，致力于消除浪费、提高质量水平，并在突破性水平上提高财务绩效。六西格玛组织会设定更高的目标，使用 DMAIC 来改进过程，进而实现超常的质量改进。

许多组织现在都在实施一些符合六西格玛定义的措施，很多六西格玛原则已不再是全新的。六西格玛的新功能是将许多不同的主题、概念和工具结合到一个可以在全组织范围内使用的一致的管理过程中。

8.6.2.2 六西格玛与项目选择和管理

组织通过选择和管理项目来实施六西格玛。良好的项目选择是项目管理的重要组成部分。

正如 Joseph M. Juran 所述："所有的改进都是一个项目一个项目地进行的，而不是以其他方式。"[9] 这句话对六西格玛项目尤其适用。Pande、Neuman 和 Cavanagh 进行了一次非正式的调查以找出在启动六西格玛过程中最关键和最常见的错误操作活动，一致的答案是项目选择。"它实际上是一个相当简单的等式：经过良好选择、定义、改进的项目等同于更好、更快的结果。相反的等式也很简单：选择不好、定义差的项目等同于延期的结果和挫折。"[10]

组织必须谨慎地在需要的地方追求高质量。《财富》（*Fortune*）的一篇文章指出，实施六西格玛的公司并不一定会增加股票价值。尽管通用电气宣称因为使用了六西格玛，1999年公司节省了200多万美元。但是其他公司（如惠尔普等）并没有清楚地说明他们投资的价值。为什么不是所有的公司都能从六西格玛中获益？因为如果一个组织在生产无人购买的产品，那缺陷最小化是没有任何意义的。如六西格玛的最大倡导者之一 Mikel Harry 所说："我可以利用转基因制造六西格玛的山羊，但是如果马术才是市场，那人们仍然会去购买四西格玛的马。"

什么使一个项目能成为潜在的六西格玛项目？第一，当前绩效和预期绩效之间必须存在质量问题或差距。很多项目并不满足这个标准，如建造房屋、合并两个公司，或为一个新组织提供IT基础设施。第二，项目不应存在显而易见的问题。第三，解决方案不应是预先确定的，一个最佳解决方案不应是显而易见的。

一旦将一个项目选为六西格玛的合适候选项目，本书所述的许多项目管理概念、工具及技术就可以得到应用。例如，六西格玛项目通常要有业务案例、项目章程、需求文档、进度计划、预算等。六西格玛项目由团队完成，其发起人被称为倡导者。还有项目经理，通常被称为六西格玛组织中的团队领导。换句话说，六西格玛项目是关注支持六西格玛哲学的简单项目类型。它通过以客户为中心、努力消除浪费和提升质量水平来改进财务绩效。

8.6.2.3 六四格玛和统计

六西格玛中的一个重要概念是通过降低偏差来提高质量。术语西格玛的意思是标准差。**标准差**（standard deviation）衡量一组分布数据中所存在的偏差的大小。标准差小意味着数据密切围绕分布中央，数据间的偏差很小。标准差大意味着数据分散在分布中央的两侧，数据间的偏差相对较大。统计学家使用希腊符号 σ（西格玛）来代表标准差。

图8-9提供了一个**正态分布**（normal distribution）的例子——以总体（分析的数据）的**均值**（mean）为中心左右对称的钟型曲线。在任何正态分布中，总体的68.3%分布在均值左右两侧的一个标准差（1σ）范围内，总体的95.5%分布在均值左右两侧的两个标准差（2σ）范围内，总体的99.7%分布在均值左右两侧的3个标准差（3σ）范围内。

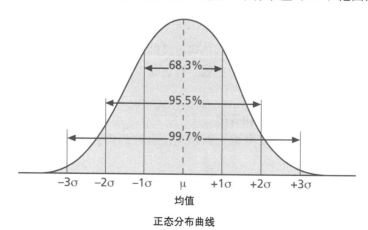

图8-9 正态分布和标准差

标准差是一个关键因素，决定了总体中可接受的缺陷单位数。表8-2显示了 σ、总体在不同 σ 范围内的百分比以及每10亿单位中的缺陷数之间的关系。注意，该图显示，在单纯的统计术语中，正6σ或负6σ意味着每10亿单位中仅有两个缺陷。那么为什么本章前面所述六西格玛活动的目标是每百万个机会中有3.4个缺陷呢？

表8-2 σ和有缺陷的单位

规格范围（±σ）	在范围内的群体占总体的百分比	每10亿单位中的缺陷数
1	68.27	317 300 000
2	95.45	45 400 000
3	99.73	2 700 000
4	99.993 7	63 000
5	99.999 943	57
6	99.999 999 8	2

基于摩托罗拉在20世纪80年代关于六西格玛的初始工作，六西格玛使用的惯例是一个计分系统，它能够解释相比于几周或几个月数据收集中发现的偏差，整个过程中会有更多的偏差。换句话说，时间是决定过程偏差的一个重要因素。表8-3显示了应用于六西格玛项目的六西格玛换算表。**产量**（yield）表示通过工序正确处理的单位数量。**缺陷**（defect）是指产品或服务未能满足客户需求的任何情况。由于大多数产品或服务都有多个客户需求，因此出现缺陷的机会很多。例如，假设一个企业正在努力降低客户账单出错的数量。由于名称拼写错误、地址不正确、服务日期错误或计算错误，账单上可能有多个错误。在一张账单上可能有100个机会导致缺陷发生。六西格玛不是测量每单位或每张账单中的失误数目，而是根据机会数目测量出错数目。

表8-3 六西格玛换算表

西格玛	产量	每百万机会中的缺陷数（DPMO）
1	31.0%	690 000
2	69.2%	308 000
3	93.3%	66 800
4	99.4%	6 210
5	99.97%	230
6	99.999 66%	3.4

六西格玛换算表显示，在六西格玛中运作的一个过程意味着每百万个机会中有不超过3.4个缺陷。然而，今天多数组织对术语六西格玛的理解更加宽泛，他们据此描述那些通过更好的业务过程处理，能帮助其实现、保持并最大化商业成功的项目。

你可能听说过在电信行业使用的另外一个术语，叫作**质量的六个九**（six 9s of quality）。质量的六个九是一种质量控制的度量方法，等同于在一百万个机会中只有一个缺陷。在电信行业中，这意味着99.999 9%的服务可用性或一年中有30秒停止时间。这一质量水平也被定为通信电路、系统故障或代码行误差的质量目标。为了达到六个九的质量，需要不断地进行测试以发现并消除系统中的错误，或通过足够的冗余和备份设备，将整个系统的故障率降低到所需的水平。

8.6.3 测试

许多 IT 专业人员把测试看作临近 IT 产品开发末期的一个阶段。有些组织不是把各种力量投入到 IT 项目的合理规划、分析及设计中，而是依靠仅在产品发布前的测试来确保一定程度上的质量。事实上，测试几乎要贯穿系统开发生命周期的每个阶段，而不仅仅是在组织装送产品或将产品交付给顾客之前。

图 8-10 显示了描述系统开发生命周期的一个方法。这个例子包括一个软件开发项目的 17 个主要任务，并显示它们之间的相互关系。每个项目首先应该启动项目，进行可行性分析，再执行项目计划。此图表明，接下来准备详细系统需求分析和系统架构的工作可以同时开展。椭圆形阶段代表实际的测试或任务，包括测试计划，以确保软件开发项目的质量。[12]

图 8-10 中的几个阶段包括与测试相关的特定工作。

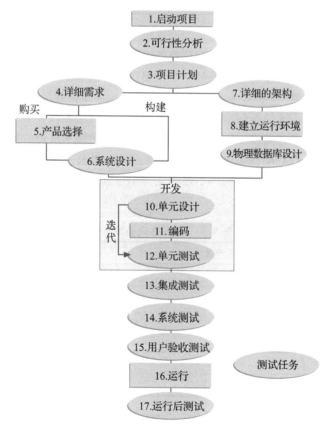

图 8-10　软件开发生命周期中的测试任务

资料来源：Hollstadt & Associates, Inc.

- **单元测试**（unit test）是测试每一个组件（经常是一个程序），以确保尽可能没有缺陷。单元测试是在集成测试之前进行的。
- **集成测试**（integration testing）发生在单元测试和系统测试之间，用来测试功能性分组的组件。它确保整个系统的各个部分能集合在一起工作。
- **系统测试**（system testing）是指作为一个整体来测试整个系统。它关注宏观层面，以保证整个系统能正常工作。

- **用户验收测试**（user acceptance testing）是最终用户在验收交付系统之前进行的独立测试。它关注的是系统对组织的业务适用性，而非技术问题。

其他类型的测试包括 alpha 和 beta 测试、性能测试和可扩展性测试。例如，包括 Amazon 和 Target 在内的几家公司在其网站崩溃时都遭受了严重的后果，因为它们无法处理由于可扩展性测试不足造成的需求。为了帮助提高软件开发项目的质量，组织必须遵循一种彻底的、严格的测试方法。系统开发人员和测试人员还必须与所有的项目干系人建立伙伴关系，以确保系统满足他们的需求和期望，并保证能够正确地完成测试。如下一节所述，未能执行合理的测试会带来巨大的成本。

根据著名的软件质量专家、卡内基－梅隆软件工程学院研究员 Watts S. Humphrey 的观点，单独测试本身并不总是能够解决软件缺陷问题。他认为传统的编码－测试－修正循环对软件开发来说是不够的。随着编码变得越来越复杂，测试遗漏的缺陷数量也在增加。这不仅成为测试人员的问题，也是付费客户的问题。Humphrey 说，程序员平均每 9 行或 10 行编码中就会有 1 个缺陷，并且对于已完成的软件，在完成所有测试后，每千行编码中包含有大约 5~6 个缺陷。

尽管有许多不同的定义，但 Humphrey 将**软件缺陷**（software defect）定义为在程序交付之前必须更改的任何东西。由于测试一个复杂系统的规模是巨大的，很多测试不能充分防止软件缺陷。此外，用户将不断创造那些开发者从未考虑过的新方法去使用系统，因此某些功能可能从未经过测试，甚至从未包含在系统需求中。

Humphrey 建议人们重新思考软件的开发过程，以便在进入软件测试时不存在潜在缺陷。这意味着开发者在测试的每个阶段必须负责提供无误的编码。Humphrey 讲授了一个开发过程，程序员可以检查并跟踪他们犯下的各种错误，这样他们就能使用这些数据来改进性能。他还认为，高层管理者必须支持开发人员，允许开发人员自主工作。程序员需要激励和激情去做高质量的工作，并且对他们自己的工作方式有一定的控制权。[13]

有关软件测试的其他信息可通过 www.ISTQB.org 查询，这是国际软件测试资格委员会的网站。该委员会提供了一个在世界上认可度很高的测试认证计划，截至 2018 年，在全球 120 多个国家/地区拥有超过 535 000 名认证测试员。

8.7 现代质量管理

现代质量管理追求顾客满意，更倾向于预防而非检验，并认识到管理层对质量的责任。几位著名的学者帮助建立了下述定义现代质量管理的理论、工具和技术。[14] 这些质量专家的建议可以指导许多项目提高质量，并为今天的六西格玛项目打下了基础。本节总结了由戴明、朱兰、克劳斯比、石川馨、田口及费根鲍姆等几位著名学者所做的主要贡献。

8.7.1 戴明和他的质量管理 14 要点

W. 爱华德·戴明（W. Edwars Deming）博士主要因其在日本的质量控制方面的研究工作而闻名于世。戴明在日本政府的邀请下，于第二次世界大战后前往日本，帮助日本改进生产率和质量。戴明是一名统计专家，曾担任纽约大学教授。他告诉日本制造商，更高的质量意味着更高的生产率和更低的成本。当日本制造的产品，特别是汽车行业的产品，开始严重威胁美国产品的地位时，美国业界才认识到戴明理论的重要价值。随后福特汽车公司采用了戴明质量方法，并使其产品质量和销售都得到大幅度的提高。到 20 世纪 80 年代，在看到日本的杰出成就后，一些美国公司开始争先采用戴明的理论在自己的工厂中建立质量改进计划。

许多人对戴明奖很熟悉，这是象征着高质量组织的奖项。还有许多人熟知戴明环（Deming's Cycle）：计划、行动、检查、实施。多数六西格玛原则都是以戴明创立的计划–行动–检查–实施模型为基础的。

戴明的质量管理14要点也广为人知，戴明在其著作《走出危机》（Out of the Crisis）中对"14要点"的总结如下[15]：

1. 树立提高产品和服务质量的坚定目标。
2. 采用新的质量哲学。
3. 停止依靠检验来获得质量。
4. 放弃仅仅依据价格决定业务往来的习惯。应通过与单个供应商合作来减小总成本。
5. 持续改进计划、生产和服务的每一个过程。
6. 实施在职培训。
7. 采用并构建领导力。
8. 驱除恐惧心理。
9. 打破部门之间的壁垒。
10. 取消为员工制定的口号、训词和目标。
11. 取消对员工的数字化定额和对管理层的数字化目标。
12. 取消那些剥夺了职业精神的障碍。取消每年的等级评定制度或奖励制度。
13. 为每个人设定富有活力的教育计划和自我改进的计划。
14. 使公司中的每个人都投入工作以实现转变。

8.7.2 朱兰和他提出的高层管理者参与对质量的重要性

约瑟夫·M.朱兰（Joseph M. Juran）和戴明一样，曾指导日本制造商提高生产率，后来也同样为美国公司所知晓。他在1974年写了《质量管理手册》（Quality Control Handbook）的第1版，强调高层管理者参与持续的产品质量改进的重要性。2000年，94岁的朱兰出版了这本著名手册的第5版。[16] 他还创建了朱兰三部曲：质量改进、质量计划和质量控制。朱兰强调，制造商对质量的看法和客户的观点是不同的。制造商通常关注符合需求，而客户关注适用性。现在多数质量的定义都使用适用性这一概念，强调满足规定的或潜在的需求的重要性，而不仅仅是满足明确说明的需求或规格。朱兰提出了质量改进的10个步骤：

1. 树立改进需求和改进机会的意识。
2. 设定改进的目标。
3. 组织实现目标（建立质量委员会、发现问题、选择项目、指定团队、指定协调员）。
4. 提供培训。
5. 执行项目以解决问题。
6. 报告进展。
7. 给予认可。
8. 交流结果。
9. 保持成绩。
10. 通过每年改进公司的部分规范体系和过程来维持发展动力。

8.7.3 克劳斯比和追求零缺陷

菲利普·B. 克劳斯比（Philip B. Crosby）在 1979 年出版了《质量是免费的》（*Quality Is Free*）一书，并因建议组织要争取零缺陷而闻名于世。[17] 他强调低劣质量的成本应该包括第一次没有做对事情的所有成本，如废弃、返工、工时和机时损失、客户的不良印象和销售损失以及保修费用。克劳斯比认为，人们低估了低劣质量的成本，以致公司为提高质量而花费无数金钱。克劳斯比创立了质量改进的 14 个步骤：

1. 明确管理层对质量的承诺。
2. 由每个部门的代表组建质量改进团队。
3. 辨识当前及潜在的质量问题所在。
4. 评估质量成本，并说明其作为一个管理工具的用处。
5. 提升所有员工的质量意识，把质量当作每个人的事情。
6. 采取措施改正前面步骤中发现的问题。
7. 成立零缺陷计划委员会。
8. 培训管理者积极处理其所负责的质量改进部分。
9. 设定一个"零缺陷日"，让所有员工认识到已经出现了变化。
10. 鼓励个人为自己及小组设定改进目标。
11. 鼓励员工向管理层报告他们在实现改进目标时所面临的困难。
12. 认可并奖赏参与者。
13. 设立质量委员会以便定期沟通。
14. 把全部再做一遍以强调质量改进计划永不结束。

克劳斯比还在 1978 年创立了质量管理过程成熟度网格。这一网格可用来表明一个组织对产品可用性的态度。例如，网格中的第一阶段是无知，人们可能认为他们的产品在可用性方面没有任何问题；最后一个阶段是智慧，人们已经改变了态度，使可用性缺陷预防成为日常操作的一部分。

8.7.4 石川馨的质量控制指南

石川馨（Ishikawa）因其在 1972 年所著的《质量控制指南》（*Guide to Quality Control*）而闻名。[18] 他提出了质量圈这一概念，并率先使用了本章前面所述的因果图。**质量圈**（quality circles）是由单个公司部门的非监督人员和领导人员组成的小组，他们自发开展活动，研究如何提高部门的工作绩效。石川馨建议日本管理者及员工全部致力于质量工作，但是多数美国企业则将质量责任授权给少数员工。

8.7.5 田口和稳健设计方法

田口（Taguchi）因发明了优化工程实验过程的田口方法而闻名。田口方法中的关键概念是，质量应该被设计到产品中，而不是通过对产品的检验来获得，并且取得质量的最好方法是把距离目标值的偏差最小化。例如，如果在"开篇案例"中描述的用于访问 EIS 的目标响应时间是半秒，那么与此时间的偏差应该很小。到 20 世纪 90 年代末，《财富》杂志的一篇文章称赞日本的田口是美国新的质量英雄。[19] 包括施乐、福特、惠普以及固特异轮胎在内的很多企业，最近都已开始使用田口的稳健设计方法来设计高质量的产品。**稳健设计方法**（robust design method）强调通过用科学探究代替反复试验来消除缺陷。

8.7.6 费根鲍姆和工人的质量责任

阿诺德·V. 费根鲍姆（Armand V. Feigenbaum）在他 1983 年的著作《全面质量管理：工程与管理》(*Total Quality Control: Engineering and Mangement*)中提出了全面质量控制（TQC）的概念。[20] 他认为质量的责任应由做此工作的人承担。在 TQC 中，产品质量比生产率更重要，一旦出现质量问题，工人就可以停止生产。

8.7.7 马尔科姆·鲍德里奇国家质量奖

马尔科姆·鲍德里奇国家质量奖（Malcolm Baldrige National Quality Award）是 1987 年启动的一项奖励，旨在表彰通过质量管理达到世界一流竞争力水平的公司。这一奖项是为纪念马尔科姆·鲍德里奇而创立的。马尔科姆·鲍德里奇从 1981 年就开始担任美国商业部长，直至 1987 年 6 月死于一场赛马事故。鲍德里奇是一名质量管理倡导者，他认为质量管理是增强美国企业的财富和使美国长远发展壮大的关键因素。马尔科姆·鲍德里奇国家质量奖由美国总统颁发给美国企业和组织。组织必须申请该奖项，并且在以下 7 大领域内有杰出的表现：领导、战略规划、以客户和市场为中心、信息和分析、关注人力资源、过程管理及商业成果。在制造业、服务业、小企业和教育/医疗领域，每年可颁发 3 个奖项。这些奖项是对质量和绩效方面卓越成就的认可，提升了人们将质量视作竞争力来源的重要性的意识。这一奖项并不授予具体的产品或服务。

8.7.8 ISO 标准

国际标准化组织（ISO）是由国家标准研究机构与国际组织、政府、行业、企业及消费者代表合作而成的一个网络。ISO 9000 是由 ISO 制定的一套质量体系标准，它包括 3 个连续循环的组成部分：计划、控制和归档。根据 ISO 网站（www.iso.org）2018 年 1 月的数据，"ISO 9000 系列涉及质量管理的各个方面，并包含了一些 ISO 最著名的标准。这些标准为公司和组织提供指导和工具，这些公司和组织希望确保其产品和服务始终如一地满足客户的要求，并不断提高质量。"ISO 9000 国际质量管理标准和指南作为建立质量管理体系的基础，已在全球享有声望。

标准在不断更新，并根据需要开发新的标准。例如，2013 年，ISO 与国际电工委员会（IEC）合作发布了一项标准，以帮助组织整合信息安全和服务管理。[21]

ISO 还在继续制定标准，为评估软件的进程提供框架。标准的总目标是激发组织对提高产品质量的兴趣，为评价其软件过程状态提供经证实的、持续的、可靠的方法。他们也可以使用评价结果作为连续改进活动的一部分。评估并做出相应的改进方案，其成果之一就是可靠的、可预计的和不断改善的软件开发过程。

全球问题

2015 年，全球共推出 15 款电动汽车，包括特斯拉 model X、宝马 X5 eDrive、大众帕萨特 GTE Plug-in、奥迪 A3 e-Tron、雪佛兰 Volt 以及三款不同的奔驰车型。ISO 为这些电动汽车提供了安全标准。

无人驾驶技术带来了新的安全隐患。在 2015 年 3 月的一次广为人知的无人驾驶事件中，配备了雷达、高端微处理器和软件的改良型奥迪 SQ5 德尔福汽车完成了在美国的旅行。这违反了驾驶员必须坐在驾驶位上的州法律。

不幸的是，2018年3月发生了一次更加受关注的事件，一名妇女在推自行车过马路时被一辆自动驾驶汽车撞死。"这正是Uber和其他自动驾驶汽车公司所谓能避免的事故类型，他们认为先进传感器和计算机程序能防止这种情况发生。加州律师兼自动驾驶汽车顾问Jim McPherson表示，'我不指望人工智能技术能达到人的驾驶水平'。他批评人工智能发展得太快，以至于将未经测试的技术在公共道路上投入使用。"[22]

质量管理专家的贡献、质量奖项及质量标准是项目质量管理的重要组成部分。1999年项目管理协会自豪地宣布，他们的认证部门是世界上首家获得ISO 9000认证的认证机构，并且《项目管理知识体系指南》已被认定为国际标准。在项目管理中强调质量管理有助于确保项目生产出满足客户需要和预期的产品和服务。

8.8 提高IT项目的质量

除了考虑使用质量计划、质量保证及质量控制的一些建议外，在提高IT项目的质量方面，还有一些其他重要事项。强有力的领导、理解质量成本、提供一个良好的工作场所来提高质量，并且努力提高组织在软件开发和项目管理方面的整体成熟度水平，都有助于提高质量。

8.8.1 领导

正如约瑟夫·M. 朱兰在1945年所说，"最重要的是高层管理人员必须注重质量，如果连高层领导都不重视，普通员工是不会重视的。"[23] 朱兰及许多其他质量专家认为，导致质量问题的重要原因是缺乏领导的重视。

随着全球化的不断发展和客户的要求越来越高，以合理的价格快速生产出高质量的产品对企业的生存至关重要。实施高质量的计划有助于组织保持竞争力。为了建立和实施有效的质量计划，最高管理者必须带头。很大一部分质量问题与管理有关，而不是技术问题。因此，高层管理者必须负责制定、支持并实施质量计划。

摩托罗拉就是一个真正重视质量的高技术企业的优秀代表。领导是帮助摩托罗拉在质量管理和六西格玛中取得巨大成功的因素之一。高层管理者强调提高质量的必要性，并帮助所有员工为达到客户满意而负责。摩托罗拉长期计划的战略目标包括以管理新产品或技术的方式管理质量改进。高层管理者强调开发和使用质量标准的重要性，并提供了诸如员工、培训及客户参与等资源，以帮助改进质量。

领导重视质量给组织提供了一个有利于提高质量的环境。管理层必须公开宣布公司的质量理念和承诺，实施公司范围内的关于质量理念和原则的培训计划，实施监测措施以建立、跟踪质量水平，并积极宣传质量的重要性。当每一个员工都坚持生产高质量的产品时，最高管理层就做好了提升质量重要性的工作。

8.8.2 质量成本

质量成本（cost of quality）是一致性成本与非一致性成本之和。**一致性**（conformance）是指交付符合需求并适合使用的产品。这种成本的例子包括与制定质量计划相关的成本、分析和管理产品需求的成本以及测试的成本。**非一致性成本**（cost of nonconformance）是对失败负责或者因没有达到预期质量所造成的成本。

与质量有关的 5 大成本类别包括：

1. **预防成本**（prevention cost）：计划和执行项目以使其无错误或在可接受的错误范围内的成本。这个类别下的预防措施包括：培训、与质量相关的细节研究，以及有关供应商和分销商的质量调查。回顾第 7 章可知，在系统开发生命周期的早期阶段发现信息系统中的缺陷比在后期阶段发现成本要低得多。在实现一个大型系统之前，花 100 美元来改进用户需求比后期发现缺陷再更改要节省数百万美元。2000 年（Y2K）事件提供了一个很好的例子。如果组织在 20 世纪 60 年代、70 年代和 80 年代决定所有日期都需要用 4 个计算机字符来表示年份，而不是用两个字符来表示年份，那么他们将节省数十亿美元。

2. **评估成本**（appraisal cost）：评估项目的过程和产出，确保项目没有差错或者在一个可接受的出错范围内，这些活动所产生的费用就是评估成本。例如，产品的检验和测试、维修检查和测试设备、处理和报告检测数据，这些活动都属于质量的评估成本。

3. **内部故障成本**（internal failure cost）：在客户收到产品之前，纠正已识别的缺陷所引发的成本。例如，废弃和返工、与延期交付相关的费用、由缺陷直接引发的存货成本、设计错误相关的设计更改成本、产品的早期失败、修改文档，这些项目都属于内部故障成本。

4. **外部故障成本**（external failure cost）：在交付给用户之前，所有未能发现和纠正的错误所涉及的成本。例如，保修成本、服务人员培训成本、产品责任诉讼、投诉处理、未来的业务损失，这些都是外部故障成本的例子。

5. **测量和测试设备成本**（measurement and test equipment costs）：为了执行预防和评估等活动而购置的设备所占用的资金成本。

许多行业可容忍的非一致性成本都很低，但是不包括 IT 行业。Tom DeMarco 因其对 IT 行业非一致性成本的几项研究而闻名。在 20 世纪 80 年代初，DeMarco 发现，普通大公司在开发软件时，60% 以上的精力放在维修上，大约 50% 的开发成本主要花在测试和排除软件故障上。[24] 尽管自 20 世纪 80 年代以后这些比例可能已经有所改善，但它们仍然非常高，特别是考虑到解决计算机安全问题方面。

高层管理者应该为 IT 中非一致性成本太高负主要责任。高层管理者通常催促组织开发新系统，并且没有给项目团队足够的时间和资源来做到第一次就能正确地完成一个项目。为了纠正这些质量问题，高层管理者必须创造一种重视质量的文化。

媒体快照

多年来，计算机病毒和恶意软件一直是一个质量关注点。现在有了一个新的转变，消费者被告知，电子烟可能对计算机有害。

据社交媒体论坛 Reddit 报道，一家大公司的一位高管在他的计算机上发现了一个恶意软件。他请 IT 人员调查这个问题，在研究了所有传统的感染手段之后，他们开始研究其他的可能性。这位高管表示，他最近已经戒烟，并开始使用电子烟。IT 人员发现，电子烟充电器上有硬编码的恶意软件，并在插入 USB 端口后感染计算机。

技术安全专家证实，任何东西，包括电子烟充电器，只要能插入 USB 端口，都会感染计算机。网络安全公司 Crowd Strike 的联合创始人兼首席技术官 Dmitri Alperovitch 说，恶意软件可以窃取你的文件，捕捉你的按键，或者打开你的网络摄像头。他还说，如果可能的话，用一个电源插座代替 USB 接口来给设备充电，因为这些软件不能感染插座。[25]

尽管很难找到权威的消息来源以证实问题充电器的说法，但新的产品还有许多其他质量问题。例如，几家通讯社刊登了一些报道称，如果智能手机的用户不关闭某项功能，他们的行踪就会被追踪。建议智能电视的用户关闭语音识别功能，这样制造商就不能窃听。正如你所看到的，IT可以用来创造许多人们想要的创新产品，但俗话说，"小心驶得万年船！"

8.8.3 组织影响、工作场所因素对质量的影响

在Tom DeMarco和Timothy Lister的一项研究中，有关组织和对应的生产率方面的结果非常有意思。自1984年开始，在持续的几年时间里，DeMarco和Lister开展了"编码战争游戏"，有来自92个组织的600多家软件开发商参与。设计此游戏是为了在组织、技术环境及编程语言的广阔范围内检验程序设计的质量和生产率。研究表明，组织问题比技术环境或编程语言对生产率的影响更大。

例如，DeMarco和Lister发现，所有参与者的生产率大约有1~10倍的差异。也就是说，一个团队可能在1天之内完成了一个编码项目，而另一团队则花了10天才能完成同一项目。相反，来自同一组织的成对软件开发人员之间的生产率平均仅相差21%。如果一个组织的一个团队在1天之内完成了一个编码项目，那么同一组织的另一个团队完成该项目所花费的时间最长为1.21天。

DeMarco和Lister还发现，生产率和编程语言、工作年限或薪水之间没有相关性。另外，研究显示，提供无人打扰的工作场所和安静的工作环境是提高生产率的关键因素。研究表明，高层管理者必须关注工作场所的因素，以提高生产率和质量水平。[26]

DeMarco和Lister在其著作《人件》(*Peopleware*)中提到，影响工作绩效和项目失败的主要原因本质上不是技术问题，而是社会问题。[27]他们建议减少办公室政治，给聪明的人提供足够的物理空间、智力性职责及战略指导，然后让他们着手去工作。经理的功能不是强制人们工作，而是通过消除政治障碍，使人们可以安心工作。第2章中描述的敏捷宣言重申了这一概念，即关注个体与交互，而不是关注过程和工具。

8.8.4 质量中的期望和文化差异

许多经验丰富的项目经理知道，项目质量管理的一个关键方面是管理期望。尽管质量的许多方面都可以清晰地进行定义和测量，但是也有许多方面是无法做到的。不同的项目发起人、客户、用户及其他干系人对项目的各个方面都有不同的期望。非常重要的一点是，理解这些期望，管理由于期望的不同而可能引发的任何冲突。例如，在"开篇案例"中，一些用户因不能在短时间内获取信息而感到失望。在过去，等候两三秒时间登录系统可能还是可以接受的，但是今天的许多计算机用户希望系统能运转得更快。项目经理及其团队在定义项目范围说明书时必须考虑与质量相关的期望水平。

期望还因组织的文化或地理区域的不同而不同。任何人，只要到过一个组织、一个国家或世界不同的地方，都会理解各个地方的期望是不同的。例如，一个企业的一个部门可能希望员工大部分工作时间能待在他们的工作区域，并按一定方式着装。同一个企业的另一个部门可能关注员工是否能够产出期望的结果，而不管他们在哪儿工作或如何着装。

第一次在其他国家工作的人们通常会对不同的质量期望感到吃惊。到其他国家旅游的游客可能会抱怨他们曾经认为理所当然的事情，比如轻松打电话、坐火车或地铁，而不是依靠汽车进行交通，或者获取最新的地图。最重要的是认识到，不同国家处于质量发展的不同阶段。

▷ **给年轻专业人士的建议**

管理期望是一项关键技能。了解他人以及自己的期望很重要,在开始新工作时尤其如此。如果你的上司没有这样做,请他描述对你的工作的期望。讨论任何你想到的主题(如着装要求、工作速度和质量、在办公桌前的时间、休息时间、团队互动、客户互动、提高学历等)。还需讨论你自己的期望。希望你在接受这份工作之前对自己的期望有所了解。如果有很大的脱节,你可能很难适应并表现良好。太多的人,包括有经验的项目经理,都会对期望做出假设,当他们的期望与干系人的期望不匹配时会感到惊讶。所以不要害怕询问别人对你的期望。

8.8.5 成熟度模型

在软件开发项目和项目管理中提高质量的另一种方法是使用成熟度模型,**成熟度模型**(maturity models)是帮助组织改进其过程和系统的框架。成熟度模型描述了一种更加有组织的、系统上更加成熟的演化路径。许多成熟度模型有 5 个层级,第一个层级描述组织最无组织性或最低成熟度的组织的特征,第五个层级描述最有组织性和最成熟的组织的特征。3 种流行的成熟度模型包括软件质量功能展开(SQFD)模型、能力成熟度模型集成(CMMI)和项目管理成熟度模型。

1. 软件质量功能展开模型

软件质量功能展开模型(Software Quality Function Deployment model,SQFD 模型)是对 1986 年提出的作为全面质量管理(TQM)实施工具的质量功能展开模型的一种改进。SQFD 专注于定义用户需求和规划软件项目。SQFD 模型的成果是一系列可测量的技术产品的规格说明及其优先级。需求越清晰,在生产软件产品时产生的设计变更就越少,生产率就越高,最终软件产品就更可能满足干系人的需求。把质量引入早期产品设计的观念是基于田口强调的稳健设计方法。[28]

2. 能力成熟度模型集成

另一个常用的成熟度模型是由卡内基梅隆大学的软件工程研究院持续进行开发的。软件工程研究院(SEI)是一个由联邦政府拨款的研究开发中心,1984 年由美国国防部明确授权,为解决软件工程技术的过渡而设立的。**能力成熟度模型集成**(Capability Maturity Model Integration,CMMI)是"一种过程改进方法,可以为组织提供有效过程的基本要素。它可以用于指导整个项目、部门或整个组织的过程改进。CMMI 有助于集成传统上分离的组织功能、设定过程改进目标和优先顺序、提供质量过程指导,并为评估现有的过程提供一个参考点。"

CMMI 的能力层级为:

0. 不完整级:在这一层级,要么是没有实施过程,要么只是部分实施了过程。这一层级不存在通用的目标,也没有达到过程域的一个或多个特定目标。

1. 执行级:已执行的过程满足流程领域的特定目标,并支持生产产品所需的工作。尽管这种能力层级会导致改进,但如果不制度化,这些改进可能会随着时间的推移而消失。

2. 管理级:在这一层级,过程会有合适的基础设施来支持。这一过程是根据政策来计划和执行的,并聘用了有经验的员工。这些员工有足够的资源产生受控输出。这一层级所反映出的过程纪律能够确保组织在持续的压力状态下仍能维持现行的做法。

3．定义级：在此成熟度层级上，过程有严格的定义。每个项目的标准、过程描述及程序是通过对组织的系统标准过程进行剪裁而量身定制的。

4．定量管理级：在这个层级上，过程是通过统计和其他定量技术来控制的。组织设定质量和过程绩效的量化目标，这些目标作为管理过程的标准。[29]

5．优化级：通过理解变化过程中固有的常见原因来提高优化过程。重点是通过增量和革新的改进来持续扩大过程绩效的范围。[30]

许多企业都想在政府市场中有所作为，但是他们已经认识到，就算对项目进行投标，他们也不可能有太多的机会，除非他们能达到CMMI的层级水平。据一位经理说，"CMMI是真正的未来，不赶潮流的人会发现自己已经落伍了。"[31]

3. 项目管理成熟度模型

20世纪90年代末，一些组织开始开发基于CMMI的项目管理成熟度模型。在组织认识到改进其软件开发过程和系统的必要性的同时，他们还认识到加强所有类型项目的项目管理过程和系统是非常必要的。

PMI标准开发计划在2003年12月公布了组织项目管理成熟度模型（OPM3）第1版，第3版于2013年9月发布。来自世界各地的200多名志愿者都是OPM3团队的成员。这一模型以市场调查研究为依据，这些调查发送给30 000多位项目管理专家，其中包含180项最佳实践，2400多项能力、成果和关键绩效指标。[32]据OPM3计划的项目总监John Schlichter说："该标准将帮助组织评估和改善其项目管理能力，以及通过项目实现组织战略所必需的能力。项目管理成熟度模型为卓越的项目、项目集和项目组合的最佳实践设定标准，并阐述了实现这些最佳实践所需的能力。"

最佳实践

OPM3提供了如下例子来说明最佳实践、能力、成果及关键绩效指标。
- 最佳实践：建立内部项目管理社区。
- 能力：支持项目管理活动。
- 成果：调动当地的积极性，意味着组织在特定的利益方面开发出一系列的共识。
- 关键绩效指标：社区致力于解决当地问题。

最佳实践分为3个层次：项目、项目集及项目组合。在每一个类别中，最佳实践又分为过程改进的4个阶段：标准化、测量、控制和改进。例如，下面的清单中包括OPM3中列出的一些最佳实践：

项目最佳实践：
- 项目启动过程标准化。
- 项目计划制定过程测量。
- 项目范围计划过程控制。
- 项目范围定义过程改进。

项目集最佳实践：
- 项目集活动定义过程标准化。
- 项目集活动排序过程测量。
- 项目集活动持续时间估算过程控制。

- 项目集进度开发过程改进。

项目组合最佳实践：
- 项目组合资源规划过程标准化。
- 项目组合成本估算过程测量。
- 项目组合成本预算过程控制。
- 项目组合风险管理计划过程改进。[34]

还有一些公司也提供了类似的项目管理成熟度模型。国际学习研究所将其模式分为5个层次，即通用术语、通用过程、单一方法、基准比较和持续改进。ESI国际公司的模型有5个层次，分别是临时（ad hoc）的、一致的、集成的、综合的及优化的。不管每个层次的名称如何，目标都很明确：帮助组织提高管理项目的能力。正如使用SQFD和CMMI成熟度模型为软件开发评估成熟度一样，许多组织正在评估他们在项目管理成熟度中所处的层级。组织认识到他们必须努力整顿项目管理的纪律，以改进项目质量。

8.9 使用软件辅助项目质量管理

本章提供了项目质量管理中使用的几种工具和技术的示例。软件可以用来帮助使用其中的一些工具和技术。例如，你可以从7种基本的质量控制工具中选择电子表格和图表软件来创建图表；你可以使用统计软件包来帮助你确定标准差并执行多种类型的统计分析；你还可以使用项目管理软件制作甘特图来帮你计划并跟踪有关项目质量的工作。还有几种专业化的软件产品可协助管理六西格玛项目、制作质量控制图表，并评价成熟度层级。项目团队需要决定何种类型的软件可以帮助他们管理特定的项目。

8.10 敏捷/自适应环境下的注意事项

《项目管理知识体系指南（第6版）》为项目质量管理提供了以下信息：

为了应对变化，敏捷方法要求在整个项目进行过程中经常进行质量检查，而不是在项目结束时。

定期回顾会提高定期检查质量过程的有效性。寻找问题的根本原因，然后提出尝试新方法以提高质量的建议。随后的回顾性评估将评估任何试验过程，以确定它们是否正在运行，是否应继续进行，应该进行新的调整，或者应停止使用。

为了促进频繁的增量交付，敏捷方法侧重于小批量工作，并尽可能多地结合项目可交付成果的要素。小批量系统的目的是使变更的总成本降低，在项目生命周期的早期就可以发现不一致和质量问题。[35]

本文的审阅者之一Jeff Landry，提供了其他信息：

敏捷项目的项目质量管理特别关注满足项目的独特需求方面。满足关键干系人的需求或期望对于项目质量管理至关重要。用户验收测试包括在每次迭代结束时由工作软件的用户进行的独立测试。敏捷项目需要一个包含质量标准的统一度量。缺陷逃逸是对敏捷软件质量的度量，目标是零缺陷逃逸，这意味着在开发过程中通过测试可以检测并纠正所有缺陷。[36]

请记住，敏捷方法可以用于所有类型的项目，而不仅仅是软件开发，而且一些项目使用混合方法，其中一些可交付成果是使用更传统的方法创建的。小批量地发现质量问题是很好的，但有时有更大的问题必须在组织层面上解决。质量的提高也是如此。如果一个小团队发现了提高质量的方法，那么在整个组织中共享这些信息是很重要的。

如你所见，质量是一个非常广泛的话题，它只是 10 个项目管理知识领域之一。项目经理必须把重点放在确定质量如何与具体的项目联系起来，并确保这些项目满足他们所承担的需求。

案例结局

Scott Daniels 组建了一个团队来发现和解决 EIS 的相关质量问题，并制定计划来帮助医疗器械公司预防未来的质量问题。Scott 团队要做的第一件事就是调查 EIS 的问题。他们制作了一个类似图 8-1 的因果图和一个帕累托图（图 8-6），以帮助分析"服务台"收到并存档的有关 EIS 的诸多投诉。在进一步调查后，Scott 和他的团队发现，许多使用此系统的经理除了基本的办公自动化系统外，对使用计算机系统非常不熟练。他们还发现，多数用户未受过任何关于如何合理进入或使用新 EIS 的培训。EIS 的硬件或用户的个人计算机看起来没有任何重大问题。关于报告提供的信息不一致的投诉来自一位经理，他实际上是误读了报告，因此软件设计的方式并没有任何问题。除了培训，Scott 非常关注整个项目的质量。Scott 向 EIS 项目发起人报告了他的小组的研究结果，项目发起人欣慰地发现，质量问题并不像人们所担心的那样严重。

8.11 本章小结

质量是个严重的问题。一些关键任务的 IT 系统中出现的错误已经导致一些人死亡，许多业务系统中的质量问题已经引发了重大的财务损失。

客户最终负责定义质量。重要的质量概念包括满足规定的或潜在的干系人的需求、与需求相符，以及交付适用的物品。

项目质量管理包括计划质量管理、实施质量保证和控制质量。计划质量管理确认哪项质量标准与项目有关以及如何满足这些标准。实施质量保证是评价总体及项目的绩效，确保项目满足相关质量标准。控制质量是检验具体的项目结果、确保其符合质量标准、明确提高整体质量的方法。

项目质量管理的工具和技术有很多。质量 7 种基本的质量控制工具包括因果图、控制图、检查表、散点图、直方图、帕累托图及流程图。统计抽样帮助确定在分析一个总体时需要的样本的数量。六西格玛通过减少缺陷来帮助公司提高质量。标准差测量数据的变化。测试在开发和交付高质量 IT 产品中非常重要。

戴明、朱兰、克劳斯比、石川馨、田口及费根鲍姆等许多人为现代质量管理的发展做出了重要贡献。今天，许多组织仍使用他们的思想，这些思想也影响了六西格玛原则。马尔科姆·鲍德里奇国家质量奖和 ISO 9000 也帮助组织强调提高质量的重要性。

IT 项目仍有很大的质量改进余地。强有力的领导有助于强化质量的重要性。理解质量成本为质量改进提供了动力。提供一个好的工作场所可以提高质量和生产率。理解干系人的期望和文化差异也和项目的质量管理相关。建立并遵循成熟度模型可帮助组织系统地改进其项目管理过程，提高项目的质量和成功率。

有些软件能够辅助项目质量管理。对项目团队来说，重要的是确定哪种软件对其特定的项目会有帮助。

一定要考虑项目质量管理在敏捷/适应性环境中的差异。

8.12 讨论题

1. 讨论在"错在哪里"部分中提到的一些 IT 项目质量低劣的例子。这些问题中的大多数可以避免吗？你认为为什么在 IT 项目中存在如此多的质量低劣的例子？
2. 项目质量管理中的主要过程是什么？
3. 为什么质量管理变得越来越重要？在质量保证中使用精益思想意味着什么？
4. 功能性、系统输出、绩效、可靠性及可维护性需求是如何影响质量计划的？
5. 什么是标杆？它如何帮助实施质量保证？描述有关学院或大学的一个典型标杆。
6. 质量控制的 3 类主要输出是什么？
7. 举例说明什么时候可以在 IT 项目中使用 7 种基本的质量控制工具。
8. 讨论现代质量管理的历史。戴明、朱兰、克劳斯比及田口，这些专家如何影响了质量管理的发展和当今天六西格玛的使用？
9. 讨论本章没有提到的改进 IT 项目质量的 3 种建议。
10. 描述可辅助项目质量管理的 3 种软件。
11. 敏捷/适应性环境中的项目质量管理有哪些注意事项？

8.13 快速测验

1. ＿＿＿是指一组固有特性满足要求的程度。
   a. 质量   b. 需求一致性   c. 适用性   d. 可靠性
2. 项目质量管理的目的是什么？
   a. 尽可能生产出最高质量的产品和服务   b. 确保符合相应的质量标准
   c. 确保项目满足承诺的需求   d. 以上都是
3. ＿＿＿是通过将特定项目的实践或产品特性与组织内外的其他项目的实践或产品特性进行对比，从而产生质量改进的想法和建议的一种技术。
   a. 质量审计   b. 试验设计   c. 六西格玛   d. 标杆管理
4. 改善（kaizen）是什么意思？
   a. 浪费最小化   b. 价值最大化   c. 第一次就做对   d. 改进
5. 你可以使用＿＿＿判断一个过程是处在控制中还是失控了。
   a. 因果图   b. 控制图   c. 运行图   d. 散点图
6. 六西格玛的完美目标是每百万个机会中有不超过＿＿＿个缺陷、误差或错误。
   a. 6   b. 9   c. 3.4   d. 1
7. 七点运行定律指出，如果在一个质量控制图的一行上有 7 个数据点都低于平均值或高于平均值，或者都是上升的，或者都是下降的，那么这个过程就需要检查是否存在＿＿＿问题。
   a. 随机   b. 非随机   c. 六西格玛   d. 质量
8. IT 项目实施测试的首选顺序是＿＿＿。
   a. 单元测试，集成测试，系统测试，用户验收测试
   b. 单元测试，系统测试，集成测试，用户验收测试
   c. 单元测试，系统测试，用户验收测试，集成测试
   d. 单元测试，集成测试，用户验收测试，系统测试
9. ＿＿＿因在日本开展质量控制工作而闻名于世，并在其著作《走出危机》中创立了管理的 14 要点。
   a. 朱兰   b. 戴明   c. 克劳斯比   d. 石川馨

10. PMI 的 OPM3 是一个____模型或框架的例子，用以帮助组织改进其过程和系统。
   a. 标杆管理　　　　b. 六西格玛　　　　c. 成熟度　　　　d. 质量

8.14　快速测验的答案

1. a　2. c　3. d　4. d　5. b　6. c　7. b　8. a　9. b　10. c

8.15　练习题

1. 假设你的组织希望为你的项目管理课程聘用新教师。制定一份质量标准清单，供你在做出招聘决定时使用。假设现在的一些教师不符合这些标准。请你为如何处理这种情况提出建议。
2. 根据下表中的信息制定一个帕累托图。首先，使用表中数据制作一个 Excel 电子表格。将频率最高的客户问题放在首位。该表格可以在本书的配套网站上找到，其文件名为 pareto_chart.xls。检查表格，使生成的图看起来就类似于图 8-6。如果有创建图的需要，请搜索如何使用 Excel 创建帕累托图的视频。

顾客投诉	频数 / 周
顾客等待时间太长	90
顾客被转到错误区域或被搁置	20
客服不能回答顾客的问题	120
客服不遵守承诺	40

3. 为了解释正态分布图，把一对骰子掷出 30 次，并绘制结果图。你更可能掷出 6、7 或 8，而不是 2 或 12。请使用 Excel 或手工绘制一张图，用数字 2 到 12 标记 x 轴，用数字 1 到 10 标记 y 轴。将每次掷骰子产生的数据填充到图中合适的位置。这些结果能反映正态分布吗？为什么能或为什么不能？
4. 研究马尔科姆·鲍德里奇国家质量奖或由另一个组织提供的一个类似质量奖项的标准，并调查获得此奖的企业。为了获得此质量奖，企业采取了什么措施？获得质量奖有什么好处？总结你的发现，并写成一篇简短的论文。
5. 回顾本章中有关六西格玛原则和六西格玛组织的信息。为潜在的六西格玛组织集思广益，来改善你们的校园、工作场所或社区的质量。写一篇简短的论文来描述一个项目理念，并解释它为什么是一个六西格玛项目。回顾和讨论对此项目如何应用 DMAIC 过程。
6. 如何在 IT 项目中使用精益？如何使用看板来最大化客户价值，同时减少浪费？
7. 回顾本章关于改进软件质量的概念。写一篇简短的论文描述如何将这些概念应用到软件开发项目。

8.16　实践案例

第五部分：项目质量管理

Global Treps 项目团队正在努力工作以确保他们开发的新系统满足干系人的期望，特别是对于将要举办和参加这 4 个活动的人们。虽然团队有详细的范围说明书，但是要确保你不会忘记需求，这些需求可能会影响人们对项目质量的看法。你知道的是，项目的发起人和其他主要干系人最关心的是让人们使用新网站、举办成功的活动，并帮助促进全球创业。你也知道需要解决各种地理和文化问题。

8.17　作业

1. 制定一个与上述相关的满足干系人期望的质量标准或需求列表，并对每个需求做简短描述。例如，与新网站有关的两个需求可能是为用户提供几种不同语言的说明书，以及用户必须对在线视频培训提供较好的评分。

2. 基于你为作业 1 创建的列表，确定如何衡量需求满足的过程。例如，你可能会让人们看完在线培训视频后接受调查来获得反馈。

3. 在分析调查信息之后，你决定创建一个帕累托图，以确定哪一类的需求最受关注。首先，使用下表中的数据在 Excel 中创建电子表格。先列出频率最高的需求，使用本书配套网站上文件名为 pareto_chart.xls 的 Excel 模板，检查条目，使生成的图类似于图 8-6。

需求参考	提到的需求次数
如何找到好的参与者	24
参与者应如何展示自己的想法	20
如何找到本地创客	15
如何选择参与者	12
如何管理和吸引观众	7
如何装配设备	3

8.18 关键术语

"5 whys" 法（5 whys）
接受决策（acceptance decisions）
评估成本（appraisal cost）
标杆管理（benchmarking）
能力成熟度模型集成（CMMI）(Capability Maturity Model Integration (CMMI))
因果图（cause-and-effect diagram）
检查表（checksheet）
一致性（conformance）
需求一致性（conformance to requirements）
控制图（control chart）
非一致性成本（cost of nonconformance）
质量成本（cost of quality）
缺陷（defect）
实验设计（design of experiments）
DMAIC（定义、度量、分析、改进、控制）(DMAIC (Define, Measure, Analyze, Improve, Control))
外部故障成本（external failure cost）
特征（features）
鱼骨图（fishbone diagram）
适用性（fitness for use）
流程图（flowchart）

功能性（functionality）
直方图（histogram）
集成测试（integration testing）
内部故障成本（internal failure cost）
石川馨图（Ishikawa diagram）
ISO 9000（ISO 9000）
改善（kaizen）
精益（lean）
可维护性（maintainability）
马尔科姆·鲍德里奇国家质量奖（Malcolm Baldrige National Quality Award）
成熟度模型（maturity model）
均值（mean）
测量和测试设备成本（measurement and test equipment costs）
度量（metric）
正态分布（normal distribution）
帕累托分析（Pareto analysis）
帕累托图（Pareto chart）
绩效（performance）
预防成本（prevention cost）
过程调整（process adjustments）
项目质量管理（project quality management）

质量（quality）
质量保证（quality assurance）
质量审计（quality audit）
质量圈（quality circles）
质量控制（quality contro）
可靠性（reliability）
返工（rework）
稳健设计方法（Robust Design methods）
运行图（run chart）
散点图（scatter diagram）
七点运行定律（seven run rule）
质量的六个九（six 9s of quality）

六西格玛（Six Sigma）
软件缺陷（software defect）
软件质量功能展开（SQFD）模型（Software Quality Function Deployment (SQFD) model）
标准差（standard deviatio）
统计抽样（statistical sampling）
系统输出（system outputs）
系统测试（system testing）
单元测试（unit test）
用户验收测试（user acceptance testing）
产量（yield）

8.19 注释

[1] This joke was found on hundreds of websites and printed in the *Consultants in Minnesota Newsletter*, Independent Computer Consultants Association (December 1998).

[2] *Design News* (February 1988).

[3] *Datamation* (May 1987).

[4] Jackie Wattles, Ben Geier, and Matt Egan, "Wells Fargo's 17-month nightmare," CNN Money (February 5, 2018).

[5] Peter Martinez, "Facebook CEO Mark Zuckerberg breaks silence, admits 'breach of trust,'" CBS News (March 21, 2018).

[6] David J. Anderson, *Kanban* (Seattle WA: Blue Hole Press Inc, 2013).

[7] Peter S. Pande, Robert P. Neuman, and Roland R.Cavanagh, *The Six Sigma Way* (New York: McGraw-Hill, 2000), p. xi.

[8] James C. Collins and Jerry I. Porras, *Built to Last: Successful Habits of Visionary Companies* (New York: Harper Business, 1994).

[9] "What You Need to Know About Six Sigma," *Productivity Digest* (December 2001), p. 38.

[10] Peter S. Pande, Robert P. Neuman, and Roland R. Cavanagh, *The Six Sigma Way* (New York: McGraw-Hill, 2000), p. 137.

[11] Lee Clifford, "Why You Can Safely Ignore Six Sigma," *Fortune* (January 22, 2001), p. 140.

[12] Hollstadt & Associates, Inc., Software Development Project Life Cycle Testing Methodology *User's Manual* (Burnsville: MN, August 1998), p. 13.

[13] Bart Eisenberg, "Achieving Zero-Defects Software," *Pacific Connection* (January 2004).

[14] Harold Kerzner, *Project Management*, sixth edition (New York: Van Nostrand Reinhold, 1998), p. 1048.

[15] W. Edwards Deming, *Out of the Crisis* (Boston: MIT Press, 1986).

[16] Joseph M. Juran and A. Blanton Godfrey, *Juran's Quality Handbook*, fifth edition (New York: McGraw-Hill Professional, 2000).

[17] Philip B. Crosby, *Quality Is Free: The Art of Making Quality Certain* (New York: McGraw-Hill, 1979).

[18] Kaoru Ishikawa, *Guide to Quality Control,* second edition (Asian Productivity Organization, 1986).

19. Gene Bylinsky, "How to Bring Out Better Products Faster," *Fortune* (November 23, 1998), p. 238[B].
20. Armand V. Feigenbaum, *Total Quality Control: Engineering and Management*, third rev. edition (New York: McGraw-Hill, 1991).
21. Elizabeth Gasiorowski Denis, "Integrating Information Security and Service management—A New ISO/IEC Standard Tells How," *https://www.iso.org/news/2013/01/Ref1696.html* (January 16, 2013).
22. Russ Mitchell, "Experts say video of Uber's self-driving car killing a pedestrian suggests its technology may have failed," *LA Times* (March 22, 2018).
23. American Society for Quality (ASQ), "About ASQ: Joseph M. Juran," *asq.com* (*www.asq.org/about-asq/who-we-are/bio_juran.html*).
24. Tom DeMarco, *Quality Controlling Software Projects: Management, Measurement and Estimation* (New Jersey: Prentice Hall PTR Facsimile Edition, 1986).
25. Ellen Nakashima, "Are E-Cigs Bad for Your Computer?" *The Washington Post* (November 24, 2014).
26. Tom DeMarco and Timothy Lister, *Peopleware: Productive Projects and Teams* (New York: Dorset House, 1987).
27. Tom DeMarco and Timothy Lister, *Peopleware: Productive Projects and Teams*, second edition (New York: Dorset House, 1999).
28. R. R. Yilmaz and Sangit Chatterjee, "Deming and the Quality of Software Development," *Business Horizons* [Foundation for the School of Business at Indiana University] 40, no. 6 (November–December 1997), pp. 51–58.
29. Software Engineering Institute, Carnegie Mellon, "What is CMMI," *www.sei.cmu.edu/cmmi/general/index.html* (January 2007).
30. CMMI Product Team, "CMMI® for Development, Version 1.2," CMU/SEI–2006–TR–008 ESC–TR–2006–008 (August 2006).
31. Michael Hardy, "Strength in Numbers: New Maturity Ratings Scheme Wins Support Among Systems Integrators," *fcw.com* (March 28, 2004).
32. John Schlichter, "The Project Management Institute's Organizational Project Management Maturity Model: An Update on the PMI's OPM3® Program," *pmworldlibrary.net* (September 2002).
33. John Schlichter, "The History of OPM3®," *Project Management World Today* (June 2003).
34. Project Management Institute, *Organizational Project Management Maturity Model (OPM3®)*, Third Edition (2013).
35. Project Management Institute, Inc., *A Guide to the Project Management Body of Knowledge (PMBOK® Guide) — Sixth Edition* (2017), p. 276.
36. Jeffrey. P. Landry and Rachel McDaniel, "Agile Preparation Within a Traditional Project Management Course," Information Systems Education Journal, Volume 14, No. 6 (November 2016).

第 9 章

Information Technology Project Management, Ninth Edition

项目资源管理

学习目标

阅读完本章后,你将能够:
- 解释良好的资源管理对项目的重要性,包括全球 IT 员工的现状和未来对 IT 的影响。
- 定义项目资源管理并了解其过程。
- 通过理解激励、影响和权力理论、人员和团队如何能够变得更有效率、情商和领导力来总结对人员进行管理的关键概念。
- 讨论资源管理计划,并能够创建人力资源计划、项目组织结构图、责任分配矩阵和资源直方图。
- 描述估算活动资源的过程。
- 讨论通常涉及资源获取的问题,特别是涉及资源分配、资源负荷和资源平衡的问题。
- 通过培训、团队建设活动和奖励制度协助团队发展。
- 解释并应用多种工具和技术来帮助管理项目团队,并总结管理团队的一般建议。
- 总结控制资源的过程。
- 描述项目管理软件如何辅助项目资源管理。
- 讨论敏捷/自适应环境下的注意事项。

开篇案例

这是 IT 部第三次派人试图与 F-44 雷达升级项目负责人 Ben 合作。F-44 是该公司 5 个飞机项目集之一。公司里每个飞机项目集都有项目集经理,由每个项目集下的几个项目经理向他们汇报。矩阵型组织的特点是员工要支持每一个项目,根据项目的需要,这些员工来自工程、IT、制造、销售和其他部门。

Ben 在这家公司工作了近 30 年,以对偏差要求严格和苛刻著称。该公司在 F-44 雷达升级项目上亏损,因为升级所需的部件没有按时交付。加拿大政府已经在合同中写入了严厉的滞纳金条款,其他客户也威胁说要另寻合作伙伴。Ben 把这一切归咎于 IT 部门,因为 IT 部门不让他的员工直接接触升级项目的信息系统,不然他们就能更有效地与客户和供应商合作。这个信息系统基于非常古老的技术,公司里只有几个人知道如何使用。Ben 的团队常常需要几天甚至几周的时间才能得到他们需要的信息。

高级程序员 Ed Davidson 与内部 IT 业务顾问 Sarah Ellis 出席了问题调研会。Sarah 30 岁出头,在公司里晋升很快,主要是因为她善于与各种类型的人合作。Sarah 的工作是发现 F-44 雷达升级项目在 IT 支持方面的真正问题,然后与 Ben 及他的团队一起制定解决方案。如果她发现有必要投资更多的 IT 硬件、软件或员工,Sarah 会撰写一个商业文书来论证这些投资的合理性,然后与 Ed、Ben 和他的团队合作,尽快实施建议的解决方案。

Ben 和他的 3 个项目团队成员进入了会议室。Ben 把他的书扔到桌子上,开始对 Ed 和

Sarah 大喊大叫。当 Sarah 和 Ben 面对面站着，并且 Sarah 也开始对 Ben 大喊大叫时，Ed 简直不敢相信自己的眼睛和耳朵。

9.1 资源管理的重要性

许多公司的管理者都说过，"人是我们最重要的资产。"人决定一个组织或者项目的成败。大多数项目经理认为有效地管理人力资源是他们所面临的最为艰巨的挑战。人员管理是项目资源管理中至关重要的组成部分，尤其是在 IT 领域——在 IT 领域往往很难找到和留住合适的人才。理解全球 IT 员工的问题及其对未来的启示是非常重要的。

9.1.1 全球 IT 员工

虽然 IT 劳动力市场经历了起起落落，但仍需要开发和维护 IT 硬件、软件、网络和应用程序的人员。IT 工作者的全球就业市场正在不断扩大，对项目经理的需求也将继续增加：

- 对新的 IT 产品和服务的需求持续增加。截至 2017 年 6 月，104 个国家 80% 的青年人上网，移动宽带用户超过 43 亿。[1]
- 到 2020 年，全球信息和通信技术（ICT）支出预计将增长到 5.5 万亿美元。"IDC 称之为'创新加速器'的新技术，将在 2015～2020 年提供近 7.4 万亿美元的行业总收入，到预测期结束时，按年销售额计算，该行业的总规模将增加 1.8 万亿美元。"[2]
- 到 2024 年，IT 专业人员的就业机会预计将增加 12%。"当求职者提供一系列的技术技能时，雇主通常都在寻找那些同时拥有简历上看不到的软技能的、能力更均衡的员工"[3]
- IT 工作的求职者处于主导地位。IT 人员配置公司 TEK systems 的市场研究经理 Jason Hayman 引用了一份报告，该报告估计"每年有 50 万～100 万个 IT 职位空缺，但一些分析师指出，这个数字接近 200 万。他表示，现在有一个典型的供需状况是对人才的需求远远超过供给。'关键是这样的人才不够多。'"[4]
- 正如第 1 章提到的，项目管理仍然是十大最热门的技术技能之一，在 Computer World 排名第三。
- "到 2027 年，雇主将需要近 8800 万项目管理人才。中国和印度将占整个以项目管理为导向的就业人数的 75% 以上。在接受调查的 11 个国家中，该行业的人才短缺可能在 10 年内造成近 2080 亿美元的 GDP 风险。"[6]

这些研究强调企业对资深的 IT 员工和项目经理的需求。然而，随着经济变化和技术进步，人们需要不断提高自身技能来保持竞争力和灵活性。谈判和演讲能力对于找到并保有一份好工作也至关重要。员工们需要知道，他们自身应该了解怎样做来满足企业起码的盈利要求以及如何这样持续下去。

9.1.2 对未来 IT 人力资源管理的启示

对于组织来说，真正实施他们所宣扬的人力资源管理是至关重要的。如果人才真的是组织最重要的资产，那么他们就应尽量满足自身的人力资源需求和组织中每个员工的需要，而不管就业市场情况如何。如果组织要想在 IT 项目上获得成功，他们需要认识到项目资源管理的重要性并有效地利用人才。

有远见的组织正关注当前和未来的人力资源需求，例如，提高福利、重新制定工作时间和激励机制以及寻求新员工。很多组织都修改了福利待遇的政策来满足员工的需求。大部分员工希望他们的公司能够提供一些额外待遇，比如允许穿便装、灵活的工作时间、在职培训、继续教育以及学费资助。其他公司可能会提供现场日托、健身俱乐部折扣或提供与贡献相匹配的退休金计划。谷歌近年来多次在《财富》杂志上获得 100 家最适宜工作的公司奖，谷歌为员工提供免费的美食、即时医疗、游泳池、水疗中心以及健身房、沙滩排球、足球、视频游戏、桌球、乒乓球、滚轴曲棍球，每周还会举行 TGIF（Thank Goodness It's Friday）派对！谷歌在 2011 年建立了一个大型室外体育场来帮助员工保持健康体魄。谷歌还提供室内体育馆、保龄球馆和舞蹈室，并为新父母提供一个充裕的假期——12 周的全薪"宝宝亲密期"以及 500 美元。[7] 谷歌平均每次的招聘人数是 130 人，要想在谷歌找到一份工作几乎比进入哈佛难 10 倍。[6]

其他影响人力资源管理未来的因素还包括组织对 IT 专业人员的期望工作时间，以及如何对他们进行绩效奖励。如今，人们一周工作少于 40 个小时或在家工作就会更加高兴。如果公司计划得很好，员工就可以免去加班的需要，或者可以明确规定公司不强求加班。如第 12 章所述，许多公司还将更多的项目工作外包来管理员工不断变化的需求。

公司也可以使用绩效而不是工作时间来作为奖励的基础。如果绩效是按目标来度量的，对于很多 IT 工作都可以这样做，那么他们就不介意员工在哪里工作以及需要多长时间来完成这些工作了。例如，如果一个技术文档编写人员在家里用一周的时间就可以编写出高质量的文档，那么公司应该接受这种方式而不是坚持要他来到办公室并花两周时间交稿。客观的工作绩效评定和符合标准的激励机制应该是公司首要考虑的重要因素。

全球问题

2013 年初，雅虎（Yahoo）的首席执行官 Marissa Meyer 发布了一份备忘录，称雅虎员工不能再居家工作。她认为，人们需要并肩工作才能获得最好的沟通和协作。这项新政策在全世界引起了轩然大波，员工们和管理者们都在讨论居家工作的利弊。

另一位来自 ATM 机制造公司迪堡（Diebold）的首席执行官 Andy Mattes 则采取了与 Meyer 完全相反的做法，开始招聘希望居家工作的员工。他告诉《赫芬顿邮报》（*The Huffington Post*），他想把最优秀、最聪明的员工从雅虎、惠普、甲骨文和其他减少远程办公的公司中吸引出来。

哪个首席执行官做法更正确？《赫芬顿邮报》将票投给了 Andy Mattes。"在两年后的今天，很明显远程办公已经取得了胜利。就连雅虎似乎也软化了它的立场。公司内部的工作人员告诉《赫芬顿邮报》，根据工作需要，有些员工仍然偶尔在家工作，还有一些人在办公室没有办公桌。雅虎拒绝对这篇文章发表评论。[8]

开发 IT 领域未来人才的要求对于每个人来说都有非常重要的含义。当最后一批"婴儿潮"时代出生的人退休时，谁来维护我们今天拥有的系统？谁来使用全新的技术开发新的产品和服务？一些学校要求所有学生选修计算机课程，虽然当今大部分的年轻人都已经知道如何使用计算机、iPods、iPads、手机和其他技术。但是如今的孩子们学习的技能是开发新技术和在全球化团队工作的技能吗？随着劳动力变得更加多样化，更多的妇女和少数民族准备并愿意进入 IT 领域吗？一些大学、政府机构和私人组织设立一些项目，帮助招聘更多的女性和少数民族进入技术领域。为了支持那些希望平衡工作和家庭的员工，一些公司为他们提供了更多的选择。如今为解决这些问题而采取创新方法的努力将有助于开发未来IT项目所需的人力资源。

> **错在哪里**
>
> CompTIA的一份报告发现，雇主想要的IT劳动力技能与他们在员工中实际发现的技能有差距。
> - 即使美国IT行业有573万员工，仍有68%的IT公司表示找到新员工"非常具有挑战性"。
> - 52%的组织表示有职位空缺，33%的组织表示人员不足，而42%的组织表示人员配备齐全，但想雇用更多人来扩大规模。
> - 58%的企业担心可供招聘的IT人才的质量和数量。
> - 该调查中首要的技术包括安全性、数据存储和网络基础设施。
> - 应对人员不足的首要策略是要求员工投入更多的时间。
> - 94%的IT专业人员计划继续接受培训。[9]

9.2 什么是项目资源管理

项目资源管理包含使项目涉及的人力和物力资源（设施、设备、材料、物资等）得到最有效利用的全过程。人力资源管理包括所有的项目干系人：发起人、客户、项目团队成员、支持人员以及项目供应商等。项目资源管理包括以下6个过程：

1. 计划资源管理包括确定如何评估、获取、管理和使用项目资源。这个过程的主要输出是资源管理计划、团队章程和项目文档更新。

2. 估算活动资源包括估算完成项目工作所需的人力和物力资源。输出包括资源需求、估算依据、资源分解结构和项目文档更新。

3. 获取资源包括获取团队成员、设施、设备、材料、物资和其他所需资源。输出包括物力资源和项目团队分配、资源日历、请求更改和一些文档的更新。

4. 建设项目团队包括为了提高项目绩效而对个人技能和项目团队技能的建设。团队建设技能对许多项目经理来说通常是一个挑战。这个过程的主要输出是团队绩效评估、变更请求和一些文档的更新。

5. 管理项目团队包括跟踪团队成员绩效、激励团队成员、提供及时反馈、解决问题和冲突，以及协调变化来帮助提高项目绩效。这个过程的输出包括变更请求、项目管理计划更新、项目文档更新和组织过程资产更新。

6. 控制资源保证项目的物力资源能按计划获取，监控计划与实际的资源利用率，并在需要时采取纠正措施。输出包括工作绩效信息、变更请求、项目管理计划更新和项目文档更新。

第2章已经介绍过与人力资源管理有关的部分内容，包括理解组织、干系人以及不同的组织结构。在第13章中你将学到一些其他的相关问题。本章将进一步讨论这些问题，并介绍一些项目资源管理所涉及的其他重要概念，包括管理和领导人员、资源负荷和资源平衡。你还将学习讨论如何使用软件来辅助实现项目资源管理。

9.3 管理和领导人员的关键

工业组织心理学家和管理理论家针对工作中如何管理和领导人员方面做了很多研究和思考。影响人们如何工作以及如何更好地工作的心理学因素包括激励、影响力和权力、效率、情商和领导力。本节将回顾：Abraham Maslow、Frederick Herzberg、David McClelland 和 Douglas McGregor 对于激励理论的贡献；H. J. Thamhain 和 D. L. Wilemon 关于影响员工和减少冲突的研究；项目团队权力效应论；Stephen Covey 关于如何使人和团队更有效率地工作的研究；Howard Gardner 和 Daniel Goleman 对情商的研究；关于领导力的最新研究。本节最后一部分将讨论一些对项目经理的启示和建议。

9.3.1 激励理论

心理学家、管理者、同事、教师、父母和大多数普通人仍在努力了解是什么激励人们做他们所做的事情。**内在激励**（intrinsic motivation）使人们根据自己的个人兴趣爱好而参与某一活动。例如，有些人喜欢阅读、写作或者演奏乐器，因为这些能使他们感到愉悦。**外在激励**（extrinsic motivation）使人们为了获得报酬或避免处罚而去做某些事情。例如，有些小孩子本来不喜欢演奏乐器，但他们仍会为了获得奖励或避免处罚而去演奏。为什么有些人不需要任何外在激励就能进行高质量的工作，而另外一些人却只有获得他们想要的外在激励后才去完成日常任务呢？为什么你不能让那些工作效率极高的人留在家里完成一些简单的工作呢？人们一直致力于提出和尝试回答这几类问题。对激励理论的基本了解将帮助任何同别人一块工作或生活的人来了解他们自身和别人。请记住，接下来的内容只是简要的概述，并且鼓励你更深入地探索这些问题，尤其是那些在项目中与人员合作相关的问题。

马斯洛需求层次理论

Abraham Maslow 是一位在 20 世纪 50 年代因反对非人本主义心理学而广受尊敬的心理学家，并因创立了需求层次理论而闻名。20 世纪 50 年代，Sigmund Freud 的支持者宣扬人类并不是自己命运的主宰，人类的行为是受原始性欲望的控制而产生的下意识的过程。同期，行为心理学家认为人类是受环境控制的。Maslow 认为这两个学派的思想都忽视了人类行为最独特的品质：爱、自尊、归属感、自我实现以及创造力。他认为这些独一无二的品质使人们做出独立的选择，从而使他们能自己掌握自己的命运。

图 9-1 给出了**马斯洛需求层次**（Maslow's hierarchy of needs）理论的金字塔结构。该理论表示人们的行为受到一系列需求的引导和激励。需求层次的最底层是生理需求。一旦人的生理需求得到满足，安全需求就引导人们的行为。一旦人的安全需求得到满足，社交需求就会上升为当前的首要需求。每当某个需求层次得到满足之后，需求就会上升到更高一级的层次。这些需求的顺序和大小通过金字塔表现得十分清楚。Maslow 认为每个需求层次都是它上一个层次的前提条件。如果一个人不首先解决基本的稳定和安全需求，就不可能考虑自我实现的需求。例如，当人们正处于如洪水或飓风的紧急状态下，他们不会考虑个人的发展问题。个人生存需求将是人们的主要激励。一旦一种特定需求得到满足，它就不再是行为的潜在激励因素了。

在马斯洛需求层次中，底层的 4 种需求——生理需求、安全需求、社交需求和尊重需求——被认为是缺失需求，而最高层次的自我实现需求被认为是成长需求。只有在满足了缺失需求之后，人们才可能去追逐成长需求。能满足自我实现需求的人有以下这些特点：关注问题、懂得感恩生活、关注个人发展而且有能力获得丰富的体验。

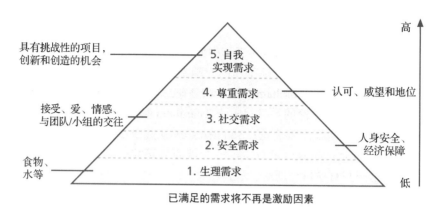

图 9-1 马斯洛需求层次理论

大部分参加 IT 项目的人可能已经满足了一些基本的生理和安全需求。如果某人突然得了急病或者被解雇，那么生理和安全需求就成为最主要的。项目经理需要了解每个团队成员的需求动力，特别是关于社交、尊重、自我实现或者发展等方面的需求。公司的新员工及新到一个城市工作的员工最可能有社交方面的需求。为了满足他们这方面的需求，有些公司就会专门为这些新员工组织一些聚会和社交活动。而其他项目成员可能觉得这些事情只会占用他们的个人时间，他们宁愿把这些时间花在朋友或家人上，或者花在进修获取更高的学位上。

Maslow 的需求层次理论传递了希望和成长的信息。人们可以通过努力工作来掌握自己的命运，可以自然地一层一层地达到自己更高的需求。成功的项目经理知道他们必须集中精力来完成项目目标，但是他们也必须了解项目团队成员的个人目标和需求，以便能够向他们提供合适的激励并且最大化团队绩效。

赫兹伯格的"激励-保健"理论

Frederick Herzberg 因在考虑工作激励时区分了激励因素和保健因素而闻名。他将那些能够使人们产生工作满意感的因素称为**激励因素**（motivational factor），而将那些造成员工不满情绪的因素称为**保健因素**（hygiene factor）。

凯斯西储大学心理学系主任 Herzberg 于 1966 年写了一本名为《工作和人性》(Work and the Nature of Man) 的书，1968 年在著名的《哈佛商业评论》(Harvard Business Review) 上发表了一篇文章《再论：如何激励员工》("One More Time : How Do You Motivate Employees ?")。[10] 在一份有 1685 名员工参与的调查研究中，Herzberg 分析了影响生产力的因素。那时流行的观点认为，工作成果主要取决于更高的工资、更多的监督或者更吸引人的工作环境。根据 Herzberg 的研究，这些保健因素如果不满足，员工就会产生不满情绪，但是如果满足了也不能激励员工更卖力地工作。如今，专业人士也可能期待雇主提供健康福利、培训、计算机或其他设备来满足他们的工作所需。Herzberg 发现人们工作的主要激励因素来自个人在工作上的成就感和认同感。Herzberg 总结出激励因素包括成就、赏识、工作本身、责任、晋升以及成长，如表 9-1 所示。

Herzberg 在他的书和文章中解释了为什么公司无法用诸如缩短工作时间、提高奖励工资、提供额外福利，以及提供人际关系技能和灵活性培训等积极因素来产生激励。他认为，人们都想通过发挥创造性和从事具有挑战性的项目工作来实现自我。他们需要个人发展和晋升需求的刺激，这与 Maslow 的需求层次理论吻合。这些因素如成就、赏识、责任、晋升和成长都会产生工作满足感，同时也是工作的激励因素。

表 9-1 赫兹伯格保健因素和激励因素举例

保健因素	激励因素
更高的工资	成就
更多的监督	赏识
更吸引人的工作环境	工作本身
计算机或者其他需要的设备	责任
健康福利	晋升
培训	成长

媒体快照

关于人类激励的书籍和文章层出不穷。关于这个主题的视频也很受欢迎，特别是 Daniel Pink 的视频。RSA Animate 利用其流行的白板绘制技术，在 YouTube 上的一个名为"驱动力：令人惊讶的激励我们的真相"(Drive : The surprising truth about what motivates us) 的视频中总结了 Pink 书中的要点。Pink 为视频配了旁白，总结了几项研究。这些研究表明，金钱往往会导致人们在涉及认知技能的任务上表现较差。他认为组织应该支付员工足够的薪酬，以消除对金钱的不满，停止使用软硬兼施的方法来激励员工。Pink 还建议管理者关注以下 3 个激励因素：

- 自主性：人们喜欢自我指导，在工作中享有自由。Maslow、Herzberg 和其他研究人员还发现，人的动机是自主性。Pink 举例称，澳大利亚一家名为 Atlassian 的软件公司在每个季度中的一天，让人们决定他们想做什么、和谁一起工作。员工在一个有趣的会议上展示他们的工作成果。这一天的工作完全自主地产生了大量的新产品和解决问题的方法。
- 精通：人们喜欢提高自己的技能，例如演奏乐器、参加体育运动、编写软件，以及掌握与工作相关的活动。Pink 表示，诸如 UNIX、Apache 和 Wikipedia 等一些产品之所以被创造出来是因为人们喜欢挑战和精通其中的内容。
- 目标：人们希望为一个好的目标而工作。当利益动机与目的动机分离时，人们会注意到，但不会表现得很好。许多优秀的产品都是为了一个目标而创造的。例如，Skype 的创始人想让世界变得更美好，而苹果公司的联合创始人 Steve Jobs 则希望"在宇宙中留下痕迹"。[11]

麦克利兰的"获取 – 需求"理论

David McClelland 提出，人的特殊需求是通过后天培养或者长期学习、由生活经验形成的。获取需求的主要类别包括成就需求、亲和需求和权力需求。[12] 一般情况下，其中一种或两种需求将占据个人需求的主导地位。

- 成就需求：具有高成就需求（nAch）的人渴望成就，并努力避免低风险和高风险的处境来增加他们实现价值的机会。成就需求者需要经常性的反馈，并常常喜欢独自工作或与其他高手一起工作。管理者应该给这些高手委派具有可达目标的挑战性工作。他们需要获得经常性的绩效反馈,虽然金钱对他们来说并不是一个重要的激励因素,但却是一种有效的反馈形式。

- 亲和需求:具有高亲和需求(nAff)的人渴望建立和睦的人际关系以及获得他人的认可。他们倾向于遵守所在工作团队的规范,并且更喜欢包含经常性相互交流的工作。项目经理应尝试增加一些共同合作的环境来迎合高亲和需求者的需求。
- 权力需求:具有权力需求(nPow)的人渴望拥有个人权力或制度权力。具有个人权力需求的人希望去引导和影响他人。具有制度或社会权力需求的人乐于组织他人努力去实现组织目标。管理者应该给那些寻求制度或社会权力的人提供管理他人的机会,同时要强调实现组织目标的重要性。

主题统觉测试(Thematic Apperception Test,TAT)是根据 McClelland 的理论对不同人的个人需求进行测试的工具。在测试时间给受试者展示一系列主题模糊、含义不明的图片,然后要求受试者根据每一幅画面内容创作一个内容生动、丰富的故事。假定当受试者在讲述故事时,他们已经把自己的需求投射到故事中。

麦格雷戈的 X 理论和 Y 理论

Douglas McGregor 是人际关系管理方法的推行者之一,因创立了"X 理论和 Y 理论"而闻名。McGregor 在他 1960 年的著作《企业的人性方面》(*The Human Side of Enterprise*)中指出,虽然很多管理者能滔滔不绝地说出好的想法,但实际上他们常常遵循一套关于员工激励的假设,他称之为 X 理论(有时也称为古典系统理论)[13]。相信 X 理论的人们认为,员工不喜欢工作,并且只要可能就会逃避工作,因此管理者必须采取强迫、威胁以及各种控制方案才能使员工付出足够的努力来实现组织目标。他们认为一般的员工都喜欢被指挥、不愿意承担责任、缺乏上进心且安于现状。研究清楚地表明这些假设是不合理的。McGregor 提出另外一套有关人类行为的假设,他称之为 Y 理论(有时也称为人际关系理论)。相信 Y 理论的管理者认为,人们不是天生就不喜欢工作,而是把工作当成很自然的事情,就像玩耍或休息一样。正如 Maslow 所说,最有效的奖励就是满足尊重需求和自我实现需求。McGregor 希望管理者能在 Y 理论的指导下激励员工。

1981 年,William Ouchi 在他的《Z 理论:美国企业界如何迎接日本的挑战》(*Theory Z: How American Business Can Meet the Japanese Challenge*)一书中介绍了另外一套管理方法。[14] Z 理论基于日本激励员工的方法,强调信任、品质、集体决策和文化价值等。X 理论和 Y 理论强调管理者如何看待员工,而 Z 理论描述员工如何看待管理者。Z 理论假设,员工只要相信管理者能够支持他们并且为他们谋福利,他们便会尽最大努力工作。Z 理论强调工作轮换、技能拓展、一般化而非专业化,以及对员工不断培训的需要。

9.3.2 影响力和权力

很多参与项目的人并不直接向项目经理报告,而且项目经理通常也不能控制那些向他们报告的员工。例如,如果不喜欢被分配的任务,许多员工就会轻易地退出项目团队或者调往其他部门或其他项目。当人们喜欢时,他们会自由地转换工作。

H. J. Thamhain 和 D. L. Wilemon 调查了项目经理使用哪些方法可以处理好与员工的关系,以及如何运用这些方法使项目成功。他们指出项目经理可使用的 9 个基本影响因素:

1. 权力:在等级制度下发布命令的合法权力。

2. 指派：项目经理可影响后期分配给员工工作的能力。
3. 预算：项目经理可授权某人自由使用资金的能力。
4. 升迁：可提拔员工职务的能力。
5. 金钱：可给员工增加工资和福利的能力。
6. 惩罚：项目经理可给员工实施惩罚或免除其受罚的能力。
7. 工作挑战：根据员工完成一项特定任务的兴趣来指派工作的能力，以此作为内在激励因素。
8. 专业知识：项目经理所拥有的其他人十分看重的知识。
9. 友谊：项目经理和他人之间建立良好人际关系的能力。[15]

高层管理者授权给项目经理。然而，在项目经理的职位上，指派、预算、升迁、资金和惩罚等影响因素可能不是固有的。别人的看法对建立这些影响基础的有用性非常重要。例如，任何一位管理者都可以通过给员工提供富有挑战性的工作来影响他们，而提供富有挑战性的工作（或者取消该项工作）的能力不是项目经理所具有的特定能力。此外，项目经理必须通过专业知识和友谊来获得影响力。

Thamhain 和 Wilemon 发现，如果项目经理太过于依赖使用权力、金钱或者惩罚来影响人们，项目很有可能会失败。而当项目经理使用富有挑战性的工作和专业知识来影响员工时，项目成功的可能性就更大。利用富有挑战性的工作来影响员工的方法非常有效，这与 Maslow 和 Herzberg 关于激励的研究结果一致。在一些包括某些特定知识的项目中，专业知识能力作为影响员工的一种手段可以发挥重要作用，比如大部分的 IT 项目。

2013 年，Thamhain 发布了一份针对 72 个全球项目团队的研究报告。结果再次表明，人员问题对项目绩效的影响最大。管理者仅仅通过发布工作指令、准备计划或提供指导方针是不可能成功的。他们必须通过强调共同的价值观和目标来集中和统一全球团队。"特别是，实地研究表明，与人有关的某些条件，如个人兴趣、对工作的自豪感和满意度、专业工作挑战、成就和赏识，似乎最有利于统一文化多样的项目团队及其工作过程。这些条件在组织目标和个人利益之间、中央控制和地方管理规范之间、遵循项目计划和适应性问题解决之间起着桥梁作用。在复杂的多元文化组织中，这些都是项目成功的关键条件。"[16]

影响力和权力是息息相关的。**权力**（power）是一种能影响行为的能力，可以让人们去做他们本来不会做的事情。权力比影响力强烈得多，因为权力往往用来强迫员工改变他们的行为。根据 French 和 Raven 的经典研究《社会基本权力》（"The Bases of Social Power"），权力主要分为 5 种类型。[17]

- **强制权力**（coercive power）指使用惩罚、威胁或其他的消极手段强迫人们做他们不想做的事情的权力。这种权力与 Thamhain 和 Wilemon 列举的影响力内容中的惩罚类似。例如，一个项目经理可以用威胁他的员工或分包商将其解雇的方式来试图改变他们的行为。如果项目经理真的有权力解雇员工，那么他可能会将这种威胁贯彻到底。然而，回顾一下，通过惩罚来影响员工通常会带来项目的失败。尽管如此，强制权力在阻止消极行为方面仍可能非常有效。例如，如果学生们倾向于迟交作业，那么老师就可能在他的教学大纲中提出诸如迟交一次作业扣 20% 成绩的惩罚制度。如果员工上班迟到，他们的工资会被扣减，或者如果他们不止一次迟到，他们可能会被解雇。

- **法定权力**（legitimate power）指根据拥有权力的职位而让人们进行工作的权力。这种权力与基于权威的影响力类似。如果高层管理者赋予项目经理组织的权力,那么项目经理就可以在某些情况下使用法定权力。例如,他们可以不与项目团队进行讨论而做出关键决策。过分强调法定权力或者权威也同样会导致项目的失败。

- **专家权力**(expert power)指利用个人知识和专业知识促使人们改变其行为的权力。如果员工感到他们的项目经理在某些领域有专长,他们就会遵照他的意见。例如,如果一个项目经理很善于与 IT 供应商打交道,并且十分了解他们的产品,那么他的项目团队就很可能会按照项目经理的建议处理与 IT 供应商及其产品的关系。
- **奖励权力**(reward power)指使用一些激励来诱导人们去做事情的权力。奖励包括金钱、地位、赏识、晋升、特殊的工作分配待遇。大部分激励理论认为只有一些特定类型的奖励,如富有挑战性的工作、成就感以及受到赏识才能真正诱使人们改变行为或者努力工作。
- **感召权力**(referent power)建立在个人魅力的基础上。人们非常尊重某些具有感召力的人,人们会按照他们所说的去做。比如 Martin Luther King、Jr., John F. Kennedy 和 Bill Clinton 就拥有感召权力。很少有人具备这种与生俱来的魅力。

项目经理理解在不同的情形下使用哪种类型的影响力和权力是非常重要的。新的项目经理往往过于强调他们的职位——他们的法定权力或权威影响力——特别是在与项目团队成员或支持人员相处时。他们还常常忽略奖励权力或富有挑战性的工作的影响力的重要性。人们往往对能用富有挑战性的工作来激励自己,并对做好工作给予积极肯定的项目经理给予更好的尊重和反馈,项目经理应该理解影响力和权力的基本概念,并且练习使用这些影响力和权力自身的优势帮助他们的团队。

9.3.3 柯维和提高效率

《高效能人士的 7 种习惯:个人改变的强力课程》(*The 7 Habits of Highly Effective People: Powerful Lessons in Personal Change*)[18] 一书的作者 Stephen Covey 发展了 Maslow、Herzberg 以及其他人的激励理论,建立了一套使员工和项目团队成员更有效工作的方法。Covey 提出高效能人士应具备 3 种首要习惯:积极主动、以终为始和要事第一。这 3 种习惯能够使人们培养独立性,从而战胜自我。当人们培养了独立性之后,可以通过养成下面的 3 种习惯来发展相互依存:双赢思维、先理解他人再寻求被他人理解、协同。(协同是指整体大于各部分之和的概念。)最后,每个人都可以试着养成 Covey 提出的第 7 种习惯——"不断更新"——来发展和更新物质上、精神上、心理上以及社会/感情上的自我。

项目经理可以运用 Covey 的 7 种习惯来提高项目工作的效率,如下所示:

1. 积极主动。就像 Maslow 认为的那样,Covey 也相信人们具有根据不同情况选择积极主动的态度和反应的能力。项目经理必须保持积极主动的态度,并对项目的问题和不可避免的变更做出预测和计划。他们还应鼓励项目团队成员在进行项目活动时保持积极主动的状态。

2. 以终为始。Covey 认为,人们总是关注他们的价值、他们真正想完成的事情以及他们如何真正记住这些事情。他建议人们通过书写使命宣言来帮助养成这个习惯。许多组织和项目都使用使命宣言来帮助他们把精力放在主要的目标上。

3. 要事第一。Covey 建立了一个时间管理系统和时间管理矩阵来帮助人们管理他们的时间。他建议,大多数人应当把更多的时间放在重要而非紧急的事情上。这样的活动包括计划、阅读和练习。项目经理需要把大部分时间放在重要而非紧急的事情上，比如建立各种项目计划、与主要的项目干系人建立联系以及指导项目团队成员。他们也需要避免只关注重要且紧急的事情，比如灭火。

4. 双赢思维。Covey 举了几个相互依赖的范例，在大多数情况下考虑双赢是最好的选择。当你使用双赢模式时，原先有潜在冲突的群体可以一起合作，找到使双方都满意的解决途径。项目经理在做出决策时应当尽量使用双赢策略，但是有时，尤其在竞争十分激烈的情况下，他们不得不采取一方赢，另一方输的模式。

5. 先理解他人再寻求被他人理解。**移情倾听**（empathic listening）是旨在理解的聆听。这种方式比积极地倾听更有效，因为在这种情况下你忘记了个人兴趣，而专注于如何真正地理解别人。当你进行移情倾听时，你就可以进行双向沟通。这种习惯对于项目经理来说是非常重要的，这样他们才能够真正地了解干系人的需求和期望。

6. 协同。一个项目团队可以通过合作开发产品实现协同，这种合作的产品比个人成果的简单组合好得多。Covey 还强调了注重他人的不同之处对于实现协调非常重要。协同对于高技术项目来说至关重要。事实上，一些重大的 IT 突破就是协同作用的结果。例如，Track Kidder 在他获得普利策奖的名为《新机器的灵魂》(The Soul of New Machine) 一书中，描述了在 20 世纪 70 年代，一个数据调查组在整体协同下发明了新型的 32 位的超小型计算机。[19]

7. 不断更新。当你进行不断更新时，你就要花时间从物质上、精神上、心理上以及社会上更新自我。自我更新可以让人们避免精疲力竭。项目经理必须保证他与其项目团队不断地参加培训、充电，甚至偶尔放松一下以避免精疲力竭。

《项目经理如何养成柯维的 7 种习惯》(Applying Covey's Seven Habits to a Project Management Career) 一书的作者 Douglas Ross 将 Covey 的 7 种习惯与项目管理联系起来。Ross 认为这 7 种习惯中的第 5 种——"先理解他人再寻求被他人理解"——可以用来区分优秀的项目经理与平庸或者糟糕的项目经理。人们总是倾向于关注自己的事情，而不是首先试图理解别人的意见。移情倾听可以帮助项目经理和项目团队成员找到激励不同类型的人努力工作的因素。是否能够找到激励关键项目干系人和客户的因素关系着项目的成败。一旦项目经理和他的项目团队开始使用移情倾听，他们就能更有效地沟通和一起工作来解决问题。[20]

当你进行移情倾听之前，首先你必须让别人愿意与你交谈。很多情况下，你必须与对方建立一种友好关系。**友好关系**（rapport）是一种和谐、一致、协调或亲密的关系。如果没有这种关系，人们将无法进行沟通。例如，在"开篇案例"中，即使 Ed 和 Sarah 愿意听 Ben 说话，Ben 还是不愿意与 IT 部门的任何人交谈。Ben 对 IT 部门给予项目的技术支持力度十分不满，并且不准任何人提起 IT 部门。Sarah 首先必须与 Ben 建立友好关系，才可能与 Ben 开始沟通。

有一种建立友好关系的技巧叫作镜像法。**镜像法**（mirroring）是指做出与他人某种行为相似的行为。人们总是喜欢那些与他们趣味相投的人，镜像法能够帮助你获得某人的性格特征，它也能帮助他们意识到自身不合理的行为，就像本章"开篇案例"中一样。你可以去模仿某人的音调和音速、呼吸、行动或者姿势。当 Ben 对 Sarah 大喊大叫时，她很快决定模仿他的音调、音速和姿势。她与 Ben 面对面地站着，开始朝他大喊大叫。这个行动让 Ben 明白自己在干什么，同时也让他注意和尊重 IT 部门的同事。一旦 Ben 不生气了，他就会开始谈他的需求。在大多数情况下，不需要采取这种极端的方法，镜像法必须谨慎使用。当用得不合适或用于错误的人时，可能导致非常消极的后果。

给年轻专业人士的建议

不幸的是，许多人对 IT 专业人士的刻板印象是软技能差并且不太关心对方的感受。这使得培养和运用你的移情技巧变得更加重要。关于这个主题有好几本书、视频和课程。例如，MindTools 提供以下建议：

要更有效地运用移情，请考虑以下几点：

1. 暂时放下你的观点，试着从别人的角度看问题。当你这样做的时候，你会意识到其他人很可能不是邪恶的、不友善的、固执的或不讲理的——他们可能只是用他们所拥有的知识对情况做出反应。

2. 验证对方的观点。

一旦你看明白别人为什么相信他们所相信的，就承认它。记住：承认并不总是等于同意。你可以接受人们有不同于你自己的观点，他们有充分的理由持有这些观点。

3. 审视你的态度。

你更关心的是采用你的方式，胜利还是正确与否？或者，你的首要任务是找到解决方案、建立关系、接受他人吗？如果没有一个开放的心态和态度，你可能没有足够的空间来移情。

4. 倾听对方试图传达的全部信息。

- 用你的耳朵倾听——对方说什么，用什么语气？
- 用你的眼睛倾听——对方说话时，他/她用身体做什么？
- 凭直觉倾听——你是否感觉到对方没有传达重要信息？
- 用心倾听——你认为对方的感受是什么？

5. 问对方会怎么做。

如有疑问，请对方解释其立场。这可能是理解另一个人最简单、最直接的方法。然而，这可能是最不常用的培养移情的方法。[21]

回顾在 IT 项目中让用户参与的重要性。组织要想有效地管理 IT 项目，就需要找到让用户和信息系统开发者共同工作的方法。普遍认为，当业务专家和 IT 人员合作时，做出的决策将更为有效。但也普遍认为要做到这一点，说起来容易做起来难。许多公司在将技术部与业务部进行联合这一方面都做得非常成功，但是也有许多公司仍然被这一问题所困扰。

9.3.4 情商

正如书名所示，Howard Gardner 的著作《思维框架：多元智能理论》(*Frames of Mind: The Theory of Multiple Intelligences*) 引入了用多种方法来思考和衡量人类智能的概念。Gardner 认为需要发展人际智能（理解他人动机、意图和愿望的能力）和自我认识智能（理解自我、个人感受和动机的能力）。移情倾听是人际智能的一个例子，而知道自己对成就有很高的需求是自我认识智能的例子。情商，即了解和管理自己的情绪以及理解他人的情绪以提高表现。这一概念在 1995 年 Daniel Goleman 的书《情商》(*Emotional Intelligence*) 成为畅销书后开始流行。

有些文章和书籍是关于项目经理对于发展自身情商（EI）的需求的。例如，《项目经理情商：实现卓越成果所需的人际交往技能》(*Emotional Intelligence for Project Managers: The People Skills You Need to Achieve Outstanding Results*) 一书的作者 Anthony C. Mersino——拥有 PMP 证书——认为情商在项目经理致力于团队建设、协作、谈判和关系发展时发挥作用。

情商也正在成为人们追求的特性。根据 CareerBuilder.com 对 2600 多名美国招聘经理和人力资源专业人士的调查，

- 71% 的人表示，他们更看重员工的情商而非智商。
- 59% 的受访者表示，他们不会雇佣智商高但情商低的人。
- 75% 的受访者表示，相比高智商的员工，他们更有可能提拔高情商的员工。[22]

9.3.5 领导力

正如第 1 章所定义的，领导者专注于长期目标和全局目标，同时激励人们实现这些目标。领导能力是一种软技能，并不存在一种成为领导的最好方式。Peter Northouse 是《领导力：理论与实践》（*Leadership: Theory and Practice*）一书的作者，他说："在过去的 60 年里，人们开发了多达 65 种不同的分类系统来定义领导力的维度。"[23] 有些分类系统侧重于群体过程，而另一些分类系统则侧重于个性特征或行为。人们讨论变革型领导者、交易型领导者和服务型领导者等。领导风格有很多种，大多数专家都同意的一点是，最好的领导者能够根据形势的需要调整自己的领导风格。

《原始领导力》（*Primal Leadership*）一书的作者 Daniel Goleman 指出，"领导者的目标应该是对不同的领导风格及其影响有一个坚实的理解，并达到这样的程度，即根据形势调整合适的领导风格成为他们的习惯。"[24]

对在哪里

对专业团体来说，了解他们所需要的专业技能是很重要的。2015 年，PMI 承认，项目管理专业人员需要通过制定新的持续认证要求（CCR）计划不断更新他们的技能。想要更新 PMI 认证的申请人现在必须证明正在进行的职业发展符合新的 PMI 能力三角形。如第 1 章所述，该三角形包括：

- 技术项目的管理能力：与项目、项目集和项目组合管理的特定领域相关的知识、技能和行为。
- 战略和业务管理能力：行业或组织的知识和专业知识，可提高绩效并更好地交付业务成果。
- 领导能力：以领导力为导向的跨领域技能所特有的知识、技能和行为，有助于组织实现其业务目标。

PMI 一直强调需要跟上技术项目管理的步伐，但现在它更强调战略和业务管理以及领导技能。PMI 经常对个人和组织进行调查，在最近的一份报告中，75% 的组织将领导技能列为成功解决项目复杂性的最重要因素。"管理复杂的项目需要项目经理能够以一种足够广泛、足够完整、足够简单、可以理解的方式来确定愿景、任务和预期结果。管理复杂的项目还需要有使团队与愿景保持一致的技能。项目经理已经成为具有领导技能与商业头脑，能驱动项目成功的项目执行官。"[25]

在所有的项目过程中，理解并关注激励、影响力、权力、效率、情商和领导力等概念是非常重要的。同样重要的是，要记住项目是在一定的组织环境中运行的。真正的难点在于如何在特定的组织、特定的项目中对各种各样的人运用这些理论。

有许多与项目管理相关的激励、影响力、权力、效率、情商和领导力等的重要主题。项

目是由人来做的，也是为人而做的。因此，对项目经理和项目团队成员来说，理解并应用与这些主题相关的关键概念是十分重要的。请记住，每个人都更愿意和他们喜欢并尊重的人一起工作，不管他们的头衔或职位，尊重别人这是非常重要的。对于担任辅助角色的人尤其重要，如行政助理、安保人员或保洁员。你永远不知道什么时候一个项目的关键时刻可能需要他们的帮助。

9.4 制定资源管理计划和团队章程

要制定一个项目的资源管理计划，你必须识别和记录项目资源、人员、职责、技能和相关报告。项目资源管理计划被分为人力资源管理计划和物力资源管理计划。人力资源管理计划往往包括项目的组织结构图、人员和职责的详细信息以及人员配置管理计划。此外，项目团队可以创建一个团队章程来为他们的运作方式提供指导。

在构建一个组织结构图或人力资源计划的任意部分之前，高层管理者和项目经理必须先识别项目需要哪种类型的人员。如果项目成功的关键在于是否能找到最好的 Java 程序员，那么在项目组织计划中就应当反映这种需求。如果项目成功的关键在于拥有一流的项目经理和受人尊敬的团队领导，那么这种需求就应该在人力资源计划中充分体现。

9.4.1 项目组织结构图

回顾第 2 章，IT 项目的本质常常意味着项目团队成员有不同的背景经历和拥有各种不同的技能。再想想组织有很多类型的结构（功能型、矩阵型等）。管理这样一群由形形色色的人组成的团队可能非常困难，因此，给项目提供一个清晰的组织结构图是非常重要的。在识别项目需要哪些人员和哪些重要技能之后，项目经理就应与高层管理者和项目团队成员一起构建一个项目组织结构图。图 9-2 给出了一个包含硬件和软件开发的大型项目的组织结构图的一部分。例如，对于本章"开篇案例"中提到的雷达升级项目，项目集经理可能需要负责 F-44 飞机相关的所有项目，而飞机的每个主要部件，如雷达系统，可能有它自己专门的项目经理。请注意，该项目的人员包括一个项目副经理、多个子项目经理和多个团队。图上的其他方框代表支持这个项目的各职能部门，如系统工程部、质量保证部、配置管理部以及外部独立的测试组。**项目副经理**（deputy project manager）在项目经理不在的情况下代替他工作，并在需要时协助项目经理工作。**子项目经理**（subproject manager）负责管理一个由大型项目分解出来的子项目。

例如，飞机的雷达升级项目涉及几个主要的软件（S/W）升级和硬件（H/W）升级，所以子项目经理负责每次升级。矩阵型组织结构在大型项目中是十分典型的。由于一个项目的工作人员非常多，因此清楚地定义和分配项目工作是必不可少的（例如，在本书配套网站上可以看到西北航空公司 ResNet 大型项目的组织结构图。）。而较小的 IT 项目通常不需要项目副经理或子项目经理，项目经理就是项目的负责人，直接向他们汇报就可以了。

除了定义一个组织结构之外，遵循工作定义和分配过程对于一个项目来说也是非常重要的。图 9-3 给出了定义和分配工作的一个框架。这个框架包括以下 4 个步骤：

1. 最终确定项目需求
2. 定义工作如何完成
3. 把工作分解为可管理的要素
4. 分配工作职责

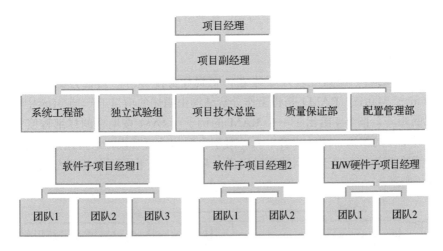

图 9-2 一个大型 IT 项目的组织结构图示例

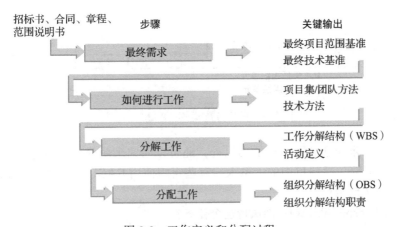

图 9-3 工作定义和分配过程

工作定义和分配的过程是在项目提出和项目启动阶段完成的。请注意，该过程是反复进行的，也就意味着需要进行多次修改。招标书（Request for Proposal，RFP）或者合同草案为定义和最终确定工作需求提供了基础，并记录在最终的合同和技术基准中。正如第 5 章中所述，如果项目不要求招标书，那么内部的项目章程和范围说明书将为定义和最终确定工作需求提供基础。然后项目团队领导决定采用什么样的技术方法来工作。工作要不要用产品导向方法或分阶段法进行分解？工作要不要外包或者转包给其他公司？一旦项目团队决定了采用的技术方法，他们将建立一个工作分解结构（WBS）来确定可管理的工作要素（见第 5 章）。接着，他们为工作分解结构中每个活动所包括的工作进行活动定义。最后一步就是分配工作。

一旦项目经理和项目团队将工作分解为可管理的要素之后，项目经理就可以将工作分配到各个组织单元。项目经理分配工作任务通常是根据组织哪个部门适合做这项工作，他们经常使用组织分解结构来概念化这个过程。**组织分解结构**（Organizational Breakdown Structure，OBS）是一种特殊的组织结构图，它显示每个组织单元负责哪项工作。OBS 建立在一般组织结构图的基础上，并根据组织各部门的具体单元或者分包公司的组织单元将一般组织结构图再进行更详细地分解。例如，OBS 种类可能包括软件开发、硬件开发和培训。

9.4.2 责任分配矩阵

在构建 OBS 之后，项目经理还要建立一个责任分配矩阵。**责任分配矩阵**（Responsibility Assignment Matrix，RAM）是将工作分解结构中描述的项目工作与 OBS 中负责实施的人员相匹配的矩阵。图 9-4 给出了一个 RAM 的例子。RAM 按期望的详细程度将工作分配给负责和执行工作的组织、团队或者个人。对于小型的项目来说，最好还是将 WBS 中的每一项工作指派给个人。而对于大型的项目来说，将具体的工作指派给组织部门或团队会更有效，如图 9-4 所示。

	WBS 活动							
OBS 单元	1.1.1	1.1.2	1.1.3	1.1.4	1.1.5	1.1.6	1.1.7	1.1.8
系统工程	R	R P					R	
软件开发			R P					
硬件开发				R P				
测试工程	P							
质量保证					R P			
配置管理						R P		
综合物流支持（综合后勤保障？）							P	
培训								R P

R = 责任组织单元
P = 执行组织单元

图 9-4 责任分配矩阵（RAM）示例

除了用 RAM 来详细分配工作活动以外，还可以用它来明确项目的各种角色和相关责任。这种 RAM 能够包括项目中的干系人。有些组织使用 **RACI 表**（RACI chart）来表示项目干系人的 4 种关键角色：

- 责任人（Responsibility）：谁执行这个任务？
- 批准人（Accountability）：谁签署的任务或对这个任务负全责？
- 审核人（Consultation）：谁拥有完成这个任务所需的必要信息？
- 被告知人（Informed）：需要通知谁任务状态和结果？

正如表 9-2 所示，一个 RACI 表的列是任务，行是个人或小组，行列相交的单位含有一个 R、A、C 或 I。一个任务可以有多个 R、C 或 I，但为明确特定的个人或者小组对每项任务的责任，每项任务只能有一个 A。例如，一个机械师负责修理车，但店主是负责管理修理。车主和零件供应商是因不同工作扮演不同的角色的其他干系人，如表 9-2 所示。项目经理可以使用 RACI 码或任何其他代码帮助确定不同的组织单位或特定的干系人因不同工作扮演不同的角色。

表 9-2 RACI 表示例

	车主	店主	机械师	零件供应商
支付零件和服务	A, R	C		
确定零件和服务需求	C		A, R	C
供应零件		C	C	A, R
安装零件	I	A	R	

9.4.3 人员配置管理计划和资源直方图

人员配置管理计划（staffing management plan）描述了人员何时以及如何加入或调离项目团队。这个计划的详细程度取决于项目的类型。例如，如果一个 IT 项目每年平均需要 100 人，那么人员配置管理计划就要描述项目所需人员的类型，比如 Java 程序员、业务分析员和技术文档编写人员等，以及每个月所需的每种类型人员的数量。该计划还将描述如何获得、培训、奖励这些资源，以及在项目结束后重新分配这些资源。所有这些问题对于满足项目、员工和组织的需求都很重要。

人员配置管理计划通常包括一个**资源直方图**（resource histogram），它是一个显示了一段时间内分配给项目的资源数量的直方图。图 9-5 提供了一个可用于 6 个月的 IT 项目的直方图示例。请注意，纵坐标代表每个领域（管理者、业务分析师、程序员和技术文档编写人员）所需的人数。通过纵坐标的叠加图可以看到每个月需要的总人数。您还可以为物力资源创建资源直方图。例如，如果一个项目涉及大量的培训，那么需要计划教室空间和该项目部分所需的用品。在确定资源需求之后，项目资源管理的下一步是获取资源。

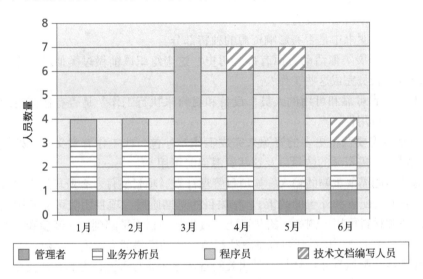

图 9-5　资源直方图示例

*9.4.4 团队章程

许多公司相信使用团队章程有助于促进团队协作和明确团队沟通。（请注意，有些组织和本文的早期版本使用的术语是"团队合同"(team contract)，而不是"团队章程"(team charter)。PMI 在 2017 年的《项目管理知识体系指南（第 6 版）》中添加了团队章程。）核心项目团队成员选定后，他们召开会议准备团队章程，以指导团队如何运作。这个过程通常包括审查一个模板，然后以 3~4 个人组成的小组为团队章程准备输入。创建更小的小组可以让每个人都更容易地提出想法。每个小组就章程应包含的内容分享他们的想法，然后他们一起工作形成一个项目团队章程。理想情况下，章程应该在 1~2 小时的会议上完成。项目经理应该参加会议，并作为一个教练或引导者，观察团队成员的不同个性，看看他们合作得如何。在整个项目生命周期中强调项目团队的重要性是至关重要的，团队章程应根据需要进行更新。

根据 PMI，团队章程的内容可能包括以下内容：
- 团队价值观
- 沟通指南
- 决策标准和过程
- 冲突解决过程
- 会议指南
- 团队协议

9.5 估算活动资源

项目和组织的性质将影响资源估算。专家判断、各种估算方法、数据分析、项目管理软件和会议都是有助于资源估算的工具。帮助确定所需资源的人员必须具有类似项目的经验和专业知识，并与执行项目的组织合作。

估算活动资源时需要回答的重要问题如下：
- 本项目的具体活动难度有多大？
- 项目范围说明书中是否有影响资源的独特部分？
- 该组织在开展类似活动方面有哪些历史？这个组织以前做过类似的工作吗？是由什么级别的人员完成这些工作？
- 组织是否有可靠和可用的人员、设备和材料来执行工作？是否有任何组织政策会影响资源的可用性？
- 组织是否需要获得更多的资源来完成工作？外包一些工作有意义吗？外包是否会增加或减少所需资源的数量以及这些资源何时可用？

回答这些问题需要重要的输入，如项目管理计划、项目文件、企业环境因素和组织过程资产（如有关人员配置和外包的政策）。在项目的早期阶段，项目团队可能不知道哪些特定的人员、设备和材料可用。例如，团队可能从过去的项目中了解到，有经验和无经验的程序员将在一个项目中工作。团队还可以估算执行特定活动所需的人数或小时数。

深入地开展头脑风暴并估算与资源相关的备选方案非常重要，尤其是涉及多个学科和公司人员的项目。因为大多数项目涉及很多人力资源并且主要的成本在于工资和福利，所以在项目早期征求不同人员的意见来帮助开发替代方案和解决与资源相关的问题通常是有效的。随着获得更详细的资料，资源估算也应该被更新。

资源估算过程的主要输出包括活动资源需求清单、估算依据、资源分解结构和项目文档更新。**资源分解结构**（resource breakdown structure）是按类别和类型标识项目资源的层次结构。资源类别可能包括分析师、程序员和测试人员。这些信息将有助于确定资源成本、获取资源等。例如，如果初级员工将被分配到许多活动中，那么项目经理可能会要求批准额外的活动、时间和资源，以帮助培训和指导这些员工。除了提供第 6 章中所述的估算活动持续时间的依据外，估算活动资源还为项目成本估算（第 7 章）、项目沟通管理（第 10 章）、项目风险管理（第 11 章）以及项目采购管理（第 12 章）提供了重要信息。

9.6 获取资源

20 世纪 90 年代末，IT 人才市场的竞争变得十分激烈。IT 人才市场已成为卖方市场，各个公司为了争夺日益紧缺的合格且富有经验的 IT 专业人员，展开了激烈的竞争。21 世纪早期，IT 市场急剧下滑，因此雇主很难招到员工。今天，很多企业再一次面临 IT 人员短缺问题，即使在当前的工作市场情况下，获取高质量的 IT 专业人员仍然是至关重要的。有一种说法是，项目经理是项目团队中最聪明的人，却做着简单的人员招聘工作。除了招聘项目团队成员外，取得必要的物力资源（设施、设备、物资等）并在合适的时间和地点提供恰当的资源种类也是很重要的。本节介绍与获取项目资源相关的重要内容：资源分配、资源负荷和资源平衡。

9.6.1　资源分配

在开发资源需求之后，项目经理必须与组织中的其他人合作，将他们分配到项目中，或者获得项目所需的额外人力或物力资源。具有强大影响力和谈判技巧的项目经理通常善于为项目获得最佳资源。然而，组织必须确保资源分配给最匹配组织需要的项目。

做好员工招聘工作的组织必然有良好的人员配置计划。这些计划描述了当前组织中人员的数量和类型，以及基于当前和即将开展的活动，项目预计需要的人数和类型。制作一个完整、准确的人员技能详细目录是人员配置计划的一个重要组成部分。如果当前人员技能组合与组织需求之间存在不匹配，则项目经理的工作就是与组织中的高层管理者、人力资源经理和其他人员合作，满足人员配置和培训需求。

同样重要的是要有好的过程来聘用分包商和招聘新员工。由于人力资源部门通常负责招聘人员，项目经理必须与人力资源经理一起解决招聘合适人选时出现的任何问题。人员保留问题是一个需要优先解决的问题，尤其是对于 IT 专业人员。

聘用和留住 IT 员工的一种创新方法是为现有员工提供激励，以帮助招聘和留住员工。例如，一些咨询公司请员工帮助招聘新员工，他们帮助招聘来的新员工每工作 1 小时，公司就给帮助招入这位新员工的老员工支付 1 美元。这为现有员工帮助吸引新员工和让他们都留在公司工作提供了一种激励。另一种吸引和留住 IT 专业人士的方法是根据个人需要提供福利。例如，有些人可能希望每周只工作四天，或者可以选择每周在家工作几天。随着寻找优秀的 IT 专业人员变得越来越困难，组织必须在解决这一问题方面更加创新和主动。

在做出招聘和留住员工的决策时，考虑个人和组织的需求，以及研究这些领域内领头公司的最佳做法是非常重要的。解决项目团队中不断增长的趋势也很重要，许多团队成员在虚拟环境中工作。有关如何使用虚拟团队成员的建议，请参见管理项目团队章节。

最佳实践

最佳实践还可以包括人们工作的最佳场所。《财富》（*Fortune*）杂志每年都会公布美国"100 家最适合工作的公司"名单，谷歌公司在 2017 年第 8 次获得最高荣誉。公司都希望能登上这份榜单，并以其良好的工作场所而闻名，而人们被列在名单上的公司所吸引，愿意到那里工作。《职业母亲》（*Working Mothers*）杂志根据工作家庭的福利列出了美国最适合女性的公司。*Times online*（www.timesonline.co.uk）在伦敦《星期日时报》（*Sunday Times*）上发布"100 家最适合工作的公司"名单，这是一个关键基准，英国公司可以据此判断自己作为雇主的表现。在《财富》杂志上发布"100 家最适合工作的公司"的最佳雇主研究会（The Great Place to Work Institute），用相同的评选方法做出了 20 多个国家和地区的排名，包括欧盟、巴西、韩国的 15 个国家和地区，以及拉丁美洲和亚洲的一些国家。公司根据最好的评委——他们自己的员工的反馈来制作这些排行榜。引述一些员工的话常常能说明他们的公司为什么会列出这些排行榜：

- "在这里工作可以让你觉得自己已经进入了职业棒球大联盟或国家橄榄球联盟（NFL）的技术领域，你在自己的领域处于领先地位。"#1：谷歌
- "尽管人们来自世界各地，来自不同的文化，拥有不同的生活经历，"一位员工说，"每个人都有解决问题的热情和团队协作的积极态度。"#2：波士顿咨询集团
- "我们的健康保险福利很棒，我们的日程安排很灵活，我们可以在健身房保持身体健康，"一位团队成员说，"公司不仅照顾我，也照顾我的家人。"#3：ACUITY
- "SAS 在你所处的任何阶段都能为你提供支持——从新生儿到学龄前儿童的儿童护理、应对青少年和大学规划的资源以及对年迈父母的帮助，"一位员工说，"更重要的是，当人们一起工作这么久，真正的社区意识就建立起来了。"#4：SAS[26]

9.6.2 资源负荷

第 6 章描述了如何用网络图来帮助管理项目进度。这种进度计划存在的问题或危险之一是它通常无法反映出资源的利用情况以及可用性。这也就是为什么制定关键链进度计划很重要。项目进度只考虑时间，而没有将时间和资源（其中包括人力资源）两者兼顾。评价项目经理做得是否成功的标准是，他是否能在绩效、时间和成本之间掌握平衡。在经济危机时期，以很低的成本或者零成本来获得资源（比如增加职员）是有可能的。但是，在大多数情况下，解决绩效、时间和成本之间的平衡往往会给组织增加额外的成本。项目经理的目标是尽可能在不增加组织的成本或者不拖延项目完成的时间的情况下来获得项目成功。实现这个目标的关键是有效地管理项目的人力资源。

一旦把资源分配给项目，项目经理有两种方法来最有效地使用项目资源：资源负荷和资源平衡。**资源负荷**（resource loading）是指在特定时段内，既定进度计划所需的人力资源的数量。资源负荷帮助项目经理了解项目对组织资源和人力资源的需求。项目经理常使用直方图来描绘不同时段所需的资源、负荷，如图 9-5 所示。直方图对于确定人员需求和识别人员配置问题非常有帮助。

资源直方图也可以反映何时某个员工或小组被过度分配工作了。**过度分配**（overallocation）是指在给定时间内没有足够的资源可供分配到工作中使用。图 9-6 给出了一个用 Microsoft Project 制作的资源直方图示例。这个直方图反映了每周分配给一个名叫 Joe Franklin 的人的项目工作。纵坐标的百分数表示 Joe 用于项目的可用时间，顶端横坐标以周为单位表示时间。注意到大多数时间 Joe 是超负荷的。例如，在 3 月、4 月的大部分时间和 5 月的部分时间里，分配给 Joe 的工作是他可用时间的 300%，这也就意味着，如果每天正常的工作时间是 8 小时，那么他必须工作 24 小时才能满足这个人力计划的要求。

过度分配的发生有很多原因。许多人没有正确使用项目管理软件的资源分配功能。你还需要估算好完成工作所需时间。正如第 6 章中提到的，一个典型的员工在 70%~80% 的时间内从事生产性工作。如果人们一周被分配工作 40 小时，你应该估计他们将完成 28~32 小时的生产性工作。当然，这条经验法则也有例外，但假设所有工人 100% 的时间都富有工作成效是不现实的。

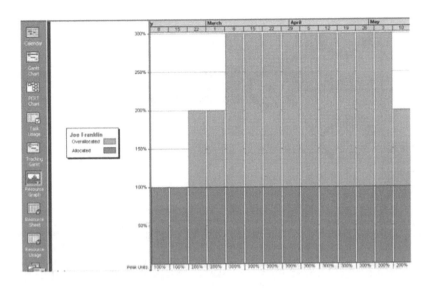

图 9-6 表明一个被过度分配人员的直方图示例

9.6.3 资源平衡

资源平衡（resource leveling）是通过延迟任务来解决资源冲突的一种技术。这是一种网络分析方法，以资源管理要素驱动项目进度决策（开始和结束时间）。资源平衡的主要目的是建立更平稳的资源使用分配。项目经理检查网络图中哪些地方存在时差或浮动时间，并识别资源冲突。例如，你有时可以通过推迟非重要任务来消除过度分配，因为这并不会导致项目总体进度延迟。在其他时候，你需要通过延迟项目完成日期来降低或消除过度分配。附录 A 提供了在 Project 2016 中使用上述两种方法来平衡资源的应用。你也可以将资源平衡视为在关键链进度计划中解决资源限制的方法（见第 6 章）。

过度分配是一种资源冲突。如果某种资源被过度分配了，项目经理可以修改进度计划来消除资源的过度分配。如果一种资源处于过剩状态，那么项目经理也可以修改进度计划尽量使资源得到充分利用。因此，资源平衡的目的是在允许的时差内移动任务，从而使各个时段的资源负荷变化达到最小。

一个资源平衡简单的示例如图 9-7 所示。这个图上方的网络图表示活动 A、B、C 可以同时开始。活动 A 需要 2 天、2 个员工才能完成；活动 B 需要 5 天、4 个员工才能完成；活动 C 需要 3 天、2 个员工才能完成。左下方的直方图表示所有活动同时开始的资源使用情况。而右下方的直方图表示在活动 C 延迟 2 天（即其总时差）开始的情况下资源的使用情况。注意到右下方的直方图是平坦的或水平的；也就是说，每一方块（活动）被安排在占据最小空间的地方（节省天数和人员数）。或许你可以从俄罗斯方块游戏中加深这项策略的认识。尽可能迅速地把方块放在合适的位置你才能得分。同样，当资源平衡时，资源的利用达到最佳状态。

资源平衡有几个优点。第一，当资源的使用情况比较稳定时，它们需要的管理较少。例如，在一个项目中的某职员，他被安排在今后 3 个月里每周工作 20 小时，但如果安排他第一周 10 小时、第二周 40 小时及第三周 5 小时，以此类推，那么管理起来就要复杂得多。

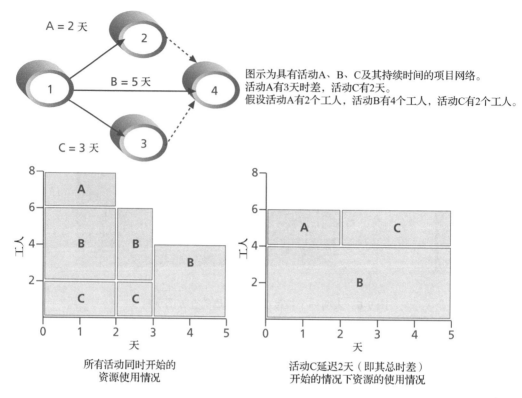

图 9-7 资源平衡示例

第二，资源平衡可使项目经理针对分包商或者其他昂贵的资源采取零库存策略。例如，项目经理可以在诸如测试顾问这种特定的分包商所做的工作中平衡资源。这种平衡的结果可能使项目只需从外部聘用 4 个全职的顾问在 4 个月内专门从事测试工作，而不是通过花费更多的时间或用更多的人来开展工作。后面一种方式通常代价更大。回顾第 6 章，赶工和快速跟踪也可用于资源问题来改善项目的进度。

第三，资源平衡可以减少财务部与项目人员方面的一些问题。增加或减少劳动力和人力资源往往会带来额外的工作和混乱。例如，如果在同一领域的专家被委派为一个项目每周工作两天而且他们需要一起工作，那么进度需要反映这种需要。财务部可能会抱怨这些外包的供应商在每周工作少于 20 小时的情况下索取的成本更高。财务部的会计师就会提醒项目经理尽量争取低的报酬成本。

第四，资源平衡还可以提高士气。人们总喜欢稳定的工作。如果人们每周甚至每天都不知道他们要为哪个项目工作，那么他们会感到很紧张。

项目管理软件可以自动地平衡资源。然而，项目经理在没有对软件产生的结果进行调整的情况下要谨慎地使用该结果。软件自动形成的资源平衡结果常常会推迟项目完成的时间。有时可能因为某些限制因素的不合适导致资源的重新配置。为了保证平衡结果的正确性，一个明智的项目经理会让一个擅长使用项目管理软件的项目团队成员专门负责资源平衡工作。

9.7 建设项目团队

即使项目经理成功地招聘了足够熟练的人员参加项目，项目经理还必须保证让他们组成一个团队一起工作来实现项目目标。许多 IT 项目都有非常有才能的员工为之工作，但是，大多数成功的项目是通过团队协作来完成的。**团队建设**（team development）的主要目标是帮助人们更有效地一起工作来提高项目绩效。

Bruce Tuckman 博士在 1965 年首次提出了团队建设模型，并在 20 世纪 70 年代进行了修改，至今仍具有现实意义。**塔克曼模型**（Tuckman model）描述了团队发展的 5 个阶段：

1. 组建期。该阶段包括团队成员的引进，发生在项目团队的初始期或当新成员被引进时。这个阶段是必要的，但实际完成的工作很少。

2. 震荡期。在这一阶段，团队成员对项目团队应如何运作上具有不同观点。人们彼此之间互相试探，内部常常伴有冲突。

3. 规范期。在这一阶段，团队成员形成了一种通用的工作方法，合作与协作取代前一阶段的冲突和不信任。

4. 执行期。这一阶段强调团队目标的达成而不是团队的工作过程。关系已经比较固定了，团队成员更可能建立彼此间的忠诚。在这个阶段，项目团队能够管理较为复杂的任务和处理更大的变更。

5. 修整期。该阶段包括项目团队成功实现目标和完成工作后团队的解体。[27]

关于团队建设的文献很多。本节着重讲述几个团队建设的重要工具和技术，包括培训、团队建设活动、奖励和赏识系统。

9.7.1 培训

项目经理经常建议对员工进行一些特殊培训来帮助个人发展和团队开发。例如，"开篇案例"中的 Sarah 就在情商和处理与一些难打交道的人的关系方面接受了培训。她很熟悉镜像法，并在用这种方法处理与 Ben 的关系时感觉不错。在这种情况下，很多人都不可能反应如此迅速和有效。如果 Sarah 和 Ben 就采取何种措施来解决 F-44 项目的 IT 问题上达成一致，那么 Ben 的小组就有可能产生一个新的项目并需要交付一个新的系统。如果 Sarah 成为这个新项目的项目经理，她将理解对自己部门及 Ben 所在部门的特定人员进行人际关系技能培训的必要性。每个团队成员可以通过参加特殊的培训课程来提高他们的人际关系技能。如果 Sarah 认为整个团队一起接受如何学会开展团队协作的培训能使大家获益，那么她可以为全体项目团队和关键的项目干系人组织一个特别的团队建设课程。

进行"及时"（just-in-time）的培训是非常重要的。例如，如果 Sarah 正在为一个需要她了解一门新的编程语言的技术职务做准备，那么培训她如何应对一些难打交道的人对她就没有太大帮助。然而，对她新的咨询职位而言，这个培训就太及时了。许多组织给他们的员工提供在线的培训机会，这样员工们就能在任何时间、任何地点学习专门技能了。他们也发现有时在线培训比传统的培训课程具有更高的性价比。确保培训时机和培训方法与特定的情境和个人相匹配是非常重要的。组织也发现对现有员工在某特定领域进行培训比招聘已拥有该领域技能的新员工更经济。

一些成功践行六西格玛原则的组织已经采取了独特而有效的培训方法。他们只让具有高潜力的员工参加需要高时间和资金投入的"六西格玛黑带培训"。此外，在员工获得与他们当前工作相关的潜在的六西格玛项目批准之前，他们不会让员工参加特定的"黑带"课程。此后，参与者可以将他们在课堂上学到的新概念和技术应用到工作中。有潜力的员工会因为被选中参加这项培训而感觉得到了奖励，而组织也会获得利益，因为参加培训的员工能够实施高回报的项目。

9.7.2 团队建设活动

许多组织提供内部团队建设培训活动,还有许多组织使用外部从事该领域的专业公司提供的专业服务。当确定团队建设培训活动时,重要的是了解个人需求,包括学习风格、培训历史和身体局限。团队建设活动两个常用的方法是使用体能挑战和心理偏好指标工具。

有些组织通过让一组员工经历一定的体能挑战来帮助他们形成一个团队。基本的军训或者新兵训练营就是一个例子。希望参加军训的男女员工都必须首先通过基本的训练,这些艰苦的体能训练通常包括绕绳下降、全副武装进行长跑和行军、通过障碍训练、进行射击训练以及生存技巧训练等。许多组织使用类似的方法把团队成员送到一个特殊的地区,让他们在那里一起穿越激流、爬山攀岩及参加绳索课程等。研究表明,身体的挑战有助于让陌生人组成的团队更有效地合作,但它也可能让已经功能失调的团队产生更大的问题。

更多的组织是让团队参与心理方面的团队建设活动,这样他们能更好地了解自己、了解他人以及了解如何最有效地进行团队协作。了解和重视每个人的不同点以便作为一个团队更有效地工作,这是非常重要的。3 种常用的心理方面的团队建设训练包括梅耶斯-布里格性格类型指标、威尔逊学习社交类型模型和 DISC 模型。

梅耶斯-布里格性格类型指标

梅耶斯-布里格性格类型指标(Myers-Briggs Type Indicator,MBTI)是一种判断个性倾向的常用工具。在第二次世界大战期间,Isabel B. Myers 和 Katherine C. Briggs 在心理学家 Carl Jung 的心理类型理论的基础上建立了第一版本的 MBTI。MBTI 中包括 4 种心理类型的衡量维度:

- 外向/内向(Extrovert/Introvert,E/I):第一个维度决定了你是属于外向型还是内向型,这个维度决定了你是从别人身上(外向的人)获得动力还是从自己身上(内向的人)获得动力。
- 知觉/直觉(Sensation/Intuition,S/N):第二个维度与你获取信息的方式有关。知觉型的人注重事实、细节和真实性。他们把自己描述为务实的。直觉型的人富有想象力、独创性,看重预感和直觉。他们把自己描述为有创新性和概念性的。
- 理性/感性(Thinking/Feeling,T/F):理性判断比较客观、很有逻辑性,而感性判断比较主观、个人化。
- 判断/感知(Judgment/Perception,J/P):第四个维度关于人们对于结构的态度。判断型的人喜欢妥善处理事物,在意任务的完成。他们倾向于建立时间期限,并认真对待,也希望他人能这样做。感知型的人喜欢让事情处于开放状态,并富有弹性。他们认为期限与其说是结束项目的标志还不如说是开始的标志,他们不认为工作一定要在开始娱乐或者休息之前结束。[28]

还有很多方法可以确定人的个性类型,许多书都讨论过这个话题。1998 年,David Keirsey 出版了《请理解我 II:气质、性格、智力》(*Please Understand Me II:Temperament, Character, Intelligence*)。[29] 该书提出了一种易于接受和理解的个性测试方法——凯尔西气质分类器(Keirsey Temperament Sorter),它是在 Jung,Myers 和 Briggs 研究的基础上建立的一种个性偏好类型测试方法。这个测试是很容易接受和理解的。

一项有趣的针对美国普通大众和信息系统开发人员的研究表明，两者在 MBTI 性格类型指标方面的一些对比具有显著的差异。[30] 在判断 / 感知（J/P）型方面这两类人非常相似，两组中判断型偏好的人稍微超过一半。然而，在其他 3 个维度却表现出了显著的区别。大多数人不会惊讶大多数信息系统开发人员属于内向型的性格。这项研究表明，75% 的信息系统开发人员属于内向型的性格，而在普通大众中仅 25% 的人属于内向型的性格。这种性格的差异可以用来解释用户和系统开发人员沟通中出现的一些问题。研究结果中另一项显著的区别是，大约有 80% 的信息系统开发人员属于理性的人，相较之下普通大众里只有 50% 属于这种类型。信息系统开发人员（大约占 55%）比普通大众（大约为 25%）更有可能属于直觉型。这些结果与 Keirsey 将 NT(Intuitive/Thinking，直觉 / 思维）型归为理性型（rational）相吻合。从教育方面来说，理性型的人一般倾向于学习科学，把学习技术当成一种爱好，而且喜欢做系统工作。Keirsey 认为普通大众中只有不超过 7% 的人属于 NT 型。你对 Bill Gates 属于理性型的人觉得奇怪吗？[31]

项目经理常常能够从他们对团队成员 MBTI 性格的了解中获益，并以此改变对每个员工的管理方式。比如，如果项目经理是强直觉型性格（N 型），而一个团队员工是强知觉型性格（S 型），那么项目经理应该为这个员工的任务分配提供更具体、更详细的任务说明。项目经理也希望保证在他们的项目团队中有各种不同个性的员工。例如，如果所有团队成员全是非常内向的人，那么他们就很难与外向型的用户以及重要的干系人进行很好的合作。

像其他测试方法一样，你应该谨慎使用 MBTI。一些研究认为，在提升软件开发团队和其他团队方面缺乏进展，部分原因是不恰当地使用心理测试和对个性理论有基础性的误解。"软件工程师经常抱怨那些在工作中做一些编程工作来支持其专业活动的人，抱怨点在于他们认为这样的人是不专业、不了解学科的。这同样适用于那些采用心理学方法却缺乏相关资历和背景的人。"[32]

社交类型模型

很多组织还在团队建设活动中使用社交类型模型。心理学家 David Merril 帮助开发了**威尔逊学习社交类型模型**（Wilson Learning Social Styles Profile）。在人们的判定能力和反应能力的基础上，他通过 4 个相似行为模型来描述人们的类型：

- 驱动型是主动的和任务导向的。他们立足于当前，但是不断采取行动。描述驱动型的形容词包括有进取心的、严厉的、强硬的、独裁的、苛刻的、意志坚强的、独立的、实际的、决定性的和有效率的。
- 表现型是主动的和人员导向的。他们面向未来，运用他们的直觉去挖掘周围世界的新视角。描述表现型的形容词包括操纵的、易激动的、无纪律的、反应敏捷的、任性的、有野心的、刺激性的、古怪的、热情的、生动的和友好的。
- 分析型是响应的和任务导向的。他们面向过去，思维能力强。描述分析型的形容词包括批评的、非决定性的、乏味的、吹毛求疵的、说教的、刻苦的、坚持不懈的、严肃的、预期的和有秩序的。
- 和善型是响应的和人员导向的。他们依据现在、过去和未来的不同情况来思考问题，并且非常看重关系。描述和善型的形容词包括遵从的、不确定的、逢迎的、依赖的、笨拙的、支持的、尊敬的、心甘情愿的、可靠的和令人愉快的。[33]

图 9-8 给出了这 4 种社交类型模型，以及它们的两个关键要素：自主判定能力和响应能力。要确定你的自主判定能力水平，就要看你是更倾向于告诉人们做什么还是问他们应该做什么。要确定你对任务的响应能力，就要看你是专注于任务本身还是参与执行任务的人员。

了解项目干系人的社交类型能够帮助项目经理了解为什么有些人在一起工作就会出问题。例如，驱动型的人常常很不耐烦与和善型的人一块工作；分析型的人常常很难理解表现型的人的行为。

DISC 模型

类似于社交类型模型，DISC 模型使用 4 个区域表示 4 种主要行为类型。4 个区域是：支配（dominance）、影响（influence）、稳健（steadiness）和服从（compliance）。心理学家 William Moulton Marston 于 1928 在工作时发明了此模型。DISC 模型在某些情况下揭示了人的行为倾向，例如，它揭示了在压力下、冲突时、沟通时和避免特定的活动时你的行为倾向。www.onlinediscprofile.com 显示，"全世界有超过 500 万人使用过各种形式的 DISC 模型。后续的行为学研究还在不断发展 Marston 的原始理论，现在关于 DISC 的各种出版物涵盖超过 50 种语言。"[34]

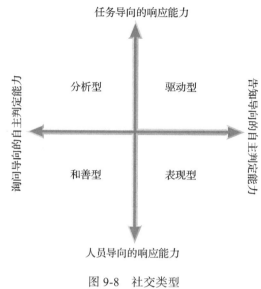

图 9-8 社交类型

图 9-9 显示了 DISC 模型的 4 个区域，并介绍每个区域的特征。注意每个区域强调的方面不同，例如我、我们、你或他／她。

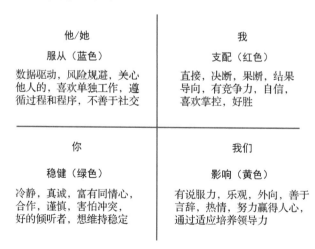

图 9-9 DISC 模型

- **支配**：用红色表示并强调"我"，支配特征包括直接、果断、有主见、结果导向、有竞争力、自信、喜欢掌控、好胜。
- **影响**：用黄色表示并强调"我们"，影响特征包括有说服力、乐观、外向、善于言辞、热情、努力赢得人心、通过适应培养领导力。

- 稳健：用绿色表示并强调"你"，稳健特征包括平静、真诚、谨慎、害怕冲突、好的倾听者、想维持稳定。
- 服从：用蓝色表示并强调"他/她"，服从特征包括数据驱动、风险规避、关心他人的、喜欢单独工作、遵循过程和程序、不善于社交。

与社交类型模型相似，相反象限的人，比如支配型和稳健型，或者影响型和服从型，在相互理解上会有问题。

还有许多其他的团队建设活动和测试是可用的。例如，有些人用 Meredith Belbin 博士的测试方法来帮助确定9类团队角色中他们可能更喜欢哪一类。再次强调，专业人员应谨慎使用任何团队建设和性格测试工具。事实上，大多数专业人员必须灵活采用使团队取得成功所需要的方法。项目经理应使用领导能力和管理技巧去帮助所有类型的人更好地相互沟通，专注于实现项目目标。

9.7.3 奖励和赏识系统

促进团队建设的另一个重要手段是使用基于团队的奖励和赏识系统。如果管理层对团队协同工作进行奖励，他们就会促进或加强员工在团队中更有效率地工作。有些组织为实现或超过公司或项目目标的员工提供奖金、旅游或其他奖励。在项目运作中，项目经理可以肯定和奖励那些愿意超时工作以达成积极进度目标的人，或者愿意尽力帮助同事的人。项目经理不应该奖励对那些只是为了获得加班费或者那些因为自己工作不佳和未按计划进行而加班的人。

项目经理必须不断地评价他们团队的表现。当项目经理发现个人或整个团队有提高的空间时，他们需要找到最好的方法来培养员工和提高绩效。

9.8 管理项目团队

除了建设项目团队外，项目经理还必须在团队执行各种项目活动时，管理项目团队。（请注意，PMI 使用的是管理（manage）项目团队而不是领导（lead）这个词，因此这里也这样措辞）在评估团队绩效和相关信息之后，项目经理必须决定是否应要求对项目进行变更，或者是否需要进行更新企业环境因素、组织过程资产或项目管理计划所需的资源。项目经理必须使用他们的软技能来找到激励和管理每个团队成员的最佳方法。

9.8.1 管理项目团队的工具和技术

有几种工具和技术可用于帮助管理项目团队，包括人际关系和团队技能（即冲突管理、决策制定、情商、影响力和领导力）以及项目管理信息系统。冲突管理将在后文中进一步讨论，而其他问题已经被讨论过。

很少有项目是在没有冲突的情况下完成的。实际上有些类型的冲突在项目中是可取的，但很多不是。对于项目经理来说，理解处理冲突的策略并主动管理冲突是很重要的。

1964年，Blake 和 Mouton 在他们流行的管理网格中描述了5种处理冲突的基本模式或策略。在任务或目标的重要性（或对生产的关注），以及冲突各方之间关系的重要性（对人的关注）这两个维度上，每种策略的重要程度都被设定为高、中、低三档。这些模式如图 9-10 所示。

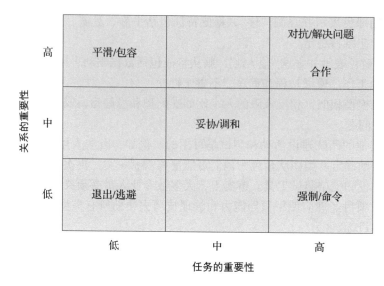

图 9-10　冲突处理模式

来源：Kathy Schwalbe，《项目管理概论》，第 6 版（2017 年 9 月）。

1. **对抗**：使用**对抗模式**（confrontation mode）时，项目管理人员直面冲突来解决受影响的工作各方的分歧。这种方法在 Covey 的术语中也被称为问题解决或双赢模式。当任务和关系的重要性都很高时，这种模式通常是最有效的。

2. **妥协**：使用**妥协模式**（compromise mode）时，项目经理使用公平交换的方法来解决冲突。他们进行商量并寻求能让争议各方在一定程度上满意的解决方案。有些人称之为和解。当任务和关系的重要性都处于中等水平时，这种模式效果最好。

3. **平滑**：使用**平滑模式**（smoothing mode）时，项目经理不再强调或避免差异，而是强调达成一致性。这方法也称为包容，最好是在关系的重要性较高而任务的重要性较低的情况下使用。

4. **强制**：**强制模式**（forcing mode）可以看作是一种冲突解决的非赢即输的方法。项目经理以另一种观点的潜在牺牲为代价，实施其观点。如果任务非常重要而关系不重要，那么这种模式是非常有效的。

5. **退出**：使用**退出模式**（withdrawal mode）时，项目经理撤退或退出一个实际或潜在的分歧。这种方法也称为规避，通常是最不理想的冲突处理模式，除非任务和关系的重要性都很低。

最新的研究还认为有第 6 种冲突解决模式：

6. **协作**：使用**协作模式**（collaborating mode）时，决策者结合不同的观点和见解来达成共识和承诺。尽管管理者可能不同意这种决定，他们也会为致力于组织利益最大化而遵循它。

项目经理还必须认识到，并不是所有的冲突都是坏的。冲突往往产生很好的结果，如新理念、更好的替代品、更努力工作以及更协作的动力。如果在项目的各个方面都没有冲突，那么项目团队成员可能会停滞不前或形成**群体思维**（groupthink），即团队中一致的价值观或道德标准。墨尔本大学管理学教授 Karen Jehn 认为：来自团队目标的差异性以及如何实现目标的观点上的差异性会导致与任务相关的冲突，这种冲突往往可以提高团队绩效；然而，源于性格冲突和基于误解的情感冲突,通常会使团队绩效下降。项目经理应该创造一种环境,鼓励和维护冲突所带来的积极性和成效性。[35]

9.8.2 关于团队管理的一般性建议

著名作家和团队顾问 Patrick Lencioni 表示,"团队协作是一项尚待开发的持续性竞争优势……在失败的组织中几乎总是缺乏团队协作,而在成功的组织中常常表现出团队协作。"[36] 然而,团队协作具有挑战性,并且由于团队容易出现功能障碍,因此保持团队协作同样具有挑战性。团队中的 5 个主要功能障碍如下:

1. 缺乏信任
2. 害怕冲突
3. 缺乏承诺
4. 逃避责任
5. 忽视结果

Lencioni 的书提供了克服这些功能障碍的建议。例如,他建议团队成员可以使用本章前面所述的梅耶斯－布里格性格类型指标来帮助人们打开心扉并彼此建立信任。对于解决冲突,他认为团队应该练习对重要问题进行热情的、畅所欲言的讨论。为了实现目标,他强调表达所有可能想法的重要性,人们可以同意或不同意这些想法,但他们最后必须要服从决定。为了承担责任,Lencioni 强调必须明确和关注每个人的首要任务。他还认为来自同事的压力和不愿意让同事失望的情绪比权威的干预往往有更好的激励效果。最后,使用某种类型的记分板来记录团队成果有助于消除含糊不清,因此大家知道取得积极成果意味着什么。

保证团队高效的其他建议包括下面几点:

- 对你的团队成员友好并要有耐心。认为他们都是最好的,不要认为你的团队成员是懒惰和粗心大意的。
- 解决问题而不是责备人。通过关注行动来帮助员工们解决问题。
- 召开定期而有效的会议。应注重实现项目目标和产生积极结果。
- 允许团队有时间来经历团队建设的基本阶段:组建期、震荡期、规范期、执行期和休整期。不要期望团队能马上在最高的绩效水平上工作。
- 把每个工作团队的人数限制在 3~7 人。
- 规划一些社交活动来帮助项目团队成员和其他的干系人更好地相互了解。让社交活动变得有趣而不是强制非参加不可的。
- 强调团队认同感。创建团队成员喜欢的传统。
- 培养团队成员,鼓励他们互相帮助。确定并提供培训来帮助个人和整个团队变得更有效率。
- 认可个人和团队的成就。
- 采取辅助的行动与虚拟团队成员一起工作。如果可能,在虚拟项目开始时或在介绍一个虚拟团队成员时举行一个见面会或电话会议。仔细筛选人员,确保他们能在虚拟环境中高效地工作。弄清楚虚拟团队成员间将如何沟通。

可以想象,团队建设、领导力和管理对于大多数 IT 项目来说都是非常重要的。用 Keirsey 的话来说,许多 IT 项目经理必须打破他们的理性/NT 偏好,专注于共情地倾听他人的意见,解决他们的顾虑,并创造一个有利于个人与团队成长进步的环境。

9.9 控制资源

控制资源包括确保分配给项目的物力资源按计划可用。它还包括监控计划的与实际的资源利用率，并根据需要采取纠正措施。有效利用团队成员在管理团队过程中得到了了解。工具和技术包括数据分析、问题解决、人际和团队技能以及项目管理信息系统。关键输出包括工作绩效信息、变更请求、项目管理计划更新和项目文档更新。

9.10 使用软件辅助项目资源管理

在本章的前面，你所了解的责任分配矩阵或资源直方图都是有助于高效管理项目资源的有用工具。你可以使用几种不同的软件包来创建矩阵和直方图，包括电子制表软件，或者项目管理软件，如 Microsoft Project 2016。很多人并不知道 Project 2016 提供了许多资源管理的工具，其中包括了分配和跟踪资源、资源平衡、资源使用报表、过度分配资源报告以及计划列表。在附录 A 中你可以学到如何使用这些功能和特点（可在本文的配套网站上找到）。

你可以使用 Project 2016 给任务分配资源，如设备、材料、设施和人力。它能让你将特定的资源分配给特定的项目，或者集中资源并在多个项目中共享这些资源。通过在 Project 2016 中定义和分配资源，你可以：

- 通过存储的信息和资源分配报告跟踪资源去向。
- 识别潜在的可能会导致项目错过规定期限和可能使项目持续时间延长的资源短缺情况。
- 识别未充分使用的资源并进行重新分配，这些资源的再利用可以缩短项目完成日期，还可能缩减成本。
- 使用自动平衡功能使资源平衡更容易。

9.11 敏捷／自适应环境下的注意事项

《项目管理知识体系指南（第 6 版）》为项目资源管理提供了以下信息：

具有高可变性的项目受益于能够最大限度地集中精力和协作的团队结构，例如拥有通用型专家的自组织团队。

协作的目的是提高生产力和促进生成创新的解决问题方法。协作团队可以促进不同工作活动的加速整合、改善沟通、增加知识共享，并提供工作分配的灵活性以及其他优势。

尽管协作的好处也适用于其他项目环境，但协作团队对于具有高可变性和快速变化的项目的成功通常至关重要，因为集中任务分配和决策的时间更少。

在具有高可变性的项目中，对物力和人力资源的规划是不可预测的。在这些环境中，签订快速供应和精益方法的协议对于控制成本和实现计划至关重要。[37]

团队在所有类型的项目中都很重要，协作、解决问题和知识共享也是如此。然而，在敏捷项目中，团队成员通常完全专注于单个团队。关系建立在信任的基础上，通过定期的反馈循环不断改进协作。例如，在冲刺结束时交付的每一个可用产品，都会减少不确定性并建立团队信心。敏捷团队的另一个区别是有些团队不使用项目经理。他们可能是自我指导的团队，也可能使用敏捷教练。

每天的站立式会议旨在增加项目团队成员之间的互动频率，同时使这些频繁的会议尽可能简短，并集中讨论手头的主题。用户与开发团队的协同定位是满足社会需求的一种重要形式。开发团队和用户组之间的沟通可能太少，需要通过协同定位来促进。

除了人力资源外，还应以适应性的方式管理物力资源。原型、模拟、可行性研究和其他降低风险的手段，都可以用来确定哪些资源可用于实现目标以及如何最好地使用这些资源。这种方法需要将工作组织成可以用特定的资源和成本确定的工作块，并按照在整个项目中形成可交付成果的顺序来实施它们。

项目资源管理涉及的远不止是使用软件来评估和跟踪资源负荷和平衡资源。在大多数项目中，人是最重要的资产，并且人力资源与其他资源有很大不同。你不能简单地用更换设备的方式更换人员。为员工着想并尊重他们、理解什么能激励他们、与他们认真沟通是至关重要的。优秀的项目经理之所以优秀，不在于他们对工具的使用，而在于他们具备让项目团队成员在项目中付出最好的工作的能力。

案例结局

Sarah 对着 Ben 也大喊大叫之后，Ben 说："你是第一个有胆量和我对抗的人。"在做了一个简短的介绍之后，Sarah、Ben 和其他参加会议的人一起对 F-44 更新项目中出现的状况进行深入讨论。Sarah 将会写一个论证书，让 Ben 的小组获得所需的特定软件，并支持从旧系统下载关键信息，这样他们就能更好地管理他们的项目。当 Sarah 和 Ben 面对面，并对着他大喊大叫时，她使用了称为"镜像法"的技术来建立关系。虽然 Sarah 不是一个大嗓门和令人讨厌的人，但是她看到了 Ben 正是这种人，于是决定模仿他的行为和态度。她从 Ben 的角度出发想问题，这么做有助于打破僵局，使得 Sarah、Ben 和其他参加会议的人能真正开始沟通，作为一个团队共同合作来解决他们的问题。

9.12 本章小结

人是组织和项目最重要的资产。因此，项目经理成为一个优秀的人力资源经理是很有必要的。他们也必须有效利用物力资源。

项目资源管理的主要过程包括：计划资源、估算活动资源、获取资源、建设项目团队和管理项目团队以及控制资源。

影响人们工作方式和工作效果的心理因素包括激励、影响力、权力和效率。

Maslow 建立的需求层次理论表明，对于生理、安全、社交、尊重以及自我实现的需求激励着人们的行为。当一个层次的需求被满足之后，这一需求就不再是激励的因素了。

Herzberg 将激励因素和保健因素区分开来。如果缺乏诸如高收入或更有吸引力的工作环境等保健因素，会令人产生不满意，但是就算保健因素已经具备，也不会激励员工做得更好。成就、认可、工作本身、责任以及成长都是影响工作满意度和激励员工的因素。

McClelland 提出了获得-需求理论，该理论指出个人的需求可以通过后天的经历来获得（或学到）和塑造。3 种获得需求是成就需求、亲和需求和权力需求。

McGregor 基于员工的动机假设，提出了 X 理论和 Y 理论来描述管理员工的不同方法。研究支持 Y 理论的使用，假设人们把工作看成是自然的事，并且指出最好的奖励是工作带来的尊重和自我实现的满足感。根据 Ouchi 的 Z 理论，只要管理者支持员工并且为他们谋福利，员工便会尽最大努力工作。Z 理论强调工作轮换、技能拓展、一般化而非专业化以及对员工不断培训的需要。

Thamhain 和 Wilemon 定义了 9 种项目经理可使用的基本影响力因素：权威、指派、预算、升迁、金钱、惩罚、工作挑战、专业知识和友谊。他们的研究表明，项目经理使用工作挑战和专业知识来影响员工，项目往往能取得成功。而当项目经理使用权威、金钱或惩罚去影响员工时，项目常常会失败。

权力就是指影响行为的潜在能力，可以驱使人们去做他们原本不会做的事情。5 种基本的权力分别是强制权力、法定权力、专家权力、奖励权力以及感召权力。

项目经理可以应用 Stephen Covey 的高效人士具备的 7 种习惯来帮助自己和项目团队更有效。这 7 种习惯包括：积极主动、以终为始、要事第一、双赢思维、先理解他人再寻求被他人理解、协同、不断更新。移情倾听是一个优秀的项目经理必备的关键技能。

情商也是一个重要的概念。它包括了解和管理自己和他人的情绪，以提高绩效。

项目经理还必须培养领导能力。最优秀的领导者能够理解并运用适合当前形势的不同领导风格。

制定资源计划包括对物力资源的识别，还包括对项目角色、责任以及报告关系进行识别、分配和归档。责任分配矩阵（RAM）、人员配置管理计划、资源直方图和 RACI 表是定义项目角色和责任的关键工具。主要输出包括资源管理计划和团队章程。

估算活动资源包括估算完成项目所需的物力和人力资源的数量。

获取资源意味着分配适当的物力资源和人员来完成项目。这是如今的竞争环境中的一个重要问题。公司必须使用创新的方法来寻找和留住优秀的 IT 员工。

资源负荷显示了在特定时段现有进度计划所需的个体资源的数量。资源直方图常用来表示资源负荷水平，同时也可用来识别资源过度分配的情况。

资源平衡是一种通过延迟任务来解决资源冲突（比如资源过度分配）的技术。经过平衡的资源可以减少管理工作、降低成本、减少职员和会计方面的问题，而且经常可以提高士气。

一个好的项目经理应具备的两个关键技能分别是团队建设和团队管理。团队协作可以帮助人们更有效地工作以实现项目目标。项目经理可以推荐个人培训来提高团队协作的相关技能，为整个项目团队和关键干系人组织团队建设活动，并提供鼓励团队协作的奖励和赏识系统。项目经理可以使用多种工具和技术，包括冲突管理，来有效地管理他们的团队。冲突处理模式有多种，可以从任务重要性和关系重要性两个维度来看待。

控制资源包括确保分配给项目的物力资源按计划可用，监控计划的与实际的资源利用率，并根据需要采取纠正措施。

电子制表软件和项目管理软件（如 Microsoft project 2016）可以辅助项目经理进行项目资源管理。软件可以容易地生成责任分配矩阵、创建资源直方图、识别过度分配的资源、平衡资源，并提供与项目资源管理相关的各种视图和报告。

项目资源管理涉及的不仅仅是使用软件来促进组织规划和分配资源。优秀的项目经理之所以优秀，在于他们具备让项目团队成员在项目中付出最好的工作的能力。

一定要考虑项目资源管理在敏捷/自适应环境中的差异。

9.13 讨论题

1. 讨论 IT 员工就业市场的变化。就业市场和经济现状如何影响人力资源管理？
2. 总结项目资源管理所涉及的过程。
3. 简要总结 Maslow、Herzberg、McClelland、McGregor、Ouchi、Thamhain 和 Wilemon、Covey 的工作成果。他们的理论与项目管理有什么关系？

4. 什么是情商（EI）？为什么开发 EI 技能很重要？
5. 描述一种情况。在这种情况下，使用 Daniel Goleman 描述的 6 种领导风格中的每一种都是合适的。
6. 描述适合创建项目组织结构图、职责分配矩阵、RACI 表和资源直方图的情况。描述这些图表或矩阵的样子。
7. 讨论资源负荷和资源平衡之间的区别，并举例说明它们在什么情况下适用。
8. 解释本章描述的两种团队建设活动，并讨论它们的优缺点。
9. 总结项目经理解决冲突以帮助他们管理项目团队的不同方法。他们可以做些什么来成功地管理虚拟团队成员？
10. 你如何使用项目管理软件来辅助项目资源管理？

9.14 快速测验

1. 以下哪项不是项目资源管理的一部分？
   a. 持续时间估算　　b. 获取资源　　c. 建设项目团队　　d. 管理项目团队
2. ____使人们参与自己喜欢的活动。
   a. 内在激励　　b. 外在激励　　c. 自我激励　　d. 社会激励
3. 在 Maslow 的金字塔或需求层次底部的是____需求。
   a. 自我实现　　b. 尊重　　c. 安全　　d. 生理
4. 根据 McClelland 的获取–需求理论，期望与其他人具有和谐关系的人和有被接受需求的人具有一个高的____需求。
   a. 社交　　b. 成就　　c. 亲和　　d. 外在
5. ____权力是基于一个人的个人魅力。
   a. 亲和　　b. 感召　　c. 人格　　d. 合法
6. 如工作分解结构所述，____把一个项目的工作分配给实施该工作的负责人员。
   a. 项目组织结构图　　　　　　b. 工作定义和分配过程
   c. 资源直方图　　　　　　　　d. 责任分配矩阵
7. 人员配置管理计划通常包括资源____，这是一个柱形图显示随时间分配给项目的资源数量。
   a. 表　　b. 图　　c. 直方图　　d. 时间轴
8. 什么技术可以用来解决延迟任务的资源冲突？
   a. 资源负荷　　b. 资源平衡　　c. 关键路径分析　　d. 过度分配
9. 在 Tuckman 的团队开发模型中，按时间顺序排列的 5 个阶段是什么？
   a. 组建，震荡，规范，执行，修整　　　　b. 震荡，组建，规范，执行，修整
   c. 规范，组建，震荡，执行，修整　　　　d. 组建，震荡，执行，规范，修整
10. 当任务和关系都非常重要时，应该使用哪种方法来管理冲突？
    a. 妥协　　b. 对抗　　c. 协作　　d. 平滑

9.15 快速测验的答案

1. a　2. a　3. d　4. c　5. b　6. d　7. c　8. b　9. a　10. b

9.16 练习题

1. 观看一段关于一家著名公司的视频，比如谷歌、苹果或沃尔玛，视频主要讲对待员工和顾客的态度。

(Netflix 有几段关于公司的视频，你可以在互联网上或通过学校的图书馆找到一些纪录片。）这些组织如何管理他们的人力资源？他们如何对待客户和供应商？他们对待世界不同地区或不同职位的人有什么不同吗？他们提供什么额外福利？哪些福利对你来说最重要，为什么？在 1～2 页的论文中总结你的发现和观点，并列出你使用的参考文献。

2. 研究近期关于激励的书籍、文章和视频，包括 Daniel Pink 的作品（他在 YouTube 上有一段由 RSA 动画制作的流行视频）。另外，采访两个或两个以上过去曾经在 IT 部门工作或现在正在 IT 部门工作的人，让他们给你除了钱以外所有能激励员工工作的方法。你认为你对发现的信息有什么新的见解吗？管理者是否在努力关注真正能激励人们更好地完成项目工作的因素？用 1～2 页的论文总结你的发现和观点，并引用你使用的参考文献。

3. 你的公司正计划推出一个重要的新项目，从 1 月 1 日开始，持续一年。你估计你将需要一名全职项目经理；前 6 个月需要两名全职业务分析师；全年需要两名全职高级程序员，7 月、8 月和 9 月需要 4 名全职初级程序员；最后 3 个月需要一名全职技术文档编写人员。使用配套网站上的资源直方图模板文件，创建一个显示该项目资源直方图的堆积柱形图，类似于图 9-5 中的示例。一定要包括一个图例来标记所需的资源类型。使用适当的标题和坐标轴标签。

4. 获取关于 MBTI 测试和关于这个工具的研究信息。一些网站有不同版本的测试，包括 www.humanmetrics.com、www.personalitytype.com 和 www.keirsey.com。写一篇简短的论文来描述你的 MBTI 类型和你对这个测试作为团队建设工具的想法。如果你正在为一个团队项目工作，请比较你的结果并讨论它们可能如何影响团队动态。此外，研究自我实现的工具，并与你的团队讨论这个话题。

5. 用你自己的话总结 Covey 提出的习惯，并举例说明这些习惯如何应用于项目管理。把你的想法写成一篇简短的论文，至少包括两篇参考文献。

6. 研究评估领导风格的不同工具。总结至少 3 种工具和他们提到的风格。你认为领导者在不同的情况下使用不同的风格是最好的吗？为什么或者为什么不呢？

7. 研究 3 家不同公司的招聘和留任策略。确保使用对比的方法研究策略。例如，看看谷歌是如何对待员工的，并与新闻中的富士康或其他公司的做法进行比较。在这一领域，一家公司与另一家公司的区别是什么？如签约奖金，返还学费和商务休闲着装规范等策略是否适用于新的 IT 工作者？哪种策略最吸引你？在一篇至少引用 3 篇参考文献的简短论文中总结你的想法。

8. 写一篇简短的论文，总结 Microsoft Project 2016 在帮助项目经理进行人力资源管理上的主要特点。此外，采访使用 Project 2016 的人。询问他或她的组织是否使用本章和附录 A 中描述的任何项目资源管理功能（可在本文的配套网站上找到），并记录使用或不使用某些功能的原因。

9. 培养优秀的 IT 项目经理是一个重要问题。回顾本章中引用的几项与 IT 和项目管理工作市场相关的研究，以及这些市场所需的技能。同时回顾你的学院或大学对进入这些领域的人的要求。在一篇简短的文中总结你对这个问题的发现和见解。

9.17 实践案例

全球企业家项目的一些工作人员对他们为新网站提供内容的职责感到困惑。记住，团队成员包括你、项目经理、IT 人员 Bobby 和 3 个将在越南、印度和埃塞俄比亚举办类似"创智赢家"活动的人 Kim、Ashok 和 Alfreda。记住 WBS 中内部开发的活动包括如下：

    1.3.2.1 活动指南和模板

    1.3.2.2 接受与所需新产品或服务有关的创意

1.3.2.3 为 20 场活动拟定地点

你和你的团队还需要为外包的视频提供信息。记住，这些短片的目的是向人们展示如何使用网站，并为举办活动提供建议。该活动是 WBS 中的 "1.3.1.3 网站视频制作"。你已经选择了一家公司来做外包视频制作，他们的主要联系人是 Angela。

1. 为列出的 4 个 WBS 活动准备一个 RACI 表。你决定由一个人负责这 4 项活动，在你、Kim、Ashok 和 Alfreda 之间展开工作。每一项活动都会向 Bobby 报告，而你也会被咨询那些并不由你负责的活动。记录你在准备表时所做的关键假设。

2. 你意识到你的团队成员都有不同的性格类型，你相信如果你们能更好地理解彼此，你可以更好地作为一个团队一起工作。你让每个人参加一个基于 MBTI 的评估（在 www.humanmetrics.com 网站有免费的）。你是 ENTJ，Bobby 是 INTJ，Kim 是 ISFP，Ashok 是 ESTJ，Alfreda 是 ISFJ。找到关于每一种 MBTI 类型的信息，总结它们的特点以及改进团队协作的建议。

3. 为你们网站准备视频的公司负责人 Angela 建议，大家一起准备一份详细的可获得的资源清单，以帮助他们准备剧本和编辑他们将要创作的视频。你决定在视频中使用动画而不是真人，Angela 的公司在这方面有很多经验。你决定将需要分别有人来扮演脚本作者、脚本编辑、动画师、声音专家，内容编辑和技术编辑的角色。Angela 和她的团队将完成所有的动画、声音和技术工作，并将为你和你的团队的其他工作提供指导。为了降低成本并保证进度，你决定计划在 20 天内完成所有的视频工作，总共不超过 240 个小时的工作量，其中 Angela 公司的工作量大约占一半。请准备一个资源直方图，按角色估算 20 天中每天的工作小时数。记录你在准备直方图时所做的关键假设。

9.18 关键术语

强制权力（coercive power）
协作模式（collaborating mode）
妥协模式（compromise mode）
对抗模式（confrontation mode）
项目副经理（deputy project managers）
情商（emotional intelligence）
移情倾听（empathic listening）
专家权力（expert power）
外在激励（extrinsic motivation）
强制模式（forcing mode）
群体思维（groupthink）
需求层次理论（hierarchy of needs）
内在激励（intrinsic motivation）
法定权力（legitimate power）
镜像法（mirroring）
梅耶斯－布里格性格类型指标（MBTI）（Myers-Briggs Type Indicator (MBTI)）
组织分解结构（OBS）（organizational breakdown structure (OBS)）
过度分配（overallocation）

权力（power）
RACI 表（RACI charts）
友好关系（rapport）
感召权力（referent power）
资源分解结构（resource breakdown structure）
资源直方图（resource histogram）
资源平衡（resource leveling）
资源负荷（resource loading）
责任分配矩阵（RAM）（responsibility assignment matrix (RAM)）
奖励权力（reward power）
平滑模式（smoothing mode）
人员配置管理计划（staffing management plan）
子项目经理（subproject managers）
协同（synergy）
团队章程（team charter）
团队建设（team development）
塔克曼模型（Tuckman model）
退出模式（withdrawal mode）

9.19 注释

1. International Telecommunication Union, "ICT Facts and Figures (2017).
2. Business Wire, "Annual ICT Spending to Reach $5.5 Trillion by 2020, According to New 3rd Platform Edition of IDC Black Book," (June 20, 2017).
3. Forbes Technology Council, "13 Top Tech Skills in High Demand For 2018," *Forbes* (Dec. 21, 2017).
4. Mary K. Pratt, "10 hottest tech skills for 2017," Computerworld (Dec. 7, 2016).
5. Ibid.
6. Project Management Institute, "Project Management Jobs Growth and Talent Gap Report 2017–2027" (2018).
7. Fortune, "100 Best Companies to Work For, 2015," *Fortune* (January 30, 2015), *fortune.com/best-companies/*.
8. Emily Peck, "Proof That Working from Home Is Here to Stay: Even Yahoo Still Does It," *The Huffington Post* (March 18, 2015).
9. CompTIA, "State of the IT Skills Gap," *CompTIA* (2014), *www.comptia.org/resources/state-of-the-it-skills-gap-2014*.
10. Frederick Herzberg, "One More Time: How Do You Motivate Employees?" *Harvard Business Review* (February 1968), pp. 51–62.
11. RSA Animate, "Drive: The Surprising Truth about What Motivates Us," YouTube video, 10:48, from a talk given by Dan Pink at RSA: 21st Century Enlightenment on February 27, 2013, uploaded April 1, 2010 by RSA, *www.youtube.com/watch?v=u6XAPnuFjJc*.
12. David C. McClelland, *The Achieving Society* (New York: Free Press, 1961).
13. Douglas McGregor, *The Human Side of Enterprise* (New York: McGraw-Hill, 1960).
14. William Ouchi, *Theory Z: How American Business Can Meet the Japanese Challenge* (New York: Avon Books, 1981).
15. H. J. Thamhain and D. L. Wilemon, "Building Effective Teams for Complex Project Environments," *Technology Management* 5, no. 2 (May 1999).
16. Hans J. Thamhain, "Changing Dynamics of Team Leadership in Global Project Environments," *American Journal of Industrial and Business Management*, 3 (2013), pp. 146–156, *dx.doi.org/10.4236/ajibm.2013.32020* (published online April 2013).
17. John R. French and Bertram H. Raven, "The Bases of Social Power," in *Studies in Social Power*, D. Cartwright (Ed.) (Ann Arbor: University of Michigan Press, 1959).
18. Stephen Covey, *The 7 Habits of Highly Effective People: Powerful Lessons in Personal Change* (New York: Simon & Schuster, 1990).
19. Tracy Kidder, *The Soul of a New Machine* (New York: Modern Library, 1997).
20. Douglas Ross, "Applying Covey's Seven Habits to a Project Management Career," *PM Network* (April 1996), pp. 26–30.
21. MindTools Content Team, "Empathy at Work," *https://www.mindtools.com/pages/article/EmpathyatWork.htm* (accessed January 23, 2018).
22. PMI, "Must-Have Career Skill: Emotional Intelligence" (October 18, 2011).
23. Peter Northouse, *Leadership: Theory and Practice*, Seventh Edition (Thousand Oaks, CA: SAGE Publications, Inc., 2015), p. 5.
24. Bendelta, "Goleman's 6 Leadership Styles–and When to Use Them" (December 9, 2014).
25. PMI, "Pulse of the Profession In-Depth Report: Navigating Complexity" (2013).

26. Great Place To Work™, "2015 Fortune 100 Best Companies to Work For® List" (2015), *www.reviews.greatplacetowork.com/homepage/2-site/1164-2015-fortune-100-best-companies-to-work-for-list*.

27. Bruce Tuckman and Mary Ann Jensen, "Stages of Small-Group Development Revisited," *Group Organization Management*, 2 (1977), pp. 419–427.

28. Isabel Myers Briggs, with Peter Myers, *Gifts Differing*: *Understanding Personality Type* (Palo Alto, CA: Consulting Psychologists Press, 1995).

29. David Keirsey, *Please Understand Me II: Temperament, Character, Intelligence* (Del Mar, CA: Prometheus Nemesis Book Company, 1998).

30. Michael L. Lyons, "The DP Psyche," *Datamation* (August 15, 1985).

31. The information provided about the Keirsey Temperament Sorter and Keirsey Temperament Theory was compiled from *keirsey.com*.

32. Sharon McDonald and Helen M. Edwards, "Who Should Test Whom? Examining the Use and Abuse of Personality Tests in Software Engineering," *Communications of the ACM* 50, no. 1 (January 2007).

33. Harvey A. Robbins and Michael Finley, *The New Why Teams Don't Work*: *What Goes Wrong and How to Make It Right* (San Francisco, CA: Berrett-Koehler Publishers, 1999).

34. John C. Goodman, "DISC, What Is It? Who Created the DISC Model?" *www.onlinediscprofile.com* (2004–2008).

35. "Constructive Team Conflict," *Wharton Leadership Digest* 1, no. 6 (March 1997).

36. Patrick Lencioni, *Overcoming the Five Dysfunctions of a Team*: *A Field Guide for Leaders, Managers, and Facilitators* (San Francisco, CA: Jossey-Bass, 2005), p. 3.

37. Project Management Institute, Inc., *A Guide to the Project Management Body of Knowledge (PMBOK® Guide) – Sixth Edition* (2017), pp. 311–312.

* Sections with an asterisk are taken from Kathy Schwalbe, An Introduction to Project Management, Sixth Edition, Schwalbe Publishing (2017).

第 10 章
Information Technology Project Management, Ninth Edition

项目沟通管理

学习目标

阅读完本章后，你将能够：

- 讨论软技能在 IT 项目管理中的作用，并强调良好沟通作为实现项目成功的一种手段的重要性。
- 回顾与沟通相关的关键概念。
- 解释计划项目沟通的要素以及如何创建沟通管理计划。
- 描述如何管理沟通，包括沟通的技术、媒介和绩效报告。
- 讨论控制沟通的方法，以确保在项目的整个生命周期中都能满足信息需求。
- 列出改善项目沟通的各种方法，例如召开有效的会议、有效使用各种技术以及使用模板。
- 描述软件如何加强项目沟通管理。
- 讨论敏捷/自适应环境下的注意事项。

开篇案例

Peter Gumpert 任职于一家大型电信公司，工作兢兢业业。他聪明能干，领导能力强，但是公司新的海底光纤通信项目集比他以前参与过的任何项目都要大得多、复杂得多，更不用说管理这样的项目了。这个海底光纤通信项目集分为几个独立的项目，Peter 负责监督所有这些项目。由于海底通信系统的市场不断变化，包括的项目又多，因此沟通和灵活性对 Peter 来说至关重要。一旦错过里程碑和完工日期，他的公司将受到经济处罚，小项目每天损失数千美元，大项目每天损失将超过 25 万美元。许多项目依赖其他项目的成功，因此 Peter 必须理解并积极管理那些关键的接口。

Peter 与向他汇报项目情况的项目经理进行了几次正式的和非正式的讨论。他与这些项目经理以及他的项目执行助理 Christine Braun 合作制定了项目的沟通计划。但是，他仍然不确定怎样才是发布信息和管理所有不可避免的变数的最佳方式。他还想在不扼杀这些项目经理的创造力和自主性的情况下，为他们找到一个统一的方法来制定计划和跟踪绩效。Christine 建议他们考虑使用一些新的通信技术，使重要的项目信息及时更新并保持同步。尽管 Peter 对通信和光纤铺设了解很多，但他不是使用 IT 改善通信过程的专家。实际上，这也就是他让 Christine 担任助手的部分原因。他们真的可以开发出一套灵活且易于使用的沟通过程吗？由于每周都有更多的项目被添加到海底光纤通信这个项目集中，因此他们的时间非常宝贵。

10.1 项目沟通管理的重要性

许多专家都认为对于任何项目（尤其是 IT 项目）的成功，最大威胁就是沟通失败。其他知识领域的许多问题（如范围不明确或时间安排不切实际）也表明沟通存在问题。对于项目经理及其团队而言，将良好的沟通放在首位是至关重要的，特别是与高层管理者和其他关键的干系人之间的良好沟通。

IT领域是不断变化的，这些变化产生了大量的技术术语。当计算机专业人士与不精通或不熟悉计算机的人（这类人群包括许多商务人士和高级管理人员）进行交流时，技术术语通常会使事情变得越发复杂，使非专业人士毫无头绪。尽管当今大多数人都会使用计算机，但随着技术的进步，用户与开发人员之间的差距也越来越大。知识和经验的差距导致了技术专业人士与其企业同事之间的一些沟通问题。当然，并非所有计算机专业人士都不善于沟通，但是任何领域的大多数人都有提升沟通技巧的空间。

此外，许多的教育体制都注重培养IT毕业生的专业技术能力，而不太重视他们沟通与社交技能的培养。大多数与IT相关的学位课程都有许多技术要求，但是很少有沟通（说、写、听）、心理学、社会学和人文学科方面的课程。人们常常认为学习这些软技能是很容易的，但它们也是非常重要的技能，人们同样需要学习和开发这些技能。

许多研究表明，IT专业人员需要这些软技能，它们和其他技能同等重要，甚至更重要。在从事IT项目时，技术技能和软技能是不能完全分开的。为了使项目成功，每个项目成员都需要两类技能，并且这两类技能都需要通过正规教育和在职培训得到不断提高。

研究持续表明对IT专业人士的巨大需求以及良好的沟通和业务技能的重要性。《国际商业与社会科学杂志》(the International Journal of Business and Social Science)上的一篇文章写道：

- 组织正在寻找一类能够将技术、软件和业务技能进行正确结合的员工。
- 最重要的非技术技能包括解决问题、团队合作、倾听、适应新技术和语言、时间管理、将知识转化为实际应用、多任务处理、口头沟通、可视化和概念化、站在客户角度考虑问题、人际交往能力、了解企业文化、团队间沟通，以及给予和接受建设性的批评。
- "IT公司对这些非技术技能的需求如此之大，以至于一些IT公司表示，他们可以雇佣技术技能最低的员工，只要这位员工具备扎实的软技能和业务技能。"[1]

本章重点强调实现良好沟通的关键要素、描述项目沟通管理的过程、提供改善项目沟通的建议，以及讲解软件如何辅助项目沟通管理。

项目沟通管理的目标是确保项目信息能够及时且适当地生成、收集、发送、存储和部署。项目沟通管理中包含以下3个主要过程：

1. 计划沟通管理包括确定干系人的信息和沟通需求——谁需要什么信息？他们什么时候需要这些信息？如何将信息发送给他们？这个过程的输出包括沟通管理计划、项目管理计划更新和项目文档更新。

2. 管理沟通包括对沟通管理计划中的项目沟通进行创建、发布、存储、检索和处置。这个过程的主要输出包括项目沟通、项目管理计划更新、项目文档更新和组织过程资产更新。回顾第4章，组织过程资产包括正式和非正式的计划、政策、程序、指南、信息系统、财务系统、管理系统、经验教训和历史信息。这些资产帮助人们理解、遵循和改善组织的业务过程。

3. 控制沟通包括确保干系人的沟通需求得到满足。

10.2 良好沟通的关键

项目经理表示，他们花费在沟通上的时间多达90%。理解人的思想和动机不是一件容易的事，有效地与人沟通同样不简单。有几个重要的概念可以提供帮助，例如注重团队和个人的沟通需求、使用正式和非正式的沟通方法、及时有效地发布重要信息、为交流坏消息搭建舞台以及理解沟通渠道。

10.2.1 注重团队和个人的沟通需求

许多高层管理者认为，对于一个进度落后的项目，他们只能为其增加更多的人员。不幸的是，由于沟通的复杂性增加，这种方法通常会造成更多挫折。Frederick Brooks 在他的畅销书《人月神话》(The Mythical Man-Month)中非常清楚地说明了这一概念。[2] 人是不能互换的零件，你不能假设计划由一人花费两个月完成的任务可以在一个月内由两人来完成。一个流行的比喻是，你不能让九名妇女在一个月内生出宝宝！

同样重要的是了解沟通的个人和团体的喜好。正如你在第9章中了解到的，人们具有不同的性格特征，这些特征通常会影响他们的沟通喜好。例如，如果你要表扬一个项目团队成员的出色表现，那么大多数性格内向的人会更愿意私下接受表扬，而大多数外向的人希望得到公开表扬，让所有人都听到对他们工作做得好的肯定。一个直觉型的人想了解一样东西是如何融入大环境的，而一个敏感型的人则希望得到更专注的、一步一步的细节。理性的人想知道信息背后的逻辑，而感性的人想知道信息如何影响他们自身和其他人。判断型的人会在没有任何提醒的情况下抓紧按时完成任务，而感知型的人会在制定和执行计划时需要更多的帮助。

但是，每个人都是独一无二的，因此你不能简单地根据性格特征或其他特征进行概括。正如作家 Stephen Covey 在《高效能人士的7个习惯》(The 7 Habits of Highly Effective People)一书中所建议的，你需要先寻求理解，并且站在别人的位置上考虑问题，才能进行真正的沟通。

对于项目经理及其团队成员而言，了解自己的沟通风格非常重要。正如你在第9章中了解到的，许多IT专业人士具有与一般人群不同的个性特征，比如更内向、更直接和更重视思考（而不是感觉）。这些个性差异可能导致他们与外向、感性类型的人沟通不畅。例如，由IT专业人士撰写的用户指南可能不会提供大多数用户所需的详细步骤。许多用户更喜欢通过面对面的会议或简短的视频来学习如何使用一个新系统，而不太愿意按照书面指导来操作。他们可能更喜欢双向对话，以便获得实践经验并能够当场提出问题。

同样，信息接收者很少能完全理解发送者的意图。因此，重要的是提供几种沟通方法，例如书面文字、视觉效果、视频和会议，以及促进开放对话的环境。你可以建立一个反馈回路来确保接收者能够理解信息，而不是假设他们能理解。例如，一些教师会使用答题器或类似工具快速评估学生对概念的理解程度。许多人会对他们认为别人所理解的事情和别人实际所做事情之间的差异而感到惊讶。许多人也很难承认他们不了解某些东西。在传达信息时，项目经理及其团队必须有耐心和灵活性，并确保人们能理解他们的信息。你不能沟通过度！

地理位置和文化背景也会影响项目沟通的复杂性。如果项目干系人在不同的国家，那么在正常的工作时间内安排时间进行双向沟通往往是很难或不可能的。语言障碍也会导致沟通问题，同一单词在不同语言中的含义可能大相径庭。时间，日期和其他度量单位也有不同的解释。受某种文化熏陶的人可能会在交流方式上让其他人感到不适。例如，某些国家或地区的管理者仍然不允许女性或等级低的工人进行正式演讲。一些文化还会保留书面文件以约束承诺。在项目早期，花时间研究和理解这些沟通的细微之处，可以起到极大的帮助。

> **错在哪里**
>
> 有很多关于沟通不畅的有趣例子，尤其是涉及使用新技术时。例如，几年前我教授信息系统入门课程。其他教师也经常会参加该课程，学习如何使用最新的软件应用程序。有一天，学生们正在学习如何在计算机上调整设置并使用快捷键。我告诉学生"右键单击"，然后选择"属性"，或者"右键单击"，然后选择"复制"。课程结束后，等到其他学生都走了，一位教师悄悄走近我说："我不知道我做错了什么。"她拿起一张上面写着十几遍"单击"的纸。换句话说，当我告诉她这样做时，她不是在用鼠标右键单击，而是在纸上写"单击"。我问她："您是 Mac 用户吗？"Macintosh 计算机一般没有带两个按钮的鼠标，因此用户无须右键单击。我向那位教师展示了如何用鼠标右键单击，并且在以后的课程中，我会指出在 PC 上与 Mac 上不同的操作方式。随着技术的不断变化，保持耐心并花时间确保干系人了解如何使用与项目相关的工具是非常重要的。

10.2.2 正式和非正式的沟通

项目团队成员如果仅向项目经理和其他干系人提交项目报告，是不足以默认为每个需要了解项目信息的人都将会阅读这些报告并知晓其内容的。尽管有时这种做法也能行得通，但是很多人更喜欢非正式的沟通。世界上大约一半的人是外向型的，他们喜欢和其他人交谈。通常许多非技术性的专业人士（从员工到经理）都倾向于就项目进行双向对话，而不是通过阅读详细的报告、电子邮件或网页来查找相关信息。

许多员工和经理想了解参与项目工作的人，并与他们建立相互信任的关系，这样的关系就通过对项目进行非正式的讨论来建立。因此，项目经理必须善于通过良好的沟通建立关系。许多专家认为，合格的项目经理和优秀的项目经理之间的区别在于他们培养关系以及使用移情倾听技巧的能力，正如第 9 章所述。

口头沟通也有助于在项目人员和项目干系人之间建立更牢固的关系。人们喜欢通过互动得到关于项目进展情况的真实感觉。Albert Mehrabian 在《无声的信息》(*Silent Messages*) 一书中对他的研究进行了讨论，该研究表明，在面对面的互动中，信息是通过肢体语言、语气和说话的内容来传达的。[3] 现今的项目沟通课程想要传达的是，重要的是不仅仅要关注某个人实际说的话。一个人的语气和肢体语言能够充分表达他们的感受。

有效地创建和发布信息取决于项目经理和项目团队成员的良好沟通技能。沟通包括许多不同的方面，例如写、说、听，项目人员在日常工作中需要使用所有这些方面。此外，不同的人会对不同级别或类型的沟通做出积极回应。例如，项目发起人可能更愿意每周进行一次非正式的讨论，一边喝咖啡一边了解情况。项目经理需要意识到这一偏好并加以利用。与其他形式的沟通相比，项目发起人在非正式的谈话中更能为项目提供更好的反馈意见。在非正式的谈话中，项目发起人可以发挥领导作用，并在宏观上提供对项目和整个组织的成功至关重要的见解和信息。特别是对于敏感信息，简短的面对面会议通常比电子通信更有效。

10.2.3 及时有效地发布重要信息

项目中详细的技术信息是很重要的,这些信息将影响项目中开发的产品或服务的关键性能特征。更重要的是记录那些可能会影响产品性能的技术规格变化。例如,如果本章"开篇案例"中的海底光纤通信项目集包含一个购买和提供特殊潜水装备的项目,并且氧气罐的供应商提高了储罐容量,以便潜水员可以在水下停留更长时间,那么其他人将需要了解这项重要的新性能,这样的信息不应该被湮没在供应商的新产品宣传册的附件中。

人们有避免报告坏消息的倾向。如果氧气罐的供应较慢,那么项目购买氧气罐的负责人可能会等到最后一分钟才报告这个关键信息。消息可以通过网站、电子邮件、手机短信或类似方式通过文本快速传递。但是,人们往往对太多的信息变得不知所措,他们可能不明白在特定的项目中这样的信息意味着什么。

会议和非正式的谈话中的口头沟通有助于将重要的信息(正面的或负面的)公开化。因为 IT 项目通常需要大量的协调,所以短而频繁的会议是一个好办法。例如,某些 IT 项目经理要求所有项目人员每周甚至每天早上都要参加一次站立式会议,具体开会频率取决于项目需求。站立式会议没有椅子,这就迫使成员将精力集中在他们需要沟通的内容上。回想一下,使用敏捷方法的项目每天都有会议,以确保每个人都能达成一致。如果不能面对面,人们可以用虚拟会议来代替。

10.2.4 为交流坏消息搭建舞台

将信息放在具体情境中是很重要的,尤其是对于坏消息。如果出现问题,就要知道它将如何影响整个项目和组织。坏消息看起来是一个重大的挫折,但是你可以建议采取一些措施来缓解问题。项目发起人和其他高级经理想知道,你已经评估了该情况的影响、考虑了替代方案,并根据你的专业知识提出了建议。项目经理应该知道一个重大问题可能会如何影响组织的底线,并能够利用其领导能力来应对挑战。

下文是大学生给父母的一封信,这是一个关于如何减轻坏消息影响的有趣例子。在许多网站上也能找到这封信的变体。

亲爱的爸爸妈妈,或者我应该叫外公和外婆:

是的,我怀孕了。不过我还没有结婚,因为我的男朋友 Larry 失业了。Larry 的雇主似乎并不欣赏他自从高中退学以来学会的技能。爸爸,尽管 Larry 比您大三岁,但他看起来比您年轻得多。我从大学退学了,找了一份工作,以便我们可以在孩子出生之前买下一间公寓。我找到了一间漂亮的公寓,在 24 小时汽车维修车库上面,车库很好并配备了隔离设施,因此产生的废气和噪音不会影响我们。

我很开心。我想你们也是。

爱你们的,Ashley

备注:没有 Larry,我没有怀孕,没有结婚,也没有从学校退学,但是我在化学课上得了个"D"。我只是希望你们能正确看待这件事。

10.2.5 确定沟通渠道的数量

沟通的另一个重要方面是参与项目的人数。随着人数的增加,沟通的复杂性也会增加,因为人们有更多的渠道或途径进行沟通。你可以使用以下简单公式来确定当参与项目的人数增加时，沟通渠道数的变化：

$$沟通渠道数 = \frac{n(n-1)}{2}$$

其中，n 表示参与项目的人数。

例如，2 个人有 1 个沟通渠道：(2(2-1))/2=1。3 个人有 3 个渠道：(3(3-1))/2=3。4 个人有 6 个沟通渠道，5 个人有 10 个沟通渠道，依此类推。图 10-1 说明了这一概念。你可以看出，当人数超过 3 时，沟通渠道的数量会迅速增加。项目经理应尝试限制团队或子团队的规模，以避免沟通过于复杂。例如，如果 3 个人一起完成一个特定的项目任务，那么他们有 3 个沟通渠道。如果团队再增加 2 个人，那么将有 10 个沟通渠道，增加了 7 个沟通渠道。如果改为增加 3 个人，那么将有 15 个沟通渠道，增加了 12 个沟通渠道。你会看到，随着团队规模的扩大，沟通迅速变得复杂。

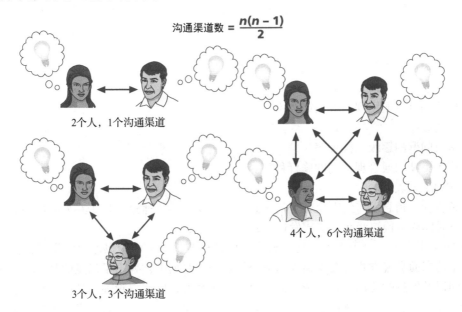

图 10-1　人数对沟通渠道的影响

优秀的沟通者在决定如何发布信息之前会考虑很多因素，包括团队的大小、信息的类型和合适的沟通媒介。人们本应该仔细规划邮件内容，但事实上却经常快速写完电子邮件就发送出去。即使在只有 5 个收件人的团队中，这也是个问题。当把这样的消息发送到一个 500 人或更多人组成的团队时，负面影响会成倍增加。当被问及为什么向大型团队发送电子邮件会与向小型团队发送不一样时，一位首席信息官回答说："随着团队规模的扩大，你将面临一系列管理上的挑战。糟糕的沟通会使犯致命错误的可能性呈指数增长。大型项目中有许多部分都很灵活，因此分开管理会容易很多。沟通是使一切正常运转的动力。相比于由 500 名成员组成的团队，解决由 5 名成员组成的团队之间的不信任气氛要容易得多。"[4]

但是，在一些情况下你无法举行面对面的会议，必须发邮件给大团体的所有参与者。许多 IT 专业人士都是在虚拟项目中工作，在这些项目中他们不会与项目发起人、其他团队成员或其他项目干系人见面。在虚拟项目环境中，对于项目经理来说，制定清晰的沟通程序至关重要。他们必须使用电子邮件、网络会议、即时消息、讨论帖、项目网站或其他技术来传达大多数信息。他们偶尔会使用电话或其他媒介进行沟通。但一般来说，他们必须依靠良好的书面沟通方式。

如你所见，项目沟通不仅仅是创建和发送状态报告或举行定期会议。许多优秀的项目经理都知道自己在这方面的优势和劣势，并与技能互补的人在一起，就像"开篇案例"中 Peter Gumpert 要求 Christine 担任他的助理一样。与整个项目团队分享项目沟通管理的责任是一种好习惯。

10.3 计划沟通管理

由于沟通对项目非常重要，因此每个项目都应包括一份**沟通管理计划**（communication management plan），即指导项目沟通的文档。正如你在第4章中了解的，这个计划应该是整个项目管理计划的一部分。沟通管理计划随项目需求而变化，但人们仍然应该准备某种类型的书面计划。对于小型项目，如第3章中描述的项目管理内部网网站项目，沟通管理计划可以是团队章程的一部分。对于大型项目，它应该是一份单独的文档。沟通管理计划应解决以下问题：

1. 干系人的沟通需求。
2. 需要沟通的信息，包括格式、内容和详细程度。
3. 谁接收信息，谁产生信息。
4. 传达信息可能用到的方法或技术。
5. 沟通频率。
6. 解决问题的逐级上报程序。
7. 用于更新沟通管理计划的修订程序。
8. 常用术语表。

知道将什么信息发布给哪个特定的干系人是很重要的。通过分析干系人的沟通需求，可以避免将时间或金钱浪费在创建或发送不必要的信息上。

表10-1提供了一个干系人沟通分析实例的部分节选，从中可以看出哪类干系人应使用哪种特定的书面交流方式。在干系人沟通分析表的一些列中，列出了信息的联系人、交付信息的时间以及信息的首选格式。请注意，第一个干系人，即客户管理人员，想要一份月度状态报告的硬拷贝以及一个讨论它们的会议。你可以创建一个类似的表格来显示哪些干系人应该参加特定的正式项目会议。在此类表中包含注释部分常常是一个好主意，用来记录与每个干系人、文档、会议或其他组件有关的特殊注意事项或详细信息。让干系人审核并批准干系人沟通分析表，以确保信息的正确性和有用性。

表10-1 干系人沟通分析实例

干系人	文档名	文档格式	联系人	交付信息的时间
客户管理人员	月度状态报告	硬拷贝和会议	Tina Erndt、Tom Silva	每月的第一天
客户业务人员	月度状态报告	硬拷贝	Julie Grant、Sergey Cristobal	每月的第一天
客户技术人员	月度状态报告	电子邮件	Li Chau、Nancy Michaels	每月的第一天
内部管理	月度状态报告	硬拷贝和会议	Bob Thomson	每月的第一天
内部业务和技术人员	月度状态报告	内部网	Angie Liu	每月的第一天
培训分包商	培训计划	硬拷贝	Jonathan Kraus	11月1日
软件分包商	软件实施计划	电子邮件	Najwa Gates	6月1日

注：在电子邮件的标题中加入文档的题目和日期，同时要求收件人发送已读回执。

许多项目没有提供足够的关于沟通的初始信息。项目经理、高层管理者和项目团队成员通常都认为，使用现有的沟通渠道来传达项目信息就足够了。使用现有渠道的问题是每个团队（以及其他干系人）都有不同的沟通需求。在项目的早期阶段创建某种沟通管理计划，并与项目干系人一起进行评审，有助于防止或减少以后的沟通问题。如果组织同时执行多个项目，那么在处理项目沟通方面保持一致性有助于组织的平稳运行。

一致的沟通有助于组织改善项目沟通，尤其是对于由多个小项目组成的项目集。例如在"开篇案例"中，项目集经理 Peter Gumpert 如果制定一个所有项目经理都能帮助制定和遵循的沟通管理计划，将会受益匪浅。由于其中几个项目可能拥有相同的干系人，因此制定一个协调的沟通管理计划就更为重要。例如，如果客户从 Peter 的公司收到一些格式各不相同的状态报告，并且来自同一公司的相关项目的信息也没有得到协调，那么客户将质疑 Peter 的公司管理大型项目的能力。

与基本的项目沟通内容有关的信息可以从工作分解结构（WBS）中获得。事实上，许多 WBS 都包含项目沟通部分，以确保关键信息的报告是项目的可交付成果。如果报告基本信息是 WBS 中定义的一项活动，那么清楚地了解需要报告什么项目信息、什么时候报告、如何报告以及由谁负责生成报告就变得尤为重要。

10.4 管理沟通

管理沟通是项目经理工作的一大部分。在正确的时间以常用的格式将正确的项目信息提供给正确的人，与最初产生信息一样重要。干系人沟通分析是管理沟通的良好起点。项目经理及其团队必须确定谁接收特定信息，但他们同样还必须确定创建和发布信息的最佳方式。发送项目信息的书面报告就足够了吗？是使用文本合适，还是用视觉效果甚至视频传达信息会更好？仅通过开会能有效地发布项目信息吗？还是需要同时使用会议沟通和书面沟通？向虚拟团队成员提供信息的最佳方式是什么？

在项目执行期间，项目团队必须重点考虑管理信息的因素，并且他们通常最终会通过改善沟通来更新业务过程。例如，他们可能会修改政策和程序、修改信息系统或引入新技术来改善信息发布的效果。例如，"开篇案例"中的项目集经理 Peter Gumpert 可能会决定，给主要项目成员提供智能手机上的特殊应用程序来加强沟通。他需要申请额外的资金来提供这些设备和应用程序，还要培训员工如何使用它们。

在回答了与项目沟通有关的关键问题之后，项目经理及其团队必须决定创建和发布信息的最佳方式。重点考虑的因素包括技术的应用、适当方法和媒体的使用以及绩效报告。

10.4.1 使用技术来强化信息创建和发布

如果使用得当，技术可以促进创建和发布信息的过程。大多数个人和企业都依赖电子邮件、即时消息、网站、电话、手机、短信和其他技术进行沟通。使用项目管理信息系统，可以创建和组织项目文档、进度计划、会议记录和客户要求，并能提供它们的电子版。你可以在本地或云端存储这些信息。以电子方式存储项目文档的模板和样例可以使人们更容易访问标准形式的文件，从而使信息发布也更加容易。同样重要的是，在适当位置采用备份程序以防常规的沟通技术出现问题，正如下面的"全球问题"的功能描述。在决定使用哪些技术时，有两个重要的因素需要考虑，包括沟通方法和媒介，详见下节所述。在本章的后面，你将学到更多有关使用软件来辅助项目沟通管理的内容。

> **全球问题**
>
> 自然灾害经常会破坏世界各地之间的通信。例如，2011年3月日本发生9.0级地震后，其通信基础设施遭受的破坏达到了前所未有的规模。幸运的是，日本电报电话公司（NTT）的数千名员工夜以继日地开展恢复通信的工作。在他们的努力下，灾难发生后的第二天，日本实现了475万次公共通话。以下列表总结了有关破坏和恢复工作的一些事实和数据：
>
> - 由于桥梁和铁路的损坏，约有90条主干线路被切断。
> - 990座交换机大楼断电。
> - 150万条线路遭到损坏。
> - 16座交换机大楼被摧毁。
> - 2700公里的架空电缆被损坏。
> - 3930条用于公共紧急使用的电话线路相继搭建。
> - NTT East向地方当局捐赠30 000台电话。
> - 创建了450个紧急网络接入点。[5]
>
> 灾难发生后的第二天就可以恢复通信是一件很好的事情，但通常还是太晚了。2015年4月的尼泊尔地震造成8800多人丧生，超过23 000人受伤。手机和互联网连接消失后，一些人转而使用老式的技术，如业余无线电台，来迅速传递有关失踪受害者的信息。
>
> 为了在下一次灾难袭来时改善通信，研究人员一直在研究更好的解决方案。丹麦设计师Pernille Skjødt和Ida Stougaard创造了一种名为"Reachi"的设备，该设备曾入围2015年全球社会企业创业大赛。它使用一种名为"网状网络"的技术，该技术可以在人与人之间发送信号——与智能手机应用程序中称为"FireChat"的技术相同。Reachi是一种比电话更坚固的单功能设备，可以浸入水中并依靠太阳能运行。"设计师目前正在完成最终验证，并与菲律宾红十字会合作，计划在全国范围内进行推广。最终，他们也希望把Reachi带到其他国家。Reachi在任何地方都可能有用。当标准的基础设施中断时，即使是地球上联系最密切的地方也无法轻易地进行通信。"[6]

10.4.2 选择适当的沟通方法和媒介

沟通方法分为3大类：

1. 互动沟通：顾名思义，两个或两个以上的人通过会议、电话或视频会议互动来交换信息。这种方法通常是确保达成共识的最有效方法。

2. 推式沟通：信息通过报告、电子邮件、传真、语音邮件和其他方式发送或推送给接收者，而无须他们主动要求。此方法可以确保发布信息，但不能确保接收者已接收或理解了该信息。

3. 拉式沟通：根据接收者的要求，通过网站、公告板、电子学习系统、博客和维基之类的知识库等渠道将信息发送给接收者。

除了确定用于传达特定项目信息的适当方法之外，考虑使用哪些媒介也很重要。例如，如果你已经知道必须使用互动沟通的方式与项目发起人一起审查一个重要的主题，那么你仍然需要确定使用哪种媒介。表10-2给出了一家沟通咨询公司Practical Communications, Inc.的指南，内容关于不同类型的媒介如何满足不同的沟通需求。这些媒介包括硬拷贝、电话、语音邮件、电子邮件、会议和网站。例如，如果你想对项目干系人的承诺进行评估，会议将是最合适的媒介。(最好进行面对面的会议,但参加者能够看到并听到彼此的 Web 会议也是可以的。)电话的方式也可以,其他媒介就不可取了。项目经理必须明确组织、项目和个人的需求,以确定使用哪种沟通媒介以及何时使用这些媒介。项目经理还必须意识到采用新技术来加强沟通和合作功能,参见下方"对在哪里"中所述内容。

表 10-2 媒介选择表

分值:1= 优秀的   2= 适当的   3= 不适合的

媒介适合的程度:	硬拷贝	电话	语音邮件	电子邮件	会议	网站
评估承诺	3	2	3	3	1	3
建立共识	3	2	3	3	1	3
调停冲突	3	2	3	3	1	3
消除误解	3	1	3	3	2	3
解决消极行为	3	2	3	2	1	3
表达支持或赞赏	1	2	2	1	2	3
鼓励创造性思维	2	3	3	3	1	3
说反话	3	2	2	3	1	3
传送参考文件	1	3	3	3	3	2
提升某人权威性	1	2	3	3	1	1
提供永久记录	1	3	3	1	3	1
保密	2	1	2	3	1	3
传达简单信息	3	1	1	1	3	1
询问情报信息	3	1	1	1	3	3
提出简单要求	3	1	1	1	3	3
给出复杂指令	3	3	2	2	1	2
向多个人讲话	2	3 或 1*	2	2	3	1

*取决于系统的功能

资料来源:Tess Galati, Email Composition and Communication (EmC2), Practical Communications, (2001).

对在哪里

在 Verizon Business 和微软公司的赞助下,Frost & Sullivan 给出一份题为"世界各地的会议:协作对企业绩效的影响"("Meetings Around the World: The Impact of Collaboration on Business Performance")的研究报告,发现协作是世界各地公司整体绩效的关键驱动力。协作产生的影响力是公司在追求新市场机会方面的进取心所产生的影响力的两倍,是外部市场环境产生的影响力的五倍。该研究将协作定义为文化和技术之间的互动,例如音频和网络会议、电子邮件和即时消息。研究人员还创建了一种衡量协作如何影响企业绩效的方法。

在所研究的所有协作技术中,相比于低绩效公司,有 3 项技术在高绩效公司中更为常用:Web 会议、音频会议和会议调度技术。Frost & Sullivan 副总裁 Brian Cotton 表示:"这项研究显示,企业领导者可以用一个强大的新衡量标准来更成功地管理企业,并获得竞争优势。""衡量一个特定组织的协作质量和能力,为管理层提供了一个机会,使他们可以优先考虑技术投资,鼓励采用新工具,并为改善协作开辟沟通渠道。"[7]

这项研究还揭示了各个国家的人在沟通偏好上的地域差异。这些差异凸显了增进文化了解以改善世界各地合作努力的机会。例如：

- 美国的专业人士更喜欢独自工作，他们更喜欢发送电子邮件，而不是打电话或留下语音邮件。与其他地区的人相比，他们对音频、视频和Web会议技术也更加满意。此外，他们在参加电话会议时更倾向于同时处理多项任务。
- 与其他国家/地区的同行相比，欧洲人更擅长团队合作，并且更愿意与他人进行实时互动。他们更有可能觉得不接电话是不负责任的行为，他们希望人们回电话而不是留下语音邮件。
- 比起其他任何地方，亚太地区的专业人士喜欢在工作日期间保持联系。因此，电话是他们必不可少的工具，而且他们更喜欢发送即时消息而非电子邮件。

在由Verizon和思科公司赞助的一项后续研究中，Frost & Sullivan研究了协作解决方案在实现高水平组织绩效中所起的作用，并开发了一个模型来计算协作回报（ROC）。研究者通过对全球3662名经理的调查分析，评估了在6个职能领域的关键业务活动中，应用协作技术所产生的回报：创新和新产品开发（研发）、员工保留率和流失/减员率（人力资源）、销售业绩（销售）、客户获取（市场营销）、股东价值（投资者关系）和企业声誉（公共关系）。研究结果表明，在销售业绩、创新和新产品开发领域的回报最高。"我们的主要发现令人震惊：当组织在其运转中部署和使用基于IP的高级协作工具时，他们能更好地执行关键业务活动，并在协作中获得更高的回报。"[8]

10.4.3 报告绩效

管理项目沟通的另一个重要工具是绩效报告。绩效报告使干系人了解资源是如何用于实现项目目标的，它也激励员工汇报一些进展。回顾第1章，进度报告被认为是一种超级工具，它被广泛使用并能改善项目绩效。绩效报告通常以进度报告或状态报告的形式提供。许多人将这两个术语交替使用，但也有些人对它们做了如下区分：

- **进度报告**（progress report）描述了项目团队在一定时间内完成的工作。许多项目要求每个团队成员准备一份月度报告，有时是每周进度报告。团队领导经常根据从团队成员那里获得的信息来创建综合进度报告。在本章后面提供了月度报告的模板样例。
- **状态报告**（status report）描述项目在特定时间点的位置。状态报告根据三项约束，满足范围、时间和成本目标来说明项目的现状。比如迄今为止已经花了多少钱？完成某些任务需要多长时间？工作按原计划完成了吗？状态报告可以根据干系人的需要采用不同格式。如第2章所述，在使用敏捷项目管理时，可以通过每日Scrum会议和燃尽图来沟通进度。

预测（forecast）是基于过去的信息和发展趋势预测未来的项目状态和进展。基于现在的情况，完成这个项目需要多长时间？完成这个项目还需要多少钱？项目经理还可以使用挣值管理（参见第7章）来回答这些问题，方法是根据项目的进展情况估计完工时的预算和完工日期。

绩效报告的一项重要技术是状态评审会议。正如第4章所述，状态评审会议是一个很好的方法，它能突出重要项目文档中提供的信息、使员工对自己的工作负责，并对重要项目问题进行面对面讨论。许多项目经理会定期举行状态评审会议，以交流重要的项目信息，并激励员工在项目的各方面取得进展。同样，许多高层管理者每月或每季度举行状态评审会议，在会议上项目经理必须报告项目整体状态信息。

状态评审会议有时会成为各方之间的冲突战场。项目经理或更高级别的高层管理者应该为状态评审会议设定基本规则，以控制冲突的数量，并且努力解决所有潜在问题。重要的是要记住，项目干系人应该共同努力解决绩效问题。

▷ **给年轻专业人士的建议**

如果你在一个项目团队工作，但是从来没有参加过状态评审会议，问问你的项目经理你是否可以参加。你可以了解许多关于自己的项目和组织中正在进行的其他项目的信息。你还能亲眼看到高层管理者如何对不同的信息做出反应，以及他们关注的主要问题是什么。希望大家能就一些重要的问题进行良好讨论。如果你继续参加未来的状态评审会议，请不要害怕在讨论中提出自己的问题和建议。

10.5 控制沟通

控制沟通的主要目标是在整个项目生命周期中确保信息的最佳流动。项目经理和项目团队应该使用专家判断、项目管理信息系统、数据展示、人际关系与团队技能，以及会议来评估沟通的良好程度。如果存在沟通问题，项目经理和团队需要采取行动，这些行动通常需要对早期项目沟通的计划和管理过程进行修改。控制沟通的主要成果是工作绩效信息、变更请求、项目管理计划更新和项目文档更新。

由一个项目团队之外的协调人员来评估沟通情况往往是有益的。协调人员还可以帮助团队解决所有沟通问题。其实许多项目团队在改善沟通方面都需要帮助，而许多内部和外部专家都可以提供帮助。下一节还提供了改善项目沟通的建议。

10.6 改善项目沟通的建议

良好的沟通对 IT 项目的管理和成功至关重要。到目前为止，在本章中，你已经了解到，项目沟通管理可以确保必要的信息在正确的时间发送到正确的人手中，反馈和报告也是适当和有用的，并且项目沟通有正式的计划、管理和控制过程。本节重点强调项目经理和项目团队成员改善项目沟通时应该考虑的几个方面。本节将提供一些指南，帮助你开发更好的沟通技能，组织有效的会议，有效使用电子邮件、即时消息、短信、看板和协作工具，以及使用模板进行项目沟通。

10.6.1 开发更好的沟通技能

有些人似乎天生就有很好的沟通技巧，有些人则有专业技术技能，但很少有人天生就能同时拥有这两种技能。然而，这两种技能都可以培养。大多数 IT 专业人员是凭借他们的技术技能进入这个领域的。然而，大多数人发现，沟通技能是他们职业发展的关键，尤其是当他们想成为优秀的项目经理时。

大多数公司更愿意在员工的技术培训上投入大量资金，尽管沟通培训可能会让员工获益更多。员工本人也更有可能自愿报名参加学习最新技术的课程，而不是参加培养软技能的课程。

沟通技能培训通常包括角色扮演活动，参与者在这些活动中会学习一些概念，比如建立融洽关系，正如第 9 章中所描述的。培训课程还使参与者有机会在团队中培养特定技能。专注于演讲技巧的会议通常会用录像记录参与者的表现，大多数人看到自己表达上的特殊习惯都会感到惊讶,并且享受提高自己技能的挑战。在沟通和演讲培训上进行很小的投资,就可以对个人、项目和组织带来巨大的回报。

随着组织变得越来越全球化,组织意识到他们必须进行其他投资,以改善来自不同国家和文化的人们之间的沟通方式。例如,苹果公司在 2015 年发布了新操作系统,其中包含了数百个不同的表情符号,以吸引全世界的用户。

许多美国人从小就被教育要说出自己的想法,而在其他一些文化中,人们往往会被直言不讳所激怒。一些国家的决策者更注重建立个人关系和信任,而不是像美国人那样注重事实和快速反应。如果不了解如何与来自不同文化背景的人进行有效沟通,可能会给项目和业务带来不利影响。许多培训课程能够对人们的文化意识、国际业务和国际团队建设等方面进行培训。员工还需要学习如何参加虚拟会议和电话会议。有些人认为这些技能是理所当然的,但许多人还是需要帮助才能适应新的环境。

领导层要帮助改善沟通。如果高层管理者默许职员发表乏味的演讲、书写马虎的报告、冒犯来自不同文化的人或在会议上行为失当,那么员工也不会想要提高他们的沟通技能。高层管理者必须设立高期望并以身作则。一些组织派遣所有 IT 专业人员参加培训,其中包括专业技能和沟通技能的培训。成功的组织会在项目进度计划中留出时间来准备重要报告和演讲的草稿,并吸取对草稿的反馈。最好的做法是安排时间与客户进行非正式会议,以帮助建立关系,并提供工作人员协助关系管理。可以通过来自高层管理者的适当计划、支持与领导来改善沟通。

媒体快照

本书的许多读者都是使用 Facebook 和 Twitter 这样的社交媒体网站长大的。当你知道 93% 的招聘人员都会查看潜在雇员的社交媒体资料时,你可能会感到惊讶。美国《金钱》(Money)杂志在 2014 年的一篇文章曾列出了"导致千禧一代失业(或更糟)的 10 大社交媒体失误",详情如下:

1. 在公司 Twitter 上发布一些令人尴尬的信息。
2. 不良内容过度分享。
3. 泄露公司机密。
4. 暴露自己的身份。
5. 在还没有接受一份工作的时候,就开始谈论这份工作。
6. 取笑客户或捐赠者。
7. 取笑你的老板/团队。
8. 在工作时间发帖。
9. 抱怨你的工作。
10. 上传喝酒的照片——即使你已经超过 21 岁。[9]

10.6.2 召开有效的会议

一个成功的会议可以成为促进团队建设和加强对项目的期望、作用、关系和责任的工具。失败的会议可能会对项目产生不利影响。例如,一个糟糕的启动会议可能会导致重要的干系人决定不再进一步支持该项目。

许多人抱怨他们把时间浪费在不必要的或者计划不周、执行不力的会议上。以下准则有助于改善会议时间：

- 确定会议是否有必要召开。如果有更好的方法来实现当前目标，就不要召开会议。例如，项目经理可能需要得到高级经理的批准才能为项目团队雇用其他人员，而在高层管理者的日程表上安排一个 10 分钟的会议可能需要一周甚至更长的时间。相反，通过电子邮件或电话来描述情况并说明请求比开会更快捷、更有效。但是，在某些情况下，你确实经常需要面对面开会，因为使用电子邮件或电话不合适。考虑哪种媒介最有效。
- 明确会议的目的和预期结果。明确会议的结果是什么，是集思广益、提供状态信息、还是解决问题？要让所有的会议计划者和参会者清楚地了解会议目的。例如，如果一个项目经理在不知道会议真正目的的情况下召集了所有项目团队成员开会，那么每个人都会专注于他们自己的议程，几乎不会有什么效果。因此所有的会议都应该有目的和预期的结果。
- 确定谁应该参加会议。是否某些干系人参加会议能使会议更有效？只需要项目团队领导参加会议，还是整个项目团队成员都应该参与会议？许多会议往往参加的人数越少越有效，特别是在必须做出决策的情况下。有一些会议可能需要许多人参与。根据会议的目的和预期的结果来决定谁应该参加会议是很重要的。
- 在开会之前向参与者提供议程。当参与者有备而来时，会议是最有效的。他们开会前阅读过报告了吗？他们收集到必要的信息了吗？一些专业人士如果没有事先收到议程，就拒绝参加会议。坚持制定议程会迫使会议组织者计划会议，并让潜在的参与者有机会决定他们是否需要参加。
- 事先准备印刷品和视觉辅助设施，并提前做好后勤安排。制作印刷品和视觉辅助设施的过程中，你必须组织自己的想法和观点，这通常有助于整个会议更有效地进行。做好后勤安排也同样重要，包括预订适当的房间、提供必要的设备、提供点心或适当的全餐。计划有效的会议需要时间，项目经理及其团队成员必须花时间准备会议，尤其是对于有重要干系人参加的会议。
- 以专业方式主持会议。介绍人员、重申会议的目的、说明参与者应该遵守的基本规则。需要有人推进会议以确保重要项目得到讨论，还要注意时间、鼓励参与、总结关键问题、详细阐明决策和行动事项。指定专人做会议记录，并在会议结束后立即发送给所有参与者。会议记录应该简短，着重记录会议的关键决定和行动事项。
- 为会议制定基本规则。预先说明会议将如何进行。例如，人们可以随意发言，还是由主持人主持讨论？参与者是否可以在会议期间使用笔记本电脑或其他电子设备？不要假设所有的会议都以同样的方式进行。在每个特定的情况下都应采取最有效的措施。
- 建立关系。基于组织和项目的文化，使会议生动有趣可能有助于建立关系。例如，适当地使用幽默、小点心或者奖励好点子等方式使参与者积极参与。如果使用得当，会议是建立关系的一种好方法。

10.6.3 有效地使用电子邮件、即时消息、短信、看板和协作工具

因为现在大多数人都使用电子邮件和其他电子通信工具，所以沟通效果就应该更好吗？不一定。事实上，很少有人接受过关于何时和如何使用电子邮件、即时消息、短信、视频会

议、看板或其他协同合作工具（如微软的 SharePoint 门户网站、谷歌文档或维基）的培训指导。**SharePoint** 门户（SharePoint portal）允许用户创建自定义网站，以访问存储在共享设备上的文档和应用程序。**谷歌文档**（Google Docs）允许用户在线创建、共享和编辑文档、电子表格和演示文稿。**维基**（Wiki）是一个允许任何访问者添加或修改其内容的网站。看板直观地展示了需要完成、正在进行或已经完成的任务。正如"最佳实践"中所描述的，这些已经成为改善沟通的流行工具。

最佳实践

看板的主要特性之一是可视化工作过程，这通常都是通过看板来实现的。图 10-2 提供了看板的一个非常简单的示例。请注意，放置任务的主要类别包括"待办事项"、"进行中"和"完成"。团队成员共同完成所有的任务，清楚地显示哪些任务需要完成（在待办事项部分），哪些任务正在进行（在进行中部分），哪些任务已经完成（在完成部分）。使用看板的人们可以根据自己的需求来定制概念。例如，他们可以设置一个板，或者在办公环境中利用一面墙，在即时贴上写下任务名称，然后将即时贴沿着板或墙移动。或者团队可以使用在线工具来录入并跟踪他们的工作过程。他们可以在每个任务中添加人员姓名、用颜色给任务编码、添加日历，或者使用任何有助于团队提高绩效的方法。

图 10-2　看板示例

资料来源：Kathy Schwalbe，项目管理概论，第 5 版（2015）。

即使人们知道何时使用电子邮件或其他工具进行项目沟通，他们也需要知道如何使用这些工具。新的程序版本推出时都会添加新的特性，但是用户往往不知道这些新特性，也没有接受过如何使用这些特性的培训。你知道如何组织和归档你的电子邮件吗？或者你是否有许多电子邮件存放在收件箱中？你知道如何使用通信录或如何创建通信组列表吗？你是否曾经使用过排序功能，按照日期、作者或关键词顺序查找电子邮件或文档吗？你是否使用过滤软件来防止垃圾邮件？你知道如何通过即时消息来共享你的桌面，教别人如何在你的电脑上使用软件吗？你知道如何对谷歌文档中的变化进行跟踪和合并，并创建报告和电子表格来作为协作的成果吗？项目团队中的每个人都知道如何使用 SharePoint 门户网站或维基的重要功能吗？你是否在使用一个软件工具来创建看板，以满足你的需求？强调使用共享存储库来保证良好沟通的项目团队和组织往往效率更高。许多项目管理软件工具都有共享项目文档和其他通信的功能，但是必须建立和遵循一定的过程。

像标准大学课程这样简单的事情就说明了这些问题。现在许多大学课程都使用在线课程管理软件，如 Moodle 或 Blackboard。教师已经学会发布课程教学大纲、讲义、课堂讲稿和其他文档，供全班同学分享。学生们经常被要求参加测验、参与讨论，并将他们自己的文件上传到中央网站。将所有信息发布到同一位置可以加强沟通。如果教师在教学大纲中规定学生必须经常查看电子邮件以获取课程信息，那么学生就会这样做，即使他们可能更喜欢使用短信。如果他们没有查看电子邮件，没有参与讨论，或者没有使用在线课程工具，他们的成绩将受到影响。

即便你知道如何使用这些通信系统的所有功能，你仍然可能需要学习如何清晰有效地将想法转化为文字。例如，你所写的任何电子邮件的主题栏都应该清楚地说明邮件的意图。协作项目的文件夹和文件名应该明确，并遵循文件命名规范（如果有）。不善写作的商务专业人士可能更喜欢与人交谈，而不是发送电子邮件或即时消息。低水平的写作往往会导致误解和困惑。

项目经理应该尽其所能帮助项目干系人有效地使用电子邮件、即时消息、短信和其他工具，而不是浪费时间在糟糕的或不清楚的沟通上。通过电子邮件、即时消息、短信或协作工具发送的信息应该适合这种媒介。例如，如果你可以通过电话或会议更好地传达信息，那么就这样做。如果你引入了一项新技术，比如看板，请一定根据自己的需求对其进行调整。不要仅仅因为时尚就去使用最新的工具，而要站在改善沟通和生产力的角度来使用工具。学习如何使用电子邮件、即时消息、短信和协作软件的重要功能，并确保团队中的每个人都进行学习。

下面的指南可以帮助你更有效地使用电子邮件：

- 一定要把电子邮件发给正确的人。例如，如果不必要，就不要在电子邮件中自动回复所有人。
- 在电子邮件中使用有意义的主题栏，以便读者迅速查看邮件中包含的信息。如果整个信息都可以放在主题栏中，那么就把它放在那里。例如，如果会议被取消，只需在主题行中输入该消息。另外，如果主题发生更改，请不要在不更改主题行的情况下继续回复电子邮件。主题应该始终与最新的话题相关。
- 一封电子邮件应该只包含一个主题。如果有不同的主题，就写在另一封邮件中。
- 电子邮件的内容应尽可能简明扼要。使用尽可能少的话，同时保持清晰友好的语气。如果需要回答 3 个问题，请将它们分别编号为问题 1、2 和 3，并各自单独成行。
- 在发送电子邮件之前，一定要反复阅读。此外，一定要使用拼写检查功能检查拼写。
- 限制电子邮件附件的数量和大小。如果可以包含文件在线版本的链接，就不要添加附加文件了。
- 删除不需要保存或不需要回复的电子邮件，更不要打开你认为不重要的电子邮件，例如垃圾邮件。如果可以，利用软件的拦截功能来拦截不需要的垃圾邮件。
- 确保病毒防护软件是最新的。不要打开你不信任的邮件附件。
- 如果可以，尽快回复电子邮件。稍后打开并再次阅读邮件将花费更长的时间。此外如果你发送的电子邮件不需要回复，也要在邮件中说明这一点。
- 如果需要保留电子邮件，请适当地将每封邮件归档。创建的文件夹名称要有意义，以便归档要保留的邮件。尽快归档。

大多数人都习惯使用电子邮件，但有些人可能不熟悉其他技术。制定一个让用户能了解最新信息的策略，并讨论什么时候最好使用其他技术而不是电子邮件。下面的附加指南可以帮助你更有效地使用其他沟通工具：

- 保持协作工具的先进性。确保你的团队使用了一个好的工具。许多工具都是免费的，比如谷歌文档和几种维基百科的工具。

- 务必授权合适的人来分享协作文档。还要确保其他安全措施布置到位。机密项目文档不要存储在谷歌文档中，必要时使用更安全的工具。
- 确保合适的人可以授权更改共享文档，并确保你备份了文档。
- 为组织和归档共享文档开发一个逻辑架构。使用好的文件命名规范对文件夹和文件命名。

10.6.4 使用项目沟通模板

许多有才华的人也会对写一份绩效报告或为客户评审会准备一份 10 分钟的技术展示感到吃力，有些人在这种情况下也不好意思寻求帮助。为了使项目沟通更容易准备，项目经理需要为一般的项目沟通提供范例和模板，如项目描述、项目章程、每月绩效报告和问题日志。过去项目中的良好文档可以提供大量范例。书面和口头报告的范例和模板对那些从来没有写过项目文件或做过项目演示的人特别有帮助。对于一些项目经理来说，查找、开发和共享相关的模板和范例文件是许多项目经理的重要任务。请务必确认你的组织或发起人是否提供或要求使用标准模板。本文提供了几个项目文档的范例，包括商业论证、项目章程、项目范围说明书、干系人分析、工作分解结构、甘特图和成本估算。本书的配套网站中包括了用于创建这些范例文件模板的实际文件。本节提供了其中一些模板和编写这些模板的指南。

图 10-3 展示了一个简单的项目描述模板。此表单可以在一页纸上展示整个项目的概况。例如，高层管理者可能会要求所有项目经理在季度管理评审会议上提供一个简短的项目描述。"开篇案例"中的项目集经理 Peter Gumpert 可能会要求所有项目经理提供此类的文件，以全面了解每个项目所涉及的内容。项目描述应包括项目目标、范围、假设、成本信息和进度信息。此模板建议包含项目甘特图的信息，以突出显示关键的可交付成果和其他里程碑。

项目X描述

目标：用一两个句子描述项目目标，重点在于完成项目的商业收益。
范围：简述项目范围。涉及哪些业务功能？项目将生产哪些主要产品？
假设：总结项目中最关键的假设。
成本：提供项目的预计总成本。如有需要，列出每年的总成本。
进度：如图所示，提供项目甘特图的概要信息，关注主要的任务和里程碑。

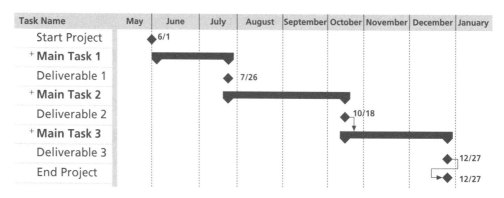

图 10-3　项目说明模板范例

表10-3展示了每月进度报告的模板。进度报告的各部分包括本期业绩、下期计划、问题和项目变更。回想一下，进度报告侧重于特定时间段的完成情况，而状态报告侧重于项目在某一时间点的情况。由于进度报告和状态报告是沟通项目信息的有效方式，因此根据项目团队具体需求制定相应的模板是非常重要的。有些组织，例如第3章中的JWD咨询公司，将进度信息和状态信息整合在同一个模板中。

表10-3　每月进度报告的模板

Ⅰ.一月份（或其他适当月份）的完成情况：
- 描述最重要的已完成事项。将它们与项目的甘特图联系起来。
- 描述其他重要已完成事项，每个已完成事项都用一个圆点标识。如果有的问题在之前的月份已经被解决了，就把他们列为已完成事项。

Ⅱ.二月份（或下月）计划：
- 描述下个月要完成的最重要的事项。同样，将它们与项目的甘特图联系起来。
- 描述其他需要完成的重要事项，每个事项都有一个圆点标识。

Ⅲ.问题：简要列出已经出现或仍然重要的重要问题。管理者不喜欢意外，想要帮助项目成功，所以一定要列出问题。

Ⅳ.项目变更（日期和说明）：列出任何已批准或请求的项目变更，包括变更的日期和简要说明。

表10-4列出了一个主要项目结束时应该组织和归档的所有文档的清单。从这个列表中，可以看到一个大型项目产生了许多文档。事实上，一些项目专业人员已经注意到，设计一架飞机的文件似乎比飞机本身的重量还重。（较小的项目通常产生的文档也要少得多！）

表10-4　最终项目文件列表

Ⅰ.项目说明
Ⅱ.项目建议书和备份数据（招标书、工作说明书、建议书函件等）
Ⅲ.原始和修订的合同信息和客户验收文件
Ⅳ.原始和修订的项目计划和进度表（工作分解结构、甘特图和网络图、成本估算、沟通管理计划等）
Ⅴ.设计文件
Ⅵ.最终项目报告
Ⅶ.可交付成果
Ⅷ.审计报告
Ⅸ.经验总结报告
Ⅹ.所有状态报告、会议记录、变更通知以及其他书面报告和电子通信的副本

项目经理和项目团队成员准备**经验总结报告**（lessons-learned report）——一份反思性陈述文档，记录他们从项目工作中学到的重要信息。项目经理经常将所有经验总结报告中的信息合并到项目摘要报告中。有关此类经验总结报告的项目摘要报告示例，请参见第3章。经验总结报告中讨论的一些内容包括：是否达到了项目目标、项目是否成功、造成项目变化的原因、选择纠正措施的原因、不同的项目管理工具和技术的使用，以及基于团队成员经验总结的个人智慧之谈。在一些项目中，要求所有项目成员写一份简短的经验总结报告；在另一些项目中，只有团队领导或项目经理需要写这样的报告。这些报告反映了人们觉得哪些对项目有用，哪些没用。每个人都以不同的方式学习，对项目也有不同的见解，所以让不止一个人在经验总结报告中提供想法是很有用的。这些报告可能是很好的资源，可以帮助未来的项目更顺利地运行。为了加强经验总结报告的优势，一些公司要求新的项目经理阅读过去的经验总结报告，并讨论如何把自己的新思想加入项目中。组织和准备项目档案也很重要。**项目**

档案（project archives）是一整套有组织的项目记录，它可以提供项目的准确历史记录。这些档案也可以为未来的项目提供有价值的信息。

在过去几年中，越来越多的项目团队开始将其全部或部分项目信息放在项目网站上，包括各种模板和经验总结报告。项目网站是一种能够集中提供项目文档和其他沟通内容的方式。项目团队成员可以使用维基或一些 Web 制作工具来开发网站，例如用谷歌、Basecamp、Atlassian 和许多其他公司提供的免费或付费网站。项目团队应该确保在创建和使用项目网站时解决重要的问题，例如安全性、访问权限和应包含的内容类型。

项目团队可以从许多可用的软件产品中挑选一个来通过 Web 协助项目沟通。正如你在第 1 章中所学到的，这些产品在价格和功能上有很大的差异。例如，图 10-4 显示了使用 Basecamp 时可使用的 6 个核心工具，Basecamp 是一种可以让教育工作者无限期免费使用的工具。但是请注意，这里并未列出诸如创建甘特图和网络图之类的关键特性。许多项目团队希望在移动设备上访问项目信息，所以现在很多工具也都包含这个功能。

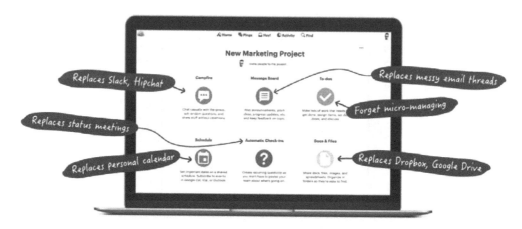

图 10-4　Basecamp 核心工具

资料来源：Basecamp.

图 10-5 显示了 Atlassian 使用 Jira 的示例，Atlassian 是一个很流行的在线工具，用于运行敏捷项目。这个截图展示了一些可用的报告图表，包括燃尽图、燃耗图、冲刺报告、累积流图、速度图和版本报告。图中包括每个图表的简要说明。第 3 章包含更多关于创建燃尽图的细节，并在配套网站上提供了 Excel 模板。有关这些和其他图表的更多细节，请参考其他资料。

当项目团队在制定其项目沟通管理计划时，应该确定将什么模板用于关键的文件。为了让模板使用更加方便，组织应该确保随时可以在线获得项目模板。项目团队还应该了解高层管理者和客户对每个特定项目的文件的期望。例如，如果项目发起人或客户希望为特定项目提供一份一页纸的每月进度报告，但项目团队交付了一份 20 页的报告，这中间就存在沟通问题。此外，如果特殊的客户或高层管理者希望在所有的最终项目报告中加入一些特别的事项，那么他们应该确保项目团队已经了解这些期望，并修改报告的模板以满足需求。

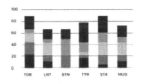
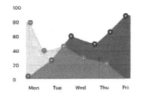
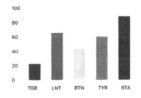
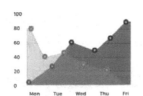
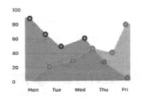

图 10-5　Jira 敏捷报告

资料来源：Atlassian.

10.7　使用软件辅助项目沟通管理

许多组织发现，项目管理软件可以在整个组织沟通项目信息中发挥非常大的作用。项目管理软件可以提供不同的信息视角，以满足各种沟通需求。例如，高层管理者也许只需要看用不同颜色标识的所有项目的运行状况的概要信息。中层管理者通常希望看到管理范围内所有项目的里程碑状态。项目团队成员经常需要查看所有项目文档。通常，项目中最大的沟通问题之一是及时向干系人提供最新的项目计划、甘特图、规范、会议信息和变更请求。大多数项目管理软件允许用户将超链接插入其他与项目相关的文件中。在 Project 2016 中，你可以将甘特图中列出的任务或里程碑的超链接插入另外一个包含相关信息的文件中。例如，可能有个里程碑标记项目章程的签署，你可以在甘特图中插入一个超链接到包含项目章程的 Word 文件中。你也可以将合适的任务或里程碑链接到包含人员配置管理计划或成本估算的 Excel 文件，或者链接到包含重要演示文稿或其他信息的 Microsoft PowerPoint 文件。Project 2016 文件和所有相关的超链接文件可以放在局域网服务器或 Web 服务器上，允许所有项目干系人轻松访问重要的项目信息。(有关使用 Microsoft Project 2016 辅助项目沟通管理的更多信息，请参见附录 A)

尽管组织经常使用多种类型的硬件和软件来增强沟通，但他们仍需要利用新技术并调整现有系统来满足客户和项目团队的特殊沟通需求。除了多样化的客户和项目需求，他们还必须满足用户和员工不断变化的期望。例如，一些电视节目利用通信技术吸引观众，让观众通过网络或通过手机投票选出他们最喜欢的歌手、Twitter 名人，或访问其网站或 Facebook 页面上的信息。许多人，尤其是年轻人，每天使用即时消息或短信与朋友交流。一些商业和技术专业人员也发现即时消息和短信是与同事、客户、供应商和其他人进行快速沟通的有用工具。**博客**（blog）是方便使用的网络日志，允许用户写文章、回复其他人的评论、创建链接、上传图片、张贴评论等。博客已经成为一种流行的通信技术。如果电视节目和非技术人员可以使用先进的通信技术，那为什么项目干系人不能使用？

雇主们已经做出改变以满足不断变化的沟通方面的期望和需求。在一些 IT 项目中，项目经理发现，如果允许团队成员在家工作，他们的工作效率会更高。当部分或全部项目团队成员都远程工作时，其他项目经理也别无选择。正如你在第 9 章学到的，研究表明，提供一个安静的工作环境和一个专用的工作空间可以提高程序员的工作效率。大多数在家办公的人拥有设备齐全、舒适的办公环境，干扰少，空间比公司办公室大。员工们也喜欢避免交通拥堵和享受更灵活的工作时间所带来的额外好处。然而，重要的是确保对工作有明确的定义和沟通到位，使远程工作人员能够有效地工作。

有几种产品可用于帮助个体和组织进行沟通。近年来，人们开发或改进了许多产品，以提供快速、便捷、一致和最新的项目信息。许多组织使用 SharePoint 或类似产品进行文档管理和存储，并使用 WebEx 或 Skype 等工具进行视频会议。像 Zoom 和 GoTo meeting 这样的屏幕分享软件也可以改善沟通。网络广播现在是一种用于通过网络实时呈现视频、图像、声音、语音和参与者反馈的常用工具。播客和 YouTube 视频也已经成为提供从练习指导到课堂讲座的各类音频和视频信息的流行工具。大多数有工作的成年人和学生都有手机，他们可以用手机拍照、发送照片、收发短信或电子邮件。许多学生会发短信或 Twitter 给朋友，来计划社交活动或讨论学术话题。

上述技术可以加强项目沟通。为了实现更多功能和集成化沟通，企业项目管理软件提供了许多工作组功能，允许不同地点的团队一起工作，共享项目信息。工作组功能允许通过电子邮件、内部网、无线设备或 Web 交换消息。例如，你可以使用 Project 2016 通知成员有关新的或更改的任务分配情况，成员可以返回状态信息并通知其他工作组成员有关计划或其他项目参数的更改。

许多项目管理软件产品还提供以下工具来加强沟通：

- **组合管理**：通过提供一个集中统一的视角观察项目集和项目，使用户可以评估整个组织的活动并对其进行优先级排序。这个功能可以最大化生产力、最小化成本，并使活动与战略目标保持一致。
- **资源管理**：最大化人力资源往往是最小化项目成本的关键。该功能可以使用户最大限度地利用整个组织的资源，以帮助有效地规划和管理员工。
- **项目协作**：共享项目信息通常是一种偶然的努力结果。项目协作使一个组织能够直接一致地共享知识，以改善沟通和决策制定、消除冗余，并利用最佳实践进行项目管理。

即使使用了所有可用的技术，许多组织在全球项目中仍然存在沟通问题。除了很难为相隔很远的项目团队找到一个合适的会面时间之外，音频或视频电话会议在成员相互理解的过程中也经常出现问题。在讨论关键需求时，团队通常还要加入一名技术翻译人员，以便每一方都能充分理解对方的意思。这个过程阻碍了大多数人认为的一种非常简单的情况，即虚拟团队应该能够很容易地在全球范围内使用技术来共同工作。他们可以，但也只有当他们共享文化和语言时才可以。一些公司不得不花钱让派驻在另一组织所在地的员工充当翻译人员，以促进更有效的沟通。另一个潜在的沟通问题涉及"跟随太阳"的项目管理，即分布在世界各地的团队利用他们自己的工作日（8小时）来完成一部分工作，然后在他们的工作日结束和下一个团队的工作日开始时直接将工作移交给下一个团队。当移交沟通的过程中不能正确地解决问题时，就会出现问题，从而导致整个循环失败，直到有人能够澄清或纠正问题。虽然这种方法理论上可以让团队全天候地工作，但是当移交期间的沟通无效时，实际上也会使项目停顿。

10.8 敏捷/自适应环境下的注意事项

《项目管理知识体系指南（第6版）》为项目沟通管理提供了以下信息：

受到各种模糊和变化因素影响的项目环境，本身就需要更频繁、更迅速地沟通不断变化和新出现的细节。这促使尽可能地简化团队成员获取信息的方式、设置更频繁的团队检查点、合理配置团队成员。

此外，以公开透明的方式发布项目工件，并定期进行干系人评审，能够促进与管理层和干系人的沟通。[10]

这些注意事项对所有项目环境都适用。沟通应该是最新的、容易获得的，并需要与干系人定期评审。虽然当团队成员在一起工作时更容易沟通，但现实是许多项目成员彼此之间的工作距离并不近。在这些情况下，有效地规划良好的项目沟通和使用适当的技术就变得更加重要。

沟通是项目管理成功的重要因素之一。虽然技术可以辅助沟通过程，并且是辅助过程中最容易处理的方面，但它并不是最重要的。更重要的是提高组织的沟通能力。提高这种能力通常需要组织进行文化上的变革，而这需要花费大量的时间、努力和耐心。尤其是IT人员，通常需要特殊的指导来提高他们的沟通技能。项目经理在沟通过程中的主要角色是协调人员。项目经理必须向所有干系人（管理层、团队成员和客户）传达进行良好的项目沟通的重要性，并确保项目拥有良好的沟通管理计划。

案例结局

Christine Braun 与 Peter Gumpert 及其项目经理密切合作，为所有海底光纤通信项目制定了一个沟通管理计划。Peter 非常善于组织有效的会议，所以每个人都专注于实现特定的目标。Peter 强调了让自己、项目经理和其他主要干系人了解所有项目状态的重要性。他强调，项目经理负责他们的项目，他无意告诉他们如何完成工作，他只希望有准确和一致的信息，以帮助协调所有的项目并简化每个人的工作。当一些项目经理抵触以不同格式提供更多项目信息的额外工作时，Peter 公开地与他们详细地讨论这些问题。然后，他授权每个项目经理使用额外的工作人员来帮助制定和遵守所有项目沟通的标准。

Christine 利用她强大的技术和沟通技能创建了一个网站，其中包括重要的项目文档、演示文稿和模板的样本，供其他人下载并在自己的项目中使用。在确定项目之间需要更多的远程通信和协作之后，Christine 和其他工作人员研究了最新的硬件和软件产品。Peter 授权为 Christine 领导的一个新项目提供资金，用于评估和购买智能手机、应用程序和企业项目管理（EPM）软件，这些软件具有维基功能，可以通过 Web 访问。所有的管理人员和技术人员，包括 Peter，都有自己的设备，任何项目干系人都可以申请一对一的培训，学习如何使用新的应用程序和 EPM 软件。

10.9 本章小结

沟通失败往往是项目成功的最大威胁，尤其是 IT 项目。沟通是保证项目顺利进行的动力。项目沟通管理包括计划沟通管理、管理沟通和控制沟通。

项目经理可以把 90% 的时间花在沟通上。良好沟通的几个关键要素包括：注重团队和个人的沟通需求、使用正式和非正式的沟通方法、及时有效地提供重要信息、为交流坏消息搭建舞台，以及理解沟通渠道。

应该为所有项目建立某种类型的沟通管理计划，以帮助确保良好的沟通。该计划的内容会根据项目的需求而变化。

管理沟通包括创建和发布项目信息。发布项目信息的方法包括正式的、非正式的、书面的和口头的。重要的是要确定最适当的方式来发送不同类型的项目信息。项目经理和他们的团队在交流项目信息时，应该关注建立关系的重要性。随着需要沟通的人数的增加，沟通渠道的数量也在增加。

报告绩效涉及收集和发布关于项目朝预定目标迈进的状态信息。项目团队可以使用挣值图表和其他形式的进度信息来沟通和评估项目绩效。状态评审会议是沟通、监督和控制项目的重要组成部分。

控制沟通的主要目标是在整个项目生命周期中确保最佳的信息流动。项目经理及其团队应考虑使用协调人员和其他专家提供帮助。

为了改善项目沟通，项目经理及其团队必须发展他们的沟通技能。改善项目沟通的建议包括学习如何召开更有效的会议，如何更有效地使用电子邮件、即时消息、短信、看板和协作软件，以及如何使用模板进行项目沟通。

新的硬件和软件层出不穷，以帮助改善沟通。随着越来越多的人远程工作，确保他们拥有必要的工具来提高工作效率是很重要的。企业项目管理软件提供了许多功能来增强整个组织的沟通。

一定要考虑沟通管理在敏捷/自适应环境中的差异。

10.10 讨论题

1. 思考一下媒体上那些取笑技术专业人员沟通技能的例子，比如 Dilbert 或 xkcd.com 漫画。讨论一下这些取笑是如何影响产业和教育计划的？
2. 教育计划中有哪些课程涉及沟通技能的发展？你认为什么样的技能是雇主一直在寻找的？你是否认为在你的学位课程中应该更强调沟通技巧？
3. 讨论了解语言语调和肢体语言在理解人们说话含义中的重要性。举例说明同一个单词以不同的方式表达的意思是完全不同的。
4. 沟通管理计划应涉及哪些内容？干系人分析如何协助制定和实施该计划的各个部分？
5. 讨论以不同方式发布项目信息的优缺点。

6. 创建和发布项目绩效信息的方法有哪些？
7. 讨论远程办公的优缺点。
8. 解释你是否同意本章中关于改善项目沟通的一些建议，比如创建沟通管理计划、干系人分析或者绩效报告。你还有什么其他建议吗？
9. 软件如何辅助项目沟通？它会如何危害项目沟通？

10.11　快速测验

1. 许多专家认为对项目成功最大的威胁是什么？
   a. 缺乏适当的资金　　b. 沟通失败　　　c. 听力能力差　　　d. 人手不够
2. 在面对面的互动中，大多数信息是如何传递的？
   a. 通过语言语调　　b. 通过所说的话　　c. 通过肢体语言　　d. 通过所在位置
3. 下列哪一项不是项目沟通管理中的一个过程？
   a. 计划沟通管理　　b. 控制沟通　　　　c. 管理沟通　　　　d. 管理干系人
4. 项目经理可以用什么策略来传递坏消息？
   a. 首先讲个笑话
   b. 尽快告诉高层管理者使他们能够开发出替代的方案和建议
   c. 让项目负责人传达这个消息
   d. 通过将信息放在具体情境中来搭建舞台，并强调它对底线的影响
5. 如果你在一个 5 人的项目团队中再增加 3 个人，沟通渠道将会增加多少？
   a. 2　　　　　　　b. 12　　　　　　　c. 15　　　　　　　d. 18
6. 一份 _____ 报告描述了项目在一个特定时间点所处的位置。
   a. 状态　　　　　　b. 绩效　　　　　　c. 预测　　　　　　d. 挣值
7. 哪个术语描述的是，根据接收者的要求，通过像网站、公告板、电子学习系统、博客等知识库和其他方式将信息发送至接收者？
   a. 推式沟通　　　　b. 拉式沟通　　　　c. 互动沟通　　　　d. 客户沟通
8. 下列哪项不是改善项目沟通的建议？
   a. 你不能过度沟通
   b. 项目经理和他们的团队需要花时间来发展他们的沟通技能
   c. 不要使用项目团队以外的协调人员或专家来沟通重要信息
   d. 使用模板帮助编写项目文档
9. 以下哪项不是有助于改善会议时间的指南？
   a. 决定一个会议是否可以取消
   b. 邀请更多支持你项目的人员，使会议更顺利地进行
   c. 明确会议的目的和预期结果
   d. 建立关系
10. 一个 _____ 报告是一个反思性陈述，记录了从项目工作中学到的重要信息。
    a. 看板　　　　　　b. 经验总结　　　　c. 项目档案　　　　d. 进度

10.12　快速测验的答案

1. b　2. c　3. d　4. d　5. a　6. a　7. b　8. c　9. b　10. b

10.13 练习题

1. 研究理解肢体语言的话题。有哪些常见的肢体动作可以帮助你了解人们的真实感受？如果一个人在说话的时候总是仰着头，而不是俯视或者左右看，这意味着什么？当人们交叉双臂、触摸鼻子，或者用身体做其他常见的动作时，这意味着什么？在常见的项目场景中进行角色扮演，让人们轮流说一些和他们身体语言不相符的话。例如，有人可能会在某个项目进展不是很好的时候却说它进展得很顺利。

2. 搜索项目团队利用新技术来沟通项目信息的例子。哪些技术看起来最有效？将你的发现记录在一篇简短的论文中，引用至少 3 篇参考文献。

3. 回顾下面的场景，然后为每个场景写一段话，描述你认为最适合使用的媒介以及原因。有关建议请参见表 10-2。

    a. 项目中的许多技术人员上班时间在上午 9:30~10:00 之间，而业务人员总是在上午 9:00 之前已经到达办公室。所以业务人员就很有意见了。项目经理希望让技术人员也在 9:00 之前到，尽管他知道技术人员很晚才下班。

    b. 你的公司在为一家娱乐公司做项目。你需要一个新想法来整合提案，并以一种能打动人的方式传达给客户。

    c. 你的业务蒸蒸日上，但你被询问同类问题的电话和电子邮件淹没了。

    d. 您需要通知一大群人，并且你需要确保他们收到该信息。

4. 一个由 6 人组成的项目团队有多少个不同的沟通渠道？如果团队成员增加到 10 人，还会增加多少个沟通渠道？

5. 回顾本章中提供的各种项目文档的模板。选择其中一种应用到你选的项目中，并提出改进模板的建议。

6. 假设在敏捷项目冲刺中，任务 T1 已经完成。Ted 正在处理任务 T2，而 T4、T5 和 T6 任务尚未分配给任何人处理。创建一个看板，描述所有这些活动的状态。你可以手绘看板或使用你选择的软件。

7. 使用下面表格中的数据回答下列问题：

冲刺日	剩余工作量（故事点）
1	75
2	55
3	45
4	0
5	0
6	0
7	0
8	0

平均速度 =（第 1 日的剩余工作量 - 当日剩余工作量）/（当前日 - 第 1 日）

预计完成日期 = 当前日 +（剩余工作量 / 平均速度）

   a. 使用 Excel 或者你选择的软件为给定的数据创建一个燃尽图。(提示：你可以只创建一条线或一个直方图，显示横轴上的天数和纵轴上的剩余工作量。你不需要展示理想的速度。)

   b. 以每天的故事点数计，该项目的平均速度是多少，？(假设当前日是第 3 日)。

c. 该项目的预计完成日是什么时候？
8. 使用配套网站提供的模板和第 3 章中的示例，为你选择的项目写一份经验总结报告。用角色扮演的方式展示经验总结报告、指定项目经理和项目发起人等。你认为所有项目经理和团队成员都撰写经验总结报告这件事是否重要？如果你的组织中有这样的报告，你会花时间去阅读它们吗？为什么？
9. 调研辅助大型项目沟通管理的新软件。写一篇简短的论文，总结你的发现。包括软件供应商的网站和你对某些产品的看法。

10.14 实践案例

第 7 部分：项目沟通管理

在全球 Treps 项目方面出现了一些问题。Ashok（你在印度的团队成员）昨天打网球的时候摔断了手腕，并且 3 个星期都不能参与这个项目了。他的工作包括协助编辑视频，工作需要在一周内开始，所以你需要将这份工作重新分配给其他人。

Bobby 建议你使用看板列出所有用于编辑视频的任务，并跟踪它们在工作流程中的位置。Bobby 是一个技术人员，并不擅长沟通，他是唯一一个使用过看板的人。你目前尚未把任务分解为很多细节，需要从负责制作视频的承包商 Angela 那里获得更多信息。

Alfreda 在与她在埃塞俄比亚的主要联系人 B 博士沟通时遇到了困难。B 博士一直都很忙，也不发短信，但短信是 Alfreda 最喜欢的沟通方式。他也没有与那些可能参加这次活动的学生交流关键信息，但距离这次活动只有一个月的时间了。Alfreda 不确定他是否为这次活动预定了房间。

1. 描述一下你将如何与 Ashok 和其他团队成员沟通关于 Ashok 的伤情。你会采取什么做法？你会使用什么媒介与不同的干系人沟通？
2. 制定部分沟通管理计划，以应对案例第 7 部分中提到的一些挑战。
3. 调研免费在线使用看板的工具并选择一个使用，准备一个至少 10 项任务的清单，这些任务将在编辑视频时完成，并将它们录入你选择的工具中。准备或找一个简短的指南或视频，解释如何使用看板。
4. 写一篇一页纸的论文，描述与 B 博士沟通的选项，并确保他所在大学的学生都能了解你的活动信息。

10.15 关键术语

博客（blog）
沟通管理计划（communications management plan）
预测（forecast）
谷歌文档（Google Docs）
经验总结报告（lessons-learned report）

进度报告（progress report）
项目档案（project archive）
Share Point 门户（SharePoint portal）
状态报告（status report）
维基（wiki）

10.16 注释

[1] Janet L. Bailey, Non-Technical Skills for Success in a Technical World, *International Journal of Business and Social Science*, Vol. 5, No. 4 Special Issue (March 2014).

[2] Frederick P. Brooks, *The Mythical Man-Month*, second edition (Boston: Addison-Wesley,1995).

3. Albert Mehrabian, *Silent Messages: Implicit Communication of Emotions and Attitudes*, second edition (Belmont, CA: Wadsworth, 1981).
4. Carol Hildenbrand, "Loud and Clear," *CIO Magazine* (April 15, 1996).
5. NTT Communications, "Great East Japan Earthquake: Shinsai Recovery in Numbers," NTTCOM.TV (March 13, 2012).
6. Adele Peters, "In a Disaster, This Device Lets People Communicate Without a Cell Signal, Wi-Fi, or Power," *Co.Exist, Fast Company* (April 30, 2015).
7. "New Research Reveals Collaboration Is a Key Driver of Business Performance Around the World: Verizon Business, Microsoft sponsor international study; create first-of-its-kind collaboration index to measure impact of communications culture, technologies," *Microsoft Press Pass* (June 5, 2006).
8. Frost & Sullivan, "Meetings Around the World II: Charting the Course of Advanced Collaboration" (October 14, 2009).
9. Susie Poppick, "10 Social Media Blunders That Cost a Millennial a Job—or Worse," *Money*, http://time.com/money/3019899/10-facebook-twitter-mistakes-lost-job-millennials-viral/ (September 5, 2014).
10. Project Management Institute, Inc., *A Guide to the Project Management Body of Knowledge (PMBOK® Guide) – Sixth Edition* (2017), p. 365.

第 11 章

Information Technology Project Management, Ninth Edition

项目风险管理

学习目标

阅读完本章后，你将能够：
- 解释与项目管理相关的风险概念，并根据最佳实践列出管理项目风险的优点。
- 讨论计划风险管理的要素和计划风险管理的内容。
- 列出 IT 项目的常见风险来源。
- 描述识别风险的过程，并创建风险登记册和风险报告。
- 讨论定性风险分析、解释如何计算风险因子、建立概率/影响矩阵，并应用十大风险事项跟踪法对风险进行排序。
- 解释定量风险分析，以及如何应用决策树、模拟和灵敏度分析来量化风险。
- 举例说明如何使用不同的风险响应策略来处理积极风险、消极风险。
- 讨论如何监控风险。
- 描述如何应用软件辅助项目风险管理。
- 讨论敏捷/自适应环境下的注意事项。

开篇案例

Cliff Branch 是一家小型 IT 咨询公司的总裁，该公司专门开发互联网和移动应用程序，并提供全方位服务支持。工作人员包括程序员、业务分析师、数据库专家、Web 设计师、项目经理和其他人。该公司拥有 50 名全职员工，并计划明年至少再招聘 10 名员工。该公司还计划增加兼职顾问的数量。这家公司在过去几年里做得很好，但最近在赢得合同方面遇到了困难。花费时间和资源回应来自潜在客户的各种投标要求变得越来越昂贵。许多客户开始要求在签订合同之前进行展示，甚至开发一些原型。

Cliff 倾向于参与高风险高回报项目的竞标。在投标之前，他并没有使用系统的方法来评估各个项目的风险。他更专注于项目的潜在利润和挑战性。他的策略现在给公司带来了一些问题，因为公司在准备建议书方面投入了大量资金，但却没有赢得几个合同。一些目前已不在项目上工作的雇员，其名字仍然被列在薪酬表上。由于没有得到充分利用，一些兼职顾问正在积极寻找其他的工作机会。为了更好地理解项目风险，Cliff 和他的公司可以做些什么？Cliff 应该调整他的策略来决定投标什么样的项目吗？怎么做？

11.1 项目风险管理的重要性

项目风险管理是在项目的整个生命周期中，为了达到项目目标的最佳利益，识别、分析和应对风险的艺术和科学。风险管理是项目管理中经常被忽视的一个方面，在追求项目最终成功的路上，风险管理经常会使项目产生重大改进。风险管理可以对选择项目、确定项目范围、制定切合实际的进度计划和成本估算产生积极影响。它帮助项目干系人理解项目的性质，让团队成员参与定义优点和缺点，并帮助整合其他项目管理知识领域。

与危机管理不同，好的项目风险管理通常并不引人关注。通过危机管理发现妨碍项目成功的显著威胁。然后，这个危机就会被整个项目团队高度重视。成功化解危机相对于成功的项目风险管理通常更容易获得管理层的奖励。相反，当风险管理十分有效时，会出现更少的问题，问题较少也会更容易解决。对于一个顺利开发的新系统，外部观察人士可能难以判断到底是风险管理还是运气在起作用。但是项目团队很清楚，他们的项目因为良好的风险管理而运作得更好。管理项目风险需要敬业、有才能的专业人员。为了满足这一需求，PMI 于 2008 年推出了 PMI 风险管理专业人士证书。(详情参见 PMI 网站。)

所有行业，尤其是软件开发行业，往往低估了项目风险管理的重要性。William Ibbs 和 Young H. Kwak 研究了 38 个不同行业组织的项目管理成熟度。这些组织被分为 4 个行业组：工程和建筑、电信、信息系统/软件开发、高科技制造。这些参加调查的组织回答了 148 个多项选择题，以评估该组织在项目管理知识领域（范围、时间、成本、质量、人力资源、沟通、风险和采购）的成熟度。评分范围为 1～5，其中 5 是最高成熟度得分。调查结果见表 11-1。请注意，风险管理是所有得分都小于 3 的唯一知识领域。本研究表明，所有组织都应该在项目风险管理上投入更多的精力，尤其是信息系统和软件开发行业的公司，其得分是最低的 2.75。[1]

表 11-1　按行业组和知识领域对项目管理成熟度分组

分值：1 = 最低成熟度等级，5 = 最高成熟度等级

知识领域	工程/建筑	电信	信息系统	高科技制造
范围	3.52	3.45	3.25	3.37
时间	3.55	3.41	3.03	3.50
成本	3.74	3.22	3.20	3.97
质量	2.91	3.22	2.88	3.26
人力资源	3.18	3.20	2.93	3.18
沟通	3.53	3.53	3.21	3.48
风险	2.93	2.87	2.75	2.76
采购	3.33	3.01	2.91	3.33

资料来源：Ibbs 和 Kwak。

南非毛里求斯的软件开发公司也完成了类似的调查。结果，所有的知识领域平均成熟度评分只有 2.29。评分范围仍是 1～5，5 是最高成熟度得分。在所有知识领域中得分最低的是项目风险管理领域，平均成熟度得分仅有 1.84，这一点与 Ibbs 和 Kwak 的研究一致。成本管理获得了最高成熟度评分，为 2.5。该调查的作者指出，研究中的组织往往关注成本超支，并有衡量标准来帮助控制成本。作者还发现，成熟度评分与项目成功率密切相关，风险管理得分低可能是导致项目出现问题和失败的原因之一。[2]

KLCI 研究小组调查了全世界 260 家软件公司来研究软件风险管理实践。下面是他们研究的一些发现：

- 97% 的调查对象表示其公司已经制定了识别和评估风险的程序。

- 80%的调查对象认为风险管理的主要好处是预测和避免问题。
- 70%的组织已经定义了软件开发过程。
- 64%的组织有一个项目管理办公室。

图 11-1 显示了调查对象提出的软件风险管理的主要好处。除了预测和避免问题之外，风险管理实践还帮助软件项目经理预防意外、改善沟通交流、满足客户需求、减少进度拖延和减少成本超支。[3]

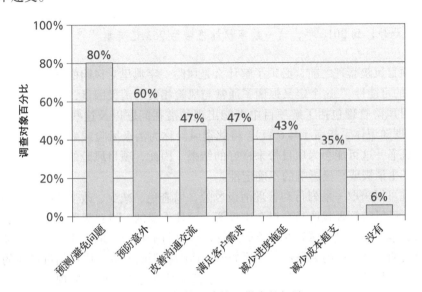

图 11-1 软件风险管理带来的好处

资料来源：Kulik and Weber，KLCI Research Group.

尽管许多组织都知道它们在管理项目风险方面做得不好，但在过去 10 年里，这些组织无论是在改善项目级风险管理还是企业级风险管理方面似乎都进展甚微。部分书籍和文章已经涉及了这一主题，例如，在 2008 年秋季股市崩盘后不久，David Hillson 博士（拥有 PMP 证书）写了项目风险管理的重要性的文章。Hillson 说：

毫无疑问，在应对当前的信贷危机方面，工业和社会的所有部门都面临着真正的挑战。但在这困难时期，风险管理不应被视为不必要的成本而被削减。相反，组织应该利用风险过程提供的经验来确保他们能够处理不可避免的不确定性，并在未来以最佳状态出现。由于我们在各个方面都处于高水平的波动，现在比以往任何时候都更需要风险管理，而削减风险管理将是一种错误的经济行为。我们不应将风险管理视为问题的一部分，而应将其视为解决方案的主要部分。[4]

Hillson 继续写文章、写书籍、演讲，并在他的网站（www.risk-doctor.com）上提供视频。

全球问题

2008 年秋天，尽管美国国会通过了 7000 亿美元经济稳定法案，但随着各种金融市场的下跌，全球许多人都遭受了损失。根据 2008 年 7 月对 316 名全球金融服务业高管的调查，超过 70%的受访者认为，金融危机期间的损失主要是由于未能解决风险管理问题。高管们指出了实施风险管理的几个挑战，包括数据和公司文化问题。例如，获得相关的、及时的和一致的数据仍然是许多组织的主要障碍。许多受访者还表示，培养风险管理文化也是一个重大挑战。

企业高管和立法者终于开始关注风险管理。59%的受访者表示，金融危机促使他们更加仔细地审视自己的风险管理实践，许多机构正在重新审视自己的风险管理实践。金融稳定论坛（FSF）及国际金融协会（IIF）呼吁对风险管理过程进行更严格的审查。[5]

风险仍然是金融行业的一个重要问题，组织正在采取更加积极主动的方法，通过在IT领域（如云计算、大数据和分析）进行投资，来帮助他们识别和规避风险。"根据一项新的研究，2015年全球资本市场、银行业和保险业将在风险信息技术和服务（RITS）上花费约786亿美元。此外，到2018年，这一数字预计将增至963亿美元。"[6]

在改进项目风险管理之前，必须了解什么是风险。字典里对风险的基本定义是：风险是"损失或伤害的可能性。"这个定义强调了通常与风险相关的消极因素，并指出其中涉及的不确定性。项目风险管理包括了解项目中可能出现的潜在问题以及这些问题如何阻碍项目成功。《项目管理知识体系指南（第6版）》将此类风险称为消极风险或威胁。然而，也存在积极的风险或机遇，这可能会为项目带来良好的结果。因此，项目**风险**的一般定义是对实现项目目标可能产生消极或积极影响的不确定性。

项目经理可以采取一系列行动管理消极风险，以避免、减少、改变或接受风险对项目的潜在影响。积极风险管理就像是在机会中投资。记住重要的一点：风险管理是一种投资，会产生相关的成本。一个组织愿意在风险管理活动中进行的投资，取决于项目的性质、项目团队的经验以及两者之上的约束条件。无论如何，风险管理的成本不应该超过潜在的收益。

如果IT项目中存在如此多的风险，那么组织为什么还要实施这些项目呢？今天，许多公司之所以周转正常，是因为他们敢于承担那些创造了良好机会的风险。许多组织在追求这些机会时，能够长期生存下来。IT通常是企业战略的关键组成部分，没有IT，许多企业可能无法生存。鉴于所有项目都涉及可能产生消极或积极结果的不确定性，问题是如何决定实施哪些项目，以及如何在项目的整个生命周期内识别和管理项目风险。

最佳实践

执行项目风险管理时，一些组织错误地只处理战略风险和消极风险。David Hillson（www.risk-doctor.com）建议，通过扩大风险管理的范围来解决问题，这包括战略风险和上行机会两方面，被称为综合风险管理。这种方法的好处包括：

- 缩小战略和战术差距，确保项目交付与组织需求和企业愿景挂钩。
- 把项目的重点放在它们所支持的利益上，而不是产生一系列可交付成果。
- 积极主动地管理机会，将其作为战略和战术层面业务过程的一个组成部分。
- 在环境不确定的情况下，向各级决策者提供有用的信息。
- 在充分认识到不确定性的程度及其对目标的潜在影响的情况下，明智地承担适当水平的风险。[7]

在2014年的一篇论文中，Hilson还描述了良好的工作关系作为管理项目风险最佳实践的重要性。"……管理整个项目的风险是项目发起人和项目经理的共同责任，他们共同行动确保项目在允许的风险阈值内有最佳机会实现其目标。因此，在整个项目层面上成功地管理风险在很大程度上取决于项目发起人和项目经理这两个关键参与者之间工作关系的有效性。"[8]

一些风险专家建议，组织和个人都应努力在项目的各个方面和他们的个人生活中寻找风险和机会之间的一种平衡。这种努力追求风险和机会之间平衡的想法表明，不同的组织和个人对风险的态度不同。有些组织或个人是风险中立型，有些人是风险规避型，有些人是风险偏好型。这3种风险态度是风险效用理论的一部分。

风险效用（risk utility）是指从潜在收益中获得的满足感或愉悦感的程度。图 11-2 显示了风险规避型、风险中立型和风险偏好型之间的基本差异。Y 轴代表效用，或者说是从冒险中获得的愉悦。X 轴显示的是潜在的回报或机会的价值。对于**风险规避型**（risk-averse）的个人或组织而言，效用的增长速度是递减的。换句话说，当更多的回报或金钱受到威胁时，风险规避型的个人或组织从风险中获得的满足感较少，或者对风险的容忍度较低。**风险偏好型**（risk-seeking）的人对风险的承受能力更强，当回报增加时，他们的满足感也会增加。风险偏好型的个人或组织更喜欢不确定的结果，往往愿意付出代价来承担风险。**风险中立型**（risk-neutral）的个人或组织在风险和收益之间取得平衡。例如，风险规避型的组织可能不会从已经有一段时间没有业务的供应商那里购买硬件。风险偏好型的组织可能会有意选择初创厂商进行硬件采购，以获得具有不同寻常的特性、优势的新产品。风险中立型的组织可能会执行一系列的分析来评估可能的采购决策。这些组织通过一系列因素来评估决策，而风险只是其中的一个因素。

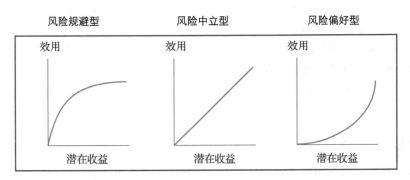

图 11-2 风险效用函数和风险偏好

▷ 给年轻专业人士的建议

年轻的项目专业人士有时比经验丰富的同行更愿意运用独特的或未经测试的方法来承担风险。经验较少的项目团队通常认为他们可以完成比他们实际能够完成的更多的工作，或者他们可能会说服彼此，表面的风险并不是他们真正应该关注的问题。然而相比于经验较少的项目团队，有经验的项目团队可能会考虑一些成本或质量方面的细节，因为经验较少的项目团队没有意识到，小概率事件很有可能对项目的这些因素（成本或质量）产生巨大的影响。多年的项目管理经验往往会增强人们的风险意识。所以，在你决定承担潜在风险之前，花点时间去了解其他更有经验的人对项目各方面的看法。然后，考虑到其他观点，你可以决定如何最好地计划可能发生的影响，同时平衡一个独特的或未经测试的方法的潜在回报。

项目风险管理的目标可以视为最小化潜在的消极风险，同时最大化潜在的积极风险。**已知风险**（known risks）这个术语有时用来描述项目团队已经识别和分析的风险。已知风险可以得到积极的管理。然而，**未知风险**（unknown risks）或者尚未识别和分析的风险是无法管理的。

正如你想象的，好的项目经理知道花时间识别和管理项目风险是一种好的做法。风险管理涉及6个主要过程：

1. 计划风险管理：针对某一项目决定如何制定与计划风险管理活动。这个过程的主要输出是风险管理计划。
2. 识别风险：指确定哪些风险会影响项目并记录风险特性的过程。这个过程的主要输出是风险登记册、风险报告和项目文档更新。
3. 实施定性风险分析：指按照发生的可能性和影响程度对风险进行优先排序的过程。在识别风险之后，项目团队可以使用各种工具和技术对风险进行排序并更新风险登记册中的信息。主要输出是项目文档更新。
4. 实施定量风险分析：指就已识别风险对项目整体目标的影响进行定量分析的过程。这个过程的主要输出是项目文档更新。
5. 计划风险响应：指采取措施来提高实现项目目标的概率、减少风险对实现项目目标的威胁的过程。利用预先制定的风险管理过程，项目团队可以制定风险响应策略，这些策略常常导致变更请求、项目管理计划更新和项目文档更新。
6. 实施风险响应：指实施风险响应策略。输出包括变更请求和项目文档更新。
7. 监控风险：包括在项目生命周期中，监控已知的风险、识别新的风险、实施风险响应计划，并评估风险响应策略的有效性。此过程的主要输出包括工作绩效信息、变更请求、项目管理计划更新、项目文档更新、组织过程资产更新。

项目风险管理的第一步是通过实施风险管理计划，决定如何将这些知识领域应用于特定的项目。

11.2 计划风险管理

计划风险管理是决定如何处理项目中的风险管理活动并为其制定计划的过程，该过程的主要输出是风险管理计划。**风险管理计划**（risk management plan）记录项目全过程中的风险管理流程。项目团队应该在项目早期召开几次计划会议，以帮助开发风险管理计划。项目团队应审查项目文档以及企业风险管理政策、风险种类、过去项目的经验总结报告和制定风险管理计划的模板。审查不同干系人的风险容忍度也很重要。例如，如果项目发起人是风险规避型的，就需要采用不同于风险偏好型发起人的方法来管理风险。

风险管理计划概括了在具体项目中如何实施风险管理。像其他知识领域的计划一样，它是项目管理计划的一个子集。表11-2列出了风险管理计划中应该着重强调的一般主题。必须明确角色和职责，为风险相关工作制定预算和进度估算，识别风险类别。同时，描述如何具体开展风险管理工作，包括评估风险概率和影响，以及创建风险相关文件。风险管理计划的详细程度根据项目需求的不同而差异较大。

表 11-2 风险管理计划强调的主题

主题	需要回答的问题
方法论	该项目将如何实施风险管理？哪些工具和数据来源是可以获得并使用的？
角色和责任	哪些人应该完成哪些特定的任务并提供与风险管理相关的可交付成果？
预算和进度	执行风险相关活动的预计成本是多少？进度如何？

(续)

主题	需要回答的问题
风险种类	项目中涉及的风险主要有哪几类？项目是否有风险分解结构？（可参见本节后面有关风险分解结构的信息。）
风险概率与影响	如何评估风险项目的概率与影响？对风险的定性和定量分析将使用什么评分和解释方法？如何建立概率/影响矩阵？
改进中的项目干系人的承受力	项目干系人有承受风险变化的能力吗？这些变化将如何影响项目？
跟踪	团队将如何跟踪风险管理活动？如何记录和分享经验教训？如何审计风险管理流程？
风险文档	风险管理活动将采用何种报告形式和过程？

除了风险管理计划，许多项目还有应急计划、退路计划、应急准备金和管理准备金。

- **应急计划**（contingency plans）是项目团队在确定的风险事件发生时将采取的预先制定好的措施。例如，如果项目团队知道某个软件包的新版本可能无法按时应用于项目，那么团队可能执行应急计划，使用现有的、较旧版本的软件。
- **退路计划**（fallback plans）是针对那些对实现项目目标有很大影响的风险制定的，如果降低风险的尝试不起作用，退路计划就会付诸实施。例如，一个刚毕业的大学生可能会有一个主要的计划和几个应急计划来决定毕业后住在哪里，但是如果这些计划行不通，一个退路计划可能是在家里住一段时间。有时，应急计划和退路计划这两个术语可以互换使用。
- **应急储备金**（contingency reserves）或**应急津贴**（contingency allowances）是成本基准中包含的资金，当已知风险发生时，可用于缓解成本或进度超出预期。例如，如果由于员工对一些新技术的使用缺乏经验，导致项目偏离了正常轨道，而项目团队又已经识别出这一风险，那么可以利用应急准备金聘请一名外部顾问，对项目工作人员进行使用新技术的培训并提供咨询意见。
- **管理储备金**（management reserves）是用于未知风险的资金，从而达到管理控制的目的。它们不是成本基准的一部分，正如第7章所讨论的，但它们是项目预算和资金需求的一部分。如果管理储备金用于未预见的工作，则在变更获得批准后可以将其加入成本基准。

应急计划、退路计划和储备金显示了采取积极主动的方法来管理项目风险的重要性。

在真正理解和使用 IT 项目风险管理过程之前，有必要识别并理解几种常见的风险源。

11.3 IT 项目中常见的风险源

一些研究表明，IT 项目有一些共同的风险来源。例如，回顾第 1 章斯坦迪什集团的成功因素。排名前 4 位的因素是高层管理者支持、情感成熟度、用户参与度和优化，得分均为 15。如果一个潜在项目在这些因素中均未达到最低分的要求，则组织可能会决定不开展该项目，或者在投入过多时间或金钱之前降低风险。[9]

许多组织制定自己的风险问卷。这些调查问卷中描述的各类风险可能包括：
- **市场风险**：如果 IT 项目将创建一个新的产品或服务，它对组织有用吗？它可以推向市场吗？用户会接受并使用产品或服务吗？是否会有其他人更快地开发出更好的产品或提供更好的服务，从而使得此IT项目浪费时间和金钱？
- **财务风险**：组织承担得起这个项目吗？项目干系人对财务预测的信心如何？项目是否满足NPV、ROI和投资回收期估算？如果没有，组织是否有能力继续这个项目？这个项目是利用组织财务资源的最佳方式吗？
- **技术风险**：项目在技术上可行吗？它会使用成熟的、领先的或前沿的技术吗？什么时候决定采用何种技术？硬件、软件和网络能正常工作吗？能否及时获得技术以满足项目目标？在创造出有用的产品之前，技术是否会过时？如果需要，还可以将技术风险细分为硬件风险、软件风险和网络技术风险。
- **人员风险**：组织是否有具备合适技能的人以保证项目成功？如果没有，组织能找到这样的人吗？员工是否具备适当的管理和技术技能？他们是否有足够的经验？高层管理者是否支持该项目？有项目倡导者吗？组织是否熟悉项目的发起人或客户？与赞助商或客户的关系如何？
- **结构/过程风险**：新项目将在用户领域和业务过程中引入多大程度的变化？这个项目需要满足多少个不同的用户组？新项目或系统需要与多少其他系统进行交互？组织是否有适当的过程来成功地完成项目？

采用斯坦迪什集团的成功因素、风险问卷或其他类似工具来审查提议的项目，是了解IT项目中常见风险来源的好方法。对于一个项目来说，审查工作分解结构（WBS），查看WBS分类中是否存在特定风险也是很有用的。例如，如果WBS中的一项活动是准备一场新闻发布会，而项目团队中甚至没有人写新闻稿，那么如果没有专业地处理这场新闻发布会，就可能带来消极风险。

错在哪里

实施风险管理对于提高项目成功的可能性非常重要。但根据大型咨询公司毕马威的一项研究，在1995年，成本（或进度）超支严重的项目中，超过半数的项目都没有风险管理。[10] 近20年后，情况依然如此。毕马威在2013年对1000多名高管进行的一项调查显示，尽管风险管理是高度优先的任务，但只有66%的公司表示，他们经常或持续地将风险管理纳入战略规划决策。调查报告的一项关键结果是，"风险管理处于全球高管议程的首位……那些未能很好地管理风险的公司将危及它们的未来。"[11] 只有44%的高管认为他们的组织能够有效地提高干系人对风险的理解。这些高管还表示，挑战的增长速度超过了他们的应对能力。报告中，组织面对的前3大风险分别是来自政府的监管压力、声誉风险和市场风险。

航空事故令人担忧，尤其是在有人员伤亡的情况下。2015年德国之翼的坠机事件导致150人死亡，据称是由于副驾驶的精神状态不佳。高层管理者正在审查与风险管理有关的政策，以防今后发生类似悲剧。一些改变可以立即做出，而另一些则需要更多的时间。例如，德国空中交通管制局建议投资新技术，如远程控制客机，这种方法将需要大量的时间和金钱来实施。其他的政策变化也已经发生。"自德国之翼坠机事件以来，欧洲航空公司已经实施了一项规定，要求驾驶舱内必须有两名驾驶员随时待命。德国还与航空业成立了一个特别工作组，考虑对飞行员的医疗和心理进行测试。"[12]

风险分解结构是帮助项目经理考虑不同类别的潜在风险的有用工具。与WBS的形式类似，**风险分解结构**（risk breakdown structure）是项目潜在风险类别的层次结构。图11-3显示了一个可能适用于许多 IT 项目的风险分解结构示例。最高级别的类别是业务、技术、组织和项目管理。竞争对手、供应商和现金流都属于业务风险的范畴。技术风险包括硬件、软件和网络。硬件可以进一步细分为故障、可用性和成本。请注意，风险分解结构如何提供一个简单的单页图表，以帮助确保项目团队考虑所有与 IT 项目相关的重要风险类别。例如，在本章的"开篇案例"中，Cliff 和他的经理本可以通过考虑几种项目管理中的风险——估算风险、沟通风险和资源风险——获得很大的益处。他们也可能已经讨论了这些风险以及与公司投标项目相关的其他类型的风险，并确定合适的策略以最大化积极风险和最小化消极风险。

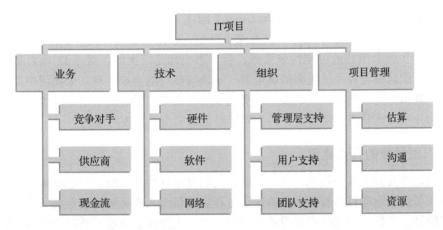

图 11-3 风险分解结构示例

除了根据所创建项目或产品的性质识别风险外，根据项目管理知识领域（如范围、时间、成本和质量）识别潜在风险也很重要。请注意，图 11-3 中的风险分解结构中的一个主要类别是项目管理。表 11-3 列出了每个知识领域内可能存在的潜在消极风险条件。[13]

表 11-3 与每个知识领域相关的潜在消极风险条件

知识领域	风险条件
整合	计划不完善；资源配置不当；整合管理不善；缺乏项目后评审
范围	范围或工作包定义不清楚；定义不完整
时间	对时间或资源可用性的估算错误；确定关键路径的错误；对浮动时间的分配与管理不当；竞争性产品提前发布
成本	估算错误；生产力、成本、变更或应急费用不足
质量	质量重视不足；不合格的产品设计、材料和工艺；质量保证程序不足
人力资源	冲突管理不善；项目组织不善，责任不明确；缺乏领导力
沟通	计划或沟通上的疏忽
风险	忽视风险；风险分析不清楚；保险管理不善
采购	无法履行的条件或合同条款；对抗关系
干系人	缺乏与主要干系人的协商；发起人参与不足

了解共同的风险来源有助于风险识别，而风险识别是项目风险管理的下一步。

11.4 识别风险

识别风险是确定哪些潜在事件会对项目有害或有益的过程。尽早识别潜在风险非常重要，但是你也必须根据不断变化的项目环境持续识别风险。还要记住，如果你不能事先识别风险，就无法管理风险。通过了解常见的风险来源并审查项目的项目管理计划、项目文档、协议、采购文件、企业环境因素、组织过程资产，项目经理及其团队可以识别许多潜在的风险。

识别风险的另一个考虑因素是提前发现的可能性，通常在项目集级别而不是项目级别提前发现风险。《国防部（DOD）风险、问题和机会管理指南》（*Department of Defense (DOD) Risk, Issue, and Opportunity Management Guide*）阐述了这一概念，并强调为整个项目集建立高层次指标的必要性。例如，几位专家追踪小行星，以便在小行星威胁到地球时做出反应。虽然小行星产生致命威胁的可能性非常低，但其影响却是巨大的。对于 IT 项目集来说，提前发现风险可能包括监控一位重要的供应商，该供应商可能会撤销对几个项目中使用的软件的支持。一些供应商为此提供早期预警，有些供应商则不提供。对于这些组织来说，及早识别这些风险并跟踪其状态非常重要，因为对风险做出响应是需要时间的。

11.4.1 识别风险的几点建议

识别风险有几种工具和技术。项目团队通常通过审查项目文档、与组织相关的最新和历史信息以及可能影响项目的假设来开始这个过程。项目团队成员和外部专家经常举行会议来讨论这些信息，并提出与风险相关的重要问题。在初次会议上确定了潜在的风险之后，项目团队可以使用不同的信息收集技术来进一步确定风险。一些常用的技术包括头脑风暴，德尔菲技术，访谈，根源分析法和 SWOT 分析法。

头脑风暴（Brainstorming）是一项识别风险的技术。团队通过本能地、不加判断地聚集一些想法，产生新的观点或为特定问题找到解决方案。这种方法可以帮助小组创建全面的风险清单，在项目后期会对这些风险采用定性和定量风险分析加以处理。由经验丰富的主持人主持头脑风暴会议，并介绍新的潜在风险类别，以保持思路的畅通。收集了这些想法之后，主持人可以对这些想法进行分组和分类以使其易于管理。但是，必须注意不要过度使用或误用头脑风暴。尽管企业广泛地使用头脑风暴来产生新的想法，但心理学文献显示，单独工作的个人所产生的想法要比通过面对面的小型小组进行头脑风暴产生的想法多。团体效应，例如害怕社会上的不赞成、权力阶层的影响以及一两个强势的声音，通常会抑制许多参与者的想法产生。[14]

德尔菲技术（Delphi technique）是一种收集信息的方法，有助于防止头脑风暴中发现的一些负面团体效应。德尔菲技术的基本概念是在专家小组中达成预测未来发展的共识。德尔菲技术是由美国兰德公司在 20 世纪 60 年代末为美国空军开发的，它基于对未来事件的独立和匿名的输入，是一个系统的、交互式的预测过程。德尔菲技术使用反复的提问和书面答复，包括对前几轮答复的反馈，从而发挥群组输入的优点，同时避免面对面商议中可能产生的偏见效应。要使用德尔菲技术，你必须为所涉及的特定领域选择一组专家。例如，"开篇案例"中的 Cliff 可以使用德尔菲技术来帮助他了解为什么他的公司不再赢得许多合同。Cliff 可以先召集一批与他的业务领域相关的专家。每名专家可以针对 Cliff 提出的情形回答许多问题，然后他或者协调人员将评价他们的回答，汇总他们的观点和理由，并在下一轮把这些观点和理由反馈给每位专家。Cliff 将继续重复这个过程，直到大家的意见汇聚于某一个具体的解决方案。如果意见出现分歧，德尔菲技术的组织者需要确定整个过程是否出现什么问题。

访谈（interviewing）是一种在面对面、电话、电子邮件或虚拟讨论中收集信息、寻求事实的技术。访谈具有类似项目经验的人是识别潜在风险的一个重要工具。例如，如果一个新项目涉及使用某种特定类型的硬件或软件，那么最近使用过该硬件或软件的人可以描述他们在过去的项目中遇到的问题。如果人们曾经与某个特定的客户合作过，他们可能会提供关于再次为该客户工作的潜在风险的见解。为重要的访谈做好充分的准备是很重要的，创建一个问题列表可以作为访谈过程中的指导。

人们在没有真正理解问题或机遇的情况下发现问题或机遇并不罕见。在提出行动方案之前，找出引发问题或机会的根源是很重要的。根源分析法（正如你在第 8 章中所学到的）通常会识别一个项目中更多的潜在风险。

另一种方法是在战略规划中常有到的 SWOT（优势、劣势、机会和威胁）分析法，这一方法可以通过使项目团队从更广阔的视角关注些特定项目的潜在风险，从而帮助识别风险。（你第一次学习 SWOT 分析法是在第 4 章。）例如，在写一个特定的提案之前，Cliff Branch 可以让他的一组员工详细讨论他们公司在项目中的优势、劣势，以及他们存在哪些机会和威胁。他们是否知道几家竞争公司更有可能赢得某项合同？他们知道赢得某一合同可能会获得将来的合同并有助于业务扩展吗？将 SWOT 分析法应用于特定的潜在项目可以帮助识别这种情况下更多的风险和机会。

11.4.2 风险登记册

风险识别的主要输出是已识别风险的列表，表上包括已经识别的项目风险事件和其他用于创建风险登记册的信息。**风险登记册**（risk register）是包含各种风险管理过程结果的文档，通常以表格或电子表格的形式呈现。风险登记册是记录潜在风险事件和相关信息的工具。**风险事件**（risk event）是指会对项目造成不利或有利影响的特定但又不确定的事件。例如，消极风险事件可能包括项目产品性能测试失败、项目进度拖延、成本增加、供给短缺、针对公司的诉讼和罢工。积极风险事件的例子包括比计划较早或更节约地完成工作、与供应商合作生产更好的产品，以及项目带来良好的宣传效果。

表 11-4 提供了 Cliff 和他的经理们在"开篇案例"中可能用于新项目的一个风险登记册示例。表格中包含了风险应当输入的实际数据。请注意登记表中经常包含的主要标题，因为这些条目将在本章的后续部分加以详细介绍。风险登记册的因素包括：

- **每个风险事件的标识号**：项目团队可能希望按照风险事件进行排序，或者快速搜索特定的风险事件，因此需要给每个事件赋予一个唯一的标识，如标识号。
- **风险事件的等级**：等级通常是一个数字，1 代表最高级别的风险。
- **风险事件的名称**：例如服务器故障、测试延迟完成、咨询成本降低和良好的宣传效果。
- **风险事件的描述**：由于风险事件的名称通常是缩写，对风险事件的描述有助于提供更详细的信息。考虑使用类似于以下内容的风险陈述格式：由于〈一个或多个原因导致〉，〈风险事件〉可能发生，这将导致〈一个或多个影响〉。例如，减少的咨询成本可以扩写为：因为这位特定的咨询顾问喜欢为我们公司工作，并愿意与我们协商费用，这可能会降低咨询成本，为项目节省费用。
- **风险事件的分类**：例如，服务器故障可能属于更大的技术类或硬件技术类风险范畴。

- 风险根源：服务器故障的根本原因可能是电力供应故障。
- 每个风险的触发因素：**触发因素**（triggers）是实际风险事件的指标或症状。例如，早期活动的成本超支可能是成本估算不准确的症状。有缺陷的产品可能是低质量供应商的症状。记录项目的潜在风险症状还有助于项目团队识别更多的潜在风险事件。
- 对每种风险的潜在响应：对服务器故障这一风险事件的潜在响应可能是在供应商合同中加入一项条款，规定在一定时间内以协议成本更换服务器。
- 风险责任人（risk owner）或将对风险负责的人：例如，某个人可能负责任何与服务器相关的风险事件，管理相应的响应策略。
- 风险发生的概率：某一风险事件发生的概率可能为高、中、低。例如，服务器出现故障的概率可能很低。
- 风险发生对项目的影响：如果风险事件真的发生，可能对项目的成功产生高、中、低的影响。服务器故障可能对按时成功完成项目有很大影响。
- 风险状态：风险事件是否发生？响应策略是否完成？风险与项目不再有关？例如，针对服务器故障这一风险的合同条款已经完成了。

表 11-4　风险登记册示例

编号	等级	风险	描述	分类	根源	触发因素	潜在响应	风险责任人	概率	影响	状态
R44	1										
R21	2										
R7	3										

例如，下面数据可能是登记册中填入的第一条风险。请注意，Cliff 的团队正在采取积极主动的方法来开展风险管理。

- 编号：R44
- 等级：1
- 风险：新客户
- 描述：我们以前从未为该组织做过项目，对他们了解不多。我们公司的优势之一在于建立良好的客户关系，这通常会导致与该客户有更多的合作项目。由于该组织是新客户，因此我们可能与新客户在合作上遇到问题。
- 分类：人力风险
- 根源：我们在没有真正了解客户的情况下赢得了一个项目的合同。
- 触发因素：新客户通过电子邮件，以及当面问了很多现有客户不会问的问题，所以我们很容易误解他们的需求和期望。
- 潜在响应：确保项目经理对这是一个新客户保持敏感，并且花时间理解他们。让项目经理安排一次会议来了解客户并明确用户期望。Cliff 也应该参加此次会议。
- 风险责任人：项目经理
- 概率：中
- 影响：高
- 现状：项目经理将在本周内安排会议。

11.4.3 风险报告

识别风险的另一个重要输出是创建风险报告。整体项目风险是不确定性对整个项目的影响。风险报告的内容包括整个项目风险的来源、整个项目风险暴露的重要驱动因素，以及风险事件的摘要信息，如风险的数量、总风险暴露、风险类别的分布、度量标准和趋势。风险报告是在整个风险计划过程中逐步形成的。

在识别风险之后，下一步是通过实施定性风险分析来了解哪些风险是最重要的。

11.5 实施定性风险分析

定性风险分析包括评估已识别风险的可能性和影响，确定其大小和优先级。本节描述如何使用概率/影响矩阵生成风险的优先级列表，还举例说明了如何使用十大风险事件跟踪技术来生成项目风险的总体排名，并采用定性风险分析跟踪趋势。最后，本节讨论了专家判断在实施风险分析中的重要性。请注意，一些组织只是简单地确定风险是高、中、低，然后用红色、黄色和绿色标记风险，很少进行分析。使用本节所描述的方法可以极大地改进定性风险分析。

11.5.1 用概率/影响矩阵估算风险因子

人们通常按照高、中、低来描述风险概率或后果。例如，气象学家可能预测某一天下大雨的可能性很高。如果那天刚好是你结婚的日子，并且你正计划一场盛大的露天婚礼，那么这场暴雨的后果或影响就会很大了。

项目经理可以在**概率/影响矩阵或图表**（probability/impact matrix or char）上绘制风险的概率与影响，该矩阵或图表列出了风险发生的相对概率和风险发生的相对影响。许多项目团队从使用这种简单的技术中受益，这种技术可以帮助他们识别需要注意的风险。为了使用这种方法，项目干系人列出他们认为可能在项目中发生的风险，然后还要对每个风险根据其发生的概率和产生的影响分别标以高、中、低。

然后，项目经理将结果总结为一个概率/影响矩阵或图表，如图11-4所示。例如，在"开篇案例"中，Cliff Branch和他的项目经理们可以各识别出3个针对他们公司或某个特定项目的积极的和消极的潜在风险。然后，他们可以将每个风险的发生概率或影响标记为高、中、低。例如，一个项目经理可能会将严重的市场衰退归为消极风险，这种风险的概率很低，但影响很大。Cliff可能把同样的风险列为概率与影响均为中等。然后，团队可以在矩阵或图表上绘制所有的风险，组合常见的风险，并确定所有这些风险应该在矩阵或图表上的什么位置。然后，团队应该关注落在较高发生概率较高影响区域内的风险。例如，风险1和风险4具有较高的概率和较高的影响；风险6较高的发生概率，但影响较小；风险9具有较高的发生概率和中等影响，等等。项目团队应该讨论当这些风险发生时该如何响应，你将在11.7节中了解这一点。

为消极风险和积极风险分别建立一个概率/影响矩阵或图表，以确保这两类风险都得到充分处理。一些项目团队还收集有关风险概率的数据，以及它们可能对范围、时间和成本目标产生的积极或消极影响。定性的风险分析通常进行得很快，因此项目团队必须决定什么类型的分析方法对其项目最有意义。

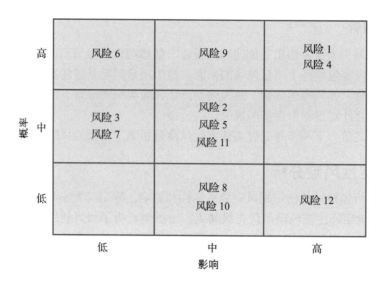

图 11-4　概率/影响矩阵示例

　　一些项目团队通过将概率的数字得分与影响的数字得分进行简单相乘得到风险得分。使用概率/影响信息的一种更复杂的方法是计算风险因子。为了量化风险概率和影响，美国国防系统管理学院（DSMC）开发了一种计算**风险因子**（risk factor）的技术——基于具体事件的发生概率和事件发生时对项目的影响，得到表征特定事件总体风险的数字。这种技术利用了发生概率和事件发生时对项目的影响或后果的概率/影响矩阵。

　　可以基于几个因素估计项目风险的发生概率，这些因素是由每个项目特有的性质所决定的。例如，评估潜在的硬件或软件技术风险的因素可能包括技术不成熟、技术过于复杂以及开发技术的支持基础不足。风险发生的影响可能包括一些因素，如备用方案的可获得性，或者无法满足绩效、成本和进度估算的后果。

　　图 11-5 提供了一个例子，说明在一项拟应用于设计更可靠飞机的技术研究中，如何使用风险因子来绘制失败概率和失败后果图。该图根据失败的概率和失败的后果，将潜在的技术（图中的点）分为高、中、低风险。研究人员强烈建议美国空军投资中、低风险的技术，并建议不要追求高风险的技术。[15] 与简单地指出风险概率或后果是高、中、低相比，严格的概率/影响矩阵和风险因子可以提供更有力的论据。

11.5.2　十大风险事项跟踪法

　　十大风险事项跟踪法（Top Ten Risk Item Tracking）是一种定性的风险分析工具。除了识别风险外，还能通过监控风险来保持项目团队在整个项目生命周期中的风险意识。它使管理层或客户定期审查项目最重大的风险事项。对项目十大风险来源的状况进行汇总，从而开始这种审查。这种汇总包括：各风险事件目前的排名、以前的排名、在一段时间内出现在列表上的次数，以及自上次审查以来在解决这一风险事项所取得的进展。

　　表 11-5 是一个用在项目管理审查会议上的十大风险事项跟踪表的例子。这个例子只包括排名前五位的消极风险事件。请注意，每个风险事件都是根据当前月份、上个月以及它在十大风险列表中出现的月份数进行排序的。最后一列简要描述了解决每个风险项目的进展。你将积极风险和消极风险分别用图表示，也可以把它们组合成一个图。

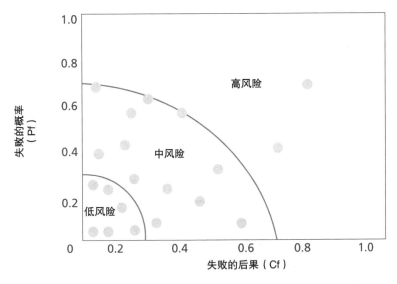

图 11-5　高、中、低风险技术示意图

表 11-5　十大风险事项跟踪示例

风险事件	每月排名			风险事项的进展情况
	本月排名	上月排名	在十大列表中出现的月份数	
计划不完善	1	2	4	审查整个项目管理计划
界定不清晰	2	3	3	召集会议，与项目客户和发起人一起明确项目范围
缺乏领导	3	1	2	在前任项目经理离职后，任命一位新的项目经理领导该项目
糟糕的成本估算	4	4	3	修订成本估计
糟糕的时间估算	5	5	3	修订进度估计

风险管理评审可以完成几个目标。首先，它使管理层和客户（如果包括的话）意识到可能阻碍或增强项目成功的主要影响因素。其次，通过让客户参与进来，项目团队可以考虑处理风险的替代策略。最后，通过向管理层和客户证明团队意识到了重大风险、有适当的策略，并且正在有效地执行该策略，来提高对项目团队的信心。

定性风险分析的主要输出是更新风险登记册。风险登记册的次序栏应填入数值或者高、中、低等级来表征风险事件的影响与概率。对于风险事件，通常会添加额外的信息，比如识别近期需要更多关注的风险，或者可以放在观察列表中的风险。**观察清单**（watch list）是指那些优先级低，但仍被确定为潜在风险的风险清单。正如你将在下节所学的，定性分析还可以识别那些应该被定量评估的风险。

媒体快照

2012 年 4 月 15 日是泰坦尼克号沉没 100 周年，人们在这一天开展了纪念活动。一篇近期发表在 PMI 虚拟图书馆的文章解释了如何通过分析风险的相互依赖性来避免项目中的"泰坦尼克号因素"。例如，一个风险事件发生的概率可能会随着另一个风险事件的出现而改变，对一个风险事件的响应可能会影响另一个风险事件。这篇文章的作者讨论了项目风险如何相互作用以及项目团队如何处理这些风险的问题。泰坦尼克号上一些相互依存的风险事件包括：

- 舱壁、舵和发动机的设计是一体化的。当16个密封舱中有6个损坏并开始进水时，船头的水的重量把船压了下去，直到舱壁被淹没。舵的设计足以在公海上使用，但是它的尺寸还是太小，不足以应付那个灾难性的夜晚所需要的紧急机动。中央螺旋桨有一个蒸汽轮机作为它的动力源，但这台发动机不能反向运转，在冲向冰山的过程中停止了运行。这就阻止了水从舵流出，成为导致沉船的一个关键问题。
- 有几项过程没有被遵循，其累积效应造成了其他重大问题。泰坦尼克号游轮没有接到来自另外两艘经过冰山的船只的报告。无线电在一天中的大部分时间都无法正常工作，所以泰坦尼克号船长没能收到另外一个关键的冰山警报。船只在冰山海域行驶得太快，而且那天晚上能见度极低。
- 未知的风险事件也导致了泰坦尼克号的沉没。例如，船体内的钢无法承受低温，导致它直接断裂而不弯曲。铁铆钉头也因寒冷而破裂。[16]

11.6 实施定量风险分析

定量风险分析通常是在定性风险分析之后进行的，当然这两个过程可以同时进行，也可以单独进行。在某些项目中，团队可能只执行定性风险分析。项目的性质以及时间和资金的可用性影响风险分析技术使用类型的选择。涉及前沿技术的大型复杂项目通常需要大量的定量风险分析。本节重点介绍定量风险分析和决策树分析、模拟和灵敏度分析等建模技术。

11.6.1 决策树和期望货币值

决策树（decision tree）是一种图形分析技术，用于在未来结果不确定时帮助选择最佳行动方案。决策树分析的一个常见应用是计算期望货币值。**期望货币值**（Expected Monetary Value，EMV）是风险事件概率和风险事件货币价值的乘积。为了说明这个概念，图 11-6 使用了 EMV 计算说明组织可能选择哪个项目。假设 Cliff Branch 的公司正在决定是否应该提交项目1的，或项目2的，或两个项目的建议书，或不提交任何建议书。团队可以绘制一个具有两个分支的决策树，一个分支代表项目1，另一个分支代表项目2。公司可以通过计算期望货币值来帮助做出决策。

要创建决策树并具体计算期望货币值，必须估计某些事件发生的概率。图 11-6 显示 Cliff 的公司赢得合同的概率为 20%（P=0.20），项目1的利润估计为 30 万美元，如图中顶部分支的结果所示。公司有 80%（P=0.80）的概率无法赢得项目1的合同，而结果估计为 −40 000 美元，这意味着如果公司没有赢得合同，公司将在项目1上花费 40 000 美元而得不到补偿。每个项目结果的概率之和必须等于 1（对于项目1，0.20 加上 0.80)。通常根据专家判断来确定概率。Cliff 或公司的其他人应该对赢得某些项目合同的概率有所了解。

图 11-6 还显示了项目2的概率和结果。假设 Cliff 的公司有 20% 的概率在项目2上损失 50 000 美元，10% 的概率损失 20 000 美元，70% 的概率赚 60 000 美元。同样，专家需要估计这些金额和概率。

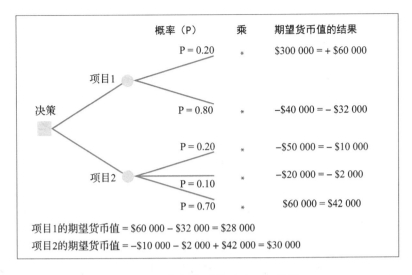

图 11-6　期望货币值（EMV）示例

为了计算每个项目的期望货币值，将概率乘以每个项目的潜在收益，然后将每个项目的计算结果相加。为了计算项目 1 的期望货币值，从左到右，将概率乘以每个分支的结果，然后将每一个分支的计算结果相加。在这个例子中，项目 1 的期望货币值是 28 000 美元。

0.20(300 000 美元)+0.80(40 000 美元)=60 000 美元－32 000 美元=28 000 美元

项目 2 的期望货币值是 30 000 美元。

0.20(－50 000 美元)+0.10(－20 000 美元)+0.70(60 000 美元)
　　　　＝－10 000 美元－2 000 美元+42 000 美元＝30 000 美元

因为期望货币值提供了一个投资决策总货币值的估计值，所以你希望得到一个正数：期望货币值越高越好。因为期望货币值对于项目 1 和项目 2 都是正的，Gliff 的公司希望从每个项目中得到正的结果，所以可以对两个项目都进行投标。如果必须在两个项目之间做出选择（也许是因为资源有限），Gliff 的公司应该对项目 2 投标，因为它的期望货币值更高。

请注意，在图 11-6 中，如果你只看这两个项目的潜在结果，那么项目 1 看起来更有吸引力。你可以从项目 1 中获得 30 万美元的利润，但是你只能从项目 2 中获得 6 万美元。如果 Gliff 是一个冒险者，他自然会想要投标项目 1。然而，只有 20% 的机会在项目 1 上赚取 30 万美元，而在项目 2 上赚取 6 万美元的机会却有 70%。使用期望货币值有助于考虑所有可能的结果及其发生的概率，从而减少追求过于激进或保守的风险策略的倾向。

11.6.2　模拟

较为复杂的一种风险定量分析技术是模拟，它使用系统的表示或模型来分析系统的预期行为或绩效。大多数模拟是以某种形式的**蒙特卡罗分析**（Monte Carlo analysis）为基础。蒙特卡罗分析多次模拟一个模型的结果，来提供计算结果的统计分布。例如，蒙特卡罗分析可以确定一个项目在某个日期之前完成的概率为 10%，而确定另一个项目在某个日期之前完成概率为 50%。换句话说，蒙特卡罗分析能够预测在某个日期前完成的概率或成本等于或小于某一值的概率。

在执行蒙特卡罗分析时，可以使用几种不同类型的分布函数。下面的示例是一个简化的方法。蒙特卡罗分析的基本步骤如下：

1. 收集模型中最可能、乐观和悲观的变量估计值。例如，如果试图确定满足项目进度目标的可能性，则可以选择项目网络图作为模型。您将为每个任务收集最可能、乐观和悲观的时间估计。请注意，此步骤与收集数据以执行计划评审技术（PERT）估计类似。但是，不能采用与计划评审技术相同的加权平均公式，而是在蒙特卡罗模拟中执行以下步骤。

2. 确定每个变量的概率分布。一个变量介于乐观估计和最可能估计之间的可能性有多大？例如，如果被指派了特定任务的专家给出该任务10周的最可能估计、8周的乐观估计、15周的悲观估计，那么你可以询问在8~10周内完成任务的可能性。专家可能会回答有20%的可能性。

3. 对于每个变量（比如估计任务时间），根据变量的概率分布选择一个随机值。例如，使用前面的场景，你可以按20%的可能性选择8~10周时间，80%的可能性选择10~15周时间。

4. 使用为每个变量选择的值的组合，进行确定性分析或进行一次遍历模型。例如，前面场景中描述的一个任务在第一次运行时的值可能为12。其他任务可以根据他们的估算和概率分布使用随机赋予的值进行第一次分析。

5. 多次重复步骤3和步骤4以获得模型结果的概率分布。迭代次数取决于变量的数量和结果所需的置信度，但迭代次数通常位于100~1 000之间。以项目进度为例，最终的模拟结果将会显示在一定时间内完成整个项目的概率。

图11-7 显示了基于蒙特卡罗的项目进度计划模拟的结果。模拟是用 Microsoft Project 和 Risk+ 软件完成的。图11-7 的左侧是一个直方图和一个 S 形曲线。每个列的高度表示在模拟运行期间给定的时间间隔内完成项目的次数，即样本数量。在本例中，时间间隔为两个工作日，模拟运行了 250 次。第一列显示该项目在 1 月 29 日之前只完成了两次模拟。S 形曲线表示在给定日期或之前完成项目的累计概率。图11-7 的右侧以表格形式显示了这些数据信息。例如，该项目有 10% 的可能性在 2 月 8 日之前完成，50% 的可能性在 2 月 17 日之前完成，90% 的可能性在 2 月 25 日之前完成。

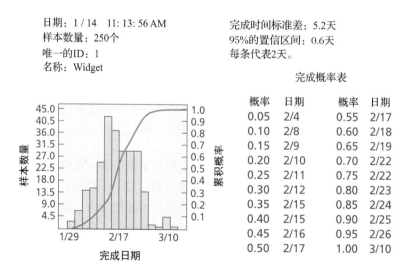

图 11-7 基于蒙特卡罗的项目进度模拟结果

一些基于 PC 的软件包可以执行蒙特卡罗模拟。许多产品会根据模拟结果显示一个项目的主要风险驱动因素。这使你能够确定项目进度中不确定性的主要来源。例如，某个任务的估计持续时间跨度过大，可能会导致项目进度中的大部分不确定性。在本章的后续部分，你将学习更多关于使用模拟软件和其他与项目风险管理相关的软件。

对在哪里

Microsoft Excel 是执行定量风险分析的常用工具。微软在其网站上提供了如何使用 Excel 执行蒙特卡罗模拟的示例，并解释了一些公司如何将蒙特卡罗模拟用作决策的重要工具：

- 通用汽车公司利用模拟技术预测其净收入、汽车的结构成本和购买成本，并确定公司对不同类别风险的灵敏度，如利率变化和汇率波动。
- Eli Lilly 公司使用模拟来确定开发每种药物所需的最佳工厂产能。
- 宝洁公司利用模拟对外汇风险进行建模并给出最佳对策。[17]

蒙特卡罗模拟也有助于降低敏捷项目的进度风险。例如，你可以使用蒙特卡罗模拟而不是线性技术来估计一系列的完成日期，线性技术假定未来的开发速度是固定的并且完成日期是不连续的。"考虑一个简单的场景，其中两个团队的平均开发速度都是 7.5。使用这个平均值，任何一个团队都可以在 6 次迭代中交付接下来的 45 个点。但是，假设团队 A 的历史速度值是 10、4、5 和 11，团队 B 的历史速度值是 7、8、8 和 7。平均值是一样的，但是因为 A 组的速度值有更高的方差，所以在预测未来结果时存在更大的风险。"[18]

11.6.3 灵敏度分析

许多人都熟悉**灵敏度分析**（sensitivity analysis），即通过改变一个或多个变量观察其对结果的影响。例如，在给定贷款利率和贷款期限的情况下，很多人会使用灵敏度分析决定他们的月供。如果你以 6% 的利率借 10 万美元，30 年还清，你每月的按揭还款是多少？如果利率是 7%，还款是多少？如果你决定在 15 年后以 5% 的利率还清贷款，你会付多少钱？

许多专业人士使用灵敏度分析来帮助做出一些常见的商业决策，比如根据不同的假设来确定盈亏平衡点。人们经常使用电子表格软件（例如 Microsoft Excel）进行灵敏度分析。图 11-8 显示了一个 Excel 文件，它可以根据不同的输入，如单位销售价格、单位制造成本，以及固定的每月费用来快速显示产品的盈亏平衡点。当前输入导致卖出价为每单位 6250 美元才能达到收支平衡。使用这个表格，用户可以改变输入，在图表中查看盈亏平衡点的效果。项目团队经常创建类似的模型来确定项目的各个变量的灵敏度。例如，Cliff 的项目团队开发了灵敏度分析模型，用来估计通过改变工作时间和每小时成本所带来的工作利润。

定量风险分析的主要产出是对项目文件的更新，如风险报告和风险登记册。定量分析还提供了关于实现特定项目目标的概率的高级信息。此信息可能会导致项目经理建议更改应急储备金。在某些情况下，可以基于定量分析来重新定位或取消项目，或者可以使用定量分析来帮助启动新项目，以帮助当前项目成功。

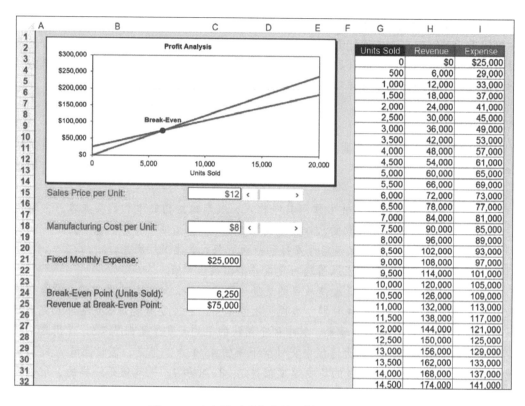

图 11-8　确定盈亏平衡点的灵敏度分析示例

11.7　计划风险响应

在一个组织识别并量化风险之后，它必须对风险做出适当的响应。制定风险响应包括开发选择方案和定义策略，以减少消极风险和增加积极风险。

应对消极风险的 5 种基本策略如下：

- **风险规避**（risk avoidance）或消除特定的威胁，通常采用消除其原因的方法。当然，并非所有风险都可以消除，但某些特定的风险事件是可以消除的。例如，一个项目团队可能决定在一个项目上继续使用某个硬件或软件，因为团队可以确定这个软件的有效性。其他类似产品也可以用于该项目，但是如果项目团队对这些产品不熟悉，它们就可能会引发重大风险。使用熟悉的硬件或软件可以消除这种风险。
- **风险接受**（risk acceptance）或在风险发生时接受后果。例如，一个项目团队计划召开一个大型项目评审会议，如果某特定会议场所无法得到批准，他们可以采取积极的方法来应对风险，如制定应急或退路计划和应急准备金。另一方面，团队也可以采取被动的方式，接受组织提供给他们的任何会议设施。
- **风险转移**（risk transference）或将风险后果及其管理责任转移给第三方。例如，风险转移通常用于处理财务风险。项目团队可以为项目所需的特定硬件购买特殊保险或保修服务。如果硬件出现故障，保险公司必须在规定的时间内更换硬件。
- **风险减轻**（risk mitigation）或通过降低风险事件发生的概率来缓解风险事件的影响。本章开始部分提出了减少 IT 项目常见风险来源的建议。其他风险降低的例子包括使用成熟的技术、雇佣胜任的项目人员、使用各种分析和验证技术，以及从分包商那里购买维修或服务协议。
- **风险上报**（Risk escalation）或通知上级主管部门。如果风险超出了项目范围，或者拟议的响应超出了当前项目经理的权限，那么有必要将风险控制权移交组织内更高级别的经理。

表 11-6 提供了项目的技术、成本和进度风险的一般缓解策略。[19] 请注意，增加项目监控的频率、使用 WBS、关键路径方法（CPM）这 3 种策略，在这 3 个领域都适用。增加项目经理的权限是降低技术和成本风险的策略，为了减小进度风险，建议选择最有经验的项目经理。改善沟通也是降低风险的有效策略。

表 11-6 技术、成本和进度风险的一般风险缓解策略

技术风险	成本风险	进度风险
强调团队支持，避免独立的项目结构	增加项目监控的频率	增加项目监控的频率
增加项目经理的权限	使用 WBS 和 CPM	使用 WBS 和 CPM
改善问题处理和沟通	改善沟通，理解项目目标，团队支持	选择最有经验的项目经理
增加项目监控的频率	增加项目经理的权限	
使用 WBS 和 CPM		

资料来源：j. Couillard.

应对积极风险的 5 种基本策略如下：

- **风险开拓**（risk exploitation）或尽一切可能确保积极风险的发生。例如，假设 Cliff 的公司投资一个项目，为附近需要帮助的学校提供新的计算机教室。为确保这一项目能为公司带来了良好的公共关系，进而带来更多的商业机会，他们可以选择一位顶级的项目经理来组织项目的新闻报道、撰写新闻稿，或者举行其他公共活动。
- **风险分享**（risk sharing）或将风险的所有权分配给另一方。还是上述计算机教室的例子，项目经理可以与学校的校长、学校董事会，或家长教师组织形成伙伴关系，共同承担为项目实现良好公共关系的责任。另一方面，该公司也可以与当地的培训公司合作，为所有教师提供关于如何使用新计算机教室的免费培训。
- **风险提高**（risk enhancement）或通过识别和最大化积极风险的关键驱动因素来增加积极风险发生的概率。例如，为计算机教室项目获得良好的公共关系的一个重要驱动因素可能是让学生、家长和教师对此产生认识并激发兴趣。然后，这些群体可能会对项目和 Cliff 的公司提供正式或非正式的广告，进而可以使其他组织感兴趣，为公司带来更多商业机会。
- **风险接受**（risk acceptance）。当项目组不对风险采取任何行动时，风险接受也同样适用于积极风险。例如，计算机教室项目的项目经理可能会认为这个项目会给公司带来良好的公共关系，而不会因为做一些额外的事情而感到抵触。
- **风险上报**（risk escalation）或通知上级主管部门也适用于积极风险。计算机教室项目的项目经理可能将与另一家公司合作的风险通知到对公司有更大影响的更高级别的项目经理。

风险响应策略的主要输出包括项目管理计划和其他项目文档的更新以及变更请求。例如，如果 Cliff 的公司决定在计算机教室项目上与当地的培训公司合作，分享建立良好公共

关系的机会，它可以发出变更请求，与该公司签订合同。如果风险响应策略需要完成额外的任务、资源或时间，则可能需要更新项目管理计划及其相关计划。风险响应策略通常会导致WBS和项目进度的变化，因此包含这些信息的计划也必须更新。风险响应策略还通过描述风险应对、风险责任人和状态信息为风险登记册提供更新的信息。

如前所述，风险响应策略通常包括识别残余风险和次生风险以及应急计划和应急储备金。**残余风险**（residual risk）是在实施所有响应策略后仍然存在的风险。例如，即使在项目上使用了稳定的硬件产品，也可能存在硬件无法正常运行的风险。**次生风险**（secondary risks）是实施风险应对措施的直接结果。例如，使用更稳定的硬件可能会导致外围设备无法正常工作的风险。

11.8 实施风险响应

实施风险响应，作为项目风险管理的一部分，主要是实施在计划风险响应中定义的风险响应。关键输出包括变更请求和项目文档更新（即发布日志、经验教训登记表、项目团队任务、风险登记册和风险报告）。例如，Cliff的团队已经识别出拥有新客户的风险事件。他们列出了一些可以帮助管理风险的活动，比如确保项目经理花时间去了解客户、安排会议以了解客户并明确客户期望、邀请Cliff也参加此次会议。在这种情况下，Cliff的团队会主动识别这种风险，并通过实施风险应对措施来防止负面事件的发生。

11.9 监控风险

监控风险包括确保执行适当的风险响应、跟踪已确定的风险、识别和分析新的风险，以及在整个项目中评估风险管理的有效性。项目风险管理并不止于初始风险分析。已识别的风险可能不会发生，或者其发生或损失的概率可能会降低。以前确定的风险可能有较高的发生概率，或估计损失值较高。类似地，随着项目的进展，新的风险也会被识别出来。新发现的风险需要经历与在初步风险评估中发现的风险相同的过程。由于风险暴露的相对变化，可能有必要重新分配用于风险管理的资源。

实施单独的风险管理计划包括：根据制定的里程碑监控风险、制定关于风险和风险响应的策略。如果一项策略无效时改变这一策略，实施一个计划好的应急活动，或者在某个风险不再存在时将其从潜在风险列表中删除，这些工作是必要的。项目团队有时也会使用**变通办法**（workarounds）——在未制定应急计划的情况下对风险事件做出非计划响应。

用于监控风险的工具和技术包括数据分析、审计和会议。输出包括工作绩效信息、变更请求以及对项目管理计划、项目文档和组织过程资产的更新。

11.10 使用软件辅助项目风险管理

正如你在本章的几个部分中所看到的，你可以使用各种软件工具来强化各种风险管理过程。大多数组织使用软件在他们的风险登记册中创建、更新和发布信息。风险登记册通常是一个简单的Word或Excel文件，但它也可以是更复杂的数据库的一部分。电子表格可以帮助跟踪和量化风险、绘制图表、执行灵敏度分析。软件可以用来创建决策树和期望货币值。

更复杂的风险管理软件，如蒙特卡罗模拟软件，可以帮助你开发模型和使用模拟来分析和应对各种风险。一些高端的项目管理软件包含模拟功能。还有一些专门用于项目风险管理的软件包。虽然使用新的软件工具进行复杂的风险分析变得更加容易，但是项目团队在进行项目风险管理时必须小心，不要过分依赖软件。如果一个风险没有得到识别，就不能对其进行管理。因此，需要有才能、有经验的人员做好风险识别工作。同样也需要付出很大的努力来开发并实施好的风险响应策略。在项目风险管理中，软件应该被用作帮助做出正确决策的工具，而不是出现问题时的替罪羊。

11.11 敏捷/自适应环境下的注意事项

《项目管理知识体系指南（第6版）》为项目风险管理提供了以下信息：

根据定义，高可变性环境会带来更多的不确定性和风险。为了解决这一问题，使用适应性方法管理的项目利用对增量工作产品和跨职能项目团队的频繁审查来加速知识共享，并确保风险得到充分的理解和有效的管理。在选择每个迭代的内容时都会考虑风险，并且风险也会在每个迭代中被识别、分析和管理。

此外，这些要求作为定期更新的动态文件保存下来，并且随着项目的进展，可以根据对当前风险暴露更好的理解，重新确定工作的优先次序。[20]

所有类型的项目都应尽快分享与风险有关的信息，并保持文档的更新。的确，在敏捷/自适应项目的每次迭代中都会考虑风险，这确实提升了它的重要性。通过更改每次迭代的产品积压工作，可以更容易地处理更改优先级的问题。

运行良好的项目，比如一个大师级小提琴手的演奏、一个奥林匹克运动员获得金牌，或者一本普利策奖获得者的作品，看起来都几乎毫不费力。无论是观众、客户还是经理，外部人员都无法观察成功背后的艰辛。他们看不到练习的时间、修改过的草稿，也看不到创造轻松表象的计划、管理和远见。为了改进IT项目管理，项目经理应该努力使他们的工作看起来简单——这反映了一个运行良好的项目的结果。你可以通过强调良好的项目风险管理的必要性来帮助更多的项目成功，从而成为组织中的变更推动者。

> **案例结局**
>
> Cliff和他的两名高级管理人员参加了一个关于项目风险管理的研讨会，发言者讨论了好几种方法，例如估计项目的期望货币值和蒙特卡罗模拟。Cliff问发言者如何利用这些技术来帮助公司决定投资哪个项目，因为在进行项目选择时，常常需要预先投资，而这可能血本无归。发言者简单地谈了一个EMV的例子，还进行了快速的蒙特卡罗模拟。Cliff没有很强的数学背景，很难理解EMV的计算。他认为这个模拟实在难以理解，对他没有什么实际价值。相对那些数学计算或计算机输出，他更相信自己的直觉。
>
> 发言者最终意识到Cliff并没有被打动，所以她解释了为什么要关注赢得项目的可能性，而不是只关注潜在的利润。她建议实行风险中立的策略，把精力投向那些公司有较大成功机会（大约50%）赢得合同且有可观的潜在利润的项目，而不要关注那些成功概率小，但潜在利润大的项目。Cliff不同意这个建议，他继续投标高风险的项目。参加研讨会的另外两名经理现在明白了公司为什么会出现问题——他们的领导喜欢冒险，即使这样会损害公司利益。像许多其他员工一样，他们不久就在竞争对手公司找到了工作。

11.12 本章小结

风险是一种不确定性，它可能对实现项目目标产生消极或积极的影响。许多组织都没能做好项目风险管理，有些组织甚至没有风险管理。成功的组织能意识到良好的项目风险管理的价值。

风险管理是一种投资，换句话说，识别风险、分析风险和制定解决风险问题的计划，这些活动都需要花费成本。这些费用必须包括在成本、进度和资源计划中。

风险效用或风险容忍度是从潜在收益中获得的满足感或愉悦感的程度。风险偏好型的人喜欢高风险，风险规避型的人不喜欢冒险，风险中立型的人追求风险与收益之间的一种平衡。

项目风险管理是一个过程，在这个过程中，项目小组不断评估哪些风险可能对项目产生消极或积极的影响，确定此类事件发生的概率以及发生后的影响。风险管理还包括分析和确定处理风险的备选策略。风险管理的过程包括计划风险管理、识别风险、实施定性风险分析、实施定量风险分析、计划风险响应、实施风险响应和监控风险。

计划风险管理是决定如何处理项目中的风险管理活动并为其制定计划的过程。应急计划是项目团队在已识别出的风险事件发生时将采取的预先制定好的措施。退路计划是为那些对实现项目目标有很大影响的风险制定的，如果降低风险的尝试没有效果，则实施退路计划。应急储备金或应急津贴是项目发起人或组织为将成本或进度超出预期的风险降低到可接受水平而做的准备。

IT 项目通常涉及几个风险，包括缺乏用户参与、缺乏高层管理者支持、需求不明确以及计划不周。Standish Group 和其他组织开发的列表有助于识别 IT 项目的潜在风险。风险分解结构是一个有用的工具，可以帮助项目经理考虑不同类别的潜在风险。像头脑风暴、德尔菲技术、访谈和 SWOT 分析等方法一样，项目管理知识领域的常见风险条件列表也有助于识别风险。风险登记册是包含各种风险管理过程结果的文档，通常以表格或电子表格格式显示。风险登记册是记录潜在风险事件和相关信息的工具。风险事件是指可能对项目造成损害或促进的具体但又不确定的事件。

风险可以从定性和定量两方面进行评估。定性风险分析的工具包括概率/影响矩阵和十大风险事项跟踪法。定量风险分析的工具包括决策树和蒙特卡罗模拟。期望货币值（EMV）基于期望价值使用决策树来评估潜在的项目。模拟是一种更为复杂的方法，使用估算方法帮助你确定达到特定项目进度或成本目标的可能性。灵敏度分析是用来显示改变一个或多个变量对结果的影响。

应对消极风险的 5 种措施是规避、接受、转移、减轻和上报。风险规避包括消除特定的威胁或风险。风险接受意味着承担风险发生时的后果。风险转移是将风险及其管理责任的后果转移给第三方。风险减轻是通过降低风险事件发生的可能性来减少风险事件的影响。风险上报将风险事件报告到更高级别的权力部门。应对积极风险的 5 种措施是风险开拓、风险分享、风险提高、风险接受和风险上报。

实施风险响应包括将适当的风险响应计划付诸行动。监控风险包括监控风险响应计划的执行情况、跟踪已确定的风险、识别和分析新的风险，以及在整个项目中评估风险管理的有效性。

有几种软件可以帮助项目风险管理。基于蒙特卡罗的模拟软件分析是一个特别有用的工具，有助于更好地理解项目风险以及风险的首要来源或风险驱动因素。

一定要考虑项目风险管理在敏捷/自适应环境中的差异。

11.13　讨论题

1. 讨论图 11-2 中的风险效用函数和风险偏好图。你认为自己是风险规避型、风险中立型，还是风险偏好型？从生活的不同侧面，比如当前的工作、个人财务状况、罗曼史和饮食习惯，举出与每种类型对应的例子。

2. 风险管理计划中应该解决哪些问题？
3. 讨论 IT 项目的常见风险来源及管理建议。你认为哪些建议最有用？你觉得哪一个不适合你的组织？为什么？
4. 使用头脑风暴和德尔菲技术进行风险识别的区别是什么？每种方法的优点和缺点是什么？描述风险登记册的内容，并阐述风险登记册如何在风险管理过程中使用。
5. 描述定性风险分析中如何使用概率/影响矩阵和十大风险事件跟踪法？你如何在一个项目中使用这些技术？
6. 解释定量分析中如何使用决策树和蒙特卡罗分析？举一个例子详细说明你在一个 IT 项目如何使用每种技术。
7. 给出风险响应策略中针对积极风险和消极风险的策略的真实例子。
8. 列出风险控制的工具和技术。
9. 如何使用 Excel 辅助项目风险管理？还有什么软件可以帮助项目团队做出更好的风险管理决策吗？

11.14 快速测验

1. ____是一种不确定性，它可能对实现项目目标产生消极或积极的影响。
   a. 风险效用　　　　b. 风险容忍度　　　　c. 风险管理　　　　d. 风险
2. 一个人在面临更大的风险时获得更大的满足感，并愿意付出代价承担风险，那么这个人是____。
   a. 风险规避型　　　b. 风险偏好型　　　　c. 风险中立型　　　d. 有风险意识的
3. 哪一个风险管理过程涉及根据风险发生的概率与影响对风险进行优先排序？
   a. 计划风险管理　　b. 识别风险　　　　　c. 实施定性风险分析　　d. 实施定量风险分析
4. 你的项目涉及使用一个公共软件应用程序的新版本，但是如果该版本不可用，你的团队将使用当前版本作为____计划。
   a. 应急　　　　　　b. 退路　　　　　　　c. 储备　　　　　　d. 减轻
5. 一种风险识别工具涉及用匿名的方式在专家团体中达成一致意见，以下哪一个是？
   a. 风险分解结构　　b. 头脑风暴　　　　　c. 访谈　　　　　　d. 德尔菲技术
6. 风险____是包含各种风险管理过程结果的文档，通常以表格或电子表格格式显示。
   a. 管理计划　　　　b. 登记册　　　　　　c. 分解结构　　　　d. 概率/影响矩阵
7. ____是实际风险事件的指标或征兆，例如，早期活动的成本超支是成本预算错误的征兆。
   a. 概率　　　　　　b. 影响　　　　　　　c. 观察清单项　　　d. 触发因素
8. 假设在特定的项目中，你有 30% 的可能性会损失 10 000 美元，70% 的可能性会赚 100 000 美元。这个项目的估计货币价值是多少？
   a. −30 000 美元　　b. 70 000 美元　　　　c. 67 000 美元　　　d. −67 000 美元
9. ____是一种定量的风险分析工具，它使用系统的模型来分析系统的预期行为或绩效。
   a. 模拟　　　　　　b. 灵敏度分析　　　　c. 蒙特卡罗分析　　d. 期望货币值（EMV）
10. 你的项目团队已经决定不使用即将发布的软件，因为它可能会导致进度延误。你使用的是哪种消极风险响应策略？
    a. 规避　　　　　　b. 接受　　　　　　　c. 转移　　　　　　d. 减轻

11.15 快速测验的答案

1. d　2. b　3. c　4. a　5. d　6. b　7. d　8. c　9. a　10. a

11.16 练习题

1. 假设你的学院或组织正在考虑开发一个信息系统的项目,该系统将允许所有员工、学生和客户访问和维护他们自己的人力资源信息,如地址、婚姻状况和税务信息。该系统的主要好处是减少人力资源人员和提供更准确的信息。例如,如果员工、学生或客户有一个新的电话号码或电子邮件地址,他或她将负责在新系统中输入数据。新系统还将允许员工改变他们的税收扣除或养老金计划缴款。识别这个新项目的 5 个潜在风险,并确保列出一些消极和积极的风险。详细描述每个风险,并提出处理每个风险的策略。把你的结果记录在一篇简短的论文里。

2. 查看与风险管理相关的文档,例如微软的《安全风险管理指南》(*Security Risk Management Guide*)。这份指南是否涉及本文所描述的大多数与风险管理计划相关的主题?把你的分析记录在一篇简短的论文里。

3. 研究风险管理软件。是否有很多风险管理软件可供选择?使用它们管理项目的主要优点是什么? 缺点是什么? 写一篇简短的论文来讨论你的发现,至少参考 3 篇文献。

4. 假设你的组织正在决定在 4 个项目中投标哪一个,各项目相关信息如下表所示。假设所有的预先投资都无法收回,因此它们都显示为负利润。绘制一个表格,并计算每个项目的期望货币值。简要说明你会投标哪个项目。一定要使用期望货币值信息和你个人的风险承受能力来论证你的答案。

项目	产出的机会	估计的利润
项目 1	50%	120 000 美元
	50%	-50 000 美元
项目 2	30%	100 000 美元
	40%	50 000 美元
	30%	-60 000 美元
项目 3	70%	20 000 美元
	30%	-5 000 美元
项目 4	30%	40 000 美元
	30%	30 000 美元
	20%	20 000 美元
	20%	-50 000 美元

5. 使用 Excel 打开名为盈亏平衡点的模板文件。检查文件中的公式,了解变量之间的关系(如单位销售价格、单位制造成本、每月固定费用)和输出(如盈亏平衡点和在盈亏平衡点收入)。至少运行 3 个不同的场景,根据需要更改输入并记录输出。写一篇简短的论文来总结结果,包括 3 个场景的屏幕截图,以及你对灵敏度分析的整体观点和在本例中的观点。

6. 举一个在 IT 项目上承担高风险并取得成功的公司的例子。另外,再找一个公司承担高风险却失败了的例子。用简短的论文总结每个项目和各自所处的情况。在论文中,你还需要讨论在成功与失败之间除了运气之外,是否还有其他的影响因素。

11.17 实践案例

你和你的团队在全球企业家项目的第一周发现了一些风险。然而,你从未对风险进行排名或制定任何响应策略。由于已经发生了一些消极风险事件(如第 10 章所述,Ashok 折断了手腕、与埃塞俄比亚的一个关键干系人沟通不畅),因此你决定更积极地管理风险。你还要处理积极风险和消极风险。

1. 利用表 11-4 以及风险登记册模板,为项目创建一个风险登记册。识别 6 个潜在风险,包括与上面描述问题相关的风险。包括 3 个积极风险和 3 个消极风险。使用格式描述风险："由于（一个或多个原因），（风险事件）可能发生，这将导致（一个或多个影响）。"

2. 利用图 11-4 以及概率/影响矩阵模板，把这 6 个风险分布在概率/影响矩阵中。并为风险发生的概率以及每个风险对实现主要项目目标的影响分配一个数值。数值范围为 1～10，其中 1 表示最低。对于一个简单的风险因子计算，将概率得分和影响得分相乘。在你的风险登记册中影响的那一列右边再增加一列，名为"风险评分"。在风险登记册中输入新数据。写下你为每个积极风险和消极风险打分的理由。

3. 为其中的一个积极风险和一个消极风险分别制定响应策略。把这些信息填入风险登记册。还要单独写出实施这些响应策略需要哪些任务，还要包括实施每个策略的时间和成本估算。

11.18 关键术语

头脑风暴（brainstorming）
应急津贴（contingency allowances）
应急计划（contingency plans）
应急储备金（contingency reserves）
决策树（decision tree）
德尔菲技术（Delphi technique）
期望货币值（EMV）(expected monetary value (EMV)）
退路计划（fallback plans）
流程图（flowcharts）
影响图（influence diagram）
访谈（interviewing）
已知风险（known risks）
管理储备金（management reserves）
风险管理计划（risk management plan）
风险减轻（risk mitigation）
风险中立（risk-neutral）
风险责任人（risk owner）
风险登记册（risk register）
风险偏好型（risk-seeking）
风险分享（risk sharing）
风险容忍度（risk tolerance）
风险转移（risk transference）

蒙特卡罗分析（Monte Carlo analysis）
概率/影响矩阵或图表（probability/impact matrix or chart）
残余风险（residual risks）
风险（risk）
风险接受（isk acceptance）
风险偏好（risk appetite）
风险厌恶型（risk-averse）
风险规避（risk avoidance）
风险分解结构（risk breakdown structure）
风险提高（risk enhancement）
风险事件（risk events）
风险开拓（risk exploitation）
风险因子（risk factors）
风险效用（risk utility）
次生风险（secondary risks）
灵敏度分析（sensitivity analysis）
十大风险事项跟踪法（Top Ten Risk Item Tracking）
触发因素（triggers）
未知风险（unknown risks）
观察清单（watch list）
变通办法（workarounds）

11.19 注释

[1] C. William Ibbs and Young Hoon Kwak, "Assessing Project Management Maturity," *Project Management Journal* 31, no. 1 (March 2000), pp. 32–43.

[2] Aneerav Sukhoo, Andries Barnard, Mariki M. Eloff, and John A. Van der Poll, "An Assessment of Software Project Management Maturity in Mauritius," *Issues in Informing Science and Information Technology* 2 (May 2003), pp. 671–690.

[3] Peter Kulik and Catherine Weber, "Software Risk Management Practices—2001," KLCI

Research Group (August 2001).

4. David Hillson, "Boom, bust, and risk management," *Project Manager Today* (September 2008).

5. SAS, "Survey: Better risk management would have lessened credit crisis," SAS Press Release (September 18, 2008).

6. Michael Versace, "Forecast: Financial Services Industry Will Continue to Spend Big on Risk IT," Global Association of Risk Professionals (May 15, 2015).

7. David Hillson, "Integrated Risk Management as a Framework for Organisational Success," *PMI Global Congress Proceedings* (2006).

8. Hilson, David, "Managing Overall Project Risk," *PMI Global Congress Proceedings* (2014).

9. The Standish Group, CHAOS Manifesto 2015 (2015).

10. Andy Cole, "Runaway Projects—Cause and Effects," *Software World* 26, no. 3 (1995), pp. 3–5.

11. KPMG International, "Expectation of Risk Management Outpacing Capabilities – It's Time for Action" (2013).

12. The Guardian, "Germanwings crash: Call for technology to enable remote command of plane," *The Guardian* (April 15, 2015).

13. R. Max Wideman, "Project and Program Risk Management: A Guide to Managing Project Risks and Opportunities" (Upper Darby, PA: Project Management Institute, 1992), II–4.

14. J. Daniel Couger, *Creative Problem Solving and Opportunity Finding* (New York: Boyd & Fraser Publishing Company, 1995).

15. McDonnell Douglas Corporation, "Hi-Rel Fighter Concept," Report MDC B0642 (1988).

16. Bruce J. Weeks, "Risk Determination in Highly Interactive Environments: How to Avoid the Titanic Factor in Your Project," PMI Virtual Library (2010).

17. Microsoft Corporation, "Introduction to Monte Carlo simulation," support.office.com/en-ca/article/Introduction-to-Monte-Carlo-simulation-64c0ba99-752a-4fa8-bbd3-4450d8db16f1 (accessed June 18, 2015).

18. Jerry Odenwelder, "How to Reduce Agile Risk with Monte Carlo Simulation," VersionOne (March 21, 2015).

19. Jean Couillard, "The Role of Project Risk in Determining Project Management Approach," *Project Management Journal* 25, no. 4 (December 1995), pp. 3–15.

20. Project Management Institute, Inc., *A Guide to the Project Management Body of Knowledge (PMBOK® Guide) – Sixth Edition* (2017), p. 400.

第 12 章

Information Technology Project Management, Ninth Edition

项目采购管理

学习目标

阅读完本章后,你将能够:
- 理解项目采购管理的重要性以及在 IT 项目中越来越多地使用外包的现象。
- 描述项目采购计划所涉及的工作,包括确定合同使用的正确类型、制定采购管理计划、工作说明书、来源选择标准,以及自制或购买分析。
- 讨论如何进行采购和获取供应商回复、选择供应商以及授予合同的策略。
- 通过管理采购关系和监督合同绩效来控制采购的过程。
- 讨论可用于辅助项目采购管理的软件。
- 讨论敏捷 / 自适应环境下的注意事项。

开篇案例

在一项非常重要的操作系统转换项目中,Marie McBride 对公司支付给外部咨询公司的协助费用感到难以置信。在咨询公司的提案中,他们可以提供具备相关系统转换经验的专家,并且如果 4 名咨询顾问全职工作,那么这项提案将会在 6 个月内完成。但是,9 个月过去了,公司仍然在支付高额的咨询费,项目的顾问团队中有一半被替换成新的成员。这些新的顾问刚刚大学毕业两个月,沟通能力非常差。Marie 的员工抱怨道:"我们在浪费宝贵的时间来培训这些所谓的经验丰富的专家。"Marie 向公司的采购经理询问了有关合同、费用以及与他们现在所面对的问题相关的特殊条款。

Marie 被难以理解的合同内容搞得晕头转向。这份合同很长,并且显然是出自某些具有深厚法律背景的人之手。当她询问采购经理,在咨询公司没有按照预定计划执行的情况之下公司能够采用什么措施的时候,采购经理说提案并不是正式合同中的一部分。Marie 的公司正在为时间、材料支付费用,而不是为特定的可交付成果。在合同中并没有相应条款规定顾问的最低经验水平,也没有对项目逾期的处罚条款。但合同中有终止合同的条款,这意味着公司可以终止合同。Marie 想知道公司为什么会签下这么一份这么糟糕的合同。有没有更好的处理外包服务的方法?

12.1 项目采购管理的重要性

采购(procurement)意味着从外部来源获得产品或者服务。采购一词广泛用于政府,许多私人企业使用外购和外包。那些提供采购服务的组织和个人通常被称为供应商、供货商、承包商、分包商或者销售商,其中供应商应用最多。许多 IT 项目使用来自组织外部的产品和服务。项目管理协会将外部来源定义为项目团队外部的来源,因此同一组织可以是项目团队的供应商,或者项目团队可以是组织中其他团队的供应商。实际上,组织中的许多 IT 部门与外部供应商存在直接竞争,并且他们都受到相同类型的需求定义、工作说明书和投标的约束。无论谁向谁提供服务，良好的项目采购实践的规则和方法都需要遵循可靠的项目采购实践的规则与方法。

正如你在第 2 章中了解到的，外包已经成为研究领域争论的一个热点话题，尤其是跨境外包，通常称为离岸外包。Gartner 估计，全球 IT 产业价值将达到 3.7 万亿美元，较 2017 年增长 4%。最大的支出类别是通信服务，占总支出的 39%，约 1.4 万亿美元。[1] 根据 Deloitte 的一项研究，外包市场将继续增长：

- 外包更成熟的业务功能（如信息技术、人力资源和财务）将继续增长，附加功能如房地产、设施管理和采购也将不断增长。
- 采访者表示，外包的主要原因是降低成本、使组织专注于核心业务和解决能力问题。
- "公司正在重新定义外包的好处，要求供应商以削减成本的方式来增加价值，例如促成并购（并购活动、提供所需能力和提高功能能力）。"[2]

全球问题

最近一种新的外包技术在美国兴起，这种技术叫城市外包。尤其是软件测试行业，已经由多个组织进行合作，以满足低收入、高失业率城市地区的工作需求，提高质量和效率，并降低海外成本。例如，Doran Jones 是一家为曼哈顿银行和媒体公司提供测试服务的初创咨询公司，它与 Per Scholas 合作创建了第一个用于软件测试项目的城市开发中心（UDC）。UDC 模式为低收入城市社区开发基础设施、提供资源和工作机会，这是公司"企业社会责任"战略的一部分。Per Scholas 是纽约市历史最悠久、规模最大的专业 IT 员工发展项目。他们为 4500 多名失业和低收入成年人提供技术教育、培训和就业安置服务。

一些初创公司正在应用类似的模式，以改善荒凉的社区，比如南布朗克斯的 Hunts Point。由夫妻团队 Majora Carter 和 James Chase 创建的 Startup Box 最初专注于游戏和应用程序（如 Game Chaser）的质量保证测试。为了招募测试人员，他们在 Hunts Point 及其周围举行游戏比赛，并向开发者提供游戏反馈，类似于焦点小组。

Doran Jones 和 Startup Box 不希望他们的工作被视为慈善项目。"随着离岸外包在不断变化的技术世界中变得越来越成问题……离岸外包是一个重要的市场机会。除了将一些急需的工作机会带回美国之外，它们还可以提高外包的效率，使科技人才渠道多样化。Startup Box 和 Doran Jones 都计划在其他城市复制这个城市的支柱产业。"[3]

政客对于离岸外包是否能够有助于他们本国的经济争论不休。计算机网络支持服务运营商的运营总监 Andy Bork 认为，外包是健康经济的重要组成部分。他使用"胆固醇"来类比外包的利弊。他说，大部分的人都认为离岸外包没有什么好处，因为它剥夺了境内人员的工作机会。然而，许多公司发现，他们可以使用离岸外包为国内创造更多工作机会。[4] 其他公司，例如沃尔玛，只需很少的商业软件就可以成功地完成内部的大部分 IT 项目，而且根本不需要外包。其他组织正在将 IT 服务搬回内部，比如通用汽车。通用汽车首席信息官 Randy Mott 曾担任沃尔玛、戴尔和惠普前首席信息官。他对通用汽车的 IT 业务进行了全面检查，并在 2012～2015 年将 90% 的 IT 服务外包缩减至 10%。请看"对在哪里"部分，该部分描述 Zully 如何继续使用内部软件开发来提高竞争优势。

对在哪里

零售商 Zulily 是一家市值 15 亿美元的公司，在 2018 年庆祝公司成立 8 周年。Zulily 是越来越多地开发内部软件以满足速度和创新需求的组织之一。首席信息官 Luke Friang 表示，现成的软件几乎不可能跟上他们的发展。Zulily 提供限时抢购，即顾客仅在有限的时间内可以获取货物。开发跟踪和定制购物体验的网站技术是 Zulily 业务战略的重要组成部分。其他通过开发创新的内部软件获得竞争优势的公司包括通用汽车和特斯拉汽车。

Zully 开发了专有算法，可以跟踪整个网站的客户，并快速做出调整，以满足不断变化的消费者偏好。这家总部位于西雅图的零售商向客户发送电子邮件，其中包含针对他们从该网站购买的物品与交易界面。

在 Friang 7 年多的领导下，技术团队规模增长了 20 倍。"我们目前正在对大数据平台、AWS 迁移和专有仓库管理软件进行巨额投资。" Friang 说，"我们希望今年招聘大量的技术人员，目前招聘范围包括产品、数据科学、供应链和运营部门。"[5]

决定是否外包、外包什么，以及如何外包是世界上许多组织的重点关注问题。各组织通过外包来完成以下工作：

- 获得技术和技能。通过外包，组织可以获得所需的特殊技能和技术。如前所述，人才短缺是公司外包 IT 服务的主要原因。一个项目可能在几个月时间里需要特定领域的专家，或者可能需要外部来源的特定技术。采购计划可以保证为项目提供必需的技能和技术。
- 降低固定成本和周期性成本。外包服务供应商通常可以利用规模经济，但这种优势对于单个的客户而言往往无法获得，特别是在硬件设备和软件方面。同时，通过境内或者境外外包还可以降低人力成本。企业同样可以通过外包来节约人力成本，如避免招聘、解聘的费用，以及把人力重新分配到其他项目上，在员工同时参与两个项目时支付一份薪水。
- 使客户组织能够专注于自己的核心业务。大部分组织的业务核心并不是提供 IT 服务，但是许多组织在 IT 功能上花费了宝贵的时间和资源，而他们本应专注于诸如营销、客户服务和新产品设计等核心能力。通过将 IT 业务外包，员工就可以专注于那些对组织成功至关重要的工作。
- 提供灵活性。外包可以在项目处于工作压力高峰时提供额外的员工，相比之下，如果全部项目员工来源于内部，那么成本就会变高。许多公司把员工的灵活性作为外包的一个关键原因。正如你在第 2 章中所了解到的，苹果公司表示如果没有外包，他们就无法足够快地生产出产品。
- 提升责任度。一份精心拟就的**合同**（contract）——由互相约束的条款规定供应商应提供的特定产品或者服务，采购商购买这些产品和服务——可以对项目的关键可交付成果确定责任、明确重点。由于合同具有法律约束力，合同中规定的交付工作的责任更大。

组织还必须考虑不想外包的原因。当一个组织开展外包工作时，它通常对供应商提供的项目的各个方面没有那么多的控制权。此外，一个组织可能过于依赖特定的供应商。如果这些供应商倒闭或高层变更，可能会对项目造成巨大损害。组织还必须小心保护可能在供应商手中变得脆弱的战略信息。Sun Microsystems 公司的联合创始人和首席执行官 Scott McNealy 说："你想在公司内部处理的事情是那些能让你在竞争中占据优势的东西——你的核心能力。我称之为'秘方'。如果你在华尔街，你有自己的跟踪和分析市场的程序，你就要坚持用它。在 Sun，我们有测试微处理器设计的复杂程序，我们会一直使用它。"[6] 项目团队必须仔细考虑采购问题，并根据其项目和组织的独特需求做出明智的决定。他们还必须意识到政治问题，如下例所述。

错在哪里

2011 年，纽约市市长 Michael Bloomberg 承认市政厅对其主要 IT 项目管理不当，并宣称要加强对这些项目的监督。他甚至表示，当项目遇到严重问题时，市政当局不会反对用立法来警告市议会。这些发言是在对遇到问题的技术项目的听证会上说的。例如，检察官说，标价 7 亿美元 CityTime 薪资系统涉嫌欺诈，市长要求总承包商退还 6 亿美元。由于领导问题，自动人事系统 NYCAPS 遭受了严重的延误和成本超支，从最初的 6600 万美元增加到超过 3.63 亿美元。

负责运营的副市长 Caswell F. Holloway 在听证会上作证说，政府已经开始彻底改革其管理复杂技术项目的方式。他表示，该公司将寻求使用更多的现成软件，并避免在规定完成的关键可交付成果时，按小时向顾问支付费用。他还表示，纽约市将停止让个别机构自行谈判合同，并请市法律部门和市长合同服务办公室就价值超过 500 万美元的 IT 合同进行谈判。

"听证会上的其他发言者表示，Holloway 承诺要做的大部分工作已经写入城市政策，但收效甚微。市工会 37 区委员会研究主任 Henry Garrido 表示，纽约市的 IT 合同中的一项标准条款允许纽约市起诉承包商赔偿损失。但纽约市政府并没有这样做。"[7]

外包也会给公司乃至整个国家带来其他领域的问题。例如，在 2004 年，澳大利亚有很多人担心外包软件开发。"澳大利亚计算机协会表示，将工作外包可能会降低攻读 IT 课程的学生数量，减少 IT 专业人员的数量，进而削弱澳大利亚的战略技术能力。另一个问题是安全性，包括保护知识产权、数据的完整性和离岸地点基础设施的可靠性。"[8] 2018 年的一篇文章指出，随着几家公司将工作岗位带回澳大利亚，澳大利亚 IT 员工的就业市场确实有所改善。位于澳大利亚和新西兰的 Hays 公司的董事长 Nick Deligiannis 说："我们在强劲、稳定的就业增长的背景下开始了 2018 年，在过去的 12 个月中，劳动力市场增加了 383 000 个职位。基本上，越来越多的人都正在寻找并找到了工作。"[9]

那些成功使用外部资源的 IT 项目往往得益于良好的项目采购管理。**项目采购管理**（project procurement management）包括为一个项目从组织外部获取产品或者服务所需的过程。在某种合同条件下，某个组织既可以是某项产品或者服务的买方，也可以是卖方。

项目采购管理主要有 3 个过程：

1. 计划采购管理包括决定采购什么、何时采购和如何采购。在采购计划中，决策者需要明确外包什么、决定合同类型，并且向潜在卖方描述工作的内容。**卖方**（sellers）包括承包商或向其他组织和个人提供产品或服务的供应商。该过程的输出包括采购管理计划、采购策略、投标文件、采购工作说明书、来源选择标准、自制或购买决策、独立成本估算、变更请求、项目文档更新和组织过程资产更新。

2. 实施采购包括获得卖方回应、选择卖方并授予合同。该过程的输出包括选择卖方、达成协议、变更请求、项目管理计划更新、项目文档更新和组织过程资产更新。

3. 控制采购包括管理与卖方的关系、监控合同履行情况、适当地进行更改和结清合同。该过程的主要输出包括结束采购、工作绩效信息、采购文件更新、变更请求、项目管理计划更新、项目文档更新和组织过程资产更新。

12.2 计划采购管理

计划采购包括确定哪些项目需求可以通过使用组织外部的产品或服务得到最好的满足。它包括决定是否采购、如何采购、采购什么、采购多少以及何时采购。这个过程的一个重要输出是**自制或购买决策**（make-or-buy decision），即一个组织决定在组织内部生产某些产品并执行某些服务，还是从组织外部购买这些产品和服务的决策。如果不需要从组织外部购买产品或服务，则不需要进一步的采购管理。

计划采购所需的输入包括项目章程、业务文件、项目管理计划、项目文档、企业环境因素以及组织过程资产，如合同类型。

12.2.1 合同类型

合同类型是采购管理的一个重要考虑因素。不同类型的合同可以在不同的情况下使用。合同的3大类型是固定价格合同或总价合同、成本补偿合同、时间和材料合同。如果对特定采购有意义，则单个合同实际上可以包括所有这3个类别。例如，你可能与卖方签订了一份合同，其中包括以固定价格或总价购买特定硬件、以费用可偿还的方式提供的服务以及其他以时间和材料为基础提供的服务。项目经理及其团队必须了解并确定使用哪种合同来满足他们的项目需求。了解何时以及如何利用合同中的单价获利也很重要。

固定价格合同（fixed-price contrast）或**总价合同**（lump-sum contract）包括定义明确的产品或服务的固定总价。在这种情况下，买方承担的风险很小，因为价格是预先确定的。尽管卖方意识到自己的价格必须仍然具有竞争力，但他们通常会提高估价以降低风险。例如，一家公司可以签订一份固定价格的合同，购买100台具有一定打印分辨率和打印速度的激光打印机，并在两个月内送到一个地点。在本例中，产品和交货日期定义得很明确。一些卖家可以为完成这项工作创造固定的价格进行估计。固定价格合同还可能包括满足或超过选定项目目标的激励措施。例如，如果激光打印机在一个月内交付，合同可能包括一笔奖励费用。固定价格（Firm-Fixed-Price，FFP）合同对买方的风险最小，其次是固定价格激励（Fixed-Price Incentive Fee，FPIF）合同。经济价格调整合同（Price Adjustment Contract，FP-EPA）包括特别规定了预先确定好的、根据合同条件最终调整的价格，如通货膨胀或特定商品的成本变化。FP-EPA合同旨在保护买方和卖方免受其无法控制的外部条件的影响。

合同还可以包括防止或减少成本超支的激励措施。例如，根据美国联邦采购条例（FAR）16.4，固定价格激励合同可以包括**总假设点**（Point of Total Assumption，PTA），即承包商对每增加额外的一美元合同成本承担全部责任的成本。

承包商不想触及PTA，因为这损害了他们的经济利益，所以他们有动力防止成本超支。PTA的计算公式如下：

$$PTA = (最高限价 - 目标价格) / 政府分担比例 + 目标成本$$

例如，给定以下信息，并假设所有金额以百万美元为单位，则PTA为120万美元：

最高限价 = 1250 美元

目标价格 = 1100 美元

目标成本 = 1000 美元

政府分担比例：75%

PTA =(1250 – 1100) / 0.75 + 1000 = 1200（美元）[10]

美国联邦政府的合同非常复杂。更多细节请参考 FAR 16.4 和类似参考文献。

成本补偿合同（cost-reimbursable contract）包括以直接和间接实际成本向供应商付款。回顾第 7 章，直接成本可以与生产项目的产品和服务直接相关。通常，这些成本可以以成本效益的方式追溯到一个项目；间接成本与项目的产品或服务没有直接关系，但与项目的执行有间接关系。通常，这些成本无法以成本效益的方式追溯到项目。例如，直接成本包括直接参与项目的人员的工资和为特定项目购买的硬件或软件；间接成本包括为工作场所提供电力和员工自助餐厅的成本。间接成本通常按直接成本的百分比计算。成本补偿合同通常包括费用，如利润百分比、达到或超过项目目标的奖励。这些合同通常用于包括提供涉及新技术的产品和服务的项目。与固定价格合同相比，买方通过成本补偿合同承担更多的风险。按买方风险从低到高的顺序，成本补偿合同分为 3 类：成本加激励金合同、成本加固定费用合同、成本加固定比例费用合同。

- 在**成本加激励金**（Cost Plus Incentive Fee，CPIF）**合同**中，买方向供应商支付允许的成本（如合同中所定义）以及预先确定的费用和激励金。下文中的"媒体快照"部分提供了一个为提前完成重要建设项目提供财政激励的例子。此外，买方经常为供应商提供降低合同成本的激励措施。如果最终成本低于预期成本，根据协商的份额公式进行分成，买方和供应商都从成本节约中受益。例如，假设一个项目的预期成本是 10 万美元，供应商的费用是 1 万美元，份额公式是 85/15，这意味着买方承担了 85% 的不确定性，而供应商承担了 15%。如果最终成本是 8 万美元，那么节省的成本是 2 万美元。供应商将得到最终成本和费用加上 3 千美元（2 万美元的 15%）的奖励，总共成本为 9.3 万美元。

- 在**成本加固定费用**（Cost Plus Fixed Fee，CPFF）**合同**中，买方向供应商支付允许成本（如合同中所定义）加上一笔固定费用，这部分费用通常基于估计成本的百分比。除非合同范围发生变化，否则该费用不变。例如，假设一个项目的预期成本是 10 万美元，而固定费用是 1 万美元。如果合同实际成本上升到 12 万美元，合同范围不变，承包商仍将收到 1 万美元的费用。

- 在**成本加奖金**（Cost Plus Award Fee，CPAF）**合同**中，买方向供应商支付允许成本（如合同中定义的）加奖金（基于主观绩效标准的满意程度）。奖金没有固定的百分比，你给餐馆服务员的小费就可以作为一个简单的例子。你仍需支付餐费，但你可以根据对所提供的食物、饮料和服务的满意度来决定小费金额。这类合同通常不受诉讼的约束。

- 在**成本加固定比例费用**（Cost Plus Percentage of Costs，CPPC）**合同**中，买方向供应商支付允许成本（如合同中所定义）以及基于总成本的百分比费用。从买方的角度来看，这是最不可取的合同类型，因为供应商没有降低成本的动机。事实上，供应商可能有动机增加成本，因为这样做会根据成本的百分比自动增加利润。美国政府禁止使用此类合同，但有时会用于私营行业，特别是建筑业。所有的风险都由买方承担。

媒体快照

合同激励可能非常有效。2007 年 8 月 1 日，明尼苏达州明尼阿波利斯市发生惨剧，密西西比河上的一座州际桥梁突然坍塌，造成 13 名司机死亡，150 人受伤。明尼苏达州交通部（MnDOT）迅速采取行动，寻找承包商重建桥梁。MnDOT 还提供了一个强有力的激励，在确保质量和安全的前提下尽快恢复桥梁。

Peter Sanderson 是 Flatiron-Manson 合资企业的项目经理，他带领团队提前三个月完成了重建项目，新桥于 2008 年 9 月 18 日通车。承包者提前完成项目，在 2.34 亿美元合同的基础上，获得了 2500 万美元的奖励费。

为什么 MnDOT 要为提前完成项目提供这么大的奖励费？"明尼阿波利斯市的 I-35W 是两个城市和整个州的主要交通干线。这座桥每天都被关闭，道路使用者为此付出了超过 40 万美元的代价，"MnDOT 官员 Tom Sorel 说。"该地区居民、企业主、司机、工人和其他人都受到了这座桥梁坍塌的影响。这座桥的开通使我们的社区重新连接起来。"[11]

时间和材料（Time and Material，T&M）合同是固定价格合同和成本补偿合同的混合体。例如，一个计算机顾问可能与一家公司签订了一份合同，合同的基础是每小时 80 美元的服务费，外加 10 000 美元的固定价格，用于提供特定的项目材料。材料费也可以根据采购物品的批准收据计算，最高限额为 10 000 美元。顾问将每周或每月向公司发送一份发票，发票将列出材料费、工作小时数和所做工作的说明。这类合同通常用于工作量不能具体界定和总价无法预估的合同中。许多程序员和顾问，比如在本章"开篇案例"中 Marie 公司雇佣的顾问，更喜欢时间和材料合同。

单价（unit pricing）也可用于各种类型的合同，要求买方按每单位产品或服务向供应商支付预定金额。合同的总价值是完成工作所需工作量的函数。考虑一个 IT 部门可能有一个购买计算机硬件的单价合同。如果公司只购买一台，成本可能是 1000 美元。如果公司购买 10 台，成本可能是 10 000 美元。这种定价通常涉及批量折扣。例如，如果公司购买 10~50 台，合同成本可能是每台 900 美元。如果公司购买超过 50 台，成本可能会降至每台 800 美元。这种灵活的定价策略通常对买卖双方都有利。

任何类型的合同都应包括解释不同项目问题的特定条款。例如，如果公司使用时间和材料合同进行咨询服务，合同应根据个别承包商的经验水平规定不同的小时费率。没有学士学位和三年以下工作经验的初级程序员的服务收费为每小时 40 美元，而拥有学士学位和十年以上工作经验的高级程序员的服务收费为每小时 80 美元。

图 12-1 总结了不同类型合同对买方和供应商的风险范围。买方采用固定价格合同风险最小，因为他们清楚地知道他们必须向供应商支付什么。由于事先不知道供应商的成本，买方在成本加固定比例费用（CPPC）合同中的风险最大，而且供应商可能会有继续增加成本的动机。从供应商的角度来看，CPPC 合同风险最小，而固定价格合同风险最大。

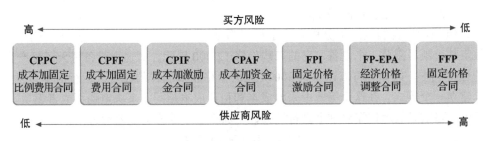

图 12-1　合同类型与风险

根据项目的性质和其他合同条款，时间和材料合同以及单价合同可以是高风险合同，也可以是低风险合同。例如，如果一个组织在描述需要完成的工作时不清楚，他就不能指望供应商签署固定价格合同。但是，买方可以根据预先确定的小时费率，找到一名顾问或一组顾问来完成具体任务。采购组织可以评估每天或每周所做的工作，以决定是否继续使用顾问。在这种情况下，合同将包括一个**终止条款**（termination clause）——一个允许买方或供应商终止合同的合同条款。有些终止条款规定，买方可以以任何理由终止合同，只需提前 24 小时通知供应商。相比之下，供应商通常必须提前一周通知终止合同，并且必须有充分的理由终止合同。买方还可以在合同中加入一项合同条款，根据顾问的教育和经验规定小时费率。这些合同条款在为完成工作提供灵活性的同时降低了买方承担的风险。

重要的是要了解公司为什么要采购商品或服务，以及计划采购和收购需要哪些投入。在"开篇案例"中，Marie 的公司聘请了外部顾问来帮助完成一个操作系统转换项目，因为这个项目需要在短时间内拥有专业技能的人员。这是许多 IT 项目中常见的情况。聘用技术熟练的顾问在短时间内完成特定任务比聘用或让员工全职工作更为有效。

但是，清楚地定义项目的范围、产品、服务或所需的结果、市场条件、约束和假设也很重要。在 Marie 的案例中，项目范围和所需服务相对明确，但她的公司可能没有充分界定使用外部顾问所涉及的市场条件或约束和假设。其他公司能否提供顾问来帮助类似的转换项目？项目团队是否调查了提供顾问的公司的背景？团队是否列出了使用顾问的重要约束和假设，例如约束顾问完成转换项目的时间或分配给该项目的任何顾问的最低经验年限？在签署外包协议之前，回答这些问题很重要。

12.2.2　计划采购管理的工具和技术

有几种工具和技术可用于帮助项目经理及其团队计划采购管理，包括自制或购买分析（一种数据收集方法）、专家判断和市场调查（一种数据收集方法）。

1. 自制或购买分析

作为一个常见的管理技术，自制或购买分析用于决定一个组织应该自己生产某个产品或提供某项服务，还是应该从外部组织购买。这类分析包括估算自己生产某个产品或提供某项服务所产生的成本，并且将其与外包给其他组织所产生的成本进行比较。假设某个公司拥有 1000 名配有笔记本电脑的国际销售人员。使用自制或者购买分析，公司可以比较自己生产某个产品、提供某项服务所产生的成本与外包给其他组织所产生的成本。如果供应商的价格比自制的成本估计低，公司无疑应该将培训和用户支持服务外包出去。另一类常见的自制或购买分析有些复杂，是公司是否应该自己开发一套应用程序，或者从外部来源购买相应的软件，并做些改动来满足公司的需要。

许多组织使用自制或购买分析来决定是否为某一项目购买或者租赁某个特定产品。例如，假定某个项目需要一个设备，它的采购价格 12 000 美元，而这个设备每天还要产生 400 美元的运行成本。假如你可以以每天 800 美元的价格租赁同样的设备，运行成本包含在内。你可以建立一个等式，在这个等式中采购成本和租赁成本相同，来决定购买或者租赁。在这个例子中，参数 d 表示你需要这个设备的天数。那么这个等式可以表示为：

$$800\,d = 12\,000 + 400\,d$$

等式两边同时减去 $400\,d$，得到：

$$400\,d = 12\,000$$

等式两边同时除以 400，得到：

$$d = 30$$

这就意味着 30 天内，采购成本等于租赁成本。所以，如果你需要这个设备的时间少于 30 天，那么租赁这个设备将会更加划算。如果你需要这个设备超过 30 天，那么应该购买这个设备。一般来说，对于短期而言，租赁成本更低一些，而对于长期而言，租赁成本就相对较高了。

2. 专家判断

组织内部和组织外部的专家都可以对某项采购和获取计划提供出色的建议。项目团队往往需要咨询组织内部的专家，并且应该将其作为一项有益的业务实践。在前面的例子中，内部专家可能会指出公司内部不能为 1000 名笔记本电脑用户提供合格的培训和支持，因为这些服务涉及众多有着不同知识背景和技能水平并身处各地的人。公司的专家还可能知道，他们的竞争对手大部分采用外包的形式，并且还可以指出哪些是资深的供应商。与此同时，咨询法律专家也是很重要的，因为外包合同属于一种法律合同。

公司外部的专家，包括潜在的供应商本身，也可以提供专家判断。例如，供应商可以对销售人员提供一种选择建议，由他们自己以一个折扣价格购买笔记本电脑。这个选择可以解决人员更替所产生的问题——离职的员工可以保有他们的笔记本电脑，新员工也可以通过这个项目购买笔记本电脑。内部专家可能建议员工接受一份技术奖励来抵消他们的额外开销。专家判断，无论是内部的还是外部的，都可以作为采购决策的资源。

3. 市场调查

市场调查在采购计划中占有重要地位。许多潜在的供应商都可以提供产品和服务，因此项目团队必须仔细选择供应商。一些组织有一个首选的供应商列表和关于它们的详细信息。大量的信息也可以在网上获得，在许多会议上，参会者可以观看并讨论新产品。

12.2.3 采购管理计划

正如前面所述，每一个项目管理知识领域都涉及一些计划。采购管理计划是一份用来描述如何管理采购过程的文件，从制定外部采购的文件到合同收尾。像其他项目计划一样，根据项目的不同，项目管理计划的内容也有所不同。下面是一些采购管理计划所包含的内容：

- 在不同情况下使用何种类型合同的指南。
- 如果适用，可以采用的标准采购文件或者模板。
- 创建工作结构分解、工作说明书以及其他采购文件的指南。
- 项目团队以及相关部门（例如采购部门或法律部门）的角色和责任。
- 对卖方进行独立评估的指南。
- 管理多个供应商的建议。
- 协调采购决策（如自制或购买决策）与其他项目领域（如进度安排和绩效报告）的过程。
- 与采购和获取相关的约束和假设。
- 采购和获取的提前期。
- 采购和获取的风险减轻策略，比如保险合同和保证金。
- 制定指南以识别预先具有资格的供应商和组织的偏好供应商。
- 用来帮助评估卖方和管理合同的采购矩阵。

12.2.4 工作说明书

工作说明书（Statement of Work，SOW）是对采购所需工作的描述。有些组织使用工作说明书来描述内部工作。如果 SOW 仅用于描述特定合同所需的工作，则这个 SOW 称为合同工作说明书。合同工作说明书是一种范围说明，它对工作进行了足够详细的描述，允许潜在供应商确定他们是否能够提供所需的商品和服务，并确定适当的价格。合同工作说明书应尽可能清晰、简明和完整。它应该描述所需的所有服务并包括性能报告。在合同工作说明书中使用适当的措辞是很重要的，比如必须而不是可能。例如，必须意味着必须做某事，可能意味着选择做某事或不做某事。合同工作说明书应规定项目所需的产品和服务，使用行业术语，并参考行业标准。

许多组织使用示例和模板来生成 SOW。图 12-2 提供了 Marie 的公司在雇佣外部顾问或购买其他商品或服务时可以使用的合同工作说明书的基本结构或模板。例如，对于操作系统转换项目，Marie 的公司应该指定所涉及硬件的制造商和型号，用于转换的以前的操作系统和新的操作系统，以及所涉及的每种硬件类型的数量。合同工作说明书还应规定工作地点、预期执行期、具体可交付成果和交付时间、适用标准、验收标准和特殊要求。一份好的合同工作说明书可以让投标人更好地理解买方的期望。合同工作说明书应成为正式合同的一部分，以确保买方得到供应商投标的产品或服务。

> **工作说明书（SOW）**
>
> Ⅰ. 工作范围：详细地描述需要完成的工作。明确所涉及的硬件和软件以及工作的准确性质。
>
> Ⅱ. 工作地点：描述工作必须在哪里进行。指定硬件和软件的位置和人员必须执行工作的位置。
>
> Ⅲ. 执行期：描述工作预期的开始时间和完成时间、工作时间、每周可以支付的小时数、工作应该在什么地方执行以及相关的计划安排信息。
>
> Ⅳ. 可交付成果进度计划：列出具体的可交付成果，详细描述可交付成果，并说明具体交付时间。
>
> Ⅴ. 适用标准：明确与执行工作相关的公司或者行业标准。
>
> Ⅵ. 验收标准：描述买方组织将如何确定工作是否合格。
>
> Ⅶ. 特殊要求：规定任何特殊要求，如硬件或软件证书、人员的最低学位或经验水平、差旅要求等。

图 12-2　工作说明书（SOW）模板

12.2.5 采购或投标文件

计划采购还包括准备潜在卖方投标项目所需的文件，并确定合同授予的评估标准。项目团队经常使用标准表格和专家判断作为工具，帮助创建相关的采购文件和评估标准。

采购文件的 3 个常见文件包括招标书（RFP）、询价书（RFQ）和信息请求书（RFI）。**招标书**（Request for Proposal，RFP）是一种用于向潜在供应商征求建议书的文件。**建议书**（Proposal）是卖方准备，可以满足买方需要的不同方案的文件。例如，如果一个组织想要将其工作自动化或解决一个业务问题，它可以编写并发布一个 RFP，这样卖方就可以用建议书来响应。卖方可能会提出各种硬件、软件和网络解决方案，以满足组织的需要。选择胜出的卖家通常依据各种标准，而不仅仅是最低价格。开发 RFP 通常是一个耗时的过程。组织必须适当地计划，以确保他们充分地描述想要采购的东西、他们希望卖方在他们的建议书中包括什么，以及他们将如何评估建议书。

尽管 RFP 已经使用多年，但外包专家表示，在一些 IT 采购过程中，RFP 的吸引力正在下降。"在当今技术变革的动态时代，传统的招标书耗时太长，成本太高。当这些建议提出时，业务需求往往已经发生了变化。"[12] 企业市场，例如提供一系列待售软件和服务的应用商店（如 Google Play，App Store 和 IBM Cloud Marketplace）以及其他新的购买过程将随着公司与服务提供商合作以寻求更好的 IT 解决方案而出现。

询价书（Request for Quote，RFQ）是一种用于向潜在供应商征求报价或投标的文件。**投标书**（bid），也称为报价书，是由卖方为买方明确定义的标准项目提供价格的文件。组织经常在涉及特定项目的招标中使用 RFQ。例如，如果一家公司想要购买 100 台具有特定功能的个人电脑，它可能会向潜在的供应商发送 RFQ。RFQ 的准备时间通常不像准备 RFP 的时间那么长，对 RFQ 的回应也是一样。最终卖方的选择通常基于最低报价。信息请求书（RFI）有时在发布 RFP 或 RFQ 之前使用，以获取有关产品和服务的更多信息。

写一个好的 RFP 是项目采购管理的关键部分，但是很多人从来没有写过或回应过。要产生一个好的 RFP，专家意见是非常宝贵的。不同公司、潜在承包商和政府机构都提供了许多 RFP 范例。在发布 RFP 和审查建议书时通常涉及法律要求，特别是政府项目。与了解特定组织的合同计划过程的专家进行协商是很重要的。为了确保 RFP 有足够的信息为一个好的建议书提供基础，采购组织应该试着设身处地为供应商着想。组织能否根据其在招标书中提供的信息制定一份好的建议书？组织能否根据招标书确定详细的定价和进度信息？开发一个好的 RFP 是困难的，写一个好的建议书也一样。

RFP 的主要部分通常包括其目的声明、发布 RFP 的组织背景信息、对所提议的产品和服务的基本要求、硬件和软件环境（通常对 IT 相关建议书很重要）、RFP 过程的描述、工作说明和进度信息，以及可能的附录。一个简单的 RFP 可能有 3~5 页，但一个更大、更复杂的采购 RFP 可能需要数百页。

RFQ 和 RFP 使用的其他术语包括投标邀请书、谈判邀请书和承包商的初步回复。不管它们被称为什么，所有的采购文件都应该是书面的，以便于潜在的卖方做出准确和完整的答复。采购文件应包括有关组织和项目的背景资料、有关的工作说明书、进度计划、所需答复形式的说明、评估标准、定价表和任何所需的合同规定。这些文件还应足够严格，以确保一致的、可比较的答复，但也应足够灵活，以便考虑卖方的建议，以更好地满足要求。

12.2.6 真正的 RFP 的示例

政府机构经常被要求向公众公开采购信息。例如，休斯敦第一公司在 www.houstonfirst.com/do-business/ 网站提供了一些可以获取的文件，其中一份文件是 2017 年 10 月发布的项目管理服务招标书，旨在协助该组织监督飓风哈维导致的洪灾后的重建工作。最初的 RFP

长达 9 页。表 12-1 提供了一些摘录。请注意表 12-1 的"服务范围"中的详细任务列表，以及"建议书格式"中的详细说明。本招标文件包括评估标准，下一节将详细讨论。

表 12-1 项目管理服务的 RFP 示例

1. **RFP 的目的**：休斯敦第一公司（"HFC"）请求经验丰富的项目管理公司提供建议，这些公司有能力协助 HFC 监督得克萨斯州休斯敦市沃瑟姆剧院中心剧院区地下停车库的恢复和重建项目……到 2017 年 10 月 5 日，重建阶段（包括正在进行的紧急服务）的花费估计约为 4000 万～4500 万美元。潜在的提议者表示由 RFP 产生的合同将是专业服务合同，本招标书不适用于建筑工程。

2. **服务范围**：随着紧急补救阶段接近尾声，HFC 希望聘请一家项目管理公司在整个重建阶段提供全面的协调和支持服务，包括以下任务：
   a. 对单个项目进行成本估算，并就与项目总体预算有关的事项给 HFC 提供咨询；
   b. 与 HFC、休斯敦市官员及其承包商定期举行会议；
   c. 协助 HFC 制定合同文件，包括审查图纸和规范；
   d. 审查潜在承包商在投标过程中提出的问题；
   e. 就施工可行性、材料和劳动力的可用性、安装和施工的时间要求以及与成本有关的因素提出建议；
   f. 全面项目管理，包括同时促进项目从预先设计到施工完成的所有阶段；
   g. 项目进度计划的制定，包括根据工作进度进行调整，以及有关优化并加速关键路径上事项的具体建议；
   h. 确定最长路径，以促进项目完成的最早可行日期；
   i. 重视工程协助和最佳施工实践建议；
   j. 项目工作表和其他相关报告的准备、审查、内容建议，以及 FEMA 和任何其他应用机构提出的消除隐患的建议；
   k. 收集和组织项目工作表所需的合同、报告、日志和其他支持文件；
   l. 管理 HFC 签订的第三方建筑和工程合同，并与设计专业人员会面；
   m. 审查、协调和确认第三方施工承包商、建筑师和工程师的付款申请和发票；
   n. 确保符合现行工资和工时要求；
   o. 收尾文件审查，包括竣工核查事项清单文件；
   p. 与上述合理相关的其他任务和事项。

3. **期限/进度计划信息**：所选投标方履行服务的期限为八个日历月，根据项目管理服务协议，服务期限可以适当延期。

4. **建议书格式**：要求投标方在其建议书中包含以下所有信息：
   a. 提送函：简要概述投标人对将要完成工作的理解，由已被授权代表公司讲述建议书的人员签署，包括直接的电话号码和电子邮件地址。投标方必须做出明确的声明，接受并同意遵守重大合同条款和条件（如被选定）。投标方可以在信函内或信函后立即指出任何异议，但前提是，包括重大例外的建议书将被视为无回应，并且将不经考虑即被拒绝。
   b. 项目团队：一个经验丰富的项目管理团队是一个成功提案的基本要素。请确定将被指派与 HFC 合作的必要人员，并提供他们的资格和经验证明。
   c. 经验：被选中的投标方必须在灾难恢复项目方面有丰富的经验，并且能够同时管理广泛的需要多学科交叉的建设和专业服务合同。请提供（不超过）3 份由项目团队成员完成的项目管理合同，这些合同在范围和复杂性上与本次招标的要求相当。为每个项目提供参考。
   d. 定价：投标方必须根据招标书中提供的信息来提出一个合同总价，包括重大合同条款和条件，并假设 8 个月的期限。此外，投标方必须提供一份书面且公式化的解释，说明投标方是如何计算总价的。
   e. 多样性承诺：投标方应说明他们打算如何实现本次招标的 30% 多样性目标。要求投标方确定任何可能的 MWBE 和 HUB 分包商或顾问。建议书应当有条理、清楚和简明。投标方应避免使用过多的图片、标题页或本标书格式部分要求以外的其他信息。

5. **评估**：HFC 将根据以下加权标准对收到的每一份招标书进行审查和排序：提送函（15%）、项目团队（25%）、经验（25%）、定价（25%）、多样性（10%）。

HFC 有权选择或拒绝任何建议书的全部或部分内容，放弃次要技术细节，并以符合 HFC 最大利益的方式和程度选择建议书。本招标书不承诺 HFC 授予合同、发布采购订单或支付根据本招标书制定建议书所产生的任何费用。在做出最终选择之前，对于投标方进行口头面试、建议书澄清/附加信息，或最佳和最终报价，HFC 有最终解释权。

尽管表 12-1 中的 RFP 看起来相当详细，但潜在投标方提交了几个问题。因此，休斯敦第一公司发出了 3 封澄清函，如表 12-2 所示。表 12-2 列出了这些信件中的一些项。请注意，第一项要求按小时收费，而不是最初要求的一次性收费。投标方必须对此类工程的总价合同或固定价格合同的适当性提出质疑。休斯敦第一公司的回应是要求提供价格，并提到 8 个月合同的"不超过金额"。还有一个新的部分描述了一个投标前会议，最初的 RFP 中说不会举行这个会议。同样，潜在的投标方必须要求本次会议帮助澄清采购事宜。还要注意被问到的直截了当的问题。正如你所看到的，对买家来说，澄清他们想要什么是非常重要的，这样卖家才能做出适当的反应。

表 12-2　招标书澄清函

建议书格式：现将招标书的"建议书格式"中标题为"定价"的内容全部删除，并替换为以下条款：
- 投标方必须为其项目团队提供当前的小时费率服务计划，包括为 HFC 提供服务的所有人员。
- 项目管理人员工资和其他雇用费用、间接费用、其他一般/行政费用以及需要维持的保险费用必须包含在此类费率中。
- 选定的投标方将获得 HFC 履行合同服务过程中产生的合理费用的实际金额的补偿，前提是此类费用已事先得到 HFC 的书面批准。
- 估计员、计划员、付款申请审查员、文件控制员和其他项目顾问的分包合同，经双方同意，也构成按成本偿还的费用，但选择过程须事先得到 HFC 的批准。
- HFC 打算根据上述规定，在 8 个月内与排名靠前的投标方协商一笔不超过预算的金额，最后选出最终的投标方。

投标前会议：现将招标书的"投标前会议"部分全部删除，并替换为以下条款：
- 为所有投标方的利益考虑，将于 2017 年 10 月 16 日上午 9：00，召开沃瑟姆剧院中心和剧院区地下停车库重建项目的宣讲会。
- 投标前会议将于 2017 年 10 月 16 日上午 11：00 左右举行。所有投标方均应出席。

项目问答
1. HFC 希望投标方提供多少名项目团队成员？
答：HFC 设想成立一个人员最少、经验丰富的项目团队，在 8 个月的任期内，至少有两个全职职位。
2. HFC 是否会为项目团队提供办公空间？
答：不提供办公空间，但 HFC 将根据需要在其一个或多个可操作设施上提供会议空间。请注意，根据本招标书，不需要现场移动办公室来执行服务。
3. 需要与 HFC、休斯敦市官员及其承包商举行多少次会议？
答：在 HFC 所要求的项目管理服务中，定期的面对面会议是一个基本要求。HFC 预计每周召开 5~8 次会议。
4. 在施工活动进行期间，项目经理是否需要一直在现场？
答：不需要。
5. HFC 是否需要使用任何特定的项目管理软件程序？
答：不需要。

12.2.7　来源选择标准

对于组织来说，最好在他们发布正式的 RFP 之前，为资源选择准备某种形式的评估标准是非常重要的。组织使用标准对建议书进行评分或打分，他们通常给每个标准分配一个权重以表明其重要性。一些标准和权重的例子包括技术方法（30%）、管理方法（30%）、过往业绩（20%）和价格（20%）。请注意表 12-1 中提供的标准：提送函（15%）、项目团队（25%）、经验（25%）、定价（25%）和多样性（10%）。标准应该具体、客观。例如，如果买方希望供应商的项目经理是经认证的项目管理专业人员（PMP），采购文件应明确说明该要求，并在授予过程中遵循该要求。如果买方不遵循公平和一致的评估过程，那么失败的投标者可能会诉诸法律。

组织应该留意"买家当心"这句话，评估建议书的基础不仅仅是所提交文件的专业性。评估标书，特别是涉及 IT 的项目，一个关键因素是投标者过往业绩记录。招标书应要求投标者列出他们参与的其他类似项目，并为提供客户对这些项目的证明。审查业绩记录和证明文件可降低选择业绩不佳的供应商的风险。供应商还应证明他们了解买方的需求、他们的技术和财务能力、他们对项目的管理方法以及他们交付所需产品和服务的价格。为保护买方的利益而订立合同也是至关重要的。

有些 IT 项目也会要求潜在的供应商进行一下技术演示，并作为建议书的一部分。负责建议书的项目经理应该领导潜在供应商的演示团队。当外部的项目经理领导建议书演示的时候，买方组织就从一开始与潜在的供应商建立了一种关系。参观承包商的所在地也可以帮助买方对于承包商的能力及管理风格获得更加确切的感受。

12.3 实施采购

在制定采购管理计划后，下一个过程包括决定由谁来做这项工作、向潜在的卖方发送适当的文件、获得建议书或标书、选择卖方和授予合同。潜在的卖方在这个过程中做一些工作，通常买方或项目不会支付任何费用。采购组织负责宣传这项工作，对于大型采购，该组织经常举行某种形式的投标方会议，回答有关这项工作的问题。此过程的两个主要输出是选好的卖方和达成的协议。

组织可以通过各种方式来对购买的外部商品或服务进行广告宣传。有时对买方而言，某个供应商可能是他们的第一选择。在这样的情况下，买方仅仅将采购信息告知该供应商。如果该供应商有兴趣，那么双方一起共同推进工作。许多组织都与特定的供应商建立了良好的合作关系，所以他们愿意继续与其合作。

在许多情况之下，具备提供相应产品或服务资质的供应商不止一家。通过从各种渠道提供信息，然后从多方获得投标，通常能够充分利用竞争性的商业环境。如前所述，离岸外包增长很快，组织可以在全球范围内寻找合适的供应商。如果推行竞争性的投标策略，买方就能够以低于预期的价格获得更好的产品和服务。

投标人会议，也称作供应商会议或者投标准备会议，是一个在准备建议书或者标书以前，买方与潜在的供应商一起召开的会议。这些会议有助于确保每个人都对买方想要的产品或服务有一个清晰、共同的理解。在某些情况下，投标人会议可以通过网络直播或使用其他通信技术在线举行。买家还将在网站上发布采购信息，并发布常见问题的答案。在投标人会议之前、期间或之后，买方可将对问题的答复作为修正纳入采购文件。请注意，在上一节的示例中，买方添加了一个投标前会议，并为这个规模相当小的采购创建了几封澄清函。

当买方收到建议书或者投标书时，他们可以选择某一个供应商或者放弃此次采购。选择供应商或者卖方，经常称为资源选择，包括评价卖家的建议书或者投标书，选择最好的一个，并就合同进行谈判，然后签订合同。这经常是一个耗时且枯燥的过程，特别是对于那些大型的采购项目来说。某些干系人应该参与为采购项目选择供应商的过程，通常每个团队承担评价建议书某一个部分的责任。可能有一个技术团队、一个管理团队以及一个成本团队，他们各自关注各自负责的主要领域。买家通常会开发一个有 3～5 家优选供应商的列表，以降低寻源的工作量。

资源选择方面的专家强烈建议，买家在资源选择的过程中应使用正式的建议书评价表。

图 12-3 提供了一个建议书评价表的例子，项目团队可以用它来创建最佳的 3~5 个建议书的候选列表。注意，这个是在第 4 章中提到的加权评分模型的一种形式。某一个评判标准的分数通过将其权重与其得分相乘而得到。每一个建议书的总加权分数可以通过所有分数得到。具备最高加权分数的供应商应该列入可能入选的供应商的清单。专家同时建议，技术所占的权重不应该超过管理或者成本标准。许多组织都有过在建议书的技术方面投入太多关注的教训。例如，由于资源选择团队只重视建议书的技术方面而导致项目严重超出预算或者延迟了完成时间。在 IT 项目中，很容易过分重视技术方面。然而，促进采购成功的经常是供应商的管理团队而不是技术团队。

标准	权重	建议书1		建议书2		建议书3		等
		评分	分数	评分	分数	评分	分数	
技术方法	30%	90	27	80	24	70	21	
管理方法	30%	85	25.5	75	22.5	85	25.5	
以往业绩	20%	95	19	70	14	75	15	
价格	20%	75	15	95	19	80	16	
总分	100%		86.5		79.5		77.5	

图 12-3 建议书评价表示例

在确立了可能供应商的候选列表后，组织通常对建议书进行详细评价。例如，对重要的方面，如管理方法，他们可以提供更加详细的评价标准。他们可能对潜在的项目经理的教育背景以及 PMP 证书、卖方的正式演示（如果这是供应商评价的某一部分的话）、高层管理者对项目的支持，以及该组织的项目管理方法打分。如果评价标准和评价过程都做得非常好，根据所有的评价标准而获得最高分数的供应商就应该是签署合同的对象了。

▷ **给年轻专业人士的建议**

不管你要花多少钱，你都应该考虑为计划购买的东西设置选择标准。太多人为冲动买单，或者没有花足够的时间做出重要的采购决策。例如，想想你已经或即将进行的一些重大采购：住哪里、开什么车、在哪里上大学等。试着为最近的采购创建一个评估工作表，重点放在标准及其权重上。看起来你做了正确的决定吗？现在想想你打算买的一件东西。为该采购创建一个评估工作表，仔细制定良好的标准和权重。

在资源选择的过程中进行合同谈判是很平常的。在筛选名单上的供应商通常被要求准备一份最好的最终报价（Best and Final Offer，BAFO）。另外，在做最后的决定之前，双方（买方和卖方）的高层管理者通常会见面。这个选择卖方过程的最后输出是一份合同，它强制供应商提供特定的产品或服务，并强制买方为其付款。对于某些项目而言，准备一份合同管理计划来详尽描述如何管理合同也是比较适当的做法。

12.4 控制采购

控制采购确保卖方的业绩符合合同要求。合同关系是一种法律关系，这意味着它受州政府和联邦政府的合同法规的约束。适当地让法律和合同专家参与撰写和管理合同也是十分重要的。

理想情况下，项目经理、一位项目成员或者一名积极的用户都应该充分参与撰写和管理合同，这样才能保证每一个人理解合理的采购管理的重要性。在合同条款上，项目团队也应该咨询专家的意见。项目团队成员必须明白：如果他们不理解合同，那么就会产生潜在的法律问题。例如，大部分项目都涉及变更，并且这些变更必须在合同约束下得到正确的处理。一名项目经理如果不理解合同的条款，就可能意识不到自己在让对方以额外的成本做额外的事情。因此，变更控制是合同管理过程的重要部分。

关键的是，项目经理和团队成员要注意建设性的变更要求。**建设性变更指令**（constructive change orders）是由拥有真正权利的人或明显得到授权的人作出的口头或书面的变更指令，可以被认为和书面变更要求具有相同的效力。例如，如果买方的项目团队一位成员在3个月里每周与承包商会面，对工作进行指导，那该成员就被认为得到了明显的授权。如果该成员告诉承包商，对于已经被项目经理接受的报告，其中的一部分需要重写，那么这一行为可以被看作建设性的变更指令，而且承包商可以就额外的工作合法地要求买方支付。同样地，如果这个明显得到授权的人通知承包商跳过一个至关重要的评审会的部分内容，那么信息的遗漏就不是承包商的责任。

遵循与项目采购相关的其他良好的实践是非常重要的：

- 项目任何部分的变更需要被同一个人，以与计划的原始部分被批准的相同方式进行评审、批准和存档。
- 任何变更的评估都应当包括影响分析。变更将怎样影响所提供的产品或服务的范围、时间、成本和质量？同样必须有一个基准来理解和分析变更。
- 变更必须以书面形式记录。项目团队成员应记录所有重要会议和电话。
- 当购买复杂的信息系统时，项目经理及其团队必须保持密切参与，以确保新的系统能满足业务需求并在业务环境中能够运作。不要因为你与一位守信用的供应商合作就假定每件事都会顺利进行下去。买方组织也需要提供专业技术。
- 制定备选计划，以防新系统投入运行时不能按照计划工作。
- 一些工具和技术能够帮助合同管理，例如，正式的合同变更控制系统、买方主导的采购绩效评审、检查和审计、绩效报告、支付系统、索赔管理、记录管理系统。

控制采购还包括采购收尾，有时称为合同收尾。合同收尾包括合同的完成和处理，以及任何遗留问题的处置。项目团队应当确保正确并满意地完成了合同中要求的所有工作。他们也应当更新记录以反映最终的结果，并归档信息以备将来使用。

辅助合同收尾的工具包括采购审计、协商解决与记录管理系统。采购审计经常在合同收尾时进行，以总结在整个采购过程中学习到的经验教训。记录管理系统能够方便地组织、查找和归档与采购相关文档。它通常是一个自动化的系统，或者至少是部分自动化的，因为其中包含大量与项目采购相关的信息。

最佳实践

在当今瞬息万变的竞争环境中，仅仅遵循传统的采购最佳实践是不够的。相反，要找到创新的方法来改进采购过程。挖掘完全不同的功能领域和技术可以提供用于改进采购的想法。"供应市场智能化从采购开始，即对如何将业务需求与市场的供应进行智能化匹配。因此，你对解决方案的了解越丰富，就越能够将供应（解决方案）与需求（要求）进行匹配。"

以下例子说明了如何使采购更加智能化的一些想法：
- 数据科学家建立预测模型来分析与金融、营销等相关的大数据。为什么不建立采购过程模型？
- 行为经济学家知道人们的行为并不理性。为什么不把非理性运用到你的谈判中？
- 质量控制/保证部门鼓励员工随时提出质量改进建议。为什么不让你的员工去寻找新的、有创新精神的供应商？
- 众包征求一大群人的意见。它能否适用于你的组织中的某些采购项目？[13]

理想情况下，所有的采购都应该以买卖双方协商解决为结束。如果无法进行谈判，则可以采用调解或仲裁等替代性纠纷解决方式；如果其他方式都失败，则可以通过法院诉讼来解决合同纠纷。

将信息归档以备将来使用尤其重要。各组织应努力改进所有业务过程，包括采购管理。信息归档，特别是在自动化记录管理系统中归档信息，有助于改进采购管理。

12.5 使用软件辅助项目采购管理

近些年来，组织使用了各种软件来辅助项目采购管理。例如，多数组织使用文字处理软件编写建议书或合同、使用表格处理软件生成建议书评价表、使用数据库追踪供应商，以及使用演示软件展示与采购相关的信息。

许多公司现在使用更先进的软件来辅助采购管理。"电子采购"通常描述现在以电子方式完成的各种采购功能，具体如下：
- 基于Web的电子资源计划（Electronic Resource Planning，ERP）：使用基于互联网技术的软件系统来创建和批准采购申请，下订单以及接收产品和服务。
- E-MRO（维护（Maintenance），修理（Repair）和检查（Overhaul））：与基于Web的ERP相同，除了订购的产品和服务，MRO并不与特定产品相关。
- 电子采购：使用互联网技术，针对采购需求的特定领域，识别新的供应商。
- 电子投标：使用互联网技术向供应商发送信息和价格请求，并接收供应商的回复。
- 电子反向拍卖：使用互联网技术从许多已知或未知的供应商那里购买产品或服务。
- 电子商务通知：利用互联网技术在内外部收集并分发采购信息。
- 电子市场网站：扩展基于Web的ERP来开辟价值链。采购团体可以访问首选供应商的产品和服务，添加到购物车中，创建请购单，寻求批准，接收采购订单，并生成电子发票。在电子市场网站中，电子发票与供应商的供应链和买方的财务系统是整合在一起的。

现在有许多网站和软件工具可以辅助采购功能。例如，大多数商务旅行者使用网络购买机票，并为商务旅行预订租车和酒店房间。随着智能手机应用程序的兴起，购物者甚至可以拍摄各类产品的条形码，并比较竞争对手商店的价格，以确认他们得到了最好的交易。同样，许多组织可以在网上购买物品，也可以购买专门的软件来帮助简化采购活动。

一种对简化采购特别有用的软件是"采购付款"套件，它为间接采购提供支持。与直接采购不同，直接采购是由组织内的采购专家采购与组织主营业务相关的生产或服务所需的原材料和货物，间接采购涉及采购维持日常业务运营所需的用品和服务，如设备维修、办公用品，以及与保持业务流程运行相关的服务。据Gartner称，采购过程已经从纸张密集型的订单处理演变为战略性企业职能。他们对"采购付款"套件市场的定性分析表明，由于自助服务的软件工具可用，组织各级员工无须具备专业的采购专业知识，就可以购买产品和服务。这简化了间接采购的过程，使采购专家能够专注于更具战略性的直接采购。间接采购的"采购付款"套件的4个主要功能包括：

- 电子采购功能：通过使用目录、电子表格或免费文本订单（当用户无法找到结构化格式的项目时）为申请和订购产品和服务提供自助服务解决方案。
- 目录管理功能：包括目录内容上传、内容更新评估工具和目录搜索工具。
- 电子发票：允许以电子格式交换和存储合法有效的发票。
- 应付账款发票自动化（APIA）：允许通过自动工作流自动或手动地审批和控制收到的发票。

按照目前的软件套件价格，年收入在8亿美元或以上的组织通常会从使用这些工具中获得良好的投资回报。Gartner的研究指出，Ariba(SAP)、Coupa、Basware 和 SciQuest 等软件是2015年该市场的领导者。[14]

组织还能充分利用网络，行业出版物或者讨论小组的信息为选择供应商提供建议。例如，许多组织投资数百万美元用于企业项目管理软件。在决定使用哪个卖家的软件之前，组织使用互联网搜集信息，这些信息描述了不同的供应商提供的特定产品、价格、案例研究以及当前客户，以帮助制定采购决策。如前所述，买方也可以通过互联网举办投标大会，或者交流与采购相关的信息。

无论使用何种信息或软件工具，组织必须专注于使用信息和工具来满足项目和组织的需求。许多非技术问题通常包含在从新技术中获取最大价值中，尤其是新的电子采购软件。例如，组织必须经常和其他组织发展合作伙伴关系和战略联盟，以充分利用潜在成本节约带来的好处。在选择新的软件工具，以及管理与所选择的供应商之间的关系时，组织应当实践良好的采购管理。

12.6 敏捷/自适应环境下的注意事项

《项目管理知识体系指南（第6版）》为项目采购管理提供了以下信息：

在敏捷环境中，可以使用特定的卖家来扩展团队。这种协作的工作关系可以导致一种共享风险的采购模式，在这种模式下，买方和卖方共同承担与项目相关的风险和回报。

大型项目可能会对某些可交付成果使用自适应方法，而对其他部分使用更稳定的方法。在这些情况下，管理协议（如主服务协议（MSA））可用于整个项目，而适应性工作则放在附录或补充中。这允许在不影响整个合同的情况下对自适应范围进行变更。[15]

回想一下，敏捷宣言重视客户协作胜过合同谈判，为敏捷项目的采购关系定下了一个重要的基调。买方和卖方应在整个采购过程中共同创造所需的产品和服务。敏捷/自适应环境的另一个目标是速度。然而，一些采购需要时间。你不能总是在最后一刻才找到熟练的人员、办公空间、硬件、设备和其他资源。有些项目的采购周期为几周甚至几个月。对于项目经理和高层管理者来说，提前计划这些采购需求是很重要的。

项目采购管理过程遵循一个清晰、逻辑的顺序。然而，许多项目经理并不熟悉从其他组织购买产品和服务所涉及的问题。如果项目通过采购产品或服务而受益，那么项目经理及其团队必须遵循良好的项目采购管理。随着IT项目外包的增加，所有项目经理都必须对这一知识领域有一个基本的了解。

案例结局

Marie McBride 在仔细读完与公司顾问的合同之后发现，她的公司有权在提前一周通知终止合同。她会见了她的项目团队，询问他们的建议。项目团队仍然需要帮助来完成操作系统转变项目。一名团队成员有一个朋友在一个很有竞争力的咨询公司工作。该公司拥有经验丰富的人员，他们的酬金要比当前合同规定的酬金低。Marie 让这个团队成员帮助她调查该领域内其他能够完成操作系统转变项目的咨询公司。然后 Marie 要求这些公司报价。她亲自面谈前 3 位供应商的管理团队成员，并验证了他们对于以往相关项目的业绩。

Marie 和采购部门一起终止了最初的合同，并和一家有着更好声誉和更低价格的新咨询公司签署了一份新合同。这一次她确定，合同要包括工作说明书、特定的可交付成果，并规定了对顾问经验水平的最低要求。合同还包括对在一定时期内完成转换工作的激励奖金。Marie 由此认识到良好的项目采购管理的重要性。

12.7 本章小结

采购、购买或外购是指从外部来源获取产品和服务。IT 方面的外包在海内外持续增长。外包使组织降低成本、更加关注自己的核心业务、获取技能和技术、提供灵活性，以及提升责任度。对于 IT 专业人员而言，了解项目采购管理已经变得越来越重要了。

项目采购管理包括计划采购管理、实施采购和控制采购。

计划采购管理包括决定采购什么或外包什么，使用什么类型的合同，以及如何在工作说明书中描述工作。自制或购买分析有助于组织确定是否可以以合理的成本采购产品或服务。由于项目采购经常涉及许多法律、组织和财务问题，项目经理应与组织内外部专家协商，请他们协助制定采购计划。

合同的基本种类有固定价格合同、成本补偿合同以及时间和材料合同。固定价格合同包括对于界定清晰的产品设定一个固定的总价，并使买方承担最小的风险。成本补偿合同包括支付给供应商实际发生的直接成本和间接成本，并要求买方承担一定的风险。时间和材料合同是固定价格合同和成本补偿合同的混合体，顾问乐于选择这种合同。单位价格是指每单位服务支付给供应商一个事先确定的价格，并根据合同的内容，使买家承担不同程度的风险。对于一个特定的采购，重要的是决定哪种合同是最合适的。所有合同都应当包括特定的条款，阐明一个项目的独特方面，并描述终止合同的要求。

工作说明书（SOW）足够详细地描述采购所需要的工作，这可以让潜在的供应商决定他们是否有能力提供产品和服务，并决定一个合适的价格。

实施采购包括获得卖方回复、选择卖方和授予合同。组织在评估供应商时应使用正式的建议书评价表。在评估过程中，技术标准的权重不应超过管理或成本标准。

控制采购包括管理与卖方的关系、监控合同执行情况、根据需要进行更改，以及结束合同。项目经理和关键团队成员应参与合同的撰写与管理。项目经理必须意识到，如果他们不理解合同，可能会引起潜在的法律问题。在处理外部合同时，项目经理和团队应使用变更控制程序，并应特别注意建设性变更指令。

一些软件能够辅助做好项目采购管理。电子采购软件帮助组织在获取不同产品和服务时节省资金。组织也可以使用网络、行业出版物以及讨论小组来研究和比较不同的供应商。

一定要考虑项目采购管理在敏捷/自适应环境中的差异。

12.8 讨论题

1. 列出组织外包的 5 个原因。一个组织何时应该选择不外包？为什么有些组织会将他们的软件开发工作移回内部？为什么一些组织开始使用外包？
2. 解释自制或购买决策的过程，并描述在本章给出的简单租赁或购买的例子中如何进行财务计算。
3. 如果你决定外包，主要的合同类型是什么？各自的优缺点是什么？
4. 你是否认为许多 IT 专业人员对编写 RFP 以及对 IT 项目进行评估还是有经验的？在这些任务中，哪些技巧是有用的？
5. 组织怎样决定谁来发送 RFP 或 RFQ？
6. 组织怎样使用一个加权评分模型作为卖方选择的一部分来对建议书进行评价？
7. 列举两条在涉外合同中确保对项目变更有足够控制的建议。
8. 采购审计的主要目的是什么？
9. 软件如何辅助采购货物和服务？什么是电子采购软件？你认为电子采购存在伦理问题吗？例如，商店应该阻止顾客使用智能手机拍条形码以进行价格比较吗？

12.9 快速测验

1. 全球 IT 服务外包的最大支出类别是什么？
   a. 通信服务 b. 设备 c. 企业软件 d. 数据中心系统
2. 你的组织聘请了一位某一领域的专家进行短期培训。这个例子属于外包的原因是____。
   a. 降低成本 b. 让组织关注其核心业务
   c. 获取技能和技术 d. 提供灵活性
3. 在哪一个项目采购管理过程，经常编写 RFP？
   a. 计划采购管理 b. 实施采购 c. 控制采购 d. 选择卖方
4. 某个项目所需的物品每天的租赁成本是 200 美元。购买这一物品的投资成本是 6000 美元，每天的运行成本是 100 美元。计算租赁成本等于购买成本的天数为____。
   a. 30 b. 40 c. 50 d. 60
5. 哪种类型的合同对于买方来说风险最小？
   a. 固定价格 b. 成本加激励金（CPIF）
   c. 时间和材料 d. 成本加固定费用（CPFF）
6. 在____上，承包商承担了合同成本每额外增加一美元费用的全部责任。
   a. 盈亏平衡点 b. 分担比率点 c. 调和点 d. 总假设点
7. 如果你的学院或大学想从潜在的卖家那里获得提供新体育场的信息，那么潜在的卖家需要什么样的文件？
   a. RFP b. RFQ c. 建议书 d. 询价书
8. 当选择卖方并使这一过程更便于管理时，买方经常准备一份____列表。
   a. 首选 b. 简缺的 c. 有资格的供应商 d. BAFO
9. 一份建议书评价表是____的例子。
   a. RFP b. 净现值分析 c. 挣值分析 d. 加权评分模型
10. ____用来描述用电子形式完成的不同种类的采购职能。
    a. 电子采购 b. eBay c. 电子商务 d. EMV

12.10 快速测验的答案

1. b 2. c 3. a 4. d 5. a 6. d 7. c 8. b 9. d 10. a

12.11 作业

1. 在互联网中搜索"IT 外包"这个词。找出至少两篇讨论外包的文章。对文章进行概况，并回答下列问题：
   - 外包产品和服务的主要类型有哪些？
   - 文章中的组织为什么选择外包？
   - 文章中的组织是否从外包中受益？为什么？

2. 采访参与过 IT 采购过程的人，例如组织中的 IT 部门的经理，让他（她）解释所遵循的过程。或者找一篇描述组织中 IT 采购的文章。写一篇简短的论文描述采购以及组织学到的任何经验教训。

3. 假设你的公司正在决定是自己购买专门的设备来制作高质量的出版物，还是从另外的公司租赁设备。假设租赁设备成本是每天 240 美元。如果你决定购买设备，最初的投资是 6800 美元，每天的运行成本是 70 美元。在多少天以后设备的租赁成本将和购买成本相同？假设你的公司只在 30 天里使用这个设备，那么你的公司应当购买还是租赁设备？

4. 在线搜索 IT 合同的例子。使用搜索短语，如"IT 合同"或"合同样本"。分析合同的主要特征。使用的是哪种合同，为什么使用？审读合同的语言和条款，主要的条款是什么？列举你认为合同存在的问题，尝试从熟悉合同的人那里得到答案。

5. 审查一个 IT 项目的 RFP 样本。写一篇论文，总结 RFP 的目的，以及你认为它在对所需工作的描述方面做得怎么样。

6. 起草来源选择标准，用于评估为学院或大学的所有学生、教师和员工或组织中的所有业务专业人员提供无线智能手机的提案。使用图 12-3 作为指南。至少包含 5 个标准，并使总权重相加为 100。写一篇论文解释并证明标准及其权重的合理性。

12.12 实践案例

如前几章所述，你的全球企业家项目团队将通过在线供应商支付新网站和账户的费用。Bobby 会负责网站的大部分定制和编程工作，但你可以考虑外包或购买服务来提供一些功能，比如接受捐赠和在网站上开发短视频。你还可以为你在国外的 3 个团队成员购买一台新的笔记本电脑和互联网接入，他们可以与他们在这些国家的联系人分享。你已经为外包硬件和软件安排了 2 万美元的预算。WBS 中列出的外包软件开发活动包括：

1.3.1.1 域名和网站管理

1.3.1.2 网站的捐赠接受功能

1.3.1.3 网站视频制作

1. Bobby 非常熟悉购买域名和网站管理，并且已研究提供捐赠接受功能的选项。不过，你们都同意需要专业人士为网站制作视频。集思广益，为这次采购的选择，并研究潜在的供应商。写一篇简短的论文来总结你的发现，并至少包括 3 篇参考文献。

2. 起草一份为网站制作视频的合同工作说明书。使用图 12-2 中提供的大纲。

3. 假设选择网站制作视频供应商的标准如下：
   - 管理方法，15%

- 技术方法，25%
- 以往业绩，10%
- 价格，20%
- 视频样本，30%

使用图 12-3 和加权评分模型模板作为指导，创建一个电子表格，可用于输入评分，并计算每个标准的分数和 3 个提案的总加权分数。将提案 1 的分数分别输入 80、75、70、90 和 85。将提案 2 的分数输入为 90、50、95、80 和 75。将提案 3 的分数输入为 80、90、95、80 和 75。在电子表格中添加一个段落，总结结果和建议。将结果打印在一页上。

4. 起草合同中可能包含的条款，为在预算内按时交付用户喜欢观看的高质量视频提供奖励或惩罚。你的回答要有创意，并在一篇简短的论文中记录你的想法。请务必描述你如何衡量是否符合标准，以及奖励或处罚是什么。

12.13 关键术语

投标（bid）
建设性变更指令（constructive change orders）
合同（contract）
成本加固定比例费用（CPPC）合同（cost plus percentage of costs (CPPC) contract）
成本补偿合同（cost-reimbursable contracts）
固定价格合同（fixed-price contract）
总价合同（lump-sum contract）
自制或购买决策（make-or-buy decision）
总假设点（PTA）(Point of Total Assumption (PTA))
采购（procurement）
项目采购管理（project procurement management）
成本加奖金（CPAF）合同（cost plus award fee (CPAF) contract）

成本加固定费用（CPFF）合同（cost plus fixed fee (CPFF) contract）
成本加激励金（CPIF）合同（cost plus incentive fee (CPIF) contract）
建议书（proposal）
招标书（RFP）(Request for Proposal (RFP))
询价书（RFQ）(Request for Quote (RFQ))
卖方（sellers）
工作说明书（WOS）(statement of work (SOW))
终止条款（termination clause）
时间和材料（T&M）合同（time and material (T&M) contracts）
单价（unit pricing）

12.14 注释

[1] Gartner, Inc., "Gartner Says Global IT Spending to Reach $3.7 Trillion in 2018" (October 3, 2017).

[2] Deloitte Consulting LLP, "2016 Global Outsourcing Survey" (June 2016).

[3] Issie Lapowsky, "Urban Onshoring: The Movement to Bring Tech Jobs Back to America," *wired.com* (November 4, 2014).

[4] Andy Bork, "Soft Skills Needed in a Hard World," *Minneapolis Star Tribune* (May 24, 2004).

[5] Lisa Stiffler, "Working Geek: CIO Luke Friang's need for speed keeps pace with Zulily's quick deals," GeekWire (January 30, 2018).

[6] Scott McNealy, "The Future of the Net: Why We Don't Want You to Buy Our Software," *Sun Executive Perspectives,* www.sun.com/dot-com/perspectives/stop.html (Sun Microsystems, Inc., 1999): 1.

[7] David M. Halbfinger, "City Hall Admits Mishandling Technology Projects," *The New York*

Times (October 31, 2011).

8. Stan Beer, "Is going offshore good for Australia?" *The Age* (September 21, 2004).
9. Chris Pash, "The jobs most in demand in Australia for 2018," Business Insider Australia (February 13, 2018).
10. Robert Antonio, "The Fixed-Price Incentive Firm Target Contract: Not As Firm As the Name Suggests," *WIFCON.com* (November 2003).
11. Dick Rohland, "I-35W Bridge Completion Brings Closure to Minneapolis," *ConstructionEquipmentGuide.com* (October 4, 2008).
12. Stephanie Overby, "10 Outsourcing Trends to Watch in 2015," *CIO.com* (January 5, 2015).
13. Pierre Mitchell, "Procurement Must Stretch Beyond 'Procurement Best Practices,'" *Chief Procurement Officer* (January 21, 2015), *spendmatters.com/cpo/procurement-must-stretch-beyond-procurement-best-practices/*.
14. Magnus Bergfors, Paolo Malinverno, and Deborah R. Wilson, "Magic Quadrant for Procure-to-Pay Suites for Indirect Procurement," Gartner (March 24, 2015).
15. Project Management Institute, Inc., *A Guide to the Project Management Body of Knowledge (PMBOK® Guide) – Sixth Edition* (2017), p. 465.

第 13 章
Information Technology Project Management, Ninth Edition

项目干系人管理

▷ 学习目标

阅读完本章后，你将能够：
- 理解项目干系人管理在项目生命周期中的重要性。
- 讨论识别干系人的过程，如何创建干系人登记册，以及如何进行干系人分析。
- 描述干系人参与计划的内容。
- 描述管理干系人参与的过程。
- 解释监督干系人参与的方法。
- 讨论可用于辅助项目干系人管理的软件。
- 讨论敏捷/自适应环境下的注意事项。

▷ 开篇案例

Debra Hughes 在升职 10 年后冒险成为独立顾问。她的上一家公司当时正在裁员，裁掉了她所在的整个 IT 战略咨询部门，但这家公司给了她一个岗位调动的机会，这要求她将 80% 的时间用于出差。由于有两个小孩，因此她不想出差，就抓住了这个机会出来单干。她的一位同事认识当地一家石油公司的 IT 主管，主管给了她一份合同，工资是她当雇员时的三倍。问题是最初的合约只有两周。然而，在她成功地管理了第一个项目，证明了自己的价值后，公司与她续约，让她管理越来越大的项目。她目前的项目是评估并实施一个项目管理软件解决方案，这能使新的运营副总裁 Stephen 监督几个国家炼油厂的升级工作。炼油厂的升级成本估算超过 2 亿美元。Debra 曾与内部分析师 Ryan 和 Stephen 一起讨论以确定需求并选择新的软件解决方案。他们需要在两个月内与供应商签订合同，然后尽快集成新系统和其他系统（尤其是会计系统）。

不幸的是，聘请 Debra 并每周给她发薪水的 IT 总监 Chien 对她的推荐意见非常不满。他把她叫进办公室，开始对她大喊大叫，"你怎么能提出这个建议？你应该清楚这与我认为的最好做法背道而驰。Ryan 的建议和你的完全不同。你们这些顾问以为只是走进来提出意见，完全不用担心你们走后会发生什么。在我发火之前给我滚出去！" Debra 悄悄地离开了 Chien 的办公室，不知道下一步该怎么办。她知道自己的推荐会让 Stephen 满意，也符合公司的整体利益，尽管这不是 Chien 和 Ryan 所支持的选择。

13.1 项目干系人管理的重要性

正如第 1 章中所学，干系人是项目管理框架的重要组成部分。干系人可以对项目提出要求、批准项目、拒绝项目、支持项目、反对项目。由于干系人管理对项目成败如此重要，2013 年项目管理协会决定建立一个完整的知识领域用于研究这一内容。许多与沟通以及资源管理相关的概念也适用于干系人管理，但是良好的干系人管理需要进行一些独特的活动。

项目干系人管理的目的是识别受项目影响的所有人员与组织、分析干系人的期望，并使干系人在项目的整个生命周期中有效参与项目决策。项目经理和他们的团队必须与干系人进行良好的沟通，并及时解决问题使干系人满意。

项目常常导致组织结构发生变化，当项目完成时，一些人可能会失去工作。例如，一个项目可能会创建一个新系统，这会使一些职位过时；一个项目也可能将工作外包给外部团队，以提高组织的效率。这些干系人和其他受到负面影响的干系人可能会对项目经理产生敌意。相反，如果项目经理领导的项目增加了利润、创造了新的工作岗位，或者增加了某些干系人的工资，那么这些人可能会将项目经理视为盟友。无论如何，项目经理必须学会识别、理解各种干系人，并与他们合作。

错在哪里

改变工作方式将给组织带来冲击，这会让很多人感到害怕，他们甚至会想方设法地阻止或破坏项目。Donald White 是华盛顿特区防御系统的创始人兼项目集经理，他这样描述了可能导致破坏项目的情况：

- 消极认同：对项目而言，自上而下的支持和早期认同至关重要。放任消极情绪恶化会减少项目成功的可能性。应尽早应对反对者。
- 短期利润：为了眼前的回报而不择手段地削减成本，这会牺牲组织及其员工未来的健康发展。要避免只着眼于短期项目。
- 超额完成：试图同时进行太多项目会导致浪费，并明显拖慢进度。要优先专注于最重要的项目。
- 缺乏尊重："不尊重他人，他人会以冷漠、厌倦的态度进行回应，甚至是直接旷工、进行一些不必要的工作（为了保持忙碌状态而做一些无关紧要的事情）、彻底破坏项目或制造一些其他问题。如果不尊重客户，他们就会离你而去。"[1]

项目干系人管理的 4 个过程如下：

1. 识别干系人是指识别参与项目或受项目影响的所有人员，并确定管理干系人关系的最佳方式。这个过程的主要输出是干系人登记册。

2. 计划干系人参与是指根据干系人的需求、兴趣和潜在影响，确定使干系人有效参与项目决策和活动的策略。这个过程的输出是干系人参与计划。

3. 管理干系人参与是指与项目干系人沟通并一同工作，从而满足他们的需求和期望、解决问题，并促进他们参与项目决策和活动。这个过程的输出是变更请求、项目管理计划更新和项目文档更新。

4. 监督干系人参与是指监督干系人关系，并根据干系人的需求调整计划和策略以吸引干系人参与。这个过程的输出是工作绩效信息、变更请求、项目管理计划更新和项目文档更新。

13.2 识别干系人

回顾第 1 章，干系人是参与项目活动或受其影响的人。《项目管理知识体系指南（第 6 版）》描述了一个趋势："广义上的干系人定义正在扩展，不仅包括传统的雇员、供应商和干系人，还包括监管机构、游说团体、环保人士、金融机构、媒体和那些坚信自己是干系人的群体，这一群体认为他们会受项目的工作或结果的影响。"² 干系人可以在组织的内部，也可以在组织的外部。

- 内部项目干系人通常包括项目发起人、项目团队、支持人员和项目的内部客户。由于组织资源有限，其他内部干系人包括高层管理者、其他职能经理和其他项目经理。
- 外部项目干系人包括项目的客户（如果他们在组织外部）、竞争对手、供应商和其他潜在参与项目或受项目影响的外部团体，如政府官员和相关公民。

Peter Gilliland 是英国的一名项目管理导师和技能教练，他提供了一个更详细的潜在项目干系人列表：

- 项目集主管
- 项目集经理
- 项目经理
- 项目经理的家人
- 发起人
- 客户
- 执行组织
- 组织的其他员工
- 工会
- 项目团队成员
- 项目管理办公室
- 治理委员会
- 供应商
- 政府监管机构
- 竞争对手
- 对项目感兴趣的潜在客户
- 代表消费者、环境或其他利益的群体
- 竞争有限资源的团体或个人
- 追求的目标与项目冲突的团体或个人 ³

回想一下，项目管理的最终目标是满足甚至超越干系人对项目的需求和期望。要做到这一点，必须首先识别项目的干系人。有一些干系人显而易见，还有一些干系人难以确定。例如，在项目经理不知情的情况下，组织外部甚至组织内部的一些竞争者可能会反对项目。在项目进行过程中，干系人也可能因为员工流动、合作关系和其他事件而发生变化。重要的是要使用正式和非正式的沟通网络，以确保识别所有的关键干系人。

关注项目最直接的干系人也很必要。例如，如果需要列出一个项目中使用的产品和服务的每一个供应商，那么你会浪费宝贵的时间和资源。如果供应商只提供现成的产品，那么不需要过于关注。然而，如果供应商提供的是对项目成功至关重要的定制产品或服务，那么这一类供应商就应该得到更多的关注。

创建**干系人登记册**（stakeholder register）是记录项目干系人基本信息的一种简单方式。该文件可以采取多种形式，其中包括以下信息：

- 身份信息：干系人的姓名、职位、所在地、在项目中的角色以及联系方式。
- 评估信息：干系人对项目的主要需求和期望、潜在影响，以及干系人最感兴趣的项目阶段。
- **干系人分类**：干系人在组织内部还是外部？干系人是项目的支持者还是反对者？

表 13-1 提供了本章"开篇案例"中描述的部分项目干系人登记册示例。请注意，它只包括基本的干系人信息，例如姓名、职位、在组织内部还是外部、在项目中的角色，以及联系方式。由于该文档对组织中的其他人公开，项目经理必须注意不要有敏感信息，比如干系人对项目的支持程度或他们有多大的权力。还要注意一些干系人并不在这个列表中，比如项目经理的丈夫和孩子，尽管他们对 Debra 来说很重要。

表 13-1 干系人登记册示例

姓名	职位	内部/外部	项目角色	联系方式
Stephen	运营副总	内部	项目发起人	stephen@globaloil.com
Betsy	首席财务官	内部	高级经理，资金支持	betsy@globaloil.com
Chien	首席信息官	内部	高级经理，项目经理的直接领导	chien@globaloil.com
Ryan	IT 分析师	内部	团队成员	ryan@globaloil.com
Lori	会计部主管	内部	团队经理	lori@globaloil.com
Sanjay	精炼部主管	内部	最大炼油厂的高级经理	sanjay@globaloil.com
Debra	顾问	外部	项目经理	debra@gmail.com
Suppliers	供应商	外部	供应软件	suppliers@gmail.com

干系人分析（stakeholder analysis）是一种技术，通过分析信息以确定干系人的关注点，并了解如何提高干系人对整个项目的支持。在识别关键的项目干系人之后，可以使用不同的分类模型来确定管理干系人关系的方法。注意控制对这些敏感信息的访问。如图 13-1 所示，你可以创建一个**权力/兴趣坐标系**（power/interest grid），根据干系人的权力级别（权力）和对项目成果的关注级别（兴趣）对干系人进行分组。在这个例子中，应该与干系人 1 和干系人 2 保持密切关系，因为他们的兴趣高且有很大的权力，特别是干系人 1；应该及时让干系人 3 和干系人 4 了解相关信息，因为他们的兴趣高，但权力小；应该维持项目干系人 5 和干系人 6 的满意度，因为他们兴趣低但权力大，这也许能通过简短的项目更新来实现；应该用最少的精力监督干系人 7 和干系人 8，因为他们的兴趣低且权力小。

衡量整个项目中干系人的参与度同样重要。可以将干系人分为以下几类：
- **无意识**：没有意识到项目及其潜在影响。
- **抗拒**：意识到，但拒绝改变。
- **中立**：意识到，但不支持也不反对。
- **支持**：意识到，且支持改变。
- **领导**：意识到项目及其潜在影响，并积极参与以帮助项目取得成功。

如果高兴趣和高权力的干系人也被归类为抗拒或无意识，项目团队应该采取纠正措施。如果他们是无意识的，适合进行一个简短的会议来讨论项目的重要性。项目经理可以要求项目发起人或其他高级经理参加会议。如果干系人对项目是抗拒的，你肯定希望能有一位高级经理直接与他们交谈，以了解他们抗拒的原因，并制定处理潜在冲突的策略。与干系人（尤其是项目发起人）相关的另一个常见问题是，他们支持项目，但有不合理的期望。正如"对在哪里"中所描述的，对他们说"不"是很困难的。

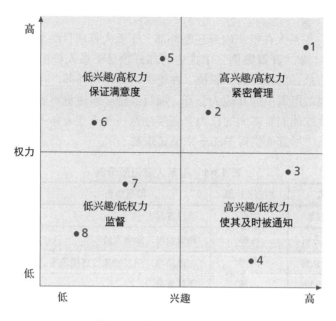

图 13-1　权力 / 兴趣坐标系

引自：Kathy Schwalbe《项目管理概论（第 4 版）》(2012)

对在哪里

当项目发起人提出一些不合理的要求时，与其简单地说"不"，不如解释一下问题所在，然后提出一个现实的方法来解决手头的问题。例如，旧金山的 PMP 和独立项目集经理 Christa Ferguson 讲述了她如何处理项目发起人提出的在两个月内交付一台新平板电脑设备的请求，她知道这需要更长时间。根据她的经验，单是报价请求就需要将近一个月的时间。Christa 迅速研究，提出了一个现实的交付时间表。

"我为报价请求创建了一个时间表，并要求报价的公司在高级进度表中阐述所需的工作分解。然后我们就可以看到这个项目至少需要 6 个月才能完成。通过创建一个真实的、数据驱动的态势图，除了需要做什么工作和需要多长时间，我无须解释其他事情。在发起人明白了生产平板电脑需要哪些工作之后，他就重新设定了期望。"[4]

13.3　计划干系人参与

在识别和分析干系人之后，项目经理和团队应该制定干系人参与计划，以帮助他们有效地吸引干系人参与，并确保在项目的整个生命周期中做出良好的决策。根据项目的需要，这个计划可以是正式计划，也可以是非正式计划。

除了在干系人登记册中能找到的信息，如干系人识别信息、评估信息和分类情况，干系人参与计划还可以包括以下内容：

- 当前参与水平和期望参与水平：如果这些水平不同，项目团队应该制定策略使之平衡。
- 干系人之间的相互关系：正如前面章节中所学，在项目活动和干系人之间有多种相互关系。项目经理必须与组织的纲领保持一致。
- 沟通需求：沟通管理计划应该详细列举干系人需求，干系人登记册可以根据特定人

- 每个干系人的潜在管理策略：这个关键部分可能包含非常敏感的信息。
- 干系人管理计划更新方法：所有计划都需要一些处理变更和更新的过程。当项目干系人在项目中发生变化时，灵活性变得十分重要。

因为干系人管理计划通常包含敏感信息，它不应该是官方项目文档的一部分，官方项目文档通常是所有干系人都可以查看的。多数情况下，只有项目经理和少数团队成员准备干系人管理计划。在许多项目中，干系人管理计划的一部分没有被记录，如果记录下来，其分发将受到严格限制。[5]

表 13-2 提供了本章"开篇案例"中的干系人管理计划的部分示例，Debra 以此来辅助管理项目干系人。对项目经理来说，花些时间制定这个计划非常重要，这可以帮助他们满足干系人的需求和期望。此外，随着新的干系人加入项目或在得到更多的信息时，应该更新计划。例如，一旦为项目选定了供应商，就可以将具体的供应商和其他信息添加到列表中。

表 13-2 干系人分析示例

姓名	权力/兴趣	当前参与度	潜在管理策略
Stephen	高/高	领导	因为他的身材和低沉的声音，Stephen 看起来有点吓人，但他性格很好且有幽默感。他之前在另一家公司领导过一个类似的炼油厂升级项目集，他知道自己想要什么。密切管理并征求他的意见十分必要。他喜欢亲自进行简短、频繁的更新
Chien	高/中	抗拒	Chien 是一个很有条理、脚踏实地的人。他一直在推动制定企业 IT 标准，而项目经理和发起人（Debra 和 Stephen）最喜欢的方案却与这些标准背道而驰，虽然这一方案对这个项目和整个公司而言是最佳解决方案。需要让他明白这没什么，人们仍然尊重他的工作和职位
Ryan	中/高	支持	Ryan 在公司工作了好几年，很受人尊敬，但他觉得 Debra 对他构成了威胁。他对 Debra 的工资比自己高也很不满，他最想取悦他的老板 Chien。需要使他确信所提出的解决方案符合每个人的最佳利益
Betsy	高/低	中立	Betsy 是一个非常专业、条理分明的人，与 Chien 相处得很好。她曾通过典型商业案例，在以往的项目审批中支持过 Debra。通过为提出的解决方案提供详细的财务合理性以维持她的满意度。同时请她代表 Debra 与 Chien 对话

13.4 管理干系人参与

项目经理必须理解各类干系人并与他们合作，因此，项目经理应该掌握各种沟通方法并使用他们的人际关系和管理技能来吸引干系人。回想一下，项目的成功往往会通过不同方式进行衡量，比如满足范围、进度和成本目标。然而，许多从业者将项目成功定义为满足客户或发起人的需求，因为他们清楚地知道，若想同时满足范围、进度和成本目标，至少需要修改其中一个目标。

项目发起人通常根据重要性对范围、进度和成本目标进行排序，并提供平衡三项约束的指南。这个排序显示在**期望管理矩阵**（expectation management matrix）中，它可用来辅助明确干系人的期望。例如，表 13-3 显示了部分期望管理矩阵，Debra 可以用它辅助管理本章"开篇案例"中的关键干系人。期望管理矩阵包括一系列度量成功的方式，以及与每种度量方式相关的优先级、期望和指南。你可以添加其他度量成功的方式，例如满足质量期望、达到一定的客户满意度，以及在项目完成后满足 ROI 预测，以满足各个项目的不同需求。挑战来自关键干系人在优先级上存在着分歧。例如,Stephen 希望系统能够满足他的需求,所以项目范围对他来说是最重要的。Chien 希望执行企业标准,所以技术/标准对他来说是最重要的。项目经理必须了解这些不同的优先级,并做出艰难的决策。在这个例子中,Debra 认为对整个公司来说,Stephen 的优先级最重要,尽管这可能会伤害她与 Chien 的关系。

表 13-3 期望管理矩阵

衡量成功的方式	优先级	期望	指南
范围	1	范围说明书明确定义了强制需求和可选需求	在考虑可选需求之前,先专注于满足强制需求。在这个项目中,遵循公司 IT 标准是可选需求
时间	1	这个项目的完工日期几乎无可商量。进度表非常实际	如果有任何可能影响实现进度目标的问题,必须通知项目发起人
成本	3	这个项目对组织至关重要。如果你能讲明为何需要更多的资金,就可以申请到这些资金	项目支出和升级程序有严格的规则约束。成本非常重要,但要优先满足进度目标,其次满足范围目标,成本目标处于次要地位
技术/标准	2	有几种可行的解决方案,但只有一种方案能够满足发起人的所有技术要求,特别是在会计方面	尽管企业 IT 标准很重要,在这个项目中有例外是合理的

理解干系人的期望有助于管理问题。如果项目经理知道成本的优先级低于进度的优先级,那么只要要求合理,就应该不难向项目发起人申请到所需资金。

问题应该记录在**问题日志**(issue log)中,问题日志是用来记录、监督和跟踪需要解决的问题的一种工具。尚未解决的问题可能是发生冲突的主要原因,这会导致干系人的期望不能实现。请注意,PMI 将问题日志作为项目整合管理的输出,而问题日志更新(项目文档的更新之一)是项目干系人管理的重要输出。问题也可以在其他知识领域进行更新。例如,可以为需求、采购、人力资源和其他领域记录问题,但是必须通告干系人这些问题并使干系人参与解决这些问题。

表 13-4 提供了一个问题日志的示例,Debra 可以用它来辅助记录和管理项目中的问题。问题日志中的列包括问题编号、问题描述、问题对项目的影响、问题报告日期、报告人、指定解决问题的人、问题的优先级(高、中、低)、问题反馈截止日期、问题的状态和问题的相关备注。可以用一些项目管理软件跟踪问题,也可以使用一个简单的电子表格进行记录。许多项目经理按优先级对问题进行排序,并专注于优先解决优先级高的问题。

表 13-4 问题日志示例

问题编号	描述	影响	报告日期	报告人	指定给	优先级(高、中、低)	截止日期	状态	备注
1	需要将需求归类为强制需求或可选需求	没解决就进行不了其他工作	2月4日	Ryan	Stephen	高	2月8日	已完成	清晰标注需求
2	需要更短的潜在供应商名单——不超过10家	没解决就会导致评审推迟	2月6日	Debra	Ryan	高	2月12日	未完成	基本完成,需要先进行需求分类
等等									

管理项目干系人参与的其他输出包括变更请求、项目管理计划更新和其他项目文档更新。例如,在 Stephen 明确了哪些需求对升级炼油厂是强制需求之后,可能会对符合标准的

供应商在潜在选择上产生影响。如果项目包括访问潜在的供应商，则项目的进度和成本可能会受到排在前列的供应商工作地点的影响。此外，Debra 或许可以在与 Chien 交谈时，利用这些强制需求说服她使用非标准技术。Debra 仍需和他一起仔细解决这个问题，她可以从下述"最佳实践"中的一些想法中受益。

> **最佳实践**
>
> 项目经理经常面临挑战，特别是在管理干系人方面。有时候，他们根本无法满足重要干系人的需求。处理这些情况的建议有：
>
> - 从开始就明确。项目经理明确项目对整个组织的重要性。例如，在"开篇案例"中，公司不得不升级几家炼油厂以维持运营。IT 标准很重要，但是当一个强有力的新任副总裁上任，并想用有特定需求的软件来完成一项重要的工作时，你必须考虑所有的选项。
> - 解释后果。项目经理必须能够解释各种决策的结果。高级经理可能不喜欢一个决策，但如果你解释清楚决策背后的逻辑，他们会更容易接受这一决策。
> - 准备应急计划。有许多形式的应急计划。例如，如果一个项目经理不能向一个重要的干系人阐明原因，可能需要向更资深的人请求帮助。在极端情况下，如果项目经理觉得自己的工作没有得到赏识，他们甚至可能会换工作。
> - 避免意外。为了开展行动，对项目所遭遇的挑战最好实话实说。最糟糕的情况之一是，项目经理告诉发起人他们做不到本来承诺做到的事。
> - 表明立场。项目经理在领导项目时需要施加影响力，他们工作的一部分就是承认项目需要改变。"如果你不站出来说，'我们做不到，就是这样'，那要你在那里做什么？……如果发起人想要一个经验丰富的优秀项目经理，你就必须敢于说不。"[6]

13.5 监督干系人参与

你不能控制干系人，但是你可以监督他们的参与程度。这涉及人们之间的对话，比如就共同关心的问题寻求理解以及解决方案。许多教师熟悉吸引学生的各种技巧。在课程或项目开始时定下合适的基调是很重要的。例如，如果老师在第一天上课时只是讲课，或者批评第一个发表意见的学生，那么学生很快就会认为最好的策略是保持安静，甚至不去上课。另一方面，如果老师开展大量活动，让所有的学生讨论或使用技术参与这些活动，在接下来的课程中，学生将会踊跃参与。

像老师一样，项目经理需要在项目早期就为参与项目的干系人做好准备。例如，关键干系人应该受邀积极参与启动会议，而不仅仅是出席。项目经理应该强调期待与干系人在会议上以其喜欢的方式进行对话。对于项目经理来说，在启动会议之前与重要的干系人碰面也是有帮助的。

项目进度计划应该包括与干系人参与相关的活动和可交付成果。调查、评审、演示、签名和其他活动都需要干系人参与。

在一些 IT 项目中，重要的干系人受邀成为项目团队成员。例如，当西北航空公司（现在叫 Delta）在开发一个名为 ResNet 的新订票系统时，项目团队程序员采访了预订代理。西北航空公司通过让用户参与实际开发系统的用户界面，以确保理解用户需求。请参见相关网站了解 ResNet 团队与用户合作的详细信息。

媒体快照

如今很多学生喜欢通过短信交流。家长和老师也采用了这种交流方式,特别是与年轻人交流时。Ellen DeGeneres 是一个著名的喜剧演员,她有自己的电视节目。她喜欢用手机短信开玩笑,因为手机的自动更正功能会导致有趣的错误。例如,一位父亲和他女儿的短信交流如下:

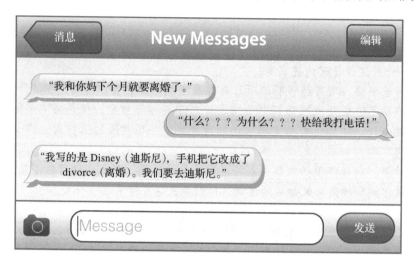

发送信息时,除了关注自动更正错误外,用户还必须注意他们回复的对象和内容。下面的例子来自一名忘记考试的大学生。考试开始后不久,教授就给这名学生打了电话。如果学生没有正当理由不来考试,她就给零分。这位同学没有接电话,但他发送了如下短信:

当几秒钟后这位同学走进教室时，教授感到很惊讶。很明显，他在楼下的校园机房。尽管他撒了两次谎（在上课和送人去医院），教授还是让他参加了考试，并尽量不让他为自己的谎言感到难堪。在接下来的考试中，这个学生都按时参加了。

13.6 使用软件辅助项目干系人管理

和其他知识领域一样，软件也可以用来辅助项目干系人管理。像文字处理程序、电子表格和演示软件这样的办公软件可以辅助创建与干系人管理相关的各种文档。通信软件（如电子邮件、博客、网站、短信和 Twitter）可以辅助干系人沟通。如谷歌文档、维基和虚拟会议软件的协作工具也可以促进干系人参与项目。

如今一种非常流行的软件——社交媒体——也有助于吸引干系人。例如，许多专业人士使用 LinkedIn 互相交流。一些项目管理小组在 LinkedIn 和其他网站上工作，人们可以在那里分享关于各种主题的想法。事实上，2018 年 2 月，在 LinkedIn 中群组中搜索"项目管理"一词，得到了近 6000 个结果，包括以下内容：

- 项目经理社区：这个群组号称是"项目管理的最佳群组"，拥有超过 42.4 万名成员。这个社区由 ProjectManager.com 创建。
- PMI 项目、项目集和项目组合管理：拥有超过 24.7 万名成员，这个官方 PMI 小组自称是职业发展的最佳社区。
- PMO 项目管理办公室：这个虚拟社区在全球拥有超过 13.4 万名成员。

给年轻专业人士的建议

如果你还没有 LinkedIn 账户，那就注册一个吧。如果你已经有了账户，搜索可能感兴趣的群组并加入他们。和你欣赏的人建立联系。大多数 LinkedIn 用户乐于与他人联系。

此外，如果你认为社交媒体可以帮助你的项目团队增进干系人参与，那就和你的团队讨论一下。在做出任何建议之前，一定要研究各种选择。还可以考虑建立在线和实体的"会面"，以促进干系人参与。

尽管许多组织不提倡在工作中使用 Facebook，但一些项目管理软件工具具有类似 Facebook 的功能，鼓励在项目中建立关系。例如，当工作完成得很出色时，有些工具可以让人们互相"击掌庆贺"。许多工具可以保存项目团队成员和其他干系人的照片。用户还可以使用工具进行对话。事实上，有很多关于使用社交媒体辅助管理项目的书籍和文章。

伦敦 Otobos 集团的总监 Elizabeth Harrin 写了一本《项目经理们的社交媒体》(*Social Media for Project Managers*)。在书中，Harrin 描述了一些社交媒体工具的优缺点，包括博客、协作工具、即时消息、微博（如 Twitter 和 Facebook）、播客、RSS、社交网络、视频播客、网络研讨会和维基。在该书的前言中，PMI 的在线内容和战略经理 Len O'Neal 表示："让社交媒体在你的项目中发挥作用，这本身就是一个项目……对于你在探索项目应用社交媒体的道路能走多远以及你能取得多大成功这两方面，个人、团队、组织和文化的偏见与影响，都扮演着重要的角色。"[7] Harrin 就何时该使用社交媒体，何时不用提出了建议。

俗话说，"一个有工具的傻瓜还是傻瓜。"至关重要的是，项目经理和他们的团队应该专注于监督干系人参与，以满足他们的需求和期望，而不是炫耀最新的技术。很多干系人参与需要使用老式技巧，比如与人交谈。

> **全球问题**
>
> 并不是所有的软件实现都进展顺利。管理干系人是一个巨大的挑战。2011年9月,英国政府取消了其价值114亿英镑的国民保健服务的IT计划,原因是该计划未能兑现所承诺的福利。不幸的是,这个项目只是英国一系列知名失败项目之一。
>
> 为此,政府决定把项目经理们送回学校。政府与牛津大学和德勤咨询公司合作,在牛津建立了重大项目领导学院。目前,英国政府有300人被列为重大项目领导者。新学院的目标是减少对昂贵的外部顾问的过度依赖,并培养公务员,让他们拥有专业知识。在未来,"没有完成学院学习之前,任何人都不能领导重大的政府项目。"[8] 负责2012年奥运会和两个高铁系统的8名项目领导者将首先从这个计划中受益。
>
> 学院每年招收100多名重要项目的领导者。这有成效吗?据该学院院长、工程博士Paul Chapman表示,确实有。"三年前,政府只有大约三分之一的重大项目按时完成,而且没有超出预算……现在这个数字接近三分之二。"[9] 你可以在重大项目领导学院的官网上找到更多信息。

13.7 敏捷/自适应环境下的注意事项

《项目管理知识体系指南(第6版)》提供了以下项目干系人管理信息:

变化程度大的项目需要项目干系人积极参与。为了促进及时、高效的讨论和决策制定,自适应的团队不通过管理层,而是直接与干系人接触。通常,客户、用户和开发人员在一个动态的协同创新过程中交换信息,这会提升干系人的参与度和满意度。在整个项目中与干系人团体的定期交流可以降低风险,建立信任,在项目生命周期的早期进行调整,从而可以降低成本并提升项目成功的可能性。

为了加速组织内部和组织间的信息共享,敏捷方法可积极促使信息透明。邀请所有干系人参加项目会议、审查或在公共空间张贴项目工件的目的是尽快公示与项目变更有关的所有偏差、依赖或其他问题。[10]

正如本书所讨论的,理解干系人并让关键干系人参与所有项目是很重要的。然而,敏捷/自适应项目的性质往往需要更多的干系人参与和更快的决策制定。产品负责人为每次迭代创建待办项,从而保证优先级是明确的。

依据信息敏感度和项目类型,敏捷项目和非敏捷项目都可以在公共空间发布项目工件。例如,一些大型建筑项目配备了网络摄像头,这样观众就可以随时看到实际进度。回忆一下,许多组织将敏捷视为一种思维方式,专注于为客户创造业务价值。无论使用何种产品生命周期,项目都应该专注于提供价值。

和其他知识领域一样,项目干系人管理的过程也遵循清楚的逻辑顺序。然而,对许多项目经理来说,这可能是最难掌握的领域。正如你在本节及前几节中学到的,理解各种类型的人并让他们一起工作以达到项目目标并不是一件容易的事情。

> **案例结局**
>
> Debra让Chien冷静一会儿,然后再回到他的办公室。她想起有一份重要文件需要他签名。
>
> "你还会对我大喊大叫吗?"她问道。

Chien 笑了笑，并对刚才的不愉快道了歉。他对 Debra 的表现很满意，也知道她是公司的宝贵财富。他解释了尝试创建并执行 IT 标准是多么困难，特别是有一个 Stephen 这样为所欲为的新副总。

Debra 解释说，她推荐的软件解决方案是唯一一种能很好地集成其他国家炼油厂各种会计系统的方案。她描述了与会计部主管会谈后了解到的一些技术细节，而 Stephen 知道，对这样一个巨大的项目来说，持续追踪成本非常重要。Chien 也认同当前公司的首要任务是迅速而经济地升级炼油厂。他告诉 Debra，他相信她的客观分析做出了最好的建议。他还说，反对他和 Ryan 需要很大的勇气，但他现在明白了，对整个公司来说这是最好的方案。

13.8 本章小结

管理干系人是《项目管理知识体系指南（第 6 版）》的第十个知识领域。项目干系人管理包括识别干系人、计划干系人参与、管理干系人参与和监督干系人参与。

在识别项目干系人之前不能进行其他干系人管理的过程。干系人可以是组织的内部或外部人员，他们可能支持或反对你的项目。这个过程的主要输出是干系人登记册。

干系人分析是计划干系人参与的关键技术。有些信息，例如如何管理与干系人的关系，可能是敏感信息，因此必须谨慎处理。干系人管理计划描述了干系人参与程度、相互关系、沟通需求、管理策略和更新计划的过程。

在管理干系人参与时，项目经理和他们的团队必须了解干系人的各种期望，并充分应用沟通和人际关系的技巧。鼓励干系人在项目早期参与和拥有需要干系人参与的可交付成果是非常重要的。这一过程的一个重要输出是更新问题日志，问题日志是用于辅助跟踪和解决项目问题的文档。

公开对话并跟踪可交付成果对于监督干系人参与是很重要的。

有几种类型的软件可以用来辅助项目干系人管理。除了在其他章节中提到的改善沟通和协作的技术之外，社交媒体也有助于发展与干系人的关系。一些项目管理应用软件包含社交媒体的特性，比如"击掌庆祝"和发布评论。

一定要考虑项目干系人管理在敏捷/自适应环境中的差异。

13.9 讨论题

1. 为什么 PMI 为干系人管理创建了一个独立的知识领域？
2. 识别项目干系人的方法有哪些？你认为哪些干系人在应被识别的时候却经常没被识别出来？
3. 有哪些方法可以密切管理干系人关系？举例说明如何根据不同人的独特个性来管理不同的人际关系。
4. 讨论你在课堂或工作环境中见过的管理干系人参与的方法。哪种方法看起来最有效？
5. 描述记录在问题日志中的信息类型。怎样避免花费太多时间来记录和跟踪问题？
6. 软件如何辅助项目干系人管理？你认为社交媒体工具会帮助还是会阻碍项目？

13.10 快速测验

1. 哪个知识领域是在 2013 年《项目管理知识体系指南》中首次引入的？
   a. 项目参与管理　　　b. 项目咨询管理　　　c. 项目干系人参与　　　d. 项目干系人管理
2. 供应商和关注项目的公众是哪种类型的干系人？

a. 内部   b. 外部   c. 支持   d. 不支持

3. 哪种类型的干系人信息不在干系人登记册中？

　　a. 识别信息   b. 分类信息   c. 评估信息   d. 参与程度

4. 什么类型的坐标系可以根据干系人的权力和兴趣对他们进行分类？

　　a. 权力/兴趣坐标系   b. 权威/关注坐标系   c. 权威/兴趣坐标系   d. 反对/支持坐标系

5. 你的项目干系人之一有很高的权力和很高的兴趣。你应该如何管理这种关系？

　　a. 保持通知   b. 保证满意度   c. 紧密管理   d. 监督

6. 哪种类型的矩阵可以帮助指明对项目干系人来说最重要的知识领域？

　　a. 知识领域矩阵   b. 优先级矩阵   c. 期望管理矩阵   d. 干系人管理矩阵

7. 你可以使用哪种工具来记录、监督并跟踪项目？

　　a. 问题日志   b. 风险登记册   c. 问题登记表   d. 决议日志

8. 应该何时开始控制项目的干系人参与？

　　a. 早期   b. 中期

　　c. 后期   d. 以上都不是，不能控制干系人参与

9. 关于可以协助项目干系人管理的软件，下列哪项表述是错误的？

　　a. 社交媒体工具可以辅助干系人管理

　　b. 一些项目管理软件有"击掌庆祝"这样的功能

　　c. 短消息是微博的一个例子，它可以让干系人了解项目工作

　　d. vodcast 是一种视频播客，可以提供信息并吸引干系人参与

10. 经历一系列大型项目失败之后，哪个国家要求项目经理在领导一个大型政府项目之前，完成一个新的在项目管理方面的学术课程？

　　a. 澳大利亚   b. 英国   c. 印度   d. 日本

13.11　快速测验的答案

1. d   2. b   3. d   4. a   5. c   6. c   7. a   8. a   9. c   10. b

13.12　练习题

1. 回顾本章的"开篇案例"和一些与之相关的文档例子。你对 Debra 处理各种干系人的方式怎么看？提至少两个建议以避免她被高级经理斥责。把你的答案总结在一个简短的备忘录里给 Debra。

2. 在互联网上搜索与项目发起人打交道相关的文献。在备忘录中总结两篇好文章，你可以把它发给新的项目经理，就如何有效吸引发起人参与项目提供建议。

3. 采访一个从事 IT 项目的成员，该项目有几个棘手的干系人。问问他们哪些工作已经做好，哪些工作做得不好。总结采访结果，并用电子邮件发给你采访的人，写明你从他们身上学到的重要经验。

4. 使用权力/兴趣坐标系来评审信息。找到至少两篇描述此坐标系或类似的文章，以辅助分类并管理干系人。将结果总结到备忘录中，并发给对这个工具感兴趣的新的项目经理。

5. 访问 www.linkedin.com。如果你没有账户，请注册一个。搜索与项目管理相关的群组和与干系人管理相关的主题。加入至少两个群组，阅读一些讨论的主题。在每个群组提出一个好问题，至少用两天来等待回复。总结你所学到的内容并发布在这些群组中。

6. 搜索关于保持特定干系人信息保密的重要性的文献。什么类型的信息应该保密？请举出两个机密信息被泄露的实例。将你的发现总结在一篇简短的论文或报告中。

13.13 实践案例

回顾一下参与全球 Treps 项目的人员：
- 你自己，项目经理
- K 博士，项目发起人
- Bobby，团队成员 / 技术专家
- Alfreda、Kim 和 Ashok，在其他国家组织活动的团队成员
- 域名和网站管理、网站的接受捐款功能、网站视频制作的供应商（含视频供应商联系人 Angela）
- 每个地方帮助组织活动的指导者（包括埃塞俄比亚的 B 博士）

1. 使用前面的信息完成一个干系人登记册。根据需要补充其他信息。

2. 为项目创建一个干系人管理策略，关注那些不在项目团队中的成员，比如 Angela 和 B 博士。补充另外两个在印度和越南的指导者的名字和性格。在发展潜在的管理策略方面保持创造力。

3. 为项目准备问题日志。包括前面章节中讨论的问题，比如 Ashok 的手腕骨折、Bobby 想要使用看板管理、Alfreda 与 B 博士沟通困难，补充 3 个潜在问题。

13.14 关键术语

期望管理矩阵（expectations management matrix）　　干系人分析（stakeholder analysis）
问题日志（issue log）　　干系人登记册（stakeholder register）
权力 / 兴趣坐标系（power/interest grid）

13.15 注释

[1] Peter Fretty, "Most Valuable Players," *PM Network* (May 2012).

[2] Project Management Institute, Inc., *A Guide to the Project Management Body of Knowledge (PMBOK® Guide) – Sixth Edition* (2017), p. 505.

[3] Peter Gilliland, "List of Project Stakeholders," *www.projectstakeholder.com* (accessed May 1, 2012).

[4] Denene Brox, "Say No," *PM Network* (May 2012), pp. 46–49.

[5] Kathy Schwalbe, *An Introduction to Project Management*, Fourth Edition (2012).

[6] Denene Brox, op. cit., pp. 46–49.

[7] Elizabeth Harrin, *Social Media for Project Managers*, Project Management Institute (2010).

[8] University of Oxford, "Oxford Teams Up with Cabinet Office to Teach Leadership," *PM Network* (February 7, 2012).

[9] Steve Hendershot, "Facing Up to Government IT Project Failures," *PM Network* (May 2015), www.pmi.org/Learning/PM-Network/2015/facing-government-it-project-failures.aspx.

[10] Project Management Institute, Inc., *A Guide to the Project Management Body of Knowledge (PMBOK® Guide) – Sixth Edition* (2017), p. 506.

术 语 表

A

5 whys（"5 whys"法） 一种反复追问"为什么"，以发现隐藏在表面下的问题根源的方法。

acceptance decisions（验收决定） 决定确定是否接受或拒绝作为项目一部分生产出来的产品或服务。

activity（活动） 工作的组成要素通常在 WBS 中，有预计的持续时间、成本和资源要求，也称为任务。

activity attributes（活动属性） 有关每个活动的进度相关信息，例如紧前活动、紧后活动、逻辑关系、提前量和滞后量、资源需求、约束、强制日期以及与活动相关的假设。

activity list（活动清单） 包含在项目进度中的活动列表。这个清单应该包括活动名称、活动标识或者编号以及活动的简短描述。

activity-on-arrow（AOA，双代号网络图） 一种网络图技术，其中活动用箭头表示，并将节点（箭头的交点）连接起来，表示活动的顺序，也称为箭线图法（ADM）。

actual cost（AC，实际成本） 在一定时期内完成某项工作所发生的直接和间接成本的总和。

agile（敏捷） 动作快且协调，一种基于迭代和增量开发的方法，在这种方法中，需求和解决方案通过协作演进。

agile methods（敏捷方法） 一种管理项目的方法，包括由短迭代和增量交付软件组成的工作流。

analogous estimates（类比估算） 一种成本估算技术，用以前类似项目的实际成本作为估算当前项目成本的基础，也称为自上而下估算。

analogy approach（类比法） 通过使用类似项目的 WBS 作为起点来创建一个 WBS。

appraisal cost（评估成本） 评估项目的过程和产出，确保项目没有差错或者在一个可接受的出错范围内，这些活动所产生的费用就是评估成本。

arrow diagramming method（ADM，箭线图法） 一种网络图技术，其中活动用箭头表示，并将节点（箭头的交点）连接起来，表示活动的顺序，也称为双代号网络图（AOA）。

artifact（工件） 人工创造的有用的对象。

B

backward pass（逆推法） 一种确定每个活动的最晚开始和最晚完成时间的项目网络图技术。

balanced scorecard（平衡计分卡） 一种战略计划和管理系统，帮助组织将业务活动与战略相结合，改善沟通并根据战略目标监控绩效。

baseline（基准） 已批准的项目管理计划加上已批准的变更。

baseline date（基准日期） 跟踪甘特图中活动的计划进度日期。

benchmarking（标杆管理） 通过将特定项目的实践或产品特性与组织内外的其他项目的实践或产品特性进行比较，从而产生质量改进的想法和建议。

best practice（最佳实践） 业界认可的实现既定目标或目的的最佳方法。

bid（投标书） 由卖方为买方明确定义的标准物品提供价格的文件，也称为报价书。

blogs（博客） 允许用户写文章、创建链接和上传图片的网络日志，而读者可以对日志内容张贴评论。

bottom-up approach（自下而上法） 让团队成员识别尽可能多地与项目相关的具体任务，然后将这些具体任务集中起来并将其组织成更高层次的类别中，从而创建 WBS。

bottom-up estimates（自下而上估算） 一种成本估算技术，它基于对单个工作项目的估算，并将它们相加从而得到项目的整体估算。

brainstorming（头脑风暴） 一项识别风险的技术。团队通过本能地、不加判断地聚集一些想法，产生新的观点或为特定问题找到解决方案。

budget at completion (BAC，完工预算) 项目最初的总预算。

budgetary estimate (预算估算) 用来分配资金到组织中的估算。

buffer (缓冲) 完成任务的附加时间。把缓冲添加到估算中以考虑各种因素的影响。

burndown chart (燃尽图) 显示按天计算在一个冲刺中累积工作的剩余量的图。

burst (分叉) 一个单独的节点后面跟着两个或者更多活动。

C

Capability Maturity Model Integration (CMMI，能力成熟度模型集成) 一种过程改进方法，它为组织提供有效过程的基本要素。

capitalization rate (资本化率) 用于折现未来现金流的比率，又称为折现率或资本机会成本。

cash flow (现金流) 收益减去成本，或收入减去支出。

cash flow analysis (现金流分析) 确定项目的年度成本估算和收益以及由此产生的年度现金流的一种方法。

cause-and-effect diagram (因果图) 将质量问题追溯至相应的生产运作的一种图，以找到问题的根本原因。也称为鱼骨图或石川馨图。

champion (倡导者) 对项目起着关键的支持作用的高级经理。

change control board (CCB，变更控制委员会) 一个有权批准或拒绝项目变更的正式的组织机构。

change control system (变更控制系统) 一个正式的、文档化的过程，描述了正式的项目文件可能何时以及如何被改变。

charismatic (魅力型) 一种通过他们的热情和自信来鼓舞他人的领导风格。

checksheet (检查表) 用于收集和分析数据的一种方法，有时称为计数单或清单。

closing processes (收尾过程) 对项目或者项目阶段的正式接收，并高效地结束项目。

coercive power (强制权力) 使用惩罚、威胁或其他的消极手段强迫人们做他们不想做的事情。

collaborating mode (协作模式) 一种处理冲突的模式，在这种模式中，决策者结合不同的观点和见解，以形成共识和承诺。

communications management plan (沟通管理计划) 用于指导项目沟通的文件。

compromise mode (妥协模式) 使用公平交换的方法来解决冲突，进行商量并寻求能让争议各方一定程度上满意的解决方案。

configuration management (配置管理) 一个确保项目产品的描述是正确、完整的过程。

conformance (一致性) 交付符合需求并适合使用的产品。

conformance to requirements (符合要求) 项目的实施过程和产品符合成文的规格标准。

confrontation mode (对抗模式) 项目管理人员直面冲突来解决受影响的工作各方的分歧。

constructive change orders (建设性变更指令) 由拥有真正权利的人或明显得到授权的人作出的口头或书面的变更指令，可以被认为和书面变更要求具有相同的效力。

contingency allowances (应急津贴) 项目发起人或组织为降低成本或进度超支风险至可接受水平而持有的资金，也称为应急准备金。

contingency plans (应急计划) 项目团队在确定的风险事件发生时将要采取的预先规定的措施。

contingency reserves (应急储备金) 成本估算中包含的资金，以考虑到未来可能部分计划的情况（有时称为已知的未知），并包括在项目成本基准中。

contract (合同) 卖方有义务提供特定的产品或服务，买方有义务为此付款的互相约束的条款。

control chart (控制图) 一种图形化的数据显示，它显示了一个过程随时间变化的结果。

cost baseline (成本基准) 项目经理用来衡量和监控成本执行情况的阶段性预算。

cost of capital (资本成本) 把资金投资在别处可获得的回报。

cost of nonconformance (非一致成本) 对失败负责或因没有达到预期质量所造成的成本。

cost of quality (质量成本) 一致性成本与非一致性成本之和。

cost performance index (CPI，成本绩效指数) 挣值与实际成本的比率，可以用来估算完成项目的预计成本。

cost plus award fee (CPAF) contract (成本加奖金合同) 买方向供应商支付允许的成本（如合同中定义的）加奖金（基于主观绩效标准的满足）的一种合同。

cost plus fixed fee (CPFF) contract（成本加固定费用合同） 一种合同，在这种合同中，买方向供应商支付允许成本（如合同中所定义）加固定费用，这部分费用通常基于估计成本的百分比。

cost plus incentive fee (CPIF) contract（成本加激励金合同） 一种合同，在这种合同中，买方向供应商支付允许的成本（如合同中所定义）以及预先确定的费用和激励金。

cost plus percentage of costs (CPPC) contract（成本加固定比例费用合同） 一种合同，在这种合同中，买方向供应商支付允许成本（如合同中所定义）以及基于总成本的百分比费用。

cost variance（CV，成本偏差） 挣值减去实际成本。

cost-reimbursable contracts（成本补偿合同） 包括以直接和间接实际成本向供应商付款的合同。

crashing（赶工） 一种为了以最少的成本代价获得最大限度的进度压缩，而在成本与进度之间进行权衡的技术。

critical chain scheduling（关键链进度计划） 一种进度计划方法，在创建项目进度时考虑到资源的限制性，并且为了保护项目的完成日期，将缓冲也包括进来。

critical path method (CPM) or critical path analysis（关键路径法或关键路径分析） 一种项目网络图技术，用来预测整个项目的持续时间。

D

daily Scrum（每日例会） 团队分享进展、挑战，并计划一天工作的简单会议。

decision tree（决策树） 一种图形分析技术，用于在未来结果不确定时帮助选择最佳行动方案。

decomposition（分解） 将项目的可交付成果细分为更小的部分。

defect（缺陷） 产品或服务未能满足顾客需求的任何情况。

deliverable（可交付成果） 一项产品或服务，例如技术报告、培训课程、硬件或软件代码段，这些是作为项目的一部分而生产或提供的。

Delphi technique（德尔菲技术） 一种用于使专家小组达成共识，从而对未来的发展作出预测的方法。

dependency（依赖） 与项目活动或任务的排序相关，也称为关系。

deputy project manager（项目副经理） 在项目经理不在的情况下代替他工作并在需要时协助项目经理工作。

design of experiments（实验设计） 一种可以确定哪些变量对过程的总体结果影响最大的技术手段。

DevOps 软件开发和运营团队之间的协作文化，以更快地构建、测试和发布可靠的软件。

direct costs（直接成本） 与创造项目产品和服务直接相关的成本。

directives（指令） 管理层、政府或某些外部影响施加给组织的新要求。

discount factor（折现因子） 根据折现率和年数计算出来的乘积。

discount rate（折现率） 用于折现未来现金流的比率，也称为资本化率或资本机会成本。

discretionary dependencies（选择性依赖关系） 项目团队定义并谨慎使用的项目活动或任务的顺序，因为它们可能限制后续的进度安排。

DMAIC (Define, Measure, Analyze, Improve, Control)（定义、度量、分析、改进和控制） 一个基于科学和事实的系统的、闭环的持续改进过程。

dummy activities（虚活动） 没有持续时间和资源的活动，用双代号网络图的箭头图解法来显示两个活动之间的逻辑关系。

duration（持续时间） 在活动上花费的实际时间加上占用时间。

E

early finish date（最早完成时间） 一个活动基于项目网络中的逻辑关系的最早可能完成的时间。

early start date（最早开始时间） 一个活动基于项目网络中的逻辑关系的最早可能开始的时间。

earned value（EV，挣值） 对实际已完成工作的价值的估算。

earned value management（EVM，挣值管理） 一种集成项目范围、时间和成本数据的项目绩效度量技术。

effort（人力投入） 完成任务所需要的工作天数或者工作小时数。

emotional intelligence（情商） 了解和管理自己的情绪以及理解他人的情绪，从而提高自己的表现。

empathic listening（移情倾听） 旨在理解的聆听。

enterprise project management software（企业项目管理软件） 集成来自多个项目的信息，以显示整个组织中活动的、已批准的和未来项目的状态的软件，也称为项目集管理软件。

estimate at completion（EAC，完工估算） 根据迄今为止的绩效完成一个项目的估算成本。

ethics（道德） 一系列基于个人价值观的指导决策的原则，即什么是正确的，什么是错误的。

executing processes（执行过程） 协调人员和其他资源，执行项目计划，产生项目产品、服务、项目成果或项目的阶段成果。

executive steering committee（执行指导委员会） 一组来自组织不同部门的高级管理人员，他们定期评审公司的重要项目和问题。

expectations management matrix（期望管理矩阵） 一种工具，可以帮助阐明期望，包括一列对成功的度量，以及与每个度量相关的优先级、期望和指南。

expected monetary value（EMV，期望货币值） 风险事件概率和风险事件货币价值的乘积。

expert power（专家权力） 利用个人的知识和专长促使人们改变其行为的权力。

explicit knowledge（显性知识） 可以使用文字、图片或数字轻松解释，并且易于交流、存储和发布的知识。例如教科书和百科全书中的知识、项目文档和计划。

external dependencies（外部依赖关系） 项目活动或任务的顺序，涉及项目和非项目活动之间的关系。

external failure cost（外部故障成本） 与所有在交付给用户之前未能检查出需要纠正的错误相关的成本。

extrinsic motivation（外在激励） 使人们为了获得报酬或避免处罚而去做某些事情的一种方法。

F

fallback plans（退路计划） 针对那些对实现项目目标有很大影响的风险制定的，如果降低风险的尝试不起作用，退路计划就会付诸实施。

fast tracking（快速跟进） 一种进度压缩技术，在这种技术中可以并行地执行通常按顺序执行的活动。

features（特性） 吸引用户的特殊特点。

feeding buffers（汇入缓冲） 如果任务前面有不在关键链上的其他任务，则在关键链上的任务之前增加的时间。

finish-to-finish dependency（完成-完成依赖） 项目网络图中的一种关系，在这种关系中，"到"活动完成前，"从"活动必须完成。

finish-to-start dependency（完成-开始依赖） 项目网络图中的一种关系，在这种关系中，"从"活动必须完成后，"到"活动才能开始。

fishbone diagram（鱼骨图） 将质量问题追溯至相应的生产运作的一种图以找到问题的根本原因。也称为因果图或石川馨图。

fitness for use（适用性） 产品可以按预期使用。

fixed-price contract（固定价格合同） 对明确定义的产品或服务有固定总价的合同，也称为总价合同。

float（浮动时间） 在不延误紧后活动或项目完成日期的情况下，项目活动可能延迟的时间，也称为时差。

flowchart（流程图） 显示过程逻辑及流向的图形展示，可帮助分析问题是如何发生的，以及过程是如何改进的。

forcing mode（强制模式） 一种冲突解决的一赢一输的方法。

forecast（预测） 基于过去的信息和发展趋势来预测未来的项目状态和进展。

forward pass（顺推法） 一种确定每个活动的最早开始和最早完成时间的网络图技术。

free slack (free float)（自由时差（自由浮动时间）） 在不延误任何紧后活动的最早开始时间的情况下，一个活动可以被延误的时间。

function points（功能点） 一种基于软件为最终用户提供的功能估量软件规模的方法。

functional organizational structure（职能型组织结构） 按职能领域（如IT、制造、工程和人力资源）对人员进行分组的组织结构。

functionality（功能性） 一个系统实现其预定功能的程度。

G

Gantt chart（甘特图） 以日历的形式列出项目活动及其相应的起止日期来显示项目进度信息的标准格式，有时也称为条形图。

Google Docs（谷歌文档） 谷歌提供的在线应用程序，允许用户在线创建、共享和编辑文档、电子表格和演示文稿。

groupthink（群体思维） 团队中一致的价值观或

道德标准。

H

hierarchy of needs（需求层次理论） 一个金字塔结构，阐明马斯洛的理论，即人的行为是由一系列的需求引导或激发的。

histogram（直方图） 一个变量分布的条形图。

human resources (HR) frame（人力资源框架） 一种注重平衡组织需求和个人需求的框架。

I

indirect costs（间接成本） 与项目的产品或服务不直接相关，但与项目的工作绩效间接相关的成本。

influence diagram（影响图） 通过显示基本元素，包括决策、不确定因素和目标，以及它们如何相互影响来表示决策问题的图表。

initiating processes（启动过程） 定义并授权一个项目或项目阶段。

intangible costs or benefits（无形成本或收益） 难以用金钱衡量的成本或收益。

integrated change control（整体变更控制） 在整个项目的生命周期中识别、评估和管理变更。

integration testing（集成测试） 在单元测试和系统测试之间进行的测试，用来测试功能性成组的组件，并确保整个系统的各个部分能集合在一起工作。

interactional（交互型） 一种交易型、变革型和魅力型的组合的领导风格。

interface management（界面管理） 明确和管理众多项目元素相互作用的交界点。

internal dependencies（内部依赖关系） 通常在项目团队控制范围内的项目活动之间的关系。

internal failure cost（内部故障成本） 在客户收到产品之前，纠正已识别出来的缺陷所引发的成本。

internal rate of return（IRR，内部收益率） 导致项目的净现值为零的折现率。

interviewing（访谈） 一种面对面进行的事实调查技术，也可以通过电话、电子邮件或即时消息进行。

intrinsic motivation（内在激励） 一种使人们根据自己的个人兴趣爱好而参与某一活动的方法。

Ishikawa diagram（石川馨图） 将质量问题追溯至相应的生产运作的一种图以找到问题的根本原因，也称为因果图或鱼骨图。

ISO 9000 由国际标准化组织(ISO)制定的质量体系标准，包括组织中的3个连续周期的组成部分：计划、控制和归档。

issue log（问题日志） 用来记录、监督和跟踪需要解决的问题的一种工具。

IT governance（IT治理） 组织中关键IT活动的权力和控制，包括IT基础设施、IT应用和项目管理。

J

Joint Application Design（JAD，联合应用设计） 通过高度组织化和密集的研讨会将项目干系人——发起人、用户、商业分析师、程序员——等聚集在一起来共同定义和设计信息系统。

K

kaizen（改善） 一个日语词汇，意为"提高"或"变得更好"。一种用于持续改进组织质量的方法。

kanban（看板） 准时制库存控制方法，可以与Scrum结合使用。

kick-off meeting（启动会议） 在项目开始时召开的会议，以便于项目干系人见面，评论项目目标，讨论未来的计划。

kill point（终止点） 在每个项目阶段之后进行的管理评审，以确定项目是否应继续、重新定向或终止，也称为阶段出口。

known risks（已知风险） 项目团队已经识别和分析的风险，并且可以预先进行管理。

known unknowns（已知的未知） 成本估算中包含的资金，以考虑到未来可能部分计划的情况（有时称为应急储备），并包括在项目成本基准中。

L

laissez-faire（放任型） 一种意味着"放手"的领导风格，这种不干涉的方式让团队决定自己的目标以及如何实现它们。

late finish date（最晚完成时间） 在不延迟项目完成日期的情况下，一个活动的最晚可能完成时间。

late start date（最晚开始时间） 在不延误项目完成日期的情况下，一个活动的最晚可能开始的时间。

leader（领导） 专注于长期目标和长远目标，同时激励人们实现这些目标的人。

lean（精益） 一种提高质量的方法，包括评估过程以最大化客户价值，同时最小化浪费。

learning curve theory（学习曲线理论） 一种当许多产品被重复生产时，这些产品的单位成本会随着产品数量的增加而有规律地降低的理论。

legitimate power（法定权力） 根据拥有权力的职位而让人们进行工作的权力。

lessons-learned report（经验总结报告） 项目经理及其团队成员为记录他们在项目中所学到的重要信息而编写的反思性陈述文。

life cycle costing（生命周期成本） 项目拥有的总成本，或开发加上支持成本。

lump-sum contract（总价合同） 对明确定义的产品或服务有固定总价的合同，也称为固定价格合同。

M

maintainability（可维护性） 对产品执行维护的容易程度。

make-or-buy decision（自制或购买决策） 一个组织决定是否在组织内部生产某些产品和执行某些服务，还是从外部组织购买这些产品和服务。

Malcolm Baldrige National Quality Award（马尔科姆·鲍德里奇国家质量奖） 1987年启动的一项奖励，旨在表彰通过质量管理达到世界一流竞争力水平的公司。

management reserves（管理储备金） 考虑到未来不可预测的情况（有时称为未知的未知），包括在成本估算中的资金。

manager（经理） 处理日常细节以达到特定目标的人。

mandatory dependencies（强制性依赖关系） 项目活动或任务的顺序是项目中所完成的工作的性质所固有的。

matrix organizational structure（矩阵型组织结构） 一种雇员被分配给职能经理和项目经理的组织结构。

maturity model（成熟度模型） 帮助组织改进其过程和系统的框架。

mean（平均值） 总体的平均值。

measurement and test equipment costs（测量和测试设备成本） 为执行预防和评估等活动而购置的设备所占用的资本成本。

megaproject（超大规模项目） 一个通常耗资超过10亿美元、影响超过100万人并持续数年的非常大的项目。

merge（汇聚） 网络图中位于单个节点之前的两个或多个节点。

methodology（方法论） 描述了该如何去做事情。

metric（度量标准） 一个测量标准。

milestone（里程碑） 在项目中一个通常没有持续时间的重要事件，作为标记，帮助确定必要的活动，设定进度目标，并监控进展。

mind mapping（思维导图） 一种利用核心概念辐射分支的方式将想法和概念结构化的技术。

mirroring（镜像法） 指做出与他人某种行为相似的行为。

monitoring and controlling processes（监控过程） 定期测量和检查项目进程以确保项目团队能够实现项目的目标。

Monte Carlo analysis（蒙特卡罗分析） 多次模拟一个模型的结果，来提供计算结果的统计分布的一种风险量化技术。

multitasking（多任务） 一次做多个任务。

Murphy's Law（墨菲定律） 如果某件事情可能出错，那么它就一定会出错。

Myers-Briggs Type Indicator（MBTI，梅耶斯－布里格性格类型指标） 一种判断个性倾向的常用工具。

N

net present value (NPV) analysis（净现值分析） 一种计算项目预期净货币收益或损失的方法，该方法将当前时间点之后的所有未来预期现金流入和流出都进行折现计算。

network diagram（网络图） 显示项目活动之间的逻辑关系及其顺序的示意图。

node（节点） 箭头上的活动的起始点和结束点。

normal distribution（正态分布） 以总体（分析的数据）的均值为中心对称的钟型曲线。

O

offshoring（离岸外包） 从另一个国家外包。

opportunities（机会） 改善组织的机会。

opportunity cost of capital（资本机会成本） 用于折现未来现金流的比率，也称为资本化率或折现率。

organizational breakdown structure（OBS，组织分解结构） 一种特殊的组织结构图，它显示每个组织单元负责哪项工作。

organizational culture（组织文化） 一系列共享的假设、价值观和行为，它们刻画了组织的职能。

organizational process assets（组织过程资产） 可能影响项目成功的正式和非正式计划、政策、程序、指南、信息系统、财务系统、管理系统、经验教训和历史信息等影响项目成功的内容。

organizational project management（组织项目管理） 项目组合、项目集和项目管理与组织推动者集成的框架，以实现战略目标。

outsourcing（外包） 一个组织从外部获取产品和服务。

overallocation（过度分配） 在给定时间内没有足够的资源可以供被分配到的工作使用的一种状态。

overrun（超支） 实际成本超过估算的额外百分比或金额。

P

parametric estimating（参数估算） 使用数学模型中的项目特征（参数）来估算项目成本的一种成本估算技术。

Pareto analysis（帕累托分析） 确定在系统中导致大多数质量问题的少数关键因素。

Pareto chart（帕累托图） 一个帮助确定问题区域及其优先级的直方图。

Parkinson's Law（帕金森定律） 工作会不断扩展，直到用完所有允许的时间。

payback period（投资回收期） 以现金流的方式，将在项目中的总投资全部收回的时间。

performance（性能） 产品或服务达到客户预期用途的程度。

PERT weighted average（PERT加权平均）（乐观时间+4*最可能时间+悲观时间）/6

phase exit（阶段出口） 在每个项目阶段之后进行的管理评审，以确定项目是否应继续、重新定位或终止，也称为终止点。

phase gate review（阶段关口评审） 在每个项目阶段之后进行的管理评审，以确定项目是否应继续、重新定位或终止，也称为阶段出口或终止点。

planned value（PV，计划值） 已批准的总成本估算中，分配给计划工作的已授权的预算。

planning processes（计划过程） 制定并维护一个切实可行的计划，以确保项目专注于组织的需求。

Point of Total Assumption（PTA，总假设点） 在固定价格激励合同中，承包商对合同成本每增加一美元承担全部责任的成本。

political frame（政治框架） 处理组织和个人的政治问题的框架。

politics（政治） 团体或个人之间对于权力和领导地位的竞争。

portfolio（项目组合） 为实现战略目标而进行的项目、项目集、子项目组合和运营管理。

power（权力） 一种能影响行为的能力，可以让人们去做他们本来不会做的事情。

power/interest grid（权力/兴趣座标系） 一种根据干系人的权力级别（权力）和对项目成果的关注级别（兴趣）对干系人进行分组的工具。

precedence diagramming method（PDM，紧前关系绘图法） 一种网络图技术，使用方框表示活动。

predictive life cycle（预测型生命周期） 当项目的范围可以清晰地表达并且进度和成本可以准确地预测时使用的软件开发方法。

prevention cost（预防成本） 计划和执行一个项目以使其无错误或在可接受的错误范围内的成本。

probabilistic time estimate（概率时间估算） 基于对活动持续时间的乐观估算、最有可能估算和悲观估算的持续时间估计方法，而不是使用一个特定的或离散的持续时间估算。

probability/impact matrix or chart（概率/影响矩阵或图表） 表示风险发生的相对概率和风险的相对影响的矩阵或图表。

problems（问题） 阻止组织实现其目标的不受欢迎的情况。

process（过程） 为某一特定结果而采取的一系列行动。

process adjustments（过程调整） 基于质量控制的度量结果，纠正或预防出现更多的质量问题。

procurement（采购） 从外部获取商品和服务。

product backlog（产品待办事项） 按商业价值排序的单一功能列表。

product life cycle（产品生命周期） 定义、创建和交付产品的过程。

product owner（产品负责人） 在使用Scrum方法时，对项目的商业价值负责，并决定做什么工作，以及工作的顺序。

profit margin（利润率） 利润与收入的比率。

profits（利润） 收入减去支出。

program（项目集） 以协调的方式管理一组相互关联的项目、子项目集和项目集活动，以便获得分别管理所无法获得的利益。

Program Evaluation and Review Technique（PERT，计划评审技术） 一种项目网络分析技术，当个别活动持续时间估计有高度不确定性时，用于估算项目持续时间。

program manager（项目集经理） 对领导项目集内项目的项目经理进行领导并指明方向的人。

progress reports（进度报告） 描述项目团队在某段时间内完成的工作的报告。

project（项目） 为创造独特产品、服务或成果而进行的临时性努力。

project and portfolio management software（项目和项目组合管理软件） 集成来自多个项目的信息，以显示整个组织中活动的、已批准的和未来项目的状态的软件，也称为企业项目管理软件。

project archives（项目档案） 一整套有组织的项目记录，它可以提供项目的准确历史记录。

project buffer（项目缓冲） 添加在项目的完工日期之前的附加时间。

project charter（项目章程） 一份正式确认项目存在的文件，并对项目的目标与管理提供指导。

project cost management（项目成本管理） 确保项目团队在批准的预算内完成一个项目的必要过程。

project integration management（项目整合管理） 在整个项目生命周期中协调所有其他的项目管理知识领域的过程，包括制定项目章程、制定初步的项目范围说明书、制定项目管理计划、指导和管理项目、监控项目、提供整合变更控制和结束项目。

project life cycle（项目生命周期） 一系列项目阶段的集合，如概念、开发、实现和结束。

project management（项目管理） 将知识、技能、工具和技术应用于项目活动，以满足项目的要求。

Project Management Institute（PMI，项目管理协会） 项目经理的国际专业协会。

project management knowledge areas（项目管理知识领域） 项目整合、范围、进度、成本、质量、人力资源、沟通、风险、采购和干系人管理。

Project Management Office（PMO，项目管理办公室） 负责协调整个组织内项目管理职能的组织机构。

project management plan（项目管理计划） 用于协调所有项目计划，并帮助指导项目的执行与控制的一种文件。

project management process groups（项目管理过程组） 项目活动从启动到计划、执行、监控和结束的过程。

Project Management Professional（PMP，项目管理专业人员） 由PMI提供的认证，需要记录项目经验和教育背景，同意遵守PMI职业道德规范，并通过综合考试。

project management tools and techniques（项目管理工具和技术） 协助项目经理及其团队的可用方法。一些流行的时间管理工具包括甘特图、网络图和关键路径分析。

project manager（项目经理） 负责与项目发起人、项目团队和其他相关人员一起工作以达到项目目标的人。

project organizational structure（项目型组织结构） 按主要项目对人员进行分组的组织结构。

project portfolio management or portfolio management（项目组合管理或组合管理） 组织将项目作为有助于整个企业成功的投资组合进行分组和管理。

project procurement management（项目采购管理） 为项目从项目执行组织的外部获取产品或者服务的过程。

project quality management（项目质量管理） 确保项目满足它所应满足的需求。

project scope management（项目范围管理） 界定和控制项目中应包括什么和不包括什么所涉及的过程。

project scope statement（项目范围说明书） 至少包括项目描述的文件，包括项目的总体目标和评判，对项目所有可交付成果的详细描述，以及作为项目一部分产生的产品和服务的特点和要求。

project sponsor（项目发起人） 为项目提供指导和资金的人。

project schedule management（项目进度管理） 确保项目及时完成所需的过程。

PRojects IN Controlled Environments (PRINCE2,受控环境下的项目管理) 在英国开发的一种项目管理方法,它定义了45个独立的子过程,并将这些子过程组织成8个过程组。

proposal(建议书) 卖方准备,可以满足买方需要的不同方案的文件。

prototyping(原型法) 开发系统或系统的某些方面的工作副本,以帮助定义用户需求。

Q

quality(质量) 反映实体满足明确或隐含需要能力的特征和特征的总和。

quality assurance(质量保证) 定期评估项目的整体表现,以确保项目符合相关的质量标准。

quality audit(质量审计) 对特定质量管理活动的结构化审查,有助于确定经验教训,并且可以改善当前或未来项目的绩效。

quality circles(质量圈) 由单个公司部门的非监督人员和领导人员组成的小组,他们自发开展活动,研究如何提高他们本部门的工作绩效。

quality control(质量控制) 监督特定项目的成果,以确保它们符合相关的质量标准,并找出改善整体质量的方法。

R

RACI chart(RACI图) 显示项目干系人的责任人、批准人、审核人和被告知人的图。

rapport(友好关系) 一种和别人建立和谐、一致、协调或亲密的关系。

rate of performance(RP,绩效比率) 在项目或活动的生命周期中,在任何给定的时间内,实际完成的工作与计划已完成的工作的百分比之比。

Rational Unified Process (RUP) framework(统一软件开发过程框架) 关注团队生产力并使所有团队成员交付最佳软件的迭代软件开发过程。

referent power(感召权力) 凭借个人魅力让他人做事。

relationship(关系) 项目活动或任务的先后顺序,也称为依赖。

reliability(可靠性) 产品或服务在正常条件下按预期运行的能力。

Request for Proposal(RFP,招标书) 一种用于征求潜在供应商建议的文件。

Request for Quote(RFQ,询价书) 一种用于向潜在供应商征求报价或投标的文件。

required rate of return(要求回报率) 可接受的最低投资回报率。

requirement(需求) 项目为满足协议或其他正式实施的规范,在产品、服务或结果中必须体现的一种条件或能力。

requirements management plan(需求管理计划) 描述如何分析、记录和管理项目需求的计划。

requirements traceability matrix(RTM,需求跟踪矩阵) 一种列出各种需求、需求属性以及需求状态的表格,以确保所有需求得到解决。

reserves(储备金) 包含于成本估算中,是为了消减由于未来难以预测而带来的成本风险而预先留出的资金。

residual risk(残余风险) 实施所有响应策略后仍然存在的风险。

resource breakdown structure(资源分解结构) 按类别和类型标识项目资源的层次结构。

resource histogram(资源直方图) 一个显示了一段时间内分配给项目的资源数量的直方图。

resource leveling(资源平衡) 通过延迟任务来解决资源冲突的一种技术。

resource loading(资源负荷) 在特定时段内,既定进度计划所需的人力资源的数量。

resources(资源) 人员、设备和材料。

responsibility assignment matrix(RAM,责任分配矩阵) 将工作分解结构中描述的项目工作与OBS中负责实施的人员相匹配的矩阵。

return on investment(ROI,投资回报率) 确定项目财务价值的方法,项目的收益减去成本后,再除以成本的结果。

reward power(奖励权力) 使用一些激励来诱导人们去做事情。

rework(返工) 为使被拒绝的项目符合产品要求、规范或其他干系人的期望而采取的行动。

risk(风险) 对实现项目目标可能产生负面或正面影响的不确定性。

risk acceptance(风险接受) 在风险发生时接受后果。

risk appetite(风险偏好) 在预期回报时愿意承担的不确定性的程度。

risk avoidance(风险规避) 消除特定的威胁,通常采用消除其原因的方法。

risk breakdown structure(风险分解结构) 项

目潜在风险类别的层次结构。

risk enhancement（风险增强） 通过识别和最大化积极风险的关键驱动因素来增加积极风险发生的概率。

risk event（风险事件） 会对项目造成不利或有利影响的特定但又不确定的事件。

risk exploitation（风险开拓） 尽一切可能确保积极风险的发生。

risk factor（风险因子） 基于具体事件的发生概率和事件发生时对项目的影响，得到表征特定事件总体风险的数字。

risk management plan（风险管理计划） 记录项目全过程中的风险管理过程。

risk mitigation（风险减轻） 通过降低风险事件发生的概率来缓解风险事件的影响。

risk owner（风险责任人） 负责承担风险的人，以及相关的应对策略和任务。

risk register（风险登记册） 一种包含各种风险管理过程结果的文档，通常以表格或电子表格的格式呈现。

risk sharing（风险共享） 将风险的所有权分配给另一方。

risk tolerance（风险容忍度） 愿意接受的对项目或业务目标来说作为潜在影响的最大可接受偏差。

risk transference（风险转移） 将风险后果及其管理责任转移给第三方。

risk utility（风险效用） 从潜在收益中获得的满足感或愉悦感的程度。

risk-averse（风险规避型） 对风险的容忍度低。

risk-neutral（风险中立型） 在风险和收益之间取得平衡。

risk-seeking（风险偏好型） 对风险的承受能力强。

Robust Design method（稳健设计方法） 强调通过用科学探究代替反复试验来消除缺陷的方法。

rough order of magnitude (ROM) estimate（粗略量级估算） 在项目早期准备的成本估算，以提供项目成本的粗略概念。

run chart（运行图） 显示一个过程随时间变化的历史和模式的变化的图。

S

scatter diagram（散点图） 有助于显示两个变量之间是否存在关系的图，有时也称为 XY 图。

schedule baseline（进度基准） 经过审批的计划进度。

schedule performance index（SPI，进度绩效指数） 挣值与计划值的比率，可以用来估算完成项目的预计时间。

schedule variance（SV，进度偏差） 挣值减去计划值。

scope（范围） 创建项目产品所涉及的所有工作以及用于创建产品的过程。

scope baseline（范围基准） 已批准的项目范围说明书及其相关的 WBS 和 WBS 词典。

scope creep（范围蔓延） 项目范围有不断扩大的趋势。

scope validation（确认范围） 正式验收已完成的项目可交付成果。

Scrum 适用于复杂的或创新性项目的先进敏捷开发方法。

Scrum team or development team（Scrum 团队或开发团队） 由 5～9 人自发组成的跨职能团队，开展工作以在每个冲刺产生预期的成果。

ScrumMaster（敏捷教练） 确保团队高效、如召开每日例会、在所有角色和职能之间建立紧密合作、消除阻碍团队有效工作障碍的人。

secondary risks（次生风险） 实施风险应对措施的直接结果。

sellers（卖方） 向其他组织提供产品或服务的承包商、供应商或提供者。

sensitivity analysis（灵敏度分析） 通过改变一个或多个变量观察其对结果的影响的一种技术。

servant leader（服务型领导） 一种首先关注关系和团队，其次关注是领导力的领导风格。

seven run rule（七点运行定律） 如果在一个质量控制图中，一行上的 7 个数据点都低于平均值或高于平均值，或者都是上升的，或者都是下降的，那么就需要检查这个过程是否存在非随机问题。

SharePoint portal（SharePoint 门户） 允许用户创建自定义 Web 站点，以访问存储在共享设备上的文件和应用程序的工具。

six 9s of quality（质量的六个九） 一种质量控制度量方法，等同于在一百万个机会中只有一个缺陷。

Six Sigma（六西格玛） 一种达到、维持最大化商业成功的一个全面、灵活的系统。实现六西格玛要求创造性地密切了解客户需求，训练有素地使用事实、数据统计分析，以及认真关注管理、改进和再造业务过程。

Six Sigma methodologies（六西格玛方法论） 即定义、度量、分析、改进、控制（DMAIC），用于改进已有业务过程，定义、衡量、分析、设计、证实（DMADV），用于创造新产品或过程设计。

slack（时差） 在不延误紧后活动或者项目完成时间的情况下，活动可以推迟的时间，也称为浮动时间。

slipped milestone（偏移的里程碑） 比计划晚完成的里程碑活动。

SMART criteria（SMART准则） 一些指导原则，认为里程碑应当是明确的，可度量的，可分配的，现实的，有时间限制的。

smoothing mode（平滑模式） 不再强调或避免差异，而是强调达成一致性。

software defect（软件缺陷） 程序交付之前必须更改的任何东西。

Software Quality Function Deployment (SQFD) model（软件质量功能展开模型） 专注于定义用户需求和规划软件项目的成熟度模型。

sprint（冲刺） 一段固定的时间，通常是2～4周，在这段时间内，使用Scrum方法时必须完成特定的工作并准备好接受检查。

sprint backlog（冲刺待办事项） 在冲刺中完成的产品待办事项列表中优先级最高的事项。

sprint planning session（冲刺计划会） 在一个冲刺内团队从产品待办事项中选择一系列工作去交付的会议。

sprint retrospectives（冲刺回顾会） 通过对开发团队实际绩效的回顾，帮助团队寻找改进产品和过程的方法的会议。

sprint reviews（冲刺评审会） 团队向产品负责人展示在一个冲刺内已经完成的工作的会议。

staffing management plan（人员配置管理计划） 描述了人员何时以及如何加入和调离项目团队的文档。

stakeholder analysis（干系人分析） 一种分析信息以确定干系人的关注点，并了解如何提高干系人对整个项目的支持的技术。

stakeholder register（干系人登记册） 记录已识别的干系人的相关细节的文件。

stakeholders（干系人） 参与项目活动或受项目活动影响的人员。

standard（标准） 应该做什么的最佳实践。

standard deviation（标准差） 衡量一组分布数据中存在偏差的大小。

start-to-finish dependency（开始-完成依赖） 项目网络图中的一种关系，在这种关系中，"从"活动必须开始后，"到"活动才能完成。

start-to-start dependency（开始-开始依赖） 项目网络图中的一种关系，在这种关系中，"到"活动或紧后活动开始后，"从"活动才能开始。

statement of work（SOW，工作说明书） 对采购所需工作的描述。

statistical sampling（统计抽样） 挑选一部分相关样本进行检查。

status reports（状态报告） 描述项目在某一特定时间点的位置的报告。

strategic planning（战略计划） 通过分析组织的优势和劣势来确定长期目标，研究商业环境中的机遇和威胁，预测未来趋势，预测对新产品和服务的需求。

structural frame（结构框架） 用来解决组织结构的问题（通常由组织结构图表示），它关注不同部门的角色和职责，以满足高层管理设定的目标和政策。

subproject managers（子项目经理） 负责管理一个由大型项目分解出来的子项目的人员。

sunk cost（沉没成本） 过去已经花费的钱。

SWOT analysis（SWOT分析法） 分析优势、劣势、机会和威胁，用于帮助制定战略计划。

symbolic frame（符号框架） 一个关注组织符号、含义和文化的框架。

synergy（协同） 整体大于各部分之和的一种方法。

system outputs（系统输出） 系统能提供的屏幕显示和报告。

system testing（系统测试） 作为一个整体来测试整个系统。

systems（系统） 在一个环境中工作以实现某种目的的一组相互作用的组件。

systems analysis（系统分析） 一种解决问题的方法，该方法需要定义系统的范围，将其分解为各个组成部分，然后识别和估计其问题、机会、限制和需求。

systems approach（系统方法） 一种在解决复

杂问题时所需的整体性和分析性的方法，该方法包括系统哲学、系统分析和系统管理。

systems development life cycle（SDLC）（系统开发生命周期） 描述开发和维护信息系统所涉及的各个阶段的框架。

systems management（系统管理） 解决与系统开发、维护和变更相关的业务、技术和组织的问题。

systems philosophy（系统哲学） 将事情作为系统考虑的整体模型。

systems thinking（系统思考） 能有效处理复杂情况的组织的整体观点。

T

tacit knowledge（隐性知识） 有时称为非正式知识，这类知识很难表达且极具个性，如信念、洞察力和经验。

tangible costs or benefits（有形成本或收益） 成本或收益很容易用金钱来衡量。

task（任务） 通常出现在工作分解结构中，有预计的工期、成本和资源要求，也称为活动。

team charter（团队章程） 帮助促进团队合作和阐明团队沟通的文件。

team development（团队建设） 建立个人和团队技能来提高项目绩效。

termination clause（终止条款） 允许买方或供应商终止合同的合同条款。

Theory of Constraint（TOC，约束理论） 一种管理哲学，即任何复杂系统在任何时间点上通常只有一个方面或约束，限制了实现更多系统目标的能力。

three-point estimate（三点估算） 包括估算项目最可能的、最乐观的和最悲观的成本。

time and material（T&M）contracts（时间和材料合同） 固定价格合同和成本补偿合同的混合体。

Top Ten Risk Item Tracking（十大风险事项跟踪法） 一种定性的风险分析工具，用于在项目的整个生命周期中识别风险并保持对风险的认识。

top-down approach（自上而下法） 从项目最大的条目开始，将它们分解为次一级的条目。

top-down estimates（自上而下估算） 一种成本估算技术，使用以前类似项目的实际成本作为估算当前项目成本的依据，也称为类比估算。

total slack（total float）（总时差（总浮动时间）） 在没有拖延计划项目完成日期的情况下，从活动的最早开始时间算起可以被耽误的时间。

Tracking Gantt chart（跟踪甘特图） 一个比较计划和实际项目进度信息的甘特图。

transactional（交易型） 一种使用例外管理方法的领导风格，这种例外管理方法的重点是通过向团队成员提供适当的奖励和惩罚来实现目标或服从。

transformational（变革型） 一种领导风格，在这种领导风格中，通过与他人合作来确定需要的变化，这些领导者授权他人，并通过激励来引导变化。

triggers（触发因素） 实际风险事件的指标或症状。

triple constraint（三项约束） 平衡范围、时间和成本目标。

Tuckman model（塔克曼模型） 描述了团队发展的5个阶段：组建期，震荡期，规范期，执行期，修整期。

U

unit pricing（单价） 一种方法，在这种方法中，买方按每单位服务向供应商支付预定的金额，合同的总价值是完成工作所需的数量的函数。

unit test（单元测试） 对每个单独的组件（通常是一个程序）进行测试，以确保它尽可能没有缺陷。

unknown risks（未知风险） 由于未被识别和分析而无法被预先管理的风险。

unknown unknowns（未知的未知） 考虑到未来无法预测的情况，包括在成本估算中的资金（有时称为管理储备金）。

use case modeling（用例建模） 一个对业务事件、启动者及系统响应方式进行识别与建模的过程。

user acceptance testing（用户验收测试） 最终用户在验收交付系统之前进行的独立测试。

user stories（用户故事） 客户简短地描述他们需要系统来为他们做什么。

V

variance（偏差） 计划与实际绩效之间的差别。

virtual team（虚拟团队） 尽管有时间和空间的界限，一群人使用通信技术一起工作。

W

watch list（观察清单） 那些优先级低，但仍被确定为是潜在风险的风险清单。

WBS dictionary（WBS词典） 一个为WBS每

个条目提供详细信息的文档。

weighted scoring model（加权评分模型） 一种基于多种标准进行项目选择的系统方法。

wiki（维基） 一个任何访问它的人都可以贡献或修改其中内容的网站。

withdrawal mode（退出模式） 项目经理撤退或退出一个实际或潜在的分歧。

work breakdown structure（WBS，工作分解结构） 一个项目中涉及的、以可交付成果为导向的工作分组，用于定义项目的总范围。

work package（工作包） 在 WBS 中最低级别的任务。

workarounds（变通办法） 在未制定应急计划的情况下对风险事件的非计划响应。

Y

yield（产量） 在开发过程中正确处理的单元数量。